2019

YEARBOOK OF CHINA AGRICULTURAL
PRODUCTS PROCESSING INDUSTRIES

中国农产品加工业年鉴

科学技术部农村科技司
中国农业机械化科学研究院
中国包装和食品机械有限公司
食品装备产业技术创新战略联盟 编

中国农业出版社
CHINA AGRICULTURE PRESS

内 容 简 介

　　本年鉴较系统地记述了我国有关农产品加工业发展的方针、政策、法律、法规和规划等贯彻执行情况；有关领导、专家对发展我国农产品加工业的论述；本领域内相关行业的发展综述；简介了相关行业经济运行情况及名、优、特、新产品；登载了农产品加工业的国内外统计资料；记载了相关的国家标准、行业标准、专利以及本行业的大事记。本年鉴资料新颖、准确、科学、翔实，内容丰富，可供政府管理部门、协会、学会、中介组织、生产企业、科研教学单位的管理人员、策划人员、教育工作者和科技工作者参考。

编 辑 出 版 说 明

一、为紧跟我国农产品加工业发展的时代脉搏和大力宣传主旋律，在各级领导和行业专家的支持和帮助下，我们组织编辑出版的《中国农产品加工业年鉴》（2019）与广大读者见面了，其宗旨是为我国农产品加工业的发展起到桥梁和促进作用。

二、《中国农产品加工业年鉴》由科学技术部、农业农村部、国家发展和改革委员会、国家林业和草原局、国家粮食和物资储备局、中华全国供销合作总社、中国机械工业联合会、中国轻工业联合会的有关主管部门及农产品加工业相关协会、学会、科研院所、大专院校等，与中国农业机械化科学研究院、中国包装和食品机械有限公司、食品装备产业技术创新战略联盟联合编辑出版。

三、《中国农产品加工业年鉴》（2019）安排了 7 个部分的框架内容，每个栏目名称基本未变，其中的内容和数据均以 2018 年的基本情况为主；但根据资料的获取难易程度也有部分 2017 年前后的情况，并保持每卷年鉴的连续性，其中的政策法规及重要文件、大事记和标准均以 2019 年的基本情况为主。

四、《中国农产品加工业年鉴》记述了相关方针、政策、法律、法规和规划等贯彻执行情况；记述了有关领导、专家对发展我国农产品加工业的论述；记述了本领域相关行业的发展综述；介绍了农产品加工业行业经济运行情况及名、优、特、新产品；登载了农产品加工业国内外统计资料；记载了相关的国家标准、行业标准、专利以及本行业的大事记。年鉴既述事，也记人，每年编辑、出版一卷。若干年后，不但可以见证我国每年的农产品加工业发展情况，而且将是系统、全面、可靠、翔实的史册和工具书。由于年鉴的权威性和正式的连续出版发行，将有益于国内外各界了解和研究我国农产品加工业现状与发展等情况，促进相互交流与合作；有益于各部门借鉴现实和历史经验，掌握全局，运筹帷幄，制定政策和发展规划，指导本行业健康发展；有益于社会各界沟通行业信息、产品信息，互相学习，取长补短，推动我国农产品加工业的发展和乡村振兴战略的实施。

五、本年鉴各部分所列数据，因来源渠道不同，不尽一致。全面的数据均以国家统计局提供的为准。本年鉴全国性统计数据均不包括香港、澳门两个特别行政区和中国台湾省。两区一省的相关数据，在年鉴的附录中列出。

六、为系统、准确、科学、翔实地反映我国农产品加工业现状，并力争办出本年鉴的特色，我们在编辑中继续突出了综述文章以当年国家重点抓的农产品加工业中的有关行业为主，全书内容以推动产业发展为主，国家标准、行业标准与专利以加工工艺、设备和相应的产品为主，统计数据以国家统计局经济行业分类为主，国外的统计数据以特点显著的部分发达国家和少数发展中国家为主等。

七、本年鉴的编辑、出版、发行等工作，得到了中央及各级有关部门、协会、学会、科研院所、高等院校、生产企业、社会团体的大力支持和帮助，谨此表示衷心的感谢！

目　录

编辑出版说明

Contents

Part Ⅳ Domestic Comprehensive Statistics Materials

Part Ⅴ Standard and Patents

Part Ⅵ Chronicle of Events

Part Ⅶ Appendix

1

第一部分

专题论述

提升创新能力 强化科技支撑
推动我国食品工业持续健康发展

科学技术部农村科技司

以习近平新时代中国特色社会主义思想为指导，全面贯彻党的十九大和十九届二中、三中、四中、五中全会精神，坚持稳中求进工作总基调，立足新发展阶段，贯彻新发展理念，构建新发展格局，以推动食品产业高质量发展为主题，以满足人民日益增长的美好生活需要为根本目的，坚持面向世界科技前沿、面向经济主战场、面向国家重大需求、面向人民生命健康，完善食品科技创新体系，推进关键核心技术攻关，强化食品高新技术转化应用，支撑引领我国食品工业持续健康发展。

一、国内外食品工业发展趋势

（一）国外食品工业发展趋势

1. 未来食品科技颠覆传统食品工业制造模式 面对人口与全球资源、环境挑战，以纳米技术、合成生物学、物联网、人工智能等为基础的"更健康、更安全、更营养、更美味、更高效、更持续"为特征的"未来食品"必将成为解决全球食物供给和质量、食品安全和营养、饮食方式等问题的有效途径。以合成生物学为基础的"组织培养肉"和"细胞牛奶"、基于植物蛋白仿真制造的"人造肉"素食、基于精准营养设计的健康食品、基于3D打印技术制造零损耗全价食品等未来食品制造技术正在全面颠覆目前的农业生产方式和食品加工制造模式。自2013年第一块"培养肉"诞生之后，目前世界上已经有28家培养肉初创公司，开展牛、猪、鸡、鸭、鱼等培养肉产品开发研究。

2. 智能制造技术成为驱动食品工业制造的新动力 发达国家依托现代信息技术对传统制造业进行升级改造，加速传统制造业回流并重塑制造业。德国"工业4.0"引领全球食品工业领域发展，快速推动着传统制造业向智能化制造的转型。工业机器人、全智能化加工制造等新技术装备与食品物性科学、柔性制造等有机结合，加工制造新系统不断涌现。食品加工智能化装备推动食品资源加工利用和加工效率的巨

大变革，2015年全球工业机器人在食品工业应用率提升27%，占到全球智能制造的4%。

3. 生物技术成为未来食品工业竞争的核心技术 近20年来，以基因工程、细胞工程、酶工程为代表的现代食品生物技术迅猛发展，广泛应用于食品高效柔性化加工、食品安全危害物快速检测、食品保鲜防腐、新食品资源开发等方面，并逐渐成为未来食品工业的核心技术。基于代谢调控的细胞工厂技术和不断开发的微生物资源，可以将更多的功能因子利用生物技术制造，替代传统的耗时、耗力且不环保的提取工艺。许多国家都把生物技术产业作为食品工业优先发展的战略性产业，欧盟科技发展第六个框架将45%的研究开发经费用于生物技术及相关领域。

4. 主动防控检测技术成为食品安全保障的发展核心 发达国家通过不断完善食品风险监测和预警网络、加大未知物筛查和高通量筛查等检测技术开发应用，正推动食品安全风险分析和供应链管理两个层面向主动预防方向发展。在监测网络建设方面，世界卫生组织（WHO）/联合国粮食及农业组织（FAO）构建了国际食品安全当局网络（INFOSAN）。世界发达国家和地区逐渐构建了食品安全风险检测、食品安全预警和食品安全可追溯三大系统。美国重点建设细菌分子分型国家电子网络、食源性疾病主动监测网络等系统。在技术标准方面，未知物高通量筛查等新型检测、智慧物流，以及AI风险分析预警等技术正不断推动食品安全由被动防控向主动预防、主动安全防控方向发展。发达国家在国际先进标准采标率方面均遥遥领先，其中英国为91.27%，德国87.99%，法国79.85%，而我国仅为16.12%，与发达国家存在较大差距。

5. 多组学和大数据技术成为营养与健康保障的利器 宏基因组学、代谢组学、食品组学等技术发展正在深刻地改变着食品营养与健康领域的发展模式和方式，推动着人类营养学研究由大众干预向特殊人群干预和个人精准营养方向的快速转变。《2017年全球

营养报告》公布全球 1/3 人群营养不良，88％国家面临成年女性肥胖问题，20 亿成年人超重或肥胖，20 亿人缺乏铁和维生素 A 等关键微量营养素。为此，WHO 启动实施了《2016－2025 年联合国营养行动》；美国实施了美国妇幼营养补助计划（WIC）、美国老年营养服务计划，日本制定实施了《饮食教育基本法》、日本营养午餐计划，以法律和计划行动等方式系统化保障国民营养健康。美国和日本都开发出了针对人类疾病和健康状态监测的纳米机器人，英国基因检测公司 DNAFit 和美国食品电商公司 Habit 等正在构建基于个体基因的定制化、个性化饮食服务，以实现营养膳食的"量身订制"。

（二）我国食品工业发展趋势

1. 行业总体保持平稳较快增长　面对食品工业人力、能源、原材料等成本不断攀升的压力，通过推进科技创新和技术进步，推动了行业总体保持平稳较快增长。2018 年，中国食品工业总产值为 9.02 万亿元，全国规模以上食品企业由 2011 年的 3.2 万家增加到近 4.1 万家，规模化程度日益提高，"小、散、弱"的产业状况得到初步改善，主营业务收入同比增长 5.3％；百元主营业务收入的成本同比减少 0.65 元。实现利润总额 6 694.4 亿元，同比增长 8.4％，近 5 年增长水平最快。完成工业增加值同比增长 6.3％，高于全国工业 6.2％的增速。食品工业完成工业增加值占全国工业增加值的比重为 10.6％，对全国工业增长贡献率 10.7％，拉动全国工业增长 0.7 个百分点。

2. 产业集群化发展态势明显　我国食品工业规模大，门类全，市场广，发展快，呈现出集群化发展趋势。一是大融合。一二三产业融合发展是食品工业特有的优势，让农业"接二连三"，延长产业链、提升价值链、拓宽增收链，实现全产业链深度大融合，使种植业、加工业和服务业协调发展。二是大集群。发挥区位资源禀赋、消费习惯及现有产业基础等优势，优化食品工业空间布局，在优势区域兴建食品工业园，并已呈现出大集群发展倾向，食品工业向主要原料产区、重点销区和重要交通物流节点集中。

3. 新业态新模式不断涌现　围绕食品工业结构调整和产业升级需要，开发推广了一批食品工业新业态新模式。一是通过"互联网＋"、物联网、信息化和智能化、绿色加工、低碳制造等技术开发应用，打造和培育了食品工业新兴产业，建设了一批智能车间和智能工厂，支撑了食品工业快速转型升级，特别是乳品、饮料加工业步伐较快。二是通过品质监控全程追溯技术的开发推广，保障了食品加工制造与物流配送全过程质量安全，实现了食品加工制造、储藏、运输和销售等全程溯源。三是通过全程冷链技术的开发推广，保障了食品从"农田到餐桌"全程质量安全。新业态新模式，激发了食品工业产业升级的新动能新活力。

4. 科技支撑作用显著增强　从"十一五"到"十三五"，组织实施了多项食品工业重大和重点项目，一批科技成果的转化应用支撑了食品工业发展。在科技创新驱动下，实现了科技与食品工业的原料生产、加工制造、冷链物流等全产业链无缝对接，实现了自动化、智能化、网络化、信息化的深度融合，保障了产业链各环节的食品质量安全，推动了食品工业新兴业态的发展，促进了食品精深加工、主食工业化和综合利用协调发展，实现了"产业链、价值链、创新链"的统一和融合，为推进食品工业转型升级提供了有力的科技支撑。

二、我国食品科技创新工作成效

（一）食品工业科技理论基础研究取得新进展

近年来，我国加强了对食品科技的基础理论研究，在原料特性、加工理论、贮藏保鲜、安全控制以及食品对人体健康影响等方面取得新进展。基于人类基因组学、肠道菌群微生态组学与健康、食材分子营养组学特性与人类营养代谢组学等在营养健康方面的研究不断深入；云技术、大数据和"互联网＋"等食品新型加工理论与技术取得阶段性突破；"合成生物""分子食品"等概念食品制造理论与技术已进入初步探索阶段，食品工业科技理论基础新进展显著提升了我国食品工业科技的国际影响力。2007—2016 年的 10 年间，全球食品科学与技术学科发文总量 20.3 万篇，其中中国发文 2.5 万篇，占全球总量的 12.47％，且中国每年以 25％的增速同步增长。2019 年软科世界一流学科排名显示，食品领域排名前十的高校中中国高校占据了 5 席。

（二）食品工业科技共性关键技术取得新突破

我国科技投入机制有效推动了食品工业科技创新，自主创新水平快速跃升，关键共性技术得到不断突破。1996 年至今，科技部通过国家主体计划（包括国家科技攻关计划、国家科技支撑计划、国家高技术发展计划和国家重点研发计划等）的连续支持，食品领域累计资助 91 个项目，共投入国拨经费 36.9 亿元。2009 年，国家基金委在生命科学部新设食品科学学科，2010—2015 年累计资助 2 438 个项目，资助金额 11 亿元。伴随项目的实施和推进，食品领域年度发明专利申请数量突破万件，专利数量在全球排名第一。2000—2018年食品科学领域累计获国家奖87项，其中国家技术发明一等奖1项、二等奖20项；国家科技进步一等奖1项、二等奖65项。取得了一批以营养健康食品加工、中华传统食品在工业化、大宗粮食转化、食品生物工程、食品装备制造等为代表的引领产业发展的重大创新成果，在工业化连续高效分离提取、非热加工、低能耗组合干燥、无菌灌装、自动化屠宰、在线品质监控和可降解食品包装材料等绿色制造技术装备上也取得了重大突破，重点装备自给率达到80%，产后物流损耗由15%以上降低至10%左右。食品科技支撑产业发展能力明显增强。

（三）创新平台提升了食品工业科技创新能力

目前我国食品科技创新体系已经构建了较为完备的覆盖基础研究、技术创新与成果转化平台。2个国家重点实验室、14个国家工程技术研究中心，以及一批省部级重点实验室、技术研发中心、产业科技创新战略联盟的建设为食品工业科技基础研究提供强有力平台。国家重点实验室围绕食品科学与技术领域基础和应用基础性的国际研究前沿，立足食品与人体健康的相关性研究，正在逐步形成国际一流水平的食品基础研究能力；工程中心和研发体系成为团队建设和合作交流的重要阵地，有效构筑了食品工业发展的人才梯队、学科群体和交流平台；产业科技创新联盟通过科研院所—高校—企业的协同创新，解决了食品生产加工中的"卡脖子"问题，促进了产业发展。

（四）科技成果的转化应用支撑了食品工业发展

我国已基本形成了政产学研用协同创新体系，一大批自动化加工装备、保鲜与物流技术等创新成果的应用推动了食品工业的快速健康发展。如36 000瓶/h纯生啤酒玻璃瓶智能灌装线、16 000包/h液态奶无菌包装线、10 000只/h肉鸡自动屠宰加工生产线等关键单机及成套装备，全面提升了我国食品装备行业的整体水平，加工效率和产品质量极大提升，生产成本显著降低。食品装备贸易顺差从2015年的6.09亿美元大幅提升至2017年的15.65亿美元，标志着国产食品装备正逐步替代进口产品。新的保鲜和物流配送技术得到长足发展，推动了网络食品和网络餐饮等新兴业态的发展。作为合成保鲜剂的替代，天然保鲜剂如壳聚糖、茶多酚、溶菌酶等相关产品逐渐应用于食品保鲜，提高了食品的安全性；基于GPS、GIS技术与蚁群算法等对车辆实时有效追踪和监控，实现车辆最优调度，降低配送成本与运输成本；食品仓储实现智能化分拣，极大提升了仓库运行效率。这些科技成果的应用，促进了农产品初加工、精深加工、主食

工业化和综合利用协调发展，实现了"产业链、价值链、创新链"的统一和融合，食品质量安全总体向好，为推进食品工业转型升级提供了有力的科技支撑。

我国食品科技创新成效显著，支撑了食品工业健康发展，但在源头创新、自主创新及高水平创新人才团队建设等方面仍需进一步加强。一是食品科技源头创新相对薄弱，食品营养科学基础理论研究不足，缺乏全面科学的食品物性基础数据，科学基础和关键理论支撑不够，技术创新源动力不强；二是食品核心技术装备自主创新能力相对薄弱，高质量酶制剂70%依赖进口，食品高端检测装备和大型关键核心装备被国外垄断；三是缺乏具有全球视野和国际水平的战略科技领军人才和高水平创新团队，技术创新人才体系及人才引进机制需要进一步完善。

三、食品科技发展重点任务与保障措施

"十四五"期间，食品科技战线要紧紧扭住供给侧结构性改革这条主线，持续深入创新驱动发展战略，坚持"四个面向"，完善国家食品科技创新体系，打造国家食品战略科技力量，提升企业技术创新能力，激发人才创新活力，完善科技创新体制机制。贯通生产、流通、消费各环节，形成需求牵引供给、供给创造需求的更高水平动态平衡，支撑引领我国食品工业高质量发展。

（一）攻克关键核心技术

坚持战略性需求导向，确定食品科技创新方向和重点，从基础前沿、重大共性关键技术和应用示范等方面进行全链条创新设计。针对人们对食品营养健康水平提高需求，研究中国人膳食需求和健康调控机理、食品物性科学基础及其与绿色制造、营养健康的关系，以及食品加工和储藏过程营养组分结构变化规律等。以保障食品质量提升产业发展为目标，研发食品生物制造、高效萃取分离、节能干燥、新型杀菌、适度加工、物流包装等食品加工制造单元新技术与装备；研发优质健康粮油食品、畜禽食品、水产品、果蔬制品、传统特色食品、中央厨房等新产品新装备的绿色高端制造技术；突破细胞工厂、食品增材制造、合成生物学、智能化装备等食品加工制造新技术。

（二）加快科技创新平台建设

以国家目标和战略需求为导向，布局一批综合集成学科交叉融合的食品科技领域国家实验室，建设一批重点实验室、工程实验室、企业技术中心；着力推进以食品加工制造为特色的科技园区建设，

培育一批具有国际竞争力的食品领域高新技术企业；布局跨区域、跨领域的全链条协同创新基地，打造一批具有引领作用的创新前沿阵地；系统构建多层次、多目标、多学科交叉融合的科技创新体系，实现存量协同优化、增量稳步提升的总体策略，深入推进产学研合作，逐步实现创新资源向基层延伸，区域布局持续协调，打造我国食品科技创新平台。

（三）加强创新人才培养

加快推进食品领域创新人才队伍建设，形成一支具有世界前沿水平的食品科技创新人才队伍，努力打造梯次齐备的高素质创新人才团队，重点建设国际一流的食品科技创新团队和优秀创新团队。建立有利于食品科技创新人才、支撑人才、管理人才发展的分类评价机制，深化高校、科研院所人事制度和收入分配制度改革；建立健全人才集聚和流动机制，完善激励机制和科技评价机制；加快推进食品领域国内青年优秀人才培养，使更多青年优秀人才脱颖而出，建设规模宏大的食品科技人才队伍；推动人才结构战略性调整，突出"高精尖缺"导向，实施贯穿食品科技基础研究、技术开发、产业应用的全链条重大人才工程，着力发现、培养、集聚战略科学家、科技领军人才、企业家人才和高技能人才队伍。

（四）完善科技创新体制机制

以激发全社会食品科技创新活力为导向，加强科技体制与机制创新，强化国家战略科技力量，充分发挥国家作为重大科技创新组织者的作用，发挥新型举国体制优势，壮大创新主体。充分发挥企业在科技创新中的主体作用，支持领军企业组建创新联合体，带动中小企业创新活动；改革高校、科研院所组织管理和运行机制，发挥好重要院所高校国家队作用，推动科研力量优化配置和资源共享；完善食品科技成果转化机制建设，明确食品科技创新主体、成果转化主体、成果应用主体；重点布局一批基础学科研究中心，支持有条件的地方建设国际和区域科技创新中心。

创新管理　　整体推进
向"食品加工及粮食收储运"专项
预期目标努力冲刺

中国农村技术开发中心主任　邓小明

现代食品加工业是涵盖食品原料控制与储运、加工与转化、物流与消费等全产业链各环节，与"三农"密切关联的国民经济战略性基础产业和"减损增值工程"；是与人类营养科学、现代医学、生物化学、农业科学、食品安全学和食品科学与工程，以及生物、信息、新材料、现代制造和智能化控制等高新技术密切关联的"现代制造业"和"现代餐桌子工程"；是一个"惠民生、利三农、快增长、新优势、高科技、助健康、大潜力、可持续"的"民生大产业"，与公众的膳食营养和饮食安全息息相关的"国民健康产业"。

实施"现代食品加工及粮食收储运技术与装备"重点专项（以下简称"食品专项"）是支撑现代食品工业快速健康和可持续发展的重要保障，是提升我国传统食品现代化水平和实现装备替代进口的必然选择，是确保国家食品品质营养与质量安全及粮食安全的重要环节，是全面提高农业产业化水平和农业综合效益的重要手段，是应对全球食品产业与科技发展的新形势、新需求和新挑战的根本途径。

一、食品专项总体情况

"十三五"期间食品专项共设置"食品加工应用基础研究""食品加工核心技术开发与装备创制""食品加工工程化技术集成应用与产业化示范"三大板块。食品专项针对未来5年现代食品加工制造与装备开发产业及粮食收储运行业中迫切需要解决的技术问题，按照全链条布局、一体化实施的总体思路，分三批共启动实施44个项目，其中2016年启动16个项目，中央财政经费58 500万元，自筹经费25 990万元，执行期5年；2017年启动14个项目，中央财政经费33 043万元，自筹经费24 540万元，执行期4

年；2018 年启动 14 个项目，中央财政经费 24 799 万元，自筹经费 28 475 万元，执行期 3 年，三批项目累计中央财政经费 116 342 万元，自筹经费 79 005 万元。

食品专项三批共立项 44 个项目，223 个课题，1 147 个研究任务，实际参加单位 436 家（其中高校 121 家、事业型研究单位 101 家、企业 214 家），囊括了国内现代食品加工及粮食收储运技术领域绝大多数优势单位和研发力量。专项按照 2019 年度计划进度执行顺利，完成了预期的阶段性研究、开发及示范任务，有力支撑保障了食品品质营养与质量安全及国家粮食安全，推动了现代食品工业快速健康、可持续发展和综合效益提升。

二、集体发力，整体推进，专项年度苗头性重大成果不断涌现

专项紧紧围绕现代食品物流的信息化/智能化/低碳化、全产业链质量过程控制开发、中华传统与民族特色食品工业化及工程化食品加工、粮食收储运技术装备研发等关键问题与重大科技需求，启动部署了应用基础研究 5 个项目、核心技术开发与装备创制 26 个项目、工程化技术集成应用与产业化示范 13 个项目。从原料分析/筛选、功能成分分离/制备/表征、分析方法及测试评价体系创新、肠道微生物组学研究、信息化数据构建与分析、新型加工技术及装备创制、新产品开发及产业化示范等方面开展了系统性的研究工作，推动了食品加工及粮食收储运技术领域理论、技术、装备、应用等方面创新与发展。

2019 年度，专项取得新理论、新原理 66 个，发表科技论文 1 746 篇（其中 SCI/EI 检索论文 633 篇），出版专著 35 部，取得软件著作权 64 项，陆续涌现出一批达到或接近世界先进水平的研究成果，这些成果成为引领我国食品加工及粮食技术领域原始创新的主要力量。取得新技术、新工艺、新方法 483 个，累计申请发明专利 1 018 件（其中国际发明专利 30 件），获得授权发明专利 110 件，申请其他各类专利 211 件，其中获得授权 113 件；制定标准 208 项，其中国家标准 16 项，行业标准 78 项，其他标准 114 项；取得新产品、新装置 621 个，新建生产线 94 条，新建示范工程 83 个，转让成果 101 项，成果转让收入 3 096.5 万元，培训技术人员 3 819 人。专项成果在"十三五"期间引领了我国食品加工及粮食技术领域科技进步的快速发展，有效地推动了食品工业技术创新和产业升级换代，为国民经济建设主战场提供有力科技支撑，有效拓展和带动了我国现代农业发展。

（一）低温调控生鲜果蔬品质机理研究取得新进展

建立了低温降低生鲜果蔬呼吸强度和抑制微生物生长的动力学模型，系统阐述了温度、湿度、气体等环境因子对果蔬衰老和主要生理生化代谢及生理失调的影响规律，以及品质劣变和腐烂损耗的生物学机制，为冷链物流的品质控制提供了理论依据。一是揭示了导致番茄果实的冷害以及风味（糖酸含量）物质的变化规律。其中，显著差异代谢物包括 7 种氨基酸、27 种有机酸、16 种糖及 22 种其他物质。二是筛选出果实冷害木质化转录调控的关键基因。枇杷 EjMYB1/2/8、EjAP2-1 和 EjNAC3 是采后冷害木质化的重要候选转录因子。三是提出了果实应答采后低温胁迫的表观遗传调控机制。转录抑制子 MaMYB4 可通过招募组蛋白去乙酰化酶 MaHDA2 到其靶基因 MaFAD3s 启动子区域，影响其转录与不饱和脂肪酸含量，进而调控了香蕉果实采后物流的抗冷性。研究结果先后在《New Phytologist》《Plant Physiology》《The Plant Journal》等期刊发表。项目的部分成果获教育部自然科学奖一等奖，为保障果蔬物流品质和支撑产业可持续发展提供了有力支撑。

（二）食品综合加工基础研究取得重要进展

系统构建了基于特征组分多层次结构变化的食品品质功能形成与调控新理论和新方法。一是揭示了特征组分互作与界面行为调控乳液功能的结构基础。揭示了玉米纤维胶等四类典型乳化剂在油/水界面的流变性质、界面膜结构及乳化性，提出了乳化机理模型，为天然食品乳化剂的应用和选择提供理论指导。二是阐明了典型加工条件下特征组分多尺度结构变化的结构基础。三是明确了关键结构域与食品品质功能调控的理论基础，全面揭示了高水分挤压过程中蛋白构象变化与纤维结构形成的关联机制。四是建立了基于特征组分结构变化的食品加工过程调控模型与可视化平台。

（三）粮油加工关键技术及装备研究取得重大突破

一是研发出内源营养米加工关键技术设备，成功解决了目前传统碾米设备无法兼顾的"既保留米胚的营养，又保证加工精度及其口感"的难题，在满足加工精度的同时，留胚率达 85% 以上。该装备具有低能耗、低破碎率、低温升、高效率、高留胚率、高整精米率等优点，粳米只需 1 道、籼米只需 2 道，加工精度就能达到国家标准。该项成果目前已在贵州茅贡

米业有限公司和湖北禾丰粮油集团等多家企业推广应用，成果的推广应用有望进一步推动国内现有稻谷加工业技术装备现代化。二是开发出多种青稞产品，研制出大黏度输送机和清理筛，对青稞挂面生产过程中连续压延和干燥工艺进行改进，解决了鲜湿青稞面的保鲜问题。相关成果的应用已分别在西藏、甘肃及湖北建立了青稞米、青稞粉和青稞挂面生产示范线，使青稞除杂率达到96%，保障了青稞产品品质的提升。推动了东西部地区青稞产学研团队相互合作，带动了青稞产业超25亿元的投资，已在西藏建立3条示范线（其中国家级深度贫困县日喀则江孜县1条），有力地带动了西藏青稞产业的发展，推动西藏地区的产业扶贫。

三、落实新时期科技计划改革精神，强化组织实施，提高管理成效

按照党中央、国务院关于推进科技领域"放管服"、优化科研管理提升科研绩效、加强作风学风建设等要求，在科技部党组统一领导下，农村中心主动谋划，持续探索创新管理举措，努力做到放出活力、管出成效、服务到位，推动从研发管理向创新服务转变。

（一）加强组织管理、整体协同推进

从多角度思考和探索专项过程管理措施，开展了以"公平、公正、公开"为原则的过程管理流程再造、以综合绩效为导向的项目评价、以专业机构创新服务为目的和弘扬科学家精神为引导的作风建设，为"十三五"项目管理注入新思路。食品专项建立了总体专家组责任专家对口跟踪项目机制，每个项目原则上由2名以上总体专家组成员全程跟踪项目实施，全面负责专项一体化实施的技术组织工作，充分发挥总体专家组技术层面把关、支撑项目高质量实施的作用。强化中期检查等重点环节管理服务，2019年按规定完成食品专项2017年立项的14个项目的中期检查，占总项目比例31.8%。

采取"四级减负"切实减轻科研人员负担，减少信息填报与材料报送、精简过程检查、按管理权限下放调整决策权、简化预算编制要求，为科研人员"松绑""解绊"。推进专项制度化管理，及时发现食品专项管理过程中出现的问题，依照《国家重点研发计划管理暂行办法》和中心专业机构管理制度相关规定，优化食品专项新闻宣传报备、重大事项报备等管理制度，不断推进食品专项管理的制度化和标准化。

督促项目法人单位落实责任和管理要求，推动法人单位内部建立健全科研、财务和行政管理相结合的制度，充分调动承担单位和科研人员的积极性、主动性和创造性。组织细化落实项目实施和经费执行的年度计划，对项目和经费执行情况以及日常管理工作进行不定期检查，并实行重大事项报告制度，确保项目顺利组织实施，经费使用科学合规。

（二）创新管理模式，加强一体化组织实施

建立"项目群"管理模式，确保专项交流协作的一体化。按照专项一体化协同推进模式，建立"项目群"交流机制，将三批44个项目，根据研究对象、技术内容、研究目标等特点划分为"粮油加工""食品综合加工""食品加工装备""农产品保鲜与物流"等12个"项目群"。2019年共召开3次"项目群"交流会议，推动创新链上中下游之间有效衔接。注重重大标志性成果凝练和转化应用，引导项目成果"沿途下蛋"，积极推动专项成果与企业或园区转化对接，服务行业和地方高质量发展，切实加强项目间、课题间的衔接与交流，促进了基础研究、关键共性技术研究和典型成果应用示范的有效衔接，实现了全产业链科技创新的一体化实施。

建立通畅的沟通协调机制。分年度将项目/课题负责人、联系人，项目/课题科研财务助理联系方式汇编成通讯录，借助QQ、微信等新媒体形式，建立食品专项管理QQ群、微信群，保证食品专项及项目各类通知快速传达，建立了上下联动的沟通协调机制。

（三）推动管理方式转变，全面推行"绩效四问"

认真贯彻落实"国发25号文"精神，在重点专项管理中，构建以创新成果质量为导向、以绩效评价为手段、以提高项目管理和服务质量为目标、将成果质量评价贯穿于项目管理全过程的绩效管理新模式，推动项目管理从重数量、重过程向重质量、重结果转变。

为提升项目管理绩效，中心提出了重点专项"绩效四问"管理理念，引导督促项目实施主体认真思考和回答好四个问题：一是做了什么工作，怎么做的，谁做的；二是发现和解决了什么问题；三是为后续相关研究奠定了什么基础；四是为行业和产业科技进步以及区域经济社会发展做了什么贡献。结合专项特点和财务共性问题，通过项目经验交流会、工作推进会、项目群交流会等形式，按照"抓两头、带中间"方式优化管理服务，以"绩效四问"为抓手，及时总结好的做法、模式和经验，进一步明确管理要求和工作重点，并形成会议纪要，下发至各项目单位、负责人、总体组专家，切实解决法人责任履行不到位、项目统筹不够、课题协同不畅等问题，引导项目执行人

员潜心科研、推动高质量成果产出。"绩效四问"得到各方面认可与共识，项目承担单位和负责人将其作为强化法人责任、提升科研绩效的重要依据，在项目实施中推进落实。

通过"现代食品加工及粮食收储运技术与装备"重点专项的实施，我国食品加工与装备制造领域在食品检测、自动控制、节能环保、分离提取等方面取得了重大突破，解决了一批食品生物工程技术领域的重大前沿性和共性关键技术问题，构建了一支适应未来食品科技发展需求的高水平人才队伍，有效提升了我国食品产业科技的自主创新能力和核心竞争力以及产业的可持续创新驱动发展能力。

中国食品科技：从2020到2035

中国工程院院士　陈坚

一、中国食品科技：现状、问题、趋向

随着社会的发展，我国食品工业的任务不断变化。在新时代中国特色社会主义建设背景下，人民对于食品的需求已经从基本的"保障供给"向"营养健康"转变。食品工业与人民生活质量密切相关，是满足人民日益增长的美好生活需要的民生基石。根据世界卫生组织报告和《柳叶刀》研究，膳食是仅次于遗传而影响人类健康的第二大因素，约16.2%的疾病负担归因于膳食，因此，食品工业是实现"健康中国"战略目标的坚实保障。我国食品产业位居全球第一，是国民经济的支柱产业，2017年产值11.4万亿，占全国GDP的9%，对全国工业增长贡献率达12%，拉动全国工业增长0.8个百分点。预计未来10年，中国的食品消费将增长50%，价值超过7万亿元。因此，我国食品工业是实施乡村振兴和可持续发展战略的中坚力量。作为全球食品贸易大国，我国食品进出口均居世界第一。食品工业是融合全球供应链和提升我国国际竞争力的重要支撑。我国食品领域论文发表量、论文引用数量、专利申请和授权数量均位居世界第一。在软科发布的2019年全球食品学科排名前十的榜单中，中国大学占据了5席。我国一批关键技术实现了国外输出，例如超高压、挤压重组技术等；部分装备占领国际市场，例如万吨油脂加工装备、肉品加工装备等；部分产品在国际市场占主导地位，例如浓缩苹果汁占世界市场的60%、番茄酱占世界市场的1/4。因此，食品科技是贯彻创新驱动发展战略的重要抓手。

虽然，我国食品领域发展迅速，但是依然面临以下6个方面问题：第一，引领性基础研究少。2008—2018年，在自然科学三大顶级期刊《Cell》、《Nature》和《Science》上发表食品相关论文分别为48篇、62篇和42篇，其中我国作为主要完成单位的论文仅分别为1篇、5篇和3篇。第二，领跑技术比例小。美国、日本和德国在食品领域领跑技术比例分别占48%、29%和13%，而我国在食品领域领跑技术比例仅占5%，与主要发达国家差距明显。发达国家主要以企业研发为主，产业化阶段技术比例在80%以上，而我国食品技术产业化比例低。第三，装备自主创新能力低。美国、日本和欧盟等食品智能装备专利占全球80%以上，而我国食品装备年进口额近300亿元，大型食品企业80%的关键高端装备依赖进口。第四，加工增值和资源利用不足。美国和日本食品工业产值与农业总产值之比分别为3.7：1和11.7：1，而我国食品工业产值与农业总产值之比小于2：1。我国食品工业消耗巨大资源和能源，包括年用水约100亿t、耗电2 500亿kW·h、耗煤2.8亿t、废水50亿m³、废物4亿t。第五，食品毒害物检测国外依赖度高。我国快速检测产品集中以农兽药残留为主（占比80%），受国际认可不足10%。食源性致病菌等核心检测试剂和毒素标准物质高度依赖进口。复杂基质分离材料国产产品占比不足15%，用于8种微生物快速检测的84个检测产品几乎没有国产产品。第六，生鲜食品储运损耗大。美国蔬菜加工运输损耗率1%～2%，荷兰向世界配送果蔬损耗率5%，日本生鲜农产品产后商品化100%。而我国生鲜农产品物流损耗率较大，分别为：果蔬20%、肉类8%、水产品11%、粮食8%，生鲜食品冷链流通率仅8%，储运损耗方面损失高达千亿元。

随着生物技术、人工智能、大数据技术和先进制造等技术领域的快速兴起和蓬勃发展，我国食品

科技发展战略趋向表现在以下 6 个方面：第一，食品合成生物学。构建食品细胞工厂，以可再生生物质为原料，利用细胞工厂生产肉类、牛奶、鸡蛋、油脂、糖等，颠覆传统的食品加工方式，形成新型生产模式。第二，食品精准营养与个性化制造。基于食物营养、人体健康、食品制造大数据，靶向生产精准营养与个性化食品。第三，食品装备智能制造。利用数字化设计和制造技术，结合感知物联和智能控制技术，开发食品工业机器人、食品智能制造生产线和智慧厨房及供应链系统。第四，增材制造（3D 打印）。基于快速自动成形增材制造、图像图形处理、数字化控制、机电和材料等工业化数字化技术，生产传统食品和新型食品。第五，全程质量安全主动防控。基于非靶向筛查、多元危害物快速识别与检测、智能化监管、实时追溯等技术的不断革新，食品安全监管向智能化、检测溯源向组学化、产品质量向国际化方向发展。通过提升过程控制和检测溯源，构建新食品安全的智能监管。第六，多学科交叉融合创新产业链。大数据、云计算、物联网、基因编辑等信息、工程、人工智能、生物技术等深度交叉融合正在颠覆食品传统生产方式，催生一批新产业、新模式、新业态。

二、未来食品面临的挑战和需要具备的特点

随着环境污染、气候变化和人口增长，安全、营养和可持续的食品供给面临巨大挑战，主要表现在以下 4 个方面：第一，生态效应方面。食品生产产生 25% 温室气体并需要 40% 耕地，对生态造成巨大压力。第二，人口方面。随着全球人口的增长和生活水平提升的需求，预计到 2050 年全球需要蛋白增量将达到 30%～50%。第三，气候变化方面。世界上 70% 的饥饿人口生活在气候变化最为严重的地区，对食品的供应造成严峻挑战。第四，公共健康方面。因现代饮食方式产生的慢性疾病而造成年死亡人数增加 500 万。

未来面临的挑战对未来食品供给和功能提出了新的要求，食品需要成为人类未来生产方法和生活方式改变的代表性物质；食品科技发展应该成为系统生物学、合成生物学、物联网、人工智能、增材制造、医疗健康、感知科学等技术的集成研究；未来食品在解决全球食物供给和质量、食品安全和营养等问题基础上，满足人民对美好生活的更高需要；未来食品的标签是"更安全、更营养、更方便、更美味、更持续"。植物基食物发展是未来食品技术发

展的重要方向。2013—2017 年全球植物蛋白、活性物质、甜味剂、药物和调料、色素的复合年增长率高达 62%，未来仍将呈高速增长趋势。未来食品技术组成将更加完备，将从食品加工领域扩展到营养健康、食品生物工程、智能制造等相关领域，构成多技术体系协同推进未来食品发展，构成未来食品技术结构树，支撑未来食品领域的健康和有序发展。

三、未来食品科技

（一）食品合成生物学

合成生物学是新的生命科学前沿，以工程化设计理念对生物体进行有目标的设计、改造乃至重新合成，是从理解生命规律到设计生命体系的关键技术。合成生物学成功的产业化案例是 2013 年美国 Amyris 和法国 Sanofi 利用合成生物学技术联合开发出能高效合成青蒿酸的酿酒酵母细胞工厂，并在此基础上通过化学合成的方法将青蒿酸转化为青蒿素，实现商业化生产。100m² 车间相当于 3 333.3hm²（近 5 万亩）种植产量，从而建立了青蒿素从植物提取到生物合成的颠覆性生产性路线。合成生物学技术在生物医药领域的成功应用促使全球合成生物学研究蓬勃兴起，世界各国迅速推进该领域发展。合成生物技术的研究和产业化应用正在重塑世界。然而，目前合成生物学研究主要集中在医药和化学品生产领域，食品领域合成生物学的基础和应用研究起步相对较晚，发展相对薄弱。率先推进食品合成生物学的技术研究并且实现食品合成生物学技术的产业化，将抢占世界的科技前沿和产业高地。

食品合成生物学是在传统食品制造技术基础上，采用合成生物学技术，特别是食品微生物基因组设计与组装、食品组分合成途径设计与构建等，创建具有食品工业应用能力的人工细胞，将可再生原料转化为重要食品组分、功能性食品添加剂和营养化学品，来解决食品原料和生产方式过程中存在的不可持续的问题，实现更安全、更营养、更健康和可持续的食品获取方式。食品合成生物学既是解决现有食品安全与营养问题的重要技术，也是面对未来食品可持续供给挑战的主要方法，能够解决传统食品技术难以解决的问题，主要包括以下 4 个方面：①变革食品生产方式；②开发更多新的食品资源；③提高食品的营养并增加新的功能；④重构、人工组装与调控食品微生物群落。食品合成生物技术主要研究领域包括食品细胞工厂设计与构建、食品生物合成优化与控制及重组食品制造与评价。

食品合成生物学发展需要经历以下 3 个阶段：第一阶段是通过最优合成途径及食品分子修饰，实现重要食品功能组分的有效、定向合成和修饰，为"人造功能产品"细胞的合成做准备。第二阶段是建立高通量高灵敏筛选方法，筛选高效的底盘细胞工厂，实现重要食品功能组分的高效生物制造，初步合成具有特殊功能的"人造功能产品"细胞。第三阶段是实现 AI 辅助的全自动生物合成的设计及实施；通过精确靶向调控，大幅度提高重要食品功能产品在异源底盘和原底盘细胞中的合成效率，最终实现全细胞利用。

人造食品的总体技术路线是构建细胞工厂种子，以车间生产方式合成奶、肉、糖、油、蛋等，具有营养与经济竞争力，实施颠覆性技术路线，缓解农业压力，满足日益增长的需求。相比于传统食品制造，基于细胞工厂种子的人造食品制造能够将土地使用效率提高 1 000 倍，每吨粮食可节约用水 90% 以上，并且生产过程不需使用农药化肥。主要人造食品包括"人造蛋"、"人造肉"和"人造奶"。目前，美国 Hampton Creek 公司将豌豆和多种豆类植物混合，研发"人造蛋"，产品营养价值和味道与真蛋相似。此类"植物蛋黄酱"已经在香港等地的超市销售。美国 Clara Foods 科技公司通过酵母细胞工厂构建、发酵合成卵清蛋白，是利用生物合成技术创制动物蛋白的范例。"人造肉"技术被《麻省理工学院技术评论》评为 2018 年全球十大突破技术之一，利用"人造肉"替代传统畜牧业具有重大的生态意义，是全球人造食品研究的热点。传统养殖业排放的温室气体占到全球温室气体排放量的 14.5%，是所有交通工具燃油排放的总和。利用"人造肉"替代或部分替代传统畜牧业，能够显著降低全球温室气体排放。同时区别于传统素肉，"人造肉"与肉类具有更高的相似度，因而具有更高的商业潜力。"人造肉"主要包括"植物蛋白肉"和"细胞培养肉"两大类。实现"人造肉"产业化生产急需攻克的关键技术环节包括：①如何通过植物蛋白提取纯化和全能干细胞分化控制实现植物蛋白、成肌干细胞的高效获取；②如何通过大型生物反应器设计和细胞培养人工智能控制获得规模化生物反应器用于"人造肉"制备；③如何实现血红素等风味物质高效制备和维生素等营养物质的高效合成，实现"人造肉"制品食品化；④如何利用植物蛋白纹理结构重组和食品 3D 打印技术实现"人造肉"制品结构重塑。关于"人造奶"的开发和应用，美国 Perfect Day 公司分析牛奶中 20 种对人体有益及重要的原料，以合成生物技术组装酵母细胞，实现发酵合成 6 种蛋白与 8 种脂肪酸。在分离纯化后再加入钙、钾等矿物质及乳化剂完成最后加工，口味和营养可与天然牛奶相同，并且不含胆固醇和乳糖。据测算，相比于传统牛奶生产方式，"人造奶"生产将减少 98% 的用水量、91% 的土地需求、84% 温室气体的排放，并节约 65% 的能源。

（二）食品感知科学

食品感知（sensory perception）科学是未来食品研究的重要研究领域。食品风味的最基本组成是甜、咸、苦、酸、鲜。味觉与想象力和情感相关，味觉是特有的感官，不同于视觉、听觉和触觉等有共同性的感官，追求食物（渴望、愉悦、释放、满足）的动力对持续掌控生活与积极性更加强而有力。因此，食品感知科学与未来食品对于人们对美好生活的追求息息相关。基于食品的感知科学研究需要重视的研究包括以下 6 个方面：①研究食品的感官特性和消费者的感觉；②探究感官交互作用和味觉多元性；③解析大脑处理化学和物理刺激过程，从而实现感官模拟；④理解感官的个体差异；⑤多学科交叉进行消费者行为分析；⑥评估感官/消费者的方法学。

目前，食品感知科学在基础研究领域获得了众多突破性进展。其中，2019 年《Cell》报道了酸味受体的鉴定结果，同时确定了酸、甜、苦、咸、鲜 5 种味道的神经元结构。研究表明，酸味通过舌头专用的味觉受体细胞（TRC），精细调节大脑中的味觉神经元以触发厌恶行为。在应用研究领域，食品感知科学在酒产品上头和口干机理的鉴定方面得到了成功应用。该研究首先建立宿醉动物模型，确定上头和口干指标，然后，开展行为学、体外脑组织培养高通量筛选技术、生化和生理学实验，明确宿醉的标志物和引起上头、口干的机理。最后，开展转化研究及人体大脑功能性核磁共振扫描。该研究成果为找出酒产品中引起上头和口干的物质成分，了解其造成宿醉反应的机制，并找到减轻饮后上头、口干的干预措施，为提升酒产品的饮后舒适度提供了重要指导。

四、结论

综上所述，我国食品科技的发展现状取得了显著的进展。为解决我国食品领域当前存在的问题和应对未来的挑战，未来食品领域发展的趋势将主要集中在以下 6 个方面：①食品营养健康的突破将成为食品发展的新引擎；②食品物性科学的进展将成为食品制造的新源泉；③食品危害物发现与控制的成果将成为安全主动保障的新支撑；④绿色制造技术的突破将成为食品工业可持续发展的新驱动；⑤食品加工智能化装备的革命将成为食品工业升级的新动能；⑥食品全链条技术的融合将成为食品产业的新模式。

加快推进我国农业食物营养转型发展

国家食物与营养咨询委员会主任　陈萌山

党的十九大报告作出中国特色社会主义进入新时代的重大判断，指出我国社会主要矛盾已经转化为人民日益增长的美好生活需要和不平衡不充分的发展之间的矛盾。站在这样一个新的时点上，准确把握农业食物营养发展的阶段特点，加快解决人民日益增长的营养健康需要与农业供应不适应之间的矛盾，是一个十分重大的现实问题。我国农业和食物营养经历了主要追求数量发展的阶段，重点是满足人民"吃饱饭"的需求；经历了突出追求安全质量发展的阶段，以保障城乡居民"吃得放心、吃得安全"为目标。当前，我国农业正加快进入满足营养健康需求的新阶段，这是新时代下，我国农业历史性跨越的新水平，现代化发展的新标志，全面小康目标的新需求。它的主要内涵是：农业生产从生存型食物供给保障，向健康型满足营养需求转型；食物供给从满足一般性大众型食物消费需求为主，向满足个性化定制型食品消费需求转型；产品加工从适应人民吃饱吃得安全，向吃出健康吃出愉悦转型。

营养健康型农业将带来哪些新的变化？一是消费需求发生巨大变化，食物的营养健康将成为第一需求，口粮消费逐步稳定，菜果畜产品消费迅速增加，消费者对消费数量的要求逐步稳定，食物的营养价值和结构将成为首要问题。二是食物形态发生巨大变化，居民对食物方便、快捷、安全的要求逐步提高，终端消费产品由粮食、食物向食品转变。三是农业功能发生巨大变化，为适应消费者生活需求多样化，农业的生态功能、生活功能、休闲娱乐功能、文化教育功能将进一步凸显。四是农业生产发展方式发生巨大变化，一二三产业融合发展将成为农业生产经营的主要形式。五是农业业态发生巨大变化，电商、物联网、植物工厂、智慧农业逐步成为新的模式和新的动能。

着眼于2020年全面建成小康社会、2035年基本实现现代化、2050年实现社会主义现代化的宏伟蓝图，着眼于提供更加平衡、更加充分的食物营养保障，要求我们必须客观分析农业食物营养转型发展的重要基础条件，科学认识农业食物营养转型发展的新机遇、新要求和主要矛盾，正确谋划未来推进食物营养转型发展的路径策略。

一、农业食物营养转型发展的重要基础

我国农产品供给能力实现了新突破，为农业生产向营养导向转型提供了更多腾挪变革空间。改革开放以来，特别是进入21世纪以来，我国农产品生产综合能力大幅上升，粮食产量实现连增，粮食总产连续12年超过5亿t，其中连续6年突破6亿t大关。近40年来，肉类产量从1979年的1 062.4万t增加到2017年的8 588.1万t，禽蛋产量从1982年的280.9万t增加到2017年的3 070.0万t，牛奶产量从1978年的88.3万t增加到2017年的3 655.2万t，水产品产量从1978年的465.4万t增加到2017年的6 445.3万t。小麦、稻谷、蔬菜、水果、肉类、蛋类、水产品等生产量均稳居世界前列。通俗地讲，以前是8亿人民吃不饱，现在是14亿人民吃不完。农产品生产能力的增强，为农业从主要提供初级农产品向多功能、三产融合发展转变，为加快农业供给侧结构性改革、推进营养导向型农业发展提供了充足的物质基础。

(一) 农产品加工业和食品工业开创了新局面，为食品制造业向营养导向转型奠定了坚实的产业装备与工艺基础

2017年，全国规模以上食品工业企业（不含烟草）累计完成主营业务收入10.52万亿元，占国民生产总值（80.08万亿元）的比重为13.14%。"十三五"期间，农产品加工业年均增长超过10%，农产品加工业与农业总产值比由1.7∶1提高到约2.2∶1，农产品加工转化率达到65%，初步形成了东北地区和长江流域水稻加工、黄淮海地区优质专

用小麦加工、东北地区玉米和大豆加工、长江流域优质油菜籽加工、中原地区牛羊肉加工、西北和环渤海地区苹果加工、沿海和长江流域水产品加工等产业聚集区，形成了规模化、标准化的加工流水线、大型装备和配套工艺，这是食品制造业营养转型的产业基础。

（二）食物消费结构发生了新变化，初步形成了居民膳食结构向营养导向转型的消费模式

2017 年人均粮食（原粮）消费量 130kg，其中，谷物 119.6kg、薯类 2.5kg、豆类 8.0kg；食用油 10.4kg；蔬菜及食用菌 99.2kg；肉类 26.7kg，其中，猪肉 20.1kg、牛肉 1.9kg、羊肉 1.3kg、禽类 8.9kg；水产品 11.5kg；蛋类 8.2kg；奶类 11.7kg；干鲜瓜果类 50.1kg；食糖 1.3kg。与 2007 年消费结构相比，除了粮食有所下降外，其他食物都有不同程度的提高，城乡居民膳食结构更加多样化。2007—2017 这 10 年间，城镇、农村居民家庭恩格尔系数分别下降了 7.66 个百分点和 11.97 个百分点。我国居民营养状况显著改善，人均能量、蛋白质、脂类得到显著提高，居民营养水平已发展中国家前列。

（三）营养与保健食品业实现了新发展，为市场供应向营养导向转型提供了新空间

"十三五"期间，我国"营养与保健食品制造业"对 GDP 的贡献接近 1%，且近 20 年以 20% 的速度增长，远高于同期国民经济的平均增长速度。营养与保健食品的相关生产企业数量达 5 000 多家，市场影响力日渐增强，膳食纤维、肠道微生态以及儿童、老年人专用食品等如雨后春笋，正在迅速形成以营养与保健食品产业为枢纽，包括种植业、制造业和服务业等产业在内的良性循环链式产业结构。当前，"营养大讲堂""大医生"等系列健康养生媒体栏目广受消费者关注，特别是中老年群体成为这类节目的忠实粉丝，食物营养学界具有影响力的专家微博，粉丝达到上亿甚至几亿。欧美、日韩等发达国家的保健品也纷纷进入中国市场，为消费者提供了更多选择。

二、农业食物营养转型发展的新机遇

随着中国经济从高速增长稳定进入中高速发展阶段，中国社会主要矛盾也发生了历史性的转变，食物发展发生营养导向的快速转型是必然趋势，农业食物营养转型发展面临着前所未有的大好机遇，通过综合分析判断，我认为主要有 4 个前所未有的新机遇。

（一）新机遇之一：农业食物营养转型发展的宏观经济环境前所未有

中国经济保持中高速增长，2018 年国内生产总值稳居世界第二，对世界经济增长贡献率超过 30%。城乡居民收入稳定提高，物质生活极大丰富。2018 年，我国居民恩格尔系数 28.4%，标志着人民生活水平已经进入相对富裕阶段，人民对美好生活的向往更加迫切，需求更广泛和多样化。2018 年中国人均 GDP 超过 9 500 美元，可以预期，经过"十三五"期间的发展，2020 年我国社会将跨越人均 GDP 1 万美元大关，全面进入以营养健康为主要特征和发展目标的新阶段，未来 20～30 年将是我国食物营养产业发展的黄金机遇期，将为中国食物发展的营养转型提供良好的宏观经济环境。

（二）新机遇之二：农业食物营养转型发展的社会关注度前所未有

随着城乡居民生活水平与营养健康观念的提高，人们对食物消费需求已经不再满足于"吃饱""吃丰富"，而是更加关注"营养、优质、健康、安全"。媒体调查大数据显示，中老年人是最关注营养信息的人群，特别是 40～50 岁的人群。随着中国逐渐步入老龄化社会，预示着未来会有更多的居民注重食物营养与健康。"养生"正在或已经成为现代社会的热门话题，所涉及的饮食、保健、养生等健康养生类节目热播，相关书籍畅销，都是我国居民对营养健康认知的提高，对营养健康食物追求的具体体现，是中国食物发展营养转型的强大内生动力。

（三）新机遇之三：农业食物营养转型发展的政策标准引领前所未有

中央提出了一系列食物营养发展的新思想、新战略、新政策，出台了一系列重大纲领性文件，制定、修订了一揽子的技术标准。国务院先后颁布实施了三部国家食物与营养发展纲要，着力保障食物有效供给，促进营养均衡发展，提升人民健康水平。国务院办公厅印发了《国民营养计划（2017—2030 年）》，以人民健康为中心，以普及营养健康知识、优化营养健康服务、完善营养健康制度等为重点，关注国民生命全周期、健康全过程的营养健康，提高国民营养健康水平。党中央、国务院印发的《"健康中国 2030"规划纲要》，是推进健康中国建设的宏伟蓝图和行动纲领。近年来，顺应农业食物营养转型发展的需求，《中国居民膳食营养素参考摄入量》《预包装食品营养标签通则》《学生餐营养指南》《辅食营养补充品》《运动营养食品通则》《中国居民膳食指南（2016版）》等一系列国家标准、行业标准、膳食指导相继发布，为农业食物营养转型发展提供了强有力的政策法规标准支撑。

（四）新机遇之四：农业食物营养转型发展的网络实现途径前所未有

"互联网＋"新模式等信息化便捷手段有力支持了农业食物营养转型发展。近年来，我国在移动互联网、电商平台、移动支付以及多产业跨界融合等方面取得了积极进展，已具备协同共享环境、农业、食品药品、医疗、教育、体育等信息数据资源，建设跨行业集成、跨地域共享、跨业务应用的基础数据平台和覆盖全国养生食材主要产区的资源监测网络，进而完善营养健康数据标准体系和电子认证服务体系，使得个性化的营养需求能够非常便捷地得到实现。营养作为健康的基石，是人口健康信息的重要组成部分，"互联网＋"技术能够使营养最大程度地融入每一个消费者单元的食物消费，未来《"健康中国2030"规划纲要》中部署的健康医疗大数据应用体系建设，成为医疗健康大数据开放共享的重要领域，也为食物消费选择的营养需求提供了宏大的资源宝库和丰富的对接组合。

三、农业食物营养转型发展的主要矛盾

农业食物营养转型发展之路仍然面临着诸多挑战和矛盾，主要有三个不平衡和两个不协调：

（一）三个不平衡

1. 食物生产供给与消费需求之间不平衡　我国农产品供给已经实现由长期短缺到总量基本平衡的历史性转变，但食物生产结构与居民消费之间不平衡日益凸显。粮食连续多年丰收，粮食产量、进口量、库存量"三高并存"，粮食内部结构极不平衡。小麦产略大于需，但优质小麦供给不足，进口压力持续增加；稻谷产大于需，但优质稻米还在进口；玉米产大于需，存在阶段性过剩；大豆需求量持续扩张，供需缺口持续加大；杂粮杂豆消费需求快速增长，但质量好、有品牌、受青睐的产品没有形成有效供给。食物生产结构与消费需求之间的不平衡将是我国食物营养中长期发展的重大挑战。

2. 食物消费和营养素摄入结构不平衡　从食物消费提供的营养素与居民营养需要来看，我国能量供给总体过剩，但优质蛋白、特别是维生素、矿物质等微量营养素不足现象突出。谷物产能大于5.5亿t，去除谷物1/4加工、损耗后，还有4.1亿t，人均热量供给约12 991.4kJ（3 108kcal），远大于人均需要能量9 196.0～10 868.0kJ（2 200～2 600kcal）（实际谷物供能只需要60%左右）。居民营养与健康状况监测数据表明，我国居民人均碳水化合物、蛋白质、脂肪三大营养素供应充足，但维生素、矿物质（如铁、锌、钙）等微量营养素摄入量与推荐量需求之间的差距还很大，有90%以上的人群膳食钙摄入量没有达到推荐摄入量，50%以上的人群锌摄入量没有达到推荐摄入量，70%以上的人群没有达到维生素C推荐摄入量。食物消费结构和营养素摄入需求之间的不平衡还很明显。

3. 城镇与乡村之间营养状况发展不平衡　我国贫困地区特别是部分偏远贫困地区，因营养食物缺乏，蛋白质、矿物质、维生素等营养素难以满足健康需要，营养不良现象还比较普遍。而城市居民因膳食不平衡或营养过剩引发的肥胖、高血压、高血糖、高血脂、糖尿病、痛风等慢性疾病高发，各种慢性病人群已超过4亿。目前，我国成年人的高血压患病率为25.2%，糖尿病患病率为10.9%，高胆固醇血症患病率为4.9%，以"三高"为代表的慢性营养性疾病在给城市居民身体健康带来严重威胁的同时，每年还增加数以千亿计的医疗费用，调整优化膳食结构以应对慢性病高发的任务十分艰巨。

（二）两个不协调

1. 食物需求增长和生态环境制约不协调　从中长期发展趋势来看，随着人口增长、经济发展、居民收入水平的提高和食物消费的营养转型，社会对食物需求的总量仍将持续增长、种类仍将持续丰富，农业生产资源供求紧张的局面将会进一步加剧。由于长期追求以产量为目标的粗放型生产方式，食物生产面临的资源约束和环境挑战逐步加剧。

2. 生产加工技术体系与营养健康导向不协调　面临着主要追求产量的生产、加工和物流体系与主要追求色香味形，追求质量安全、追求营养健康的体系不协调。从初级农产品的主栽品种、主要生产模式、农产品加工和食品制造、烹饪加工等各个环节的营养型技术工艺非常缺乏。营养型农产品品种、营养强化的种养技术、营养保持的加工与烹饪技术等，与相对于农业食物营养转型发展更加旺盛、更加个性化、功能型的消费需求相比，存在着明显的不协调。

四、农业食物营养转型发展的未来展望与路径思考

推进农业食物营养转型发展必须以市场需求为导向，以政策法规标准为保障，以科技为支撑，加强营养知识普及和消费引导，加快食物生产、消费和营养的一体化，为把我国建成富强民主文明和谐

美丽的社会主义现代化强国，提供最坚实的食物营养保障。

主要路径是"三个遵循""两个坚持""五个着力推进"。

（一）三个遵循

1. 遵循自然发展规律，促进动物、植物、微生物有机循环　农业是自然再生产和经济再生产相互交织的产业。自然再生产是农业发展的基础和载体，也是农业区别于其他产业的根本特征，发展农业首先要充分发挥好农业自然再生产的功能，即要更加充分发挥微生物、植物、动物有机循环的生态食物链功能。任何忽视自然再生产规律，过分依靠石化能源要素的投入的行为，不仅不能维持正常的经济再生产，更为可怕的是还会遭到大自然的反噬和严惩。为此，2016 年中央 1 号文件提出"推进粮经饲统筹、农林牧渔结合、种养加一体、一二三产业融合发展"的农业发展思路，要求加快构建粮经饲协调发展的三元种植结构，创新农林牧渔结合发展模式，加速种养加一体化发展。同时，不仅把微生物当成一个重要的手段，更要作为一个重要的产业，加以重视。

2. 遵循经济发展规律，促进一二三产业融合发展　2016 年，国务院颁布了《国务院办公厅关于推进农村一二三产业融合发展的指导意见》，指出推进农村一二三产业融合发展，是拓宽农民增收渠道、构建现代农业产业体系的重要举措，是加快转变农业发展方式、探索中国特色农业现代化道路的必然要求。走营养健康农业之路必须加强一二三产业有机融合，使优质农产品转变为营养健康的加工产品，然后借助互联网、物流、冷链等手段变成老百姓餐桌上的食品。

3. 遵循社会发展规律，促进生产、生活、生态和谐共赢　过去很长一段时间我们的农业增产是依靠拼资源拼消耗，这种生产方式不可持续，为此也付出了很大的代价。巨大的资源环境压力决定了我国现有的农业发展方式难以为继，确保生态安全已成为农产品供求调控和农业可持续发展的基本前提。营养健康的导向可以确保农业生产过程是绿色的、集约的，即用绿色的投入品、绿色的技术生产出健康营养的农产品，避免环境污染和资源过度利用。因此，保障农业生产—人民生活—生态安全是营养健康农业发展根本要求，这三个方面是一个统一体，缺一不可。

（二）两个坚持

1. 坚持"大食物、大营养、大健康"理念　"大食物"，即面向整个国土资源，挖掘动物、植物、微生物等生物种质资源丰富的潜力，特别是潜力巨大的海洋食物和森林食物等，开发丰富多样的食物品种；放眼全球，建立面向国内外两种资源、两个市场的食物有效供给大格局。"大营养"，即强化食物营养功能的科学评估，把慢病引发因素与营养功能食物开发有效对接起来，树立细分人群健康需求、营养型食物生产、食物合理消费三位一体的大营养观。"大健康"，包括食物生产健康——农业生产的绿色可持续发展，食物消费健康——反对浪费，倡导节约前提下的营养素合理摄入，居民身心健康——良好生态环境下的健康体魄、健康心态和科学生活方式。要以大食物理念保障国家粮食安全，以营养健康需求指导农业食物生产，把"营养提升"作为保障能力安全的重点，加快农业供给侧结构性改革，丰富主食产品结构，满足居民对优质化、多样化"大营养、大健康"食物的需求。

2. 坚持"营养指导消费，消费引导生产"　顺应新时代的营养健康要求，食物安全理念要更加突出生产、消费、营养、健康的协调发展，食物生产的目标要由过去的单纯追求产量逐步向以营养为导向的高产、优质、高效、生态、安全转变；食物发展的方式要由过去"生产什么吃什么"逐步向"需要什么生产什么"转变，由"加工什么吃什么"逐步向"需要什么加工什么"转变。按照《中国食物与营养发展纲要（2014—2020 年）》的要求，立足构建营养指导消费、消费引导生产的新型关系，"促进营养均衡发展、统筹协调生产与消费""以现代营养理念引导食物合理消费，逐步形成营养需求为导向的现代食物产业体系"，更加关注"舌尖上的健康"。

（三）五个着力推进

1. 着力推进营养导向型技术能力和营养标准的建设　要从品种入手，从食物全产业链审视营养转型的技术需求，在科技队伍建设、科研立项、成果培育与转化、产业示范等把营养导向贯穿始终，迅速形成应对营养转型需求的科技力量。特别是农畜产品的选育过程，要把感官品质、加工品质、营养品质纳入育种目标，与产量性状、农艺性状、抗逆性性状等一起构成农业新品种审定推广的评价指标体系。与此同时，构建典型的农产品特质性营养素、功能活性物质等数据库，研究制定农产品营养标准通用技术准则与规范，推动政府部门制定农产品营养标准。这就是要用两手，一手是通过农业科技创新，在新品种选育时，把营养质量作为重要的遗传栽培目标性状使产出的农产品有明确的营养指标；另一手是通过强化政府部门的监管引导，全面建立农产品营养标准，以有力推动我国农业和食物生产向营养导向转型。

2. 着力推进食物营养和健康知识的全面普及 要以《中国居民膳食指南》和《中国食物与营养发展纲要（2014—2020 年）》为指导，大力宣传健康饮食理念，合理均衡的膳食摄入。要从主要针对学生群体和妇女、老人，转向全人群营养教育。学生是比较容易"习惯成自然"的群体，易产生"趋同效应"和"示范效应"，将食物与营养知识纳入中小学课程，推进营养科普的"小手拉大手"，通过学生教育，影响和引导全社会养成科学的饮食习惯。要通过多种渠道或平台宣传普及营养知识，充分利用目前发达的互联网平台、微信公众号及传统的电视、报纸、期刊等方式进行宣传，使居民真正意识到均衡膳食营养消费的重要性，从而实现居民健康、资源有效利用和生态环境友好的协调发展。

3. 着力推进居民营养干预制度的有效落地 制定食物营养定期监测政策，对重点区域、重点人群实施营养干预。重点区域方面，贫困地区采取扶持与开发相结合的方式，提高贫困地区居民的食物消费水平，实现贫困人口食物与营养的基本保障和逐步改善；流动人群集中及新型城镇化地区应改善外来务工人员的饮食条件，加强对在外就餐人员及新型城镇化地区居民膳食指导，倡导文明生活方式和合理膳食模式。重点人群方面，开展老年人营养监测与膳食引导，科学指导老年人补充营养、合理饮食，研究开发适合老年人身体健康需要的食物产品，重点发展营养强化食品和低盐、低脂食物；着力降低农村儿童青少年生长迟缓、缺铁性贫血发生率，做好农村留守儿童营养保障工作，遏制城镇儿童青少年超重、肥胖增长态势；孕产妇应提高营养均衡调配，加强母乳代用品和婴幼儿食品质量监管。

4. 着力推进食药同源产品开发 我国中医学自古以来就有食药同源的理论，这一理论认为，"空腹食之为食物，患者食之为药物"，既将药物作为食物，又将食物赋予药用，强调食疗不愈，然后用药。这其中包含的深刻的养生理念，越来越成为当今城乡居民对营养健康追求的一种生活方式，市场需求旺盛，发展前景广阔。要合理布局，充分发挥食药同源农产品原产地生产。

优势；要加强研发，提高药食同源原料和加工品的附加值；要扶持产业发展，强化品牌意识，确保质量和市场竞争活力；要加强监管，规范市场秩序，保持食药同源产业健康发展，不断满足人民群众对生活质量和健康水平的新需求。

5. 着力推进食物营养政策法规的健全实施 贯彻落实《中国食物与营养发展纲要（2014—2020）》《国民营养计划（2017—2030 年）》《"健康中国 2030"规划纲要》等系列纲领性政策，进一步出台系列重大具体举措，有序推进国家食物营养教育示范基地的创建和运行管理，顺应农业食物营养转型发展的需求。要着眼于 2035 年基本实现现代化，着手调研编制 2021—2035 年的国家食物营养发展纲要；借鉴发达国家成熟经验，在贯彻实施《中华人民共和国食品安全法》和《国民营养条例》的同时，加快制定和出台《国民营养法》等相关专门法律法规，依法推进中国农业食物营养转型发展；研究制定特殊人群营养食品通则、餐饮食品营养标识等标准，统筹建立医疗体系与健康保障体系协调发展机制；研究建立适合于中国大众普通人群营养改善与个性化精准服务并举的食物营养与健康标准新体系等，从关注重点人群转向全人群的营养引导。

（《中国食物与营养》2019 年第 1 期）

乡村振兴：最有前景的九大产业

农业农村部农村合作经济指导司司长　张天佐

乡村振兴，产业兴旺是重点。发展乡村产业，要顺应经济社会发展规律，以满足市场需求为导向，以乡村资源、产业基础、人文历史等优势为依托，因地制宜地选择适合本地的乡村产业，防止盲目跟风，避免形成"千人一面"的产业格局。

"现代特色农业、农业生产性服务业、农村生活性服务业、乡村传统特色产业、农产品加工业、休闲农业和乡村旅游、乡村建筑业、乡村环保产业、乡村文化产业"等九类乡村产业，应重点研究和关注。

一、现代特色农业

农业是乡村产业的主体，发展乡村产业，首要任务是建设现代农业。当前，我国人均 GDP 超过 8 800 美元，处于消费升级加快提升阶段，给特色农业发展带来重要机遇。因此，要在保障粮食安全的前提下，结合各地的实际发展特色农业，把地方优势特色农产品做大做强，做出品牌，使之成为农民增收就业的重要途径。

二、农业生产性服务业

从世界范围看，农村地区分工分业都是一个不断深化的过程，一些国家在现代农业的发展过程中，催生出多种多样的农业生产性服务组织，促进了农业全产业链发展。

据有关资料，美国农民只占全国总人口的 1% 多，而相关农业服务业就业人数却占总人口的17%～20%。我国有 2 亿多农户，农业从业人员平均年龄约 50 岁，60 岁以上的比例超过24%。随着农村社会结构和经济结构的发展变化，农业生产性服务业的市场需求将快速增长，必须适应这种要求，大力发展农业生产性服务业，推进农资供应、技术推广、农机作业、疫病防治、金融保险、产品分级、储存和运销等服务的社会化和专业化，为千家万户农民产前、产中、产后服务提供有力保障。

三、农村生活性服务业

随着经济社会发展，无论农村人口还是城市人口对农村生活性服务业的需求都会显著上升。

从农村看，随着城镇化深入推进，农村人口结构发生深刻变化，老龄化速度加快，高龄、失能和患病老人的照料护理问题日益突出。据统计，农村人口老龄化程度在 2010 年就超过 10%，比城镇高 2.3 个百分点。2012 年农村留守老人数量高达 5 000 万人，2016 年全国留守儿童还有 902 万人，纺锤形人口结构给农村经济社会发展带来严峻挑战。将来，城镇化达到一个较高水平后，农村仍会有几亿人居住生活。随着农民收入水平的持续提高，生活观念和方式的不断变化，农村的养老托幼产业、物品维修产业、批发零售业、电子商务、金融保险等生活性服务业大有可为。

另一方面，从城市人口看，随着农村基础设施改善和生态环境建设的加强，美丽的田园风光，清新的空气和良好的人居环境，会吸引大量的城里人回归农村养老、康养、休闲、旅游，这为农村生活性服务业的发展提供了广阔的空间。

四、乡村传统特色产业

我国悠久的历史、勤劳智慧的人民、多彩的民族，培育了许多具有地域特色的传统产业，比如竹编、蜡染、剪纸、木雕、石刻、银饰、民族服饰等传统的手工业，再比如卤制品、酱制品、豆制品以及腊肉腊肠、火腿等传统的食品加工业，这些传统土特产品，地域特色浓厚，承载着历史的记忆，传承着民族的文化，有独特的产业价值。因此，要把这些产品很好地传承保护和开发利用，发挥品牌效应，提升"乡土制造"的魅力和效益，这不但能够满足人们日益多样化、特色化的市场需求，培育形成地方的乡村土特产业，而且能够保护传统技艺、传承民族文化。

五、农产品加工业

农产品加工业是连接工业与农业、城市与农村的产业，行业覆盖面广、产业关联度高、辐射带动作用强，是拉动农村经济发展和农民就业增收的重要增长极。

但是，从总体上看，行业大而不强，增长方式粗放，发展水平不高的问题十分突出。特别是农产品产地储藏、保鲜、烘干等初加工，设施简陋、方法原始、工艺落后，农产品产后损失严重。大量农产品产后腐烂变质，不仅滋生蚊蝇、污染环境，甚至还有个别不法经营者用霉变的农产品加工成食品或饲料，成为影响食品质量安全的重大隐患。

另一方面，随着我国人民生活水平的逐步提高、生活节奏的不断加快以及食物消费理念的转变，人们一日三餐的主食消费方式正在从家庭自制为主向大量依赖社会化供应转变。据典型调查，城镇居民约 70%、农村居民约 40% 的谷物类主食依赖于市场采购。而我国目前主食产品的工业化水平极低，大量主食产品依赖小作坊、小摊贩为主生产和供应，产品的质量、安全、卫生难以保障，加快主食工业化发展成为一项紧迫的民生工程。同时方便食品、休闲食品、功能食品的市场需求也快速增长。

因此，各地可根据市场需求和资源条件，积极发展适合本地产业特点的农产品加工业，延长农业产业链、就业链和效益链，拉动农业农村经济和县域经济发展。

六、休闲农业和乡村旅游

休闲农业和乡村旅游具有连接城乡要素资源、融合农村一二三产业的天然属性，有巨大的市场空间，具备条件的地区应该稳步推进。但是，目前各地发展休闲农业和乡村旅游积极性很高，遍地开花、盲目发展的势头较猛，同质化的问题突出，恶性竞争、亏本经营的不少。

发展休闲农业和乡村旅游需要有独特的资源禀赋和基本条件，需要搞清楚市场需求和目标群体，需要有创意的设计和巧妙地营销。因此，各地在发展中要认真研究，理性选择。

七、乡村建筑业

随着乡村振兴战略的实施，农村基础设施和人居环境的改善为农村建筑业发展提供了强劲持久的动力。但是，目前乡村建筑业无组织、无标准、无管理的问题比较突出。要重视发展农村建筑业，制定适合农村特点的建筑业管理标准，加强农村建筑施工队资质管理，规范农村建筑市场，培育产业大军，树立建筑品牌。

八、乡村环保产业

我国每年农村生活垃圾、畜禽粪便、农作物秸秆等生物质资源高达几十亿吨，目前有相当比例没有得到资源化利用，不但浪费了资源，而且成为农村的重要污染源。此外，乡村环境基础设施建设滞后等问题也很突出。2018年国家发布了全国农村环境整治"十三五"规划，启动了人居环境整治3年行动计划，农村环保产业越来越成为投资的亮点。

九、乡村文化产业

当前部分农村地区精神文化建设相对滞后的问题仍很突出，农村文化基础设施不健全，农村文化建设主体缺位，农民对健康向上精神文化的需求无法得到满足。要大力发展乡村特色文化产业，支持农村文化产品的创作，深入挖掘传统文化，用农民喜闻乐见的戏曲、小品等形式，发扬好传统，传播正能量，丰富农民精神世界，促进乡风文明建设。

我国粮油加工业 2018 年基本情况

中国粮油学会首席专家　王瑞元

一、我国粮油加工业的总体情况

（一）企业数及企业按性质分类数

2018年，全国入统成品粮油加工企业为14 614个，其中小麦粉加工企业为2 590个，大米加工企业为9 827个，其他成品粮加工企业为606个，食用植物油加工企业为1 591个；按企业性质分，国有及国有控股企业763个，内资非国有企业13 687个，港澳台商及外资企业164个，分别占比5.2%、93.7%和1.1%。

（二）产业化龙头企业数量

2018年，粮油加工业龙头企业为1 954个，其中小麦粉加工龙头企业468个，大米加工龙头企业932个，其他成品粮加工龙头企业104个，食用植物油加工龙头企业450个。在1 954个龙头企业中，国家级龙头企业203个，其中小麦粉加工56个，大米加工84个，其他成品粮加工6个，食用植物油加工57个；省级龙头企业1 751个，其中小麦加工412个，大米加工848个，其他成品粮加工98个，食用植物油加工393个。

（三）粮油应急加工企业数量及产量

2018年，全国粮油应急加工企业为4 154个，其中小麦粉应急加工企业1 078个，大米应急加工企业2 578个，食用植物油应急加工企业415个，其他成品粮应急加工企业83个。在4 154个粮油应急加工企业中，省级应急加工企业537个，市级应急加工企业1 071个，县级应急加工企业2 546个。

2018年，应急加工小麦粉产量为4 528.8万t，应急加工大米产量为3 797.3万t，应急加工食用植物油产量为619.8万t，应急加工精炼植物油产量为1 037.9万t。

（四）全国放心粮油示范工程企业数量

2018年，全国"放心粮油"示范工程企业2 614个，其中小麦粉加工企业681个，大米加工企业1 423个，食用植物油加工企业437个，其他成品粮加工企业73个。在2 614个"放心粮油"示范工程企业中，中粮协的607个，省级的935个，市级的1 072个。

（五）主要经济指标情况

1. 工业总产值　2018年，全国粮油加工业总产值为14 562.4亿元，其中小麦粉加工产值3 235.5亿元，大米加工产值4 873.1亿元，其他成品粮加工293.2亿元，食用植物油加工6 160.6亿元，分别占比22.2%、33.5%、2.0%和42.3%。

2. 产品销售收入　2018年，全国粮油加工业产品销售收入为14 993.4亿元，其中小麦粉加工3 226.1亿元，大米加工4 898.4亿元，其他成品粮加工290.9亿元，食用植物油加工6 578.0亿元。在14 993.4亿元的销售收入中，内资非国有企业10 194.7亿元，国有及国有控股企业1 742.9亿元，港澳台商及外商企业3 055.8亿元，分别占比68.0%、11.6%和20.4%。

3. 利润总额　2018年，全国粮油加工业利润总额为376.9亿元，其中小麦粉加工87.4亿元，大米加工112.8亿元，其他成品粮加工16.0亿元，食用植物油加工160.7亿元。根据2018年产品销售收入14 993.4亿元计，其产品收入利润率为2.5%。在376.9亿元利润总额中，内资非国有企业为269.3亿元，国有及国有控股企业为20.4亿元，港澳台商及外商企业87.2亿元，分别占比71.5%、5.4%和23.1%。

（六）获得专利与研发费用投入情况

2018年，粮油加工业获得各类专利1 204个，其中发明专利298个。从不同行业获得的专利情况看，2018年，小麦粉加工企业获得专利145个，其中发明专利41个；大米加工企业获得专利575个，其中发明专利98个；其他成品粮加工企业获得专利51个，其中发明专利23个；食用植物油加工企业获得专利433个，其中发明专利136个。

在研发费用的投入方面，2018年粮油加工业研发费用的投入为22.2亿元，占产品销售收入14 993.4亿元的0.15%，其中小麦粉加工的研发费用投入为5.8亿元，占产品销售收入3 235.5亿元的0.18%；大米加工的研发费用投入为4.4亿元，占产品销售收入4 898.4亿元的0.09%；食用植物油加工的研发费用投入为11.2亿元，占产品销售收入6 578.0亿元的0.17%。离《粮油加工业"十三五"发展规划》提出的要求，到2020年研发费用投入占主营业务收入比例达到0.6%的差距较大。

（七）有关深加工产品产量

2018年，全国粮食行业深加工产品产量为：商业淀粉2 920.2万t，淀粉糖875.9万t，多元醇21.4万t，发酵制品275.3万t，酒类755.0万t，大豆蛋白26.0万t，其他深加工产品1 029.5万t。

二、我国粮油加工业主要行业的基本情况

（一）小麦粉加工业

1. 企业数及按不同经济类型数量划分情况　2018年，我国小麦粉加工企业2 590个，其中国有及国有控股企业157个，内资非国有企业2 385个，港澳台商及外商企业48个，分别占比6.1%、92.1%和1.8%。

2. 小麦粉加工能力及产品产量

2018年，小麦粉加工业的生产能力为年处理小麦19 662.5万t；当年处理小麦9 856.7万t，产品利用率为50.1%；产品产量为7 303.5万t，其中专用粉1 757.4万t，全麦粉1 503.3万t，食品工业用粉270.2万t，民用粉2 453.2万t。平均出粉率为74.1%。

3. 小麦粉加工业的主要经济指标情况

（1）工业总产值　2018年，全国小麦粉加工企业实现工业总产值为3 235.5亿元，其中国有及国有控股企业216.3亿元，内资非国有企业2 693.2亿元，港澳台商及外资企业326.0亿元，分别占比6.7%、83.2%和10.1%。

（2）产品销售收入　2018年，全国小麦粉加工企业实现产品销售收入3 226.1亿元，其中国有及国有控股企业244.7亿元，内资非国有企业2 604.0亿元，港澳台商及外商企业377.4亿元，分别占比7.6%、80.7%和11.7%。

（3）利润总额　2018年，全国小麦粉加工企业实现利润总额87.4亿元，其中国有及国有控股企业为-0.1亿元，内资非国有企业79.5亿元，港澳台商及外商企业8.0亿元，分别占比-0.1%、91.0%和9.1%。

（二）大米加工企业

1. 企业数据及按不同经济类型数量划分情况　2018年，我国大米加工企业为9 827个，其中国有及国有控股企业450个，内资非国有企业9 352个，港澳台商及外商企业25个，分别占比4.6%、95.1%和0.3%。

2. 大米加工生产能力及产品产量 2018年，大米加工业的生产能力为年处理稻谷36 898.2万t，当年处理稻谷11 080.3万t，其中早籼稻808.1万t、中晚籼稻5 562.1万t、粳稻4 710.1万t，分别占比7.3%、50.2%和42.5%，产能利用率为30.0%；产品产量（不含二次加工）为7 179.7万t，其中早籼米522.3万t、中晚籼米3 526.4万t、粳米3 131.0万t；平均出米率为64.8%，其早籼稻平均出米率为64.6%、中晚籼稻平均出米率为63.4%、粳稻平均出米率为66.5%。

3. 大米加工企业主要经济指标情况

（1）工业总产值 2018年，全国大米加工企业实现工业总产值为4 873.1亿元，其中国有及国有控股企业为443.6亿元，内资非国有企业为4 254.4亿元，港澳台商及外商企业175.1亿元，分别占比9.1%、87.3%和3.6%。

（2）产品销售收入 2018年，全国大米加工业实现产品销售收入4 898.4亿元，其中国有及国有控股企业为500.3亿元，内资非国有企业为4 190.5亿元，港澳台商及外商企业207.6亿元，分别占比10.2%、85.6%和4.2%。

（3）利润总额 2018年，全国大米加工企业实现利润总额112.8亿元，其中国有及国有控股企业为5.7亿元，内资非国有企业为101.3亿元、港澳台商及外商企业为5.8亿元，分别占比5.1%、89.8%和5.1%。

（三）食用植物油加工业

1. 企业数及按不同经济类型数量划分情况 2018年，我国规模以上的入统食用植物油加工企业1 591个，其中国有及国有控股企业126个，内资非国有企业1 382个，港澳台商及外商企业83个，分别占比7.9%、86.9%和5.2%。

2. 食用植物油加工能力及产品产量 2018年，食用植物油加工企业的油料年处理能力为17 275.1万t，其中大豆处理能力为11 842.8万t，油菜籽处理能力为3 507.7万t，花生处理能力为622.8万t，葵花籽处理能力为104.3万t，其他油料处理能力为1 197.5万t，分别占比68.6%、20.3%、3.6%、0.6%和6.9%。

2018年，食用植物油加工企业油脂精炼能力合计为6 762.0万t，其中大豆精炼能力为2 979.1万t、菜籽油精炼能力为2 492.7万t，棕榈油精炼能力为573.3万t、其他原油精炼能力为716.9万t，分别占比44.0%、36.9%、8.5%和10.6%。

2018年，食用植物油加工企业处理油料合计为9 430.5万t，其中大豆为8 314.3万t，油菜籽673.8

万t，花生果309.8万t，葵花籽4.4万t，芝麻39.0万t，其他油料89.2万t（注：这是入统企业的加工量），产能利用率为54.6%。

2018年，我国入统油脂加工企业生产的各类食用植物油合计为2 151.7万t，其中大豆油为1 562.0万t，菜籽油271.4万t，花生油93.6万t，其他食用植物油为224.7万t（统计资料中没有此项数据，为作者推算，且菜籽油和花生油的数量偏低）。

3. 2018年食用植物油加工企业主要经济指标情况

（1）工业总产值 2018年，全国食用油加工业实现工业总产值6 160.6亿元，其中，国有及国有控股企业888.4亿元，内资非国有企业3 051.0亿元，港澳台商及外商企业2 221.2亿元，分别占比14.4%、49.5%和36.1%。

（2）产品销售收入 2018年，全国食用植物油加工企业实现产品销售收入6 578.0亿元，其中国有及国有控股企业987.8亿元，内资非国有企业3 158.8亿元，港澳台商及外商企业2 431.4亿元，分别占比15.0%、48.0%和37.0%。

（3）利润总额 2018年，全国食用植物油加工企业实现利润总额160.7亿元，其中国有及国有控股企业14.7亿元，内资非国有企业77.3亿元，港澳台商及外商企业68.7亿元，分别占比9.1%、48.1%和42.8%。

三、其他成品粮加工企业的简要情况

从统计资料上看，其他成品粮加工企业是指除小麦粉和大米加工以外的粮食加工企业，诸如玉米面和玉米渣加工、成品杂粮及杂粮粉加工、大麦加工、谷子加工、其他谷物加工及薯类加工等，其情况简介如下。

（一）企业数量

2018年，其他成品粮加工企业606个，其中国有及国有控股企业30个，内资非国有企业568个，港澳台商及外商企业8个，分别占比5.0%、93.7%和1.3%。

（二）产品产量

2018年，其他成品粮加工企业生产的产品产量分别为：玉米面和玉米渣59.7万t，成品杂粮及杂粮粉8.5万t，大麦0.1万t，谷子2.4万t，其他谷物4.7万t，薯类折粮0.9万t。

（三）主要经济指标

2018年，全国其他成品粮加工企业实现工业总产值293.2亿元,其中国有及国有控股企业6.8亿元,内资非国有企业244.8亿元,港澳台商及外商企业41.6亿。实现产品销售收入290.9亿元,其中国有及国有控股企业10.1亿元,内资非国有企业241.4亿元,港澳台商及外商企业39.4亿元。实现利润总额16.0亿元,其中国有及国有控股企业0.1亿元,内资非国有企业11.2亿元,港澳台商及外商企业4.7亿元。

四、粮油食品加工企业主食品生产情况

(一) 主食品生产能力

2018年,全国主食品年生产能力为1 484.3万t,其中馒头年产能为54.8万t,挂面年产能为510.2万t,鲜湿面年产能为31.8万t,方便面年产能为279.5万t,方便米饭年产能为13.5万t,米粉(线)年产能为75.2万t,速冻米面年产能为265.2万t。

(二) 主食品产品产量

2018年,全国粮油食品加工企业生产各类主食品产量合计为757.8万t,其中馒头29.1万t,挂面342.0万t,鲜湿面24.2万t,方便面119.6万t,方便米饭10.8万t,米粉(线)41.3万t,速冻米面制主食品159.1万t。

五、粮油机械制造企业情况

(一) 企业数量

2018年,全国粮油机械制造企业160个,其中国有及国有控股企业14个,内资非国有企业140个,港澳台商及外资企业6个。

(二) 产品产量

2018年,全国粮油机械制造企业制造的产品总数为665 406台(套),其中小麦粉加工主机14 066台(套),大米加工主机108 562台(套),油脂加工主机11 815台(套),饲料加工主机30 162台(套),仓储设备91 168台(套),通用设备165 191台(套),粮油检测仪器3 550台(套),其他设备240 892台(套)。

(三) 主要经济指标

2018年,全国粮油机械制造企业实现工业总产值226.8亿元,其中国有及国有控股企业2.4亿元,内资非国有企业211.2亿元,港澳台商及外商企业13.2亿元。

2018年,实现产品销售收入195.8亿元,其中国有及国有控股企业为1.6亿元,内资非国有企业为181.6亿元,港澳台商及外商企业为12.6亿元。

2018年,实现利润总额为12.3亿元,其中国有及国有控股企业-0.1亿元,内资非国有企业11.1亿元,港澳台商及外商企业1.3亿元。

六、其他有关情况

(一) 粮食行业从业人员情况

2018年,全国粮食行业从业人员总数为192.77万人,其中行政机关3.12万人,事业单位3.33万人,各类涉粮企业186.32万人(其中国有及国有控股企业49.58万人,非国有企业136.74万人)。

在涉粮企业从业人员186.32万人中,粮油收储企业从业人员54.49万人,占总人数的29.2%;成品粮油加工企业从业人员46.24万人,占24.8%;粮油食品企业从业人员43.53万人,占23.4%;粮食深加工企业从业人员13.06万人,占7.0%;饲料加工企业从业人员25.87万人,占13.9%;粮油机械制造企业从业人员2.21万人,占1.2%。

在全国粮食行业从业人员192.77万人中,专业技术人员22.63万人,占11.7%;工人117.17万人,占60.8%。在22.63万专业技术人员中,其中高级职称的1.37万人,占6.1%;正高级职称的4 147人,占1.8%;中级职称的5.94万人,占26.3%。在117.17万工人中,技术工人40.05万人,占34.5%;中高级技师7 984人,占技术工人的2.0%。

在186.32万涉粮企业从业人员中,按经营类型划分,粮油加工业从业人员总数为1 309 106人,其中,小麦加工业123 218人,大米加工业194 912人,杂粮及薯类加工业31 620人,粮油食品加工业435 341人,饲料加工业258 663人,粮食深加工业130 630人,粮油机械制造业22 077人。

(二) 粮油科技统计情况

2018年,粮食行业共报送粮油科技项目1 282个,与上年相比增加了630个。当年粮油科技经费投入22.81亿元,从入统项目的技术领域看,加工类科研项目564个,占项目总数的44%,依然是粮食科研领域的重点。其次是储藏类项目167个,粮食宏观调控及信息化项目185个,粮油检测及质量安全项目113个。

2018年,在粮食行业报送的1 282个项目组成中,按项目类别划分为:支撑项目26个,公益专项16个,863项目1个,农转项目7个,国家自然科学基金项目31个,高技术产业化项目8个,地方科技项目220个,单位自主研发项目459个,横向委托研究项目67个,其他447个。

七、说　明

(1) 本资料的来源是国家粮食和物资储备局粮食储备司 2019 年 6 月汇编的"2018 年粮食行业统计资料"。其中的各项数据来自各个上报的入统涉粮企业数字的汇总。由于不是全社会的统计数字，所以大部分数据与全社会实际情况有一定的差距，如企业数、产能、产量等。以食用植物油加工业为例，统计材料中，2018 年油料处理能力为 17 275.1 万 t、全年处理油料合计为 9 430.5 万 t，这与油脂界常用的全国油料处理能力约为 2.5 亿 t 相比存在约为 1/3 的差距。与此同时，2018 年我国进口各类油料合计为 9 848.9 万 t，我国国产油料产量为 6 391.6 万 t（含油茶籽），其中约有 4 000 万 t 用于榨油，连同进口油料全年需要处理的油料约为 1.45 亿 t，所以统计中的油料处理量约占实际处理量的 2/3，也有接近 1/3 的差距。另外，小麦粉加工和大米加工也一样。2018 年我国生产小麦 13 143 万 t，进口小麦 309 万 t，合计为 13 452 万 t，而统计资料中，当年只处理小麦 9 856.7 万 t；2018 年我国稻谷产量为 21 213 万 t，统计资料中，当年处理稻谷 11 080.3 万 t，与实际处理均有 30% 左右的差距。对此，建议在使用这些数据时，要适当加以分析，但我认为上述这些统计数字都是我们业内可以分析使用的权威统计数字。

(2) 为阅读时更加顺畅，对个别地方的数字做了推算与补充，有的做了注解，等等。这些做法或产生的差错，不当之处，敬请批评谅解。

（本文为作者根据 2019 年 6 月国家粮食和物资储备局粮食储备司公布的"2018 年粮食行业统计资料"有关粮油加工业数据与信息的情况整理，略有删改）

我国乳业的产业升级与改造

国际乳品联合会（IDF）中国国家委员会名誉主席　宋昆冈

中国乳业经过十余年卧薪尝胆、砥砺前行的整顿改造，目前已成为技术装备先进、管理规范、产品质量稳定向好、具有世界先进水平的现代食品制造业。但是，中国乳业仍面临着一系列新的问题与挑战，特别是随着世界经济一体化进程的加快，问题与矛盾日益突出，并成为制约乳业发展的障碍。中国乳业必须尽快实现产业的升级与改造，以保障行业稳定健康的发展。

一、当前行业所面临的问题与矛盾

（一）原料奶生产增长乏力

国家统计局数据显示，2008 年全国奶类总产量为 3 236.2 万 t，2018 年为 3 176.8 万 t，十年间奶类总产量不仅没有增长，反而减少了近 60 万 t。究其缘由，奶源不足成为制约行业发展的主要因素之一。

（二）乳制品产量增长速度放缓

1998—2008 年全国乳制品产量平均增长率为 28.2%，而 2009—2018 年仅为 7.1%。2013 年以后，年增长率在 5% 左右，其中 2014 年增长率为负数。

（三）中国已进入世界高奶价行列

10 年间，我国奶牛饲养规模逐步扩大，几千头、上万头的超大型牧场比比皆是。但是，饲草、饲料供应难度仍旧较大，甚至不得不从国外大量进口。正是由于饲养成本高，环保压力大，故造成原料奶价格步步高升。2009 年 5 月，全国 10 个乳制品主产省份生鲜乳的平均价格为 2.37 元/kg，2018 年 5 月为 3.43 元/kg，增长约 44.7%，比国外奶价高出 1/3 以上，个别地区甚至高出近一倍。

（四）区域发展不平衡的矛盾愈加突出

我国奶畜饲养产地主要在北方，而消费区域则在东部和南部，因此"北奶南运""西奶东运"现象越来越普遍。比如，京、沪、苏、浙、闽、粤六省（直辖市）的奶类产量由 2008 年的 201.6 万 t，下降至 2017 年的 163.8 万 t，下降近 18.6%；2017 年人均占有量不足 5kg，仅为全国人均占有量的 1/5（全国人均占有量为 25kg）。其中，作为人口大省和乳制品消费大省的广东省，2017 年奶类总产量仅为 13.9 万 t，人均仅 1.2kg。

（五）"都市型"乳业与"牧区草原型"乳业面临着"水火两重天"的难题

"都市型"乳业由于资源条件所限及环保压力等

原因，使奶牛饲养受到制约，导致奶源缺乏，严重影响了行业发展。甚至有些企业要从数千公里之外的北方运奶来维持生产。"牧区草原型"乳企有着丰富的奶源，但因远离消费市场，所以产品基本为耐储存、便于远途运输的乳粉，又因乳粉价格缺乏竞争力，导致乳企不得不减产或停产，从而导致奶源"过剩"。如内蒙古自治区 2008 年奶类总产量为934.0 万 t，2017 年仅为 559.6 万 t，下降了约40.1%。

（六）对国际市场的依赖程度越来越大

由于我国乳品消费习惯与西方国家有所差异，所以乳制品生产以液体乳、乳粉为主，基本不生产干酪、奶油等产品。正因如此，导致国内几乎没有自主生产的乳清粉、乳清蛋白、乳糖等产品，致使生产婴幼儿配方乳粉所用的乳清制品完全依赖于进口。由于乳制品原料结构性短缺及成本价格等差距，我国对国际市场的依赖程度越来越高。

有数据统计，2008 年我国共进口乳制品 45.8万 t，如果折合成鲜奶，约为国内奶类总产量的10.7%。2018 年我国进口乳制品为 281.6 万 t，货值约 106.94 亿美元，进口产品货值相当于国内乳品工业总产值的 25.6%；进口乳制品折合成鲜奶，相当于国内奶类总产量的 52%。其中，干酪进口由1.4 万 t 增长到 10.8 万 t，增长 6.7 倍；奶油进口由1.4 万 t 增长到 11.3 万 t，增长 7.1 倍；乳清粉进口由 21.3 万 t 增长到 55.7 万 t，增长 1.6 倍；婴幼儿配方乳粉进口由 4.2 万 t 增长到 33.3 万 t，增长 6.9倍；乳粉进口由 10.1 万 t 增长到 80.1 万 t，增长6.9 倍；液体乳进口由 7.4 万 t 增长到 673.0 万 t，增长 89.9 倍。

（七）乳制品市场身处结构性过剩与短缺的矛盾之中

改革开放以来，乳制品是食品行业中增长较快的品类之一。1978 年，全国奶类总产量仅有 97.1 万 t，而 2018 年已达到 3 176.8 万 t，增长约 31.7 倍。人均占有量由不足 1kg，增长到 25kg，加上进口乳制品，全国人均奶类消费量已接近 40kg。目前，无论是城市，还是农村市场，各种液体乳产品琳琅满目、品种齐全，国产的、进口的货源充足，应有尽有，促销活动层出不穷，已处于相对饱和的状态。但是，我国的原料型乳粉、干酪、奶油、乳清制品、乳蛋白产品等则几乎全部依赖于进口。

（八）传统销售模式正在逐步被网上销售新模式所替代

互联网时代，传统商业模式正在发生根本性转变，区域分级销售、渠道直销等线下销售逐渐被线上、网店销售所取代，这在快速消费品行业显得尤为突出。以婴幼儿配方乳粉 2018 年的销售情况为例，调查结果显示，商超销售占 16.5%、母婴渠道销售占 55.7%、电商占 27.8%、线下市场占 72.9%、线上市场占 27.1%。该数据可以说明，线上销售在逐渐替代实体销售。

二、中国乳业升级改造的方向及重点

针对我国乳业面临的新形势、新问题，应尽快进行转型升级，改变发展模式，优化产品结构，纵向与横向联合发展，加强国际合作，走出一条中国乳业持续稳定发展之路。

（1）奶畜饲养规模应与环境条件、资源条件相适应，倡导发展适度规模的家庭牧场、合作牧场，就地、就近解决优质饲草、饲料供应问题，以降低养殖成本及原料奶价格。

（2）倡导乳制品加工企业与奶畜养殖企业发展的"纵向"联合，结成紧密的经济联合体，降低奶畜养殖企业风险，保证加工企业奶源供应，以产业链的优势增加抗风险能力。

（3）倡导"城市型乳业"与"牧区草原型乳业""农区型乳业"之间的"横向"联合，把资源优势与市场优势"叠加"在一起，提升企业的综合竞争力，从而实现双赢。

（4）倡导"牧区草原型"乳业的转型升级，转变以乳粉为主的单一产品模式，坚定地发展液体乳生产，因为乳粉的市场"奇迹"已一去不复返。

（5）响应"一带一路"发展的倡议号召，有条件的企业应大胆走出国门，到有资源优势的国家建设生产基地，以生产国内市场短缺的产品、成本高的产品，如乳清制品、干酪、奶油等。

（6）大力优化产品结构，即以液体乳为主导方向，而液体乳结构优化的重点则是"让不能喝奶的人能喝奶，让不习惯喝奶的人喜欢喝奶"。大力发展功能型乳制品、风味型乳制品、发酵乳制品，同时，还要发展适合不同人群营养需要的配方乳制品以扩大消费人群，增加乳制品消费，推动乳制品行业稳定健康持续发展。

（7）大力发展线上销售，减少销售环节，降低销售成本，方便广大消费者。

［本文为作者于 2019 年 8 月 31 日在中国乳制品工业协会第二十五次年会"2019 中国全球乳业（CGD）合作与发展论坛"上的讲话，略有删改］

我国食品工业 2018 年经济运行报告

中国食品工业协会

2018年中国经济运行稳中有变、变中有忧，外部环境复杂严峻，经济面临下行压力。全国食品工业认真落实中央加强和改善宏观调控，实现经济平稳发展的总体要求和部署，顺应市场变化，推进结构调整，抵御通货膨胀，确保生产平稳增长，产业规模继续扩大，市场供应较为充足，经济效益持续提高，食品安全总体稳定。全年实现主营业务收入 90 194.3 亿元，同比增长 5.3%，较为顺利地实现了十九大的开局之年的目标。

一、生产总体保持平稳较快增长

2018年，全国 40 909 家规模以上食品工业企业完成工业增加值同比增长 6.3%，比全国工业 6.2% 的增速快了 0.1 个百分点。若不计烟草制品业，工业增加值同比增长 6.5%。分行业看，农副食品加工业，食品制造业，酒、饮料和精制茶制造业分别增长

5.9%、6.7% 和 7.3%，烟草制品业增长 6.0%。从中类行业看，21 个中类行业中 20 个实现正增长。12 月份，受烟草制品业的影响，食品工业增加值同比仅仅增长 0.9%，是全年的最低点，全年呈现出前高后低的走势（图1）。

经测算，食品工业完成工业增加值占全国工业增加值的比重为 10.6%，对全国工业增长贡献率 10.7%，拉动全国工业增长 0.7 个百分点。

二、食品消费平稳增长，产销衔接稳定

2018 年，食品工业产销率 98.3%，同比微减 0.5 个百分点。产销平衡，衔接水平较高。分行业看，农副食品加工业产品销售率 98.3%，食品制造业销售率 97.9%，酒、饮料和精制茶制造业 97.5%，烟草制品业 100.4%。

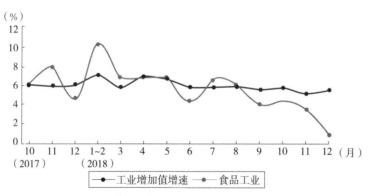

图1 规模以上食品工业增加值同比增长速度

食品工业产销衔接良好与居民消费能力增加有直接关系。2018 年，全国居民收入实现稳步增长，与经济增长基本同步；居民消费支出加快增长，食品消费支出比重（恩格尔系数）进一步降低。2018 年，全国居民人均消费支出 19 853 元，比上年名义增长 8.4%，扣除价格因素，实际增长 6.2%。其中全年全国居民人均食品烟酒消费支出 5 631 元，比上年增长 4.8%，占人均消费支出的比重为 28.4%，比上年

降低 0.9 个百分点。

消费市场的消费规模稳步扩大，消费模式不断创新，消费升级势头不减，消费贡献进一步增强。网上零售比重不断扩大，实体零售保持回暖态势。

从全国 24 种主要食品产量来看，16 种食品产量增长，8 种食品产量下降。产量增长最快的是成品糖、冷冻饮品、葡萄酒、果汁和蔬菜汁饮料、小麦粉、乳粉、罐头、卷烟、冷冻水产品的产量有不同程

度的下降（表 1）。

表 1　2018 年食品工业主要产品产量

产品名称	产量（万 t）	同比增长（%）
小麦粉	8 875.0	−0.8
大米	9 784.4	4.1
精制食用植物油	5 066.0	4.2
成品糖	1 554.0	10.9
鲜、冷藏肉	2 729.3	1.3
冷冻水产品	663.5	−0.3
糖果	288.3	5.9
速冻米面食品	310.2	7.2
方便面	699.5	4.2
乳制品	2 687.1	4.4
液体乳	2 505.6	4.3
乳粉	96.8	−0.7
罐头	1 028.0	−0.1
酱油	575.7	4.3
冷冻饮品	239.5	−16.1
发酵酒精（折96°，商品量）	646.6	3.2
白酒（折65°，商品量）	871.2	3.1
啤酒	3 812.2	0.5
葡萄酒	62.9	−7.4
碳酸型饮料（汽水）	1 744.6	8.1
包装饮用水	8 282.2	9.5
果汁和蔬菜汁类饮料	1 589.2	−2.5
精制茶	223.0	1.1
卷烟	23 356.2	−0.4

三、工业企业利润保持较快增长

2018 年，全国规模以上食品工业企业实现利润总额 6 694.4 亿元，按可比口径计算，比上年增长

8.4%，在近 5 年里，属于最快的增长水平，2014 年至 2017 年利润增长水平分别是 1.2%、5.9%、2.5%、6.5%。

从农副食品加工业，食品制造业，酒、饮料和精制茶制造业，烟草制品业 4 大行业来看，利润增长分别是 5.6%、6.1%、20.8% 和 −4.6%，酒、饮料和精制茶制造业仍保持 2 位数增长。

从 64 个小类行业来看，44 个行业利润总额比上年增长，20 个行业下降。主要行业利润情况如下：稻谷加工利润增长 11.3%，食用植物油增长 21.1%，肉制品及副产品加工增长 10.4%，蔬菜加工增长 3.0%，糕点面包制造增长 9.0%，白酒制造增长 30.0%，含乳饮料和植物蛋白饮料增长 5.1%，卷烟制造下降 4.8%。

2018 年，规模以上食品工业企业实现主营业务收入 90 194.3 亿元，比上年增长 5.3%；发生主营业务成本 69 847.2 亿元，增长 4.4%；百元主营收入中的成本为 77.44 元，减少 0.65 元；主营业务收入利润率为 7.4%，比上年提高 0.4 个百分点，企业经营效益得到改善。食品工业面对成本上升压力，通过科技进步和技术创新，加强企业管理，努力降低消耗，推进节能减排，化解了部分压力（表 2、表 3）。

四、消费价格总体稳定，食品价格由降转涨

2018 年，CPI 比上年上涨 2.1%，涨幅比上年扩大 0.5 个百分点，延续了 2012 年以来的温和上涨态势。食品价格由上年下降 1.4%。转为上涨 1.8%，对 CPI 的影响从下拉 0.29 个百分点转为上拉 0.35 个百分点，是 CPI 涨幅扩大的主要原因。其中，鲜菜价格由上年下降 8.1%，转为上涨 7.1%；鸡蛋价格由上年下降 4.5%，转为上涨 13.0%；猪肉市场供应总体充足，受猪瘟疫情影响，全年价格下降 8.1%，降幅比上年收窄 0.7 个百分点；酒类全年价格上涨 2.8%；鲜果上涨 5.6%；粮食上涨 0.8%（图 2）。

表 2　2018 年食品工业经济效益指标

单位：亿元

行业名称	主营业务收入	同比增长（%）	利润总额	同比增长（%）	企业单位数（个）
食品工业总计	90 194.3	5.3	6 694.4	8.4	40 909
农副食品加工业	47 263.1	3.6	2 124.4	5.6	25 007
食品制造业	18 348.2	7.3	1 552.2	6.1	8 981

（续）

行业名称	主营业务收入	同比增长（%）	利润总额	同比增长（%）	企业单位数（个）
酒、饮料和精制茶制造业	15 291.9	8.7	2 094.3	20.8	6 805
烟草制品业	9 291.2	4.9	923.5	−4.6	116

表3　2018年食品工业盈利能力变化情况

单位：%

行业名称	2017年		2018年	
	主营收入利润率	成本费用利润率	主营收入利润率	成本费用利润率
全部工业平均水平	6.5	7.0	6.5	7.0
食品工业总计	7.0	7.9	7.4	8.6
农副食品加工业	4.9	5.1	4.5	4.7
食品制造业	8.0	8.7	8.5	9.2
酒、饮料和精制茶制造业	11.4	13.3	13.7	16.6
烟草制品业	10.9	30.8	9.9	28.4

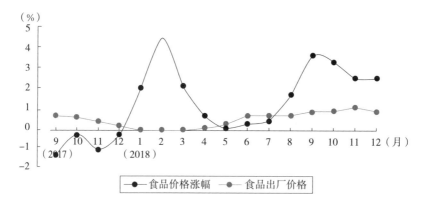

图2　2018年食品消费价格指数走势

五、固定资产投资增速维持较低水平

2018年，全国固定资产投资（不含农户）635 636亿元，比上年增长5.9%。制造业投资增长9.5%；食品工业固定资产投资继续扩大，但增速与上年相比两增一降一平，处于较低水平。其中，农副食品加工业增速为零，食品制造业增速为3.8%，酒、饮料和精制茶制造业增速为−6.8%，烟草制造业的增速为1.3%。

六、工业产品出口增长放缓

受经济增长放缓、中美贸易摩擦等因素影响，全年规模以上食品工业实现出口交货值3 628.0亿元，同比增长5.4%，低于全部工业8.5%增速3.1个百分点，增速比去年同期有所放缓。其中，12月份完成出口交货值355.7亿元，同比增长5.5%。

2019年，食品工业处在转变发展方式、优化经济结构、转换增长动力的关键期，发展面临着新的机遇和挑战。一方面，全球经济增长放缓、不确定因素增加，国际贸易保护势力有所抬头；另一方面，国内经济形势下行压力大，市场竞争加剧，企业面临原材料和劳动力等成本上涨。与此同时，国家健康中国战略、国民营养计划、"一带一路"倡议等重大国策为食品工业发展提供了政策保障；消费结构升级，带来食品工业市场需求更大空间；支持民营经济和中小企业发展的政策利好，为广大食品企业迎来广阔的发展空间。

我国造纸工业 2018 年运行情况

中国造纸协会

一、纸及纸板生产和消费情况

（一）纸及纸板生产量和消费量

据中国造纸协会调查资料，2018 年全国纸及纸板生产企业约 2 700 家，全国纸及纸板生产量 10 435 万 t，较上年增长－6.24％，消费量 10 439 万 t，较上年增长－4.20％，人均年消费量为 75kg（13.95 亿人）。2009—2018 年，纸及纸板生产量年均增长率 2.12％，消费量年均增长率 2.22％。

表 1　2018 年纸及纸板生产和消费情况

单位：万 t

品　种	生产量			消费量		
	2017 年	2018 年	同比（％）	2017 年	2018 年	同比（％）
总　量	**11 130**	**10 435**	**－6.24**	**10 897**	**10 439**	**－4.20**
1. 新闻纸	235	190	－19.15	267	237	－11.24
2. 未涂布印刷书写纸	1 790	1 750	－2.23	1 744	1 751	0.40
3. 涂布印刷纸	765	705	－7.84	634	604	－4.73
其中：铜版纸	675	655	－2.96	585	581	－0.68
4. 生活用纸	960	970	1.04	890	901	1.24
5. 包装用纸	695	690	－0.72	707	701	－0.85
6. 白纸板	1 430	1335	－6.64	1 299	1 219	－6.16
其中：涂布白纸板	1 370	1275	－6.93	1 238	1 158	－6.46
7. 箱纸板	2 385	2145	－10.06	2 510	2 345	－6.57
8. 瓦楞原纸	2 335	2105	－9.85	2 396	2 213	－7.64
9. 特种纸及纸板	305	320	4.92	249	261	4.82
10. 其他纸及纸板	230	225	－2.17	201	207	2.99

（二）纸及纸板主要产品生产和消费情况

1. 新闻纸　2018 年新闻纸生产量 190 万 t，较上年增长－19.15％；消费量 237 万 t，较上年增长－11.24％。2009－2018 年生产量年均增长率－9.78％，消费量年均增长率－7.13％。

2. 未涂布印刷书写纸　2018 年未涂布印刷书写纸生产量 1 750 万 t，较上年增长－2.23％；消费量 1 751万 t，较上年增长 0.40％。2009—2018 年生产量年均增长率 1.65％，消费量年均增长率 1.76％。

3. 涂布印刷纸　2018 年涂布印刷纸生产量 705 万 t，较上年增长－7.84％；消费量 604 万 t，较上年增长－4.73％。2009—2018 年生产量平均增长率

3.05％，消费量年均增长率 4.26％。

其中，铜版纸 2018 年生产量 655 万 t，较上年增长－2.96％；消费量 581 万 t，较上年增长－0.68％。2009—2018 年生产量年均增长率 3.05％，消费量年均增长率 4.26％。

4. 生活用纸　2018 年生活用纸生产量 970 万 t，较上年增长 1.04％；消费量 901 万 t，较上年增长 1.24％。2009—2018 年生产量年均增长率 5.88％，消费量年均增长率 6.10％。

5. 包装用纸　2018 年包装用纸生产量 690 万 t，较上年增长－0.72％；消费量 701 万 t，较上年增长－0.85％。2009—2018 年生产量年均增长率 2.05％，

消费量年均增长率 1.99%。

6. 白纸板　2018 年白纸板生产量 1 335 万 t，较上年增长 -6.64%；消费量 1 219 万 t，较上年增长 -6.16%。2009—2018 年生产量年均增长率 1.67%，消费量年均增长率 0.55%。

其中，涂布白纸板 2018 年生产量 1 275 万 t，较上年增长 -6.93%；消费量 1 158 万 t，较上年增长 -6.46%。2009—2018 年生产量年均增长率 1.65%，消费量年均增长率 0.47%。

7. 箱纸板　2018 年箱纸板生产量 2 145 万 t，较上年增长 -10.06%；消费量 2 345 万 t，较上年增长 -6.57%。2009—2018 年生产量年均增长率 2.42%，消费量年均增长率 2.93%。

8. 瓦楞原纸　2018 年瓦楞原纸生产量 2 105 万 t，较上年增长 -9.85%；消费量 2 213 万 t，较上年增长 -7.64%。2009—2018 年生产量年均增长率 2.30%，消费量年均增长率 2.59%。

9. 特种纸及纸板　2018 年特种纸及纸板生产量 320 万 t，较上年增长 4.92%；消费量 261 万 t，较上年增长 4.82%。2009—2018 年生产量年均增长率 8.78%，消费量年均增长率 6.83%。

二、纸及纸板生产企业经济指标完成情况

据国家统计局统计，2018 年 1～12 月规模以上造纸生产企业 2 657 家；主营业务收入 8 152 亿元；工业增加值增速 -0.70%；产成品存货 390 亿元，同比增长 14.31%；利润总额 466 亿元，同比增长 -15.05%；资产总计 10 505 亿元，同比增长 4.58%；资产负债率 59.30%，较上年增加 3.39 个百分点；负债总额 6 229 亿元，同比增长 6.02%；在统计的 2 657 家造纸生产企业中，亏损企业有 543 家，占 20.44%。

三、纸浆生产和消耗情况

（一）2018 年纸浆生产情况

据中国造纸协会调查资料，2018 年全国纸浆生产总量 7 201 万 t，较上年增长 -9.41%。其中，木浆 1 147 万 t，较上年增长 9.24%；废纸浆 5 444 万 t，较上年增长 -13.61%；非木浆 610 万 t，较上年增长 2.17%。

表 2　2009—2018 年纸浆生产情况

单位：万 t

年　　度	2009	2010	2011	2012	2013	2014	2015	2016	2017	2018
纸浆合计	**6 733**	**7 318**	**7 723**	**7 867**	**7 651**	**7 906**	**7 984**	**7 925**	**7 949**	**7 201**
其中：1. 木浆	560	716	823	810	882	962	966	1 005	1 050	1 147
2. 废纸浆	4 997	5 305	5 660	5 983	5 940	6 189	6 338	6 329	6 302	5 444
3. 非木浆	1 176	1 297	1 240	1 074	829	755	680	591	597	610
苇浆	144	156	158	143	126	113	100	68	69	49
蔗渣浆	98	117	121	90	97	111	96	90	86	90
竹浆	161	194	192	175	137	154	143	157	165	191
稻麦草浆	676	719	660	592	401	336	303	244	246	250
其他浆	97	111	109	74	68	41	38	32	31	30

（二）2018 年纸浆消耗情况

2018 年全国纸浆消耗总量 9 387 万 t，较上年增长 -6.61%。木浆 3 303 万 t，占纸浆消耗总量 35%，其中进口木浆占 23%、国产木浆占 12%；废纸浆 5 474 万 t，占纸浆消耗总量 58%，其中用进口废纸制浆占 16%、用国产废纸制浆占 42%；非木浆 610 万 t，占纸浆消耗总量 7%。

表 3　2018 年纸浆消耗情况

单位：万 t

品　　种	2017 年	占比例（%）	2018 年	占比例（%）	同比（%）
总　　量	**10 051**	**100**	**9 387**	**100**	**-6.61**
木浆	3 151	31	3 303	35	4.82

（续）

品　种	2017 年	占比例（%）	2018 年	占比例（%）	同比（%）
1. 进口木浆	2 111①	21	2 166②	23	2.61
2. 国产木浆	1 040	10	1 137	12	9.33
废纸浆	6 303	63	5 474	58	−13.15
1. 进口废纸浆	1	—	30	—	2 900.00
2. 国产废纸浆	6 302	63	5 444	58	−13.61
其中：进口废纸制浆	2 063	21	1 457	16	−29.37
国产废纸制浆	4 239	42	3 987	42	−5.94
非木浆	597	6	610	7	2.18

注：①2017 年进口纸浆 2 372 万 t，扣除溶解浆 260 万 t，废纸浆 1 万 t，实际木浆消耗量 2 111 万 t。

②2018 年进口纸浆 2 479 万 t，扣除溶解浆 283 万 t，废纸浆 30 万 t，实际木浆消耗量 2 166 万 t。

（三）2018 年废纸利用情况

2018 年全国废纸回收总量 4 964 万 t，较上年增长 −6.07%，废纸回收率 47.6%，废纸利用率 63.9%。2009—2018 年废纸回收总量年均增长率 3.39%。

表 4　2009—2018 年国内废纸利用情况

年份	国内废纸回收量（万 t）	废纸净进口量（万 t）	废纸浆消费量（万 t）	废纸回收率（%）	废纸利用率（%）
2009	3 676	2 750	4 997	42.9	74.4
2010	4 017	2 435	5 305	43.8	69.6
2011	4 347	2 728	5 660	44.6	71.2
2012	4 473	3 007	5 983	44.5	73.0
2013	4 377	2 924	5 940	44.7	72.2
2014	4 841	2 752	6 189	48.1	72.5
2015	4 832	2 928	6 338	46.7	72.5
2016	4 963	2 850	6 329	47.6	72.0
2017	5 285	2 572	6 303	48.5	70.6
2018	4 964	1 703	5 474	47.6	63.9

四、纸制品生产和消费情况

根据国家统计局数据，2018 年全国规模以上纸制品生产企业 4 003 家，生产量 5 578 万 t，较上年增长 −17.98%；消费量 5 273 万 t，较上年增长 −19.04%；进口量 18 万 t，出口量 323 万 t。2009—2018 年纸制品生产量年均增长率 3.99%，消费量年均增长率 3.88%。

五、纸及纸板、纸浆、废纸及纸制品进出口情况

（一）纸及纸板、纸浆、废纸及纸制品进口情况

2018 年纸及纸板进口 622 万 t，较上年增长 33.48%；纸浆进口 2 479 万 t，较上年增长 4.51%；废纸进口 1 703 万 t，较上年增长 −33.79%；纸制品进口 18 万 t，较上年增长 −5.26%。

2018 年进口纸及纸板、纸浆、废纸、纸制品合计 4 822 万 t，较上年增长 −11.18%，用汇 302.12 亿美元，较上年增长 15.67%。进口纸及纸板平均价格为 888.99 美元/t，较上年平均价格增长 −1.36%；进口纸浆平均价格为 795.31 美元/t，较上年平均价格增长 22.99%；进口废纸平均价格 252.03 美元/t，较上年平均价格增长 10.33%。

（二）纸及纸板、纸浆、废纸及纸制品出口情况

2018 年纸及纸板出口 618 万 t，较上年增长 −11.59%；纸浆出口 9.99 万 t，较上年增长 1.22%；废纸出口 0.06 万 t，较上年增长 −60.00%；纸制品出口 323 万 t，较上年增长 5.21%。

2018 年出口纸及纸板、纸浆、废纸、纸制品合计 951.05 万 t，较上年增长－6.39%，创汇 192.69 亿美元，较上年增长 7.20%。出口纸及纸板平均价格为 1 408.57 美元/t，较上年平均价格增长 13.57%；出口纸浆平均价格为 1 311.32 美元/t，较上年平均价格增长－3.91%。

表5 2018 年中国纸浆、废纸、纸及纸板、纸制品进口情况

单位：万 t

品　种	2017 年进口量	2018 年进口量	同比（%）
一、纸浆	2 372	2 479	4.51
二、废纸	2 572	1 703	－33.79
三、纸及纸板	466	622	33.48
1. 新闻纸	33	48	45.45
2. 未涂布印刷书写纸	63	85	34.92
3. 涂布印刷纸	45	49	8.89
其中：铜版纸	33	32	－3.03
4. 包装用纸	23	21	－8.70
5. 箱纸板	137	207	51.09
6. 白纸板	62	54	－12.90
其中：涂布白纸板	61	53	－13.11
7. 生活用纸	4	5	25.00
8. 瓦楞原纸	65	111	70.77
9. 特种纸及纸板	26	30	15.38
10. 其他纸及纸板	8	12	50.00
四、纸制品	19	18	－5.26
总　计	5 429	4 822	－11.18

注：数据来源于海关总署。

表6 2018 年中国纸浆、废纸、纸及纸板、纸制品出口情况

单位：万 t

品　种	2017 年出口量	2018 年出口量	同比（%）
一、纸浆	9.87	9.99	1.22
二、废纸	0.15	0.06	－60.00
三、纸及纸板	699	618	－11.59
1. 新闻纸	1	1	0.00
2. 未涂布印刷书写纸	109	84	－22.94
3. 涂布印刷纸	176	150	－14.77
其中：铜版纸	123	106	－13.82
4. 包装用纸	11	10	－9.09
5. 箱纸板	12	7	－41.67
6. 白纸板	193	170	－11.92
其中：涂布白纸板	193	170	－11.92

（续）

品　种	2017 年出口量	2018 年出口量	同比（%）
7. 生活用纸	74	74	0.00
8. 瓦楞原纸	4	3	−25.00
9. 特种纸及纸板	82	89	8.54
10. 其他纸及纸板	37	30	−18.92
四、纸制品	307	323	5.21
总　计	1 016.02	951.05	−6.39

（三）纸及纸板主要产品 2009—2018 年进出口情况

1. 新闻纸　2018 年进口量大于出口量，净进口量 47 万 t。

2. 未涂布印刷书写纸　2018 年进口量大于出口量，净进口量 1 万 t。

3. 涂布印刷纸　2018 年出口量大于进口量，净出口量 101 万 t。其中，铜版纸 2018 年出口量大于进口量，净出口量 74 万 t。

4. 生活用纸　2018 年出口量大于进口量，净出口量 69 万 t。

5. 包装用纸　2018 年进口量大于出口量，净进口量 11 万 t。

6. 白纸板　2018 年出口量大于进口量，净出口量 116 万 t。其中，涂布白纸板 2018 年出口量大于进口量，净出口量 117 万 t。

7. 箱纸板　2018 年进口量大于出口量，净进口量 200 万 t。

8. 瓦楞原纸　2018 年进口量大于出口量，净进口量 108 万 t。

9. 特种纸及纸板　2018 年出口量大于进口量，净出口量 59 万 t。

（四）纸制品进出口情况

2018 年纸制品进口量 18 万 t，较上年减少 1 万 t，同比增长−5.26%；纸制品出口量 323 万 t，较上年增加 16 万 t，同比增长 5.21%。

六、纸及纸板生产布局与集中度

根据中国造纸协会调查资料，2018 年我国东部地区 11 个省（自治区、直辖市）纸及纸板产量占全国纸及纸板产量比例为 74.2%，中部地区 8 个省（自治区）占比为 16.3%，西部地区 12 个省（自治区、直辖市）占比为 9.5%。

表 7　2018 年纸及纸板生产量区域布局变化

产　量	2017 年		2018 年	
	产量（万 t）	比例（%）	产量（万 t）	比例（%）
总产量	11 130	100	10 435	100
其中：东部地区	8 332	74.9	7 742	74.2
中部地区	1 767	15.9	1 697	16.3
西部地区	1 031	9.2	996	9.5

2018 年，广东、山东、浙江、江苏、福建、河南、湖北、安徽、重庆、四川、广西、湖南、天津、河北、江西、海南和辽宁 17 个省（自治区、直辖市）纸及纸板产量超过 100 万 t，产量合计 10 047 万 t，占全国纸及纸板总产量的 96.28%。

表 8　2018 年纸及纸板产量 100 万 t 以上的省（自治区、直辖市）

单位：万 t

省（自治区、直辖市）	2017 年	2018 年	较上年增长（%）
广　东	1 885	1 815	−3.71
山　东	1 875	1 810	−3.47
浙　江	1 711	1 510	−11.75
江　苏	1 253	1 141	−8.94
福　建	758	750	−1.06
河　南	568	490	−13.73
湖　北	267	325	21.72
安　徽	302	305	0.99
重　庆	309	288	−6.80
四　川	221	245	10.86
广　西	251	240	−4.38

（续）

省（自治区、直辖市）	2017 年	2018 年	较上年增长（%）
湖　南	290	235	−18.97
天　津	231	220	−4.76
河　北	297	205	−30.98
江　西	196	200	2.04
海　南	173	166	−4.05
辽　宁	97	102	5.15
合　计	**10 684**	**10 047**	**−5.96**

结语：

2018 年，中国经济运行保持在合理区间，造纸行业生产经营总体保持平稳。但在复杂多变的国内外经济形势下，造纸企业与我国多数实体企业一样经受了挑战。受经济下行、市场需求减少、原材料供给收紧等多重因素影响，造纸行业出现了产量下降，经济效益下滑，生产和运行困难增多的局面。面对新的形势，全行业通过供给侧结构性改革、有效控制新增产能、增强创新能力、增加新动能，维持了造纸行业的整体平稳运行。

推进农产品加工转型升级
打造乡村产业振兴新引擎

农业农村部新闻办公室

乡村振兴，产业兴旺是基础。农产品加工业是乡村产业的重要组成部分，一头连着农业、农村和农民，一头连着工业、城市和市民，是离"三农"最近、与百姓最亲的产业。近年来，农业农村部门贯彻落实党中央、国务院关于"三农"工作部署，以实施乡村振兴战略为总抓手，以农业供给侧结构性改革为主线，以农村产业融合发展为路径，按照"农头工尾、粮头食尾"指示精神，引导各地聚集资源要素，强化创新引领，突出融合带动，着力打造农产品加工业升级版，培育乡村产业振兴新引擎。

（一）产业运行稳中向好

——生产持续发展。2018 年，规模以上农产品加工企业营业收入 14.9 万亿元，比上年增长 4.0%；实现利润总额 1 万亿元，比上年增长 5.3%。2019 年 1～4 月，营业收入 4.8 万亿元，比上年增长 4.4%，利润总额 3 236 亿元，比上年增长 7.9%。

——质量效益提升。2018 年，每百元主营业务收入中的成本为 80.5 元，同比下降 0.7 元，低于工业平均水平 3.4 元；利润率为 6.8%，同比提高 0.1 个百分点。

——规模以上农产品加工企业数量达 7.9 万家。年营业收入过 100 亿元、10 亿元的企业分别有 88 家、2 573 家，营业收入总额占规模以上企业营业收入的 40%。

（二）结构布局不断优化

——产地初加工覆盖面扩大。全国近 10 万个种养大户、3 万个农民合作社、2 000 个家庭农场、4 000 家龙头企业，建设了 15.6 万座初加工设施，新增初加工能力 1 000 万 t，果蔬等农产品产后损失率从 15% 降至 6%。

——精深加工重心下沉。加工企业在粮食生产功能区、重要农产品生产保护区、特色农产品优势区的中心镇和物流节点布局，形成生产与加工、科研与产业、企业与农户衔接配套，改变农村卖原料、城市搞加工的格局。

——副产物综合利用水平不断提升。秸秆、稻壳米糠、麦麸、油料饼粕、果蔬皮渣、畜禽皮毛骨血、水产品皮骨内脏等被开发成新能源、新材料、新产品，变废为宝、化害为利，资源得以循环高值梯次利用。

——产业集群正在形成。2018 年，建设了 1 600 多个农产品加工园区（基地），打造 552 个标准原料基地及集约加工转化、紧密利益联结的农业产业强镇。河南省打造优质原料基地，注重科技创新，促进农产品加工业升级，正在由"天下粮仓"向"全国厨房"和"百姓餐桌"迈进。

（三）技术装备加快升级

——营养健康的加工技术快速发展。粮食、果蔬、油料、畜产品、水产品等领域的储藏保鲜、快速预冷、烘干干燥、冷链配送等初加工技术，非热加工、低温压榨、品质调控、可降解包装材料等精深加工技术，营养成分分离提取、功能产品开发等副产物综合利用技术相继攻克，一批具有自主知识产权的新技术快速应用。

——智能自动的加工设备升级换代。高效杀菌、无菌包装、在线检测、智能控制等国产加工设备快速应用，技术装备研发能力与世界先进水平差距逐步缩小，推进加工工艺技术"鸟枪换炮"、生产流程"机器换人"，实现了加工设备研发由"跟跑"向"跟跑、并跑、领跑"并存的重大转变。

（四）融合发展趋势明显

——加工企业跨界配置现代产业要素，带动农业纵向延伸、横向拓展，构建加工龙头企业引领、农民合作社和家庭农场跟进、广大农户积极参与的融合发展格局。

——业态类型丰富多样。目前，70％的农产品加工企业拓展消费体验、休闲旅游、养生养老、个人定制、电子商务等业务，发展中央厨房、亲子体验、农业科普、数字农业、电子商务等新产业新业态。2018年，主食加工业营业收入达2万亿元。

——联农带农作用明显。大力推广"农户＋合作社＋企业"等模式，打造原料生产、加工流通和休闲旅游等产业融合的利益共同体，把更多的就业岗位和增值收益留给农民。2018年，80％的农产品加工企业与农民合作社、小农户建立利益联结机制，吸纳3 000万农民就业，间接带动1亿多原料生产小农户增收。

2

第二部分

相关行业发展概况

油 料 加 工 业

一、基本情况

在党中央、国务院的高度重视和英明领导下,我国粮食生产连年丰收,为国家粮食安全、促进生产、促进经济发展和社会稳定奠定了坚实基础。2018 年,全国粮食总产量达 65 789 万 t,较 2017 年 66 161 万 t 增加 −0.56%。其中,小麦产量为 13 143万 t,较 2016 年 13 433 万 t 增加 −2.2%;稻谷产量为 21 213 万 t,较 2017 年的 21 268 万 t 增加 −0.26%;玉米产量为 25 733 万 t,较 2017 年的 25 907 万 t 增加 −0.67%。杂粮产量为 945 万 t,较 2017 年的 930 万 t 增长 0.98%;豆类产量为 1 931 万 t,较 2017 年的 1 914 万 t 增长 0.99%;薯类产品(折干粮)为 2 896万 t,较 2017 年的 2 856 万 t 增长 0.97%。

二、进出口情况

2018 年我国进口各类油料合计达 9 750 万 t,其中进口大豆 8 960 万 t,进口油菜籽 483 万 t。2018 年我国进口各类食用植物油合计为 821 万 t,其中进口大豆油 65 万 t,棕榈油 585 万 t,菜籽油 138 万 t,葵花籽油 79 万 t,橄榄油 4.8 万 t。在油料油脂的进口中,一些消费者喜爱的其他油料油脂的进口势头继续看好,值得我们关注,如芝麻、亚麻籽。我国油料油脂在进口的同时,也有一定数量的出口并逐年呈增加趋势,2018 年我国出口油料合计 135 万 t,出口食用油合计 38 万 t。2018 年我国进出口豆粕 128 万 t,进口菜籽粕 138 万 t。

三、食用油产销情况

2018 年,我国食用油市场的总供给量为 3 795 万 t,其中包括国产油料和进口油料合计生产的食用油产量 2 995 万 t 及直接进口的各类食用油合计 760 万 t;我国食用油的食用消费量为 3 508 万 t,工业及其他消费为 385 万 t,出口量为 28 万 t。

四、标准工作

1. 中国粮油学会 2018 年 5 月 7 日在北京召开了

"中国粮油学会团体标准试点工作启动会",学会理事长、副理事长单位代表、各分支机构的主要负责人以及行业专家等共 68 位代表参会。会议由学会王莉蓉秘书长主持。会议传达了《国家标准委办公室关于印发第二批团体标准试点名单的通知》,通过了学会团体标准组织架构。学会团体标准工作委员会主任委员、河南工业大学卞科校长就"顺应经济社会发展、做好粮油团体标准"作了专题报告,介绍了 ISO 等国际标准组织情况,分析了我国粮油标准发展现状、团体标准工作原则、学会团体标准工作目标等内容。学会于衍霞副秘书长介绍了学会团体标准试点工作申报过程,提出了学会团体标准试点工作指导思想及实施方案。

2. 2018 年 9 月 6 日,由国家粮食和物资储备局标准质量中心组织召开了大豆国际标准提案研讨会。会议以 GB 1352:2009 大豆标准为基础,综合考虑大豆出口国质量标准、贸易实践和加工需求,基于有利于维护我国进口大豆的利益,提高进口大豆质量,提出相对偏严的指标,同时针对提高国产大豆竞争力进行了研讨。

3. 为延长《大豆油》等 4 项新国标执行过渡期,2018 年 6 月 7 日,国家正式发布大豆油(GB/T 1535—2017)、葵花籽油(GB/T 10464—2017)、花生油(GB/T 1534—2017)以及前期发布的玉米油(GB/T 19111—2017)推荐性国家标准的公开文本后,中国粮油学会油脂分会接到国内很多家油脂生产企业关于新国标实施过渡期等问题,并于 2018 年 6 月 19 日组织召开了国内知名油脂企业的座谈会。

五、行业活动

1. 中国粮油学会油脂分会 2018 年会长办公(扩大)会议于 2018 年 4 月 13 日在江苏省无锡市召开。本次会议传达了《中国粮油学会第七届五次理事会》精神,对 2017 年中国粮油学会油脂分会工作进行了总结,部署了 2018 年中国粮油学会油脂分会全年工作计划,重点对中国粮油学会油脂分会换届筹备工作、《油脂分会三十年大事记》编辑出版、"油脂分会第八届会员大会暨第二十七届学术交流年会"的召开、协助总会开好"第八届会员大会暨第九届学术年会"、《中国粮油学会三十年大事记》编辑出版等几项主要工作进行了部署。参加会议的有：中国粮油学会理事长、中国粮油学会副理事长兼秘书长；中国粮油学会油脂分会会长、执行会长、副会长、秘书长，专家组正、副组长，以及部分常务理事共 60 余人。会议由江南大学和无锡中粮工程科技有限公司共同承办。

2. 中国粮油学会油脂分会第八届会员代表大会暨第二十七届学术年会于 2018 年 9 月 10~12 日在青岛崂山召开，近 400 名粮油领域相关专家、学者、企业代表参加会议。会议审议通过了中国粮油学会油脂分会第七届理事会的工作、财务报告、油脂分会工作条例，以及选举王瑞元为中国粮油学会油脂分会名誉会长、左恩南等 5 人为顾问等决议；选举于之江等 150 人当选油脂分会第八届理事会理事。会上，由来自江南大学、河南工业大学、暨南大学、武汉轻工大学的 19 位教授、博士及研究生作了"新时代 新需求 新发展"为主题的学术报告。

3. 中国粮油学会第八次全国会员代表大会暨第九届学术年会 2018 年 10 月 26 日在北京隆重召开，本次大会也是国家粮食和物资储备局 2018 年世界粮食日和粮食安全系列宣传活动的分会场，来自全国各地的会员代表近 500 人参加了会议。为表彰先进，树立典型，大会颁发了"中国粮油学会终身成就奖""中国粮油学会第一届青年科技奖""2017 年度中国粮油学会科学技术奖""第四届全国粮油优秀科技工作者""第四届中国粮油学会优秀单位会员""第三届全国粮油优秀科技创新型企业""中国粮油学会科技奖励优秀支持单位"等奖项。会议特邀中国工程院陈君石院士、中国科协创新战略研究院陈锐副院长、国家粮食和物资储备局何毅总工程师、科技部农村中心贾敬敦主任及同济大学程国强教授，分别围绕"中国食品安全的现状与趋势""传承 改革 创新 发展——新时代中国科协的使命与愿景""大力推进信息化建设、全面提升安全保障水平""科技创新服务粮油产业新发展""粮食安全的形势和面临的挑战"等作大会特邀报告。大会以引领粮油学科和粮油行业高质量发展为核心，设立油脂及饲料产业的创新发展、粮食流通产业链的创新发展、粮油食品科技的创新发展三个分会场，邀请相关学科前沿领域的专家、学者出席会议并进行学术交流。本次大会的成功举办，彰显了以中国粮油学会为代表的粮油科技领域的创新、创业精神，为粮油产业科技发展指明了方向。

（武汉轻工大学　何东平）

淀 粉 加 工 业

一、基本情况

（一）资源概况

根据国家统计局数据，受种植结构调整影响，2018 年中国玉米总产量略降至 25 717.39 万 t，比 2017 年减产约 190 万 t，降幅 0.7%（表 1）。2018 年中国玉米消费结构基本稳定，其中，饲用约占 68.0%，工业用约占 28.0%，食用约占 6.0%。2018 年世界玉米产量 112 302 万 t，其中美国 34 701 万 t，约占世界总产量 30.90%；中国为 25 717 万 t，约占世界总产量的 22.89%。

（二）加工业概况

根据中国淀粉工业协会不完全统计，2018 年我国淀粉总产量 3 009.30 万 t，同比增长 10.63%。其中，玉米淀粉 2 814.91 万 t，同比增长 8.47%；木薯淀粉 26.27 万 t，同比增长 -20.23%；马铃薯淀粉 59.20 万 t，同比增长 10.24%；甘薯淀粉 25.57 万 t，

表 1　2018 年我国玉米主产区产量

单位：万 t

省（自治区）	2017 年	2018 年	同比增长（%）
河　北	2 035.48	1 941.15	-4.63
山　西	977.87	981.62	0.38
内蒙古	2 497.44	2 699.95	8.11
辽　宁	1 789.44	1 662.79	-7.08
吉　林	3 250.78	2 799.88	-13.87
黑龙江	3 703.11	3 982.16	7.54
山　东	2 662.15	2 607.16	-2.07
河　南	2 170.14	2 351.38	8.35
陕　西	551.15	584.15	5.99
其　他	6 269.51	6 107.15	-2.59
总　计	25 907.07	25 717.39	-0.73

同比增长－2.77%；小麦淀粉及其他83.34万t，同比增长207.02%。

1.我国淀粉及深加工品产量和品种情况　2018年国内玉米深加工产能逐渐释放，与此同时，淀粉深加工企业利润仍保持较好水平，玉米淀粉产量继续攀高，较2017年产量增加8.47%。我国木薯种植面积持续萎缩，使得原料供应不断减少，叠加进口木薯淀粉对市场的挤占，2018年我国木薯淀粉产量延续了近年来的下降走势，产量同比降幅超过20%。因我国继续对欧盟进口马铃薯淀粉征收反补贴税，同时，环保压力日趋严峻，部分中小规模马铃薯淀粉企业关停并转，行业集中度进一步提升，2018年马铃薯淀粉产量实现了10%以上的增长。综合来看，在国家政策导向及生产补贴的双重作用下，2018年淀粉全行业继续保持快速、平稳增长，产量整体呈上升趋势（表2、表3）。

表2　2018年我国淀粉产量及品种情况

品　　种	产量（万t）	占总淀粉（%）	同比增长（%）
玉米淀粉	2 814.91	93.54	8.47
木薯淀粉	26.27	0.87	－20.23
马铃薯淀粉	59.2	1.97	10.24
甘薯淀粉	25.57	0.85	－2.77
小麦淀粉及其他	83.34	2.77	207.55
合　　计	3 009.30	100.00	10.02

表3　2018年我国淀粉深加工品产量及品种情况

主要品种	产量（万t）	占深加工（%）	同比增长（%）
变性淀粉	165.87	10.16	－2.74
结晶葡萄糖	406.71	24.91	45.44
液体淀粉糖	947.93	58.06	5.58
糖　醇	112.17	6.87	9.91
合　计	1 632.68	100	12.59

2.淀粉产量分布及生产规模情况　2018年我国玉米淀粉产量分布情况仍然是山东、吉林、河北三省位于前三，首位山东省占我国玉米淀粉总产量的47.43%（2017年49.34%）；其次是吉林和河北省，分别占全国玉米淀粉总产量的14.23%（2017年12.58%）和11.97%（2018年12.62%）。前三省玉米淀粉产量之和占全国玉米淀粉总产量的73.63%，占比相比2018年略降（2017年为74.54%）。随着黑龙江省新建产能的不断投产，2018年黑龙江玉米淀粉产量升至234.68万t，占全国总产量的8.34%（2017年8.02%），位列全国第四位。前四省玉米淀粉年产量合计为2 307.30万t，占全国总产量的81.97%（2017年82.56%）。2019年全国玉米淀粉产量10万t以上的企业共38家，比上年减少3家，但10万t以上企业玉米淀粉总产量提高到2 759.11万t（2017年为2 549.91万t），占玉米淀粉总产量的比重保持在98.02%（2017年98.26%）（表4）。

表4　2018年我国淀粉产量分布及生产规模情况

地　区	淀粉产量（万t）	占总产量（%）	玉米淀粉生产规模情况	
			年产10万t以上企业数	企业最大年产量（万t）
山　东	1 335.20	47.43	16	378.19
吉　林	400.46	14.23	2	135.81
河　北	336.94	11.97	6	149.12
黑龙江	234.68	8.34	3	112.40
宁　夏	130.00	4.62	1	130.00
河　南	100.68	3.58	2	29.05
陕　西	84.28	2.99	1	66.46
其他18个省、自治区、直辖市	192.65	6.84	7	59.12
合　计	2 814.91	100.00	38	—

注：其他18个省、自治区、直辖市为：山西、内蒙古、辽宁、江苏、湖北、四川、广东、广西、海南、云南、重庆、甘肃、青海、新疆、贵州、安徽、江西、福建。

二、市场及进出口情况

2018 年，在国家政策导向及生产补贴的双重作用下，淀粉及深加工行业整体景气度继续提升。淀粉及深加工新增产能继续释放，产量稳步增长，行业生产技术水平和产品品质均有大幅提高。终端市场需求向好，家电、物流行业包装用纸的增加直接拉动造纸行业淀粉需求量的提升，国内含糖食品尤其是碳酸饮料产量持续保持增长，带动淀粉糖消费攀升，近年来人们对健康食品以及功能性食品关注度的提高也打开了我国糖醇的广阔市场空间。总之，2018 年淀粉及深加工产品市场呈现供需两旺的特征，同时，受原料成本支撑，淀粉及深加工产品价格整体实现同比增长。

2018 年，我国淀粉类产品及淀粉深加工产品贸易呈现出口增长、进口下降的特点，玉米淀粉等 13 种主要商品的出口总量为 232.53 万 t，比上年增长 7.63%，进口总量为 251.81 万 t，比上年增长－10.91%。在出口贸易中，2018 年我国淀粉类产品出口总量约 56.77 万 t，同比增长 89.78%。受益于出口退税政策鼓励，国内玉米淀粉出口继续放量，2018 年出口量增长至 51.91 万 t，同比增长 103.43%。不过，受部分国家进口政策限制，我国淀粉糖出口量降至 152.48 万 t，同比减少 9.37%。除淀粉糖以外的其他深加工产品出口量增长显著，糖醇及变性淀粉出口量增幅分别达到 45.52% 和 12.69%。在进口贸易中，2018 年我国淀粉类产品进口总量约 206.75 万 t，同比增长－14.28%。主要因木薯淀粉进口单价同比大幅上涨 41.51%，2018 年我国木薯淀粉进口量同比增长－13.83%，为 200.88 万 t；同时，我国对原产于欧盟的进口马铃薯淀粉继续征收反补贴税，有效降低了欧盟低价马铃薯淀粉倾销的影响，2018 年马铃薯淀粉进口量降至 4.87 万 t，比 2017 年减少 1.36 万 t，减幅达 21.77%。2019 年我国淀粉糖、糖醇、变性淀粉进口量均有提高，其中，淀粉糖进口总量 2.79 万 t，同比增长 22.97%；变性淀粉进口量 41.99 万 t，同比增加 7.83%；糖醇类进口量 2818 t，同比增长 14.65%（表5）。

表 5　2018 年我国淀粉及部分深加工品进出口情况

品　名	进口（t）	同比增长（%）	出口（t）	同比增长（%）
玉米淀粉	2 526	9.68	519 149	103.43
木薯淀粉	2 008 767	－13.84	700	29.36
马铃薯淀粉	48 746	－21.77	1 778	195.81
小麦淀粉	1 154	－9.92	3 487	44.63
其他未列名淀粉	6 260	－57.01	42 586	5.47
葡萄糖及葡萄糖浆（果糖<20%）	1 958	33.77	743 489	10.30
葡萄糖及糖浆，20%≤果糖≤50%，转化糖除外	1 092	111.23	12 580	－18.87
果糖及果糖浆，果糖>50%，转化糖除外	2 890	20.15	302 410	－44.69
其他固体糖	21 971	19.99	466 293	4.54
山梨醇	2 198	18.62	82 920	55.75
甘露糖醇	542	38.97	9 051	－2.92
木糖醇	78	－63.72	46 312	42.66
糊精及其他改性淀粉	419 910	7.83	94 561	12.69
合　计	2 518 094	－10.91	2 325 315	7.63

三、生产技术发展情况

（一）生产规模

玉米淀粉、变性淀粉、结晶葡萄糖、液体淀粉糖规模以上企业产量占比分别达到 86.94%、78.34%、92.86% 和 82.26%，比上年提高 5.76、3.72、0.16 和 4.18 个百分点（见表6、表7）。玉米淀粉年产 100 万 t 以上的企业中，规模最大企业的年产量达到 378 万 t，同比提高 11.01%。变性淀粉年产 10 万 t 以上的企业比上年减少 2 个，但前 4 家企业产量全部在 15 万 t 以上，且产量均实现同比增长；同时，年产量 5 万 t 至 10 万 t 的企业从上年的 1 个增加至 5 个，产量占比从上年的 4.69% 大幅提高至 19.10%。结晶葡萄糖年产 100 万 t 以上的企业仍为 1 个，年产量 133.20 万 t，占总产量的 32.75%；年产量 20 万 t 至

80 万 t、10 万 t 至 20 万 t 的企业分别比上年增加 1 个和 3 个，产量占比同比提高了 8.08 和 6.73 个百分点。液体淀粉糖 50 万 t 以上企业数量从上年的 5 个

增加至 7 个，合计产量占总产量的 58.61%，同比提高 9.78 个百分点，规模最大单体企业年产量超过 100 万 t（117 万 t）。

表 6 2018 年我国玉米淀粉生产规模

项　目	2017 年	2018 年	同比增长（%）
年产 100 万 t 以上企业（个）	8	8	持平
年产 100 万 t 以上企业总产量（万 t）	1 315.67	1 432.11	8.85
占全国玉米淀粉总产量（%）	50.70	50.88	0.18
年产 40 万 t 以上企业（个）	13	17	30.77
年产 40 万 t 以上企业总产量（万 t）	791.00	1 014.94	28.47
占全国玉米淀粉总产量（%）	30.48	36.06	5.58

表 7 2018 年我国部分淀粉深加工品生产规模

	项　目	2017 年	2018 年	同比增长（%）
变性淀粉	年产 10 万 t 以上企业（个）	6	4	−33.33
	年产 10 万 t 以上企业总产量（万 t）	84.23	68.59	−18.57
	占全国总产量（%）	49.39	41.35	−8.04
	年产 5 万 t 以上企业（个）	1	5	400.00
	年产 5 万 t 以上企业总产量（万 t）	8.00	31.68	296.00
	占全国总产量（%）	4.69	19.10	14.41
	年产 3 万 t 以上企业（个）	9	8	−11.11
	年产 3 万 t 以上企业总产量（万 t）	35.03	29.67	−15.30
	占全国总产量（%）	20.54	17.89	−2.65
结晶葡萄糖	年产 100 万 t 以上企业（个）	1	1	持平
	年产 100 万 t 以上企业总产量（万 t）	121.34	133.20	9.77
	占全国总产量（%）	43.39	32.75	−10.64
	年产 20 万 t 以上企业（个）	3	4	33.33
	年产 20 万 t 以上企业总产量（万 t）	78.11	146.46	87.50
	占全国总产量（%）	27.93	36.01	28.93
	年产 10 万 t 以上企业（个）	1	4	300.00
	年产 10 万 t 以上企业总产量（万 t）	18.89	54.88	190.52
	占全国总产量（%）	6.76	13.49	6.73
液体淀粉糖	年产 50 万 t 以上企业（个）	5	7	40.00
	年产 50 万 t 以上企业总产量（万 t）	438.77	555.54	26.61
	占全国总产量（%）	48.83	58.61	9.78
	年产 10 万 t 以上企业（个）	17	14	−17.65
	年产 10 万 t 以上企业总产量（万 t）	394.17	324.67	−17.63
	占全国总产量（%）	43.87	34.25	−9.62

（二）新工艺、新技术、新设备、新产品

1. 黑龙江大学和济南圣泉集团股份有限公司联合承担的"生物质石墨烯材料绿色宏量制备工艺项目"经专家组评鉴认为，该项目在国际上首创从生物质中提取制备石墨烯材料的技术路径，方法绿色环保、成本低，生物质石墨烯材料质量高、导电性优异。目前已建成年产 100t 的生物质石墨烯材料宏量制备生产线一条。年产 100t 生物质石墨烯材料所支

撑的产品线可带来产值 3 亿~5 亿元。

2. "先进酶制剂生产技术的研究与应用" 由山东大学牵头，中国科学院青岛生物能源与过程研究所、山东龙力生物科技股份有限公司、青岛蔚蓝生物集团有限公司共同合作的山东省科技重大专项——"先进酶制剂生产技术的研究与应用"通过验收。龙力生物是国内首家二代燃料乙醇国家定点生产企业，公司玉米芯废渣生产纤维素乙醇项目获得 2012 年度国家技术发明二等奖。2018 年，国家发展和改革委员会等 15 部委联合印发了"关于扩大生物燃料乙醇生产和推广使用车用乙醇汽油的实施方案"，要求到2025 年，力争纤维素乙醇实现规模化生产，先进生物液体燃料技术、装备和产业整体达到国际领先水平。近年来，龙力生物不断优化生物酶制剂生产和优选技术，在多方面取得不断进步，纤维素燃料乙醇提取率逐步提升，生产成本逐步下降。该项目的完成为实现上述目标提供了有力保证。

3. "以 PPC 为基材的生物降解地膜" 中国科学院长春应用化学研究所在 PPC（聚碳酸亚丙酯）合成和生产关键技术上的突破，使得生物降解地膜获得了具有良好功能和性价比的基础材料。在此基础上，通过配方和工艺的改进，研制的以 PPC 为主要原料的生物降解地膜，其功能性得到极大改善，尤其是成膜性和增温保墒能力大幅度提高，成本显著下降。在全国多地、多点和多种作物上的试验结果表明，以 PPC 为基材的生物降解地膜具有极大的应用潜力，是传统 PE 地膜潜在的替代者，具有极大的应用前景和市场，有望为彻底解决农田地膜残留污染问题提供一个新的突破口。

四、行业主要活动

2018 年，淀粉加工行业继续在淀粉工业协会的组织和带领下，以市场为导向，以规范、发展为主题，通过加强部委沟通、制定相关标准、开展行业调研、举办特色活动等方式，提出行业建议，引导产业结构调整，规范行业行为，维护公平竞争的市场秩序，促进行业健康发展。

1. 举办展览会 2018 年 6 月在上海举办第十二届上海国际淀粉及淀粉衍生物展览会。本届展会联袂第 2018 世界制药原料展及第二十届亚洲食品配料、天然原料中国展，共同打造食药一站式采购平台。随着国家对马铃薯作为"第四主粮"战略的深入推进，本届展会重点推出了"2018 上海国际薯业产业开发展览会"，深入聚焦马铃薯种植繁育、生产加工、主食化产品等，现场有 70 余家薯业产业的相关企业参展。本届

展会参加现场媒体报道的单位也较前几届有增加，达到 20 余家，如日本化工报食品伙伴网食品与发酵工业等。经过 12 年的经营，展会的设置和会务组织已经很成熟，并已积累起一个比较大的参展对象名单库，接触到的各类人员遍布世界许多国家和多个领域。

2. 召开第二届世界淀粉产业大会 本届大会的主题是"创新发展、产业融合——聚焦淀粉、生物基材料的最新应用"。根据大会主题，会议特别邀请了中国塑协降解塑料专委会、中国造纸化学品工业协会的专家以及国内外行业龙头企业罗盖特、AVA、嘉吉、金玉米、华丽环保等企业家作了专题报告和大会交流。

3. 协办第一届 ICC 亚太区粮食科技大会 2018年 5 月 21~24 日，协助国际谷物科技协会（ICC）和中国粮油学会（CCOA）在厦门举办第一届 ICC 亚太区粮食科技大会。本次大会的主题是"粮食科技与创新：从亚太走向世界"，宗旨是针对消费者对粮油及豆类食品的新需求，促进粮油食品的加工和利用、绿色储藏、质量安全、营养健康等相关领域的科技进步与创新，塑造亚太地区的粮食科技新未来。大会同期举办了粮油产品、配料、设备和仪器展，为与会代表全面展示粮油食品前沿科技。

4. 深入进行调研 为了给全行业提质增效、转型升级提供良好的服务，给政府有关部委制定行业政策提供真实的资料，2018 年协会将深入进行调研列为重点工作之一。3 月和 5 月两次组织大连商品交易所、农科院、投资公司、期货公司和咨询公司 20 余人参加的调研组，对山东、河北、辽宁、吉林、黑龙江的 15 个市的 19 家企业在原料采购、生产加工、淀粉销售、企业运营模式（定价机制、供应方式、经营方式等）、企业产能、产量、库存情况、企业存在的问题和困难，以及对接产业需求等方面进行了深入的调研。6 月、8 月和 10 月又分别对江西、山东的 8 个市和天津市的 12 家企业进行了调研，在全面了解企业生产运营情况的同时，就如何提升协会的服务功能与企业进行了互动、交流，调研组希望企业顺应时代发展的步伐，重视环保，加大投入，转型升级，不断提升企业自身综合实力，高标准，严要求，着眼国际市场，推动行业发展。

5. 编制年度分析及预测报告 《中国玉米市场和淀粉行业年度分析及预测报告》（2017）推出后，相关方面和行业内外反响强烈，一致认为这是为会员服务的一种创新方式，希望协会把这件事坚持下去并不断提高。为此，协会与艾格公司 2018 年度又按时出版了《中国玉米市场和淀粉行业年度分析及预测报告》（2018），报告就中国玉米市场的生产、消费、贸易、市场价格变化；中国淀粉行业运行情况；玉米及

玉米淀粉期货的发展；中国玉米淀粉行业市场竞争态势；玉米及淀粉行业的走势进行了预测和判断。

6. 标准制修订工作　2018 年协会承担和参与了"淀粉工业水污染物排放标准"（GB 25461—2011）的评估；以及"排污单位自行监测技术指南——农副食品加工""淀粉、淀粉糖、变性淀粉、淀粉制品生产许可审查细则""排污许可证申请与核发技术规范农副食品加工业——淀粉工业""污染源源强核算技术指南　农副食品加工（淀粉）""马铃薯淀粉有机废水还田"等 6 个国家或行业标准的制修订项目。

7. 国际化标准工作　协会除了参与国家或行业标准的制修订工作外，还担负着国际标准的制定工作。2018 年 3 月 22～23 日（牙买加时间），作为 ISO/TC 93 的 P 成员国，第三次参加了 ISO/TC 93 淀粉（包括淀粉衍生物）秘书处在牙买加金斯敦召开第十五届年会，由于各个 P 成员国距离牙买加较远，经过协商，召开了网络视频会议。中国商业联合会和全国食用淀粉及淀粉衍生物标准化技术委员会秘书处代表与俄罗斯、圣卢西亚、牙买加等国家代表等一起讨论了相关事宜，形成了会议决议。决议中明确黏度测定方法的国际标准由中国主导进行制定，在规定的时间内完成建议工作稿并递交 ISO/TC 93 秘书处；淀粉白度和细度测定方法合并为一个国际标准，由牙买加主导完成该标准的建议工作稿；木薯淀粉的国际标准由俄罗斯主导，在听取各个 P 成员国的基础上进行修改后递交 ISO/TC 93 秘书处；与此同时确定在政策允许的情况下，标委会秘书处（设在协会下属的变性淀粉专业委员会）将与牙买加标准局共同承担 ISO/TC 93 秘书处的相关工作。

五、淀粉行业未来

1. 未来东北地区将成为玉米淀粉及深加工产业新的产业基地　随着国内玉米市场化的推进，东北地区依靠丰富的原料供应与储备、辽阔的土地资源、低廉的成本与能源优势，在政策补贴以及当地政府扶持政策的吸引下，越来越多的大型企业在东北地区投资建厂并逐渐投产。未来东北地区将会凭借在土地潜力、原料供给与储备、机械化程度高以及人工成本等多方面的优势，成为新的玉米深加工产业基地。

2. 延伸下游，布局全产业链将成为常态　行业内新建或筹备新建产能逐渐向下游配置，以单一布局生产淀粉的企业将逐步退出历史舞台，未来传统的淀粉产品将只占龙头企业全产品链的小部分，取而代之的是全产业链模式，越来越多的企业重视下游深加工产品的开发与生产，企业产品逐渐向类型更为丰富、附加值更高的精深加工类产品发展。

3. 产能结构性过剩凸显，行业整合即将拉开序幕　随着新增产能超过市场需求的增长空间，淀粉加工产能过剩和原料供应紧张问题将逐渐凸显，行业运行面临原料价格上涨和产品竞争加剧的双重风险，企业亏损，行业兼并、重组、整合将拉开序幕。从企业规模来看，将淘汰一批中小规模企业（如 30 万 t/年以下），而大型企业集团数量、单厂规模超过 300 万 t 的企业数量将增加，超 1 000 万 t 级现代化企业集团将成为行业的中坚力量。

4. 环保治理为行业可持续发展提供动力　环保治理已成为淀粉行业发展的头等大事，也是企业生存和发展的必要条件。2019 年 7 月西王集团有限公司获得由国家生态环境部统一编号颁发的排污许可证，这是全国淀粉行业第一张排污许可证，标志着淀粉企业排污许可证审核和发放工作拉开了序幕，对淀粉企业排污许可证核发工作起到了引领和示范作用。全行业将积极参与排污许可与环保治理等一系列措施中来，通过环保治理整顿企业生产秩序、促进企业提升生产工艺、改善企业生产环境，为行业健康、可持续发展提供动力。

（中国淀粉工业协会　宋春艳　董延丰）

肉类及蛋品加工业

一、基本情况

2018 年，受非洲猪瘟疫情影响，我国猪肉减产导致肉类产量下降。蛋品产量小幅增长。肉类及蛋品加工行业供给侧结构性改革力度加大，规模以上肉类加工企业数量明显减少，主营业务收入增加。

（一）肉禽蛋生产总量及产品结构

据国家统计局公报，2018 年全国猪肉产量 5 404 万 t，同比增长－0.9%；牛肉产量 644 万 t，增长

1.5%；羊肉产量 475 万 t，增长 0.8%；禽肉产量 1 994 万 t，增长 0.6%。禽蛋产量 3 128 万 t，增长 1%。

2018 年猪肉、禽肉、牛肉、羊肉、杂畜肉在肉类总产量中所占比重为 62.6∶23.1∶7.4∶5.5∶1.4。和上年相比，猪肉占比增加 0.6 个百分点；禽肉占比增加 1.1 个百分点；牛肉占比下降 1 个百分点；羊肉保持稳定；杂畜肉占比下降 0.7 个百分点。

（二）规模以上企业数量及主要经济指标

2018 年全国肉类及蛋品加工行业规模以上企业数量 4 105 家，比上年减少 264 家。其中，规模以上屠宰及肉类加工企业 3 884 家，比上年减少 269 家，降幅 6.5%；规模以上蛋品加工企业 221 家，比上年增加 5 家，增幅 2.3%。

1. **主营业务收入** 本年度全国肉类及蛋品加工行业规模以上企业主营业务收入稳步增长，达到 9 650.4 亿元。其中，规模以上屠宰及肉类加工企业主营业务收入 9 389.9 亿元，比上年增长 6.34%；规模以上蛋品加工企业主营业务收入 260.5 亿元，比上年增长 13.2%。

2. **利润** 本年度全国肉类及蛋品加工行业规模以上企业利润达到 429 亿元。其中，规模以上屠宰及肉类加工企业实现利润总额 415.5 亿元，比上年的 369 亿元增加 46.5 亿元，增幅 12.6%；规模以上蛋品加工企业实现利润 13.5 亿元，比上年的 12.4 亿元增加 1.1 亿元，增幅 8.9%。

3. **投资** 2018 年全国肉类及蛋品加工业投资继续增加。据国家统计局数据显示，2018 年全国规模以上屠宰及肉类加工企业资产总计 6 094.6 亿元，比 2017 年的 5 944.7 亿元增加 149.9 亿元，增幅 2.5%。蛋品加工业规模以上企业资产 217.1 亿元，比 2017 年的 170.1 亿元增加 47 亿元，增幅 27.6%。

从投资情况看，屠宰业资产总额减少，肉制品加工业资产总额增速较快，蛋品加工业投资增幅最大。2018 年，牲畜屠宰企业资产 2 246.9 亿元，比上年的 2 260.2 亿元减少了 13.3 亿元；禽类屠宰企业资产 1 373.3 亿元，比上年的 1 381.7 亿元减少了 8.4 亿元，两者减幅都是 0.6%。肉制品及副产品加工企业资产 2 474.4 亿元，比上年的 2 302.8 亿元增加了 171.6 亿元，增幅 7.5%。

从投资结构看，牲畜屠宰资产比重下降，禽类屠宰和肉制品加工资产比重上升。2018 年牲畜屠宰企业资产在肉类行业的占比，由上年的 38% 降至 36.9%，下降了 1.1 个百分点；禽类屠宰企业资产占比 22.5%，比上年下降了 0.8 个百分点；肉制品及副产品加工企业资产占比 40.6% 上升了 1.9

个百分点。

二、行业运行特点

（一）重点行业分析

2018 年，我国牲畜屠宰、禽类屠宰、肉制品及副产品加工业规模以上企业数量均有所减少，蛋品加工业规模以上企业数量增加；主营业务收入均有不同程度增长，产业结构有所变化，主要是禽类屠宰占比上升。

一是牲畜屠宰业。2018 年全国有规模以上牲畜屠宰企业 1 299 家，比上年的 1 404 家减少了 105 家，减幅 7.5%，占肉类企业总数的 33.4%，与上年下降 0.4 个百分点。其主营业务即通常所说的"红肉"（猪肉、牛肉、羊肉等）销售收入 3 434.3 亿元，比上年的 3 283.5 亿元增加了 150.8 亿元，增幅 4.6%；占肉类行业主营业务收入 9 389.9 亿元的 36.6%，比上年的 37.2% 下降了 0.6 个百分点。

二是禽类屠宰业。2018 年，我国禽类屠宰行业规模以上企业数 722 家，比上年的 778 家减少 56 家，降幅 7.2%，占肉类企业总数的 18.5%，比上年的 18.7% 下降了 0.2 个百分点。其主营业务收入即通常所说的"白肉"（鸡肉、鸭肉、鹅肉等）2 236.8 亿元，比上年的 2 013.4 亿元增加了 223.4 亿元，增幅 11.1%；占肉类行业主营业务收入 9 389.9 亿元的 23.8%，比上年的 22.8% 增加了 1 个百分点。

三是肉制品及副产品加工业。2018 年，我国肉制品及副产品加工行业规模以上企业数 1 863 家，比上年的 1 971 家减少 108 家，降幅 5.5%，占肉类企业总数的 48%，比上年的 47.4% 增加了 0.6 个百分点。其主营业务收入 3 718.8 亿元，比上年的 3 532.9 亿元增加 185.9 亿元，增幅 5.3%；占肉类行业主营业务收入 9 389.9 亿元的 39.6%，比上年的 40% 下降了 0.4 个百分点。

蛋品加工业。2018 年，我国蛋品加工行业规模以上企业数 221 家，比上年的 216 家增加 5 家，增幅 2.3%；其主营业务收入 260.5 亿元，比上年的 230.1 亿元增加 30.4 亿元，增幅 13.2%。

（二）市场运行分析

2018 年，我国肉类市场供应总量为 9 006.83 万 t（国内肉类总产量加肉类进口、减肉类出口），比上年的 8 905.14 万 t 增加 101.69 万 t，增长 1.1%。其中，国内肉类总产量达 8 631 万 t，比上年减产 23 万 t，增长 −0.3%；肉类进口 400.79 万 t，同比增长 −2.2%；肉类出口 24.96 万 t，同比增长 −74%。全国人均消费肉类 61.8 kg，比上年的人均消费 64 kg

减少 2.2 kg。猪肉价格总体水平下降，牛羊禽肉及鸡蛋价格上升，肉禽蛋市场供应基本平稳。

肉类进口：受非洲猪瘟疫情的影响，猪肉消费和进口都有所减少。据中华人民共和国海关总署公布数据，2018 年全国进口肉类 400.79 万 t，同比增长 -2.2%。其中，猪肉 213.95 万 t，同比增长 -14.4%，占进口总量的 53.4%；牛肉 106.27 万 t，同比增长 48.4%，占进口总量的 26.5%；羊肉 30.49 万 t，同比增长 22.4%，占进口总量的 7.6%；鸡肉 50.08 万 t，同比增长 -0.3%，占进口总量的 12.5%。和上年相比，猪肉鸡肉进口占比下降，牛羊肉进口占比上升。牛羊肉仍然是我国肉类供应的短板。

肉类出口：2018 年全国肉类出口 24.96 万 t，同比增长 -74%。其中，猪肉 4.7 万 t，同比增长 -85.4%；牛肉 416t，同比增长 -98.3%；羊肉 2 227t，同比增长 -55.5%；禽肉 20 万 t，同比增长 -60.6%。由于国内肉类减产，市场供不应求，肉类出口全面大幅下降（见表 1）。

表 1　2018 肉类进出口贸易逆差概览

单位：万 t

年份	肉类出口	肉类进口	进出口贸易逆差	逆差增减（%）
2018	24.96	400.79	375.83	26.48
2017	92.53	409.90	297.14	-24.76
2016	72.25	467.16	394.91	90.54
2015	78.65	285.90	207.25	—

数据来源：海关总署。

肉禽蛋市场价格：2018 年以来，我国猪肉价格总体呈现"上半年下跌、下半年季节性回升、非洲猪瘟发生后产销区有所分化"的特征。一是猪肉总体水平低于上年。据农业农村部监测，1～11 月全国猪肉批发均价为 18.57 元/kg，同比跌 12.7%。二是月度价格呈"W"形走势。2 月份开始持续下跌至 5 月份的年内低点 15.95 元/kg，之后持续上涨至 9 月份，国庆之后又小幅回落，11 月份为 19.30 元/kg，环比跌 2.6%，同比跌 4.3%，进入 12 月份又有所回升。三是地区间走势出现分化。8 月份非洲猪瘟发生后，受活猪跨省禁运政策影响，区域间供需出现阶段性不平衡现象，产区跌、销区涨；随着各地改"调猪"为"调肉"，流通渠道逐渐通畅，国庆节后产销区猪价分化趋缓。12 月份，猪肉价格持续回落，36 个大中城市平均批发价格为 20.92 元/kg，环比增长 -0.4%，同比增长 -3.6%。

受产能调整、供给偏紧、消费趋旺等因素影响，

牛肉、羊肉、鸡肉、鸡蛋价格普遍上涨，1～11 月集贸市场均价同比分别涨 3.7%、11.4%、7.2%、17.7%。12 月份，牛羊肉价格继续走高，36 个大中城市牛肉、羊肉平均批发价格分别为 56.33 元/kg 和 56.12 元/kg，环比分别上涨 1.9% 和 2.9%，同比分别上涨 9.7% 和 16.6%。鸡肉价格小幅上涨，白条鸡平均批发价格为 16.26 元/kg，环比上涨 0.3%，同比上涨 2%。鸡蛋价格有所回落，平均批发价格为 9.4 元/kg，环比增长 -3.1%，同比上涨 2.2%（见表 2）。

表 2　主要肉禽蛋产品 2018 年 12 月 36 个大中城市平均批发价

单位：元/kg

主要产品	2017 年 12 月	2018 年 12 月	增减（%）
猪肉	21.70	20.92	-3.6
牛肉	51.35	56.33	9.7
羊肉	48.13	56.12	16.6
白条鸡	15.94	16.26	2
鸡蛋	9.19	9.40	2.2

资料来源：商务部。

（三）产业精准扶贫

2018 年肉类及蛋品加工行业的一项重点工作，是实施产业精准扶贫。许多肉类及蛋品加工的龙头企业，基于对中国农村养殖户的深入了解，发挥屠宰、加工、冷链物流及终端销售网络的产业资源优势，深入贫困乡村，带动贫困户发展畜禽养殖，取得了良好成效，受到贫困地区的广泛欢迎。

例如，2018 年，温氏精准扶贫项目覆盖近 20 个省（自治区、直辖市），投入扶贫资金总额约 1.87 亿元，对接建档立卡贫困人口 10 多万人，其中约 3.17 万人已达脱贫标准。总计开展产业发展脱贫项目 783 个，投入金额 1.68 亿元。温氏集团根据贫困地区实际情况，结合新发展形势，对原有的贫困户自建自营、贫困户合股、贫困户承包等模式进行了优化，并对 2017 年提出的政府精准扶贫合作模式做了进一步优化。针对贫困农户缺资金、缺劳动力、缺技术等不同问题提供了多种"定制式"扶贫模式，形成了更加完善的产业发展脱贫体系，助力贫困户达到短期增收、中期脱贫、长期致富的目的。以养猪业为例，2018 年，公司共带动约 10 万贫困人口通过自建自营、入股分红及承包养殖等方式，获得养殖收入约 2 901 万元。

再如，河北双鸽集团积极探索产业扶贫的新路径和利益联结机制，把扶贫理念由输血、输氧到造血、

造氧，由被动到主动，由单一到融合，通过"龙头企业＋合作社组织＋家庭农场""基地＋产业＋园区"，把基地建在农区、把技能传给农民、把冷链延到农村、把市场连到农家，工业连农业、企业连产业、市场连基地，产业带区域，工业反哺农业，带动农村发展、农民致富，让广大农民真正享受到现代化产业融合所带来的增值收益。2018 年，在前期于灵寿、赞皇、行唐等贫困县投资 2.4 亿元完成良种猪繁育体系项目布局、选址和筹建工作的基础上，由中央产业扶贫基金投资支持建设的存栏母猪 6 000 头，年产仔猪 13 万头的双鸽灵寿二元母猪场正式投入运营，并配套建设大型沼气工程项目对废弃物进行资源化循环利用。目前，已通过合作社在灵寿县、行唐县投放仔猪 4 批 3 000 余头，整合利用产业扶贫资金 210 万元。该项目依托当地资源，结合建设现代化农业产业园区，形成农业支持工业，工业反哺农业的养殖、种植、深加工、销售的产业链条，让产业链上下游企业和农户享受到产业联合规模发展所带来的增值收益，真正成为当地扶贫的支柱产业。

三、质量管理与技术进步

（一）质量管理

据食安通对 2018 年度国家和各省（自治区、直辖市）市场监督管理局（原食药监局）发布的食用农产品抽检信息共计 144 142 条的汇总分析，食用农产品抽检合格率为 98.19％。

在抽检不合格食用农产品 2 606 批次中，畜禽肉及副产品为 334 批次，占比 12.8％；鲜蛋为 233 批次，占比 8.9％。

造成畜禽肉及副产品检出不合格的主要原因是兽药残留，检出频次 245，占比 67.86％，磺胺类、恩诺沙星、氯霉素、氧氟沙星、呋喃唑酮代谢物检出频次较高（见表 3）。

表 3　畜禽肉及副产品的不合格项统计

产品种类	不合格项分类	具体不合格项	频次	占比（％）
食用农产品-畜禽肉及副产品	兽药残留	磺胺类	57	67.87
		恩诺沙星	47	
		氯霉素	40	
		氧氟沙星	34	
		呋喃唑酮代谢物	21	
		尼卡巴嗪	8	
		土霉素	6	
		培氟沙星	4	
		四环霉素	3	
		地塞米松	3	
		盐酸多西环素	3	
		盐酸氯丙嗪	3	
		6-氟-1-（4-氟苯基）-1，4-二氢-4-氧代-7-（1-哌嗪基）-3-喹啉羧酸（沙拉沙星）	3	
		多西环素（强力霉素）	2	
		替米考星	2	
		呋喃西林代谢物 SEM	2	
		沙丁胺醇	2	
		氟苯尼考	1	
		呋喃它酮代谢物	1	
		环丙沙星	1	
		喹乙醇	1	
		金霉素	1	

（续）

产品种类	不合格项分类	具体不合格项	频次	占比（%）
食用农产品-畜禽肉及副产品	非法添加物	盐酸克伦特罗	53	25.48
		五氯酚酸钠	36	
		孔雀石绿	2	
	理化指标	莱克多巴胺	1	4.16
		挥发性盐基氮	11	
		水分	4	
	污染物	总砷	6	2.49
		铅	2	
		总汞	1	
汇总			361	100%

资料来源：食安通《2018 年食用农产品抽检分析报告》2019 年 7 月 3 日。

造成鲜蛋不合格的主要原因是氟苯尼考、恩诺沙星、甲硝唑、氧氟沙星，详见表 4。

表 4　鲜蛋的不合格项统计

农产品类别	不合格项分类	具体不合格项	检出频次	占比（%）
食用农产品-鲜蛋	兽药残留	氟苯尼考	38	57.58
		恩诺沙星	26	39.39
		甲硝唑	1	1.52
		氧氟沙星	1	1.52
汇总			66	100

资料来源：食安通《2018 年上半年国内食品安全抽检信息分析报告》2018 年 7 月 19 日。

（二）技术进步

1. 加工装备　改革开放后随着肉类工业的高速发展，我国的肉类加工机械装备技术与创新也在突飞猛进的发展，并且呈跳跃式的发展。我国近 300 家肉类加工设备企业生产 95% 以上的肉类加工设备，几乎覆盖了屠宰与分割，中、西式肉制品加工，生鲜与速冻调理食品，包装与仓储，清洗消毒与卫生安全装置，制冷与节能装置，环保与综合利用等所有肉类加工应用领域。所制造的设备已有部分产品接近国外同类产品的先进水平。如机器人自动劈半机、柔性打毛机（猪）、12 000 只/h 鸡自动屠宰生产线（含自动掏膛系统）等屠宰设备；盐水注射机、真空灌装（灌肠）机、烟熏炉、真空滚揉机、成型机、全自动裹涂上粉机、油炸机等加工设备；切丁、切条、切片、等量切割、等重切割、锯骨机等分切设备；连续式拉伸膜真空（充气）包装机、气调包装机、贴体包装机等。这些设备在我国肉类工业的发展中发挥了技术引领性作用，对我国肉食品加工技术的高速发展起到了

积极的推动作用，使肉类产品的加工能力和品种多样化得到很大提高，缩短了与国际先进水平的距离，极大地推动了我国肉类工业的可持续、健康发展。

2018 年以来，我国畜禽屠宰和肉类加工机械与装备的自动化、智能化技术需求明显增长，行业技术创新水平加速提升。

畜禽屠宰装备　国产化家禽屠宰自动掏膛技术已成功应用于国内外市场。家禽自动分割生产线设备技术也有了重大突破：通过研究家禽胴体精准定位、多部位（腿、翅中、翅根、翅尖、脖、尾等）自动化精确切分技术及仿生切分机械，研究刀具位置、旋向、摆角等关键技术参数，并应用集成光电感应、在线称重和智能控制等技术，研制分割产品在线精确分级系统，提高分级精度和效率，解决目前分割作业人员多，生产效率低等问题，全面提升我国家禽加工技术水平。

继生猪机器人劈半技术的成功应用，牛自动化劈半和自动化剥皮技术也相继得到了开发，并很快会实

现应用。

肉食加工设备 国产肉类食品加工设备从外观、做工及自动化程度和性能上都有很大的进步。比如斩拌机，转速达 4 500r/min，刀头线速度可达到 126 m/s；烟熏炉的实时数据监控与采集分析系统，能够随时自动进行合理的参数调节，任意的改变炉内循环风的交汇点，有效提高了产品色泽一致性；自动化分选系统，实现了混料自动识别及自动分配技术。

机械设备的传动部分，正在用不锈钢代替碳钢，并采用免维护系统，更便于清洁卫生；免工具拆卸的结构创新与应用，大大减少了清洗和维护设备的时间，并降低了工具及零件遗漏在现场或混入食品中的风险，同时解决了食品设备清洗中一些死角残留问题；能有效降低工人劳动强度、保障食品卫生安全。

在物料和产品的自动化输送技术方面有了较大提升，减少了人为干预和接触，提高了食品安全保障和生产效率。安全检测设备的智能化和检测精度不断提高，确保了每一份产品都是安全的，为食品安全把关再度提升了保险。

2. 产品包装　随着我国肉类消费升级和需求结构的变化，2018 年肉类食品生产和流通对包装材料、包装产品的需求相应升级，结构发生了明显变化。主要表现为：

——用于超市、电商、专卖店零售的冷鲜分割肉高阻氧气调包装和热收缩包装快速增加。热收缩包装具有更长货架期、更好的保鲜能力，而气调包装更适合 5～10d 保质期的新鲜肉类。

——用于高端冷鲜肉和加工肉制品的真空贴体包装开始推广使用，以盒马鲜生线下超市和电商为代表，贴体包装在各类高附加值肉类食品上得到大量推广。

——用于中央厨房、团餐、肉制品生产及进口冷鲜、冷冻肉的大包装、中转包装份额增加。

——具有更强便利性功能（例如，更便于打开、更便于重复封口、更便于加热调理、更便于保存等）的肉制品包装增加。

2018 年，肉类食品领域的包装产业链继续保持良好的发展态势，随着肉类食品企业需要通过自动化包装提高生产效率、延长产品保质期、适应产品销售渠道的需求增长，对自动化、智能化的包装设备的需求呈现快速增长趋势。国内相当一部分的肉类企业引进了德国、美国、日本等国际品牌的包装设备，进口包装设备的引进台数在 200 台以上。同时，国内的包装设备企业也持续加大研发投入，陆续开发出功能优良、性价比相当高的包装设备，国产的自动化贴体包装、气调包装设备也开始被采用，少数企业还实现了

设备出口，将中国制造的设备销售到发达国家和地区。包装设备与前道生产设备的集成化也得到提高，包装设备也更多地参与到智能制造中来。

肉类食品的包装物料得到明显增长，特别是专门用于肉类食品包装的内包装材料。总的看来，2018 年用于冷鲜肉的包装材料比上年增长了 25％以上，用于肉制品的包装材料比上年增长了 10％以上。与肉类食品包装紧密相关的功能性共挤薄膜、真空热收缩膜、贴体膜等，国内部分厂家实现技术突破，降低了对外资品牌的依赖，实现了行业所需的包装材料成本降低和供应保障，进一步推动了肉类食品包装的发展。2018 年由于纸张行业受到环保政策的影响，价格上涨明显，导致肉类食品行业的纸类包装成本增加 25％以上。

四、行业发展面临的问题

（一）非洲猪瘟疫情造成猪肉减产

我国自 2018 年 8 月 3 日首次发现非洲猪瘟疫情后，截至 12 月 30 日，共发生 99 起疫情，先后涉及辽宁、黑龙江、江苏、浙江、安徽、内蒙古、河南、吉林、天津、山西、云南、湖南、贵州、重庆、湖北、江西、四川、上海、北京、陕西、青海、广东、福建等 23 个省、自治区和直辖市。各地发现疫情后，均按照农业农村部有关要求，立即启动应急预案，对疫点养殖的生猪全部进行扑杀、生埋、无害化处理；对疫点周边地区的所有生猪进行封锁、扑杀、无害化处理，全国扑杀生猪超过 85 万头；全面实施流通管控，禁止疫区所有生猪、生猪产品流出，停止交易市场交易，停止生猪屠宰，切断非洲猪瘟病毒传播链条。这些措施对生猪生产和猪肉供应的稳定造成了很大影响。非洲猪瘟疫情叠加长期低价运行造成的亏损，使中小散户养殖环境恶化，纷纷清栏退养。农业农村部监测数据显示，2018 年 12 月全国能繁母猪存栏同比减少 8.3％，生猪总存栏同比减少 4.8％。

（二）猪肉减产造成肉类保供稳价压力增大

由于猪肉在我国肉类消费总量中占 62％以上。猪肉减产造成牛肉、羊肉、鸡肉、鸡蛋价格普遍上涨，1～11 月集贸市场均价同比分别涨 3.7％、11.4％、7.2％、17.7％。12 月份，牛羊肉价格继续走高，36 个大中城市牛肉、羊肉平均批发价格分别为 56.33 元/kg 和 56.12 元/kg，环比分别上涨 1.9％和 2.9％，同比分别上涨 9.7％和 16.6％。鸡肉价格小幅上涨，白条鸡平均批发价格为 16.26 元/kg，环比上涨 0.3％，同比上涨 2％。

（三）生产成本上升影响企业经营利润

据国家统计局数据，2018年上半年全国规模以上牲畜屠宰企业（其中主要是生猪屠宰企业）1 259家，比2017年底的1 404家减少145家，利润总额同比增长−0.86%，亏损企业亏损额同比上升27.34%。进入三、四季度以后，由于中美贸易摩擦、非洲猪瘟、市场变化等多重因素的影响，企业生产成本进一步上升，利润下降，亏损增加。在猪源不足、销售下降的形势下，企业采购、加工、销售都遇到一系列新的难题。特别是有些地区的病害猪无害化处理财政补贴不能足额到位，加大了企业公共开支负担，企业的经营状况更加困难。到2018年底，全国牲畜屠宰行业规模以上企业数1 299家，比上年的1 404家减少105家，降幅7.5%；亏损企业264家，比上年的250家增加14家，增幅5.6%；亏损企业亏损额21.9亿元，比上年的15.5亿元增加6.4亿元，增幅41.3%。从肉制品及副产品加工行业情况看，2018年，全国肉制品规模以上企业数1863家，比上年的1971家减少108家，降幅5.5%；亏损企业亏损额14.7亿元，比上年的13亿元增加1.7亿元，增幅13.1%。亏损增加削弱了企业市场保供稳价的能力。

（四）代宰比例回升影响品牌战略实施与产业升级

近几年来，农业农村部为加强生猪屠宰行业管理做了大量工作。到2018年上半年，开始取得明显成效。政府属地管理责任得到强化，部门协同合力逐步形成，屠宰企业履责能力提升；屠宰监管执法能力增强，屠宰法律法规标准宣传进一步普及；通过加强日常监管、开展专项整治、强化监督检测、推进诚信建设、做好应急处置等措施，屠宰行业风险防控能力有所增强；通过完善屠宰准入管理、推进屠宰企业标准化改造、引导屠宰企业采用兼并重组等手段加快整合乡镇小型屠宰场点等措施，以代宰经营模式为主的乡镇小型屠宰场点进一步压减。这些措施使我国规模以上企业生猪屠宰量有了显著的回升。

但是，自2018年8月非洲猪瘟疫情发生以后，整个形势发生了很大变化，主要表现为代宰企业获得了很大的市场空间。以川渝地区为例，自8月以来，受限制生猪调运政策实施的影响，重庆主城区生猪屠宰量增长−70%，县区屠宰量增长−30%～−40%。由于重庆当地生猪和猪肉产品供不应求，市场价格大幅上涨，吸引大量来自外埠的热鲜肉通过省道、县道、乡道多种途径进入重庆地区，调运方式五花八门，沿途随地按需卸货，产品质量令人担忧。这些热鲜肉产品绝大部分是由代宰企业提供的。在这种情况下，一些原来不够规范的小型屠宰场点起死回生，市场占比回升，不仅给非洲猪瘟疫情防控工作带来很大的困难，而且给提高产业集中度、建立现代化肉类产业经济体系带来极大阻碍。

（中国肉类协会 高观）

制 糖 工 业

一、制糖期基本情况

我国有14个省（自治区）产糖，沿边境地区分布，主产糖省（自治区）集中在我国北部、西北部和西南部。甘蔗糖产区主要分布在广西、云南、广东、海南及邻近省（自治区）；甜菜糖产区主要分布在新疆、内蒙古、黑龙江及邻近省（自治区）。与糖料种植相关的人员近4 000万。2018/2019年度制糖期全国食糖总产量中甘蔗糖占87.78%，甜菜糖占12.22%。我国的食糖生产销售年度为10月1日至翌年的9月30日，开榨时间由北向南各不相同。甜菜糖厂一般在9月底或10月初开机生产；甘蔗糖厂中，广西、广东、海南等省区11月中或12月初开榨，云南省12月底或次年1月初开榨。2018/2019年度制糖期于2018年9月25日中粮屯河新宁糖业公司正式开机生产，至2019年5月26日云南中云上允糖厂最后一个停机，历时244d，比上制糖期少生产19d。本制糖期，全国共有开工制糖生产企业（集团）46家，开工糖厂211家，比上制糖期少开工5家，其中：甜菜糖生产企业（集团）4家，糖厂35家；甘蔗糖生产企业（集团）42家，糖厂176家。另有炼糖企业16家。食糖产量前十位的制糖企业集团产糖量占全国食糖总产量的77.2%。

2018/2019年度制糖期，全国共生产食糖1 076.04万t。其中优级和一级白砂糖893.76万t，精制糖76.24万t，绵白糖63.27万t，赤砂糖和红糖24.42万t，原糖及其他18.35万t。播种面积144.08

万 hm²，同比增长 4.71%，其中甘蔗种植面积 120.62 万 hm²，同比增长 0.47%；甜菜种植面积 23.46 万 hm²，同比增长 33.72%。甘蔗品种目前仍以台糖系列、桂糖系列和粤糖系列为主，三大系列品种占总种植面积的 84.3%，其他品种约占总种植面积的 15.7%。甜菜主要种植品种仍以原种引进为主。甜菜品种主要以德国 KWS 系列、安地系列、先正达系列为主，占甜菜总种植面积的 70.08%。2018/2019 年度制糖期食糖产量、播种面积、开工糖厂数见表1。

表1 2017/2018 年度制糖期全国糖料播种面积、食糖产量情况

企业名称	糖料播种面积（万 hm²）	产糖量（万 t）	开工糖厂数（间）
全国累计	**144.08**	**1 076.04**	**211**
甘蔗糖合计	120.62	944.50	176
广　东	11.67	80.96	25
其中：湛江	10.07	69.92	20
广　西	76.93	634.00	85
云　南	29.00	208.01	55
海　南	2.60	18.82	9
其　他	0.42	2.71	2
甜菜糖合计	23.46	131.54	35
黑龙江	2.50	5.41	2
新　疆	7.07	55.73	15
内蒙古	13.33	65.00	13
其　他	0.55	5.40	5

2018/2019 年度制糖期全国糖料收购价与上一制糖期基本持平。甘蔗平均收购价格（地头价，不含运输及企业对农民各种补贴费用等，下同）为 480 元/t，甜菜平均收购价格为 494 元/t。2018/2019 年度制糖期全国制糖行业主要技术指标：甘蔗平均单产 63.89t/hm²，甜菜平均单产 47.72t/hm²；甘蔗平均含糖分 13.42%，甜菜平均含糖分 14.97%；甘蔗产糖率 11.69%，甜菜产糖率 11.75%。

二、市场概况

（一）国内食糖市场

2018/2019 年度制糖期全国累计产糖 1 076.04 万t，较上一制糖期增加 45 万 t，同比增长 4.36%，其中：甘蔗糖产量 944.5 万 t，同比增长 3.1%；甜菜糖产量 131.54 万 t，同比增长 14.41%。本制糖期全国食糖消费量 1 520 万 t，年人均食糖消费量为 10.89kg。食糖消费结构略有变化，食糖消费总量中民用消费为 42.5%，工业消费比例为 57.5%。2018/2019 年度制糖期，中国糖业协会食糖价格指数 5 437 元/t，较上制糖期下跌 8.44%；工业累计销售平均价格为 5 248 元/t，较上制糖期下跌 6.98%。本制糖期全国制糖行业销售收入 663 亿元，亏损 43 亿元，财政税收 18.8 亿元，农民种植糖料收入同比增加 27 亿元。2017/2018 年度制糖期行业运行特征：

1. 食糖产量连续第二年恢复性增长　全国糖料种植面积 144.06 万 hm²；加工糖料 9 199 万 t，比上制糖期增加 503 万 t；食糖产量 1 076 万 t，比上制糖期增加 45 万 t。

2. 食糖消费平稳　全国食糖消费量 1 520 万 t，同比持平略增。

3. 国内食糖价格连续第二年下跌，但跌势放缓　全国食糖价格在生产期间持续低迷，低于成本线下运行；进入 6 月份以来，平稳回升。国内食糖工业累计平均销售价格 5 248 元/t，同比下跌 7%。

4. 农民继续增收，企业亏损扩大，财政税收减少　农民增收 27 亿元，企业亏损 43 亿，财政税收 18.8 亿元。

5. 国家宏观调控措施不断完善，打击食糖走私成果显著　国家宏观调控措施不断完善，打击食糖走私效果显著，食糖进口实现了"按需、有序、平稳、可控"。

（二）国际食糖市场

2018/2019 年度制糖期，印度和泰国等主产糖国的食糖产量降幅不如预期，全球食糖产量维持历史高水平；全球食糖消费增加有限，全球食糖供求关系虽然好转，但仍然保持产销过剩，另外，能源价格宽幅振荡，以及巴西、泰国等全球食糖主要出口国货币贬值。受上述因素综合影响，纽约原糖期货价格在制糖期初短暂冲高并见制糖期最高后，步入振荡下跌，于 2019 年 9 月中旬见制糖期最低，最终报收于 11.83 美分/磅，比制糖期初下跌 2.07%，比上年制糖期末上涨 14.3%。整个制糖期，纽约原糖期货价格波动区间为 10.68～14.35 美分/磅。

展望 2018/2019 年度制糖期，市场普遍预期，受不利天气和市场低迷等因素的综合影响，印度、泰国和欧盟等全球主产糖国家（地区）的食糖产量将进一步下降，巴西食糖产量维持最近几年来的较低水平，预计全球食糖产量降幅扩大，同时，全球食糖消费量增速进一步恢复，因此，预期全球食糖供求关系将出现逆转，将出现产销缺口。英国 Czarnikow 公司初步预期，全球食糖产量将进一步减少 1 059 万 t，至 1.82 亿 t 左右，全球食糖消费量将增长 241 万 t，至 1.897 亿 t 左右。

食糖作为大宗农产品，其价格波动不但受到天气、产业政策等自身供求基本面因素影响，而且因兼有能源属性和金融属性，还受到原油价格和美元汇率波动等因素影响。全球食糖供求出现产销缺口的预期，将有利于食糖价格企稳回升，但是，其回升进程将受到印度等国家的巨大食糖库存压力及其食糖出口补贴政策等因素抑制。世界主要产糖国食糖产量和消费量见表 2、表 3。

表 2　世界主要产糖国食糖产量统计表

单位：万 t（原糖值）

地区/国别	2015/2016 年度	2016/2017 年度	2017/2018 年度	2018/2019 年度	2019/2020 年度
总产量	17 424	18 035	20 458	19 254	18 195
其中：甘蔗糖	13 812	14 080	15 731	14 875	13 920
甜菜糖	3 612	3 956	4 727	4 379	4 275
欧洲总量	2 634	2 931	3 648	3 283	3 186
欧盟（28 国）	1 562	1 637	2 264	1 927	1 901
俄罗斯	563	662	696	645	699
乌克兰	159	218	233	198	141
土耳其	217	245	275	336	261
美洲总量	6 667	7 378	7 261	6 322	6 157
巴西	3 637	4 175	4 159	3 129	3 023
哥伦比亚	227	251	258	259	233
古巴	177	179	99	139	128
危地马拉	304	293	290	316	301
墨西哥	661	675	662	689	663
美国	802	880	905	894	904
加拿大	10	12	12	15	14
智利	28	31	32	27	27
非洲总量	1 133	1 130	1 189	1 248	1 249
埃及	241	245	245	270	255
南非	176	193	221	228	228
摩洛哥	59	66	69	79	79
亚洲总量	6 427	6 069	7 859	7 884	7 135
中国（不含港澳台）	946	1010	1120	1170	1196
印度	2 846	2 174	3 474	3 587	2 989
巴基斯坦	565	761	703	609	578
泰国	1 042	1 069	1 567	1 552	1 371
印度尼西亚	271	282	241	224	258
菲律宾	243	271	226	233	244
伊朗	178	178	179	180	180
日本	88	74	85	84	84
大洋洲总量	556	521	496	510	463
澳大利亚	529	502	473	489	437

表3 世界主要食糖消费国食糖消费量统计表

单位：万t（原糖值）

地区/国别	2016 年	2017 年	2018 年	2019 年	2020 年
总消费量	18 138	18 431	18 551	18 726	18 968
欧洲总量	3 283	3 456	3 478	3 467	3 483
欧盟（28 国）	1 900	1 973	2 007	1 990	2 002
俄罗斯	620	661	641	641	641
乌克兰	169	164	162	160	157
土耳其	253	310	315	321	326
美洲总量	4 173	4 214	4 184	4 135	4 168
巴　西	1 177	1 147	1 120	1 088	1 095
哥伦比亚	197	175	176	183	180
古　巴	77	66	66	66	67
危地马拉	85	87	89	91	92
墨西哥	475	516	513	501	511
美　国	1 112	1 217	1 233	1 233	1 238
非洲总量	2 130	2 210	2 263	2 315	2 370
埃　及	338	348	353	361	368
南　非	208	212	218	221	222
亚洲总量	8 395	8 394	8 468	8 650	8 787
中国（不含港澳台）	1 685	1 629	1 640	1 663	1 665
印　度	2 728	2 717	2 741	2 767	2 842
巴基斯坦	528	546	524	580	592
泰　国	352	337	336	371	336
印度尼西亚	716	730	748	763	789
菲律宾	273	278	279	282	287
日　本	226	224	225	225	225
韩　国	146	151	158	163	166
大洋洲总量	157	158	158	159	159
澳大利亚	121	121	121	121	121

（三）食糖进出口贸易

2018/2019 年度制糖期截至 2019 年 8 月底，出口基本持平。累计进口食糖 282.16 万 t，同比增长 25.94%；累计出口食糖 17.17 万 t，同比基本持平。我国食糖进出口贸易情况分别见表 4、表 5。

表4 2010—2019 年全国食糖进口与贸易方式统计表

单位：万t

年度	合计	一般贸易	来料加工	进料加工	保税监管场所进出境货物	特殊监管区域物流货物	边贸	其他
2010	176.61	163.91	0.87	10.89	0.04		0.07	0.83
2011	291.94	276.68	0.97	13.27	0.06			0.96
2012	374.72	360.86	0.99	12.55	0.04			0.28

（续）

年度	合计	一般贸易	来料加工	进料加工	保税监管场所进出境货物	特殊监管区域物流货物	边贸	其他
2013	454.59	434.86	1.30	14.77				3.66
2014	348.58	266.33	1.24	13.94	66.93			0.14
2015	484.59	265.71	0.90	13.93	185.14	18.88		0.03
2016	306.19	219.43	1.21	13.67	61.91	9.96		0.01
2017	306.19	219.43	1.21	13.67	61.91	9.96		0.01
2018	177.96	127	1.24	8.93	36.85	3.94		
2019	197.43	133.91	0.69	8.04	46.54	8.25		

注：2019年统计数字截至8月底。

表5 2010—2019年全国食糖出口与贸易方式统计表

单位：万t

年度	合计	一般贸易	来料加工	进料加工	保税监管场所进出境货物	特殊监管区域物流货物	边贸	其他
2010	9.43	5.65	0.91	1.99			0.25	0.63
2011	5.94	1.79	0.99	2.17			0.03	0.96
2012	4.71	1.64	0.93	1.87			0.02	0.25
2013	4.78	1.48	1.06	1.71			0.02	0.51
2014	4.62	1.39	1.09	2.00				0.14
2015	7.50	1.09	1.09	1.70	0.28	3.32		0.02
2016	14.91	1.17	1.12	2.12	0.16	10.34		
2017	8.80	0.70	0.76	1.23	0.15	5.95		0.01
2018	12.15	0.64	0.95	1.25	5.63	3.68		
2019	10.54	0.56	0.78	1.31	0.41	7.48		

注：2019年度统计数字截至8月底。

三、行业工作

1. 2018年11月1～2日，"2018/2019年度制糖期全国食糖产销工作会议暨全国食糖、糖蜜酒精订货会"在海南省海口市召开。会议总结了2017/18年度制糖期全国食糖产销工作，通报了2018/19年度制糖期全国糖料种植及产量预计情况，通报了新制糖期国家食糖宏观调控的思路和原则，对全球食糖供求形势、国内经济形势和前景等专题展开了深入探讨，分析研究了2018/2019年度制糖期全国糖料生产及食糖产销形势，对新制糖期食糖供求平衡、产销工作、政府调控工作提出了政策建议。会议为参会代表提供了工商洽谈、订货的机会，帮助企业加强了产销联系与合作。

2. 2018年11月2日，工信部消费品工业司在海南省海口市组织召开了"2018年制糖和糖精行业工作座谈会"，会议研究制糖行业高质量发展工作计划，围绕全国制糖行业发展现状、存在的问题以及对新的一年行业面临的形势进行了分析和探讨；回顾总结了2018年糖精限产限销工作，对定点糖精生产企业生产经营管理提出建设性意见和建议，并对2019年工作提出建议和要求。

3. 2018年12月12～14日，原糖进口加工委员会主任（扩大）会议在海南三亚召开。会议听取了委员会秘书处《2018年原糖进口加工委员会工作总结》报告，听取了与会企业代表关于2018年企业原糖进口、加工生产和运营情况的汇报，回顾总结了2014年以来行业自律工作取得的经验教训。会议经过充分讨论与协商，在加强行业自律工作方面达成广泛共识，并一致通过 2019 年原糖进口加工行业自律工作思路。

4. 2018 年 12 月，生态环境部发布了《污染源源强核算技术指南 农副食品加工工业—制糖工业》国家环境保护标准，对制糖工业废气、废水、噪声、固体废物污染源强核算的程序、内容、核算方法及要求做了具体规定，该标准自 2019 年 3 月 1 日起实施。

（中国糖业协会 胡志江 王让梅）

蔬 菜 加 工 业

一、基本情况

（一）资源情况

中国是世界最大蔬菜生产国和消费国，蔬菜播种面积和产量分别约占世界总量的 40% 和 50% 以上。2018 年蔬菜种植面积和总产量均超 2017 年，全国蔬菜种植面积 20 438.94 khm^2，增 2.29%，调整统计口径后的全年蔬菜总产量 7.03 亿 t，增 1.67%。播种面积最多的 6 省（自治区）依次为：河南 1 721.09 khm^2，山东 1 479.55 khm^2，广西 1 439.67 khm^2，江苏 1 424.99 khm^2，贵州 1 401.01 khm^2，四川 1 369.17 khm^2；总产量排名前 6 位的省依次为：山东 8 192.04 万 t，河南 7 260.67 万 t，江苏 5 625.88 万 t，河北 5 154.5 万 t，四川 4 438.02 万 t，湖南 3 822.04 万 t。位于前列省份的播种面积占比提高 0.18%，总产量占比减少 0.38%，产业集中度稳定。

（二）发展导向

2018 年农业农村部要求稳定设施蔬菜面积，优化区域布局，保障蔬菜均衡供应，适当调减华北地下水漏斗区蔬菜面积。根据国际贸易逆差持续扩大的实际，坚定不移推进质量兴农、品牌强农，提高农业绿色化、优质化、特色化、品牌化水平。选择蔬菜等重点作物，创建 100 个特色园艺产品优势区，发展独特品种、特殊品质和特定区域的产品。有机肥替代化肥试点扩大到 150 个县，选择设施蔬菜大县（市），开展土壤改良试点，减轻土传病害。将生物技术、信息技术与蔬菜生产深度融合，提高蔬菜单产能力。开展果菜茶及初加工关键机械化试点示范，以关键环节突破，推动全面全程机械化。将果蔬烘干机、蔬菜清洗机、果蔬分级机等加工机械及番茄、辣椒等果类蔬菜、根茎类蔬菜的收获机械纳入 2018 年购机补贴目录。开展大宗蔬菜机械化生产技术调研，召开机械化现场推进会和果菜生产机械化发展论坛，加快技术装备的引进选型和试验示范，建设大宗蔬菜机械化示范县。开展蔬菜产地商品化处理干燥技术与装备示范推广活动，提高特色农产品产地初加工机械化水平。针对四川红原县等深度贫困地区特色蔬菜产业的发展，组织专家指导制定产业发展规划，开展技术培训、装备选型和新技术新装备试验示范。发布 2016—2017 年度神农中华农业科技奖，营养健康果蔬休闲食品组合干燥技术创新与应用等与蔬菜相关的 9 项成果和 2 个团队获奖。

二、行业概况

（一）蔬菜加工总体情况

2018 年我国蔬菜加工行业规模以上企业数达 2 423 个，销售收入为 4 396.69 亿元，同比增长 7.44%。我国拥有蔬菜科研单位国家级 1 家、省级 30 多家、地市级 150 多家，从业人员约 4 000 人。从事蔬菜生产的劳动力约占全国人口总数的 7.7%，带动 8 000 多万劳动力从事与蔬菜相关的加工、储运和销售等工作。

（二）生产及加工技术

1. **采后加工** 采后储运加工一直是相对薄弱环节，也是蔬菜采后损失的重要影响因素。受采后储运条件影响，远距离储运受限，也是南菜北运高损耗的主因。我国蔬菜采后商品化处理不到 5%，低于发达国家水平。采后加工不仅减少蔬菜损失，大幅提高产后附加值，增强市场竞争和出口创汇，还能带动相关产业快速发展，吸纳农村剩余劳动力，促进蔬菜产区地方经济和高效农业发展。要加强储藏特性、包装方式、运输方式、预冷方式的深入研究，支持产地蔬菜预冷库的建设、蔬菜生产经营主体向产地初加工拓展、与蔬菜冷链物流有机衔接也是采后加工不可忽视的重要内容。

2. **果蔬汁、果蔬粉** 果蔬汁和果蔬粉比生鲜果蔬更利于储藏和长期食用，食用品质没有影响的次级和等外果蔬进行果蔬汁、粉加工，是减少原料损失、增加制品种类、提高果蔬价值的重要途径，也是深加工的重要方向。果蔬汁便捷、健康、低添加的特点受到市场欢迎，为规范果蔬汁加工，国家推出《GB/T 31121 果蔬汁类及其饮料》标准。果蔬汁工艺：原料筛选、清洗、预处理、榨汁、过滤、原汁。原汁再加工成清汁、浊汁和浓缩汁。清汁工艺：澄清、细滤、调配、杀菌、装罐；浊汁工艺：均质、脱气、调配、杀菌、装罐；浓缩汁工艺：浓缩、调配、杀菌、装罐。

3. **脱水蔬菜** 脱水蔬菜是出口的重要产品。目前脱水加工方式包括冷冻和热风两种干燥方法。最常用的是常压热风干燥，如方便面蔬菜包和出口大蒜片多采用切制后热风干燥加工。热风干燥成本低、易操作，但复水性差、营养损失大、能耗和排放受到制约。冻干蔬菜（FD蔬菜）品质好、营养损失小、复水性好、适于长期运输和保存，山东、江苏一直是我国FD蔬菜出口的主要省份。冻干工艺：蔬菜速冻、干燥仓升华脱水，因此速冻和干燥仓是耗能和投资较大的部分，最核心的装备是干燥仓，仓内关键设备是真空干燥机，其他的辅助系统还有制冷设备、加热设备等。近年来，热泵干燥、压差干燥和微波干燥等也在脱水蔬菜加工中占比上升。

4. **速冻蔬菜** 速冻蔬菜是对新鲜蔬菜低温快速冻结，在−18℃下长期储藏。速冻蔬菜较好地保证时鲜蔬菜的色泽、风味与营养，但原料直接来自农田，药物残留、致病菌及杂质等有害物质会直接影响食品安全。尽管速冻状态下，微生物繁衍受到限制，但含有的酶、毒素并没有失活，因此，速冻蔬菜对原料的安全性要求较高，通过认证的绿色蔬菜和无公害蔬菜是首选。我国是速冻蔬菜出口强国，出口欧美和日本的生鲜蔬菜多是以速冻蔬菜的形式交货的。豆类蔬菜、甘薯、菠菜、芦笋等速冻加工是主要出口的产品，内销产品中甘薯、玉米、青瓜、辣椒、菜豆和茄子的速冻加工占比大。

5. **腌制蔬菜** 腌制和发酵蔬菜历史悠久，但制品种类和国际竞争力与日本、韩国还有差距。近年来高校和科研院所对腌制和发酵蔬菜进行了研究，主要聚焦微生物发酵、新品种开发和食品安全性。腌制和发酵蔬菜主要分酱菜、腌菜、泡发酵蔬菜三大类，紫甘蓝、大白菜、茎用芥菜、卷心菜、胡萝卜、甜菜、黄瓜、芹菜、辣椒、青豆、菜豆等时鲜蔬菜，都可腌制或发酵。酱菜和腌菜属传统腌制蔬菜，习惯本地传统酱菜和腌菜是国内消费特点，全国性品牌有涪陵榨菜、扬州酱菜等，涪陵榨菜与法国酸黄瓜、德国甜酸甘蓝并称世界三大名腌菜。发酵蔬菜主要包括四川泡菜和东北酸菜，口味上发酵蔬菜主要有酸味、酸甜味、酸辣味、麻辣味等。四川泡菜工艺：原料筛选与处理、母水制作与发酵、加入母水密封发酵、成品；东北酸菜工艺：原料筛选与处理、加盐入缸、加水密封压制、低温发酵、成品。新的发酵蔬菜工艺研究主要在发酵用菌种的介入方式上实现突破，蔬菜天然发酵，发酵过程伴生的杂菌多，质量不稳定，控制不好会产生大量有毒有害物质，通过菌种的人工培育及人工接种，采用纯种发酵和菌剂直投式发酵替代天然发酵。制品种类、风味形成机理等方面也成果喜人。

6. **蔬菜物流** 蔬菜冷链包括：时蔬采后预冷、低温储藏、低温包装、冷链物流、消费集散地冷藏、分销商批发、市场销售。非全程冷链的冷链中断是冷链物流的主要问题，对保质保值影响很大。如何做到上下游有机衔接，如：市场需求与供应量、各环节冷储规模、物流的时间性、蔬菜统一的交货标准和流通标准、供求价格的沟通、互联网的实时交易和信息沟通等，都对冷链系统的组织协调提出了更高要求。冷链物流装备投资各环节中，冷藏运输车是关键环节：一是数量不足成为瓶颈；二是性能下降影响蔬菜品质，增加配送风险。冷链物流发展与规划存在三个关键环节：一是合理的路径规划和令人信服的商务计划；二是冷链中合理产业分工、各环节投资者聚焦、避免利益倾轧；三是先主干路径后分支路径的收、储、运、分、销发展方式及业态复制。

7. **蔬菜副产物综合利用** 在实际的蔬菜采收、加工、运输以及鲜菜售卖过程中，都会有大量残叶、残帮、残次蔬菜以及蔬菜加工副产物，这些蔬菜副产物中含有很多丰富的营养物质，需要进行综合利用。目前果蔬加工业每年要产生数亿吨的下脚料，如果得不到合理利用，既浪费资源又污染环境，较为普遍的尾菜利用主要有饲料化、肥料化和能源化加工利用。这些副产物再利用也成为新的关注点，如从西瓜皮、南瓜皮、胡萝卜渣中提取果胶，从胡萝卜渣、番茄渣中提取功能性天然色素，从南瓜、山药中提取功能性多糖等。

三、国内外市场概况

2018年继续统筹推进"菜篮子"生产，总体供应充足。加快国家级农产品专业市场建设，推进"互联网＋现代农业"，运用现代信息化手段提升传统农业。实施特色优势农产品出口促进行动，支持蔬菜等出口，探索建设一批特色优质农产品出口示范基地，鼓励企业申请国际认证、参与国际知名展会。全年蔬菜生产充足，蔬菜价格前高后低，消费需求稳中略涨，产销对接更加活跃。蔬菜销售路径日趋多元化，新型蔬菜营销模式如：中央厨房、电子商务、生鲜超市等发挥作用越来越大，活力强劲。进口总量增幅明显，传统优势出口品种市场偏弱，进出口总体增长明显。

（一）国内市场

2018 年全年蔬菜价格运行平稳，总体符合"V"形季节性规律，价格前期高位运行，刺激种植面积扩大，但入秋后天气较好，提升了蔬菜单产水平，秋冬蔬菜在上涨期出现逆势下行，翘尾推迟，上涨乏力。重点监测的 28 种蔬菜年均批发价 3.93 元/kg，同比上涨 5.1%，较近 5 年平均水平上涨 2.3%。1～2 月，受 2017 年整体低价及"双节"消费拉动，价格由较低水平大幅升至全年高点，之后随天气转暖，价格呈现季节性回落并连续下跌，入夏后受大范围高温多雨和台风等不利天气影响，价格较常年偏高，连续 5 个月创近 10 年同期新高，成为 2018 年蔬菜市场价格运行的最大特点。一般秋冬价格在短期小幅回落后将继续保持高位，但一反常态，10 月中旬价格急速回落，11 月下旬至近年较低水平，下跌持续时间长、下跌幅度大，呈现明显的反季节波动现象，成为 2018 年蔬菜市场价格运行的另一特点。

（二）国际市场

2018 年蔬菜进出口总体上增长明显，出口总量略减，进口总量增幅较大。出口品种基本稳定，但传统优势出口品种市场偏弱，进口月度高峰前移约 2 个月，中美经贸摩擦对蔬菜贸易影响值得关注。全年蔬菜出口 152.4 亿美元，减 1.8%；进口 8.3 亿美元，增 50.0%；贸易顺差 144.1 亿美元，减 3.7%。我国蔬菜贸易顺差超过水产品，成为我国第一大出口农产品，农产品出口额中蔬菜占比 20%左右。蔬菜进口虽升幅较快，但规模相对较低，农产品进口中蔬菜占比 0.5%左右，进口种类主要有辣椒、蔬菜种子等少数品种，对国内影响不大。蔬菜十大出口目的地是：中国香港、越南、日本、美国、马来西亚、韩国、印度尼西亚、泰国、俄罗斯、巴西。

四、质量管理与标准化建设

（一）质量管理

2018 年启动农业质量年工作，以质量为导向，全面提升农业绿色化、优质化、特色化、品牌化水平。年度开展第二批 215 个国家农产品质量安全县市创建试点核验工作。制定《农业绿色发展技术导则（2018—2030 年）》，推进品牌强农，发展绿色有机农产品，分四批登记保护 45 个蔬菜产品地理标志。发布设施蔬菜有机肥替代化肥技术指导意见，在 100 个果菜茶生产大县市开展有机肥替代化肥试点。全国蔬菜例行监测合格率达到 97.21%，上升 0.21%，连续 11 年保持 96%以上，其中在全年抽检的 76 种蔬菜中甘蓝类、瓜类和茄果类蔬菜监测合格率较高，分别为 99.8%、99.4%和 98.7%。全年未发生重大质量安全事故，监测范围增加了农药等影响农产品质量安全水平的监测指标，农产品质量安全水平持续向好。加快农产品质量安全追溯体系建设，加大国家追溯平台推广应用，将农产品质量安全追溯与政策性农业项目安排、农产品品牌评定等挂钩，率先将绿色、有机、品牌农产品纳入追溯管理。建立农业生产信用档案，实行黑名单制度，用二维码追溯防止品牌假冒，优质优价。下发《2018 年全国农资打假专项治理行动实施方案》，要求菜篮子产品主产区严格落实限制使用农药定点经营制度，加快实施高毒农药替代计划。加快制修订农药残留标准，计划通过 2～3 年努力，大城市郊区和菜篮子主产县基本实现按标生产。

（二）标准化建设

2018 年，国家有关部门发布了一系列有关蔬菜方面的标准（表 1）。

表 1   2017 年有关部门发布的蔬菜加工相关标准情况

标准号	标准名称
GB/T 19557.10—2018	植物新品种特异性、一致性和稳定性测试指南 百合属
GB/T 19557.12—2018	植物新品种特异性、一致性和稳定性测试指南 大蒜
GB/T 19557.33—2018	植物新品种特异性、一致性和稳定性测试指南 花椰菜
GB/Z 35036—2018	辣椒产业项目运营管理规范
NY/T 1401—2018	绿色食品 干果
NY/T 1406—2018	绿色食品 速冻蔬菜
NY/T 3177—2018	农产品分类与代码

（续）

标准号	标准名称
NY/T 3269—2018	脱水蔬菜 甘蓝类
NY/T 3290—2018	水果、蔬菜及其制品中芬酸含量的测定 液质联用法
NY/T 3292—2018	蔬菜中甲醛含量的测定 高效液相色谱法
NY/T 3340—2018	叶用芥菜腌制加工技术规程
SC/T 2082—2018	坛紫菜
SC/T 3052—2018	干制坛紫菜加工技术规程
QB/T 5218—2018	罐藏食品工业术语
QB/T 5356—2018	果蔬发酵汁

五、行业工作

1. "第十九届中国（寿光）国际蔬菜科技博览会"于4月20日至5月30日在山东寿光召开。本届博览会由农业农村部、商务部、山东省等联合主办，属中国5A级农业专业展会，以"绿色、科技、未来"为主题，突出专业化、市场化和国际化定位，总展览面积45万m²，展出国内外蔬菜2 400多种，新品种260个。展示智能物联网控制、水肥一体化、生物病虫害防治等先进技术105项，岩棉、椰糠基质栽培模式92种。专设国际农业精品展区，共有17个国家、80多家外商企业参会参展，俄罗斯、日本等纷纷组团，国际味更浓、国际范更足。作为国内唯一的国际性蔬菜产业品牌展会已连续成功举办了19届，来自美国、德国、荷兰等40多个国家和地区以及国内30个省、自治区、直辖市的3万余名客商及200多个重要代表团参展参会，吸引198万人次到会参观，实现各类贸易额129亿元。招商引资集中签约重点项目15个，签约额80多亿元。

2. "2018年中国蔬菜产业大会"于4月25日在江西赣州召开。会议由中国蔬菜协会、江西省农业厅主办。各省自治区、直辖市农业主管部门负责人、蔬菜企业及合作社代表、科研单位负责人、国家大宗蔬菜产业技术体系岗位专家、中国蔬菜协会会员等近600人参加会议。二十多名海内外蔬菜行业专家和企业家分别就蔬菜种植的标准化与机械化、上海蔬菜保险的理论和实践等议题进行交流。大会举行了首届中国蔬菜产业杰出人物颁奖典礼。

3. "2018年中国（国际）果蔬汁技术研讨会"于5月24日在济南召开。会议由中华全国供销合作总社济南果品研究院联合国际果汁保护协会、陕西省果业管理局等单位共同举办。以"创新、发展、新动能"为主题，来自行业主管部门领导、国内外知名专家、相关协会代表、加工企业代表、设备供应商等近300人参会。会议邀请权威专家共同探讨果蔬汁行业发展新技术、新理念、新标准，搭建产学研交流的国际平台，促进国内外果蔬汁先进技术交流合作和转化落地，推动果汁行业新旧动能转换。

4. "2018中国果蔬加工产业发展高层论坛"于7月21～22日在乌鲁木齐召开。会议由中国食品科学学会、国家果蔬加工工程技术研究中心、农业农村部果蔬加工重点实验室等主办。果蔬加工、冷链、质量管理全产业链上下游企业、有关专家学者和新疆维吾尔自治区行业领导参加会议，旨在为推动我国果蔬加工的纵深发展，延长精深加工产业链，促进农民增产增收提供思路、分享经验。

5. "2018中国果蔬汁产业峰会"于8月14～15日在杭州举行。会议由中国饮料工业协会主办，以"真品质、增营养、好口味"为主题，来自科研院所和高校的专家、行业专家及企业代表220余人出席了本次峰会。中国饮料工业协会赵亚利理事长对果蔬汁行业现状及展望进行了分析，国家市场监督管理总局张兰兰处长通报了针对现制现售果蔬汁类饮料提出的新管理要求，大会共设11个专业报告和1个圆桌论坛，提供了最新的市场趋势、前沿技术。

6. "2018第十二届果蔬加工产业与学科发展研讨会"9月26～28日在杭州举行。研讨会由中国食品科学技术学会果蔬加工技术分会和非热加工技术分会等单位承办。大会以绿色、创新、融合为主题，特邀国内外果蔬加工和食品非热加工领域知名专家做精彩专题报告，果蔬加工专题围绕：果蔬营养与安全、果蔬绿色储藏与保鲜、果蔬精深加工与全效利用和果蔬物流品质监控与安全溯源等展开。

7. "2018中国（北京）国际果蔬展览会"于11月16～18日在北京展览馆召开。本届果蔬展由中国出入境检验检疫协会等主办，作为承接首届进博会果蔬产业签约成果的最佳平台，本届展览会展示了来自新西兰、智利、墨西哥、法国、印度尼西亚、美国、南非、日本等 20 个国家的果蔬、300 多个新品种。

8. "2018 年北方秋冬季设施蔬菜大会"于 12 月 19 日在河北省饶阳召开。会议由中国蔬菜协会主办，中国蔬菜协会会长薛亮、中国工程院院士王汉中、全国农技推广部门和省市地方领导出席会议，北京农产品流通协会、京津冀蔬菜产业联盟、台湾农学会以及来自全国多个省（自治区、直辖市）的农业主管部门领导、国内外知名育种家、种苗企业代表大型采购商等蔬菜产业从业人员 300 余人参加会议。现场观看了 2018 年种植的 1 077 个蔬菜品种种植情况，以及新技术推广应用情况。

（山东省农业机械科学研究院　李寒松）

蜂产品加工业

一、基本情况

我国是世界养蜂大国，养蜂业历史悠久。作为农业的重要组成部分，养蜂业在新中国成立后得到了党和政府的重视而飞速发展。我国饲养的蜂群由 1949 年的 50 万群发展到 2019 年的 1 200 万群，占世界蜂群总量的 13%。我国对蜂产品全面科学的研究始于新中国成立初期，经历了漫长、曲折的发展历程。目前，我国蜂产品行业处在平稳发展阶段，产品质量稳步提升，但不管是养蜂业还是蜂产品加工行业，其发展都面临着很多的挑战，完成从数量型向效益型的转型升级任重道远。

蜂产品是蜜蜂在生殖繁衍过程中形成的有益物质，包括蜂蜜、蜂王浆、蜂花粉、蜂胶、蜂蜡等。其中，蜂胶仅限用于保健食品，作为食品消费的主要有蜂蜜、蜂王浆和蜂花粉。近年来，我国蜂产品产量、出口量一直稳居世界前列。2019 年，我国蜂蜜的年产量约 56 万 t，蜂王浆的年产量约 2 800t，蜂花粉的年产量约 4 100t。

二、生产及出口情况

（一）蜂蜜

2019 年全国蜂蜜产量属于歉收年，其中荔枝蜜和椴树蜜歉收严重。据海关统计，2019 年我国蜂蜜出口 12.35 万 t，同比增长 -2.18%，出口金额为 2.35 亿美元，同比增长 -5.62%。2019 年我国蜂蜜出口英国最多，为 3.21 万 t，约占全年出口总量的 25.99%；其次是日本和波兰，分别占全年出口总量的 23.48% 和 7.76%（表 1）。

表 1　2019 年我国蜂蜜出口国家及地区统计

国家或地区	数量（kg）	金额（美元）
英　国	32 113 198	56 742 354
日　本	29 049 362	64 016 212
波　兰	9 598 592	17 080 313
比利时	8 591 900	16 514 578
西班牙	6 862 291	12 354 286
德　国	3 995 989	7 954 339
南　非	3 700 201	6 887 781
葡萄牙	3 430 700	6 046 122
澳大利亚	3 157 046	6 371 493
沙特阿拉伯	3 071 568	6 545 115
荷　兰	2 862 300	5 214 294
意大利	2 2534 70	4 154 276
新加坡	1 779 725	3 986 759
爱尔兰	1 734 600	3 542 919
马来西亚	1 015 155	2 147 500
泰　国	826 763	1 533 383
阿　曼	784 242	1 515 767
中国香港	770 370	2 112 851
摩洛哥	618 116	1 197 748
阿联酋	578 859	1 037 578
保加利亚	487 200	853 512
克罗地亚	406 000	676 663
科威特	352 352	706 770

（续）

国家或地区	数量（kg）	金额（美元）
罗马尼亚	304 500	623 103
瑞　典	302 470	622 346
希　腊	263 924	493 036
立陶宛	263 900	501 982
法　国	182 705	462 384
斯洛文尼亚	182 700	303 373
文　莱	158 478	351 269

（二）蜂王浆

我国是蜂王浆生产和出口大国，蜂王浆总产量占世界的90%。然而，我国蜂王浆的经济价值却不乐观，不论是内销价格还是出口价格均处于全球最低位。2019年蜂王浆出口1 277t，出口额4 406万美元，平均价格34.48美元/kg，与2018年相比，出口量减少11.8%，出口额减少14.59%，出口均价降低3.23%。据海关统计，2019年度我国出口鲜蜂王浆675.25t，同比增长−16.9%，出口额1 839.44万美元，同比上升8.5%，平均出口价格27.24美元/kg，单价同比增长−2.2%。其中，日本仍然是最大的出口国，出口总量198.31t，占出口总数的29.36%，出口金额631.1万美元。其余出口国按照出口量排名分别为：西班牙、法国、泰国、美国、比利时、德国、韩国和沙特阿拉伯等（表2）。出口蜂王浆冻干粉257.53t，同比增长−9.1%，出口额2 233.41万美元，同比增长−12.38%，出口价格86.72美元/kg（表3）。蜂王浆制剂出口量345.1t，出口额333.73万美元，出口均价9.67美元/kg，同比2018年分别降低1.93%、8.35%和1.73%（表4）。2019年蜂王浆产品出口比2018年稍逊，2018年是近五年来蜂王浆出口最好的一年。我国蜂王浆产品出口对新兴市场的开拓效果明显，以前蜂王浆产品出口对日本市场依存度高，风险过于集中。而现在蜂王浆产品出口贸易已经覆盖六大洲，尤其对新兴市场非洲的出口高速增长，为产业进一步走向国际市场注入了活力。

（三）蜂花粉

我国蜂花粉生产主要以大宗油菜花粉、茶花粉和杂花粉为主，荷花、玉米、柳树、荞麦、五味子等为辅。油菜花粉主要产区有江西、安徽、湖北、四川、辽宁、青海、甘肃、新疆和内蒙古等地；茶花粉主要产区有四川、江西、安徽、浙江、江苏等地。

表2　2019年我国鲜蜂王浆出口国家及地区统计

国家或地区	数量（kg）	金额（美元）
日　本	198 305	6 431 350
西班牙	137 863	3 198 837
法　国	84 150	2 102 500
泰　国	62 130	1 479 831
美　国	26 400	800 551
比利时	24 742	768 155
德　国	24 670	577 094
韩　国	21 420	617 374
沙特阿拉伯	21 406	500 032
意大利	18 500	434 121
土耳其	15 600	369 546
澳大利亚	9 597	292 543
乌拉圭	9 500	200 220
荷　兰	3 500	84 213
加拿大	3 150	85 520
伊拉克	2 814	61 626
罗马尼亚	1 800	53 700
阿联酋	1 494	62 327
奥地利	1 485	57 421
科威特	1 100	45 241
保加利亚	1 000	32 890
希　腊	1 000	29 257
马来西亚	850	18 749
以色列	820	30 780
黎巴嫩	600	15 605

表3　2019年我国蜂王浆冻干粉出口国家及地区统计

国家或地区	数量（kg）	金额（美元）
日　本	73 995	7 799 595
澳大利亚	59 025	5 196 333
美　国	24 707	1 747 142
西班牙	18 678	1 353 120

（续）

国家或地区	数量（kg）	金额（美元）
新西兰	15 175	1 339 025
韩 国	12 115	945 154
印度尼西亚	8 921	541 917
加拿大	8 415	651 115
法 国	8 200	644 053
荷 兰	5 300	421 712
沙特阿拉伯	3 675	210 025
英 国	3 355	214 396
意大利	3 200	233 754
泰 国	2 850	238 343
埃 及	1 850	174 661
德 国	1 440	112 177
马来西亚	1 250	90 626
土耳其	1 200	76 660
克罗地亚	637	63 693
俄罗斯	625	53 696
中国香港	520	46 800
黎巴嫩	500	8 206
伊 朗	375	38 152
新加坡	374	28 954

1. 蜂花粉生产　2018 年由于气候原因，蜂蜜歉收，作为收入替代品蜂花粉的生产相对以往受到蜂农更多关注。据市场反馈，蜂花粉 2018 年比 2017 年增收 20%～30%的产量，约增收 1 000t，总产量约 5 500t，其中油菜粉和杂油菜粉占总产量60%～70%。

2. 蜂花粉国内市场　2018 年蜂花粉产量增加，但是其价格增长−20%～−30%。油菜花粉与蜂农收购价为 28～33 元/kg，同比增长−25%；茶花花粉收购价为 32～35 元/kg，较 2017 年增长−20%；杂花花粉价格为 22～28 元/kg。

3. 蜂花粉国际市场　2019 年我国蜂花粉国际市场形势良好，主要出口韩国、美国、墨西哥、日本、阿曼、泰国、乌拉圭、加拿大、阿根廷、伊拉克、沙特阿拉伯、菲律宾、黎巴嫩、希腊、阿联酋、波兰、澳大利亚、约旦、阿尔及利亚、叙利亚、以色列和英国等国家及中国香港（表 5）。据海关统计，2019 年我国蜂花粉出口 2 344t，与 2018 年相比稍有下降；创汇约 1 154 万美元，平均单价为 4.9 美元/kg。韩国仍为我国花粉出口主市场，2019 年出口 1 571t，占出口总量的 67%；美国为我国蜂花粉出口第二大市场，2019 年出口 212t；我国蜂花粉出口第三大市场仍是墨西哥，出口 124t。

4. 蜂花粉制品　目前我国蜂花粉制品品种繁多，主要有蜂宝素、花粉蜜、花粉片、花粉晶、花粉冲剂、花粉口服液、破壁花粉及花粉饮品、药品、化妆品等百余种，主市场为国内消费。

表 4　2019 年我国蜂王浆制剂出口国家及
　　　 地区统计

国家或地区	数量（kg）	金额（美元）
墨西哥	68 626	883 100
哥伦比亚	41 037	304 245
罗马尼亚	38 357	353 338
美 国	34 038	264 502
危地马拉	28 110	246 099
巴拿马	27 750	206 812
匈牙利	25 334	230 325
萨尔瓦多	15 877	129 441
加拿大	14 803	116 636
洪都拉斯	8 550	72 416
多米尼加共和国	6 984	40 932
保加利亚	6 300	73 380
中国香港	3 027	64 553
哥斯达黎加	3 000	12 809
德 国	2 896	28 596
荷 兰	2 760	43 745
印度尼西亚	2 400	25 500
俄罗斯	2 310	24 160
厄瓜多尔	2 210	17 420
智 利	2 160	19 800
法 国	2 100	21 586
英 国	1 684	17 020
澳大利亚	1 533	32 268
毛里求斯	1 110	10 863

表5　2018年我国蜂花粉出口国家及地区统计

国家或地区	数量（kg）	金额（美元）
韩　国	1 571 100	7 659 077
美　国	212 988	1 007 265
墨西哥	124 675	473 847
日　本	65 268	455 096
阿　曼	49 100	241 594
泰　国	48 100	316 424
乌拉圭	39 160	200 279
加拿大	32 915	146 402
阿根廷	30 000	152 152
伊拉克	24 925	93 265
沙特阿拉伯	22 015	114 680
菲律宾	20 300	118 425
黎巴嫩	14 000	43 630
希　腊	12 000	43 800
阿联酋	9 000	26 200
中国香港	8 700	44 370
波　兰	8 000	41 600
澳大利亚	7 500	50 765
约　旦	7 000	29 028
阿尔及利亚	6 250	28 340

（四）蜂胶

2018年全国范围蜂蜜减产，严重影响了蜂农的养蜂积极性。受连带影响，2018年统计毛胶产量比上年呈现出下滑的态势，增长-20%~-30%。2018年毛胶价格呈持续上涨的趋势，毛胶价格为287~650元/kg，每个胶含量百分点的价格约12元。由于有相当数量质量相对比较好的沙盖胶和块胶，以600元/kg以上的价格通过电商、微商平台直接零卖，加大了毛胶的供货缺口，毛胶价格上涨，使提纯蜂胶的原料成本持续增长，加上加工成本的上涨，提纯蜂胶的供货价格在1 000~2 000元/kg，平均在1 600元/kg左右，比上年平均增长6.7%。据调查15家企业，产品销售比上年增长的有2家，增幅10%左右；销售持平的有2家；产品销售下滑的有12家，减幅为10%~50%。

（五）蜂蜡

我国蜂蜡主要以出口为主，德国、美国和阿尔及利亚是我国蜂蜡出口的三大主市场。据海关统计，2019年我国出口蜂蜡9 685t，有小幅增长，出口总额4 708万美元。其中，出口德国1 940t，占出口总量的20%，出口金额1 103万美元，占出口总额的23.42%；出口美国1 200t，占出口总量的12.39%，出口金额776万美元，占出口总额的16.48%；出口阿尔及利亚1 173t，占出口总量的12.11%，出口金额266万美元。位居出口前20的国家还有法国、意大利、西班牙、希腊、荷兰、英国、澳大利亚、土耳其、塞尔维亚、突尼斯、阿尔巴尼亚、叙利亚、乌兹别克斯坦、日本、韩国、黎巴嫩和伊拉克（表6）。

表6　2018年我国蜂蜡出口国家及地区统计

国家或地区	数量（kg）	金额（美元）
德　国	1 940 343	11 034 296
美　国	1 200 674	7 768 421
阿尔及利亚	1 173 783	2 665 929
法　国	768 612	4 251 514
意大利	474 907	2 689 502
西班牙	424 830	1 700 817
希　腊	422 688	1 504 377
荷　兰	408 000	2 337 726
英　国	394 146	2 252 007
澳大利亚	362 920	2 769 106
土耳其	247 010	839 141
塞尔维亚	202 001	891 789
突尼斯	198 600	464 307
阿尔巴尼亚	151 162	332 833
叙利亚	121 585	304 489
乌兹别克斯坦	106 772	276 783
日　本	102 117	660 991
韩　国	83 707	434 070
黎巴嫩	83 680	194 815
伊拉克	70 735	253 462

三、行业活动

1.第14届亚洲养蜂大会暨博览会获得奖牌23枚　2018年10月22~25日，以"蜜蜂、环境与可持续发展"为主题的第14届亚洲养蜂大会暨博览会在印度尼西亚首都雅加达召开。来自中国、美国、德国、阿根廷、泰国、韩国、菲律宾、沙特、印尼、日本、埃塞俄比亚等国专家学者及企业代表参加了会议。中国养蜂学会率中国蜂业代表团80余人出席了大会暨博览会，代表团共获得奖牌23枚，其中：金奖8枚，银奖5枚，铜奖3枚，四等奖和五等奖各1枚，最佳组织奖2枚，特邀报告奖1枚，裁判奖2枚。亚洲蜂联主席Siriwat为全体获奖者颁奖。

2.2018年"5·20世界蜜蜂日"中国主会场　海南琼中主会场活动以"践行'两山'理论，放飞蜂业梦想"为主题，活动时间为2018年5月20~23日，共安排13项精彩纷呈、独具琼中特色、蜜蜂文化知识丰富的活动，旨在通过活动，将海南琼中蜜蜂产业由单一蜂蜜生产型打造升级为具有蜂产品生产功能、农作物授粉功能、蜜蜂及产品制品医疗保健功能、蜜蜂文化旅游功能与科普及蜜蜂维护检测生态环境功能等于一体的蜜蜂产业。并通过展示海南琼中优美自然环境、黎苗特色文化、蜜蜂特色产业等，打响琼中蜜蜂品牌。

3.举办"2018中国蜂产品行业大会"　2018年3月27~28日，来自全球的蜂业同仁、知名专家汇聚西安，出席"2018中国蜂产品行业大会"。大会以"创新、共赢"为主题，是蜂产品进出口贸易领域一年一度最重要的盛会。大会由中国食品土畜进出口商会举办，商务部（驻西安特办）、国家市场监督管理总局进出口食品安全局、中国养蜂学会等官方也派出代表参加。国际蜂蜜委员会、欧洲专业养蜂协会、英国蜂蜜进口商包装商协会、全日本蜂蜜协同组合、新西兰麦卢卡蜂蜜协会等全球各地同业协会主席、理事长、秘书长级人物悉数到会，可谓阵容强大。田野牧蜂作为中国食品土畜进出口商会常驻会员、中国成熟蜜企业代表应邀参加了本次大会。

（中国农业科学院蜜蜂研究所　陈黎红　徐明）

食 用 菌 加 工 业

2019年全国各地将食用菌产业作为区域经济调整、精准扶贫和乡村振兴的重要产业，从扶持政策和市场开拓等方面予以大力支持，生产主体明显增多，产量、产值双增长。产业科研投入逐年加大，技术和装备水平提升较快，信息化、智能化技术应用水平提升，电商交易增多，数据经济已经起步。深度加工产品渐多，产业内部专业化分工逐步细化。

一、基本情况

（一）产量产值

1.产量　据对全国28个省、自治区、直辖市（不含宁夏、青海、海南和港澳台地区）的统计调查，2019年全国食用菌总产量为3 789.03万t。从全国食用菌产量分布情况来看，产量较大的有河南省（530.43万t）、福建省（418.66万t）、山东省（344.69万t）、黑龙江省（334.36万t）、河北省（302.01万t）、吉林省（238.6万t）、江苏省（219.12万t）、四川省（213.42万t）、湖北省（131.56万t）、江西省（129.31万t）、陕西省（125.83万t）、辽宁省（112.65万t）。2019年全国总产量增长速度平缓，多数省、自治区、直辖市保持平衡发展，部分省自治区、直辖市增长较快。与2018年相比，河南、福建、贵州、内蒙古、江西、云南、陕西、山西、辽宁分别增长了2.18%、2.43%、45.01%、0.53%、1.68%、7.55%、3.63%、9.19%、4.59%。

2.产值　2019年全国食用菌总产值2938.78亿元。从全国食用菌产值分布情况看，2019年产值超过100亿元的有河南、山东、河北、黑龙江、福建、吉林、江苏、云南、江西、四川和湖北等11个省，超过50亿元的有陕西、辽宁、广西、广东、湖南、浙江和贵州等7个省（自治区）。

（二）出口创汇

1.出口量　据中国海关和国家统计局数据，2019年我国共出口食（药）用菌类产品68.97万t（干、鲜混合计算），与2018年相比增加了9.43%。

2.创汇　海关总署统计数字表明，2019年食用菌类创汇436 145.7万美元，比2018年增长了13.59%。

二、科研、新产品、新技术

1.昆明理工大学国家中药材产业技术体系昆明

综合实验站、云南省三七资源可持续利用重点实验室崔秀明研究员团队，联合中国中医科学院中药资源中心黄璐琦院士团队、澳门科技大学中药质量控制国家重点实验室、好医生集团等共同制定的《中医药——天麻药材》国际标准获得 ISO 国际标准组发布实施。

2. 中国科学院苏州医工所与英国牛津大学合作，对我国东北地区的 3 个主要黑木耳品种进行了基因测序。研究组发现，这些黑木耳品种都含有能代谢出抗肿瘤、抗衰老产物的基因，进一步研究或将明确黑木耳的药用、保健价值。相关研究成果已于近日发表在自然（Nature）出版集团旗下刊物《科学报告》（Scientific Reports）上。此次研究涉及的 3 种黑木耳，来自吉林省蛟河市黄松甸镇国家级万亩黑木耳标准化种植示范区。根据表面褶皱由多到少，分别称为全筋、半筋和无筋黑木耳，合作组对这 3 个黑木耳品种进行了转录组测序分析，共获得 13 937 个独立非重复基因（universal gene）。其中，有一部分基因代谢出的小分子产物已经被验证具有抗肿瘤、抗衰老的效果。此外，研究者还发现了 1 124 个基因库中未曾记录的新独立非重复基因。这些基因也可能与黑木耳抗氧化、抗衰老等独特功能的产生有关。

3. 重庆师范大学杜习慧老师团队以国内主要羊肚菌栽培物种梯棱羊肚菌（M. importuna）、六妹羊肚菌（M. sextelata）、七妹羊肚菌（M. eximia）、头丝羊肚菌（M. exuberans）、Mel-13 和 Mel-21 为研究对象，以各物种的野生样品和不同栽培品种样品为研究材料，基于梯棱羊肚菌基因组序列，开展研究并得到以下结果：

（1）首次对梯棱羊肚菌基因组内 SSR 的分布和构成进行了分析，结果显示梯棱羊肚菌基因组内有 12 902 个 SSR 位点构成，其中单核苷酸单元重复的 SSR 最多（66.2%），其次分别是三核苷酸（15.4%）、二核苷酸（12.1%）、四核苷酸（3.7%）、五核苷酸（1.3%）和六核苷酸（1.3%）单元重复。

（2）筛选出 180 对 SSR 引物对上述 6 个物种的 24 份代表样品进行初步分析，发现 SSR 在这些物种间具有很高的转移率（87.7%），位点的扩增成功率与物种间的亲缘关系成正比。

（3）进而筛选出 22 对 SSR 引物对上述 6 个物种的 127 份样品进行深入分析，结果显示 22 个 SSR 位点在各物种内部具有较高的遗传多样性，同时检测到这些物种间具有杂交现象，并证实所使用的 91 个栽培样品均为不同的品种，具有不同的基因型，菇农所使用的菌种名称混乱，同物异名、异物同名现象严重。以上研究结果在羊肚菌菌种遗传多样性分析、菌种鉴定、品种选育和知识产权保护等方面具有重要的应用价值。

4. 湖北省农业科学院高虹研究员带领的食用菌团队研发的"一种高纯度食用菌多糖的提取方法"获得国家知识产权局颁发的发明专利证书。目前，市场上常见食用菌多糖产品的纯度较低，一般只有30%～40%，严重影响了多糖的生物活性。高纯度的多糖需经超滤、凝胶层析、离子交换等工序分离纯化，大大增加了成本，这也是高纯度食用菌多糖价格居高不下的主要原因。该方法采用一体化提取，免去了脱蛋白、柱层析等步骤，具有提取效率高、工艺成本低、溶剂损耗少、所得多糖纯度高的优势。目前已在香菇、杏鲍菇、猴头菇、蛹虫草等多种食用菌多糖提取中进行了应用，其中香菇多糖提取率4.6%，纯度达91.4%；杏鲍菇多糖提取率3.9%，纯度达88.3%；双孢菇多糖提取率4.9%，纯度达83.1%；平菇菜柄中多糖提取率5.1%，纯度达87.3%；金针菇菇根中多糖提取率2.8%，纯度达83.5%；蛹虫草培养残基中多糖提取率3.1%，纯度达78.2%。

5. 云南省农业科学院生物技术与种质资源研究所、无量山哀牢山国家级自然保护区景东管护局合作开展的大红菌保育促繁实验，经过 3 年坚守，取得了较好的实验结果，为当地带来了良好的生态和经济效益。云南省哀牢山自然保护区是大红菌分布的主要区域。大红菌由于多年来出口东南亚，市场价格持续走高，保护区周边的村民采集大红菌出售已经成为经济收入的重要来源之一。出菇季节大量村民进入保护区采集大红菌，一方面干扰了野生动物的生存环境，另一方面乱采乱撬破坏了大红菌的菌塘，而且采集大量童菇造成严重经济损失。

6. 巴斯大学的科学家开发了一种新的荧光工具，用于根据蘑菇中发现的化学物质检测活性氧。氧化应激会在细胞中产生活性氧（ROS），例如自由基和过氧化物。尽管健康细胞中存在少量 ROS，但细胞中过量的 ROS 却具有破坏性，并可能导致癌症和神经退行性疾病，例如阿尔茨海默病。Bath 的科学家与韩国的研究人员合作，开发了一种新的探针，研究这些疾病的生物学家可以使用该探针在显微镜下观察细胞的变化，从而帮助他们了解涉及 ROS 的基本生物学过程。他们创建了一个新分子家族：被称为 AzuFluor™-基于 azulene，这是一种在蘑菇 Lactarius indigo 中发现的亮蓝色化学物质。在单向反应中与 ROS 接触时，它发出荧光，从而检测到极少量的这些活性氧。

7. 江西科技师范大学生命科学学院师生发现、

命名并描述的新物种——红盖金牛肝菌 *Aureoboletus rubellus* Kuan Zhao & Gang Wu（文章题目：*Aureoboletus rubellus*，a new species of bolete from Jiangxi Province，China）。牛肝菌科全球已知 40 余属近千物种，绝大多数为树木外生菌根菌，具有重要的生态功能和食药用价值，同时又不乏毒菌。江西科技师范大学师生发现的红盖金牛肝菌是全球首个模式标本采自江西省的牛肝菌科物种，对于全面认识江西省大型真菌资源、实现牛肝菌精准分类具有重要意义。牛肝菌多生长于生态环境优良、人为干预较少的森林，此次新物种的发现，也反映出江西省近年来在生态文明建设方面取得的喜人成绩。

8. 湖南师范大学生命科学学院真菌研究室陈作红教授课题组利用两种恒温扩增技术——环介导等温扩增技术（loop-mediated isothermal amplification，LAMP）和超分支滚环扩增技术（hyperbranched rolling circle amplification，HRCA），基于 α-鹅膏毒肽基因（α-AMA）序列和核糖体 DNA 内转录间隔区（ITS）序列设计了一系列引物和探针，建立了一系列针对剧毒鹅膏菌的快速分子检测方法。可以很好地鉴定和区分亲缘关系非常近的剧毒鹅膏各物种，以及准确识别和区分剧毒鹅膏和非剧毒鹅膏。同时，这些方法相比传统的 PCR 法，具有更高的特异性和灵敏性，简单快速，成本低，仅需要一个恒温水浴锅，1～2h 内就能完成检测反应，通过染料颜色变化即能判断反应结果。这些方法非常适合于基层单位推广和现场应用，对于蘑菇中毒物种的快速鉴定和中毒患者的诊断、治疗具有非常重要的意义。

9. 山东省重点研发计划"杏鲍菇真空油炸脆片关键技术及储藏特性研究"项目通过专家验收。该项目以杏鲍菇为原料，研究了不同预处理方式对杏鲍菇脆片品质的影响，建立并优化了杏鲍菇脆片真空油炸制备工艺；研究了真空油炸过程中水分和脂肪的动态变化规律，建立了杏鲍菇脆片真空油炸干燥动力学模型，阐明了脆片储藏过程的油脂酸败规律；开发出低含油率杏鲍菇脆片产品一种，产品含油率可低至 9.15%。已在山东摩尔时光食品有限公司等企业进行了推广应用。该项目开发的口感酥脆、含油率低的杏鲍菇脆片产品，形成了高品质杏鲍菇脆片加工技术，显著提高了杏鲍菇的综合加工利用率，大大增加了杏鲍菇附加值。项目研究成果于 2018 年 12 月获得中国商业联合会一等奖，并拟申报 2019 年山东省科技进步二等奖。

10. 湖北省农业科学院农产品加工与核农技术研究所高虹研究员带领的食用菌团队通过实验证实蛹虫草不同提取物具有较强的抗氧化活性及一定降尿酸效果，该研究表明作为代用茶冲泡可以充分发挥蛹虫草中大部分活性物质的功能。此项研究成果已于 2018 年底发表在《International Journal of Medicinal Mushrooms》（国际药用蘑菇）杂志上。该团队确定了蛹虫草活性物质利用的最佳条件：热水（水温 100℃）浸泡 15 min，加水量为 50 mL/g。此条件下虫草素溶出量最大，为 1 260.28 μg/g，腺苷溶出量为 442.36 μg/g。经过 4 次浸泡后，蛹虫草中虫草素、腺苷和多糖的溶出率分别达到 72.44%、54.22% 和 32.55%。也就是说经过多次浸泡，蛹虫草中以虫草素为主的大部分精华已溶解于水中。通过正交实验确定影响虫草素溶出因素为：浸泡时间＞水温＞加水量；影响腺苷溶出因素为：浸泡时间＞加水量＞水温。

11. 浙江大学景东自然保护区管护局野生菌联合研发中心工作人员在浙江大学陈再鸣的指导下，成功对芹菜塘管护员鲍文华在云南省普洱市景东县景福镇上场河无量山中采摘的老鹰菌（野生灰树花）开展了组织分离实验，并培养出了纯菌丝体。一朵老鹰菌重量可达到 10kg 左右，在景东当地的野生菌市场每千克可以卖 16 元左右。研发中心将对灰树花的生物学特性、育种、栽培等方面开展进一步研究工作。

12. 国家菌种资源库是由科技部、财政部支持建设的国家科技资源共享服务平台之一。在国家科技基础条件平台中心指导下，整合了 9 个国家级专业微生物菌种保藏中心资源，建立在线共享服务系统，面向社会开展资源共享服务。实物资源共享、菌种鉴定、菌种保藏……通过 15 年的稳定支持和持续积累，截至 2018 年，库藏资源总量达 235 070 株，备份 320 余万份，其中可对外共享数量达 150 177 株，分属于 2 484 个属、13 373 个种，涵盖了开展科学基础研究的典型微生物菌种资源和国内微生物肥料、微生物环境治理、食用菌栽培、疫苗生产、药物研发等应用领域的优势微生物菌种资源。

13. 华中农业大学植物科学技术学院边银丙教授领衔的羊肚菌课题组近日公布了梯棱羊肚菌线粒体物理图谱绘制和进化分析结果，论文发表在 International Journal of Biological Macromolecules 上（IF=4.7）。这是该课题组在梯棱羊肚菌（*Morchella importuna*）研究领域两年内发表的第 4 篇 SCI 论文。线粒体参与能量代谢、离子稳态、细胞衰老和凋亡等事件。真菌线粒体基因组通常仅 14 个保守基因，基因组大小在 11～235.8kb。该研究显示，梯棱羊肚菌线粒体基因组总长度 272.2kb，这是迄今为止报道的最大的真菌线粒体基因组。除包含 14 个保守的线粒体编码蛋白、2 个核糖体大小亚基基因 rRNA 和 32 个 tRNA 外，还包含 151 个非保守线粒体 ORF（ncORF）。保守蛋白、核糖体 rRNA 和 tRNA 总序列长度仅占基因组 8.52％；ncORF 总长度达 89kb，占总长度的 34％。令人意外的是，这些 ncORF 中 108 个基因在梯棱羊肚菌营养生长阶段处于活跃表达状态，暗示在梯棱羊肚菌线粒体基因组中可能具有某些特殊功能。

三、食用菌保鲜、加工和质量

1. 2019 年 1 月 10 日，浙江援疆"万亩亿元"工程黑木耳菌种捐赠暨菌棒厂开机仪式在新疆阿克苏地区乌什县新农通农业科技有限公司举行。首批捐赠的 100 支试管种，通过扩繁成原种并制成液体菌种后，可以满足千万级栽培菌棒的生产能力。2017 年以来，浙江省科技厅和省农科院开展了适宜在阿克苏地区黑木耳优良品种的筛选实验，确定品质优、丰产性好的品种 2 个；研发出了基于核桃、苹果、枣树、杨树等林果枝条的高产高效基质配方和菌棒生产工艺；建立了阿克苏地区干旱气候和林果园生态环境下的高效栽培技术模式。

2. 东北最大的杏鲍菇生产线正式落户吉林省延边朝鲜族自治州安图县，建成投产后，年产 3 万 t 杏鲍菇。宁波奉化顺源农业科技有限公司与吉林延边州安图县政府签订了年产 3 万 t 杏鲍菇项目投资协议，该项目一期工程将于今年 5 月份开工建设，10 月底投产，可吸纳安图县 500 多人就业。对安图农户来说，每公顷玉米地能增收 1000 元钱。

3. 平泉市的"承德京美农业公司食用菌精深加工及创新产业融合"成为河北省 2019 年继续重点支持的项目。该项目新建集食用菌栽培及循环经济区、食用菌精深综合加工区、食用菌提取物和功能食品加工区、一二三产融合发展区为一体的产业园区一处，在园区内，新建双孢菇栽培大棚 9 栋，生产车间、冷库、库房、研发、办公及其他等设施 88 660 m²，占地 682.57hm²。项目建成后，年产双孢菇 4.5 万 kg、有机肥 10 万 t、速冻食品 1.5 万 t、加工多糖 200t。

4. 中国绿色农业联盟、中国绿色农业发展报告编委会，在成功出版《中国绿色农业发展报告（2018）》蓝皮书的基础上，在全国范围内开展"2018 全国绿色农业十佳地标品牌宣传推介活动"，围绕粮油、蔬菜、果品、茶叶、畜牧和水产品牌，推选出六组"十佳地标品牌"，并进行公布、命名表彰和宣传推介。1 月 19 日，由中国绿色农业联盟和中国绿色农业发展报告编委会共同主办的 2018 中国绿色农业发展年会在北京举行，会上，邹城市农业农村局申报的"邹城蘑菇"荣获"2018 全国绿色农业十佳蔬菜地标品牌"荣誉称号。

5. 浙江大学景东自然保护区管护局野生菌联合研发中心进一步优化了利用桑枝条生产灵芝孢子粉的生产工艺。研究团队通过研究不同培养基质对赤芝子实体和孢子粉品质的影响表明：桑枝栽培的灵芝子实体和孢子粉在产量上明显低于椴木灵芝，而在三萜、多糖、黄酮、脂肪酸及甘油三油酸酯等生物活性物质含量上不低于甚至高于椴木栽培灵芝。此次优化栽培实验是在景东绿宝灵芝种植农民专业合作社开展。

6. 由江苏省农业农村厅、中国国际贸易促进委员会江苏省分会主办的第十届江苏国际农业机械展览会在南京国际博览中心举办，展会上，一款抓蘑菇的机器吸引观众驻足观看。质地柔软的机器手掌轻轻抓起蘑菇，再灵活地旋转过来放入指定位置。这是来自南京农业大学工学院电气工程系研发团队的成果。该系卢伟教授介绍，以褐菇为例，国内外基本都是人工采摘，由于其生长的环境特点，采摘具有一定难度，因此适龄劳动力相当紧缺。普通机械臂很难根据其生长环境自由伸缩，而该校研制的这款机器，解决了蘑菇采摘的"最后一公里"。

7. 陕西白水县投用食用菌光伏自动化控制系统。近日，白水县史官镇史官村食用菌光伏一体化产业扶贫基地自动化控制系统经过安装调试，正式通过验收投入使用。该项目是陕西投资集团根据省委省政府"两联一包"扶贫工作要求实施的产业扶贫项目。项目总投资 548.2 万元，占地 6hm² 多，重点发展光伏发电、食用菌种植、苹果蔬菜种植等互补性扶贫产业。该项目采用物联网智能监管及自动化控制系统，可实现食用菌种植环境实时监管，环境数据自动采集、分析并对环境设施自动控制，喷淋精准管控等功能。通过对出菇环境全过程的人、机、物的集约化管控和大数据的统计分析，营造菇类高产的种植环境。

8. 每天产 10 万袋食用菌菌包，永川这个在建食用菌制作中心 12 月投产。在永川区圣水湖现代农业园有数十家食用菌生产企业，这两天，农业园的这家食用菌生产基地大棚菇房里，一排排鲜嫩的秀珍菇密密麻麻地从菇架里冒出来，业主曹纪刚正组织工人进行采收。目前，项目投资 6 000 多万元，占地 13hm² 多的食用菌菌包制作中心在当地开建，目前进入平场阶段，预计今年 12 月份这个制作中心将投入使用。据刘连春介绍，这个食用菌菌包制作中心建成完工以后，每天最少10万袋食用菌菌包的生产量，能够带动永川食用菌产业更上一个新台阶。

9. 来自国家市场监督管理总局食品审评中心、国家食品安全风险评估中心、中国食品科学技术学会、浙江省市场监督管理局、浙江省食品药品检验研究院、浙江省农业科学院、浙江省微生物研究所、浙江省保健品化妆品行业协会等国家相关行业协会、学会、科研院所及各级监管部门专家组一行实地考察了寿仙谷有机国药基地、国家重点实验室及企业文化馆。在灵芝孢子粉产品的当前市场分类中，有一代、二代、三代之分。第一代孢子粉产品是指没破壁的灵芝孢子粉产品，第二代孢子粉产品是指破了壁但没去壁的灵芝孢子粉产品，第三代孢子粉产品就是指不仅破壁，还实现了去壁的灵芝孢子粉产品。寿仙谷第三代去壁技术，将孢子壳从有效成分中分离出去，并通过相关技术对有效成分进一步提纯浓缩，使有效成分含量提升8倍以上，在性价比上也是质的飞跃。如果考虑寿仙谷自主选育灵芝品种在有效成分上的优势，这一对比结果将更加明显。

10. 云南现1 150g"巨型"黑松露，将被永久收藏于中国野生菌博物馆。一颗从云南丽江永胜挖出的重1 150g黑松露将被捐赠给云南目前在建的中国野生菌博物馆。这颗"巨型"黑松露的主人张子福告诉记者，他拒绝了高达5万元人民币的收购价，决定把这颗黑松露捐赠给博物馆。这颗香气四溢的大松露12月3日在云南省丽江市永胜县六德乡挖出，长14cm，高13.5cm，挖出时重1 150g。

11. "随州香菇""随州香稻"成功注册国家地理标志证明商标。12月23日，国家知识产权局商标局随州商标受理窗口正式挂牌运行，该局同时批准"随州香菇""随州香稻"注册国家地理标志证明商标。随州地处长江流域和淮河流域交汇地带，生态优良、四季分明、雨量充沛，气候温和湿润，昼夜温差大，形成了随州香稻"外观整齐、颗粒细长、色泽光亮、营养丰富，蒸煮自然清香、米饭棱角分明、入口香软有弹性、米饭冷后不返生"的独特品质。今年9月，袁隆平院士为"随州香稻"题字，助推随州优质稻米产业发展。

12. 强度高、结构稳定、耐腐蚀食用菌架使用寿命可达20年以上。湖州洲创科技有限公司最新研发的新产品食用菌架子，材料均采用优质钢材＋外包塑轧制而成，其强度高、结构稳定、耐腐蚀，整架没有一个焊接点，使用寿命可达20年以上且外形美观、简洁环保、综合成本低于传统菇架10%，产品远销日本、韩国、美国等海外市场。

四、质量管理与标准化工作

食用菌相关标准是指导食用菌生产、评定食用菌产品质量、规范食用菌产品市场、保护消费者利益的重要技术依据和技术保障。

1. 在已有的食用菌标准体系框架基础上，为了全面推动食用菌行业标准化工作，同时加强顶层设计，增强标准的有效供给，促进标准的推广应用，按照行业产前、产中、产后不同领域，着眼行业发展现状、未来应用方向及需求，划分为基础标准、菌种标准、栽培标准、加工工艺标准、产品标准、检验检测标准、流通销售标准等若干部分，对现有国家标准和行业标准、团体标准均进行了梳理，形成了食用菌标准体系结构图。

2. 为进一步规范标准化工作程序，保障相关工作顺利开展，2019年9月20日，中国食用菌协会标准化工作委员会正式成立。主要任务是负责制定食用菌团体标准工作规划，实施年度计划，开展食用菌团体标准的制定、修订、审查、宣贯及培训等工作，向国家标准化管理委员会、全国供销合作总社、农业农村部、商务部、工业和信息化部等部门提出开展食用菌标准化工作的政策建议和措施，全面提升行业的标准化水平。目前，委员共计98名，涵盖生产、加工、菌需装备等各领域科研院所、行业协会、企业等相关专家。

3. 建立行业标准数据库。结合行业实际，协会将食用菌行业信用体系建设分解为"一个平台，五大体系"，其中就包括制度标准规范体系。利用现代智能信息技术，建立起全行业的标准数据库，将与食用菌有关的国家标准、行业标准、团体标准等进行归集整理，同时设置检索关键词，实现跨部门、跨行业、跨区域标准化信息互联互通，全面提升标准化信息服务能力。

4. 行业标准化工作进一步优化。把政府单一供给的现行标准体系转变为由政府主导制定的标准和市场自主制定的标准共同构成的新型标准体系，形成以团体标准为主、行业标准及国家标准为辅，集中力量制定满足市场和创新需要的标准，供市场自愿采用。(1)完善团体标准制定程序。广泛听取各方意见，提高标准制定工作的公开性和透明度，保证标准技术指标的科学性和公正性。(2)优化团体标准审批流程，落实团体标准复审要求，缩短团体标准制定周期，加快标准更新速度。(3)完善标准实施推进机制。配套出台标准实施方案和释义，组织好标准宣传推广工作。（4）充分运用认证认可等手段，促进标准的实施，并通过认证认可的采信和应用，定性或定量评价标准实施效果，把标准作为提高产品服务质量和生产经营效益、创建知名品牌的手段。（5）加强标准化社会教育，强化标准意识，调动社会公众积极性，共同监督标准实施。

五、行业工作

1. "2019 中国食用菌行业大会暨羊肚菌产业发展大会"于 4 月 27 日在四川省金堂县举行。会议由中国食用菌协会、四川省食用菌协会主办，金堂县人民政府承办，金堂县食用菌产业联合会、冕宁万树食用菌产业发展有限公司、四川金地田岭涧生物科技有限公司协办，食用菌行业的企业家、专家学者和代表共 500 多位参加会议。会议同时举办了协会六届六次理事会议，发布了中国食用菌协会 2018 年度十件大事以及中国食用菌协会"十亿百县千企万村"优势特色品牌共建品牌第一批名单。"中国食用菌大数据平台"模型初步建立完成，与会代表领略了大数据食用菌的风采；会上，《金针菇工厂化生产技术规程》团体标准发布。

2. "第五届中国食药用菌产业发展大会"于 12 月 13 日在广州市琶洲交易会展中心召开。本次大会以"食药用菌种业发展与微生物食品制造"为主题，

汇聚食药用菌、食品加工、生物与大健康领域的院士、知名专家、学者和企业家，分享最新研究开发成果，探讨业界面临的机遇与挑战，为全国食药用菌种业和大健康产业提供新的发展视角。吴清平院士作主题报告。

3. "2019 中国·汪清黑木耳产业发展大会"于 7 月 5 日在吉林省汪清县举行。本次展销会共吸引 100 余家来自全国各地的参展企业，包括优秀的木耳生产和装备企业。同时，近 20 个县市分别带队参加展示展览。这次展览会是黑木耳专业的、全产业链的展览，为参与黑木耳产业发展的各环节提供精准对接的平台。

4. "2019 中国·丽水国际食用菌大会暨第十一届庆元香菇文化节"于 11 月 10 日在云南丽水召开，来自国内外食用菌协会、食用菌界专家学者，高校、科研院所专家学者，省市有关单位和兄弟县（市、区）领导齐聚菇乡庆元，一起感受香菇的世界，畅谈世界的香菇。国际蘑菇学会主席格雷格·西莫讲话，中国食用菌协会会长顾国新，市委书记胡海峰，中国工程院院士郑裕国，农业农村部国际交流服务中心主任童玉娥，农办主任、农业农村厅厅长林健东，省供销社主任邵峰，中华全国供销合作总社科教社团部副部长林元达等出席开幕式。

（中国食用菌协会　戚俊）

乳 制 品 制 造 业

一、基本情况

（一）生鲜乳生产

2018 年，全国生鲜乳产量有所恢复，全年奶类产量 3 176.8 万 t，同比增长 0.9%。其中，牛奶产量 3 074.6 万 t，同比增长 1.2%；其他奶类产量 102.2 万 t，同比增长−7.1%。

牛奶产量前五位省份为内蒙古、黑龙江、河北、山东和河南。其他奶类生产方面，陕西、云南、山东、新疆、河北、内蒙古、河南等省、自治区产量较高，其中陕西产量 50.0 万 t，占全国的 48.9%。奶类、牛奶、其他奶类产量前五位省份情况分别见表 1、表 2、表 3。

表 1　2018 年全国奶类总产量前五位省份情况

地　区	产量（万 t）	同比增长（%）	占全国比例（%）
全国总计	**3 176.8**	**0.9**	**100.0**
内蒙古	571.8	2.2	18.0
黑龙江	458.5	−2.1	14.4
河　北	391.1	0.7	12.3
山　东	232.5	0.5	7.3
河　南	208.9	−1.9	6.6

资料来源：国家统计局。

表 2　2018 年全国牛奶产量前五位省份情况

地　区	产量（万 t）	同比增长（%）	占全国比例（%）
全国总计	**3 074.6**	**1.2**	**100.0**
内蒙古	565.6	2.3	18.4
黑龙江	455.9	−2.0	14.8
河　北	384.8	1.0	12.5
山　东	225.1	0.7	7.3
河　南	202.7	−0.1	6.6

资料来源：国家统计局。

表 3　2018 年全国其他奶类产量前五位省份情况

地　区	产量（万 t）	同比增长（%）	占全国比例（%）
全国总计	**102.2**	**−7.1**	**100.0**
陕　西	50.0	0.8	48.9
云　南	7.5	−2.6	7.3
山　东	7.4	−5.1	7.2
新　疆	6.8	−19.0	6.7
河　北	6.3	−19.2	6.2

资料来源：国家统计局。

（二）经济运行状况

2018 年，我国乳制品行业继续稳定发展，产品质量安全继续保持了稳定向好的发展态势，广大消费者对国产乳制品的信任度进一步提升。

据国家统计局月报数据，2018 年，全国共有规模以上乳制品企业（即年主营业务收入 2 000 万元及以上工业企业）587 家，比上年减少 24 家；实现主营业务收入 3 398.91 亿元，同比增长 10.72%，利润总额 230.40 亿元，同比增长 −1.41%，销售收入利润率为 6.8%。2018 年 12 月底，全行业产成品存货总额 95.80 亿元，同比增长 14.36%。产成品存货总额占销售总收入的 2.8%，库存增加，但仍为正常库存量。亏损企业亏损额为 66.15 亿元，同比增长 94.10%。行业亏损与利润总额的比值为 1∶3.5。部分企业经济效益下降。2018 年，乳制品行业资产总计为 3 145.84 亿元，同比增长 7.58%，增速同比降低 1.12 个百分点。

2018 年，全国规模以上企业乳制品产量 2 687.1 万 t，同比增长 4.43%，其中液体乳产量 2 505.6 万 t，同比增长 4.34%，乳粉产量 96.8 万 t，同比增长 −0.74%。分地区情况看，乳制品产量居前的省（自治区）为河北、内蒙古、河南、山东和江苏，五省、自治区乳制品总产量为 1 234.11 万 t，占全国的 45.93%，占比较上年增长 −1.77 个百分点。其中河北、河南、江苏 3 个省处于正增长；产量处于负增长的省份有 11 个。乳制品产量超过 100 万 t 的省份有 11 个，其中增长的有 8 个，增幅最大的为安徽省，为 24.89%，下降的有 3 个，减幅最大的为山东省，为 −6.37%。液体乳产量居前的省、自治区为河北、河南、内蒙古、山东和江苏，五省、自治区液体乳总产量为 1 198.50 万 t，占全国的 47.83%，占比较上年下降 2.26 个百分点。液体乳产量超过 100 万 t 的省份有 10 个，其中增长的有 7 个，增幅最大的是安徽省，为 27.43%，下降的有 3 个，减幅最大的是山东省，为 −6.52%。乳粉产量前五位的省、自治区为黑龙江、陕西、内蒙古、河北和湖南，五省、自治区合计生产乳粉 77.20 万 t，占全国的 79.76%，占比较上年提高 7.56 个百分点。有 12 个省、自治区乳粉产量超过 1 万 t，其中增长的有 5 个，辽宁省同比增长幅度最大，为 41.72%，下降的有 7 个，新疆下降幅度最大，为 −36.95%。2018 年全国规模以上企业乳制品、液体乳、乳粉产量前五位省份情况分别见表 4、表 5、表 6。

表 4　2018 年全国乳制品产量前五位省份情况

地　区	产量（万 t）	同比增长（%）	占全国比例（%）
全国总计	**2 687.10**	**4.43**	**100.00**
河　北	365.29	6.41	13.59
内蒙古	254.82	−4.55	9.48
河　南	251.62	4.29	9.36
山　东	204.37	−6.37	7.61
江　苏	158.01	2.33	5.88

资料来源：国家统计局月度统计。

表 5　2018 年全国液体乳产量前五位省份情况

地　区	产量（万 t）	同比增长（%）	占全国比例（%）
全国总计	**2 505.59**	**4.34**	**100.00**
河　北	357.42	6.30	14.26
河　南	251.57	4.31	10.04
内蒙古	237.10	−4.95	9.46
山　东	197.23	−6.52	7.87
江　苏	155.19	2.69	6.19

资料来源：国家统计局月度统计。

表6 2018年全国乳粉产量前五位省份情况

地 区	产量（万t）	同比增长（%）	占全国比例（%）
全国总计	96.80	-0.74	100.00
黑龙江	36.53	2.89	37.73
陕 西	22.12	21.06	22.85
内蒙古	9.59	3.45	9.91
河 北	4.99	-1.16	5.16
湖 南	3.98	13.19	4.11

资料来源：国家统计局月度统计。

二、市场状况

（一）生鲜乳收购价格

2018年，国内奶源供应基本稳定，价格维持前低后高，高位运行，在产奶旺季价格出现小幅回落，旺季过后价格快速提高。据农业农村部对内蒙古、河北等10个奶牛主产省（自治区）［河北、山西、内蒙古、辽宁、黑龙江、山东、河南、陕西、宁夏、新疆。2013年10省（区）生鲜乳产量占全国的82.6%。］生鲜乳平均价格的调查数据，2018年1月平均价格3.49元/kg，4月为3.45元/kg，8月为3.39元/kg，12月为3.58元/kg。2018年12月全国主产区生鲜乳平均价格环比涨了1.1%，同比涨了1.7%。

（二）乳制品价格

2018年，乳制品消费价格随社会整体消费价格增长而增长。根据国家统计局的调查数据，2018年12月，乳制品价格环比涨0.3%，同比涨2.6%；全年乳制品平均价格涨1.4%，而食品全年平均价格则为1.9%的增长。

（三）乳制品进出口

1. 进口 据海关统计数据，2018年1~12月，全国共进口各种乳制品281.61万t，金额106.94亿美元，同比分别增长8.03%和14.53%，进口乳制品总货值占国内乳制品工业销售总收入的21.4%，占比较上年进一步提高了4.2个百分点。其中，乳粉、液体乳、乳清类产品、零售婴幼儿食品、乳糖、奶油、干酪进口量较大，都超过了10万t。从增速上看，液体乳增速放缓，原料类产品乳糖、酪蛋白、白蛋白、奶油、乳粉，以及零售婴幼儿食品增长幅度较大，具体进口情况见表7。

表7 2018年全国乳制品进口情况

商品名称	数量（万t）	同比增长（%）	金额（亿美元）	同比增长（%）
进口合计	281.61	8.03	106.94	14.53
液体乳[1]	67.33	0.86	9.13	3.78
乳粉[2]	80.14	11.60	24.29	12.00
炼乳	2.75	7.51	0.49	5.21
发酵乳	3.08	-9.75	0.61	-9.13
乳清类产品	55.72	5.21	6.33	-4.94
奶油	11.33	23.72	6.97	39.31
干酪	10.83	0.25	5.13	3.15
乳糖	11.72	33.42	0.99	5.45
零售婴幼儿食品	33.31	10.12	48.89	20.07
酪蛋白	2.45	31.35	1.78	22.64
白蛋白	2.94	26.64	2.35	15.96

注：1. 液体乳数据不包括发酵乳。2. 乳粉数据不包括婴幼儿配方乳粉。3. 数据来源：中国海关。

从进口来源看，新西兰仍然是我国最大的乳制品进口来源地，其次是美国、德国、荷兰和法国，我国分别从这些国家进口了105.59万t、40.25万t、29.65万t、20.55万t和19.63万t的乳制品，五国合计占到总进口量的76.59%，占比较上年下降3.77个百分点。其中，液体乳主要来源于新西兰、德国、澳大利亚、法国和波兰，进口量分别为23.30万t、17.50万t、8.11万t、6.81万t和3.23万t，五国合计占液体乳总进口量的87.56%，占比较上年下降1.08个百分点。乳粉主要来源于新西兰、澳大利亚、美国、德国和法国，进口量分别为58.78万t、5.28万t、2.82万t、2.07万t和1.86万t，五国合计占乳粉总进口量的88.35%，占比较上年下降5.79个百分点。乳清类产品主要来自美国、法国、荷兰、波兰和白俄罗斯，进口量分别为26.19万t、6.30万t、4.99万t、3.30万t和2.52万t，五国合计占乳清粉总进口量的 77.72%，占比较上年下降 5.67 个百分点。零售婴幼儿食品主要来自荷兰、新西兰、爱尔兰、法国和德国，分别进口 10.89 万 t、5.26 万 t、4.48 万 t、3.50 万 t 和 3.39 万 t，五国合计占零售婴幼儿食品进口量的 82.63%，占比较上年提高 1.74 个百分点。干酪主要来自新西兰、澳大利亚、美国、丹麦和意大利，进口量分别为 5.50 万 t、1.98 万 t、1.20 万 t、0.45 万 t 和 0.38 万 t，五国合计占干酪总进口量的 87.80%，占比较上年下降 1.31 个百分点。乳糖主要来自美国、波兰、德国、荷兰和澳大利亚，进口量分别为 8.54 万 t、1.02 万 t、0.87 万 t、0.49

万 t 和 0.23 万 t，五国合计占乳糖总进口量的 95.14%，占比较上年提高 0.28 个百分点。奶油主要来自新西兰、法国、澳大利亚、比利时和荷兰，进口量分别为 10.04 万 t、0.50 万 t、0.20 万 t、0.19 万 t 和 0.11 万 t，五国合计占奶油总进口量的 97.43%，占比较上年下降了 0.87 个百分点。酪蛋白主要来自新西兰、荷兰、法国、德国和丹麦，分别进口 1.48 万 t、0.49 万 t、0.19 万 t、0.10 万 t 和 0.07 万 t，五国合计占酪蛋白总进口量的 95.16%，占比较上年下降 1.79 个百分点。2018 年，具体产品进口价格情况见表 8。

表 8　2018 年乳制品进口价格情况

商品名称	12 月价格（美元/t）	同比增长（%）	1~12 月平均价格（美元/t）	同比增长（%）
液体乳[1]	1 272	−12.79	1 355	2.90
乳粉[2]	2 919	−10.10	3 030	0.35
炼乳	1 750	−8.97	1 770	−2.14
发酵乳	1 822	−6.39	1 971	0.69
乳清粉	1 205	6.54	1 137	−9.65
奶油	6 059	−4.94	6 148	12.60
干酪	4 684	−4.22	4 739	2.89
乳糖	983	6.15	841	−20.96
婴幼儿零售食品	14 274	11.16	14 675	9.04
酪蛋白	7 019	−11.85	7 279	−6.64
白蛋白	9 389	−13.44	8 002	−8.44

注：1. 液体乳数据不包括发酵乳。2. 乳粉数据不包括婴幼儿配方乳粉。3. 数据来源：中国海关。

2. 出口　2018 年，我国乳制品出口增长幅度较大。全年乳制品出口 5.66 万 t，货值 3.77 亿美元，同比分别增长 46.64% 和 184.34%。其中，液体乳、

婴幼儿零售食品、乳粉、发酵乳、炼乳、奶油是出口的主要产品，具体出口情况见表 9。

表 9　2018 年全国乳制品出口情况

商品名称	数量（万 t）	同比增长（%）	金额（亿美元）	同比增长（%）
出口合计	5.66	46.64	3.77	184.34
液体乳[1]	2.71	17.10	0.25	21.22
乳粉[2]	0.31	10.33	0.10	3.86
炼乳	0.28	17.77	0.05	−2.09
发酵乳	0.29	31.91	0.06	62.86
乳清粉	0.06	220.72	0.01	278.14
奶油	0.21	24.29	0.08	11.38
干酪	0.02	23.45	0.01	0.65
乳糖	0.11	144.39	0.03	12.70
婴幼儿零售食品	1.61	238.88	3.11	308.96
酪蛋白	0.05	−29.04	0.03	−27.61
白蛋白	0.00	−53.47	0.03	108.40

注：1. 液体乳数据不包括发酵乳。2. 乳粉数据不包括婴幼儿配方乳粉。3. 数据来源：中国海关。

我国乳制品出口主要是为香港、澳门地区提供产品，2018 年共向香港、澳门地区出口乳制品 4.66 万 t，同比增长 44.48%，占总出口量的 82.36%。

2018 年，我国乳制品进出口数量逆差 275.95 万 t，同比增长 7.45%，金额逆差 103.18 亿美元，同比增长 12.08%。

三、行业动态

（一）产品质量

根据收集到的国家监督抽检结果，2018 年，全国乳制品监督抽检共计 55 126 批次，不合格批次 123 个，合格率 99.8%。2018 年，全国监督抽检婴幼儿配方乳粉 11 064 批次，合格 11 042 批次，合格率 99.8%。其中，国家市场监督管理总局抽检 3 058 批次，有 2 批次检出不合格，合格率达到 99.9%。在上年国家监管部门抽检的 32 大类食品中，乳制品、婴幼儿配方乳粉合格率都是最高水平。

2018 年度，国家监督抽检质量不合格的产品，都是属于偶发性的质量问题，不具有系统性、普遍性或区域性的安全风险。这些不合格发生的原因，多数既不是工艺问题，也不是技术问题，而是对标准理解不准确造成的。

2018 年度国家食品监管部门共计检查了 31 家企业，包括内资企业和外资企业，大型知名企业和小型企业，有牛乳粉企业，也有羊乳粉企业。存在的主要问题：部分生产场所、设备设施未持续保持生产许可条件；部分食品安全管理制度落实不到位；部分项目检验能力不足。被检查企业，除个别企业问题较多外，大部分企业情况良好，有 7 家企业基本无问题，一般的存在问题 3～5 项。

（二）婴幼儿配方乳粉产品配方注册

截至 2018 年底，国家市场监督管理总局共批准了国内外 156 个工厂的 1 195 个配方，其中婴儿配方 395 个，较大婴儿配方 399 个，幼儿配方 401 个，具体情况见表 10。

表 10　2018 年底我国婴幼儿配方注册情况

项目（单位：个）	工厂数	配方数量
国内外总计	156	1 195
其中：国内	108	915
国外	48	280
羊乳配方	48	257
其中：国内羊乳配方	39	228
国外羊乳配方	9	29

数据来源：国家食品药品监督管理总局网站查询结果。

（四）行业重要事件

1. 2018 年 6 月 11 日，国务院办公厅发布《关于推进奶业振兴保障乳品质量安全的意见》（国办发〔2018〕43 号），提出乳制品行业的主要目标：到 2020 年，奶业供给侧结构性改革取得实质性成效，奶业现代化建设取得明显进展。奶业综合生产能力大幅提升，100 头以上规模养殖比重超过 65%，奶源自给率保持在 70% 以上。产业结构和产品结构进一步优化，婴幼儿配方乳粉的品质、竞争力和美誉度显著提升，乳制品供给和消费需求更加契合。乳品质量安全水平大幅提高，产品监督抽检合格率达到 99% 以上，消费信心显著增强。奶业生产与生态协同发展，养殖废弃物综合利用率达到 75% 以上。到 2025 年，奶业实现全面振兴，基本实现现代化，奶源基地、产品加工、乳品质量和产业竞争力整体水平进入世界先进行列。

2. 2018 年 12 月 24 日，经国务院同意，农业农村部、国家发展和改革委员会、科技部、工业和信息化部、财政部、商务部、卫生健康委员会、市场监督管理总局、中国银行保险监督管理委员会联合印发《关于进一步促进奶业振兴的若干意见》（农牧发〔2018〕18 号），加大支持力度，促进奶业振兴发展。文件提出，要以实现奶业全面振兴为目标，优化奶业生产布局，创新奶业发展方式，建立完善以奶农规模化养殖为基础的生产经营体系，密切产业链各环节利益联结，提振乳制品消费信心，力争到 2025 年全国奶类产量达到 4 500 万 t，切实提升我国奶业发展质量、效益和竞争力。

（中国乳制品工业协会　岳增君）

烟 草 加 工 业

2018 年，全行业认真学习贯彻习近平新时代中　国特色社会主义思想和党的十九大、十九届二中、三中全会精神，认真贯彻落实党中央、国务院重大决策部署及工信部党组要求，围绕2018年全国烟草工作会议和行业各直属单位主要负责同志座谈会确定的目标任务，着力抓好各项工作举措的落实，改革发展取得了新成效，经济运行总体平稳、稳中向好，呈现出许多新亮点。

一、基本情况

2018年，全行业实现税利总额11 556.2亿元，同比增加411.1亿元，增长3.69%。全年上缴国家财政总额10 000.8亿元，同比增加326.3亿元，增长3.37%。"总量控制、稍紧平衡"调控方针得到坚决落实，卷烟库存大幅压缩，市场供求关系进一步改善，市场信心进一步增强，市场秩序进一步好转，年末卷烟零售价格到位率达96.1%、零售户毛利率达9.1%，均为近年来最好水平。全行业在产卷烟品牌88个，同比减少6个。全年"中华""利群""云烟""芙蓉王""黄鹤楼"5个品牌销售额超过1 000亿元；"双喜·红双喜""云烟""利群"3个品牌销量超过300万箱。"双十五"品牌销量占比达68.0%、销售额占比达78.5%。全行业卷烟单箱批发销售额3.16万元，同比增加0.13万元，增长4.3%。全年一类卷烟销量同比增加67.7万箱，二类卷烟销量同比增加97.2万箱，细支烟、短支烟、中支烟等创新产品同比增加160.9万箱，增长50.8%。

二、科研、新产品、新技术

成功推出每分钟7 000支/400包细支卷接包机组，自主研制ZJ119/ZB416（12 000支/600包）等国产超高速卷接包生产线，以异型烟物流分拣系统为切入点稳步进入物流设备领域，积极推进新型烟草制品生产设备研发创新。深入推进绿色物流、精益物流建设，加大纸滑托盘联运推广应用力度，抓好卷烟包装箱循环利用。持续提升国产丝束经营管理水平，继续开展多元化投资整合优化，加强卷烟纸、包装材料等采购管理工作，深化香精香料自主研发，不断提升行业自我保障能力。加强行业高质量发展的战略研究和前瞻布局，组织开展22个课题调研，研究制定建设现代化烟草经济体系、推动烟草行业高质量发展的实施意见。配合有关部门，稳步推进总公司公司制改革。持续深化"放管服"改革，全面推进烟草科技创新，推动互联网、大数据、人工智能等新技术与行业深度融合，深化精益管理，全年实现降本增效43.9亿元。

三、国内外市场概况

（一）国内市场概况

2018年，国家局印发《关于贯彻落实打赢脱贫攻坚战三年行动计划指导意见的通知》《定点扶贫县脱贫攻坚督促检查工作实施办法》，积极参与脱贫攻坚工作。行业各级党组织切实加强对扶贫工作的组织领导，主要领导任第一责任人，建立完善工作机制。充分发挥烟草体制优势，按照精准施策的原则，研究制定针对性的产业扶贫措施和公益扶持项目。我国511个种烟县中，210个为国家级贫困县，行业聚焦贫困烟区、贫困烟农，发挥产业优势，种植计划、专业服务、产前投入、烟农增收等优惠政策向贫困烟农倾斜，在严控烟叶总量的形势下，针对贫困县烟农减少的种植面积，每公顷补助6 000元。

2018年，卷烟工业企业继续推出"细短中爆"新品，上述几大品类卷烟仍然保持强劲发展势头。1～11月，行业细支烟累计销售331.31万箱，同比增长46.76%；中支烟累计销售55.43万箱，同比增长75.42%；短支烟累计销售41.59万箱，同比增长79.27%；爆珠烟累计销售73.06万箱，同比增长122.64%。

（二）国外市场概况

2018年，世界烟草控制持续推进，新型烟草制品快速增长，市场竞争更为激烈，全球成熟市场的卷烟销量持续下降，新兴市场卷烟销量略有增长，跨国烟草公司大力推进产品创新，经营业绩差距较大。

1. 烟叶 2018年，全球主要烟叶产区（不含中国）烤烟总产量188.5万t，同比增长-2.3%，白肋烟总产量59万t，同比增长16%。其中，美国产区受到台风影响大幅减产，烤烟产量较预期减产近40%，白肋烟产量较预期减产近30%；南美产区烤烟和白肋烟产量均出现回落，主要受到巴西烟叶产量回落的影响；欧亚地区烟叶生产总体稳定；非洲及中东产区产量有较大增长，烤烟产量较预期增长7.9%，白肋烟产量较预期增长14.8%。

烟叶生产和采购的集中度不断提高，烟草制造商和烟叶公司不断减少从小烟区采购烟叶的数量。全球约70多个国家种植烤烟、40多个国家种植白肋烟，除中国外，全球所需的80%以上的烟叶来自产量位居前十的烤烟和白肋烟种植区。烟叶生产和采购的不断集中，有利于提高效率和降低成本，如环球烟叶公司及时调整战略，结束了其在阿根廷、加拿大、德国、意大利、匈牙利、尼加拉瓜、巴拉圭、瑞士和赞比亚等国家开展的一些项目。在中国以外种植的烤烟和白肋烟中，约有 1/3 直接由全球主要烟草制造商购买，略多于 1/3 的烟叶由全球主要烟叶公司收购加工及转售，其余由较小的区域性公司采购。烟叶供需匹配的结构性难度较大，专业烟叶公司在其中发挥着重要作用。通过让农学家和技术人员参与烟叶科学生产，专业烟叶公司可以帮助烟农改进农艺和生产，优化叶片产量和质量，实现烟叶高产。同时，专业烟叶公司能发挥规模经济的优势，维持产区稳定，平衡烟叶供需，提供从现场到包装产品交付的全方位服务，这些都有利于降低产业链成本，提高产业链效率。

2. 卷烟　2018 年，全球传统烟草制品销售额约 6 100 亿美元（不含中国），同比增长 6.8%，其中销售额最大的品类为卷烟，达 5 400 亿美元，同比增长 5.7%，占比 88.5%；销售额第二位的品类为雪茄等有烟气烟草制品，达 580 亿美元，同比增长 10.5%，占比 9.5%；销售额第三位的品类为无烟气烟草制品，达 135 亿美元，同比增长 5.3%，占比 2.2%。近年来，卷烟销售额占比不断下降，预计未来仍将继续下降，雪茄、口含烟等保持较快增长。

2018 年，全球卷烟销量约 6 100 万箱（不含中国），同比增长约 −1.7%。近 5 年来，全球卷烟销量基本以 1%～2% 的速度逐年递减，个别地区控烟力度加大导致卷烟销量大幅下降，但新兴市场卷烟销量的增长减缓了卷烟整体销量下降的速度。卷烟单包销售均价约 3.3 美元，同比增长约 6%，主要受到消费税提高的影响。

分区域来看卷烟销量，受消费税持续提高的影响，俄罗斯卷烟销量持续下降，2018 年同比增长 −8.1%，至 476 万箱，销量首次低于美国，泰国卷烟销量增长 −10.8%；受加热烟草制品的影响，日本卷烟销量持续下降，2018 年同比增长 −11.1%，降至 270 万箱；韩国卷烟销量大幅下降，2018 年同比增长 −12.9%，降至 119 万箱；受新型电子烟以及大麻合法化的影响，2018 年美国市场卷烟销量增长 −2.9%，降至 500 万箱以下；受到国内经济形势影响，伊朗卷烟销量增长 −11.6%。土耳其、埃及、孟加拉国、越南、巴基斯坦等市场卷烟销量仍有增长。埃塞俄比亚市场得到日烟国际重点投资，预计未来卷烟销量、销售额将快速增长。

分区域来看卷烟销售额，2018 年，大洋洲、中东、非洲等地区卷烟销售额增长较快，主要受到消费税提高或销量增长影响；西欧、北美等地卷烟税收政策相对稳定，卷烟销量下降且均价提升较慢，销售额增长缓慢。销售额高的地区是美国、日本、德国、印度尼西亚、俄罗斯、土耳其等销量大国，除日本外，这些国家的销量近年来大多保持增长。

全球卷烟均价不断提高，但近年来价格增长乏力问题日益凸显。大洋洲仍保持均价最高，其次是北美、西欧、拉美地区。大洋洲、东欧仍是均价增速最快的地区，其中澳大利亚开始新一轮提税，预计至 2022 年，卷烟价格将提高 70%，继续保持其卷烟全球最贵的特点。俄罗斯卷烟价格的增速放缓。北美拥有强大购买力及强势卷烟品牌，预计仍有较强的增长动力，但替代品可能产生较大影响。西欧的价格提高尤其缓慢，卷烟替代品更为普遍。

分区域看卷烟购买力，尽管近年来全球卷烟购买力相对稳定，但 2007—2018 年发达国家卷烟市场的购买力明显下降。较为突出的是，受到消费税连续大幅提高的影响，俄罗斯市场卷烟购买力大幅下降，消费者价格弹性显著增大，对主流产品的购买力大幅减弱。西班牙等地购买力下降则主要受到经济衰退的影响。在澳大利亚等部分发达地区，收入水平尚可承受税收和价格的提高，购买力相对稳定。

细支烟销量保持增长，但主销区市场规模缩减。2017 年，欧睿国际统计，全球 78 个卷烟消费国（不含中国）的细支烟销量约 286 万箱，同比增长 6%。其中，俄罗斯销量 78 万箱，同比增长 −6%；印度尼西亚销量 34 万箱，同比增长 81%；波兰销量 23 万箱，同比增长 6.1%；乌克兰销量 16 万箱，同比增长 −3.1%。细支烟销量占比较高的有：乌兹别克斯坦销量占比 64.9%，同比提高 5 个百分点；白俄罗斯销量占比 30.5%，同比提高 0.5 个百分点；波兰销量占比 27.9%，同比提高 1.3 个百分点；拉脱维亚销量占比 21.2%，同比提高 1.4 个百分点。

低焦油卷烟销量明显下降，主销区市场规模缩减。2017 年，欧睿国际统计，全球 78 个卷烟消费国（不含中国）焦油量低于 6mg/支的卷烟销量 1 090 万箱，同比增长 −6.8%。低焦油卷烟（4～6mg/支）销量 720 万箱，同比增长 −5.8%。其中，俄罗斯销量 143 万箱，同比增长 −7.1%；日本销量 69 万箱，同比增长 −11.5%；韩国销量 57 万箱，同比增长 −6.5%；乌克兰销量 43 万箱，同比增长 −4.4%；占比超过 50% 的有阿联酋、哥伦比亚、拉脱维亚等。超低焦油卷烟（小于 4mg/支）销量 370 万箱，同比增长 −7.6%。其中，日本销量 116 万箱，同比增长 −13%；韩国销量 71 万箱，同比增长 −3.7%；俄罗斯销量 38 万箱，同比增长 −4.5%；意大利销量 16 万箱，同比增长 −5.8%；占比较高的有韩国、日本、爱沙尼亚等。

爆珠烟总量快速增长，俄罗斯及南美等地区增幅大。2017 年，欧睿国际统计，全球 78 个卷烟消费国（不含中国）爆珠烟销量约 220 万箱，同比增长

27.2%。其中，俄罗斯销量40万箱，同比增长近4倍；美国销量25万箱，同比增长-3.9%；韩国销量22万箱，同比增长-2.6%；日本销量21万箱，同比增长-16.8%；墨西哥销量13万箱，同比增长15.7%。爆珠烟销量占比较高的国家有：智利销量占比36.1%，同比提高3.4个百分点；秘鲁销量占比34.2%，同比提高10.7个百分点；危地马拉销量占比32.1%，同比提高2个百分点；墨西哥销量占比21.5%，同比提高2.8个百分点；阿根廷销量占比17.1%，同比提高1.1个百分点。

3.跨国烟草企业　2018年，四大跨国烟草公司重点加快对新型烟草制品的布局。菲莫国际仍处领先地位，但增速放缓；英美烟草业绩大涨，销量增长，利润率提高；日烟国际国内形势较为严峻，国际市场效益增长；帝国品牌公司紧跟市场趋势，推出加热烟草制品，强调产品创新战略。

菲莫国际2018年卷烟销量为1 480.6万箱，同比增长-2.8%，降幅较2017年大幅收窄，市场占有率为27.4%，同比持平。同时，菲莫国际卷烟结构提升7.6%，是自2012年以来状态最好的一年。分地区来看，菲莫国际在欧盟市场的卷烟销量为359.2万箱，同比增长-4.1%，法国、德国、意大利等地销量减少；在东欧市场的卷烟销量为217.4万箱，同比增长-8.9%，俄罗斯、乌克兰等地销量减少；在中东和非洲市场的卷烟销量为273.2万箱，同比增长-0.1%，沙特、阿联酋等地销量下降，但土耳其销量增长；在南亚和东南亚市场的卷烟销量为356.9万箱，同比增长4%，巴基斯坦、菲律宾、泰国等地销量增长；在东亚和大洋洲市场的卷烟销量为112.3万箱，同比增长-10.4%，日本、韩国等地销量大幅减少；在拉美和加拿大市场的卷烟销量为161.4万箱，同比增长-4.1%，阿根廷、哥伦比亚等地销量减少。

菲莫国际共有8个重点卷烟品牌，其中6个为全球销量排名前15位的品牌。2018年，菲莫国际的万宝路销量为528.8万箱，同比增长-2.2%；蓝星销量180万箱，同比增长-1.1%；切斯特菲尔德销量119万箱，同比增长7.9%；菲莫销量100万箱，同比增长2.8%；百乐门销量83万箱，同比增长-5.2%；邦德街销量64万箱，同比增长-15.3%。2018年，菲莫国际将两个丁香烟品牌列入重点发展对象，分别是Sampoerna A，销量80万箱，同比增长-7.5%；Dji Sam Soe，销量58.3万箱，同比增长28.3%。

2018年，菲莫国际销售收入（不含税）达296.3亿美元，同比增长3.1%，主要因阿根廷、澳大利亚、加拿大、埃及、德国、印度尼西亚、意大利、日本、墨西哥、菲律宾、俄罗斯、土耳其、乌克兰等地卷烟结构的提升，以及韩国、俄罗斯、欧盟等国家和地区加热棒销量的增长。卷烟等可燃烟草制品销售收入（不含税）为255.3亿美元，同比增长1.7%；加热棒销售收入（不含税）为41亿美元，同比增长12.5%，占比13.8%，同比提高1.1个百分点。利润总额113.8亿美元，同比增长-1.8%，除去汇率影响则同比持平。

2018年年初，公司曾预测全年股票每股收益在5.2~5.35美元，实际每股收益为5.08美元，未达到最低预期，但同比增长30.9%，扭转了2017年股权收益下降的局面。菲莫国际指出，加热烟草制品销量的波动较大，每股收益预测比较困难，因而改变了预测方式，由预测区间改为预测下限。对烟草制品销量，菲莫国际预测2019年卷烟和加热棒合计销量会增长-1.5%~-2%，市场容量会缩小2.5%~3%，销售收入增长在5%以上。未来3年，公司目标为销售收入年增长5%以上、股票每股收益年增长8%以上、2021年加热棒销量达到180万~200万箱。

英美烟草2018年的年度报告突出减害创新战略，首次发布烟草制品减害进展报告。报告强调，英美烟草将致力于减少烟草制品危害，以"更多的选择、更多的创新、更少的危害"为目标，并发布公司在这一长期目标上取得的进展。目前，英美烟草的减害产品主要包括口含烟、电子烟、加热烟草制品。自2013年推出首款电子烟品牌Vype之后，英美烟草成为电子烟市场的领军者。2017年，公司电子烟销售收入达到5亿英镑（1英镑约合人民币8.76元）。2018年，公司电子烟的销售收入约10亿英镑，2022年的目标是达到50亿英镑。

2018年，英美烟草卷烟销量为1 402万箱，同比增长2.8%，主要受到收购雷诺美国公司的影响，剔除收购影响后，公司销量增长-3.5%；加热棒销量折合为卷烟约14万箱，同比增长217%；电子烟销量同比增长100%；包装口含烟销量为39亿包，同比增长93%；散装口含烟为1.5万t，同比增长119%。公司2018年合计销售收入（不含税）244.9亿英镑，同比增长25.2%。其中重点卷烟产品销售收入为154.6亿英镑，同比增长43%，主要受雷诺美国公司成为其全资子公司的影响；加热棒销售收入为5.7亿英镑，同比增长180%；电子烟销售收入为3.2亿英镑，同比增长89%；口含烟销售收入为9.2亿英镑，同比增长128%。公司利润总额达93.1亿英镑，同比增长45.2%。

日烟国际2018年8月出资16亿美元收购俄罗斯第四大卷烟制造商DT公司，在俄罗斯的市场占有率提高到 40%，进一步巩固了其在该市场占有率第一的地位。经济型卷烟 DT 以及营销网络是日烟国际此次并购的主要目标。DT 公司 2017 年在俄罗斯市场的占有率约为 7%，销售收入为 2.8 亿美元，利润总额为 6 100 万美元。出资 1.5 亿美元收购 Akij 集团的烟草业务，成为孟加拉国第二大烟草公司。这也进一步扩大了日烟国际在新兴市场的业务。Akij 集团 2017 年在孟加拉国的市场占有率约 20%，销量约 34 万箱，销售收入为 1 860 万美元，利润达 550 万美元。

公司加热烟草制品销售范围不断扩大，持续推出新口味。2018 年年初，加热烟草制品 Ploom Tech 仅在福冈和东京地区销售，至 6 月拓展到全国的烟草零售店铺以及网络销售。2019 年年初，公司推出两款温度不同的加热烟草制品，Ploom S 为高温加热产品，设备定价 7 980 日元（1 日元约合人民币 0.06 元），搭配 3 种口味的加热棒；另一款 Ploom Tech＋为低温加热产品，设备定价 4 980 日元，搭配 4 种口味的胶囊。公司提出，加热烟草制品的发展目标是至 2020 年市场占有率达 40%。

在维护升级卷烟品牌方面，日烟国际在国内市场有 4 个重点品牌，其中，梅维斯销量 83.3 万箱，同比增长 -12.4%；云丝顿销量 21.2 万箱，同比增长 -12.6%。日烟国际在国际市场有 4 个重点品牌：云丝顿销量 299.8 万箱，同比增长 3.9%；骆驼销量 108.4 万箱，同比增长 2.8%；梅维斯销量 31.4 万箱，同比增长 -11.7%；乐迪销量 93.2 万箱，同比增长 2.2%。

2018 年，日烟国际卷烟销量达 1 019.2 万箱，同比增长 3.7%。其中，国内市场销量 164 万箱，同比增长 -11.7%，主要受到加热烟草制品的冲击，市场占有率为 61.8%，同比提高 0.5 个百分点；国际市场卷烟销量 855.2 万箱，同比增长 7.3%，主要市场占有率提高 1.1 个百分点，得益于公司在孟加拉国、埃塞俄比亚、希腊、印度尼西亚、菲律宾、俄罗斯等地实施的并购，以及在欧洲市场占有率的提高。日烟国际 2018 年销售收入（不含税）为 1.8 万亿日元，同比增长 3.9%，主要得益于俄罗斯、英国等国际市场和日本国内市场卷烟结构的提升、并购带来的卷烟销量增长以及新型烟草制品销售的增长。其中，日烟国际在日本国内的市场销售收入（不含税）为 5 824 亿日元，同比增长 -1.4%，其中卷烟销量下降导致收入减少 649 亿日元，卷烟结构提升使得收入增加 53 亿日元，新型烟草制品使得收入增加 513 亿日元；在国际市场，日烟国际销售收入（不含税）为 1.25 万亿日元，同比增长 6.3%，其中销量增长使得收入增长 3.1%，结构提升使得收入增长 9.2%，汇率波动产生一定负面影响。公司利润总额为 5 650 亿日

元，同比增长 0.7%，不考虑汇率影响，同比增长 8.9%，其中欧洲中部、北部市场同比增长 11.6%，俄罗斯及周边地区同比增长 26.8%，欧洲西部、南部市场同比增长 -12.1%，国内市场卷烟利润同比增长 -10.0%，主要受到市场规模收缩的影响。

帝国品牌公司 2018 财年，公司烟草制品总销量折合卷烟为 511 万箱，同比增长 -3.6%，降幅较去年收窄，烟草业务含税销售收入为 228.9 亿英镑，同比增长 0.4%；缴纳消费税 151.3 亿英镑，同比增长 1.1%；烟草业务不含税销售收入为 77.6 亿英镑，同比增长 -0.3%。成长型品牌销量占比 63.8%，同比提高 3.6 个百分点，不含税销售收入 38 亿英镑，同比增长 2.9%，占总销售收入的 49.2%，同比提高 1.5 个百分点。特色型品牌（含 Blu 电子烟）不含税销售额 13.8 亿英镑，同比增长 17.3%，占总销售收入的 17.9%，同比提高 2.7 个百分点；组合型品牌销量和销售收入大幅下降，主要受到品牌整合的影响。下一代烟草制品不含税销售收入增长到 2 亿英镑，占总销售收入的 2.6%。烟草业务利润 35.6 亿英镑，同比增长 -1.1%，按汇率不变计算，同比增长 1.9%。

四、行业工作

（一）行业管理

2018 年，行业各单位围绕"深化提高—精准发力—提质增效"主线，打好精益管理持久战，完成国家局下达的降本增效 36 亿元的目标。完善对标指标体系和工作机制，探索开展分层分类对标；贯彻新版 ISO9000 质量管理体系，落实体系转版；开展"管理诊断基层行"活动，破解了一批长期制约基层的管理短板；大力推动管理创新，持续开展精益课题研究、QC 小组活动等，投入产出效率进一步提升，基础管理水平明显提高。

2018 年，行业坚持自主管控的发展道路，在夯实服务保障的基础上，努力打造绿色循环、精益高效、协调共享的烟草供应链物流体系。打造绿色供应链物流，推行绿色建设、倡导绿色包装、开展绿色运输。构建精益高效的发展体系，通过打造供应链物流生态圈、精益化物流体系，物流柔性化水平进一步提高。在国家局组织的"精益物流十佳"评选活动中，涌现了一批先进物流企业代表。打造协调共享的发展模式，进一步加大网络资源、数据资源、知识资源、客户资源等共享体系建设，资源配置更平衡、利用更充分。烟草物流体系的不断完善，有力维护了烟草专卖体制，保障了"两烟"生产经营。

（二）行业活动

2018年8月20～21日，烟草行业各直属单位主要负责同志座谈会在北京召开，对行业发展形势、重点工作、发展方向进行了深入研究和详尽部署。深刻把握我国经济已由高速增长阶段转向高质量发展阶段的重大判断，贯彻落实习近平新时代中国特色社会主义思想尤其是经济思想，紧密结合烟草行业的实际，认真总结行业成功的做法和经验，冷静分析行业面临的问题和挑战，主动顺应新时代新要求，坚决按照党中央、国务院重大决策部署，坚持稳中求进工作总基调，贯彻创新、协调、绿色、开放、共享的新发展理念，推进供给侧结构性改革。探索推进现代化烟草经济体系建设，重点探索烟草全产业链一体化组织运行体系、烟草市场体系、供需动态平衡体系、创新体系、品牌发展体系、运行调控体系等"六大体系"建设。落实科教兴国战略、人才强国战略、创新驱动发展战略、乡村振兴战略、区域协调发展战略、可持续发展战略等国家重大战略，突出抓重点、补短板、强弱项，推动行业发展质量变革、效率变革、动力变革，坚定不移走高质量发展的道路。

2018年，全行业深入实施创新驱动发展战略，不断加大科技创新力度。为探索建立符合新时代科技创新工作要求的新型运行机制，国家局制定印发了《关于激发科技创新活力调动"两个积极性"的若干意见》。全年卷烟设计水平、制造水平、控焦稳焦水平、降本增效水平持续提升，烟叶生产科技创新、管理改进、多元产业发展、设施综合利用、助农增收取得显著成效，烟机、丝束、盘纸及辅助材料保障能力不断增强，新型烟草制品技术研发、专利布局、产品储备和境外市场拓展也有了较大进展，创新驱动战略取得明显成效。

2018年，行业持之以恒地推进打假打私、治理违法违规卖烟大户、规范卷烟营销等，专卖管理工作保持高压态势。坚持"政府领导、部门联合、多方参与、密切协作"的打假打私体系，深入推进"互联网＋"烟草专卖管理，提升市场监管的科学化水平。加强对制假售假新特点、新变化的分析把握，研究制定有针对性的解决方案。坚持源头治理、综合治理，完善跨部门、跨区域协作机制和打假打私激励机制，开展卷烟打假打私专项行动，打掉一批"以黑护假，依假养黑"的涉烟、涉黑、涉恶犯罪团伙。持续加强专卖内管工作，强化卷烟规范经营专项督查，有效维护了行业生产经营和市场秩序。

2018年11月28～29日在浙江杭州召开的全国卷烟营销网络建设现场会展示了"浙江经验"。浙江烟草商业发挥区域互联网产业发展优势，以"互联网＋"思维和技术，探索建立了"数据驱动、平台运营、终端升级、队伍赋能"网建新模式，构建了与时俱进、严格规范、充满活力的烟草市场运行机制，走出了一条具有浙江特色的"互联网＋"高质量发展路径，对于推动行业营销网络特别是零售终端的转型升级具有借鉴意义，是行业聚焦增强渠道掌控力，推动烟草商业变革，适应互联网发展大趋势的积极探索。

（郑州烟草研究院　王英元）

酿　酒　工　业

一、基本情况

2018年，全国酿酒行业规模以上企业完成酿酒总产量5 631.9万 kL，同比增长1.2%。其中饮料酒产量4 985.3万 kL，同比增长0.9%；发酵酒精产量646.6万 kL，同比增长3.2%。全国有2 546个规模以上企业，累计完成产品销售收入8 122.7亿元，同比增长10.2%；累计实现利润总额1 476.5亿元，同比增长23.9%。

根据国家统计局统计，白酒行业：规模以上白酒企业1 445家，完成酿酒总产量871.2万 kL，同比增长3.1%；完成销售收入5 363.8亿元，同比增长12.9%；实现利润总额1 250.5亿元，同比增长30.0%。啤酒行业：规模以上啤酒企业415家，总产量3 812.2万 kL，同比增长0.5%；完成销售收入1 474.5亿元，同比增长7.1%；实现利润总额121.9亿元，同比增长5.6%。葡萄酒行业：规模以上葡萄酒企业212家，总产量62.9万 kL，同比增长－7.4%；完成销售收入288.6亿元，同比增长－9.5%；实现利润30.6亿元，同比增长－9.5%。黄酒行业：规模以上黄酒生产企业115家，累计完成销售收入167.5亿元，同比增长5.4%；实现利润总额17.2亿元，同比增长－7.2%。酒精行业：规模以上酒精生产企业完成总产量 646.6 万 kL，同比增长 3.2%；完成销售收入 512.8 亿元，同比增长 13.6%；实现利润总额 10.8 亿元，同比增长 −50.9%。其他酒行业：规模以上其他酒生产企业 240 家，完成销售收入 315.6 亿元，同比增长 0.9%；实现利润总额 45.5 亿元，同比增长 14.5%。

（一）主要经济指标

1. 销售收入　2018 年，完成产品销售收入 8 122.7 亿元，同比增长 10.2%；累计实现利润总额 1 476.5 亿元，同比增长 23.9%。其中，白酒行业完成销售收入 5 363.8 亿元，同比增长 12.9%；啤酒行业实现销售收入 1 474.5 亿元，同比增长 7.1%；葡萄酒行业完成销售收入 288.6 亿元，同比增长 −9.5%；黄酒行业实现销售收入 167.5 亿元，同比增长 5.4%；酒精行业完成销售收入 512.8 亿元，同比增长 13.6%；其他酒行业完成销售收入 315.6 亿元，同比增长 0.9%。

2. 利润　2018 年，酿酒行业实现利润总额 1 476.5 亿元，同比增长 12.36%。分行业看，白酒行业实现利润总额 1 250.5 亿元，同比增长 30.0%；啤酒行业实现利润总额 121.9 亿元，同比增长 −5.61%；葡萄酒行业实现利润总额 30.6 亿元，同比增长 −9.5%；黄酒行业实现利润总额 17.2 亿元，同比增长 −7.2%；其他酒行业实现利润总额 45.5 亿元，同比增长 14.5%。

由以上 2018 年酿酒行业经济效益数据（表 1）并结合产量（表 2）情况看出，饮料酒行业总体经济效益向好，而部分行业则出现不同幅度下降。

表 1　2018 年我国酿酒行业销售收入和利润变化情况

酒　种	销售收入（亿元）	同比增长（%）	利润总额（亿元）	同比增长（%）
酒精制造业	512.8	13.6	10.8	−50.9
白酒制造业	5 363.8	12.9	1 250.5	30
啤酒制造业	1 474.5	7.1	121.9	5.6
黄酒制造业	167.5	5.4	17.2	−7.2
葡萄酒制造业	288.6	−9.5	30.6	−9.5
其他酒制造业	400.34	15.31	46.44	15.20
合　计	**8 122.7**	**10.2**	**1 476.5**	**23.9**

数据来源：国家统计局。

表 2　2018 年我国酿酒企业分酒种产品产量情况

酒　种	总产量（万 kL）	同比增长（%）
发酵酒精（折 96°）	646.6	3.2
饮料酒	4 985.3	0.9
其中：白酒（折 65°）	871.2	3.1
啤　酒	3 812.2	0.5
葡萄酒	62.9	−74.0

说明：饮料酒包括 13 种，麦芽酿造的啤酒、葡萄汽酒、鲜葡萄酿造的酒、味美思酒、黄酒、蒸馏葡萄制得的烈性酒、威士忌酒、朗姆酒、杜松子酒、伏特加酒、利口酒及柯迪尔酒、龙舌兰酒、白酒。

数据来源：国家统计局。

（二）行业经济运行情况

2018 年，我国酿酒产业紧跟消费升级趋势，趋稳向好，酿酒总产量稳步增长，经济效益整体趋好，产品、渠道、商业模式等创新步伐加快，市场进一步稳定。2018 年，酒类消费需求越来越趋向多样化、理性化和个性化。酿酒产业继续保持新常态，产业和产品结构持续调整，酒产品价格调整进一步适应市场和经济大环境，流通体系变革持续发酵，多元化消费潮流不断升级。通过数据来看，2018 年酿酒产业整体经济效益稳定，正在向高质量阶段发展挺进。从产量规模来看，在向企稳回升的态势发展，行业结构的深度调整在稳固有序地进行。全行业更加注重产品结构的优化和产品品质的提升，产量与市场需求基本保持在合理增长空间。2018 年销售收入同比增长 10.2%，白酒、啤酒、黄酒增幅明显。白酒继续保持着两位数的增长，说明白酒产业发展稳定，尤其是名优白酒均实现了两位数的增长，多家企业在 2018 年跨越百亿销售门槛，更有企业向千亿销售规模发起了冲击。这是产业结构调整、消费升级等多重因素助力的结果。啤酒产业的表现也可圈可点，结束了连续 4 年的销量下滑趋势，销售收入和利润率也出现了不同程度的增长；黄酒、葡萄酒产业的发展仍任重道远，但是通过多年的努力，黄酒、葡萄酒产业在产品结构、营销策略、消费理念、运营模式等方面有了转变和提升，未来是一座潜力无穷的"金矿"。

二、行业经济运行发展趋势

消费者对美酒品质的追求和产业发展不平衡、不充分的矛盾是今后酿酒产业发展需要解决的主要矛盾，基于对国家宏观经济、政策以及产业的分析、梳理和今年的开局形势，2019 年，我国酿酒产业调整将持续纵深，转型升级不断得到强化，推动产业经济高质量发展，为未来发展提供新机遇、新引擎、新活力。

（一）白酒产业

1. 预计业绩表现持续增长　2012 年白酒行业经济放缓对白酒行业的影响逐步体现，行业整体利润总额仍保持了一定增长，但增速放缓。增速自 2014 年降至最低点后，开始出现缓慢上升趋势，2015 年白酒利润总额为 727.0 亿元，行业利润总额持续提高，也预示着白酒行业企业经营情况持续向好。数据显示，2015 年以来，白酒行业利润总额年均增长率为 19.8%。多年来，白酒行业销售收入以及累计实现利润占据酿酒产业绝对地位。压倒性比重，显示出了其在酿酒行业中的优势，强化着白酒行业在整个酿酒产业的地位（表 3、表 4）。

表 3　2013—2018 年白酒行业产量、销售收入及利润变化

年份	产量增长（%）	销售收入增长（%）	利润增长（%）
2014	2.8%	5.7%	12.6%
2015	5.1%	5.2%	3.3%
2016	3.2%	10.1%	9.2%
2017	6.9%	14.4%	35.8%
2018	3.1%	12.9%	30.0%

数据来源：国家统计局。

表 4　2013—2018 年白酒行业销售收入及利润总额占全行业比重

年份	销售收入占全产业比重（%）	利润占全产业比重（%）
2014	59.9	71.6
2015	60.2	71.4
2016	62.6	72.8
2017	61.2	78.3
2018	66.0	84.7

数据来源：国家统计局。

从产销率来看，2017 年白酒产销率为 97.8%，同比 2016 年增加了 0.9 个百分点；2018 年白酒产销率为 99.3%，同比 2017 年增加了 1.5 个百分点。数据侧面反映出，2017 年白酒市场进入去库存阶段，近几年行业企业控量保价，去库存措施效果初显。同时，根据近几年做的饮料酒消费普查，2012—2017 年这 6 年当中，中国人的人均饮料酒的消费产品的变化，2013 年达到了峰值，6.6kL，之后 2014—2017 年产量呈下行趋势，人均消费量同样是这样。东欧是全世界人均酒类消费最高的，达到了 15.7L；最低的是北非和中东，消费量只有 1.0L，我国处于 4～6L 的水平。所以中国人的人均消费酒类产品在世界上还是处于一个比较低的水平。所以我国的酒类消费市场空间是巨大的，在经济形势不发生大的变化下，综上规律分析，我们预计 2019 年白酒行业业绩表现持续增长，保持平稳发展。

2. 加快国际化征程　尽管近年来中国白酒企业在"走出去"方面进行了有益尝试，并取得一定进展，但从整体情况看，效果不甚理想。整体来讲，白酒高调追求"国际化"的背后，国际化依然在行业内是一个"小事"，但正是这个"小事"或许决定白酒行业发展的历史进程。事实上，无论从国际市场还是国内产能看，白酒国际化空间巨大。

表 5　中国白酒出口数额与 7 大国外主流烈酒进口数额对比

年份	白酒出口		烈性酒进口	
	总量（万 kL）	总额（亿美元）	总量（万 kL）	总额（亿美元）
2016	1.6	4.7	5.7	8.0
2017	1.7	4.7	7.1	10.7
2018	1.7	6.4	8.0	13.0

数据来源：国家统计局、海关总署。

相比中国白酒出口情况来说，近年来，英国威士忌的出口占有率最高，达到 30.3%；法国白兰地列为第二，出口量在 11.5%～13%；瑞典伏特加排名第三，为 4%。欧洲烈性酒在中国市场的份额正在不断扩大，每年增长 20% 以上。当前，中国白酒出口状况不容乐观，从绝对量上看，出口量和出口金额都呈现出增长趋势，但相对比来看，中国白酒出口量占国内产量的比重仅为 0.1%，而出口金额占白酒当年销售收入比重仅为 0.5%（表5）。现今国际市场上，中国白酒出口还是以日本、韩国等亚洲国家为主，且消费人群多为华侨华裔，欧美市场上的白酒不仅种类少，数量也偏少，从这方面来说，中国白酒并未真正被主流市场认可。未来，中国白酒国际化的目标定位，应以主流社会认知为目标，不仅仅限于一种文化和社会层次的范围之内。

借势和整合多通道支持势在必行，充分运用资本运作加快国际化进程是一种有效的方式，国内成熟的、有实力的大型白酒企业可开展海外并购，通过工艺传承与技术创新，生产出既具有中国白酒独特风格又适合国外消费者口感的产品。

3. 专注高品质、高质量经济发展　中国白酒是一个市场化程度较高的行业，在大众创业万众创新的背景下，企业、个人等市场主体的活力得到不断释放和激发，居民可支配收入稳步提高，大量财富的积累带来购买能力的提升和消费需求的升级，有更多人愿意为高品质美酒买单。商务消费和民间消费共同支撑起高端、次高端白酒消费群体的不断壮大。根据国家统计局数据，2018年全国居民人均食品烟酒消费支出 5 631 元，增长 4.8%；2017年的数据显示，全年全国居民人均食品烟酒消费支出 5 374 元，增长 4.3%。2018年同比 2017年增加了 0.5 个百分点。不过，从客观现状看，高品质白酒是极度稀缺资源，不足全国白酒产量 1%。去年我们提出，中国白酒产业主要矛盾就是消费者需要美酒，而美酒匮乏，生活不再只是需要有酒，而是需要有美酒的时代。可以说，我们的白酒消费仍处于一个"长期不缺酒，但长期缺好酒"的时代。

4. 构建中国白酒品质、价值表达体系　2019年是中国白酒发展的又一重要元年。产业已过千亿利润，千亿品牌呼之欲出。对白酒行业来说，表面上看勃勃生机，实际仍面临着严峻考验，名酒企业如何保持持续增长，中小企业如何摆脱困境、寻求突破，诸多种种都面临着重大抉择。目前，全国白酒企业 2 万余家，其中获生产许可证企业 7 300 余家，未获证企业 1.3 万余家，2018年 1~12月，纳入国家统计局范畴的规模以上白酒企业 1 445 家，占获证企业总数 19.7%；规模以下企业 5 855 家，占获证企业总数 80.3%。白酒行业集中度非常低，尤其是无序竞争客观情况会随时危害行业整体形象，未来发展需要进一步规范化发展，提高行业自律，也亟待需要建立科学、规范、标准、消费者认可的中国白酒品质、价值表达体系。

（二）啤酒产业

1. 行业结构转型速度加快，焕发经济新活力

2018年我国啤酒消费量为 3 855.8 万 kL，尽管近年来，啤酒消费量在逐渐下降，但品质在提升。这一降一升反映出消费结构升级的趋势明显，未来消费升级所带来的消费结构转型仍将持续，引导啤酒市场结构和产品结构转变速度加快，未来中国啤酒市场发展空间较大。行业未来发展主题将是售价和利润率提升，这将成为推动行业业绩增长的有利因素，未来中国啤酒市场还将呈现量稳价升趋势，中高端产品市场快速增长，行业结构分化仍会加剧。当然，结构性分化也是一个正常现象，关键问题是如何引领分化的趋势，如何调结构、增效益。近年来，各大啤酒集团针对市场变化，实施了不同程度的产能调整和关闭无效、落后产能的举措，是行业结构升级、产能良性调整和动态发展的必然表现。尤其是 2018年国内啤酒业加快了结构性的调整，低端啤酒持续下滑，个性化、多元化、中高端产品销量不断上升。国内啤酒行业正在进入新阶段，我们预计中国啤酒市场的消费容量仍有增长的空间，但啤酒消费市场总量趋稳。我国啤酒产品结构过于单一的局面得到初步缓解，但总体消费结构向高端化、碎片化、个性化方向发展仍是规模化啤酒企业需要深度研究的痛点。因为当前，啤酒行业最大的瓶颈是大众化产品下滑，高端尚未成熟，正处于青黄不接的节点，需要啤酒企业保持冷静头脑，处理好今天与明天的关系，更需为了明天处理好得与失、长期与短期的关系，做好行业结构性调整，主动开发市场新增量。

2. 产品结构调整，品类发展多样化　近年来，啤酒企业提价、布局中高端产品以及市场抢眼表现，就是消费升级最好诠释。特别是 2017年底 2018年初，各大啤酒都启动了整体调价，提升幅度 5%~20%，啤酒市场呈现出趋稳态势。我们可以预见：随着人们消费能力的不断扩大，消费需求的多元化，未来中高端啤酒逐渐成为主流消费，产品差异化和个性化是大势所趋。相比较对国内啤酒市场的影响，进口啤酒则已成为啤酒消费细分市场的重要组成部分，占全国啤酒消费量的 2.2%，工坊啤酒有望得到规范化监管并取得市场地位后，市场份额将高度增长，啤酒产品品类将更加丰富。未来多重条件支撑啤酒产品结构调整，品类发展多样化。消费升级是经济结构＋人口结构共振，对市场结构＋产品结构产生的影响。收入水平是决定消费的最重要的因素，多年来，居民人均可支配收入增速跑赢人均 GDP 增速，这也意味着经济发展给居民带来了更多实惠，人民生活质量持续改善。2018年全国人均可支配收入实际增长 6.5%，

快于人均 GDP 6.1％的增速。国家统计局测算，我国中等收入群体人口已经超过 4 亿人。未来经济的增长是支撑消费升级的一个最基本的元素。2018 年，我国 16～59 周岁的年龄人口为 89 729 万人，占总人口的比重为 64.3％，事实上，这一人口结构正是影响啤酒消费最为活跃的消费群体，八〇、九〇后青年消费群体最明显的是追求时尚和个性化消费，六〇、七〇后消费群体是消费能力最强的消费群体，更加注重高品质消费。他们的消费观念与消费习性是下一个阶段影响我们这个消费市场的又一十分重要的因素。我国城镇化率提高，也利好啤酒市场发展。2018 年，城镇人口占总人口比重（城镇化率）为 59.6％，比上年末提高 1.1 个百分点，城镇化率每提高一个百分点，就有近 1 400 万人从农村转入城镇，会释放巨大的衣食住行等消费需求，单凭进入城镇以后的基本消费需求的支撑也能形成一个相当大的消费需求的增长，这对啤酒产品在城镇市场的消费是极大的潜力。

3. 竞争要点将开始变化　中国啤酒低价走量的时代已经过去，消费端升级不断倒逼产业端升级与创新，啤酒行业的竞争将逐渐远离单纯以价格为主线的竞争，未来啤酒市场的竞争要点演变为产能优化、产品创新、品牌运作、营销整合、组织体系、价值链重构等全方位的较量。目前国内啤酒市场仍以餐饮等即饮市场为主导，未来产业企业将不断推进产品、品牌、市场的结构调整，构建在线上、线下融合的营销格局，满足多品种、高效率、高质量、低成本的市场需求，由此也将带来一场深刻的渠道变革。市场化程度高的快消品行业具有三个基本特点：便利性、视觉化、品牌忠诚度不高，作为快消品的啤酒也不例外，消费主力群体的互联网化，渠道为王的营销策略逐渐被削弱。对此，行业企业要不断加快产品结构调整频率，不断推陈出新，引领消费趋势。不是产品跟随市场，而是要让市场跟随产品。总而言之，啤酒行业由规模增长阶段到效益增长阶段的顺利过渡，未来谁能在思维、理念、技术、运作模式等方面有更快、更好的调整、突破，谁就能占得先机。

（三）葡萄酒产业

1. 网络渠道提升空间巨大　根据中国酒业协会对部分酒企业的调查数据，从全国情况看，超市、餐饮、宾馆、会所等传统销售仍是葡萄酒销售的主要渠道和方式。如各种类型的大型商业超市，通过现场促销、产品陈列、现场品鉴等传统销售形式，能够发挥迅速引流和促销的优势，仍是葡萄酒的主要销售渠道；各类餐饮场所客流量大，且多以大众消费为主，能缩短销售周期，可满足居民即时、直接的消费需求，是葡萄酒销售的重要渠道；高档宾馆、商业会所

内消费群体的特点是消费能力较强，也成为葡萄酒销售的重要渠道。值得一提的是，尽管近年来电子商务的发展非常迅猛，但从调研数据来看，网络渠道的表现不太尽如人意，销量占比还不足 3％，这表明，在葡萄酒行业中，网络渠道的上升空间还非常大。未来，葡萄酒的固定消费人群已不再限于中产阶级和高端人士，越来越多的年轻人将加入葡萄酒消费大军。现阶段，我国葡萄酒消费群体主要集中在 19～30 岁、31～40 岁这两个年龄段，消费占比分别为 46.0％、38.0％，葡萄酒消费低龄化态势比较明显。有关数据显示，当前中国网民规模为 8.3 亿，中青年为主要群体，其中，20～29 岁之间的网民人数最多，达 26.8％；10～39 岁的网民数就占整体网民数量的 67.8％。年轻代与互联网较为紧密，年轻人更喜欢在线上购物，这预示着葡萄酒网络渠道上升空间巨大。

2. 小产区形成差异化竞争　我国规模以上葡萄酒企业的产量在 2012 年达到峰值后，自 2013 年开始进入下降通道，总体趋势为产量逐渐下降，2018 年已是连续第六年，中国葡萄酒行业仍呈现外进内退的趋势。在我们现在面临困难的时候，其实孕育重大的发展机遇。我国葡萄酒市场较低的消费基数与巨大的市场需求潜力，决定了我国葡萄酒市场拥有广阔的发展空间。打造葡萄酒小产区，是未来提高中国葡萄酒竞争力的最重要的工作。微气候、土壤结构对葡萄品种影响很大，同一葡萄品种在相隔不远的两个小产区生长，完全会形成两个小产区的品种风格。我们大家都知道，葡萄酒的质量主要取决于两个因素：产地独有的自然风土因素和人文环境因素。产品的质量、特征、风味特点与一定的地域环境资源密切相关，只有培养虑从适合的酿酒葡萄品种，并具备良好的适合葡萄生长并能表现出其优良特性的生态条件，才能酿造出品质独特的产品。为推动中国葡萄酒行业的发展，促进产区科学、合理划分以及产区、企业及葡萄酒品的个性化建设，未来，中国酒业协会也将不断开展中国葡萄酒小产区认证工作，进行培育和服务，培育竞争力强、附加值高的小产区，葡萄酒小产区的认证，将对提炼产区葡萄酒风格特色，促进品种区域化和酒种区域化，形成中国葡萄酒分级体系，完善中国葡萄酒市场管理具有重要意义。

3. 走酒庄酒复合型发展之路　酒庄兼有一二三次产业融合的功能，葡萄种植属于农业（一产），酒的酿造属于加工制造业（二产），而酒庄营销、体验式旅游等属于服务业（三产）。强调酒庄生产"具有特色的、多元的、小众的、品质高的酒"。同时酒庄还集休闲、娱乐、旅游、购物、餐饮以及文化消费于一体，能较好地满足不同消费群体的绿色、品质、健

康、安全、体验式、个性化、定制式、多样化的消费需求。对此也形成了一批稳定的分销客户和消费群体。部分小酒庄将渡过瓶颈期，未来一批小酒庄将破茧化蝶。国产精品酒庄的数量在过去 20 年增长了407％，与此同时，中国消费者对葡萄酒的需求也越来越大，消费市场由野蛮生长基本转向品质化、价值化和风土化，消费规模持续的增长、消费的热点区域不断涌现。同时，中国葡萄酒酒庄酒在《中华人民共和国商标法》等法律法规的保护下，正走上一条依法规范、协调有序的可持续发展之路。为了引导、规范葡萄酒酒庄酒的健康发展，宣传和推广中国葡萄酒酒庄品牌和产品，保护消费者及生产企业的合法权益，营造良好的市场环境，我们制定了一系列酒庄酒生产和技术规范，并向国家市场监督管理总局申请注册了"葡萄酒酒庄酒证明商标"，截至 2018 年底共有 30 家企业获准使用葡萄酒酒庄酒证明商标，被批准使用葡萄酒酒庄酒证明商标的企业，酒庄企业从葡萄种植、酿酒到灌装的全过程都得到中国酒业协会的监督和管理，提升我国葡萄酒在国内外市场上的竞争力。未来，消费者将愈来愈能放心、安心、顺心地选择酒庄酒。

（四）黄酒产业

1. 强化市场培育与消费引导　目前，黄酒行业主要还是集中在沿海经济发展迅速的江苏、浙江、上海一带，江苏、浙江、上海等已有固定的消费者，对黄酒低度、纯和酒性和独特的养生价值等有着清晰的认知，而除此之外，国内多数消费者对黄酒并不了解，这说明黄酒需要强化市场培育与消费引导。行业和骨干企业应从四方面入手：首先应讲好黄酒的历史文化；第二应传播好黄酒的品质；第三应做好黄酒的消费和创新；第四应发挥特色区域集群作用，打造个性特色产品。

2. 准确把握市场定位　黄酒伴随着人类文明而不断进步发展到今天，从全国酿酒产业角度来看，黄酒是小酒种酒，尽管其在酿酒产业中占比相对较小，但从另一方面说，黄酒有着巨大的发展空间，未来我们行业发展需要准确把握产品定位与结构。近些年，黄酒行业围绕产品创新做了大量探索，取得了很大进步，形成了清爽型、保健型等相应的黄酒品类，随着社会发展，生活方式变化，消费需求和消费理念的变革，可以看到黄酒产品的创新有着迫切的需要和广阔的空间。以品类思考，以品牌表达，确立黄酒全新的市场地位也将是黄酒业未来发展思考的问题。优势产区黄酒企业多年来发展效率不高，一个重要的原因是一直摆脱不了以成本而非品牌为基础的定价模式。企业需要认真研究和思考黄酒作为行业品类的整体形象、价值回归和价格体系建设问题，加快淘汰落后产能，规范市场秩序，聚焦优势品牌，增强品牌产品表达力和影响力。

3. 提升技术水平，引领行业升级　黄酒行业 20世纪 70 年代曾发起机械化、大罐发酵、黄啤合一等技术革新，其后少数企业机械化蒸饭、大罐发酵、机械化压榨和煎酒等工序得以保留，但再未有实质跨越性进展。技术水平和装备水平基本停留在原有状态。黄酒的最终目标是要实行机械化、自动化、智能化与信息化。除古越龙山、会稽山、金枫、张家港等实力型大品牌外，大部分黄酒企业属于小微企业，黄酒小微企业要下大力气跟上技术发展的步伐，理论研究、工业技术，也要跟上时代的发展。黄酒企业要转型升级需要走新型工业化道路，要用科学的手段开发满足市场需求的创新型产品，产品的转型升级要向卫生、健康、安全的理念靠拢，进而通过提升技术水平，引领行业升级。

（五）果露酒产业

1. 宏观条件利好于露酒（保健酒）行业，未来空间广阔　2016 年 10 月 25 日，国务院"健康中国2030 规划纲要"发布后，迅速在全国范围内掀起了"大健康"热潮。据国家有关权威机构估算，至2030 年，我国大健康产业的总量将达到或超过 20万亿元。目前，中国配制酒的市场总量约为 500 亿，养生白酒正初步进入尝试争夺市场，尤其是以茅台、五粮液和泸州老窖集团等酒业巨头对大健康产业的重大投入。据预测，在 2030 年之前，中国配制酒的市场容量或将接近 2 000 亿元。2014 年以来，我国露酒行业销售额已突破 200 亿，超越黄酒，然而，我国目前保健酒在酒类消费中的占比还不到 3.0％，相对于国际上 12.0％的平均水平还有很大的发展空间。此外，随着我国人口老龄化程度不断加深和亚健康人群的逐渐增加，人们对于健康保健的需求日益增加，我国保健食品市场也在高速增长。作为同时具有保健属性和酒属性的产品，露酒未来会保持高需求状态。

2. 行业逐步规范化发展，差异中寻求突破　我国露酒尤其是保健酒行业自诞生以来，长期处于探索阶段，并没有明确的国家标准，打着保健酒招牌的产品鱼龙混杂，安全问题充斥，影响到了行业的声誉与发展。今年协会已经发布了保健酒团体标准，为规范肃清行业发展环境，促使保健酒行业健康发展做好准备。

3. 实现原料的专业化和复合化，加强果酒营养功能化研究，继续进行果酒文化体系和技术标准体系建设，突出果酒产品特色　重视原料筛选，加强对各类果树品种的研究，果酒生产上要立足于能够突出地方特色原料品种；探究不同原料品种之间风味特性，做到扬长避短，互为补充；科学合理验证果实原料营养价值；深入挖掘我国果酒的历史与文化，建设果酒品鉴评价体系和表达方式，构建果酒文化体系；加强果酒标准建设，积极进行生产技术集成与创新和专业人才的培养；发挥自身特点优势，开发真正具有营养性、功能性的果酒，产品特点上逐渐向低醇化、果味加强型、起泡型三大特色进行转变。

（六）酒精产业

1. 加快燃料乙醇推广的速度，缓解行业产能过剩现状

一是我国近几年玉米总产量稳定在 2.6 亿 t 左右，还面临着进口美国玉米的很大压力；而非洲猪瘟也影响饲料行业对玉米约 30% 的需求，且据预计将持续两年左右，同时仍有库存玉米约 1 亿 t 以及一定量的超期库存的稻谷和小麦，都面临急需转化的压力，这些都将有利于加快燃料乙醇推广的速度。

二是按照规划，如果到 2020 年底前实现全国推广使用燃料乙醇，2019 年将是关键一年，预计 2019 年将是新增燃料乙醇推广地区密集出台的一年，将会在一定程度上缓解行业产能过剩现状。

2. 行业发展仍存不利和不确定因素

一是东南亚地区木薯产量没有预期增产，而当地需求也在增长，减少了可出口我国的木薯总量，2019 年木薯酒精竞争力仍将很可能低于玉米酒精，木薯酒精企业很难走出困境。

二是玉米大幅增产的可能性较小，但包括淀粉等产品的玉米深加工产能增长很快，将影响玉米消费竞争格局。

三是食用酒精需求增长乏力，工业化工需求乙醇增长缓慢。在白酒行业深度调整期以来，对食用酒精总体需求不断减缓。在经济发展增速下行压力下，下游化工行业发展趋缓，对乙醇需求不足。

四是在中美贸易战可能缓和的局面下，2018 年 4 月后加征的乙醇关税有可能被取消，从美国进口改性乙醇的压力显著增加。如果进口乙醇量放大，将影响我国自主发展生物燃料乙醇步伐，也将加剧全行业特别是木薯酒精企业困境，影响全行业健康发展。

五是 DDGS 需求下降将持续。非洲猪瘟所导致的养殖行业需求不振，DDGS 全国均价从 2018 年 11 月开始低于玉米均价，现在维持在差价 150 元左右，这是从 2016 年对美国 DDGS "双反" 以来，再次出现的现象。

展望酒业未来的总体发展前景是较为乐观和可期的，一方面是来自政策层面的，国家大规模减税降费为制造业减负，优化改善制造业发展环境，推动制造业供给侧改革，全面提升制造业发展后劲，提供了强有力的发展后劲。另一方面，目前中国的消费形势日新月异，消费升级带来前所未有的发展机遇，消费体制机制的完善进一步激发了消费潜力。但是，中国酒业面临的挑战依然存在，非理性消费和高速增长已经不可持续，在满足消费高质化、多元化需求和释放消费潜力方面，需要提升行业整体意识和水平，这个过程也是缓解行业长期积累的矛盾、促进市场健康发展的重要契机。在新的形势下，只有对产业、产品、渠道、模式进行变革，才能适应市场需求的变化，才能取得企业的长足发展。

（本文为中国酒业协会提供数据，由本编辑部万丽娜编写）

蚕 丝 加 工 业

一、基本情况

（一）蚕桑生产

1. 产量　据商务部国家茧丝绸协调办公室统计，2018 年全国桑园面积 79.8 万 hm²，与 2017 年基本持平；发种量 1 643.28 万张，同比增长 2.5%；桑蚕茧产量 67.9 万 t，同比增长 3.2%；蚕茧收购量 65.84 万 t，同比增长 4.5%，收购均价 46.82 元/kg，同比增长 -1.1%。蚕农实现收入 308.2 亿元，增加 26.8%。

2. 资源分布　全国 20 个蚕茧生产主要省、自治区、直辖市中，广西、四川、云南等 12 个省、自治区、直辖市茧产量同比实现小幅增长，贵州、海南两省产量增长幅度超过 10%，江苏、广东、湖北等 8 个省茧产量均有不同幅度的下降。全国有 5 个省（自治区、直辖市）桑园面积超过 3.3 万 hm²（50 万亩），依次是广西、四川、云南、陕西、重庆，总面

积占全国比重为 70.5%，与上年相比，浙江和安徽桑园面积降至 3.3 万 hm² 以下。分区域看，东、中、西部地区桑园面积分别为 12.79 万 hm²、9.64 万 hm² 和 56.59 万 hm²，占比分别为 16.2%、12.2% 和 71.6%，东部、中部地区占比较上年分别缩小 0.2 和 0.1 个百分点，西部地区占比扩大 0.3 个百分点。分省看，全国有 6 个省（自治区、直辖市）蚕茧产量超过 2 万 t，依次是广西、四川、云南、江苏、广东和浙江，总产量占全国比重为 85.8%，较上年扩大 0.1 个百分点。分区域看，东、中部蚕茧产量占比继续缩小，西部扩大。其中，东、中、西部地区蚕茧产量分别为 11.05 万 t、4.71 万 t 和 52.15 万 t，占比分别为 16.3%、6.9% 和 76.8%，东部、中部地区蚕茧产量占比较上年分别缩小 2 和 1.1 个百分点，西部地区占比扩大 3.1 个百分点。

（二）加工量、产值、利税、固定资产投资

据国家统计局统计，2018 年全国规模以上企业主要丝绸产品产量均有下降。丝产量 8.65 万 t，同比增长 -7.32%，其中生丝产量 82 235 t，同比增长 -6.16%；绢丝产量 4 277 t，同比增长 -23.94%。绸缎产量 51 563 万 m，同比增长 -0.09%。蚕丝被产量 1 215 万条，同比增长 -9.48%。全行业规模以上企业主营业务收入 805.92 亿元，同比增长 0.49%；利润 35.44 亿元，同比增长 2.17%，其中，缫丝加工业实现利润 16.59 亿元，同比增长 -10.25%，丝织加工业实现利润 17.19 亿元，同比增长 18.9%，丝印染加工业实现利润 1.66 亿元，同比增长 -4.83%。规模以上企业的主营业务收入增速较 2017 年同期回落了 5.01 个百分点，利润增速回落了 5.58 个百分点。亏损企业的亏损总额 3.33 亿元，同比增长 18.53%，企业亏损面达到 18.28%，较 2017 年同期增长 7.49 个百分点，高于纺织行业平均水平 3.61 个百分点。企业存货 136.62 亿元，同比增长 4.78%；企业销售费用 11.27 亿元，同比增长 -2.12%；管理费用 26.21 亿元，同比增长 14.16%；财务费用 8.45 亿元，同比增长 -1.05%，其中利息支出 7.63 亿元，同比增长 0.95%。从月度数据看，规模以上企业主营业务收入和利润增速两项重要指标均呈震荡下行走势，表明整个行业经济下行的压力在不断增大。

二、新技术、新成果

1. **全龄人工饲料工厂化养蚕技术装备在产业化应用方面取得历史性突破**　浙江巴贝集团按照现代农业科技理念，创新形成了集蚕品改良、饲料配方、生产工艺、防病体系、环境控制、人工智能等多项技术于一体的规模化、标准化、集约化现代养蚕方式，实现了工厂化养蚕的产业化开发。2018 年 12 月，投资 3.5 亿元，量产 1 万 t 的一期工程正式投入生产，这也标志着从实验室阶段真正进入工厂化阶段，实现了家蚕饲养的集约化、规模化、标准化、常年化和工厂化。实现工厂化养蚕，不仅革新了五千年固化不变的传统养蚕模式，将工业化手段植入农业化经营，实现"蚕""桑"分离，为传统农业转型升级、推进产业跨界发展探索出了一条全新之路，同时也为巴贝提供新的经济增长点，为我国打造"中国丝高地"提供支撑，为我国夺回并掌握丝绸产业话语权提供了最切实最核心的保障。

2. **人工智能色彩管理系统领先国际水平**　由浙江万事利集团研制成功的人工智能色彩管理系统，采用高精准定位技术，通过正反两次喷印花型，使面料两面的花形和颜色达到完全一致，印花精度高，过渡色彩连贯一致，最适宜做层次丰富，色彩丰富的花型，该技术成功突破丝绸印花千年难点，开辟了全球丝绸双面印花的新纪元。

3. **鲜茧生丝的性状特征检验与鲜茧缫丝关键技术获得新突破**　我国生丝产量和丝织产品出口均占全球 70% 以上，随着国家"一带一路"和"东桑西移"战略的实施，桑蚕茧丝绸已成为我国西部脱贫攻坚、乡村振兴的重要产业。传统生丝生产采用干茧缫丝工艺，流程长、能耗高，鲜茧缫丝是近年来兴起的一项新技术。该技术围绕影响生丝品质的重要科学问题开展研究，为鉴别鲜茧生丝和提高鲜茧生丝质量建立了理论基础；发明了鲜茧生丝性状特征检验技术，破解了鉴别鲜茧生丝的技术难题；发明了鲜茧缫丝工艺关键技术，解决了提高鲜茧生丝抱合力的技术难题；发明了鲜茧缫丝配套设备，解决了鲜茧蛹等对生丝白度影响的技术难题。获得授权国家发明专利 13 件。该项目颠覆了传统缫丝工艺，减少了工序，降低了能耗，提高了鲜茧生丝品质，总体技术达到国际领先水平。鲜茧缫丝新技术已在多家企业应用，取得了良好的经济和社会效益，对推动丝绸行业转型升级和科技进步起到了很好的促进作用。

4. **新一代网络化智能化喷气织机开发成功**　喷气织机由于速度快、效率高、能耗低等优点，是纺织行业无梭织机的主流机型。目前，高档喷气织机主要依赖进口。该项目发明了基于 EtherMAC 技术的喷气织机电控系统，实现了控制系统的模块化，具备远程监控功能；发明了提高原料及织物品种适应性的装置；创新研发了数字探纬技术和硬件，提高了稳定性和可靠性；研究设计了动平衡大扭矩打纬机构，实现高速织造；开发了织造工艺专家系统，实现了智能化织造生产。该项目开发的织机综合性能达到国际先进水平，发明的新型电气控制系统达到同类产品国际领先水平。该机具有良好的高速稳定性、可靠性，生产效率大幅提高，能耗下降，而价格仅为国外进口织机的70%左右。目前已实现大批量推广应用，2015—2017年实现销售3 630台，经济和社会效益显著。该项目的研发成功，取代了进口高端织造设备，提高了国际竞争力，促进了国内喷气织造行业的转型升级。

5. 印花针织物低张力平幅连续水洗关键技术取得突破 针对印花针织物加工中织物手感、弹性、水洗效果及节能环保不可兼得的实际应用难题，该项目创新提出了印花针织物低张力平幅连续水洗新思路。自主研发了新型固色剂，开发了整套水洗工艺，研制了布面超喂张力自动控制系统等多个单元装置，通过助剂、工艺、装备的集成创新，实现了印花织物低张力高效水洗。并通过配置废水循环净化处理，实现了废水自动循环净化处理及回用。该项目产品质量明显优于传统工艺，与传统工艺相比，节水节能减排效果显著。该项目技术成熟度高、可推广性好，对针织物"高品质，低排放"绿色生产加工具有重要的示范作用。

6. 具有促细胞增殖与抗炎双功能的新型蚕丝材料开发成功 研究人员利用家蚕丝腺多基因生物反应器系统成功将人碱性成纤维细胞生长因子和人转移细胞生长因子两种重组蛋白同时表达至蚕丝纤维中，建立获得可以稳定遗传的新型蚕丝家蚕素材品系，以实现双生长因子新型蚕丝的高效低成本生产。随后，研究人员系统性证实了双生长因子新型蚕丝具有缓释、促进细胞增殖、促进胶原蛋白合成以及消炎等多重功效，未来有望开发成复合功能蚕丝生物材料，对拓展蚕丝在组织工程和再生医学领域中的应用具有重要促进作用。

7. 丝素蛋白的研究和应用取得新进展 丝素蛋白质与其他天然高分子相比有明显的优越性，研究表明它具有良好的生物相容性、无毒、无污染、无刺激性、可生物降解。因此，众多学者致力于研究开拓丝素蛋白应用的新领域。用丝素膜制成"人造皮肤"创面保护膜和新鲜猪皮在兔身上作对比试验，结果显示丝素膜的各项性能均优于猪皮。在深Ⅱ度创面和浅Ⅱ度创面临床试验中，具有良好的透湿性和与创面的黏附性，促进了创面愈合。在生物学性能方面，杀菌性强，药物丝素膜与体表黏合力好，符合创面覆盖物要求且无毒性，对皮肤无刺激作用，细胞毒性为一级，适用于深Ⅱ度烧伤和整形取皮等皮肤损伤创面的保护和治疗等方面都基本上能满足支架材料的

应用。

8. 我国首个双限性四元杂交家蚕新品种通过审定 2018年4月3日，浙江省农作物品种审定委员会在杭州召开了第50次品种审定会议，该省2个家蚕新品种农科2号、"太湖×玉州"通过了审定，其中农科2号是由浙江省农业科学院育成的我国首个双限性四元杂交家蚕新品种。双限性四元家蚕新品种农科2号，于2015年12月通过省实验室鉴定，2016、2017年春在浙江淳安、海宁、缙云、安吉等4个农村试验点参加农村生产鉴定。经农村两年2期与对照种比较试验，证明该品种具有茧丝质优、产量高、蚕种繁育经济效益高的特点，适宜在环境条件较好的季节和区域饲养。另一种中丝量四元家蚕新品种"太湖×玉州"于2015年12月通过省实验室鉴定，2016、2017年秋在浙江的南浔、德清、海宁、桐乡等4个农村试验点参加农村生产鉴定。经农村两年2期与对照种比较试验，证明该品种具有体质强健、茧形匀整、茧形较大、产量高、丝质优的特点，适宜在全国重点蚕区各期饲养。

9. 国内首台自动养蚕机问世 2018年12月，由浙江怡禾园农业发展有限公司研制开发的自动养蚕机投入应用。该机为移动立体车库式结构，电机带动链轮让所有的蚕匾按照顺序移动，工作人员只需要站在机器一侧的位置，就可以对所有蚕匾内的桑蚕进行喂叶、喷粉消毒等作业。自动化养蚕机械总长42米、高7米，可装备200个蚕匾，同时养殖20张蚕种。投入使用后，可节约70%的劳动力，效益则可提高5倍，并且蚕茧质量也有提升。该机的问世，让国内传统的人工养蚕进入了机器换人时代。

10. 功能性丝胶蛋白水凝胶的开发与应用 该技术选用丝素缺少突变型家蚕黄茧为原料，采用两步法制备出新型自装丝胶蛋白水凝胶。采用丝素缺失型蚕茧磨粉以提高材料与水的浸润并结合高温高压法获得了超高提取率（95%）和高浓度（高达15 W/V）的丝胶蛋白，解决了高温高压法丝胶蛋白提取效率低的问题。另外，采用该技术制成的水凝胶成胶条件温和、细胞相容性好。不仅填补了丝胶蛋白自组装水凝胶研究的空白，同时克服了前期丝胶蛋白水凝胶及其支架需要除菌且除菌过程难以避免其结构和功能的破坏的不足。该自组装成胶体系成胶时间可以通过调节丝胶蛋白溶液浓度、pH、温度等实现成胶时间在数分钟到数小时内的调控。该水凝胶不含交联剂等有毒物质，在无菌环境下自组装形成的水凝胶无须额外灭菌，可直接用于培养细胞或制备成组织工程材料。同时丝胶蛋白水凝胶具有良好的生物相容性和细胞黏附性，具有可降解性，高硬度，最大压缩强度可达2.3 MPa；

具有良好的药物控释功能，可维持药物释放达 22d 以上。该丝胶蛋白水凝胶可作为多功能平台用于药物、生物活性因子和细胞的递送载体，可以作为药物和细胞载体在组织工程与再生医学领域应用。

三、国内市场概况

（一）国内市场

据商务部监测数据显示，2018 年全国 50 家丝绸样本企业内销额为 41.01 亿元，同比增长 1.7%。分品种看，家纺类产品内销额同比增长 5.8%，占内销额比重为 40.3%，较 2017 年扩大 1.6 个百分点；真丝绸缎和服装类产品内销额同比分别增长 1.2%、0.3%，占比分别为 31.8%、12.9%，均缩小 0.1 个百分点；服饰类产品内销额同比增长 −5.1%，占比缩小 0.9 个百分点；其他类商品内销额同比增长 −12.3%，占比缩小 0.4 个百分点。

（二）国外市场

据中国海关统计，2018 年全国真丝绸商品出口金额为 29.6 亿美元，同比增长 −16.9%（2017 年同比增长 22.9%）。其中，丝类和制成品出口额同比分别增长 −8.4% 和 −24.4%，真丝绸缎出口额同比增长 4.9%。尽管 2018 年全年出口金额同比 2017 年下降幅度较大，但对美国、尼日利亚、意大利、加拿大、罗马尼亚等国出口保持了较大幅的增长，特别是在中美贸易摩擦的情况下，对美出口额增幅达到 36.31%。但对印度、阿联酋、越南、沙特、澳大利亚等 12 个国家出口额下降幅度均超过 20%，其中对印度市场出口额降幅达到 40%，个别国家降幅甚至超过 80%。从出口来源地看，出口省份排名稳定。2018 年，真丝绸商品出口额排名前五位的省份依次为广东、浙江、江苏、上海和山东，五省份出口合计占真丝绸商品出口总额的 87%。其中广东出口额同比连续 3 年大幅增长后，2018 年同比降幅超过三成，占比较上年下降约 9 个百分点；江苏、上海、山东出口额分别增长 −6.6%、−12.2% 和 −4.9%；广西、安徽、四川、河南出口额分别上升 77.3%、13.3%、7.5% 和 7.4%。

四、质量管理与标准化工作

1. 加快行业标准体系服务建设　在商务部国家茧丝办国家茧丝绸产业公共服务体系建设项目的支持下，中国丝绸行业协会进一步加快茧丝绸行业标准体系服务建设的步伐。一是深入推广丝绸国际标准，举办丝绸国际标准研讨会，推广新型电子检测设备应用，开展生丝电子检测分级标准研究。二是完成商务部茧丝绸行业标准体系服务建设项目，编制茧丝绸行业标准制修订路线图，形成《茧丝绸行业标准汇编》；翻译出版发行我国纺织行业强制性和茧丝绸行业重要的国家标准；产学研联合开展鲜茧丝与干茧丝的鉴别技术研究，做好相关行业标准制定的起草工作；开展以我国为主导的丝绸国际标准制定的前期研究工作。三是持续完善行业标准体系工作，加强丝绸制品重点领域标准化建设，强化关键检测技术方法的研究，加快丝织物系列标准和传统丝绸工艺品标准的研究和制修订。

2. 加强行业职业技能标准体系建设　根据人力资源和社会保障部及纺织职业技能鉴定指导中心的要求，由行业协会牵头组织全国丝绸标委会、浙江丝绸科技公司、湖州浙丝二厂、江苏苏豪制丝、山东日照海通集团等单位的专家，开展了《缫丝工国家职业技能标准》的修订工作。标准结合缫丝企业实际，按照整体性、等级性、规范性、实用性等编制原则，就缫丝工各等级职业操作技能和理论知识进行了规范，更好地满足行业人力资源管理、职业教育培训和人才技能鉴定评价的需要，促进从业人员素质不断提高。

3. 丝绸标准研制步伐不断加快　2018 年度全国丝绸标准化技术委员会在征集委员意见后上报了《生丝》等 5 项国家标准计划和《桑蚕丝针织服装》《涤纶长丝仿麻家居用织物》等 10 项行业标准研制计划，完成了《蚕丝拉绒围巾、披肩》《桑蚕土丝》《刺绣花边》《涤纶长丝形态记忆织物》4 项行业标准的审定。也进行了《蚕丝被》《苏绣》《桑蚕彩色丝鉴别试验方法》国家标准以及《锦纶长丝皮肤衣织物》《化纤长丝无尘洁净织物》《装备用涤纶长丝涂层织物》等 6 项国家、行业标准的审定工作。2018 年，共有 FZ/T43014—2018《丝绸围巾、披肩》等十项行业标准获得发布。截至目前，丝绸标委会共归口管理丝绸标准 104 项，其中国家标准 29 项、行业标准 75 项，丝绸标准体系得到了进一步完善。

4. 规范生丝商品出口技术体系　根据商务部世贸司的要求，行业协会组织专家完成了《出口商品技术指南—生丝》的修订工作。重点就我国生丝商品出口过程中遇到的国际标准和技术规范差异、常见技术性贸易问题等进行了研究，提出了具体的应对措施和建议。该指南的及时修订，对于适应国家"一带一路"贸易新形势，帮助企业掌握标准差异、跨越壁垒、规避风险、减少损失，巩固提升国际竞争力，将发挥重要的指导作用。

5. 团体标准建设迈出新步伐　12 月 6 日，"中国丝绸协会团体标准化技术委员会"成立大会在江苏无锡召开。会议讨论通过了《中丝协团标委章程》，提出了今后一段时期团标委的工作思路。中国丝绸协会团体标准化技术委员会的正式成立，标志着行业标准化建设迈入了市场化探索的新阶段。团体标准作为国家标准、行业标准及地方标准的有力补充，中国丝绸协会团体标准化技术委员会将充分发挥自身专业优势，围绕填补市场空白和产业重大战略需求，力争制定出更多高质量、高水平、高适用、高效益的团体标准，使其成为经济与社会发展中不可或缺的技术支撑。

五、行业管理

1. 基地建设步伐明显加快　2018 年在商务部《关于开展规模化集约化蚕桑示范基地建设，推进茧丝绸产业提质增效的通知》文件精神的推动下，各地相继出台了配套的政策和措施，有力地调动了龙头企业投资建设优质茧丝基地的积极性。浙江凯喜雅集团与云南德宏州陇川县人民政府开展战略合作，投资发展种桑养蚕、缫丝织绸、炼印染及服装综合加工产业园。江苏华佳集团在云南省曲靖市投资建设现代化生态桑蚕产业综合示范基地，积极探索规模化、工厂化、智能化养蚕现代农业发展新模式；江苏苏豪集团、鑫缘集团等大型企业在云南、贵州、安徽、四川等地积极寻求合作伙伴，为进一步优化资源布局、夯实产业链基础发挥了引领和示范作用。

2. 国际化战略迈出新步伐　在经济全球化的大背景下，有效整合内外各种资源，是加快构建国际竞争新优势的重要手段。广东丝纺集团积极对接中非合作论坛北京峰会成果，初步与肯尼亚政府就蚕桑产业发展项目达成合作意向，将为非洲国家经济发展提供中国丝绸智慧，同时为"一带一路"建设贡献中国丝绸力量。中丝集团与泰国帕莎亚公司签署协议，双方将在优质蚕桑基地建设、丝绸品牌合作等多领域建立全面战略合作伙伴关系。浙江凯喜雅集团引进前迪奥女装设计总监，通过加强产品研发设计，积极探索培育国际知名丝绸自主品牌。万事利集团与法国LVMH 集团成功签约，将在品牌、渠道、技术、人才等多方面开展深度合作，着力打造高端丝绸价值产业链。

3. 西部地区产业集群升级　3 月下旬，茧丝绸行业协会组织专家对南充市"中国绸都"称号进行了复审，充分肯定了当地政府推动丝纺服装产业集群发展取得的成功经验，提出了继续加大集群创新投入、突出区域产业特色等建议。会议期间，协会与南充市政府签订了战略协议，双方围绕打造千亿丝纺服装产业

集群，进一步加强全方位的合作。同期还举办了"南充丝纺服装产业投资对接洽谈会"，南充市政府有关部门分别做了项目推介，多家企业初步达成了投资合作意向。

4. 加强行业产销形势的分析研判　4 月 26 日，茧丝绸行业协会在广西宜州组织召开了 2018 全国茧丝绸产销形势分析会，来自茧丝绸产业链各环节企业代表 300 余人参加了会议。会议邀请行业专家及知名学者就 2018 年纺织经济形势、重点省市茧丝绸生产最新情况、国际丝绸贸易形势、茧丝基地建设、行业标准等进行了专题介绍，组织了全国茧丝绸优质基地现场交流会。会议为企业准确研判和把握 2018 年国内外经济形势，促进上下游企业间的产销对接，搭建了重要的交流平台。

5. 聚焦热点开展对话交流　在国内外丝绸市场出现动荡苗头之际，为进一步厘清当前行业形势，稳定茧丝绸市场预期，茧丝绸行业协会于 6 月 30 日在浙江省嘉兴市，召开了茧丝绸行业大型骨干企业高峰对话会，来自浙江、江苏、四川、广西、山东等行业龙头企业的主要负责人参加了会议。企业家们对业内普遍关注的茧丝价格、贸易摩擦、行业诚信等相关问题，进行了深层次的沟通与探讨。会议倡导企业要看到行业发展具有较强的韧性和应对内外复杂挑战的坚实基础，不断提高诚信和自律意识，发挥龙头骨干企业稳定器的重要作用。

6. 举办缫丝技术及质量管理培训　为加快实施人才培养战略，中国丝绸协会于 8 月中旬联合苏州大学等单位，在广西南宁举办了"2018 全国缫丝技术及质量管理高级研修班"，来自浙江、江苏、广西、四川等 10 多个省（自治区、直辖市），近百名企业生产一线技术人员参加了培训。会议专门邀请行业资深专家和高校教授，分别就制丝工艺、产品质量管理、生丝质量检测、《蚕丝绵》标准等进行了专门培训和宣讲。培训会除了专业知识讲解，还专门安排了学员答疑环节，现场解决企业生产中遇到的各种技术难题，专家与学员互动积极，取得了很好的培训效果。

7. 组织召开蚕丝被质量研讨会　10 月中旬，全国丝绸标准化技术委员会组织的蚕丝被质量及国家标准研讨会在江苏吴江区召开。会议通报了国家蚕丝被质量监督抽查情况，分析了存在的问题，并提出完善标准、加强监督等工作方案。会议号召蚕丝被生产企业加强质量控制，杜绝问题产品进入市场，共同维护行业质量声誉。

8. 举办 2018 中国丝绸数字经济论坛　11 月 7 日，中国丝绸协会联合杭州市经信委、杭州市丝绸协会等单位主办了本次论坛。特邀丝绸行业和电商领域

的知名专家，为探索数字丝绸之路新机遇、致敬改革开放 40 年筹谋划策。与会专家一致认为，牢牢抓住数字经济机遇，加快创新丝绸生产经营模式刻不容缓。其中农业数字化的核心是"知识农民"，工业数字化的核心是智能装备，商业数字化的核心是智慧模式。要加快应用新制造和新零售，通过产业互联补齐短板，争取早日搭上数字经济的快车。

（中国农业科学院蚕业研究所　梁培生）

饲 料 加 工 业

一、基本情况

2018 年是我国饲料工业波澜起伏的一年，面对中美贸易摩擦和非洲猪瘟疫情等多重挑战，全行业积极应对，采取有效措施，保持了平稳发展态势。全年工业饲料产值和产量呈现双增长，产品结构适应性调整，行业规模化程度和集中度进一步提升，企业产业链调整重组步伐加快。

（一）饲料工业总产值快速增长

全国饲料工业总产值 8 872 亿元，同比增长 5.7%；总营业收入 8 689 亿元，同比增长 6.0%。其中，饲料产品产值 7 869 亿元、营业收入 7 753 亿元，同比分别增长 5.8%、6.2%，增速与上年相比有较大幅度提高；饲料添加剂产品产值 944 亿元、营业收入 875 亿元，同比分别增长 4.9%、5.3%，增幅比上年大幅收窄；饲料机械产品产值 59 亿元、营业收入 61 亿元，同比分别增长 1.5%、1.1%，发展态势平稳。

（二）饲料总产量小幅增长

全国饲料总产量 22 788 万 t，同比增长 2.8%，产品类别和品种结构呈现不同涨跌趋势。从类别看，表现为"一增两降"。其中，配合饲料 20 529 万 t，同比增长 4.6%；浓缩饲料 1 606 万 t，同比增长 −13.4%；添加剂预混合饲料 653 万 t，同比增长 −5.1%。从品种看，表现为"猪弱禽强、水产反弹快涨"。其中，猪饲料 9 720 万 t，同比增长 −0.9%；蛋禽饲料 2 984 万 t，同比增长 1.8%；肉禽饲料 6 509 万 t，同比增长 8.2%；水产饲料 2 211 万 t，同比增长 6.3%；反刍动物饲料 1 004 万 t，同比增长 8.9%；其他饲料 360 万 t，同比增长 −10.7%。

（三）饲料添加剂产量较快增长

全国饲料添加剂产品总量 1 094 万 t，同比增长 5.8%；其中，直接制备饲料添加剂 1 035 万 t，同比增长 5.3%；生产混合型饲料添加剂 59 万 t，同比增长 15.3%。从主要品种看，氨基酸、矿物质元素、酶制剂和微生物制剂等产品产量分别达 285 万、567 万、17 万 t 和 15 万 t，同比分别增长 21.5%、13.8%、55.8% 和 36.9%，酶制剂和微生物制剂等生物饲料产品呈现强劲上升势头。

（四）生产规模化程度进一步提高

全国万吨规模以上饲料生产厂达 3 742 家，比上年增加 196 家，饲料产量占总产量 94.6%，比上年增加 1.6 个百分点；其中，10 万 t 规模以上厂家数量达 656 家，比上年增加 81 家，饲料产量占总产量 49.7%，比上年增加 5.4 个百分点。全国有 8 家单厂产量超过 50 万 t，单厂产量最大的厂家规模达 114 万 t。万吨以下厂家饲料产量占比降至 5.4%，比上年减少 1.6 个百分点。

（五）产业集中度继续提升

全国工业饲料十强省合计产量占全国比重 71.3%，比上年提高 1.7 个百分点。饲料产量超千万吨的省份达 11 个，比上年新增 1 个；山东和广东的单省产量首次突破 3 000 万 t，总产值分别达 1 353 亿元和 1 187 亿元，总产量和产值均比第二梯队前列的省份多 1 倍。全国有 4 家企业集团年产量超过 1 000 万 t，比上年增加 2 家，合计产量 4 760 万 t，占全国产量比重为 21%。

（六）企业产业链布局出现新变化

受养殖业行情和产业形势变化影响，饲料企业加快调整产业结构和产业链布局。部分以商品饲料为主的企业加大向下游养殖业发展，部分产能转为生产自用饲料，有 7 家上一年产百万吨的企业集团商品饲料产量降幅超过 20%。部分企业面对养殖风险大、行业竞争加剧的挑战，逐步调整经营策略，实施产业转型，发展新的业务板块，个别企业饲料产量锐减一半以上。部分企业为优化产能布局，实现产品结构多样化，扩大市场占有率，加快收购兼并步伐，不断做大做强。

（七）饲料添加剂产业情况

截至 2018 年底，饲料添加剂生产企业 2 024 家，较 2017 年增长 13.4%。全国 78% 的饲料添加剂产量分布在前十省、自治区，依次是云南、山东、四川、内蒙古、湖北、江苏、贵州、新疆、湖南、宁夏，添加剂总产量 850.0 万 t，占全国总产量 78%。其中，制备饲料添加剂前十省产量 821.2 万 t，占全国总产量 79%，混合型饲料添加剂 28.8 万 t，占比 49%。按各类添加剂前五排名：山东、江苏、湖北、河北、广东、内蒙古等省、自治区是我国饲料添加剂综合主产区域，其次浙江、吉林、云南分别聚焦于添加剂单项优势明显，比如浙江重点是维生素，吉林是赖氨酸，云南是磷酸氢钙。

（八）饲料质量安全监测情况

全年抽检各类饲料产品 7 424 批次，饲料产品总体合格率为 93.2%。其中，配合饲料 3 717 批次，合格率 92.5%；浓缩饲料 1 138 批次，合格率 90.45%；精料补充料 421 批次，合格率 96.9%；添加剂预混合饲料 1 133 批次，合格率 93.9%；饲料添加剂 383 批次，合格率 97.1%；混合型饲料添加剂 237 批次，合格率 94.9%；动物源性饲料原料 174 批次，合格率 92.5%；植物性饲料原料 168 批次，合格率 99.4%；其他饲料原料 46 批次，合格率 95.7%；宠物饲料 7 批次，合格率 100%。针对不同产品性质特点，分别进行卫生、禁限用药物和牛羊源成分等指标检测。其中，对 7 219 批次样品进行卫生指标检测，发现 178 批次不合格产品，不合格率 2.5%；对 5 286 批次样品进行禁限用药物指标检测，发现 118 批次不合格产品，不合格率 2.2%；对 119 批次样品进行牛羊源成分指标检测，发现 6 批次不合格产品，不合格率 5.0%。

二、行业运行特点

（一）饲料总产量小幅增长，产品结构大幅调整

养殖存栏和盈利水平等多重因素导致猪饲料降幅扩大，生猪价格下跌，养殖亏损，养殖户减少饲料用量，外加各地环保督查等因素导致猪饲料需求下降。仔猪饲料、母猪饲料下降。由于亏损造成教槽、保育料使用阶段缩短，使用量减少，特别是高质量的教槽料、保育料受到影响很大。能繁母猪淘汰数量增多，造成母猪料需求疲软。蛋禽行情好转，蛋禽饲料增长。上半年，蛋禽养殖快速恢复，前期大量补栏雏鸡陆续进入产蛋期，产蛋期存栏持续增长，加上去年同期蛋鸡存栏处于历史低位，蛋禽饲料需求增长。但蛋禽消费增量不稳定，仍然是弱势行情。肉禽行情好转，肉禽饲料快速反弹。水产饲料小幅下降，水产饲料行情好于上年同期，但呈现了旺季不旺的特点。奶牛存栏持续下降，反刍饲料市场继续萎缩由于奶牛存栏下降，反刍饲料一直呈现下降态势。总体上各类产品结构进行了大幅调整。

（二）饲料添加剂发展形势较好

随着行业的发展和结构调整加快，我国饲料添加剂品种结构逐步完善，产量结构随着市场调整变化，已经形成了一个较为完善的产业体系，为饲料工业实现提质增效起到了积极的推动作用。同时，随着饲料添加剂科研资金的不断投入，饲料添加剂品种类别和科技含量水平不断提升，饲料添加剂工业保持较好发展势头。2018 年中美贸易摩擦主导豆粕及其他饼粕市场走势，为缓解蛋白原料的进口依赖性和环境污染，低蛋白日粮技术大力推广，将有利于饲料添加剂技术研发和饲料添加剂的需求，特别是氨基酸类，2018 年发酵氨基酸产业保持着旺盛增长势头。随着养殖规模化提高，工业饲料消费需求稳定增长，包括限抗禁抗政策的推进，饲用氨基酸、饲用维生素、酶制剂、微生态制剂、微生物等绿色、生态、环保是饲料添加剂发展的主旋律，从动物营养需求和食品安全等方面考虑，我国饲料添加剂逐渐向天然化、有机化、减量化、无抗化、无痕化和功能化等方向发展。

（三）形成畜牧饲料企业联动联合的发展趋势

2018 年，宏观经济形势稳定趋好的现状，人口、城镇化以及消费升级等多种因素奠定了对畜禽水产品和饲料的刚性需求，目前产业进入成熟期，由过去高速增长转变为追求高质量增长。由于同时存在生猪周期性下跌风险和原料价格上行风险，小企业将异常艰难。此外，严格的环保政策，企业普遍成本投入的压力增大。大型企业具备较强的资源整合能力、资本运作能力和较强的抗风险能力，而小企业受饲料原料价格、养殖行情等影响较大，随着产业需求的不断提升，畜牧饲料企业联动联合的产业一体化融合发展速度在不断加快。

三、质量管理与标准化工作

我国饲料工业已形成了以国家标准和行业标准为主的较为完整的饲料行业标准体系框架。目前，我国饲料工业现有现行有效的国家标准和行业标准共 510 项：基础标准 8 项，卫生标准 4 项，产品标准 191 项，方法标准 278 项，其他相关标准 30 项。近年，我国陆续发布了修订的饲料相关标准，尤其是 2017 年和 2018 年共发布国家和行业饲料标准 94 项，其中饲料和饲料添加剂标准 44 项，检测方法标准 50 项，进一步补充和完善了我国的饲料质量标准体系。

（一）实施新修订的《饲料添加剂安全使用规范》

为切实加强饲料添加剂管理，保障饲料和饲料添加剂产品质量安全，促进饲料工业和养殖业持续健康发展，自2018年7月1日起施行中华人民共和国农业部公告第2625号：《饲料添加剂安全使用规范》（修订）（以下简称《规范》），2009年6月18日发布的《饲料添加剂安全使用规范》（农业部公告第1224号）同时废止。《规范》要求各省、自治区、直辖市人民政府饲料管理部门实施饲料添加剂（混合型饲料添加剂除外）生产许可应遵守本《规范》规定，不得核发含量规格低于本《规范》或者生产工艺与本《规范》不一致的饲料添加剂生产许可证明文件。饲料企业和养殖者使用饲料添加剂产品时，应严格遵守"在配合饲料或全混合日粮中的最高限量"规定，不得超量使用饲料添加剂；在实现满足动物营养需要、改善饲料品质等预期目标的前提下，应采取积极措施减少饲料添加剂的用量。饲料企业和养殖者使用《饲料添加剂品种目录》中铁、铜、锌、锰、碘、钴、硒、铬等微量元素饲料添加剂时，含同种元素的饲料添加剂使用总量应遵守本《规范》中相应元素"在配合饲料或全混合日粮中的最高限量"规定。饲料企业和养殖者使用非蛋白氮类饲料添加剂，除应遵守本《规范》对单一品种的最高限量规定外，全混合日粮中所有非蛋白氮总量折算成粗蛋白当量不得超过日粮粗蛋白总量的30%。《规范》还对其他方面进行了规定。

（二）宠物饲料管理更加规范

为进一步加强宠物饲料管理，规范宠物饲料市场，促进宠物饲料行业发展，农业农村部在全面梳理《饲料和饲料添加剂管理条例》（以下简称《条例》）及其配套规章适用规定、充分考虑宠物饲料特殊性和管理需要的基础上，制定了《宠物饲料管理办法》《宠物饲料生产企业许可条件》《宠物饲料标签规定》《宠物饲料卫生规定》《宠物配合饲料生产许可申报材料要求》《宠物添加剂预混合饲料生产许可申报材料要求》等规范性文件，自2018年6月1日起，申请从事宠物配合饲料、宠物添加剂预混合饲料生产，或者申请办理宠物配合饲料、宠物添加剂预混合饲料进口登记，按照本公告规范性文件的有关规定执行。

（三）低蛋白日粮团体标准发布

中国饲料工业协会于2018年10月26日发布了《仔猪、生长肥育猪配合饲料》《蛋鸡、肉鸡配合饲料》两项团体标准，自2018年11月1日起实施。低蛋白日粮技术的推广，将有利于我国饲料产品升级以及饲料添加剂技术研发和饲料添加剂的需求增加。

（四）生物饲料产业标准化加强

近年来，生物饲料产业发展迅猛，从单纯的数量的增加到现在数量和质量并重。为促进我国生物饲料产业标准化发展，充分发挥市场主体参与标准制定的作用，建立与国家标准、行业标准相互协调、相互支撑的团体标准，发布并实施了《生物饲料产品分类》《发酵饲料技术通则》《饲料原料 酿酒酵母培养物》《饲料原料 酿酒酵母发酵白酒糟》《饲料添加剂 植物乳杆菌》5项标准，后4项标准于2018年12月1日正式实施，为发酵饲料产业的健康规范发展将发挥积极作用。

（五）对天然植物饲料原料进行了重新规范

《天然植物饲料原料通用要求》国家标准于2018年发布，该标准围绕行业发展中的实际问题和监管的实际需要，对天然植物饲料原料产品的生产和使用进行了重新规范，对提高我国天然植物饲料原料产品质量安全水平以及天然植物资源的开发利用将产生重要的促进作用。

（六）饲料质量安全监管加强

为加强饲料质量安全监管严厉打击饲料生产、经营和使用中的违法行为，规范饲料生产经营秩序，保障饲料和养殖产品安全，2018年农业农村部制定并实施了《全国饲料质量安全监管工作方案》，采取指定对象、抽检分离、引入第三方检测的工作方式，在全国30个省（自治区、直辖市）开展了饲料产品监督抽检，对饲料产品质量卫生、禁限用药物和违禁物质等项目指标实施监测。

四、行业发展面临的问题及发展思路

（一）饲料工业面临的问题

1. 增速放缓，受养殖业趋势影响逐渐增大 饲料行业经济运行受大环境影响，企业利润大大降低，饲料产业进入整合提升的发展阶段。受玉米价格持续升高、豆粕受中美贸易关系影响价格波动剧烈、进口鱼粉受前期外盘影响仍处于高位等因素影响，饲料行业的竞争日趋激烈，一体化经营要求较高，利润略降低。饲料生产增加，对饲料品质的要求越来越严格，很多中小型企业面临倒闭或重组，导致饲料行业经济增长缓慢。养殖业对饲料行业的冲击也是饲料行业经济运行又一影响因素。畜牧养殖业面临生猪产量下降、奶牛养殖规模缩小、重大动物疫情频发等问题，以及水产养殖业面临基础设施不完善、技术缺乏、疫病和自然灾害频发、养殖集约化程度低、水资源生态环境恶化等问题，导致养殖业发展低迷，进一步影响饲料业的销售收入。养殖业趋势影响逐渐增大，反转之前饲料行业引领养殖行业的格局，养殖行业成为饲料行业的上游产业，对饲料行业发展具有重大影响。

2. 质量安全和环保压力持续加大　饲料品质事关养殖生产安全和食品安全，是饲料企业的生命线，也是饲料行业经济运行的基础。随着饲料监测采样范围进一步扩大，检测指标大幅度增加，全国饲料产品抽检总体合格率有所降低，然而饲料产品质量安全状况总体仍处于较好水平。但目前饲料真菌毒素和重金属超标、超量使用药物饲料添加剂、违规添加禁用药物、产品质量控制不严等问题仍然存在。

3. 饲料产品创新性要求更高　饲料生产原料短缺，添加剂工业门槛较高也制约着饲料工业的发展，特别是存在蛋白质原料短缺，进口依赖较为严重的长期结构性矛盾。同时，我国饲料原料生产体系尚未完善，立足国内、广开国内和国际原料资源还面临着诸多困难和矛盾，而添加剂工业技术含量高，投资大，开发耗时较长，一般的企业难以进入饲料添加剂生产行业，国际饲料添加剂工业整体上被大的化工、医药和生物公司所垄断，饲料产品同质化竞争严重，创新性仍有待进一步提高。

（二）发展思路

1. 优化以质量安全为核心的饲料工业标准体系　按照高质量发展要求，坚持绿色、安全为导向，加快饲料工业标准制修订，优化标准体系，提升标准质量。组织制修订一批重要饲料添加剂和饲料原料产品标准、饲料卫生指标、饲料中禁限用物质和有限量要求的饲料添加剂检测方法标准，加强精准检测服务，筑牢饲料安全底线。

2. 加强节本增效技术推广，推动饲料工业高质量发展　开展新饲料和新饲料添加剂评审，配合推进药物饲料添加剂减量退出计划，落实"放管服"要求、完善新饲料审评制度，激发行业科技创新活力。根据需求组织国内饲料企业与国外厂商洽谈对接，拓展蛋白饲料原料进口来源，参与"一带一路"倡议，推动我国饲料企业"走出去"。由追求速度数量到追求效益质量转变，由资源消耗型发展向资源节约型发展，由单一依靠粮食转变为依靠各类农副产品转变。

3. 结构调整优化，产业融合，整合新需求　畜牧—饲料企业一体化发展是总体趋势。一是产业一体化融合发展速度在不断加快。过去，饲料产业推进了现代畜牧业的发展，现在，养殖业变化密切联动着饲料产业的发展。饲料工业不再是一个独立的产业，而是与养殖业深度融合一体化，与此同时传统的大型专业的畜禽养殖企业，也纷纷申请办理饲料生产许可，涉足饲料加工领域。二是"公司＋农户"、家庭农场、合作社成为农业产业化经营新模式而盛行，本质上同样也是畜牧养殖和饲料板块的联合互动。三是有实力的企业继续延长产业链，以兼并收购、增设等方式加速食品端、育种、屠宰、种植业等领域布局。四是融入和参与新兴经营业态，不断变革创新。饲料行业企业积极探索融入当前全球信息技术为代表的新一轮技术革命大潮中，不断探索"互联网＋"、大数据、信息化、智慧农业等创新发展业态，加快我国饲料工业由生产大国向饲料生产强国转变。

总体看，饲料产业链安全要求全面提高，绿色、生态、安全是大势所趋，饲料行业增长要素和增长逻辑发生了质的变化。畜牧饲料一体化、多元化、全产业链、充分深挖和拓展国内外市场，是行业转型升级主要战略方向。机遇和挑战并存，行业格局调整洗牌加速，拥抱变化、快速调整战略方针、把握趋势的优质企业将会取得更好的发展。

（中国农业科学院饲料研究所　刁其玉　王世琴）

水 产 品 加 工 业

一、基本情况

（一）生产情况

根据《中国渔业统计年鉴》显示，2018年中国水产品总产量为6 457.66万t，同比增长0.19%，占世界水产品总产量的36.34%。其中，养殖产量4 991.06万t，占中国水产品总产量的77.29%，占全球养殖水产品总量的59.99%；捕捞产量1 466.60万t，占水产品总产量的22.71%，占全球捕捞总量的15.52%。总产量中，海水产品产量3 301.43万t，占总产量的51.12%，同比增长−0.61%；淡水产品产量3 156.23万t，占总产量的48.88%，同比增长1.04%。在国内渔业生产中，鱼类产量3 557.09万t，甲壳类产量737.91万t，贝类产量1 527.76万t，藻类产量236.91万t，头足类产量56.99万t，其他产量 115.25 万 t。

（二）水产品加工

1. 生产规模　2018 年，中国水产品加工企业 9 336 个，比 2017 年减少 338 个，同比增长 -3.49%。年加工能力为 2 892.22 万 t，同比增长 -1.16%。水产品加工业冷库 7 957 座，同比增长 -3.40%。其中，冻结能力为 86.89 万 t/d，同比增长 -7.28%；冷藏能力为 467.18 万 t/次，同比增长 0.32%；制冰能力为 20.24 万 t/d，同比增长 -13.54%。

2. 加工产量与产值　2018 年，中国水产品加工总量为 2 156.85 万 t，同比增长 -1.79%。淡水加工产品为 381.83 万 t，同比增长 -6.46%。海水加工产品 1 775.02 万 t，同比增长 -0.73%。冷冻水产品 1 487.35 万 t，同比增长 5.87%。其中，冷冻品 773.27 万 t，同比增长 5.92%；冷冻加工品 741.68 万 t，同比增长 -2.06%。鱼糜制品及干腌制品产量为 307.96 万 t，同比增长 -5.32%。其中，鱼糜制品 145.55 万 t，同比增长 -5.61%；干腌制品为 162.41 万 t，同比增长 -5.06%。藻类加工制品为 110.66 万 t，同比增长 0.55%。罐制品为 35.58 万 t，同比增长 -15.29%。鱼粉产量为 64.99 万 t，同比增长 1.68%。鱼油制品产量为 7.26 万 t，同比增长 7.40%。其他水产加工品 115.45 万 t，同比增长 -28.26%。2018 年中国水产品加工总产值 4 336.79 亿元，同比增长 0.74%。

二、科研、新产品、新技术

1. "一种贝类保活运输车海水净化系统"获国家发明专利授权　由中国水产科学研究院渔业机械仪器研究所倪锦等发明的"一种贝类保活运输车海水净化系统"获国家发明专利授权，专利授权号：ZL201610177232.3。该发明由颗粒物过滤器、可溶有机物过滤器、驱动泵与连接管路等组成。该海水净化系统有污水过滤与自冲洗 2 种工作模式，分别用于保活运输过程中循环海水的过滤与使用过程中对自体的清洗。该海水净化系统可实现颗粒物与可溶有机物的双重过滤，能满足保活运输的需求，保证海水水质稳定及运输成活率。系统采用的过滤器设计巧妙，可实现过滤模式与自清洗模式双重模式在压力感应下的自由切换，同时不影响后续可溶有机物过滤器的过滤工作。而系统中的可溶有机物过滤器尤其适合应用于鲍鱼保活运输过程中的水质处理，能有效减少水体中的固体颗粒物、悬浮颗粒物、胶状物、水溶性蛋白及二氧化碳等。该发明的应用可解决现有技术中海水净化设备存在的净化不彻底，从而影响鲍鱼保活运输效果的技术问题，可有效保证运输水体水质并提高鲍鱼运输的成活率。

2. "一种鲍鱼间歇浸没式保活运输箱及保活运行方法"获国家发明专利授权　由中国水产科学研究院渔业机械仪器研究所欧阳杰等发明的"一种鲍鱼间歇浸没式保活运输箱及保活运行方法"已获国家发明专利授权，专利授权号：ZL201510876037.5。该发明的鲍鱼间歇浸没式保活系统由蓄水槽、净化水池、曝气泵与总控系统等组成，鲍鱼则分装于若干层叠转运箱中。系统运行时，海水通过水泵由蓄水槽抽入净化水池净化，再进入层叠放置的转运箱最上层箱体内，浸润箱内鲍鱼，同时箱体内曝气装置向水中曝气，其余各下层箱体则进行喷雾降温；一定时间后，上层箱内水体通过管路流入下一层转运箱，依次直至底层后通过循环水泵重新输送至顶层转运箱进行不间断循环，达到保活目的。该发明的应用解决了鲍鱼保活运输现有技术中干法保活无法实现长途远程运输的局限，以及湿法保活需要携带大量海水导致运输量较小的瓶颈问题。该系统结构简单，成本造价低，有利于广泛推广使用。

3. "一种浒苔型刺参生物饲料及其制备方法"获国家发明专利授权　由中国水产科学研究院黄海水产研究所廖梅杰副研究员等发明的"一种浒苔型刺参生物饲料及其制备方法"获国家发明专利授权，专利号：ZL201610158009.4。该发明提供了一种浒苔型刺参生物饲料及其制备方法，以浒苔为主要成分配制海参饲料原料，组合利用酶解和发酵技术，通过碱性蛋白酶对饲料原料进行酶解后，利用酿酒酵母进行发酵处理，获得一种能显著提高刺参生长率和存活率的浒苔型海参生物饲料。利用该发明不仅可以为浒苔资源化利用提供新途径，实现变废为宝，还可解决刺参海藻源短缺问题，同时新型生物饲料还可提高现有饲料资源的利用效率，降低饲料和饲养成本，解决饲料与养殖相关产业的环境污染，为保障中国饲料安全、动物性食品安全和生态环境安全提供新的技术产品。

4. "一种贝类运输车及贝类运输装置"获国家实用新型专利授权　由中国水产科学研究院南海水产研究所毛江美、余景等完成的"一种贝类运输车及贝类运输装置"获国家实用新型专利授权，专利号为：ZL 2017 2 0243297.3。该实用新型贝类运输车及贝类运输装置包括立方体结构的箱体，在箱体上设有透气孔和能够使箱体打开或关闭的开关件，其中箱体底部设有移动机构，在箱体两个相对的侧面上分别设有挂钩与挂环。通过设在箱体上的透气孔，能够有效地使箱体内的贝类在运输过程中保持新鲜，箱体底部的移动机构使得运输过程更加快捷、高效，箱体上的开关件防止了贝类在运输过程中从箱体内掉出，并通过箱体上设有的挂钩与挂环，使得多个贝类运输车能够配合使用。

三、国内外市场情况

（一）国内贸易

2018 年全国水产品市场交易量价齐升，市场交易价格总体稳中有涨。据对全国 80 家水产品批发市场成交情况统计，水产品综合平均价格整体上行，同比上涨 2.79％。其中，海水产品综合平均价格比上年同期上涨 3.79％。海水鱼类价格总体与上年同期基本持平，海水甲壳类品种以上涨为主，贝类产品价格表现抢眼，同比上涨 5.93％，头足类价格自今年年初就开始全线上涨；而淡水产品不同品类价格走势差异大，其中，淡水鱼受短期供给增加影响，批发价显著低于前两年同期水平，而淡水甲壳类和淡水其他类价格大幅上涨。监测的 49 个品种中，有 27 个品种价格上涨，占比 55.1％。其中，甲鱼、克氏原螯虾、花蟹价格同比上涨幅度超过 20％；11 个品种价格下跌，鲫鱼、带鱼、紫菜、鳊鲂、草鱼、鲍鱼等跌幅在 6％以上；11 个品种价格稳定，涨跌幅度在 1％以内。另据可对比的 57 家水产品批发市场成交情况统计，2018 年全国累计成交水产品 1 124.44 万 t，同比增长 4.8％，成交额 2 402.32 亿元，同比增长 4.5％。

（二）进出口贸易

1. 总体情况 根据海关统计，2018 年中国水产品进出口总量 954.42 万 t，总额 371.88 亿美元，同比分别增长 3.33％和 14.44％，进出口总量和总额均创历史新高。其中，出口量 432.20 万 t，同比增长 −0.40％，出口额 223.26 亿美元，同比增长 5.56％；进口量 522.22 万 t，进口额 148.61 亿美元，同比分别增长 6.64％和 30.99％。全年贸易顺差 74.65 亿美元，同比收窄 23.39 亿美元。

2. 水产品贸易特点

（1）一般贸易出口呈量额双增，主要品种调结构显成效 2018 年水产品一般贸易出口量 308.34 万 t，出口额 164.49 亿美元，同比分别增长 0.43％和 5.16％，分别占水产品出口量和出口额的 71.34％和 73.68％。其中，头足类、罗非鱼、鳗鱼、藻类、大黄鱼是一般贸易主要出口品种。鳗鱼表现抢眼，出口量额同比分别增长 12.03％和 31.21％，达 4.64 万 t 和 11.30 亿美元。大黄鱼强势扭转上年量额双降的形势，出口量额同比分别增长 24.39％和 34.27％。罗非鱼出口企业成功开拓了非洲、墨西哥等其他国际市场，出口量额同比分别增长 9.31％和 11.64％。淡水小龙虾面对供不应求的国内市场，出口量额分别增长 −42.45％和 −11.52％。

（2）来进料加工贸易出口减额增 2018 年，面对生产要素成本上涨、加工原料价格大幅波动、东南亚等国同构竞争加剧等因素影响，中国来进料加工贸易顶住压力、迎难而上，出口额同比增长 5.80％，达 55.66 亿美元，出口量 105.96 万 t，同比增长 −2.00％。细分来看，进料加工出口量 86.71 万 t，同比增长 −2.50％，出口额 42.47 亿美元，同比增长 5.06％。来料加工出口量 19.25 万 t，出口额 13.18 亿美元，同比分别增长 0.31％和 8.29％，出口额占来进料加工出口总额比例为 23.69％。

（3）主要出口市场有起有落 对美国、韩国、欧盟及中国台湾市场出口均量额齐增，对日本、东盟市场出口则量减额增。

（4）出口区域布局基本稳定 福建、山东、广东、辽宁、浙江、海南等沿海省份仍是中国水产品主要出口区，出口量额之和分别占全国水产品出口总量额的 98.40％和 96.86％。福建和山东继续位居主要出口省份水产品出口额和出口量排名首位。内陆省份中，江西、吉林和湖北依旧位列前三。受小龙虾出口下降影响，湖北全年水产品出口量额同比分别增长 −59.29％和 −44.75％。

（5）进口结构看，食用水产品进口大增，鱼粉进口量有所下降 来进料加工原料进口量 113.83 万 t，进口额 28.69 亿美元，同比分别增长 8.55％和 15.40％。鱼粉进口量有所下降，为 146.08 万 t，同比增长 −7.05％，进口额为 22.21 亿美元，同比增长 0.20％。以一般贸易方式进口（主要供国内食用）产品进口量 160.24 万 t，进口额 76.70 亿美元，同比分别增长 61.21％和 80.21％。其他方式（边境小额贸易、保税区仓储等）进口量 102.07 万 t，进口额 21.01 亿美元，同比分别增长 −20.44％和 −11.97％。

（6）进口市场看，普遍实现量额双增 中国从俄罗斯进口上涨，进口量额分别增长 8.24％和 42.85％，其中冻鳕鱼、冻太平洋鲑鱼、蟹类等进口量额涨幅较大；从东盟进口量额同比分别增长 30.01％和 54.09％，其中自越南进口量额大增；从澳大利亚和厄瓜多尔进口额同比分别增长 115.11％和 177.97％，激增品种分别为龙虾和对虾。

3. 主要影响因素分析 中国水产品外贸实现了稳定增长，并带动了进出口规模达到新的历史高点，主要归于以下几方面因素：

一是渔业发展质量逐步提升，水产品国际竞争力不断增强。中国渔业转型升级迈出坚实步伐，渔业发展总体稳定向好，产业结构进一步优化，水产品质量逐步提升，虽然中国水产品出口量微减 0.40%，但优势出口水产品国际竞争力进一步增强，全年仍实现出口额 223.26 亿美元，同比增长 5.56%，再创历史新高。

二是下调进口关税、居民消费升级共同促进水产品进口稳定增长。为扩大开放、满足群众需求，倒逼产品提质、产业升级，2018 年中国较大范围下调日用消费品进口关税。其中，自 7 月 1 日起，将养殖类、捕捞类水产品进口关税平均税率由 15.2% 降至 6.9%。另外，随着供给侧结构性改革深入推进，改革开放力度加大，人民生活持续改善。2018 年中国国内生产总值同比增长 6.6%，全国居民人均可支配收入实际增长 6.5%，支撑消费升级的社会基础不断夯实，人民群众对高质量水产品的需求和购买力日益提升，促进中国水产品进口稳定增长。

三是各项自贸协定及经贸合作协议有序推进，"一带一路"建设为水产品外贸带来新机遇。2018 年，中国各项自贸协定工作稳步推进，包括与智利、新加坡正式签署自贸协定升级《议定书》、与格鲁吉亚自贸协定正式生效实施等，优惠贸易安排方面还正式签署《中国与欧亚经济联盟经贸合作协定》。据统计，2018 年，中国与"一带一路"沿线国家水产品进出口总量 311.43 万 t，进出口总额 90.21 亿美元，同比分别增长 11.59% 和 26.27%，高于同年中国水产品贸易整体增速。

四是加强打击水产走私，正关产品数量飙升。2018 年，海关总署在全国范围内组织开展了打击走私"国门利剑 2018"联合专项行动，重拳打击冻品走私犯罪活动，连续侦破重特大案件。在严打高压态势下，猖獗的走私得到遏制，正关水产品量额齐增，市场环境更为公平公正。

（三）展望

从产业内部看，近两年的环保禁养政策导致水产养殖产能部分退出，对未来水产品市场价格将是利好消息。为应对国内外市场冲击，淡水鱼等品种的养殖结构和养殖模式调整已势在必行。综合考虑国内环保治理和资源养护力度加强，部分养殖户设施设备投入成本或增长，在消费需求增长拉动下，预计 2019 年水产品市场价格总体将呈稳中有涨的态势。

从外部市场环境来看，中美经贸摩擦走势尚存不确定性，外部挑战变数仍然较多，国内结构调整阵痛显现，经济运行稳中有变、稳中有缓，下行压力加大，部分水产企业经营困难较多。不过随着居民收入稳定增长，一系列减税降费、促消费政策逐步落地，水产品消费市场仍有望继续保持平稳较快增长，市场运行仍有较好的消费基础。全球资本流动性收缩、大宗商品价格上涨、贸易摩擦升级或导致全球投资和贸易下滑，全球经济增速有可能进一步放缓。在世界经济下行风险增大的背景下，保护主义威胁全球贸易稳定增长。美国关税带来的影响将更加明显。在美国关税压力下，水产品对外贸易发展面临的环境将更加严峻复杂，中国水产品面临东南亚国家的竞争也更加激烈。

四、质量管理与标准化工作

1.2018 年批准发布的水产品加工流通主要相关标准　见表 1。

表 1　2018 年批准发布的水产品国家标准

序号	标准编号	标准名称	实施日期
1	GB/T 36193—2018	水产品加工术语	2018-12-01
2	GB/T 36192—2018	活水产品运输技术规范	2018-12-01
3	GB/T 36187—2018	冷冻鱼糜	2018-12-01
4	GB/T36395—2018	冷冻鱼糜加工技术规范	2019-01-01
5	GB/T 37062—2018	水产品感官评价指南	2019-07-01
6	SC/T 3035—2018	水产品包装、标识通则	2019-06-01
7	SC/T 3051—2018	盐渍海蜇加工技术规程	2019-06-01
8	SC/T 3052—2018	干制坛紫菜加工技术规程	2019-06-01
9	SC/T 3207—2018	干贝	2019-06-01

（续）

序号	标准编号	标准名称	实施日期
10	SC/T 3221—2018	蛤蜊干	2019-06-01
11	SC/T 3310—2018	海参粉	2019-06-01
12	SC/T 3311—2018	即食海蜇	2019-06-01
13	SC/T 3403—2018	甲壳素、壳聚糖	2019-06-01
14	SC/T 3405—2018	海藻中褐藻酸盐、甘露醇含量的测定	2019-06-01
15	SC/T 3406—2018	褐藻渣粉	2019-06-01
16	NY/T 1712—2018	绿色食品 干制水产品	2018-09-01
17	NY/T 1327—2018	绿色食品 鱼糜制品	2018-09-01
18	NY/T 1328—2018	绿色食品 鱼罐头	2018-09-01
19	NY/T 3204—2018	农产品质量安全追溯操作规程水产品	2018-06-01

来源：中国标准化管理委员会。

2. 水产品加工前原料的质量鉴别和控制技术研究与示范 6月26日，中国水产科学研究院黄海水产研究所承担的国家科技支撑计划项目"水产全产业链质量控制技术与示范"——水产品加工前原料的质量鉴别和控制技术研究与示范课题在青岛通过了由山东省科学技术厅组织的结题验收。课题实施过程中建立了以大菱鲆为代表的水产原料活体标识与运输、日本真鲈等多种鱼类品质评价与真伪鉴别、鱼类重金属污染等质量安全信息提取与评价、鱿鱼品质保持与虾蟹黑变控制等5项关键技术并产业化应用；研发了活体鱼类追溯标识等3种装置，取得鱿鱼储藏加工质量控制关键技术及应用等2项鉴定成果；建立了示范基地1个，示范生产线5条。该课题成果进一步完善了中国水产品加工原料的质量鉴别和控制技术体系，提高了中国水产加工品的品质和质量安全水平，利于保障消费者食用安全。

3. "水产品中砷的快速测定方法"和"食品中铅的快速测定方法"获国家发明专利授权 由中国水产科学研究院黄海水产研究所高级实验师尚德荣等发明的"水产品中砷的快速测定方法"和"食品中铅的快速测定方法"获国家发明专利授权，专利号分别为ZL 201510364766.2和ZL 201510364653.2。两项发明提供了水产品中的砷和铅的快速简便、准确可靠的检测方法，样品可以不经消化、赶酸等前处理，直接固体进样测定，避免了以往消化过程中强酸的污染，弥补了现有国标方法中因消化不完全而导致检测数据失真的缺陷，检测时间由现有标准中的50h以上缩短至0.1h，具有检测速度快、精密度高、时效性强的特点，满足了对水产品中砷、铅含量实施有效性监督的需求，为各级主管部门实施水产品质量安全监督提供技术支撑。

五、行业管理

（一）上海发文禁止食品摊贩经营生食水产品、生鱼片

2018年12月19日，上海市政府发布了经过修订的《上海市人民政府关于本市禁止生产经营食品品种的通告》，该通告自2018年12月13日起施行，有效期为5年。该通告加强了对于食品销售、餐饮服务这两个环节以及腌制生食动物性水产品的管控。通告禁止生产经营毛蚶、泥蚶、魁蚶等蚶类、炝虾和死的黄鳝、甲鱼、乌龟、河蟹、蝤蛑、螯虾和贝壳类水产品。同时，每年5月1日至10月31日期间，禁止生产经营醉虾、醉蟹、醉蝤蛑、咸蟹。通告还禁止在食品销售和餐饮服务环节制售一矾海蜇、二矾海蜇，经营自行添加亚硝酸盐的食品以及自行加工的醉虾、醉蟹、醉蝤蛑、咸蟹和醉泥螺。此外，禁止食品摊贩经营生食水产品、生鱼片等生食类食品。

（二）2家企业通过养殖河豚加工企业审核

2018年共有2家养殖河豚加工企业通过审核：大连天正实业有限公司、福建森海食品有限公司。截至2018年12月，共有9家企业通过审核，其养殖河

豚加工产品可以上市。详情见表 2。

表 2　2016—2018 年通过审核的养殖河豚加工企业名单

序号	过审企业	加工品种
1	大连天正实业有限公司曹妃甸加工厂	红鳍东方鲀
2	江苏中洋生态鱼类股份有限公司	暗纹东方鲀
3	荣成市泓泰渔业有限公司	红鳍东方鲀
4	大连富谷食品有限公司	红鳍东方鲀
5	唐山海都水产食品有限公司	红鳍东方鲀
6	威海蓝色海域海洋食品有限公司	红鳍东方鲀
7	靖江市豚之杰食品有限公司	暗纹东方鲀
8	大连天正实业有限公司（大连）	红鳍东方鲀
9	福建森海食品有限公司	暗纹东方鲀

（三）成立分会组织，加强行业管理，举办专业研讨会，研讨产业热点问题

1. 举办"第三届全球水产冻品大会"　2018 年 6 月，在福州举办"第三届全球水产冻品大会"，来自东盟国家及加纳、尼日利亚、乌干达等 20 多个国家，以及国内水产冻品生产流通企业近 200 名代表参会。会议搭建国内外产品对接与合作平台，探索水产冻品企业品牌推广、营销新渠道。

2. 举办"鲶鱼产业分会 2018 年会"　2018 年 10 月，在湖北省嘉鱼县召开"鲶鱼产业分会 2018 年会"，会议就我国鲇鱼类产品出口形势、加工技术、品牌建设、菜品研发和餐饮对接等话题进行交流。

3. 举办"2018 中国水产品加工大会"　2018 年 10 月，在农业农村部渔业渔政管理局的指导下，"2018 中国水产品加工大会"在辽宁省大连市胜利召开。会议以"创新引领、融合发展"为主题，吸引了来自各省（自治区、直辖市）渔业主管部门代表、科研院所、相关高校的专家学者、企业代表，以及相关业界人士 700 余人参加。为政、产、学、研搭建了沟通与交流的平台，实现了中国水产品加工业的大团聚。大会助力政府主管部门深入了解产业发展现状、需求和瓶颈问题；为专家学者们科技成果的市场化应用和推广，增加了展示与对接的窗口；同时，也为水产品加工企业，寻找技术创新与产品研发的合作伙伴，构建了有益桥梁。

4. 举办"鳄鱼产业分会成立大会暨一届一次理事会"　2018 年 10 月，在湖南长沙召开"鳄鱼产业分会成立大会暨一届一次理事会"，会议就当前产业所存在的问题进行了深入剖析，从政策上对产业发展进行引导扶持，并坚持保护优先、综合利用、严格监管的原则，引导企业加强自律，平衡好保护与产业发展的关系。

（中国水产流通与加工协会　陈丽纯）

林 产 品 加 工 业

一、经济林及花卉产业

2018 年，全国经济林产品产量达到 1.81 亿 t，比 2017 年减少 3.72%。从产品类别看，水果产量为 1.49 亿 t，干果产量为 1 162.91 万 t，林产饮料产品（干重）246.85 万 t，林产调料产品的产量为 83.07 万 t，森林食品 382.69 万 t，森林药材 363.92 万 t，木本油料产量为 676.62 万 t，松脂、油桐等林产工业原料产量 247.83 万 t。2018 年，油茶产业产值 1 024.09 亿元。全国年末实有油茶林面积 426.67 万 hm^2，其中，2018 年新造面积 14.46 万 hm^2，2018 年低改面积 13.60 万 hm^2，苗木产量 7.91 亿株，油茶籽产量 263 万 t，油茶企业 2 528 个。2018 年，全国年末实有花卉种植面积 163.28 万 hm^2，切花切叶 176.64 亿支，盆栽植物 56.50 亿盆，观赏苗木 116.67 亿株，草坪 6.17 亿 m^2，花卉市场 4 162 个，花卉企业 5.39 万家，花农 143.24 万户，花卉产业从业人员 523.45 万人，控温温室面积 0.77 亿 m^2，日光温室面积 1.71 亿 m^2。

二、木材生产及林产工业

1. 商品材持续增加，非商品材少量减少　2018 年，全国商品材总产量为 8 810.86 万 m^3，比 2017 年增加 412.69 万 m^3，同比增长 4.91%；全国非商品材总产量为 2 087.64 万 m^3，比 2017 年减少 243.57 万 m^3，同比降低 10.45%。

2. 竹材产量持续增加 2018 年，竹竹产业产值 2 455.75 亿元。全国大径竹产量为 31.55 亿根，比 2017 年增长 15.99％。其中，毛竹 16.95 亿根，其他直径在 5cm 以上的大径竹 14.60 亿根；小杂竹为 2 185.65 万 t，比 2017 年增长 10.35％。

3. 锯材、木片、木粒加工产品产量有所减少 全国锯材产量为 8 361.83 万 m³，比 2017 年减少 2.80％。木片、木粒加工产品 4 088.95 万实积 m³，比 2017 年降低 7.87％。

4. 人造板（三板）、胶合板总产量增加，其他人造板产量减少 2018 年，全国人造板总产量为 29 909.29 万 m³，比 2017 年增加 1.44％。其中，胶合板 17 898.33 万 m³，增加 4.09％；纤维板 6 168.05 万 m³，减少 2.05％；刨花板产量 2 731.53 万 m³，减少 1.67％；其他人造板产量为 3 111.37 万 m³，减少 3.25％。

5. 木制家具产量减少 2018 年，全国木制家具总产量 24 182.05 万件，比 2017 年减少 10.68％。

6. 纸和纸板、纸浆产量均有所减少 2018 年，全国纸和纸板总产量为 10 435 万 t，比 2017 年减少 6.24％；纸浆产量为 7 201 万 t，比 2017 年减少 9.41％，其中，木浆产量为 1 147 万 t，比 2017 年增长 9.24％。

7. 木竹地板产量有所减少 2018 年，全国木竹地板产量为 7.89 亿 m²，比 2017 年减少 4.48％。其中，实木地板 1.17 亿 m²，占全部木竹地板产量的 14.83％；实木复合地板 2.03 亿 m²，占全部木竹地板产量的 25.73％；强化木地板（浸渍纸层压木质地板）3.94 亿 m²，占全部木竹地板产量的 49.94％；竹地板 0.69 亿 m²，占全部木竹地板产量的 8.75％；其他木地板（含软木地板、集成材地板等）0.06 亿 m²，占全部木竹地板产量的 0.76％。

8. 大部分林产化工产品产量有所减少，个别产品有所增长 2018 年，全国松香类产品产量 142.14 万 t，松节类产品产量 24.24 万 t，楮胶类产品产量 0.32 万 t，紫胶类产品产量 0.66 万 t，木竹热解产品产量 145.70 万 t，分别比 2017 年减少 14.63％、12.87％、31.92％、7.04％、17.57％；樟脑产量 1.94 万 t，冰片产量 0.12 万 t，木质生物质成型燃料产量 94.44 万 t，分别比 2017 年增长 29.33％、9.09％、8.19％。

三、木材产品市场供给与消费

（一）木材产品供给
木材产品市场供给由国内供给和进口两部分构

成。国内供给包括商品材、农民自用材和农民烧柴、木质纤维板和刨花板；进口包括进口原木、锯材、单板、人造板、家具、木浆、纸和纸制品、废纸、木片及其他木质林产品。2018 年，木材产品市场总供给为 55 675.16 万 m³，比 2017 年增长－2.07％。

1. 商品材 2018 年，全国商品材产量 8 810.86 万 m³，比 2017 年增长 4.91％。其中，原木 8 088.70 万 m³，比 2017 年增长 5.45％；薪材（不符合原木标准的木材）722.16 万 m³，比 2017 年增长－0.77％。

2. 农民自用材和烧柴 根据测算，农民自用材和烧柴折合木材供给 2 724.69 万 m³，比 2017 年增长－10.37％。其中，农民自用材 551.20 万 m³，农民烧柴 2 173.49 万 m³，分别比 2017 年增长－15.40％和 9.00％。

3. 木质纤维板和刨花板 2018 年，木质纤维板产量 5 870.36 万 m³，木质刨花板产量为 2 719.64 万 m³，分别比 2017 年增长－2.20％和 1.13％。木质纤维板和刨花板折合木材供给 14 646.11 万 m³，扣除与薪材产量的重复计算部分，相当于净增加木材供给 14 285.03 万 m³。

4. 进口 2018 年，我国木质林产品进口折合木材 29 854.58 万 m³，其中，原木 5 968.55 万 m³，锯材（含特形材）4 769.94 万 m³，单板和人造板 495.60 万 m³，纸浆及纸类（木浆、纸和纸板、废纸和废纸浆、印刷品）15 973.02 万 m³，木片 2 310.50 万 m³，家具、木制品及木炭 336.97 万 m³。

（二）木材产品消费
木材产品市场消费由国内消费和出口两部分构成。国内消费包括工业与建筑用材消费、农民自用材和烧柴消费；出口包括出口原木、锯材、单板、人造板、家具、木浆、木片、纸和纸制品、废纸及其他木质林产品。2018 年，木材产品市场总消费为 55 675.16 万 m³，比 2017 年增长－2.07％。

1. 工业与建筑 据国家统计局和有关部门统计，按相关产品木材消耗系数推算，2018 年我国建筑业与工业用材折合木材消耗量为 42 081.77 万 m³，比 2017 年增长－3.11％。其中，建筑业用材（包括装修与装饰）17 047.55 万 m³，家具用材（指国内家具消费部分，出口家具耗材包括在出口项目中）5 638.69 万 m³，造纸业用材 16 186.37 万 m³，煤炭业用材 673.95 万 m³，分别比 2017 年增长－1.31％、－14.58％、－1.61％和－2.73％；包装、车船制造、化工、化纤等其他领域用材 2 535.21 万 m³，比 2017 年增长 4.98％。

2. 农民自用材和烧柴 根据产量测算，农民自用材消耗 551.20 万 m³，农民烧柴消耗 2 173.49

万 m³，扣除农民自用材中约 496.08 万 m³ 用于建筑用材的重复计算后，农民自用材和烧柴消耗 2 228.61 万 m³。

3. 出口 2018 年，我国木质林产品出口折合木材 10 686.17 万 m³。其中，原木 7.23 万 m³，锯材（含特形材）62.46 万 m³，单板和人造板 3 370.19 万 m³，纸浆及纸类（木浆、纸和纸板、废纸和废纸浆、印刷品）2 666.64 万 m³，家具 4 256.29 万 m³，木片、木制品和木炭 323.36 万 m³。

（三）木材产品市场供需的特点

2018 年，我国木材产品市场供需的主要特点表现为：木材产品总供求低速下降，其中，国内供给略有增长，进口小幅下降，进口量超过国内供给量；国内需求小幅下降、出口微幅增长、库存大幅增加；原木与锯材产品总体价格环比稳中微降，同比先涨后跌、总体小幅提高；进口价格环比波动微降，同比小幅上涨。

1. 木材产品总供给小幅下降，国内供给略有增长，进口低速下降，进口在木材产品总供给中的份额微幅下降 从国内供给看，2018 年原木较快增长，薪材产量微幅减少，刨花板和木质纤维板产量小幅下降，农民自用材和烧柴产量大幅减少，国内木材产品实际供给比 2017 年增长 1.88%；从进口看，尽管原木、单板、纤维板、特形材、木浆、木片、纸类和纸板等主要产品进口量较快增长，但废纸、胶合板、木制品等进口量大幅下降，锯材、刨花板等小幅减少，木材产品进口总量比 2017 年增长-2.41%，占木材产品总供给的 53.62%，比 2017 年下降 0.19 个百分点。

2. 木材产品总消费略有缩小，国内实际消费小幅下降、出口微幅增长、库存大幅增加 从国内消费看，2018 年，家具用材消耗大幅下降，建筑业用材消耗、造纸用材消耗略有下降，木材产品国内消费比 2017 年增长-3.44%；同时，木质家具和胶合板的出口量小幅增长，木材产品出口总规模比 2017 年扩大 0.35%。由于受国内需求下降的影响，木材产品库存比 2017 年增加 115.02%。

四、主要林产品进出口

1. 林产品出口和进口较快增长，但出口增速低于进口增速，贸易逆差有所扩大，在全国商品出口和进口贸易中所占比重进一步下降 2018 年，林产品进出口贸易总额为 1 603.64 亿美元，比 2017 年增长 8.07%，增速回落 1.76 个百分点。其中，林产品出口 784.91 亿美元，比 2017 年增长 6.93%，低于全国商品出口 9.89% 的平均增速，占全国商品出口额的 3.16%，比 2017 年下降 0.08 个百分点。林产品进口 818.73 亿美元，比 2017 年增长 9.19%，低于全国商品进口 12.60% 的平均增速，占全国商品进口额的 3.83%，比 2017 年下降 0.24 个百分点。林产品贸易逆差为 33.82 亿美元，比 2017 年扩大 18.04 亿美元。

2. 林产品进出口贸易中木质林产品仍占绝对比重，但进口份额明显下降、进口份额小幅提高 2018 年，林产品进出口贸易总额中，木质林产品占 70.20%，比 2017 年下降 0.86 个百分点。其中，出口额中木质林产品占 71.60%，比 2017 年下降 2.87 个百分点；进口额中木质林产品占 68.85%，比 2017 年提高 1.13 个百分点。

（国家林业局发展规划与资金管理司 林琳 于百川）

农作物秸秆加工业

一、基本情况

2018 年，全国粮食播种面积 11.704 万 hm²，粮食总产达到 65 789 万 t，比 2017 年减少 371 万 t，增长-0.6%。按照近年来我国农作物种植面积测算，2018 年我国秸秆理论资源为 8.86 亿 t。近几年国家对生态环境的重视，秸秆的焚烧及综合利用已经成为各级政府重点关注的问题之一，如何有效地利用秸秆，实现秸秆经济效益、社会效益和生态效益，成为农作物秸秆加工业的关键问题。

（一）主要成就

2018 年，在国家及各级政府的共同努力下各地根据实际需要推广不同的秸秆利用技术，综合利用效果显著。

1. 秸秆综合利用率稳步提高 加大农作物秸秆综合利用，能避免秸秆焚烧、改善农业农村环境、提升耕地质量、实现农业高质量发展、绿色发展。各级政府高度重视，出台了一系列政策，秸秆综合利用率稳步提高。2018 年，全国秸秆综合利用率达 84%。

2. 秸秆机械化设备有所增加　在农业机械购置补贴的连续助力下，各级政府增加对秸秆利用机具补贴力度，设备有所增加。2018 年全国秸秆粉碎还田机达到 92.6 万台，比 2017 年增加 3.51 万台，增幅达到 3.94%；青饲料收获机保有量 4.86 万台，比 2017 年增加 0.31 万台，增幅达到 6.81%；秸秆打（压）捆机达到 8.55 万台，比 2017 年增加 2.52 万台，增幅达到 41.79%。

3. 秸秆机械化粉碎还田面积再创新高　秸秆机械化直接粉碎还田，不仅省工节本，而且简便易行，同时有利于改善环境，培肥地力，逐步提高土壤有机质含量，实现农业可持续发展。2018 年机械化秸秆还田面积 5 132.687 万 hm²，比 2017 年增加 129.435 万 hm²，增长 2.59%，成为秸秆综合利用最主要的途径。

4. 秸秆养畜持续发展　2018 年，国家继续加大实施"粮改饲"试点工作，全国粮改饲试点范围已扩大到 17 个省（自治区、直辖市）500 多个县，实施面积 95.467 万 hm²，比 2017 年增加 24.467 万 hm²，增幅 34.46%；秸秆捡拾打捆面积 5 132.687 万 hm²，比 2017 年增长 281.345 万 hm²，增幅 55.60%；机械化青贮秸秆 9 056.68 万 t，比 2017 年增加 10.94 万 t，增幅 0.12%。

5. 秸秆能源化利用技术发展迅速　秸秆等农林废弃物已经被称作"生物质能资源"，是我国秸秆利用发展趋势。目前，我国秸秆的能源化利用主要有秸秆发电、秸秆沼气、秸秆气化、秸秆压块、秸秆制乙醇等技术。

（二）存在问题

2018 年我国秸秆综合利用在机械化利用设备、粉碎还田、秸秆养畜、能源化利用方面取得了较大的成就，但是由于政策、资金、技术及认识等方面的差距，致使我国秸秆利用仍存在突出问题。

1. 秸秆焚烧现象仍然存在　近几年，各级政府加大了对秸秆焚烧的管理力度，出台了一系列政策，秸秆焚烧的焚烧点不断地下降，但是焚烧现象仍然存在。2018 年，田间秸秆焚烧火点 2 811 个，比 2014 年焚烧火点 7 765 个减少 4 954 个，年均减少 990 个，年均减少率达 22.43%。

2. 秸秆收集难度大，成本较高　秸秆资源分散、体积大、密度较低，缺乏配套的收集、运输机械设施，尤其是在粮食主产省，秸秆量大，茬口时间紧，劳动力少，收割后难以及时清理，收集储运成本较高，加之服务体系尚未建立，服务市场难以形成，制

约了秸秆综合利用的发展。

3. 经济实用的配套技术设备匮乏　在农作物轮作茬口紧的多熟地区，秸秆乱堆乱放和焚烧处理的现象仍普遍存在，秸秆便捷处理设施不配套。尤其是适合分散经营农户的小型实用化机械设备匮乏，缺乏农艺与农机结合模式的技术攻关研究，部分关键技术还相对薄弱，技术研发和相关机械装备仍比较落后。

4. 秸秆收储运体系不完善　目前，我国各地还没有健全有效的储运体系和市场机制，以及未建立起稳定的价格体系，农户工作积极性明显不高。收储运体系的不完善，出现了"有秆不收、有收无储、有储难运"的现象。

（三）成效显著的地区

在各级政府的指导下，全国各地加大了秸秆综合利用工作的力度，秸秆利用普遍取得了良好的效果，天津、安徽、黑龙江等地农作物秸秆综合利用效果较为突出。

1. 天津　天津市按照《关于农作物秸秆综合利用和露天禁烧的决定》的要求，编定了工作方案，层层落实任务，加强财政扶持，强化督导检查，推动工作落实。2018 年，主要农作物种植总面积约 38.13 万 hm²，产生的秸秆约 260 万 t，其中可收集量约为 220 万 t，秸秆综合利用率达到 97% 以上。其中，小麦秸秆实现全量化利用，玉米秸秆利用率达到 99.8%，水稻秸秆利用率达到 63.27%。

2. 安徽　安徽省是农业大省，全年粮食产量 4 000 万 t，每年农作物秸秆可收集量 4 800 万 t 左右。为推动秸秆利用，出台多项具体支持政策和督查考核办法，在全国率先形成了完整的政策体系。秸秆利用产业稳健发展，2018 年全省秸秆产业化利用企业数量 2 263 个，全省有 8 个市秸秆综合利用企业达百家以上。累计建成生物质秸秆电厂 39 座，装机规模 111 万 kW，居全国第二。秸秆收储运销体系不断健全，全省建设标准化秸秆收储点 669 个，秸秆临时堆放转运点 9 043 个。全省秸秆打捆机和粉碎还田机保有量预计达到 17 770 台和 65 693 台。全省秸秆综合利用率 88.97%，比上年提高 1.67 个百分点。

3. 黑龙江　黑龙江省秸秆资源总量超过 1.3 亿 t，是吉林省和辽宁省的总和，占到全国的 1/8，为了推进秸秆综合利用，打赢污染防治攻坚战的重要战役，颁布了《黑龙江省禁止秸秆露天焚烧工作奖惩暂行规定》，大力推广普及秸秆综合利用"五化"利用模式。2018 年全省秸秆还田面积大幅增加，超过 600 万 hm²；肥料化利用超过 4 700 万 t；秸秆离田面

积超过 413.33 万 hm²，同比增加 100 多万 hm²；秸秆固化压块站现已开工 986 个，已完工 345 个；户用生物质炉具已安装超过 3 万台，全省燃料化利用 1 470 多万 t；饲料化利用超过 1 000 万 t；秸秆收储站点达到 2 700 多个，收储能力明显提升；全省基料化利用秸秆超过 20 万 t，同比增加 10 万 t。全省秸秆综合利用量超过 7 200 万 t，综合利用率超过 65%。

二、新产品和新技术

国家以及各级政府为了提高秸秆利用，针对困扰秸秆综合利用发展各种技术开展攻关研究，在稻草制备复合材料和制浆、液化秸秆改良土壤等方面取得了新的成就，有力地推动了农作物秸秆的综合利用，提高了农作物秸秆的经济价值和社会价值。

1. 稻草秸秆制备"仿木"复合材料项目　中国科学院宁波材料技术与工程研究所利用常见的塑料、橡胶等高分子材料为基体，对稻草、芦苇、棕榈纤维、竹纤维等进行包裹加工，最终得到了一种媲美木材力学性能的植物纤维高分子"仿木"复合材料。这种材料不但在力学性能上接近天然木材，还不易翘曲、变形，更为关键的是，其原料多来自农林废弃物，成本十分低廉。同时，通过开创性的分步阻燃方案，使最终获得的高填充植物纤维复合材料达到了 V-0 级阻燃能力。

2. 水稻秸秆生物法无污染制浆项目　黑龙江八一农垦大学生命科学技术学院成功研发出以水稻秸秆为原料的生物法无污染制浆技术。该技术以高效快速木质素分解复合菌系为核心，配套以水稻秸秆为原料的生物法发酵秸秆无污染生产草浆技术，草浆经过调制可生产瓦楞纸、纱管纸、可降解餐具等产品，形成一整套纸质产品生产技术。

3. 液化秸秆改良土壤综合利用项目　吉林大学化学学院利用近临界水技术将畜禽粪便与秸秆"变废为宝"，转化为液体和颗粒有机肥，有效改良盐碱地，助力农民增产。该技术利用水在临界状态下具有酸碱自催化作用，秸秆和畜禽排泄物在近临界水的作用下可转化为有机质肥料。该技术经过两年的试验，盐碱地得到改良，粮食产量提升 10% 以上，该项目已申请 3 项国家发明专利。

4. 北方村镇秸秆清洁供暖关键技术研发与应用项目　农业部规划设计院主持完成的"北方村镇秸秆清洁供暖关键技术研发与应用"项目获得"2018—2019 年度神农中华农业科技奖科学研究类成果一等奖"。该项目针对我国北方村镇秸秆替代散煤供暖存在的秸秆资源化利用路径不清、热解燃气品质差、捆烧烟尘与 NOx 排放高等问题，在秸秆清洁供暖"机理模型—关键技术—成套装备—保障体系"等全产业链上取得了重大创新。

三、行业活动

1. 由农业农村部科技教育司和农业农村部农业生态与资源保护总站主办的"全国秸秆综合利用现场观摩活动"于 2019 年 6 月 5 日在河南省开封市兰考县举行。活动观摩了兰考县秸秆利用现场，参会代表交流了各自秸秆利用模式。活动中，农业农村部科技教育司副司长要求各地农业农村部门要以提高秸秆综合利用率为目标，加强试点示范，完善扶持政策，拓宽利用渠道，创新工作方法，探索形成政府、企业与农民三方利益链接机制，不断提高秸秆综合利用水平，确保完成"十三五"秸秆综合利用目标任务。

2. 由中国农业机械化科学研究院联合农业农村部南京农业机械化研究所、北京中持绿色能源环境技术有限公司主办的农村有机废弃物资源化处理暨第三届（蔬菜）秸秆肥料化处理技术研讨会及观摩会于 2019 年 9 月 25～26 日在山东肥城召开。参会代表就农业有机废弃物能源化利用、农业有机废弃物厌氧消化提质增效技术、农牧废弃物就地灌肠堆肥利用技术工艺、蔬菜秸秆轻简化肥料加工利用、蔬菜秸秆工厂化肥料加工利用等技术做了精彩的专题报告。此外，参会代表还观摩轴流式秸秆粉碎机、液体粪肥撒施车、农村有机废弃物能源化利用成套生产线、畜禽粪便立式发酵罐、香肠式好氧堆肥成套生产线等设备展示与演示。

3. 全国粮改饲工作推进现场会于 9 月 29 日在甘肃省临夏回族自治州召开，会议要求，各级畜牧兽医部门要主动对标实施乡村振兴战略的总目标总要求，把粮改饲作为新时代落实粮食安全战略和大食物安全观、打赢脱贫攻坚战、推动农业结构持续优化的重要举措，谋划好中长期工作思路、工作重点和政策措施。要围绕着力构建现代饲草产业体系、推动产品多元化发展、激发优质饲草应用潜力等方面，强化政策统筹，夯实管理责任，加大宣传引导，努力把粮改饲工作做得更实更有成效。

4. 由中国农业电影电视中心联合中共吉林省柳河县委、柳河县人民政府共同主办的"创新铸就力量·绿色引领发展——首届秸秆生态循环模式促县域绿色发展峰会"于 2019 年 12 月 9 日在北京举行。峰会探讨了秸秆生态循环、推进绿色发展的有效措施，解剖分析吉林省柳河县典型经验，参会代表就县域可持续经济发展路径及柳河模式经验发表了各自的看法，提出开展秸秆综合利用工作是提升耕地质量，改善农业农村环境，实现农业高质量发展、绿色发展的重要举措和必然途径。

（天津农业机械与农业工程学会　辛永波　宋樱　徐晓婕　胡伟）

食品与包装机械制造业

2018 年，中国食品工业以新动能推动的产业升级为主线，从 2015—2016 年的深度调整中逐步恢复，在新增投资和生产线改造方面延续了 2017 年的发展惯性。在此背景下，中国食品装备行业 2018 年总体来看表现积极，装备产业结构性调整与食品装备成新的增长点是两大亮点。

一、经济运行情况

（一）主要经济指标

据中国食品和包装机械工业协会统计，2018 年我国食品装备行业仍保持了高于食品工业平均水平的增长速度，全国规模以上食品装备企业共完成主营业务收入 1 184.94 亿元，同比增长 8.68%。其中食品、酒、饮料及茶生产专用设备制造和商业、饮食、服务业专用设备制造两个细分领域较 2017 年有较大的增长，而农副食品加工专用设备制造和包装专用设备有小幅的调整。这一方面显示了自动化和智能化较高的食品加工领域正在加速推动以数字化、智能化为主要特征的产业升级，另一方面也证明了传统食品领域正在借助现代化的装备实现产业发展。食品装备行业主要经济效益见表1。

表 1　2018 年我国食品装备行业主要经济效益数据

分类名称	企业数量（个）	主营业务收入（亿元）	同比增减（%）	利润总额（亿元）	同比增减（%）
食品装备行业总计	1 073	1 184.94	8.68	86.34	5.27
包装专用设备制造	319	310.46	6.14	23.54	1.33
食品、酒、饮料及茶生产专用设备制造	269	298.27	14.27	19.93	6.83
烟草生产专用设备制造	59	102.14	13.26	7.79	24.07
农副食品加工专用设备制造	388	430.35	5.89	32.66	4.32
商业、饮食、服务业专用设备制造	38	43.72	8.99	2.42	−5.33

（二）进出口状况

根据中国海关统计，2018 年我国食品和包装机械进出口总额为 89.54 亿美元，同比增长 7.64%。其中，食品机械进出口额为 35.65 亿美元，同比增长 9.35%；包装机械进出口额为 53.89 亿美元，同比增长 3.42%。

1. 进口情况　在进口额中，2018 年我国食品和包装机械进口额为 29.95 亿美元，同比增长 1.38%。其中，食品机械进口额为 8.87 亿美元，占食品和包装机械进口额的 32.63%，同比增长 −1.42%；包装机械进口额为 21.08 亿美元，占食品和包装机械进口额的 67.37%，同比增长 4.2%。

2. 出口情况　2018 年中国食品和包装机械出口总额 117.34 亿元，比上年同期增长 5.15%；食品包装机械行业整体出口总额 90.88 亿元，比上年同期增长 21.81%；农副食品加工专用设备制造出口总额 20.50 亿元，比上年同期增长 −9.72%；商业、饮食、服务业专用设备制造出口总额 5.95 亿元，同比增长 1.26%。在食品包装机械行业细分领域中，包装专用设备制造出口总额 47.14 亿元，比上年同期增长 15.39%；食品、酒、饮料及茶生产专用设备制造出口总额 42.03 亿元，比上年同期增长 32.25%；烟草生产专用设备制造出口总额 1.72 亿元，比上年同期增长 −13.42 亿元（表2）。

表 2　2018 年食品包装机械行业出口数据

分类名称	出口总额（亿元）		
	2018	2017	同比增减（％）
农副食品加工专用设备制造	20.50	22.70	－9.72
商业、饮食、服务业专用设备制造	5.95	5.88	1.26
包装专用设备制造	47.14	40.85	15.39
食品、酒、饮料及茶生产专用设备制造	42.03	31.78	32.25
烟草生产专用设备制造	1.72	1.98	－13.42
合计	**117.34**	**103.19**	**5.15**

从以上数据可以看出，我国农副食品加工专用设备制造和烟草生产专用设备制造出口总额平均增长－11.57％，这两类设备占整体食品和包装机械出口总额 18.94％，比上年同期的 23.92％，增长－4.98％。这两类设备属于农产品直接加工设备，受进口国农产品影响很大。

二、行业发展情况

2018 年，食品装备行业增长点主要来自于两个方向，一是乳制品、饮料、酒类、肉类等自动化、智能化程度较高的细分领域以数字化转型和智能制造为主要推动力；二是以传统生产线的改造升级为主要形式，对智能装备和智能生产线的需要越来越大。从乳制品和饮料行业来看，对既有工厂和生产线的升级改造占到了行业投资的 70％左右。而这些升级改造普遍以智能化和可追溯性为目标，这就要求至少实现数字化制造，以此推动的智能化装备新的一轮创新和发展是食品装备 2018 年的重要标志特征。

1. **乳制品技术装备**　乳制品行业近年来普遍加大对低温产品的投入，在产品研发、装备等方面投入较大，并且低温产品对物流的要求较高，也推动了低温立体库、食品安全追溯、供应链体系的装备发展，可预期的是，未来五年，低温乳制品相关的装备产品将继续保持稳定的增长。

2. **酿酒工业装备**　白酒和调味品的自动化、智能化酿造装备经过一段时间的摸索，已经开始进入大规模应用阶段，尤其是以小曲清香为主的产品，从智能酿造到智能包装，已经非常成熟。而以泸州老窖和五粮液为代表的浓香产品，智能化酿造也正在全面实验摸索阶段。中国主要白酒企业普遍开始了新建或者改造智能酿造工厂或者车间的步伐。

3. **肉类加工装备**　2018 年传统风味的腊肉、禽类肉制品的标准化、工业化生产已经形成产业规模，其中杀菌技术的不断成熟已经解决了保质期的问题，也带动了诸城等地区的杀菌板块的崛起。当前急需解决的是不规则肉制品的自动化包装，尽管我国在真空包装领域已经很成熟，但是面对不规则肉制品的自动化包装，目前还没有较为成熟的解决方案。

4. **饮料工业及装备**　2018 年，一方面国内市场瓶装水继续保持稳定增长，大容量瓶装水市场继续扩大，为瓶装水相关装备提供了稳定的市场；另一方面，以 1.5L 及其以上的大包装、家庭装、商务用水等为典型的产品增速很快，推动大容量灌装包装设备市场保持高速增长。此外，以植物蛋白饮料、乳酸菌为代表的饮料增量市场依然有一定的增长惯性，此领域中小型加工和包装装备保持良好的增长。

5. **焙烤糖制品装备**　2018 年，我国烘焙机械在智能机器人、支智能机械手、智能控制系统的应用方面进步很大。在一些饼干生产车间里，配料、成型、烘烤等业各环节已全部实现智能化、机械化。同时，在饼干定型、起发、上色、脱水四个环节中，能够灵活地掌控脱水环节，把饼干含水量控制在标准以下，既提高了生产效率，又保证了饼干产品的质量，成为烘焙机械领域的一大创新。在糖果设备方面先后推出充气奶糖生产线、胶体软糖自动线、超薄膜真空瞬时熬煮机组、棉花糖生产线等，包装机械有单扭结包装机、折叠式包装机、高速枕包机等。巧克力设备方面有多功能花色巧克力浇注线、巧克力复合制品自动生产线、巧克力挤出成型线、巧克力快速精磨机等。

6. **调味品工业装备**　2018 年，白酒和调味品的自动化、智能化酿造装备经过一段时间的摸索，已经开始进入大规模应用阶段，尤其是以小曲清香为主的产品，从智能酿造到智能包装，已经非常成熟。而以泸州老窖和五粮液为代表的浓香产品，智能化酿造也正在全面实验摸索阶段。中国主要白酒企业普遍开始了新建或者改造智能酿造工厂或者车间的步伐。调味品方面的智能化升级主要体现在酿造和包装两个方面。2018 年调味品行业在智能包装方面的投入占比最高，其次是智能立体仓储的升级改造，这也符合调味品产业快速升级的阶段特征。

7. 食品安全技术装备 食品工业对品控、在线控制、追溯等技术与设备的需求越来越大，涵盖的范围越来越广，技术等级的要求也越来越高。食品安全技术与装备领域在我国发展非常快，信息技术、激光技术、机器人技术、物联网技术等在食品安全领域的创新应用也越来越广泛。尤其在液态领域，国内明佳、浩克等企业可以提供很多技术装备。这一领域包括软硬件、耗材、服务等在内的整体市场规模在 20 亿元左右。2017 年，通过大规模的互联网技术和大数据技术，食品安全追溯已经开始升级为食品大数据的综合服务，如在食品安全追溯体系的基础上衍生出的消费者兑奖、营销、目标客户分析、市场预测等多种衍生服务，为企业提供了营销和决策的技术和数据支持。尤其是在工业和信息化部的大力支持下，我国婴幼儿配方乳粉追溯体系建设标准最高，体系最全，法律、法规的配套也较为完善。

三、行业面临的问题

（一）缺乏对食品核心技术装备的掌握与研究

当前，与国际顶尖企业相比，我国的食品装备企业无论在规模、科研创新方面都存在巨大差距，形成了代差垄断，造成了国内高端食品装备依然需要大量进口。究其原因，国内食品装备企业规模和研发投入相对较小，致使大量的食品装备产品仅仅停留在能仿制、能设计出产品的水平上，其结果是相同的产品与国外相比，质量、性能和可靠性都存在明显的差距，也就更难谈上赶超。从根本上讲，对食品装备的研究内容分类、层次、作用及目的不明确，对许多新技术、新装备缺乏从机理和本质上深入、全面的认识，也势必在市场上处于被动追赶的局面。食品装备在很多细分领域都涉及材料、控制、加工精度、工艺复杂等基础共性领域的瓶颈问题，这些瓶颈短期内国内还是无法解决。当前国内的装备企业普遍在追赶阶段，通过推出国际市场较为成熟的产品以满足中国市场的需求，在不断追赶过程中，国际企业通过庞大的研发资金投入，在新技术创新、系统集成方面已经有了下一代产品。

（二）食品工艺与食品装备脱节

2018 年食品装备行业越来越明显的一大趋势就是食品工艺和食品装备存在脱节，究其原因，我国的食品装备从一开始就是依靠引进、消化、吸收入手，将满足食品企业生产需求为目标，也就是说我们的装备可以用就行，对工艺的理解是从引进国外的技术装备厂商开始。目前，我国的食品加工工艺开始逐步转

入到消化、吸收阶段，在一些领域已经开始了工艺创新，在传统食品加工包装领域也出现了很多创新的技术装备。但总体来看，我国食品装备行业中，大多数企业基本没有自己的核心研发力量，近年来，高校与科研院所在工艺方面的研究有一定的进展，但是在体系复杂、高精度、数字化等为特征的食品加工和包装领域依然是建树不多。

（三）食品装备与信息化融合发展认识不足

当前，食品装备已经开启了数字化和智能化路径，越来越多的智能终端装备应用到食品生产工业领域。互联网技术与智能装备的迅速融合正在将智能生产变为现实，而这种智能生产不仅仅体现在生产线的自动化程度上，还体现在以云计算、大数据等技术为支撑的柔性生产、定制生产、智能生产线上。互联网技术推动的食品工业变革还体现在生产资源要素的组织上，从生产工厂的生产线组织与优化到生产物料的在线调配和在线订单采购，从底层智能装备的全生命周期管理到人力资源计划的科学调配，以指数增长的互联网技术一旦进入应用，工厂生产效率也将是指数级的提升。食品机械的智能化为智能生产线和智能工厂提供了可能，在此基础上，诸多的信息系统和应用加速部署到食品工业的生产、仓储、物流、线上线下销售等环节，信息流的高效加快了产品流和资金流循环、快速地提升了整个生产到消费的效率。国内的装备企业对这一发展趋势认识不足，或者精力不够，致使国内装备企业无缘国内很多大的食品项目，或者仅仅配套一台单机。

（四）国产食品装备对能耗和效率重视不够

提高资源的综合利用率，降低资源的损失，是食品行业发展的重要方向之一。国际上，许多节能新技术得到重视和应用，在研发过程中将节能降耗技术与装备的生产性能有机结合起来，使得许多节能降耗的技术在食品生产领域应用，成为国际装备企业一个很好的竞争优势。国内装备企业普遍意识不到，或者即使意识到，限于技术和工艺水平，现阶段也无法提升装备的能耗水平，或者是综合提升食品原料的综合利用水平。

（五）食品装备技术专业化集成能力弱

我国食品装备行业大型企业较少，技术力量缺乏。很多领域，限于对工艺的理解不深、不透，难以形成完整的工艺流程技术包，也很难出现大型的食品生产集成商。部分企业在某一领域的技术优势刚刚确立，难以形成整体优势，而大多数的中小型食品装备企业又未能集中力量，向专、精、深方向发展，只能作为单机配套生产商。例如在国内乳制品领域，在前处理工艺包方面，国际厂商 GEA 和 SPX 有着国内企

业难以企及的整线工艺设计集成高度，所以国内大型乳制品生产线国内集成商几乎很难在这个领域涉足，只能在一些较小的生产线项目上做做文章。

（六）食品装备领域的研发资金投入不足

无论是产品的加工与装备还是创新开发，都需要大量资金和人才投入。我国食品装备企业规模普遍较小，2017年德国液态装备提供商克朗斯公司全球营收36.91亿欧元，约合人民币290亿元，而我国最大食品装备提供商——杭州永创智能2017年全年营收仅为13.76亿元，差距之大可想而知。规模较小，利润无法保证，企业在研发方面的投入自然就较少，创新实力较弱，科研机构与食品加工产业和食品装备产业的横向联合相对较弱，长此以往，将会使国内企业与国际先进水平之间的差距越来越大。

（七）高端装备和高速生产线的技术突破依然需要时间

液态食品高速灌装与贴标、乳制品的前处理工艺集成和高速无菌灌装、大型高端智能屠宰生产线、智能烘焙设备、创新的果蔬加工工艺技术等细分领域依然需要时间去突破。这里面既有技术本身的门槛和壁垒，又有食品企业客户的接受度等问题，形成的过程和解决的方法都需要时间的积累。可参照成功的细分领域如PET吹灌旋高速一体机，目前已经达到或者接近国际先进水平。

四、发展趋势

（一）食品装备单机和整线向智能化方向发展

从全球食品技术装备发展来看，无论是单机还是生产线，智能化是最明显的发展趋势。这是由未来食品消费的发展趋势所决定的。一方面高速、智能的大规模生产线是保证食品大宗产品规模化生产的要求；另一方面柔性和个性化生产装备保证了未来食品消费个性化的需求。其中单机智能主要体现在两个方面，第一单机更加智能的执行系统的命令，如以更适合的运转速度和更低的能耗达到生产线的生产要求；另一方面，更加智能和全面的反馈装备本身的运行信息和易损、易耗配件的使用情况，为装备自身的生命周期管理提供全面支持。生产线智能方面，基于对细分食品领域技术工艺的深入研究和历史数据分析，生产线的智能体现在根据系统提供的订单信息以更适合的整线运行速度来完成生产任务，此外生产线的智能还体现在对生产线生产效率的提升和生产线能耗的降低上。无论是单机智能还是整线智能，基础是基于信息化技术的大数据和云技术的大范围深入应用，此外，基础智能装备的

物联化也是重要的推动作用。

（二）食品装备柔性制造趋势明显

随着消费者对食品产品的需求越来越个性化，全球食品装备及其生产线柔性化趋势越来越明显。例如在2017年德国杜塞尔多夫国际包装展，欧洲厂商就发布了基于即时印刷的个性化包装技术，可以为消费者提供个性化的食品产品。还比如，欧洲克朗斯在几年前就发布了LineXpress技术柔性生产线，可以在非常短的时间内完成一条一次性PET瓶水线或者碳酸软饮料灌装线的转换：只需10min停机时间，就可以完成一次短时间的中间冲洗以及更换瓶盖颜色、商标和包装膜。即使还要改变瓶型以及包装的格式和形式，生产线也能在30min中断后重新投入生产。这种顺畅的流程不仅提高了饮料生产线的生产效率，还为企业创造了更高的灵活性。通过缩短转换时间，可以更加频繁地生产小批量的同种商品。

（三）新技术应用越来越广泛而深入

基于长期在食品各细分领域加工工艺的研究，国际一流的食品技术装备提供商已经积累了庞大而复杂的工艺包或者工艺模块，通过最新的技术不断对工艺包或者工艺模块进行更新和优化，使得食品加工和食品包装技术装备源源不断地推陈出新，对食品原料越来越保留原营养成分的同时，更加高效便捷地包装和运输。在食品加工领域，包括冷冻粉碎、冷冻浓缩、冷冻干燥及冻干技术等为代表的食品冷冻加工技术已经成为国际上主流的加工方式。其中冷冻干燥及冻干技术是在低温条件下，对湿物料冻结，再在较高真空度下加热，使固态冰升华，脱去物料中的水分。该技术加工的产品具有最大限度地保持产品原有风味，各种芳香物质损失小的特点，特别适合热敏性食品物料的干燥处理；同时真空冷冻干燥处理的食品复水快、食用方便，可长期保存，国内已经开始用于具有高附加值食品产品的生产。食品非热力杀菌技术，例如光照杀菌、瞬时高电压脉冲杀菌、高压杀菌、超声杀菌等技术装备，在国外已经开始广泛采用，国内一些装备企业已经研究并开始应用于伊利等乳制品企业。超临界萃取技术，在发达国家已广泛应用于天然食用色素、香料、香精、油脂、系列添加剂、药用动植物和中草药等的萃取加工。萃取物不含有机溶剂的残留成分，保持了萃取物的天然性，不产生"三废"污染环境。超声均质细化技术，传统的高压式均质机已发展到了极限，即不可能再靠提高压力的方法来取得进一步细化物料的效果，且一味提高压力对纤维状结构和脂肪球的破碎效果不理想。挤压熟化技术，通过

挤压过程具有高温短时挤压熟化的特点，能连续将输送、压缩、混合、蒸煮、变性、脱水、杀菌、成型、膨化等多种操作同时完成，对食品原料进行机械和热力处理。其实这一技术在国内早就有应用，如当前发展迅速的辣条等休闲食品就是挤压熟化技术的具体应用，只是国内的挤压技术装备始终停留在经验应用阶段，还没有上升到对挤压过程工艺系统研究的阶段。国外已开始尝试采用双螺杆挤压机将酪蛋白转化为酪蛋白盐，还可用于生产氧化淀粉、交联淀粉、醋化淀粉和醚化淀粉等变性淀粉产品。此外，超高压食品加工技术、超滤与膜分离技术、微波加热技术等也是最新的食品加工新技术、新工艺。在食品包装领域，食品包装材料复合化是国际上重要的发展趋势，各种纸、聚乙烯膜、铝膜等材质的复合材料越来越多的满足各种食品包装要求。各种基于纸质的复合材料在食品各细分领域都有广泛应用。包装领域的另一大发展方向就是可降解和低能耗，例如PET瓶的轻量化技术，通过高速吹瓶系统的不断优化，使得每个PET瓶子的重量越来越小，并且还要满足拉伸强度、阻隔性等要求。此外，可降解材料例如纸类包装在广泛性和深度性上都要比国内高出很多，对减少环境的污染和降低能耗都意义重大。从包装技术来看，食品包装装备在高速稳定性方面始终高出国产装备很多，一方面是不断由很多新材料和新技术的应用，另一方面很多关键共性基础配件的质量也存在较大差距。

（四）食品加工工艺与技术装备融合发展越来越快

由于国际主要发达国家食品来源和食品种类较为一致（亚太地区除外），食品加工工艺已经形成了种类齐全、工艺完整、装备模块化的发展阶段。工艺和装备的融合推动又加快了两者更快的发展，进一步推动整个食品加工和包装领域形成庞大的技术和工艺壁垒，要想在这些领域追赶上，还需要很长时间的积累。工艺和装备的数字化又加速了这一进程，当克朗斯和KHS联合西门子已经发布未来液态食品智能工厂方案时，我国的食品装备企业还停留在努力将食品单机的性能对标到国外的中端产品，数字化无疑又拉大了原来本已缩小的差距。从国际上来看，对食品加工工艺的理解始终是食品装备厂商最为核心的门槛，国内企业自始至终无法追赶上，最大的问题是我们始终将满足食品企业够用作为第一标准，当然也和现在国内食品装备企业所处的发展阶段有关。

五、政策建议

（一）建议国家统筹对食品装备领域的扶持政策

建议统筹当前各项扶持政策，以行业协会为组织单位，抽选专家组成评审专家组，对食品装备企业真正用于补短板领域的装备研发进行直接补贴。建议对食品装备行业中小企业实施"一带一路"发展战略的产品出口和对外投资，在资金、信息、人才、配套等方面出台扶持政策。贯彻落实"一带一路"发展战略，加大食品装备产品出口力度，提高食品装备的整体实力和利润水平，逐步建立起适宜我国出口的食品机械制造体系，发挥出口食品机械物美价廉的优势，实现食品加工和机械制造的出口发展方向。

（二）更大程度发挥行业组织的作用

建议在部委出台和执行相关政策时，更多的让行业协会参与进来，对政策尤其是行业政策的科学性、有效性和前瞻性进行探讨，更有利于各项政策推出的适时性和保障行业的长远健康发展。此外，行业组织可以更好地发挥产、学、研在关键共性食品技术装备的协调合作作用，推动食品技术装备在基础性和前瞻性两个关键领域建立长效的工艺、技术、装备的科研与应用工作。

（三）建议加大军民融合的支持力度

建议发挥食品装备企业现有的资源优势，扩大其产品服务领域。支持企业通过军民融合项目，提高企业的技术研发水平和企业实力，争取在更广范围、更高层次、更深程度上把国防和军队现代化技术与食品装备结合起来。目前我国军民融合的食品装备项目在军用野战饮食中已有体现，如功能性饮料、新型速食包装食品、食品保鲜技术等已经发展到很高的水平，通过技术转让、技术投入、技术合作等形式，一些军民融合企业已经在市场上获得良好的经济效益。但在食品装备高端应用上则缺少技术转换，如在食品装备的装箱、码垛等方面都需要工业机器人的应用，如果可以实现军转民，可大大加快国内的技术发展，提升我国食品装备技术水平，带来巨大的经济效益和社会效益。建议国家层面可以政策上给予支持，项目上给予鼓励，加快国防军工技术与食品机械现代化装备的结合，将军品科技与创新转化、稀释、扩散、注入到民品部门，增强我国食品装备的科技含量，这会给食品装备出口带来巨大的机会，也是新一轮高质量发展的强大动力。

（中国食品和包装机械工业协会　崔林）

第三部分

政策法规及
重要文件

关于坚持农业农村优先发展做好"三农"工作的若干意见

（中共中央 国务院 2019 年 1 月 3 日）

今明两年是全面建成小康社会的决胜期，"三农"领域有不少必须完成的硬任务。党中央认为，在经济下行压力加大、外部环境发生深刻变化的复杂形势下，做好"三农"工作具有特殊重要性。必须坚持把解决好"三农"问题作为全党工作重中之重不动摇，进一步统一思想、坚定信心、落实工作，巩固发展农业农村好形势，发挥"三农"压舱石作用，为有效应对各种风险挑战赢得主动，为确保经济持续健康发展和社会大局稳定、如期实现第一个百年奋斗目标奠定基础。

做好"三农"工作，要以习近平新时代中国特色社会主义思想为指导，全面贯彻党的十九大和十九届二中、三中全会以及中央经济工作会议精神，紧紧围绕统筹推进"五位一体"总体布局和协调推进"四个全面"战略布局，牢牢把握稳中求进工作总基调，落实高质量发展要求，坚持农业农村优先发展总方针，以实施乡村振兴战略为总抓手，对标全面建成小康社会"三农"工作必须完成的硬任务，适应国内外复杂形势变化对农村改革发展提出的新要求，抓重点、补短板、强基础，围绕"巩固、增强、提升、畅通"深化农业供给侧结构性改革，坚决打赢脱贫攻坚战，充分发挥农村基层党组织战斗堡垒作用，全面推进乡村振兴，确保顺利完成到 2020 年承诺的农村改革发展目标任务。

一、聚力精准施策，决战决胜脱贫攻坚

（一）不折不扣完成脱贫攻坚任务

咬定既定脱贫目标，落实已有政策部署，到 2020 年确保现行标准下农村贫困人口实现脱贫、贫困县全部摘帽、解决区域性整体贫困。坚持现行扶贫标准，全面排查解决影响"两不愁三保障"实现的突出问题，防止盲目拔高标准、吊高胃口，杜绝数字脱贫、虚假脱贫。加强脱贫监测。进一步压实脱贫攻坚责任，落实最严格的考核评估，精准问责问效。继续加强东西部扶贫协作和中央单位定点扶贫。深入推进抓党建促脱贫攻坚。组织开展常态化约谈，发现问题随时约谈。用好脱贫攻坚专项巡视成果，推动落实脱贫攻坚政治责任。

（二）主攻深度贫困地区

瞄准制约深度贫困地区精准脱贫的重点难点问题，列出清单，逐项明确责任，对账销号。重大工程建设项目继续向深度贫困地区倾斜，特色产业扶贫、易地扶贫搬迁、生态扶贫、金融扶贫、社会帮扶、干部人才等政策措施向深度贫困地区倾斜。各级财政优先加大"三区三州"脱贫攻坚资金投入。对"三区三州"外贫困人口多、贫困发生率高、脱贫难度大的深度贫困地区，也要统筹资金项目，加大扶持力度。

（三）着力解决突出问题

注重发展长效扶贫产业，着力解决产销脱节、风险保障不足等问题，提高贫困人口参与度和直接受益水平。强化易地扶贫搬迁后续措施，着力解决重搬迁、轻后续帮扶问题，确保搬迁一户、稳定脱贫一户。加强贫困地区义务教育控辍保学，避免因贫失学辍学。落实基本医疗保险、大病保险、医疗救助等多重保障措施，筑牢乡村卫生服务网底，保障贫困人口基本医疗需求。扎实推进生态扶贫，促进扶贫开发与生态保护相协调。坚持扶贫与扶志扶智相结合，加强贫困地区职业教育和技能培训，加强开发式扶贫与保障性扶贫统筹衔接，着力解决"一兜了之"和部分贫困人口等靠要问题，增强贫困群众内生动力和自我发展能力。切实加强一线精准帮扶力量，选优配强驻村工作队伍。关心关爱扶贫干部，加大工作支持力度，帮助解决实际困难，解除后顾之忧。持续开展扶贫领域腐败和作风问题专项治理，严厉查处虚报冒领、贪占挪用和优亲厚友、吃拿卡要等问题。

（四）巩固和扩大脱贫攻坚成果

攻坚期内贫困县、贫困村、贫困人口退出后，相关扶贫政策保持稳定，减少和防止贫困人口返贫。研究解决收入水平略高于建档立卡贫困户的群众缺乏政策支持等新问题。坚持和推广脱贫攻坚中的好经验好做法好路子。做好脱贫攻坚与乡村振兴的衔接，对摘

帽后的贫困县要通过实施乡村振兴战略巩固发展成果，接续推动经济社会发展和群众生活改善。总结脱贫攻坚的实践创造和伟大精神。及早谋划脱贫攻坚目标任务 2020 年完成后的战略思路。

二、夯实农业基础，保障重要农产品有效供给

（一）稳定粮食产量

毫不放松抓好粮食生产，推动藏粮于地、藏粮于技落实落地，确保粮食播种面积稳定在 16.5 亿亩。稳定完善扶持粮食生产政策举措，挖掘品种、技术、减灾等稳产增产潜力，保障农民种粮基本收益。发挥粮食主产区优势，完善粮食主产区利益补偿机制，健全产粮大县奖补政策。压实主销区和产销平衡区稳定粮食生产责任。严守 18 亿亩耕地红线，全面落实永久基本农田特殊保护制度，确保永久基本农田保持在 15.46 亿亩以上。建设现代气象为农服务体系。强化粮食安全省长责任制考核。

（二）完成高标准农田建设任务

巩固和提高粮食生产能力，到 2020 年确保建成 8 亿亩高标准农田。修编全国高标准农田建设总体规划，统一规划布局、建设标准、组织实施、验收考核、上图入库。加强资金整合，创新投融资模式，建立多元筹资机制。实施区域化整体建设，推进田水林路电综合配套，同步发展高效节水灌溉。全面完成粮食生产功能区和重要农产品生产保护区划定任务，高标准农田建设项目优先向"两区"安排。恢复启动新疆优质棉生产基地建设，将糖料蔗"双高"基地建设范围覆盖到划定的所有保护区。进一步加强农田水利建设。推进大中型灌区续建配套节水改造与现代化建设。加大东北黑土地保护力度。加强华北地区地下水超采综合治理。推进重金属污染耕地治理修复和种植结构调整试点。

（三）调整优化农业结构

大力发展紧缺和绿色优质农产品生产，推进农业由增产导向转向提质导向。深入推进优质粮食工程。实施大豆振兴计划，多途径扩大种植面积。支持长江流域油菜生产，推进新品种新技术示范推广和全程机械化。积极发展木本油料。实施奶业振兴行动，加强优质奶源基地建设，升级改造中小奶牛养殖场，实施婴幼儿配方奶粉提升行动。合理调整粮经饲结构，发展青贮玉米、苜蓿等优质饲草料生产。合理确定内陆水域养殖规模，压减近海、湖库过密网箱养殖，推进海洋牧场建设，规范有序发展远洋渔业。降低江河湖泊和近海渔业捕捞强度，全面实施长江水生生物保护

区禁捕。实施农产品质量安全保障工程，健全监管体系、监测体系、追溯体系。加大非洲猪瘟等动物疫情监测防控力度，严格落实防控举措，确保产业安全。

（四）加快突破农业关键核心技术

强化创新驱动发展，实施农业关键核心技术攻关行动，培育一批农业战略科技创新力量，推动生物种业、重型农机、智慧农业、绿色投入品等领域自主创新。建设农业领域国家重点实验室等科技创新平台基地，打造产学研深度融合平台，加强国家现代农业产业技术体系、科技创新联盟、产业创新中心、高新技术产业示范区、科技园区等建设。强化企业技术创新主体地位，培育农业科技创新型企业，支持符合条件的企业牵头实施技术创新项目。继续组织实施水稻、小麦、玉米、大豆和畜禽良种联合攻关，加快选育和推广优质草种。支持薄弱环节适用农机研发，促进农机装备产业转型升级，加快推进农业机械化。加强农业领域知识产权创造与应用。加快先进实用技术集成创新与推广应用。建立健全农业科研成果产权制度，赋予科研人员科技成果所有权，完善人才评价和流动保障机制，落实兼职兼薪、成果权益分配政策。

（五）实施重要农产品保障战略

加强顶层设计和系统规划，立足国内保障粮食等重要农产品供给，统筹用好国际国内两个市场、两种资源，科学确定国内重要农产品保障水平，健全保障体系，提高国内安全保障能力。将稻谷、小麦作为必保品种，稳定玉米生产，确保谷物基本自给、口粮绝对安全。加快推进粮食安全保障立法进程。在提质增效基础上，巩固棉花、油料、糖料、天然橡胶生产能力。加快推进并支持农业走出去，加强"一带一路"农业国际合作，主动扩大国内紧缺农产品进口，拓展多元化进口渠道，培育一批跨国农业企业集团，提高农业对外合作水平。加大农产品反走私综合治理力度。

三、扎实推进乡村建设，加快补齐农村人居环境和公共服务短板

（一）抓好农村人居环境整治三年行动

深入学习推广浙江"千村示范、万村整治"工程经验，全面推开以农村垃圾污水治理、厕所革命和村容村貌提升为重点的农村人居环境整治，确保到 2020 年实现农村人居环境阶段性明显改善，村庄环境基本干净整洁有序，村民环境与健康意识普遍增强。鼓励各地立足实际、因地制宜，合理选择简便易行、长期管用的整治模式，集中攻克技术难题。建立

地方为主、中央补助的政府投入机制。中央财政对农村厕所革命整村推进等给予补助，对农村人居环境整治先进县给予奖励。中央预算内投资安排专门资金支持农村人居环境整治。允许县级按规定统筹整合相关资金，集中用于农村人居环境整治。鼓励社会力量积极参与，将农村人居环境整治与发展乡村休闲旅游等有机结合。广泛开展村庄清洁行动。开展美丽宜居村庄和最美庭院创建活动。农村人居环境整治工作要同农村经济发展水平相适应、同当地文化和风土人情相协调，注重实效，防止做表面文章。

（二）实施村庄基础设施建设工程

推进农村饮水安全巩固提升工程，加强农村饮用水水源地保护，加快解决农村"吃水难"和饮水不安全问题。全面推进"四好农村路"建设，加大"路长制"和示范县实施力度，实现具备条件的建制村全部通硬化路，有条件的地区向自然村延伸。加强村内道路建设。全面实施乡村电气化提升工程，加快完成新一轮农村电网改造。完善县乡村物流基础设施网络，支持产地建设农产品贮藏保鲜、分级包装等设施，鼓励企业在县乡和具备条件的村建立物流配送网点。加快推进宽带网络向村庄延伸，推进提速降费。继续推进农村危房改造。健全村庄基础设施建管长效机制，明确各方管护责任，鼓励地方将管护费用纳入财政预算。

（三）提升农村公共服务水平

全面提升农村教育、医疗卫生、社会保障、养老、文化体育等公共服务水平，加快推进城乡基本公共服务均等化。推动城乡义务教育一体化发展，深入实施农村义务教育学生营养改善计划。实施高中阶段教育普及攻坚计划，加强农村儿童健康改善和早期教育、学前教育。加快标准化村卫生室建设，实施全科医生特岗计划。建立健全统一的城乡居民基本医疗保险制度，同步整合城乡居民大病保险。完善城乡居民基本养老保险待遇确定和基础养老金正常调整机制。统筹城乡社会救助体系，完善最低生活保障制度、优抚安置制度。加快推进农村基层综合性文化服务中心建设。完善农村留守儿童和妇女、老年人关爱服务体系，支持多层次农村养老事业发展，加强和改善农村残疾人服务。推动建立城乡统筹的基本公共服务经费投入机制，完善农村基本公共服务标准。

（四）加强农村污染治理和生态环境保护

统筹推进山水林田湖草系统治理，推动农业农村绿色发展。加大农业面源污染治理力度，开展农业节肥节药行动，实现化肥农药使用量负增长。发展生态循环农业，推进畜禽粪污、秸秆、农膜等农业废弃物资源化利用，实现畜牧养殖大县粪污资源化利用整县治理全覆盖，下大力气治理白色污染。扩大轮作休耕制度试点。创建农业绿色发展先行区。实施乡村绿化美化行动，建设一批森林乡村，保护古树名木，开展湿地生态效益补偿和退耕还湿。全面保护天然林。加强"三北"地区退化防护林修复。扩大退耕还林还草，稳步实施退牧还草。实施新一轮草原生态保护补助奖励政策。落实河长制、湖长制，推进农村水环境治理，严格乡村河湖水域岸线等水生态空间管理。

（五）强化乡村规划引领

把加强规划管理作为乡村振兴的基础性工作，实现规划管理全覆盖。以县为单位抓紧编制或修编村庄布局规划，县级党委和政府要统筹推进乡村规划工作。按照先规划后建设的原则，通盘考虑土地利用、产业发展、居民点建设、人居环境整治、生态保护和历史文化传承，注重保持乡土风貌，编制多规合一的实用性村庄规划。加强农村建房许可管理。

四、发展壮大乡村产业，拓宽农民增收渠道

（一）加快发展乡村特色产业

因地制宜发展多样性特色农业，倡导"一村一品"、"一县一业"。积极发展果菜茶、食用菌、杂粮杂豆、薯类、中药材、特色养殖、林特花卉苗木等产业。支持建设一批特色农产品优势区。创新发展具有民族和地域特色的乡村手工业，大力挖掘农村能工巧匠，培育一批家庭工场、手工作坊、乡村车间。健全特色农产品质量标准体系，强化农产品地理标志和商标保护，创响一批"土字号"、"乡字号"特色产品品牌。

（二）大力发展现代农产品加工业

以"粮头食尾"、"农头工尾"为抓手，支持主产区依托县域形成农产品加工产业集群，尽可能把产业链留在县域，改变农村卖原料、城市搞加工的格局。支持发展适合家庭农场和农民合作社经营的农产品初加工，支持县域发展农产品精深加工，建成一批农产品专业村镇和加工强县。统筹农产品产地、集散地、销地批发市场建设，加强农产品物流骨干网络和冷链物流体系建设。培育农业产业化龙头企业和联合体，推进现代农业产业园、农村产业融合发展示范园、农业产业强镇建设。健全农村一二三产业融合发展利益联结机制，让农民更多分享产业增值收益。

（三）发展乡村新型服务业

支持供销、邮政、农业服务公司、农民合作社等开展农技推广、土地托管、代耕代种、统防统治、烘干收储等农业生产性服务。充分发挥乡村资源、生态

和文化优势，发展适应城乡居民需要的休闲旅游、餐饮民宿、文化体验、健康养生、养老服务等产业。加强乡村旅游基础设施建设，改善卫生、交通、信息、邮政等公共服务设施。

（四）实施数字乡村战略

深入推进"互联网＋农业"，扩大农业物联网示范应用。推进重要农产品全产业链大数据建设，加强国家数字农业农村系统建设。继续开展电子商务进农村综合示范，实施"互联网＋"农产品出村进城工程。全面推进信息进村入户，依托"互联网＋"推动公共服务向农村延伸。

（五）促进农村劳动力转移就业

落实更加积极的就业政策，加强就业服务和职业技能培训，促进农村劳动力多渠道转移就业和增收。发展壮大县域经济，引导产业有序梯度转移，支持适宜产业向小城镇集聚发展，扶持发展吸纳就业能力强的乡村企业，支持企业在乡村兴办生产车间、就业基地，增加农民就地就近就业岗位。稳定农民工就业，保障工资及时足额发放。加快农业转移人口市民化，推进城镇基本公共服务常住人口全覆盖。

（六）支持乡村创新创业

鼓励外出农民工、高校毕业生、退伍军人、城市各类人才返乡下乡创新创业，支持建立多种形式的创业支撑服务平台，完善乡村创新创业支持服务体系。落实好减税降费政策，鼓励地方设立乡村就业创业引导基金，加快解决用地、信贷等困难。加强创新创业孵化平台建设，支持创建一批返乡创业园，支持发展小微企业。

五、全面深化农村改革，激发乡村发展活力

（一）巩固和完善农村基本经营制度

坚持家庭经营基础性地位，赋予双层经营体制新的内涵。突出抓好家庭农场和农民合作社两类新型农业经营主体，启动家庭农场培育计划，开展农民合作社规范提升行动。深入推进示范合作社建设，建立健全支持家庭农场、农民合作社发展的政策体系和管理制度。落实扶持小农户和现代农业发展有机衔接的政策，完善"农户＋合作社"、"农户＋公司"利益联结机制。加快培育各类社会化服务组织，为一家一户提供全程社会化服务。加快出台完善草原承包经营制度的意见。加快推进农业水价综合改革，健全节水激励机制。继续深化供销合作社综合改革，制定供销合作社条例。深化集体林权制度和国有林区林场改革。大力推进农垦垦区集团化、农场企业化改革。

（二）深化农村土地制度改革

保持农村土地承包关系稳定并长久不变，研究出台配套政策，指导各地明确第二轮土地承包到期后延包的具体办法，确保政策衔接平稳过渡。完善落实集体所有权、稳定农户承包权、放活土地经营权的法律法规和政策体系。在基本完成承包地确权登记颁证工作基础上，开展"回头看"，做好收尾工作，妥善化解遗留问题，将土地承包经营权证书发放至农户手中。健全土地流转规范管理制度，发展多种形式农业适度规模经营，允许承包土地的经营权担保融资。总结好农村土地制度三项改革试点经验，巩固改革成果。坚持农村土地集体所有、不搞私有化，坚持农地农用、防止非农化，坚持保障农民土地权益、不得以退出承包地和宅基地作为农民进城落户条件，进一步深化农村土地制度改革。在修改相关法律的基础上，完善配套制度，全面推开农村土地征收制度改革和农村集体经营性建设用地入市改革，加快建立城乡统一的建设用地市场。加快推进宅基地使用权确权登记颁证工作，力争2020年基本完成。稳慎推进农村宅基地制度改革，拓展改革试点，丰富试点内容，完善制度设计。抓紧制定加强农村宅基地管理指导意见。研究起草农村宅基地使用条例。开展闲置宅基地复垦试点。允许在县域内开展全域乡村闲置校舍、厂房、废弃地等整治，盘活建设用地重点用于支持乡村新产业新业态和返乡下乡创业。严格农业设施用地管理，满足合理需求。巩固"大棚房"问题整治成果。按照"取之于农，主要用之于农"的要求，调整完善土地出让收入使用范围，提高农业农村投入比例，重点用于农村人居环境整治、村庄基础设施建设和高标准农田建设。扎实开展新增耕地指标和城乡建设用地增减挂钩节余指标跨省域调剂使用，调剂收益全部用于巩固脱贫攻坚成果和支持乡村振兴。加快修订土地管理法、物权法等法律法规。

（三）深入推进农村集体产权制度改革

按期完成全国农村集体资产清产核资，加快农村集体资产监督管理平台建设，建立健全集体资产各项管理制度。指导农村集体经济组织在民主协商的基础上，做好成员身份确认，注重保护外嫁女等特殊人群的合法权利，加快推进农村集体经营性资产股份合作制改革，继续扩大试点范围。总结推广资源变资产、资金变股金、农民变股东经验。完善农村集体产权权能，积极探索集体资产股权质押贷款办法。研究制定农村集体经济组织法。健全农村产权流转交易市场，推动农村各类产权流转交易公开规范运行。研究完善适合农村集体经济组织特点的税收优惠政策。

（四）完善农业支持保护制度

按照增加总量、优化存量、提高效能的原则，强化高质量绿色发展导向，加快构建新型农业补贴政策体系。按照适应世贸组织规则、保护农民利益、支持农业发展的原则，抓紧研究制定完善农业支持保护政策的意见。调整改进"黄箱"政策，扩大"绿箱"政策使用范围。按照更好发挥市场机制作用取向，完善稻谷和小麦最低收购价政策。完善玉米和大豆生产者补贴政策。健全农业信贷担保费率补助和以奖代补机制，研究制定担保机构业务考核的具体办法，加快做大担保规模。按照扩面增品提标的要求，完善农业保险政策。推进稻谷、小麦、玉米完全成本保险和收入保险试点。扩大农业大灾保险试点和"保险＋期货"试点。探索对地方优势特色农产品保险实施以奖代补试点。打通金融服务"三农"各个环节，建立县域银行业金融机构服务"三农"的激励约束机制，实现普惠性涉农贷款增速总体高于各项贷款平均增速。推动农村商业银行、农村合作银行、农村信用社逐步回归本源，为本地"三农"服务。研究制定商业银行"三农"事业部绩效考核和激励的具体办法。用好差别化准备金率和差异化监管等政策，切实降低"三农"信贷担保服务门槛，鼓励银行业金融机构加大对乡村振兴和脱贫攻坚中长期信贷支持力度。支持重点领域特色农产品期货期权品种上市。

六、完善乡村治理机制，保持农村社会和谐稳定

（一）增强乡村治理能力

建立健全党组织领导的自治、法治、德治相结合的领导体制和工作机制，发挥群众参与治理主体作用。开展乡村治理体系建设试点和乡村治理示范村镇创建。加强自治组织规范化制度化建设，健全村级议事协商制度，推进村级事务公开，加强村级权力有效监督。指导农村普遍制定或修订村规民约。推进农村基层依法治理，建立健全公共法律服务体系。加强农业综合执法。

（二）加强农村精神文明建设

引导农民践行社会主义核心价值观，巩固党在农村的思想阵地。加强宣传教育，做好农民群众的思想工作，宣传党的路线方针和强农惠农富农政策，引导农民听党话、感党恩、跟党走。开展新时代文明实践中心建设试点，抓好县级融媒体中心建设。深化拓展群众性精神文明创建活动，推出一批农村精神文明建设示范县、文明村镇、最美家庭，挖掘和树立道德榜样典型，发挥示范引领作用。支持建设文化礼堂、文化广场等设施，培育特色文化村镇、村寨。持续推进农村移风易俗工作，引导和鼓励农村基层群众性自治组织采取约束性强的措施，对婚丧陋习、天价彩礼、孝道式微、老无所养等不良社会风气进行治理。

（三）持续推进平安乡村建设

深入推进扫黑除恶专项斗争，严厉打击农村黑恶势力，杜绝"村霸"等黑恶势力对基层政权的侵蚀。严厉打击敌对势力、邪教组织、非法宗教活动向农村地区的渗透。推进纪检监察工作向基层延伸，坚决查处发生在农民身边的不正之风和腐败问题。健全落实社会治安综合治理领导责任制。深化拓展网格化服务管理，整合配优基层一线平安建设力量，把更多资源、服务、管理放到农村社区。加强乡村交通、消防、公共卫生、食品药品安全、地质灾害等公共安全事件易发领域隐患排查和专项治理。加快建设信息化、智能化农村社会治安防控体系，继续推进农村"雪亮工程"建设。坚持发展新时代"枫桥经验"，完善农村矛盾纠纷排查调处化解机制，提高服务群众、维护稳定的能力和水平。

七、发挥农村党支部战斗堡垒作用，全面加强农村基层组织建设

（一）强化农村基层党组织领导作用

抓实建强农村基层党组织，以提升组织力为重点，突出政治功能，持续加强农村基层党组织体系建设。增加先进支部、提升中间支部、整顿后进支部，以县为单位对软弱涣散村党组织"一村一策"逐个整顿。对村"两委"换届进行一次"回头看"，坚决把受过刑事处罚、存在"村霸"和涉黑涉恶等问题的村"两委"班子成员清理出去。实施村党组织带头人整体优化提升行动，配齐配强班子。全面落实村党组织书记县级党委备案管理制度。建立第一书记派驻长效工作机制，全面向贫困村、软弱涣散村和集体经济空壳村派出第一书记，并向乡村振兴任务重的村拓展。加大从高校毕业生、农民工、退伍军人、机关事业单位优秀党员中培养选拔村党组织书记力度。健全从优秀村党组织书记中选拔乡镇领导干部、考录乡镇公务员、招聘乡镇事业编制人员的常态化机制。落实村党组织5年任期规定，推动全国村"两委"换届与县乡换届同步进行。优化农村党员队伍结构，加大从青年农民、农村外出务工人员中发展党员力度。健全县级党委抓乡促村责任制，县乡党委要定期排查并及时解决基层组织建设突出问题。加强和改善村党组织对村级各类组织的领导，健全以党组织为领导的村级组织

体系。全面推行村党组织书记通过法定程序担任村委会主任，推行村"两委"班子成员交叉任职，提高村委会成员和村民代表中党员的比例。加强党支部对村级集体经济组织的领导。全面落实"四议两公开"，健全村级重要事项、重大问题由村党组织研究讨论机制。

（二）发挥村级各类组织作用

理清村级各类组织功能定位，实现各类基层组织按需设置、按职履责、有人办事、有章理事。村民委员会要履行好基层群众性自治组织功能，增强村民自我管理、自我教育、自我服务能力。全面建立健全村务监督委员会，发挥在村务决策和公开、财产管理、工程项目建设、惠农政策措施落实等事项上的监督作用。强化集体经济组织服务功能，发挥在管理集体资产、合理开发集体资源、服务集体成员等方面的作用。发挥农村社会组织在服务农民、树立新风等方面的积极作用。

（三）强化村级组织服务功能

按照有利于村级组织建设、有利于服务群众的原则，将适合村级组织代办或承接的工作事项交由村级组织，并保障必要工作条件。规范村级组织协助政府工作事项，防止随意增加村级组织工作负担。统筹乡镇站所改革，强化乡镇为农服务体系建设，确保乡镇有队伍、有资源为农服务。

（四）完善村级组织运转经费保障机制

健全以财政投入为主的稳定的村级组织运转经费保障制度，全面落实村干部报酬待遇和村级组织办公经费，建立正常增长机制，保障村级公共服务运行维护等其他必要支出。把发展壮大村级集体经济作为发挥农村基层党组织领导作用的重要举措，加大政策扶持和统筹推进力度，因地制宜发展壮大村级集体经济，增强村级组织自我保障和服务农民能力。

八、加强党对"三农"工作的领导，落实农业农村优先发展总方针

（一）强化五级书记抓乡村振兴的制度保障

实行中央统筹、省负总责、市县乡抓落实的农村工作机制，制定落实五级书记抓乡村振兴责任的实施细则，严格督查考核。加强乡村振兴统计监测工作。2019年各省（自治区、直辖市）党委要结合本地实际，出台市县党政领导班子和领导干部推进乡村振兴战略的实绩考核意见，并加强考核结果应用。各地区各部门要抓紧梳理全面建成小康社会必须完成的硬任务，强化工作举措，确保2020年圆满完成各项任务。

（二）牢固树立农业农村优先发展政策导向

各级党委和政府必须把落实"四个优先"的要求作为做好"三农"工作的头等大事，扛在肩上、抓在手上，同政绩考核联系到一起，层层落实责任。优先考虑"三农"干部配备，把优秀干部充实到"三农"战线，把精锐力量充实到基层一线，注重选拔熟悉"三农"工作的干部充实地方各级党政班子。优先满足"三农"发展要素配置，坚决破除妨碍城乡要素自由流动、平等交换的体制机制壁垒，改变农村要素单向流出格局，推动资源要素向农村流动。优先保障"三农"资金投入，坚持把农业农村作为财政优先保障领域和金融优先服务领域，公共财政更大力度向"三农"倾斜，县域新增贷款主要用于支持乡村振兴。地方政府债券资金要安排一定比例用于支持农村人居环境整治、村庄基础设施建设等重点领域。优先安排农村公共服务，推进城乡基本公共服务标准统一、制度并轨，实现从形式上的普惠向实质上的公平转变。完善落实农业农村优先发展的顶层设计，抓紧研究出台指导意见和具体实施办法。

（三）培养懂农业、爱农村、爱农民的"三农"工作队伍

建立"三农"工作干部队伍培养、配备、管理、使用机制，落实关爱激励政策。引导教育"三农"干部大兴调查研究之风，倡导求真务实精神，密切与群众联系，加深对农民感情。坚决纠正脱贫攻坚和乡村振兴工作中的形式主义、官僚主义，清理规范各类检查评比、考核督导事项，切实解决基层疲于迎评迎检问题，让基层干部把精力集中到为群众办实事办好事上来。把乡村人才纳入各级人才培养计划予以重点支持。建立县域人才统筹使用制度和乡村人才定向委托培养制度，探索通过岗编适度分离、在岗学历教育、创新职称评定等多种方式，引导各类人才投身乡村振兴。对作出突出贡献的各类人才给予表彰和奖励。实施新型职业农民培育工程。大力发展面向乡村需求的职业教育，加强高等学校涉农专业建设。抓紧出台培养懂农业、爱农村、爱农民"三农"工作队伍的政策意见。

（四）发挥好农民主体作用

加强制度建设、政策激励、教育引导，把发动群众、组织群众、服务群众贯穿乡村振兴全过程，充分尊重农民意愿，弘扬自力更生、艰苦奋斗精神，激发和调动农民群众积极性主动性。发挥政府投资的带动作用，通过民办公助、筹资筹劳、以奖代补、以工代赈等形式，引导和支持村集体和农民自主组织实施或参与直接受益的村庄基础设施建设和农村人居环境整治。加强筹资筹劳使用监管，防止增加农民负担。出

台村庄建设项目简易审批办法，规范和缩小招投标适用范围，让农民更多参与并从中获益。

当前，做好"三农"工作意义重大、任务艰巨、要求迫切，除上述8个方面工作之外，党中央、国务院部署的其他各项工作必须久久为功、狠抓落实、务求实效。

让我们紧密团结在以习近平同志为核心的党中央周围，全面贯彻落实习近平总书记关于做好"三农"工作的重要论述，锐意进取、攻坚克难、扎实工作，为决胜全面建成小康社会、推进乡村全面振兴作出新的贡献。

关于做好 2019 年农业农村工作的实施意见

（农业农村部　中农发［2019］1号　2019年1月21日）

各省、自治区、直辖市及计划单列市党委农办，农业农村、农牧、农机、畜牧、兽医、农垦、农产品加工、渔业厅（局、委、办），新疆生产建设兵团党委农办、农业局，机关各司局、派出机构、部直属各单位：

为深入贯彻落实中央经济工作会议、中央农村工作会议和《中共中央 国务院关于坚持农业农村优先发展 做好"三农"工作的若干意见》精神，现就扎实做好2019年农业农村工作提出以下意见，请结合实际，认真抓好落实。

2018年，各级农业农村部门以习近平新时代中国特色社会主义思想为指导，坚决贯彻落实党中央、国务院决策部署，统筹实施乡村振兴战略，扎实做好农业农村工作，圆满完成各项任务，农业农村发展稳中有进，农业再获丰收，乡村振兴开局良好，为经济社会发展大局提供了有力支撑。

2019年是新中国成立70周年，是全面建成小康社会关键之年，巩固发展农业农村好形势，具有特殊重要意义。2019年农业农村工作要以习近平新时代中国特色社会主义思想为指导，全面贯彻党的十九大和十九届二中、三中全会及中央经济工作会议、中央农村工作会议精神，坚持稳中求进工作总基调，落实高质量发展要求，坚持农业农村优先发展总方针，以实现农业农村现代化为总目标，以实施乡村振兴战略为总抓手，对标全面建成小康社会"三农"工作必须完成的硬任务，适应新形势新任务新要求，立足全局抓重点，担当作为抓落实，围绕"巩固、增强、提升、畅通"深化农业供给侧结构性改革，加大脱贫攻坚力度，提升农业发展质量，稳定粮食生产，保障重要农产品供给，发展壮大乡村产业，促进农民持续增收，抓好农村人居环境整治，全面深化农村改革，加强文明乡风建设，健全乡村治理体系，充分发挥农村基层党组织战斗堡垒作用，全面推进乡村振兴，确保到2020年承诺的农村改革发展目标任务如期推进，以优异成绩庆祝新中国成立70周年。

一、围绕全局抓大事要事，坚决完成关系全局的硬任务

1. 不折不扣完成脱贫攻坚任务

指导督促落实好打赢脱贫攻坚战三年行动，巩固和扩大脱贫攻坚成果。聚焦"三区三州"等深度贫困地区和特殊贫困群体，牵头抓好产业扶贫，帮助做大做强长效扶贫产业。强化主体培育，引导龙头企业到贫困地区投资兴业，创新完善联贫带贫机制。强化科技人才服务，建立贫困县产业技术专家组和产业发展指导员制度，组织开展农产品产销对接行动。及早研究谋划脱贫攻坚与乡村振兴相衔接的有效措施和办法。扎实做好定点扶贫、环京津农业扶贫工作，统筹推进大兴安岭南麓片区扶贫和农业援疆、援藏。

2. 坚持不懈稳定粮食生产

推动藏粮于地、藏粮于技落实落地，确保粮食播种面积稳定在16.5亿亩。将稻谷、小麦作为必保品种，稳定玉米生产，确保谷物基本自给、口粮绝对安全。完善稻谷、小麦最低收购价政策和玉米生产者补贴，完善粮食主产区利益补偿机制，健全产粮大县奖补政策。加强灾情和病虫害监测预警，深入推进绿色优质高效行动，鼓励粮食规模化生产，培育农业社会化服务组织，增强风险防范能力。严守耕地保护红线，全面落实永久基本农田特殊保护制度，确保永久基本农田保持在15.46亿亩以上。强化粮食安全省长

责任制考核。

3. 扎实推进农村人居环境整治三年行动

以学习推广浙江"千村示范、万村整治"工程经验为引领，推动农村人居环境整治工作从典型示范转向面上推开。推进农村"厕所革命"专项行动，科学编制改厕方案，总结推介一批农村改厕技术产品，加强后续使用维护服务和厕所粪污处理。实施村庄清洁行动，重点清理农村生活垃圾、清理村内塘沟、清理畜禽粪污等农业生产废弃物，改变不良习惯，逐步提升村容村貌。发挥好牵头抓总、统筹协调作用，会同相关职能部门扎实推进农村生活垃圾治理专项行动、农村生活污水治理专项行动等。推动建立地方为主、中央补助的政府投入机制，中央财政对农村厕所革命整村推进等给予补助，对农村人居环境整治先进县给予奖励。配合组织好国务院大检查。注重农村人居环境整治工作实效，防止做表面文章。统筹推进农村污染治理和生态环境保护工作。

4. 按时保质完成"大棚房"问题专项清理整治行动

全面排查"大棚房"问题，摸清底数，建立台账，依法依规整治整改。重点清查在各类农业园区内占用耕地或直接在耕地上借建农业设施之名违法违规搞非农业建设，在农业大棚内违法违规占用耕地进行非农业建设，以及农业大棚看护房严重超标准建设，甚至违法违规改变性质用途，进行住宅类经营性开发和建设餐饮设施等，严守耕地保护红线，坚决遏制农地非农化乱象。

5. 有力有效做好非洲猪瘟等重大动物疫病防控工作

压实属地责任，严格落实防控措施，严防疫情蔓延成势。探索建立分区防控制度，建立省际联席会议制度和运行协调监督机制。全面加强生猪承运车辆备案管理，严格实施生猪及产品调运监管。推动建立餐厨剩余物全链条管理机制，严格落实禁止使用餐厨剩余物喂猪措施。推进生猪屠宰标准化建设，强化产销对接，保障肉品市场供给。健全动物防疫和监督管理体系，稳定基层兽医机构和队伍，加快非洲猪瘟疫苗和诊断试剂研发进程。统筹抓好口蹄疫、高致病性禽流感、布鲁氏菌病等优先病种防治。

二、推进农业高质量发展，提高农业供给体系的保障能力和质量效率

6. 调整优化农业结构

推进农业供给侧结构性改革往深里做、往细里做，增加紧缺和绿色优质农产品供给。巩固非优势产区玉米结构调整成果，适当调减低质低效区水稻、小麦种植。研究制定加强油料生产保障供给的意见，组织实施大豆振兴计划，推进大豆良种增产增效行动，完善大豆生产者补贴政策，扩大东北、黄淮海地区大豆面积。大力发展长江流域油菜生产，推进新品种新技术示范推广和全程机械化。继续推进粮改饲，大力发展青贮玉米、苜蓿等优质饲草料生产，促进草食畜牧业发展。继续开展畜禽养殖标准化示范创建，优化生猪产业和屠宰产能布局，主产区形成与出栏量相匹配的屠宰能力。推动出台水产养殖绿色发展意见，发布实施养殖水域滩涂规划，合理确定内陆水域养殖规模，压减近海、湖库过密网箱养殖。新创建水产健康养殖示范场500个以上，推进海洋牧场建设，大力发展稻渔综合种养、大水面生态养殖和深远海养殖。降低江河湖泊和近海渔业捕捞强度，规范有序发展远洋渔业。推进渔港综合管理改革。

7. 实施奶业振兴行动

加强优质奶源基地建设，升级改造中小奶牛养殖场。积极发展奶牛家庭牧场，培育壮大奶农合作组织，支持和指导有条件的奶农发展乳制品加工。实施振兴奶业苜蓿发展行动，支持优势产区大规模种植苜蓿。支持奶牛养殖社会化服务体系建设，探索建立地（市）级生鲜乳收购第三方质量检测中心，完善生鲜乳收购站、运输车监管监测信息系统。实施婴幼儿配方奶粉提升行动，推广国家学生饮用奶计划。

8. 大力推进高标准农田建设

全年新增高标准农田8 000万亩以上，新增高效节水灌溉面积2 000万亩以上。加强资金整合，创新投融资模式，建立多元筹资机制。编制《全国高标准农田建设规划（2019—2022年）》，形成统一规划布局、建设标准、组织实施、验收考核、上图入库的农田建设管理体系。实施区域化整体建设，推进田水林路电综合配套，统筹发展高效节水灌溉。恢复启动新疆优质棉生产基地建设，将糖料蔗"双高"基地建设范围覆盖到划定的所有保护区。完成10.58亿亩粮食生产功能区和重要农产品生产保护区划定任务，高标准农田建设和农田水利项目优先向"两区"安排。实施耕地质量保护提升行动，健全管护机制，加强耕地质量调查评价与监测。支持丘陵山区"宜机化"农田改造。

9. 持续推进农业绿色发展

继续实施农业绿色发展五大行动，加大农业面源污染治理力度。大力实施畜禽粪污资源化利用整县推进项目，实现畜牧大县全覆盖，推动大型规模养殖场粪污处理设施装备配套率达到100%，同步推进中小

养殖场和散养户粪污治理。耕地轮作休耕制度试点保持在 3 000 万亩以上。持续推进农药化肥减量增效，将果菜茶有机肥替代化肥试点扩大到 175 个县，开展农药化肥包装废弃物回收。推进兽用抗菌药使用减量化行动试点工作。在 100 个县开展农膜回收示范行动。建设一批秸秆综合利用整县推进试点，创设区域性补偿制度。强化耕地土壤污染管控与修复，推进耕地土壤环境质量类别划分，严格管控重污染耕地，安全利用中轻度污染耕地。强化渔业资源养护，持续打击电鱼、涉渔"三无"船舶和绝户网等非法捕捞行为。加快推动长江流域重点水域渔民退捕上岸，全面实施长江水生生物保护区禁捕。完善海洋伏季休渔制度，启动实施海河、辽河、松花江流域禁渔期制度。

10. 提升农产品质量安全水平

实施农产品质量安全保障工程，健全监管体系、监测体系、追溯体系。实施国家质量兴农战略规划。健全农兽药残留标准，整建制推行标准化生产，鼓励龙头企业、农民合作社、家庭农场等新型经营主体按标生产。推动建立农产品生产经营主体信用档案。加大农产品质量安全抽检监测力度，开展重点产品突出问题专项整治。再创建 100 个国家农产品质量安全县，鼓励有条件的地区开展整市整省创建。加强国家农产品质量安全追溯平台推广应用，落实追溯管理与创建认定、产品认证等挂钩机制，推进产地准出及食用农产品合格证管理，建立准出准入衔接机制。

11. 强化农业科技创新推广

实施乡村振兴科技支撑行动，加强国家现代农业产业技术体系和现代农业产业科技创新中心建设，适时再启动建设 1～2 个创新中心，完善国家农业科技创新联盟运行机制，推动国家热带农业科学中心建设。着力在生物种业、现代农机、智慧农业、绿色投入品等领域，加快关键核心技术攻关与装备创制应用。实施农业重大技术协同推广计划、农技推广服务特聘计划，建设一批国家农业科技示范展示基地，建设 100 个农业科技强镇和 1 000 个科技引领示范村（镇）。深化农业科技成果产权改革试点，抓好 12 个中央级农业科研机构绩效评价改革试点，赋予科研人员科技成果所有权，完善人才评价和流动保障机制，落实兼职兼薪、成果权益分配等政策。

12. 推进农机化转型升级

贯彻落实国务院《关于加快推进农业机械化和农机装备产业转型升级的指导意见》，深入开展主要农作物生产全程机械化推进行动，再创建 100 个全程机械化示范县，重点补齐水稻机种、甘蔗机收等短板环节。推动丘陵山区和畜牧水产、特色产业适用农机装备研发推广。稳定完善农机购置补贴政策，改进农机试验鉴定办法，加强农机安全监管。大力发展农机合作社等新型农机服务组织，推广"全程机械化＋综合农事服务"等社会化服务模式，实施深松深翻 1.4 亿亩以上。

13. 加快发展现代种业

加强农作物种质资源和畜禽水产遗传资源保护，建立健全资源保护管理与监测体系。实施现代种业提升工程，组织开展良种联合攻关，加快培育一批高产稳产、优质专用、绿色生态、适宜机械化轻简化新品种。实施畜禽种业振兴行动，以生猪、奶牛、肉牛、肉羊、肉鸡等为重点，推进畜禽品种联合攻关和遗传改良。高标准落实南繁科研育种基地建设规划，加快推进配套服务区建设，打造"南繁硅谷"。

14. 实施数字乡村战略

印发实施国家数字农业农村发展规划，加强农村网络宽带设施和农业农村基础数据资源体系建设。推动农业农村大数据平台和重要农产品全产业链大数据中心建设，扩大农业物联网示范应用。深入实施信息进村入户工程，加快益农信息社建设，健全完善市场化运营机制，2019 年底覆盖 50％以上的行政村。组织实施"互联网＋"农产品出村进城工程，推进优质特色农产品网络销售。继续做好农民手机应用培训。

15. 推进农业走出去

加大境外农业合作示范区和农业对外合作试验区建设力度。引导企业到"一带一路"共建国家和地区建设农产品生产、加工、仓储、物流基地。实施特色优势农产品出口促进行动，加大对蔬菜、水果、水产品等优势农产品出口加工企业国际营销促销和申请认证认可的支持力度。做大农药、化肥、良种、农机等境外市场。扩大国内紧缺农产品进口，拓展多元化进口渠道，支持发展跨国农业企业集团。

三、发展壮大乡村产业，拓宽农民增收渠道

16. 加快发展现代农产品加工业

实施农产品加工业提升行动，支持农户和农民合作社建设储藏、保鲜、烘干、清选分级、包装等设施装备，发展农产品初加工，支持主产区依托县域形成农产品加工产业集群，发展农产品精深加工，形成一批农产品专业村镇和加工强县，建设一批全国农产品精深加工示范基地，认定一批农业产业化国家重点龙头企业。在优势产区和特色产区建成一批全国性产地

示范市场、田头示范市场。支持农产品物流骨干网络和冷链物流体系建设。

17. 加快发展乡村特色产业和新型服务业

新创建一批农业产业强镇，认定 100 个产业融合发展先导区。创新发展具有民族和地域特色的乡村手工业，发掘农村能工巧匠，培育一批家庭工场、手工作坊、乡村车间。因地制宜发展多样性特色农业，倡导"一村一品""一县一业"，积极发展果菜茶、食用菌、杂粮杂豆、薯类、中药材、特色养殖等产业。发展农村电商、共享农庄、创意农业、餐饮民宿、文化体验、健康养生、养老服务等新产业新业态，推介培育一批乡村休闲旅游精品和美丽乡村。

18. 加快发展农业生产性服务业

大力培育新型服务主体，创新组织方式，提高农业生产薄弱环节和关键领域服务水平。通过政府购买服务、以奖代补、先服务后补助等方式，支持农业服务企业、农民合作社等开展农技推广、土地托管、代耕代种、烘干收储等面向小农户的生产性服务。加强规范管理，完善服务标准，总结推广典型服务模式。

19. 深入推进品牌强农

加强农业品牌创建、培育和保护。实施中国农业品牌目录制度，建立分类别多层级的中国农业品牌目录体系，建立健全支持农业品牌的政策体系和管理制度。制定中国农业品牌评价标准，建立区域公用品牌、企业品牌和产品品牌评价标准体系。创新品牌营销推介，塑强一批国家级农业品牌，创响一批"土字号""乡字号"特色产品品牌。强化农业品牌监管，重点抓好质量安全、诚信建设等关键环节，加强对国家级农业品牌动态管理。加快中国农业品牌"走出去"步伐。

20. 大力推进乡村创新创业

深入推进农业农村领域"放管服"改革，完善乡村双创政策支持体系，重点解决信贷、技术、用地、用电等方面困难。加大双创人才培训力度，开展带头人培育行动。建设一批双创园区，认定一批实训孵化基地，吸引外出农民工、高校毕业生、退伍军人、科技人员和城市各类人才，返乡下乡创新创业。加强双创典型推介。

四、加快补齐农村发展短板，提升
乡村建设和治理水平

21. 推进村庄规划编制

指导督促以县为单位做好村庄布局规划制定或修编工作，实现规划管理全覆盖。与相关部门紧密配合，高质量编制多规合一的实用性村庄规划，有条件的村实现应编尽编。推进各类资源要素优先用于已编制规划的村庄。

22. 推动提升农村基础设施建设和公共服务水平

推动实施村庄基础设施建设工程，配合有关部门，实施农村饮水安全巩固提升工程，推进"四好"农村路和村内道路建设。推动完成新一轮农村电网改造。支持产地建设农产品贮藏保鲜、分级包装等设施。推动农村科教文卫体等社会事业全面发展，提升社保、养老等服务水平，推动公共资源向农村倾斜，促进完善基本公共服务标准。引导政府管理服务向农村基层倾斜，构建线上线下相结合的乡村便民服务体系。推动健全完善村庄基础设施建管长效机制，明确各方管护责任，鼓励地方将管护费用纳入财政预算。

23. 推动加强农村基层组织建设

会同组织等部门，持续加强农村基层党组织体系建设，发挥好农村党支部战斗堡垒作用。实施村党组织带头人整体优化提升行动，选派优秀干部到贫困村、软弱涣散村和乡村振兴重点（示范）村任第一书记。以县为单位"一村一策"逐个整顿软弱涣散村党组织。加强和改善村党组织对村级各类组织领导。推动健全以财政投入为主的稳定的村级组织运转经费保障制度，增强村级组织服务农民能力，保障村级公共服务运行维护等必要支出。

24. 推进文明乡风建设

推动出台推进文明乡风建设的指导文件，配合做好农村精神文明建设示范县和文明村镇创建活动。引导农民践行社会主义核心价值观。大力推进移风易俗，充分发挥村规民约的作用，采取群众认可的约束性措施有效遏制婚丧陋习、天价彩礼、孝道式微、老无所养等不良社会风气。研究制定国家重要农业文化遗产保护传承指导意见，组织开展第五批中国重要农业文化遗产认定，做好全球农业重要文化遗产申报工作。办好庆祝新中国成立 70 周年相关文化、体育活动和中国农民丰收节。

25. 推进乡村治理

推动出台加强和改进乡村治理的政策文件，建立健全党组织领导的自治、法治、德治相结合的领导体制和工作机制。组织开展乡村治理体系建设试点和乡村治理示范村镇创建。配合有关部门加强自治组织规范化制度化建设，健全村级议事协商制度，加强村级权力有效监督。深入治理涉农乱收费，加强筹资筹劳使用监管。推进农村基层依法治理，配合做好扫黑除恶工作，推进平安乡镇、平安村庄建设，确保农村社会和谐稳定。

五、深化农村改革，激发农业农村发展活力

26. 深化农村承包地"三权分置"改革

研究提出保持农村土地承包关系稳定并长久不变的配套政策建议，贯彻实施《农村土地承包法》，指导地方研究提出第二轮土地承包到期后延包的具体办法，选择 10 个县组织开展承包期再延长 30 年试点。完善落实集体所有权、稳定农户承包权、放活土地经营权的政策体系，发展多种形式农业适度规模经营。制定和推广使用全国土地流转合同示范文本。加强对工商企业租赁农地监管，指导地方建立健全资格审查、项目审核和风险防范制度。做好农村承包地确权登记颁证收尾工作，组织开展"回头看"，妥善解决各类纠纷，将土地承包经营权证书发到农户手中。加快国家级确权登记数据库和信息平台建设运营。

27. 全面加强农村集体资产管理

按期完成农村集体资产清产核资，加快监督管理平台建设，建立健全集体资产管理制度。指导农村集体经济组织在民主协商基础上，做好成员身份确认，注重保护外嫁女等特殊群体合法权利，扩大农村集体产权制度改革试点范围，再选择 10 个左右省份、30 个左右地市整建制开展改革试点，鼓励地方自主扩大试点。做好新成立集体经济组织登记赋码工作，开展集体经济发展壮大试点示范。指导健全完善农村产权流转交易市场，推动农村各类产权流转交易公开规范运行。推动研究完善适合农村集体经济组织特点的税收优惠政策。

28. 稳慎推进农村宅基地制度改革

围绕完善宅基地"三权分置"制度设计，再选择一批县开展改革试点，丰富试点内容，完善制度设计，探索落实宅基地集体所有权、保障宅基地农户资格权和农民房屋所有权、适度放活宅基地和农民房屋使用权等。探索盘活利用闲置宅基地和农房的办法路径。推动开展闲置宅基地复垦试点。抓紧制定出台加强宅基地管理的政策文件，建立相应工作体系和工作机制，规范宅基地管理工作。组织开展全国宅基地和农房调查。加快推进宅基地使用权确权登记颁证工作。

29. 以家庭农场、农民合作社为重点培育各类新型经营主体

启动家庭农场培育计划，加大支持力度，深入推进示范家庭农场创建和宣传推介，完善管理服务机制，引导和鼓励有稳定务农意愿和经营能力的农户创办家庭农场。研究制定促进农民合作社规范发展的政策文件，开展农民合作社规范提升行动，将农民合作社质量提升整县推进试点扩大到 150 个。开展农民合作社专项清理行动。支持创建一批农业产业化联合体。落实扶持小农户和现代农业发展有机衔接的政策，完善"农户+合作社""农户+公司"利益联结机制。引导龙头企业与合作社、农户建立股权式契约式利益分享机制。

30. 大力培育新型职业农民

持续实施新型职业农民培育工程，再培育 100 万以上新型职业农民，支持新型经营主体承担培训任务。大力发展面向乡村振兴实际需求的农业职业教育，推动高等院校加强涉农专业建设，依托农业中高等院校和社会主体培训培养更多农业科技和农村实用人才。

31. 深化农垦改革发展

持续推进农垦垦区集团化、农场企业化改革。创新完善农垦农业经营管理体制，深化办社会职能改革，妥善化解遗留的机构人员和资产债务问题。巩固农垦国有土地使用权确权登记发证成果，确保确权发证应发尽发。积极稳妥推进农垦土地资源资产化和资本化。

32. 优化农业投资管理

统筹各类资金，清理整合重复交叉项目，积极推动项目资金聚焦重点，打捆使用。加快推进农业农村投资领域简政放权、简化流程，中央层面重点抓政策设计、规划任务、标准规范和绩效评价，地方结合实际组织实施，全面提高农业投资绩效。

33. 完善农业支持保护政策体系

巩固完善强农惠农富农政策体系，研究制定完善农业支持保护政策的意见，强化高质量绿色发展导向，加快构建新型农业补贴政策体系。按照世贸组织规则要求，调整改进"黄箱"政策，扩大"绿箱"政策使用范围，完善"蓝箱"政策。制定引导社会资本支持乡村振兴的指导性意见，做大乡村振兴投入总量。

34. 提升现代农业产业园和各类试验示范区建设水平

会同财政部制定出台加快现代农业产业园建设意见，再创建和认定一批国家现代农业产业园。制定印发加强特色农产品优势区管理的具体办法，创设支持政策体系。建设一批农业绿色发展先行区，在长江经济带开展整区域、整建制创建。支持农村改革试验区拓展试验领域，延伸试验内容，集成试验成果。

六、落实农业农村优先发展总方针，推动完善乡村振兴制度保障

35. 推动五级书记抓乡村振兴落实到位

推动形成中央统筹、省负总责、市县乡抓落实的

农村工作机制，制定落实五级书记抓乡村振兴责任的实施细则。推动各省（自治区、直辖市）党委出台市县党政领导班子和领导干部推进乡村振兴战略的实绩考核意见，制定可量化的指标，以督查压实地方责任。完善落实农业农村优先发展的顶层设计，抓紧研究出台指导意见和具体实施办法。

36. 推动多渠道增加乡村振兴投入

推动公共财政更大力度向"三农"倾斜，调整完善土地出让收入使用范围，提高农业农村投入比例，重点支持农村人居环境整治、村庄基础设施和高标准农田建设等。落实好新增耕地指标和城乡建设用地增减挂钩节余指标跨省域调剂使用政策，调剂收益全部用于巩固脱贫攻坚成果和支持乡村振兴。配合落实金融服务乡村振兴政策，推动建立县域银行业金融机构服务"三农"的激励约束机制，县域新增贷款主要用于支持乡村振兴。推动把地方政府债券资金更多用于农业农村重点领域。健全农业信贷担保费率补助和以奖代补机制，推动农业信贷担保体系降低服务门槛、下沉服务重心、扩大担保业务。推动出台农业保险高质量发展的指导意见，做好农业大灾保险、"保险＋期货"、三大粮食作物完全成本保险和收入保险等试点，开展对地方优势特色农产品保险以奖代补试点。完善生猪保险。

37. 强化乡村振兴法治建设

推动加快《乡村振兴促进法》等法律法规立法进程，开展农村集体经济组织、宅基地管理立法调研。推动制修订《农产品质量安全法》《渔业法》《动物防疫法》《生猪屠宰管理条例》《农作物病虫害防治条例》等，完善《农村土地承包法》配套规章。贯彻落实《关于深化农业综合行政执法指导意见》，全面整合农业农村部门执法队伍和执法职能，构建农业综合执法体系。加大农业执法力度，严厉打击、依法查处各类坑农害农违法行为。广泛开展农业农村法律法规普及宣传教育，建立健全公共法律服务体系。

立足新形势新职能新任务，各级农业农村部门要提高政治站位，认清使命责任，转变思想观念，担当作为开创工作新局面。要深入学习贯彻习近平新时代中国特色社会主义思想，特别是习近平总书记关于做好"三农"工作的重要论述，坚持用以武装头脑、指导实践、推动工作。突出加强党对"三农"工作的集中统一领导，抓好党委农办工作机构建设，提升决策参谋、统筹协调、政策指导、推动落实、督导检查能力水平。加强工作统筹协调，充分发挥农办作用，加强组织领导和沟通协调，形成各部门各方面共同推动乡村振兴的工作格局。加强系统机构队伍建设，培养造就"一懂两爱"的"三农"工作队伍，重点抓好农业综合执法、基层经管、基层动物防疫、农技推广等队伍建设。加强干部思想政治、能力作风建设，树牢"四个意识"，坚定"四个自信"，坚决做到"两个维护"；大力开展调查研究，坚决反对形式主义、官僚主义；加强全面从严治党，深化党风廉政建设和反腐败工作，推进乡村振兴不断取得新成效，为决胜全面建成小康社会作出新的更大贡献！

2019年食品安全监督抽检计划

（市场监管总局 2019年1月31日）

为深入贯彻党的十九大精神，科学规范做好食品安全抽检工作，根据《中华人民共和国食品安全法》和《"十三五"国家食品安全规划》，结合工作实际，制定2019年食品安全监督抽检计划。

一、工作目标

以习近平新时代中国特色社会主义思想为指导，以落实"四个最严"为根本遵循，以让人民吃得放心为目标，以推进"双随机、一公开"为手段，以创新食品安全监管方式为动力，以发现食品安全问题为导向，有效防控系统性、区域性和行业性食品安全风险隐患，进一步落实企业食品安全主体责任，促进食品产业健康有序发展。

二、工作原则

（一）坚持问题导向

监督抽检以发现问题、防控风险为基本原则。提高对高风险食品、低合格率食品的抽检频次，加大对农兽药残留、重金属残留、生物毒素污染等指标的抽检力度，加强对农产品批发市场、校园周边等重点区域的抽检，提高问题发现率。

（二）坚持广泛覆盖

点面结合、统筹兼顾。努力实现监督抽检覆盖城市、农村、城乡接合部等不同区域，覆盖所有食品大类、品种和细类，覆盖在产获证食品生产企业，覆盖生产、流通、餐饮、网络销售等不同业态。

（三）坚持检管结合

配合日常监管、专项整治，聚焦舆情热点，及时组织开展专项监督抽检；结合飞行检查、体系检查等日常监管发现的问题，以及法规制度发布、食品质量提升工程实施、食品企业 HACCP 认证等情况，适时调整抽检任务；加强监督抽检与日常监管信息的互联共享，开展会商，联管联动。

（四）坚持四级联动

国家、省、市、县四级紧密协作、合理分工、各有侧重。总局主要承担规模以上或产品占市场份额较大食品生产企业的产品抽检任务。省（区、市）局主要承担本行政区域内所有在产获得许可证的食品生产企业的产品抽检任务。市、县局主要承担本行政区域内具有一定规模的市场销售的蔬菜、水果、畜禽肉、水产品、鲜蛋等食用农产品农兽药残留抽检任务，以及小企业、小作坊和餐饮单位的抽检任务。各级市场监管部门要统一执行抽检计划、统一调度抽检任务、统一规范程序标准、统一数据分析利用。鼓励地方在保障抽检计划的基础上，根据地区、产业和消费特点安排本地专项抽检任务。

三、工作任务

2019 年食品安全抽检计划涵盖 34 个食品大类、150 个食品品种、259 个食品细类，共抽检 133.96 万批次。监督抽检具体安排如下：

（一）总局本级任务

总局本级计划抽检 2.06 万批次。

1. 抽检对象。主要对全国性大型批发市场、部分重点食品生产企业进行“双随机”抽检。包括婴幼儿配方食品、乳制品、肉制品、饮料、酒类、食用农产品等 31 大类（详见附件 1、2）。对于粮食加工品、食用油、乳制品、饮料、葡萄酒、饼干、炒货食品及坚果制品等品种，安排抽检一定数量的网购食品和进口食品。结合日常监管、专项整治和舆情监测等情况，对反映较突出的问题进行专项抽检。

2. 抽检时间和频次。每月对全部已获配方注册且在售的国产和进口婴幼儿配方乳粉生产企业的产品进行抽检，每季度对应季食用农产品、网络食品以及进口食品进行抽检，全年对总局抽检食品生产企业名

单的产品进行抽检，在元旦、春节、元宵节、端午节、中秋节等传统节假日前，对节令性食品进行抽检。此外，结合具体情况开展专项抽检。

3. 抽检区域、环节和场所。主要在全国流通环节购买抽检样品。抽样场所以大型农产品批发市场、大型连锁超市、大型商场等为主，网购食品以大型网络平台为主。

（二）省（区、市）局任务

省（区、市）局抽检 48.9 万批次。其中总局专项转移支付 22.6 万批次，各省（区、市）局匹配 26.3 万批次。

1. 抽检对象。主要为本省（区、市）所有获得生产许可证的在产食品生产企业和大型餐饮企业。加强对市场占有率高的企业、省域内大型批发市场的抽检，加大对餐饮企业食品原材料的抽检，重点跟踪抽检不合格企业、品种和项目。包括特殊膳食食品、保健食品、粮食加工品、食用油、肉制品、乳制品、饮料、蜂产品、餐饮食品等 32 大类（详见附件 1）。食用农产品的抽检要突出农兽药残留、重金属等项目（详见附件 2）。

总局专项转移支付部分原则上抽取本省（区、市）生产的食品，省（区、市）局匹配部分可在本地流通环节抽检一定比例的外省产品。

2. 抽检时间和频次。原则上要全年均衡完成抽检任务。季节性生产销售的食品或存在季节性质量安全风险的食品在相应季节增加采样量。节令性食品要在节前开展抽检工作。

要加大对高风险食品的抽检频次。原则上按照高风险食品品种 1∶3、较高风险食品品种 1∶1 进行任务匹配，各省（区、市）局可根据当地食品安全状况和特色食品进行适当调整，调整任务量不超过匹配任务总量的 30%。同时要增加对以往检出不合格产品食品生产企业的抽检频次，对于连续 2 次检出不合格产品的，属地监管部门要对相关企业进行约谈。

3. 抽检区域、环节和场所。抽样地点应覆盖本行政区域内省会城市、地级市、县、乡和行政村。抽检的样品主要在流通环节购买。流通环节未抽到的样品，可在生产环节抽取。流通环节采样应涵盖批发市场、农贸市场、商场、超市、小食杂店等不同业态。餐饮环节采样重点为学校和托幼机构食堂以及中央厨房、集体用餐配送单位、旅游景区餐饮服务单位等。

（三）市、县局任务

全国各市、县局的食用农产品抽检总量 83 万批次。各市县具体任务分配由各省（区、市）局根据当地常住人口数量、日常监管情况等进行确定。

1. 抽检对象。市、县局的抽检品种应尽量覆盖

本行政区域内生产销售的蔬菜、水果、畜禽肉、水产品、鲜蛋等食用农产品,抽检项目结合实际监管需要确定,应覆盖问题多发的重点项目。适当加大对小作坊、小摊贩、小餐饮的抽检力度。

2. 抽检时间和频次。市局应根据食用农产品批发市场的交易数量和季节特点等按比例确定抽样频次和数量,原则上覆盖每户入场销售者。县局应每周抽检蔬菜、水果、畜禽肉、水产品、鲜蛋等食用农产品。

3. 抽检场所。市局要对本行政区域内规模以上食用农产品批发市场进行抽检,县局要对行政区域内的农贸市场、商场、超市、便利店等经营单位进行抽检。

四、工作要求

(一)加强组织领导

各级市场监管部门要高度重视抽检工作,加强统一领导和组织协调。要明确专门机构和专门人员负责抽检工作,要确保工作的延续性和人员的稳定性。要尽快组织力量根据本计划认真细化抽检任务,制定实施方案,完善工作机制,规范工作流程,明确岗位责任,确保年度任务有序推进,按时完成。上级市场监管部门要加强对下级市场监管部门的督促指导,对食品安全抽检工作全过程进行考核,确保抽检工作质量和效率。

(二)规范抽检工作

各级市场监管部门要全面落实"双随机"要求,随机确定抽检机构、随机确定被抽检对象。要严格按照相关规定通过公开招标或遴选等方式确定承检机构,严格按照有关规定开展对承检机构的检查与考核。抽样人员和承检机构要在抽检工作中严格执行有关法律法规、规章及相关规定,各级市场监管部门应当积极支持承检机构开展工作,在样品采集、运输等方面提供必要帮助;要严格按照规定的时限和规范要求报送抽检数据。总局本级、转移支付任务及省(区、市)局匹配任务抽检数据报送至"食品安全抽检监测信息系统"。市、县局食用农产品抽检数据报送至"食品安全抽检监测信息系统"食用农产品直检模块。各承检机构发现不合格样品中可能存在重大风险隐患或急性健康风险的,应当在确认检验结果后24小时之内报告被抽样单位所在地省(区、市)市场监管部门,并抄送总局。

(三)依法核查处置

各级市场监管部门收到不合格食品检验报告后,应当及时送达不合格报告,启动核查处置工作。不合格报告表明可能对身体健康和生命安全造成严重危害的,核查处置工作应当在24小时内启动。各级市场监管部门应当通过"食品安全抽检监测信息系统"及时报告核查处置工作进展,总局本级监督抽检不合格食品的核查处置,应当按时限逐批次向总局书面报告并与"食品安全抽检监测信息系统"中内容保持一致。核查处置过程中发现涉嫌犯罪或涉及其他部门职责的,应当及时移送移交。

(四)依法依规公布信息

各级市场监管部门全面落实"一公开",及时公布产品抽检信息。省(区、市)局要按照总局要求严格审核并每周公布本行政区域抽检结果信息。其中,产品合格信息可通过数据平台为公众提供查询服务,主要包括标称生产企业名称、地址,被抽样单位名称及所在省份、产品名称、规格型号、生产日期/批号等,并需注明该产品合格信息仅指本次抽检标称的生产企业相关产品的生产日期/批号和所检项目;不合格产品信息应主动向社会公布,除以上信息外,还包括标称产品商标、被抽样单位名称与地址、不合格项目及结果和承检机构等。食用农产品抽检信息可根据实际情况公布包括被抽样单位名称(集中交易市场应包括开办者和销售者)、产品名称、进货来源、标称生产企业或产地、生产日期等。对不合格产品要组织专家进行风险解读。省(区、市)局要每月汇总本行政区域内上个月食品安全抽检情况和结果分析,总局定期汇总公布全国食品安全监督抽检情况。

(五)严肃工作纪律

各级市场监管部门、抽样单位、承检机构及相关人员不得随意更改监督抽检信息,不得瞒报、谎报、漏报检验数据,不得擅自发布有关监督抽检的信息,不得在开展抽样工作前事先通知被抽检单位和接受被抽检单位的馈赠,不得利用监督抽检结果开展有偿活动、牟取不正当利益。对发现的违法违规抽检行为一律依法依规追究相关单位及人员责任。

(六)其他事项

各级市场监管部门要及时向地方政府汇报食品安全抽检计划编制情况,争取专项经费保障抽检工作的顺利实施。各计划单列市的食品安全抽检任务既可由省(区、市)市场监管部门下达,也可由本市市场监管部门下达。要根据食品安全事故、热点舆情事件应对处置、案件查办等实际需要,及时组织应急、执法抽检等工作。各省(区、市)局应于2019年2月18日前将省级食品安全抽检计划或实施方案报送至总局。

总局根据情况可对年度抽检计划进行调整。

附件(略)

关于构建市场导向的绿色技术创新体系的指导意见

（国家发展改革委 科技部 发改环资〔2019〕689号 2019年4月15日）

教育部、工业和信息化部、财政部、人力资源社会保障部、自然资源部、生态环境部、住房城乡建设部、水利部、农业农村部、商务部、中国人民银行、国务院国资委、税务总局、市场监管总局、中国银保监会、中国证监会、国家能源局、国家林草局、国家知识产权局，各省、自治区、直辖市发展改革委、科技厅（委、局）：

绿色技术是指降低消耗、减少污染、改善生态、促进生态文明建设、实现人与自然和谐共生的新兴技术，包括节能环保、清洁生产、清洁能源、生态保护与修复、城乡绿色基础设施、生态农业等领域，涵盖产品设计、生产、消费、回收利用等环节的技术。绿色技术创新正成为全球新一轮工业革命和科技竞争的重要新兴领域。伴随我国绿色低碳循环发展经济体系的建立健全，绿色技术创新日益成为绿色发展的重要动力，成为打好污染防治攻坚战、推进生态文明建设、推动高质量发展的重要支撑。为强化科技创新引领，加快推进生态文明建设，推动高质量发展，现对构建市场导向的绿色技术创新体系提出以下意见。

一、总体要求

（一）总体思路

以习近平新时代中国特色社会主义思想为指导，全面贯彻党的十九大和十九届二中、三中全会精神，认真落实党中央、国务院决策部署，坚持节约资源和保护环境的基本国策，围绕生态文明建设，以解决资源环境生态突出问题为目标，以激发绿色技术市场需求为突破口，以壮大创新主体、增强创新活力为核心，以优化创新环境为着力点，强化产品全生命周期绿色管理，加快构建企业为主体、产学研深度融合、基础设施和服务体系完备、资源配置高效、成果转化顺畅的绿色技术创新体系，形成研究开发、应用推广、产业发展贯通融合的绿色技术创新新局面。

（二）基本原则

坚持绿色理念。贯彻人与自然和谐共生的理念，通过建立绿色技术标准体系、产品全生命周期管理、绿色金融等措施，塑造绿色技术创新环境，汇聚社会各方力量，着力于降低消耗、减少污染和改善生态技术供给和产业化，为经济社会向绿色发展方式和生活方式转变提供基本动力。

坚持市场导向。尊重和把握绿色技术创新的市场规律，充分发挥市场在绿色技术创新领域、技术路线选择及创新资源配置中的决定性作用。充分发挥企业在绿色技术研发、成果转化、示范应用和产业化中主体作用，培育发展一批绿色技术创新龙头企业。发挥企业的带动作用，推进"产学研金介"深度融合、协同创新。

坚持完善机制。加快生态文明体制改革，推动环境治理从末端应对向全生命周期管理转变。加快科技体制改革，创新政府对绿色技术创新的管理方式，通过进一步强化服务、完善体制机制，提高绿色技术创新的回报率，激发创新活力，促进成果转化应用。

坚持开放合作。以国际视野谋划绿色技术创新，积极参与全球环境治理，加强绿色技术创新国际交流合作。加大绿色技术创新对外开放，积极引进、消化、吸收国际先进绿色技术，促进国内企业"走出去"，全面提升我国绿色技术创新对外开放格局和地位。

（三）主要目标

到2022年，基本建成市场导向的绿色技术创新体系。企业绿色技术创新主体地位得到强化，出现一批龙头骨干企业，"产学研金介"深度融合、协同高效；绿色技术创新引导机制更加完善，绿色技术市场繁荣，人才、资金、知识等各类要素资源向绿色技术创新领域有效集聚，高效利用，要素价值得到充分体现；绿色技术创新综合示范区、绿色技术工程研究中心、创新中心等形成系统布局，高效运行，创新成果不断涌现并充分转化应用；绿色技术创新的法治、政策、融资环境充分优化，国际合作务实深入，创新基础能力显著增强。

二、培育壮大绿色技术创新主体

（四）强化企业的绿色技术创新主体地位

研究制定绿色技术创新企业认定标准规范，开展绿色技术创新企业认定。开展绿色技术创新"十百千"行动，培育10个年产值超过500亿元的绿色技术创新龙头企业，支持100家企业创建国家绿色企业技术中心，认定1 000家绿色技术创新企业。积极支持"十百千"企业承担国家和地方部署的重点绿色技术创新项目。研究制定支持经认定的绿色技术创新企业的政策措施。

加大对企业绿色技术创新的支持力度，财政资金支持的非基础性绿色技术研发项目、市场导向明确的绿色技术创新项目都必须要有企业参与，国家重大科技专项、国家重点研发计划支持的绿色技术研发项目由企业牵头承担的比例不少于55%。（科技部、国家发展改革委按职责分工负责）

（五）激发高校、科研院所绿色技术创新活力

健全科研人员评价激励机制，增加绿色技术创新科技成果转化数量、质量、经济效益在绩效考核评优、科研考核加分和职称评定晋级中的比重。允许绿色技术发明人或研发团队以持有股权、分红等形式获得技术转移转化收益，科研人员离岗后仍保持持有股权的权利。以技术转让、许可或作价投资方式转化职务绿色技术创新成果的，发明人或研发团队获净收入的比例不低于50%。科技人员从转化绿色技术创新成果所获现金收入，符合现行税收政策规定条件的，可享受减按50%计入科技人员当月"工资、薪金所得"计征个人所得税优惠政策。高校、科研院所科研人员依法取得的绿色技术创新成果转化奖励收入，不受本单位绩效工资总量限制，不纳入绩效工资总量核定基数。

加强绿色技术创新人才培养，在高校设立一批绿色技术创新人才培养基地，加强绿色技术相关学科专业建设，持续深化绿色领域新工科建设，主动布局绿色技术人才培养。选好用好绿色技术创新领军人物、拔尖人才，选择部分职业教育机构开展绿色技术专业教育试点，引导技术技能劳动者在绿色技术领域就业、服务绿色技术创新。（科技部、教育部、财政部、人力资源社会保障部、税务总局按职责分工负责）

（六）推进"产学研金介"深度融合

支持龙头企业整合高校、科研院所、产业园区等力量建立具有独立法人地位、市场化运行的绿色技术创新联合体，科研人员可以技术入股、优先控股，推动科研人员、企业、高校、科研院所、金融机构等

"捆绑"，实现人力资本、技术资本和金融资本相互催化、相互渗透、相互激励。

鼓励和规范绿色技术创新人才流动，高校、科研院所科技人员按国家有关政策到绿色技术创新企业任职兼职、离岗创业、转化科技成果期间，保留人员编制，三年内可在原单位正常申报职称，创新成果作为职称评定依据；高校、科研院所按国家有关政策通过设置流动性岗位，引进企业人员兼职从事科研，不受兼职取酬限制，可以担任绿色技术创新课题或项目牵头人，组建科研团队。

发挥龙头企业、骨干企业带动作用，企业牵头，联合高校、科研院所、中介机构、金融资本等共同参与，依法依规建立一批分领域、分类别的专业绿色技术创新联盟。更大力度实施绿色技术领域产学合作协同育人项目，支持联盟整合产业链上下游资源，联合开展绿色技术创新技术攻关研究。（科技部、教育部、农业农村部、人力资源社会保障部、国家发展改革委、国家能源局按职责分工负责）

（七）加强绿色技术创新基地平台建设

在绿色技术领域培育建设一批国家工程研究中心、国家技术创新中心、国家科技资源共享服务平台等创新基地平台，优先在京津冀、长江经济带、珠三角等地区布局。在全国建设基础性长期性野外生态观测研究站等科研监测观测网络和一批科学数据中心，并按规定向社会开放数据。高等院校、科研院所、国有企业以及政府支持建设的各类绿色技术创新基地平台均应向社会开放共享，向全社会主动发布绿色技术研发成果并持续动态更新。建立各类创新基地平台的评估考核激励机制，淘汰不达标的创新基地平台，建立动态调整机制。国家科技计划项目向绿色技术创新基地平台倾斜。（科技部、国家发展改革委牵头，自然资源部、水利部、农业农村部、国家林草局等参与）

三、强化绿色技术创新的导向机制

（八）加强绿色技术创新方向引导

制定发布绿色产业指导目录、绿色技术推广目录、绿色技术与装备淘汰目录，引导绿色技术创新方向，推动各行业技术装备升级，鼓励和引导社会资本投向绿色产业。

强化对重点领域绿色技术创新的支持，围绕节能环保、清洁生产、清洁能源、生态保护与修复、城乡绿色基础设施、城市绿色发展、生态农业等领域关键共性技术、前沿引领技术、现代工程技术、颠覆性技术创新，对标国际先进水平，通过国家科技计划，前

瞻性、系统性、战略性布局一批研发项目，突破关键材料、仪器设备、核心工艺、工业控制装置的技术瓶颈，推动研制一批具有自主知识产权、达到国际先进水平的关键核心绿色技术，切实提升原始创新能力。

健全政府支持的绿色技术科研项目立项、验收、评价机制。树立"项目从需求中来，成果到应用中去"的理念，建立常态化绿色技术需求征集机制，紧紧围绕重大关键绿色技术需求部署科研项目。改革科研绩效评价机制，建立科学分类、合理多元的评价体系，强化目标任务考核和现场验收，重点考核技术的实际效果、成熟度与示范推广价值。（国家发展改革委、科技部、住房城乡建设部、生态环境部、工业和信息化部、自然资源部、水利部、农业农村部、国家能源局、国家林草局按职责分工负责）

（九）强化绿色技术标准引领

实施绿色技术标准制修订专项计划，明确重点领域标准制修订任务。强化绿色技术通用标准研究，在生态环境污染防治、资源节约和循环利用、城市绿色发展、新能源、能耗和污染物协同控制技术等重点领域制定一批绿色技术标准，明确绿色技术关键性能和技术指标，开展绿色技术效果评估和验证。

依法完善产品能效、水效、能耗限额、碳排放、污染物排放等强制性标准，定期对强制性标准进行评估，及时更新修订。强化标准贯彻实施，倒逼企业进行绿色技术创新、采用绿色技术进行升级改造。（市场监管总局、科技部、国家发展改革委、生态环境部、住房城乡建设部牵头，工业和信息化部、自然资源部、水利部、农业农村部、国家能源局等参与）

（十）建立健全政府绿色采购制度

扩大政府绿色采购范围，在现有节能环保产品的基础上增加循环、低碳、再生、有机等产品政府采购。鼓励国有企业、其他企业自主开展绿色采购。

遴选市场急需、具有实用价值、开发基础较好的共性关键绿色技术，政府以招标采购等方式购买技术，通过发布公告等形式向社会免费推广应用。（财政部、国家发展改革委、科技部、生态环境部牵头，国务院国资委等参与）

（十一）推进绿色技术创新评价和认证

推行产品绿色（生态）设计，发布绿色（生态）设计产品名单，编制相关评价技术规范。大力推动绿色生产，健全绿色工厂评价体系，开展绿色工厂建设示范。推动企业运用互联网信息化技术，建立覆盖原材料采购、生产、物流、销售、回收等环节的绿色供应链管理体系。

继续推进建立统一的绿色产品认证制度，对家用电器、汽车、建材等主要产品，基于绿色技术标准，从设计、材料、制造、消费、物流和回收、再利用环节开展产品全生命周期和全产业链绿色认证。积极开展第三方认证，加强认证结果采信，推动认证机构对认证结果承担连带责任。（工业和信息化部、市场监管总局、国家发展改革委、住房城乡建设部按职责分工负责）

四、推进绿色技术创新成果转化示范应用

（十二）建立健全绿色技术转移转化市场交易体系

建立综合性国家级绿色技术交易市场，通过市场手段促进绿色技术创新成果转化。鼓励各地区、有关单位依托或整合现有交易场所，建设区域性、专业性特色鲜明的绿色技术交易市场。建立健全市场管理制度，规范市场秩序。对通过绿色技术交易市场对接成交的技术，国家和项目所在地地方政府应积极支持项目落地。推广科技成果转移转化与金融资本结合的综合性服务平台与服务模式，提高绿色技术转移转化效率。

加强绿色技术交易中介机构能力建设，制定绿色技术创新中介机构评价规范和管理制度，培育一批绿色技术创新第三方检测、评价、认证等中介服务机构，培育一批专业化的绿色技术创新"经纪人"。（科技部、国家发展改革委牵头，财政部、中国银保监会、中国证监会等参与）

（十三）完善绿色技术创新成果转化机制

落实首台（套）重大技术装备保险补偿政策措施，支持首台（套）绿色技术创新装备示范应用。继续实施重点新材料首批次应用保险补偿机制，运用市场化手段促进重点新材料推广应用。

支持企业、高校、科研机构等建立绿色技术创新项目孵化器、创新创业基地。建设绿色技术中试公共设施，研究制定相关制度，为绿色技术中试设施建设创造宽松条件。采取政府购买服务等方式，健全绿色技术创新公共服务体系，扶持初创企业和成果转化。

积极发挥国家科技成果转化引导基金的作用，每年遴选一批重点绿色技术创新成果支持转化应用。引导各类天使投资、创业投资基金、地方创投基金等支持绿色技术创新成果转化。（科技部、国家发展改革委、工业和信息化部、住房城乡建设部牵头，生态环境部、中国银保监会、中国证监会等参与）

（十四）强化绿色技术创新转移转化综合示范

选择绿色技术创新基础较好的城市，建设绿色技术创新综合示范区。鼓励绿色技术创新综合示范区创

新"科学＋技术＋工程"的组织实施模式,组织优势创新力量,实施城市黑臭水体治理、渤海综合治理、长江保护修复、农业农村污染治理、煤炭清洁高效利用、固体废弃物综合利用、工业节能节水、绿色建筑、建筑节能、清洁取暖、海绵城市、高效节能电器、清洁能源替代、海洋生物资源开发利用、海水淡化与综合利用等技术研发重大项目和示范工程,探索绿色技术创新与政策管理创新协同发力,实现绿色科技进步和技术创新驱动绿色发展。建立绿色技术创新示范区考核评价机制,淘汰不达标的示范区。

采用"园中园"模式,在国家级高新技术开发区、经济技术开发区等开展绿色技术创新转移转化示范,推动有条件的产业集聚区向绿色技术创新集聚区转变。推进绿色生态城市建设,鼓励绿色生态城市建设过程中积极采用绿色新技术。(科技部、国家发展改革委、住房城乡建设部牵头,工业和信息化部、自然资源部、生态环境部、商务部、水利部、农业农村部、国家林草局、国家能源局等参与)

五、优化绿色技术创新环境

(十五)强化绿色技术知识产权保护与服务

健全绿色技术知识产权保护制度,强化绿色技术研发、示范、推广、应用、产业化各环节知识产权保护。知识产权部门会同有关方面共同建立绿色技术知识产权保护联系机制、公益服务机制、工作联动机制,开展打击侵犯绿色技术知识产权行为的专项行动。建立绿色技术侵权行为信息记录,将有关信息纳入全国公共信用共享平台。强化绿色技术创新知识产权服务,推进建立绿色技术知识产权审查"快速通道",为绿色技术知识产权提供快速审查、快速确权、快速维权一体化的综合服务,完善绿色技术知识产权统计监测。(国家知识产权局牵头,科技部、国家发展改革委等参与)

(十六)加强绿色技术创新金融支持

引导银行业金融机构合理确定绿色技术贷款的融资门槛,积极开展金融创新,支持绿色技术创新企业和项目融资。研究制定公募和私募基金绿色投资标准和行为指引,把绿色技术创新作为优先支持领域。发展多层次资本市场和并购市场,健全绿色技术创新企业投资者退出机制。鼓励绿色技术创新企业充分利用国内外市场上市融资。鼓励保险公司开发支持绿色技术创新和绿色产品应用的保险产品。鼓励地方政府通过担保基金或委托专业担保公司等方式,对绿色技术创新成果转化和示范应用提供担保或其他类型的风险补偿。涉及绿色金融对绿色技术创新的相关试点,在

国务院批复的绿色金融改革创新试验区先行先试。(中国人民银行、国家发展改革委、中国银保监会、中国证监会按职责分工负责)

(十七)推进全社会绿色技术创新

组织开展绿色技术创新创业大赛,对大赛获奖企业、机构和个人予以奖励。鼓励相关单位开展绿色技术创新比赛、投资大会、创业路演、创新论坛和创新成果推介会、拍卖会、交易会等服务活动,推动绿色技术创新创业者与投融资机构对接。国家按照科学技术奖励的有关规定对攻克绿色重大关键技术、创造显著经济社会效益或生态环境效益的个人或组织给予奖励。

推进绿色技术众创,在创新资源集中的科技园区、创业基地建立绿色技术众创空间,引导高校科研人员创办绿色技术创新企业。鼓励企业、科研机构开展绿色技术创新活动、建立激励机制,提高员工的绿色创新意识。

通过全国"双创"周、全国节能宣传周、六五环境日、全国低碳日等平台加强绿色技术创新宣传,引导各类媒体加大宣传力度,发掘典型案例,推广成功经验。在全社会营造绿色技术创新文化氛围,促进绿色技术创新信息和知识传播,积极引导绿色发展方式和生活方式。(科技部、国家发展改革委、生态环境部、住房城乡建设部牵头,中国银保监会、中国证监会等参与)

六、加强绿色技术创新对外开放与国际合作

(十八)深化绿色技术创新国际合作

深度参与全球环境治理,促进绿色技术创新领域的国际交流合作。以二十国集团(G20)、"一带一路"、金砖国家等合作机制为依托,推进建立"一带一路"绿色技术创新联盟等合作机构,强化绿色技术创新国际交流。

通过举办博览会、论坛等形式积极传播绿色技术创新理念和成果,促进绿色技术国际交易和转移转化,推动龙头企业在部分国际绿色技术研发领域发挥引领作用。开展国际十大最佳节能技术和十大最佳节能实践("双十佳")评选和推广,促进优秀绿色技术成果推广应用。(科技部、国家发展改革委、生态环境部按职责分工负责)

(十九)加大绿色技术创新对外开放

积极引进国际先进绿色技术,鼓励国际绿色技术持有方通过技术入股、合作设立企业等方式,推动绿色技术创新成果在国内转化落地,强化对国际绿色技

术的产权保护。支持国家级经济技术开发区等建设国际合作生态园区，国外绿色技术创新企业独资或合资在国内设立绿色技术创新园区或建设"园中园"，按规定享有与国内企业同等优惠的政策。

积极创造便利条件，鼓励有条件的企业、本科高校、职业院校和科研院所"走出去"，按照国际规则开展互利合作，促进成熟绿色技术在其他国家转化和应用。（科技部、国家发展改革委、教育部、商务部、工业和信息化部、生态环境部、住房城乡建设部按职责分工负责）

七、组织实施

（二十）加强统筹协调

国家发展改革委、科技部牵头建立绿色技术创新部际协调机制。各地区、各部门要结合各自实际，加强政策衔接，制定落实方案或强化对相关领域的创新支持，加强组织领导，明确责任，加大投入力度，切实落实各项任务措施。（国家发展改革委、科技部牵头）

（二十一）强化评价考核

加强绿色技术创新政策评估与绩效评价，建立绿色技术创新评价体系，将绿色技术创新成果、推广应用情况等纳入创新驱动发展、高质量发展、生态文明建设评价考核内容。（科技部、国家发展改革委牵头）

（二十二）加强示范引领

发挥绿色技术创新综合示范区、绿色技术工程研究中心、绿色技术创新中心、绿色企业技术中心等作用，探索绿色技术创新与绿色管理制度协同发力的有效模式，及时总结可复制推广的做法和成功经验，发挥示范带动作用。（科技部、国家发展改革委牵头）

附件（略）

国产婴幼儿配方乳粉提升行动方案

（发改委　工信部等　发改农经〔2019〕900号　2019年5月23日）

婴幼儿配方乳粉是婴幼儿的重要食品，是关系亿万家庭幸福和国家民族未来的特殊食品。习近平总书记强调，要下决心把乳业做强做优，让祖国的下一代喝上好奶粉。为进一步提升国产婴幼儿配方乳粉的品质、竞争力和美誉度，按照党中央、国务院决策部署，特制定本行动方案。

一、总体要求

（一）指导思想

以习近平新时代中国特色社会主义思想为指导，深入贯彻党的十九大和十九届二中、三中全会精神，统筹推进"五位一体"总体布局和协调推进"四个全面"战略布局，牢固树立新发展理念，落实高质量发展要求，以推进供给侧结构性改革为主线，贯彻《中共中央国务院关于开展质量提升行动的指导意见》《国务院办公厅关于推进奶业振兴保障乳品质量安全的意见》，坚持"四个最严"，进一步强化标准规范、科技创新、执法监督和市场培育，全面提升国产婴幼儿配方乳粉的品质、竞争力和美誉度。

（二）基本原则

——坚守质量底线，确保食品安全。以产品质量提升带动产业提质增效，完善质量管理机制，落实企业食品安全主体责任，全面提高产品品质和质量安全水平，重塑消费者对国产婴幼儿配方乳粉的信心。

——坚持创新驱动，加强品牌引领。鼓励企业优化产品配方，在技术装备、质量管理、营销模式等方面大胆创新，加快产品研发创新和产业转型升级，加强国产婴幼儿配方乳粉的品牌培育。

——立足国内实际，找准市场定位。充分认识提升国产婴幼儿配方乳粉品质、竞争力和美誉度的长期性与艰巨性，选准产业发展突破口，找准产品市场定位，促进国产婴幼儿配方乳粉与进口产品公平竞争、错位竞争。

——坚持市场主导，政府支持引导。充分发挥市场在资源配置中的决定性作用，尊重企业的主体地位，强化政府在政策引导、宏观调控、监督管理等方面的作用，维护公平有序的市场环境。

（三）行动目标

大力实施国产婴幼儿配方乳粉"品质提升、产业升级、品牌培育"行动计划，国产婴幼儿配方乳粉产量稳步增加，更好地满足国内日益增长的消费需求，力争婴幼儿配方乳粉自给水平稳定在60%以上；产品质量安全可靠，品质稳步提升，消费者信心和满意度明显提高；产业结构进一步优化，行业集中度和技术装备水平继续提升；产品竞争力进一步增强，市场销售额显著提高，中国品牌婴幼儿配方乳粉在国内市场的排名明显提升。

二、实施"品质提升行动"，持续强化产品质量保障

坚持最严格的监管制度，严格落实企业主体责任和各级政府属地管理责任，健全全行业、全链条产品质量安全管理体系，实行从源头到消费的全过程监管。

（四）加强标准引领和创新驱动

修订生鲜乳食品安全国家标准，完善婴幼儿配方乳粉生产工艺行业标准，制定完整的工艺要求，提高生产管理控制水平。完善婴幼儿配方乳粉食品安全国家标准。鼓励生产企业制定和实施严于国家标准的企业标准，推动建立企业标准公开承诺制度。加强基础科研工作，推动建立以企业为主体、科研院校为支撑、产学研结合的科技创新和服务体系。依托现有资源建设国家乳品安全与营养分析中心，强化与企业的合作，实施国家母乳研究计划，争取用3年时间收集并整合企业现有数据资源，建立统一的母乳研究数据库，对不同区域、不同成长阶段的婴幼儿所需营养元素进行分析研究，促进相关信息互联共享。完善配方注册管理办法，结合母乳研究成果和市场消费需求，支持生产企业优化配方，加快产品研发，推动科研成果转化应用。推动婴幼儿配方乳粉原辅料的自主研发生产，解决供给瓶颈问题。

（五）健全企业质量安全管理体系

在企业现有质量安全追溯体系的基础上，逐步建立全国统一的婴幼儿配方乳粉质量安全追溯平台，实现全过程、电子化信息查询追溯，力争三年内实现质量安全追溯体系建设覆盖60%以上婴幼儿配方乳粉企业，并与国家重要产品质量追溯平台对接。推动婴幼儿配方乳粉生产企业实施良好生产规范，建立危害分析与关键控制点（HACCP）体系并有效运行，鼓励企业获得认证，及时识别和评估潜在危害。鼓励生产企业设置独立的内部质量安全审查部门和专职审查员，引导督促企业建立食品安全自查制度和问题报告制度，健全产品质量问题快速反应及处理机制。

（六）完善产品检验检测制度

指导督促企业严格按照食品安全标准加强原料、半成品检验检测把关，实施全过程质量安全控制，对出厂的婴幼儿配方乳粉按照食品安全标准实施批批检验检测。鼓励企业自行设置产品质量安全风险指标，

将长期积累的检验检测数据与市场监管、卫生部门和相关科研机构共享，优化检验检测指标。加强对婴幼儿配方乳粉检验检测机构的管理，提高检验检测能力，规范检验检测程序，对检验检测中发现的潜在风险及时向当地监管部门报告。

（七）加强体系检查与产品抽检

建立婴幼儿配方乳粉食品安全生产规范体系检查常态化机制，用3年时间完成新一轮生产企业全面检查，强化对生产环境、生产质量管理体系运行、原料查验和检验检测能力等方面的检查，指导企业规范管理。建立国家婴幼儿配方乳粉食品安全审查专家库，吸引相关领域的专家加入审查员队伍。完善产品抽检制度，对出现过指标不合格的婴幼儿配方乳粉企业加大抽检力度。严厉打击非法添加非食用物质、超范围超限量使用食品添加剂、篡改标签标识以及在标签中标注虚假、夸大的内容等违法行为。

三、实施"产业升级行动"，不断提高产品市场竞争力

加快提升国产婴幼儿配方乳粉产品科技含量，降低生产成本，推进企业转型升级，全面提升国产婴幼儿配方乳粉的市场竞争力。

（八）推进奶源基地专业化生产

大力提倡使用生鲜乳生产婴幼儿配方乳粉，支持婴幼儿配方乳粉奶源基地建设和升级改造，完善奶畜良种繁育体系和疫病防控体系，实施奶畜疫病净化行动，提升原料奶质量检验检测能力。促进婴幼儿配方乳粉奶源基地实行专业化、规模化、智能化生产，推行良好农业规范。引导中小规模养殖场以托管或入股等方式，将奶牛集中到专业化饲养企业、合作社养殖，提高原料奶质量。逐步将"养殖户＋奶站＋婴幼儿配方乳粉企业"链条升级为"专业化饲养企业（合作社）＋婴幼儿配方乳粉企业"，实现奶牛养殖与乳粉加工直接协作。

（九）促进企业兼并重组和提档升级

严格执行《婴幼儿配方乳粉生产许可审查细则》，从严落实婴幼儿配方乳粉生产许可条件。严格新开办婴幼儿配方乳粉生产企业资质审核和现有企业食品生产许可证到期换证审核。强化政策引导，鼓励各地通过企业并购、协议转让、联合重组、控股参股等多种方式开展婴幼儿配方乳粉企业兼并重组，淘汰落后产能。加快推进连续3年年产量不足1 000吨或年销售额不足5 000万元、工艺水平和技术装备落后的企业改造升级，进一步提高行业集中度和整体发展水平。符合条件的重组业务，按规

定适用相关税收政策。

（十）鼓励国内外企业合作与公平竞争

支持国内企业在境外收购和建设奶源基地，降低原料成本。鼓励有实力、信誉好的企业在国外设立加工厂，并将生产的产品以自有品牌原装进口。鼓励国外乳粉企业在国内设立外商投资企业，促进中国品牌与外国品牌公平竞争，引入国外先进的生产技术及管理经验，丰富国内产品供应。支持国产乳粉生产企业根据自身实际，找准产品市场定位，拓展营销渠道，巩固和扩大消费市场，积极拓展中高端市场，实行错位竞争。

四、实施"品牌培育行动"，大力提升国产乳粉美誉度

加大宣传推广力度，客观反映国产婴幼儿配方乳粉在保障质量安全、提升产品品质方面的进展成效，不断提高国产产品的整体美誉度。

（十一）完善产品质量安全报告和信息发布制度

根据食品安全法要求，进一步完善婴幼儿配方乳粉标准制定、抽检结果、监督检查等食品安全信息公布公开制度。行业协会每年定期发布质量报告，与国家主流媒体加强合作，客观、公正反映国内外产品品质状况，提振消费者对国产婴幼儿配方乳粉的信心。借鉴乳业发达国家经验，将国家历年抽检积累的检测数据与国内企业共享，指导企业有针对性的改善产品品质。

（十二）加强舆论宣传与引导

定期开展宣传推介活动，展示国产婴幼儿配方乳粉质量安全保障工作成效。组织专家学者进行科普解读，营造良好舆论氛围。引导企业设立公众开放日，组织媒体、消费者走进企业，了解婴幼儿配方乳粉生产状况和质量保障措施。支持企业利用中国自主品牌博览会、中国品牌日等平台，展示国产品牌形象。依法规范对婴幼儿配方乳粉的广告宣传，严厉打击各类虚假夸大宣传，不得在大众传播媒介或者公共场所发布声称全部或部分替代母乳的婴儿乳制品广告，不得对0～12个月龄婴儿食用的婴儿配方乳制品进行广告宣传。加强对自媒体等新兴媒体行为的管理与规范，及时制止和澄清刻意博取眼球、夸大其词的不实报道，依法查处捏造虚假信息造谣惑众、恶意中伤竞争对手等行为。

（十三）推动建立企业诚信管理体系

贯彻实施《食品工业企业诚信管理体系》国家标准，推动企业建立诚信管理体系，依托全国信用信息共享平台建立企业诚信档案，推动税务、工业和信息化、市场监管部门实现企业信用共享。发挥国家企业信用信息公示系统的作用，按照谁产生、谁提供、谁负责的要求，及时准确归集企业的行政许可、行政处罚、抽查检查结果等信息，依法予以公示。建立企业诚信等级评估标准，定期开展评估活动，鼓励企业开展质量安全承诺和诚信文化建设，加强社会舆论监督，形成市场性、行业性、社会性约束和惩戒机制。支持企业加强自律，减少在广告宣传等方面的盲目过度投入，避免无序竞争。

（十四）加强进口乳粉及跨境电商管理

加强对境外婴幼儿配方乳粉生产企业注册管理，对进口代理商严格执行备案制度和销售记录制度，严禁进口大包装婴幼儿配方乳粉到境内分装，严禁进口未取得婴幼儿配方乳粉产品配方注册的产品。对跨境电子商务零售进口的婴幼儿配方乳粉，落实跨境电商企业对产品质量安全的主体责任，跨境电商企业要建立商品质量安全风险防控机制，建立健全涵盖完整物流轨迹的产品质量追溯体系。各地要加大对母婴店、商超等婴幼儿配方乳粉经营主体的日常监督检查和抽检力度，对进口产品重点核查产品配方注册信息和《入境货物检验检疫证明》。

五、保障措施

（十五）加大政策支持力度

各有关部门结合职能，大力支持国产婴幼儿配方乳粉"品质提升、产业升级、品牌培育"三大行动计划。加大对国产婴幼儿配方乳粉行业发展的支持力度，重点支持关键共性技术研发平台、质量安全追溯平台等公益性设施建设。鼓励各类产业投资基金支持企业改造升级和兼并重组。鼓励各类金融机构提供更多适应企业需求的金融产品和服务。对符合条件的企业在发行股票、公司债券等方面予以支持。对"走出去"建立奶源基地和加工厂的企业，落实现行境外所得税税收抵免政策。

（十六）发挥好行业协会作用

相关行业协会要在行业运行监测、质量安全报告发布、品牌宣传推广、诚信体系建设、国际合作等方面加大工作力度，积极承担行业管理等工作，推动婴幼儿配方乳粉行业健康有序发展。强化行业自律，建立全行业自律性管理制度，完善约束机制。支持行业协会组织企业建立与国内上下游产业的磋商机制，强化与销售终端的对接合作，提高企业的整体议价能力。

（十七）加强责任落实与政策评估

地方各级政府有关部门要强化责任落实，制定工作路线图和时间表，将本行动方案提出的各项任务落到实处。坚决打破地方保护主义，对按要求撤销或吊销生产许可证的婴幼儿配方乳粉生产企业，做好引导

企业转型等相关工作。完善统计调查制度，加强国内婴幼儿配方乳粉产量的统计，及时掌握生产消费形势。国务院有关部门适时对政策实施效果进行评估，重要情况及时报告国务院。

关于深入实施"优质粮食工程"的意见

（财政部　粮食和储备局　财建〔2019〕287号　2019年6月6日）

各省、自治区、直辖市财政厅（局）、粮食和储备局（粮食局）、新疆生产建设兵团财政局、粮食局：

实施"优质粮食工程"是落实乡村振兴战略和国家粮食安全战略，深化农业供给侧结构性改革的有力举措。启动以来，在增加绿色优质粮油产品供给，促进农民增收、企业增效、消费者得实惠等方面取得了积极成效。为深入贯彻落实习近平新时代中国特色社会主义思想和党的十九大精神，现就深入实施"优质粮食工程"，进一步把惠农利民的好事办实办好，提出以下意见。

一、强化总体要求，创新"优质粮食工程"实施方法

（一）突出"五优联动"

充分发挥流通激励作用，提高粮食产后服务水平，强化质量安全检验监测保障，支持发展粮食精深加工，引导绿色优质粮油产品消费，促进粮食优产、优购、优储、优加、优销"五优联动"，推动粮食产业高质量发展，加快建设粮食产业强国。

（二）聚焦目标任务

各地要按照粮食产后服务体系力争实现产粮大县全覆盖、粮食质量安全检验监测体系监测面扩大到60％左右、全国产粮大县的粮食优质品率提高30％左右的总体要求，进一步完善三年实施方案，将目标任务分解到示范县（市）、示范企业和相关项目。有条件的地方，可立足实际适当提高目标。

（三）创新示范引领

围绕延伸粮食产业链、提升价值链、打造供应链，培育壮大一批龙头骨干企业，促进粮食"产购储加销"体系建设和一二三产融合发展。选树推广一批先进典型，在全国形成百个典型示范县、千个先进示范企业（合作社）、万个样板店和一大批知名品牌的"百千万"典型引领示范格局。

（四）放大资金效应

坚持以企业和地方投入为主、中央财政适当奖励，积极引导社会资本投入，发挥奖励资金"四两拨千斤"作用。同一项目同一实施内容，已通过其他渠道或方式获得过中央财政资金的，原则上不再重复安排。突出精准扶贫，在项目安排上向国家级扶贫开发重点县和集中连片特殊困难县倾斜。

二、突出需求导向，优化粮食产后服务体系布局与功能

（五）优化服务体系布局

根据区域粮食产量、生产集中度、服务辐射半径等，科学布点粮食产后服务中心，力争产粮大县全覆盖。现有设施设备已满足实际需要的产粮大县，原则上不安排新建项目。非产粮大县粮食生产较为集中的，可适当予以支持。

（六）坚持多元主体建设

鼓励各类市场主体参与粮食产后服务体系建设，充分发挥新型农业经营主体、粮食企业和基层供销社等各自优势，择优确定建设主体。整合盘活现有仓储设施等资源，探索建立共投共建共享机制。

（七）提升综合服务效能

优化粮食产后服务中心建设内容，合理配置清理、干燥、收储、加工、销售等功能。原则上不新建仓容，鼓励通过改造现有设施，实行粮食分等分仓储存。创新服务方式，既可开展"五代"服务，也可提供"一卖到位"等便捷服务，以及技术指导、生产资料、市场信息等延伸服务。

三、突出功能拓展，提高粮食质量安全检验监测能力

（八）完善强化功能

以符合布局要求的粮食和储备部门现有事业单位为主要依托、粮食骨干企业和有关高校为补充，完善国家、省、市、县四级检验监测机构网络。根据功能定位和承担的任务，提升各级检验监测机构装备

能力。

（九）加强省级统筹

各地要制定统一技术标准，合理确定设备配置与选型，明确运行配套条件。原则上由省级粮食和储备部门统一组织设备采购、项目验收和统筹调剂使用等工作。建立省级检验监测机构技术联络员制度，帮助基层提高业务能力。

（十）提高服务水平

各级检验监测机构要拓宽服务领域，创新运行机制，提高仪器设备利用率，加快从提供单一检验服务向综合服务转变。积极开展第三方检验服务，培育扩大检验市场，提供便捷优质服务。

四、突出品牌提升，发挥"中国好粮油"行动示范引领作用

（十一）放大示范带动效应

统筹兼顾产粮大县、特色粮油生产县，择优选定示范县（市）和示范企业。支持示范企业以"公司＋合作社＋基地＋农户"模式结成利益共同体，开展订单收购，建设种植加工基地，增加优质粮油产品，带动农民持续增收。

（十二）加强粮油品牌建设

推出一批具有较高市场知名度、美誉度和竞争力的粮油名牌产品，拓宽销售渠道，增加有效供给。发挥好国家粮食电子交易平台作用。制定"好粮油"产品及标识管理办法，健全粮油企业信用监管体系。实行分级遴选，省级粮食和储备部门负责本省"好粮油"产品遴选，国家粮食和物资储备局在此基础上择优遴选"中国好粮油"产品。

（十三）引导科学合理消费

建立粮油质量调查和品质测报、"好粮油"产品调查监测信息发布机制。各级粮食和储备部门要宣传"好粮油"产品，普及营养知识，提高全社会健康消费认知水平，引领城乡居民由"吃得饱"向"吃得好"、吃得健康转变。

五、精心组织实施，形成合力推动落地见效的良好局面

（十四）坚持分级负责

粮食和储备、财政部门要在各级政府领导下，统筹做好项目规划、组织实施、运行管理和监督考核等工作。国家粮食和物资储备局根据本意见，制定粮食产后服务体系、粮食质量安全检验检测体系建设和"中国好粮油"行动计划的实施指南。国家粮食和物资储备局、财政部加强对各地实施情况的督导检查和中央财政奖励资金的绩效评价。

（十五）强化创新驱动

实施"科技兴粮"和"人才兴粮"，推进产学研深度融合，鼓励企业加强技术改造和产品研发，加大烘干环保、快速检验、精深加工等新技术研发与推广力度，创新经营业态和服务方式。

（十六）构建长效机制

"优质粮食工程"实施已列入粮食安全省长责任制考核重要内容。各地要创新完善相关政策举措，着力增品种、提品质、创品牌，更好满足城乡居民对绿色优质粮油产品的消费需求。

粮食产后服务体系建设实施指南

（国家粮食和物资储备局　国粮规〔2019〕183号　2019年6月13日）

根据财政部、国家粮食和物资储备局《关于深入实施"优质粮食工程"的意见》（财建〔2019〕287号），现就加强粮食产后服务体系建设制定本实施指南。

一、目标任务

整合粮食流通领域的现有资源，建设一批专业化的经营性粮食产后服务中心，形成布局合理、需求匹配、设施先进、功能完善、满足粮食产后处理需要的新型社会化粮食产后服务体系，力争实现全国产粮大县全覆盖。

（一）促进提质进档

通过提供专业化的清理、干燥、分类等服务，引导分等定级、分仓储存、分类加工，有效提高质量，为实现优质优价、增加绿色优质粮油产品供给创造条件。

（二）推动节粮减损

通过粮食产后服务中心和农户科学储粮设施建设，使收获后的粮食得到及时处理、妥善保管，减少

粮食产后损失。

（三）提高服务水平

通过整合产后服务资源，形成完整的服务链，提升为种粮农民服务的专业化水平，提高服务效率和劳动生产率，促进农村第三产业发展。

（四）增强议价能力

鼓励粮食产后服务中心通过向农民宣传国家粮食收储和优质优价政策、传递市场信息、疏通交易渠道等，为农民适时适市适价卖粮创造条件，帮助农民好粮卖好价，带动持续增收致富。

二、规划布局

（一）科学规划数量和布点

各地应综合考虑区域粮食产量、生产集中度、服务辐射半径、交通运输条件，兼顾现有配套设施、产业集聚发展等情况，统筹规划粮食产后服务中心数量和布点、总体建设规模、功能设计等，按需配置设施设备。

（二）合理确定产后服务能力

原则上每个粮食产后服务中心年服务能力，东北地区在 5 万吨以上，黄淮海、华北主产区不低于 3 万吨，南方稻谷主产区及其他地区不低于 1 万吨。各地可根据实际情况科学合理确定。

（三）从实际需要出发精准施策

优先支持产粮大县建设粮食产后服务中心，重点向粮食产量多和商品率高、产后服务能力缺口大、粮食收储市场化程度高的产粮大县倾斜。对现有设施设备等已满足实际需求的产粮大县，原则上不再安排新的粮食产后服务中心建设项目，既有的服务点可纳入粮食产后服务体系范围。非产粮大县粮食生产较为集中的，可适当予以支持。鼓励各地结合国家扶贫开发工作，开展粮食产后服务体系建设。鼓励有条件的非产粮大县使用地方财政资金和企业自筹资金等，建设粮食产后服务体系。

（四）有序组织推进项目建设

项目实行滚动方式分批建设，可先行试点再整体推进，也可按照整县推进的原则集中连片组织实施。列入年度计划的项目要创造条件加快建设，在 12 个月内完成建设任务。

三、建设主体

（一）鼓励各类市场主体参与建设

从有利于整合资源、放大效应和鼓励竞争出发，支持农民专业合作社等新型农业经营主体、收储企业、加工企业、基层供销社等各类主体公平参与建设，在制定方案、安排项目、分配资金、出台政策等方面平等对待。

（二）结合实际择优选定建设主体

尊重建设主体意愿，从满足条件的申报建设主体中，择优选定经营能力强、服务优、积极性高的建设主体。注重整合盘活存量资源，充分利用社会闲置的仓房、厂房、场地等，建设粮食产后服务中心。

（三）发挥各自优势开展合作建设

在满足相关要求和自愿的前提下，各类主体可开展双方或多方合作建设，各方对合作方式、投资分担、管理机制、风险承担、利益分配等方面予以明确，扬长补短、合作共赢。具备条件的可采取政府和社会资本合作（PPP）等模式。

四、功能定位

（一）因地制宜确定产后服务功能方式

粮食产后服务中心既可配置清理、干燥、收储、加工、销售五方面服务功能，也可选配其中部分功能，不搞"一刀切"。根据当地种粮农民需要，既可开展"五代"服务，也可提供"一卖到位"等便捷服务；有条件还可提供技术指导、生产资料、市场信息等延伸服务。

（二）粮食产后服务中心建设范围

根据功能定位，重点围绕补齐烘干等短板，开展粮食产后服务中心建设。建设范围主要包括：

1. 产后干燥清理设施设备。改造提升老式粮食烘干设施设备，并酌情增加水分和温度在线检测、自动控制等功能；建设符合环保要求的粮食烘干设施设备（如燃气和生物质燃料干燥、电热及热泵通风干燥、旋转式干燥等），以及就仓干燥系统；配置移动式烘干机，以及粮食清理、色选、脱粒等设施。

2. 必要的物流仓储设施。建设粮食干燥、清理等所需的罩棚、晒场、地坪等配套设施。维修改造必要的仓储设施，为分等分仓储存创造条件，原则上不得新建仓容。配置接收、发放、输送、装卸、通风设备及必要的运输车辆等。

3. 粮食质量常规检测仪器设备，以及与国家粮食电子交易平台连接的网上交易终端等设备。另外，可根据实际情况实施农户科学储粮，为农户配置实用、经济、安全、可靠的科学储粮装具。

五、相关要求

（一）强化制度保障

各地要加强对粮食产后服务体系建设指导，结合实际制定项目申请、建设、验收、运营和绩效评价等相关管理文件和技术、服务指南等。实行项目管理公开制，主体选择、资金补助、项目验收及服务范围、服务项目、服务程序、收费标准、收费依据等情况及时对外公布，自觉接受社会监督。

（二）规范项目建设

各地要围绕粮食产后服务体系建设三年实施方案和年度建设任务，明确路线图和时间表，确保如期完成。项目建设原则上以县（市）为单位组织实施，在县（市）政府统一领导下，财政、粮食和储备部门开展需求摸底调查、编制项目建设方案，具体承担建设管理、项目验收、设施信息管理、绩效评价、总结报告等工作。要开展项目实施前现场核查，对建设主体基本情况、建设意愿、经营情况、用地合法性及承载能力、建设内容的真实性等进行核查，确有问题的应及时整改，问题严重的要取消建设主体资格。项目建成后地方财政、粮食和储备部门要按有关规定及时组织验收，并做好项目档案管理工作。

（三）严守环保要求

坚持绿色环保，全面推广应用节能型、智能化粮食清理、储藏、烘干等新技术新装备。按照《国务院关于印发打赢蓝天保卫战三年行动计划的通知》（国发〔2018〕22号）和《锅炉大气污染物排放标准（GB13271—2014）》等有关规定及标准规范，建设和改造粮食烘干等设施设备，使热源烟气排放及粮食处理过程中的噪音、粉尘等方面符合相关环保要求。鼓励和支持相关科研院所、企业结合实际，加强对环保烘干新技术和设备的研发推广应用。

（四）加强运营管理

各地既要重视项目建设又要加强运营管理，督导已建成项目切实发挥作用，完善粮食产后服务模式，优化服务流程，规范服务行为，提高粮食产后服务中心运营管理和专业化服务水平。各地要指导粮食产后服务中心认真贯彻"优质、便捷、规范、安全"的服务方针，合理收费、诚信服务；对贫困户、残疾人等特殊群体提供优先或优惠服务。严禁利用各种方式变相扩大收费范围或提高收费标准。清理、烘干等相关生产作业，应满足有关规范和文件要求，确保安全生产。粮食产后服务中心要严格遵守国家相关法律、法规，本着平等、自愿、诚实、守信的原则，拓展服务范围，提高服务质量。

（五）完善合作机制

粮食产后服务中心除烘干粮食外，还可科学合理地烘干其他经济作物，提高设备利用率并增加收入。鼓励粮食产后服务中心与农民专业合作社、村级集体组织等通过多种方式建立长期稳定的合作关系；通过建立动态信息网、开发手机APP，或成立粮食产后服务中心协会、烘干中心联合会（体）等，科学合理利用当地烘干资源，充分发挥当地粮食产后服务体系协同效应。按照《国务院办公厅关于加快推进农业供给侧结构性改革大力发展粮食产业经济的意见》（国办发〔2017〕78号）关于"落实粮食初加工用电执行农业生产用电价格政策"等要求，各地财政、粮食和储备部门积极会商协调相关部门对粮食产后服务中心烘干等用电执行农业生产用电价格政策。产后服务中心要结合绩效评价，及时统计产出数量、产出质量等方面数据，认真分析经济和社会效益，不断提高服务水平，完善运行机制。

要注重挖掘典型、强化示范引领，在省级粮食和储备部门推荐的基础上，国家粮食和物资储备局择优确认粮食产后服务中心先进典型，放大示范效应。

粮食质量安全检验监测体系建设实施指南

（国家粮食和物资储备局 国粮规〔2019〕183号 2019年6月13日）

根据财政部、国家粮食和物资储备局《关于深入实施"优质粮食工程"的意见》（财建〔2019〕287号），现就加强粮食质量安全检验监测体系建设制定本实施指南。

一、目标任务

（一）建设目标

2017—2020 年，构建以国家区域中心为龙头、省级为骨干、市级为支撑、县级为基础、企业为补充，适合我国国情和粮情的粮食质量安全检验监测体系，做到功能定位清晰、区域布局合理、检验监测能力强、运行机制良好、服务业务范围广、质量安全保障有力。

力争到 2020 年，建立和完善 1 000 个左右粮食质量安全检验监测机构（以下简称"检验监测机构"），监测覆盖面达到产粮县（5 万吨以上）的 60％左右；粮食质量安全检验监测体系基本完善，粮食质量安全监管、风险监测预警、应急处置能力显著增强，服务粮食安全战略、食品安全战略、政府决策、粮食产业经济、粮油标准制修订工作水平明显提升。

（二）主要任务

进一步加强国家级、省级检验监测机构建设，重点在粮食年产量 5 万吨以上或人口在 50 万以上的县（市）新建或提升检验监测机构，着力解决粮食质量安全监测预警与检验能力不足、基层检验监测机构严重缺失等问题。

（三）建设范围

2017—2018 年，重点在粮食年产量 10 万吨以上或人口在 80 万以上的县（市）、机构空白县（市）建设检验监测机构；2018—2019 年，重点在粮食年产量 5 万～10 万吨或人口 50 万～80 万的县（市）建设检验监测机构；2019—2020 年，统筹协调，补齐短板，进一步提升各级检验监测机构能力水平。各地可根据实际情况适当调整。

二、建设主体

（一）优化机构布局

省级粮食和储备部门要认真做好可行性研究，综合平衡本省（区、市）不同粮食品种区域分布和不同层级的机构状况，结合当地粮食产量、流通量、储存量、消费量、检验监测业务量等实际情况，坚持需求导向，统筹确定检验监测机构数量、布局、总体和分年度建设方案。以发挥作用效能为立足点，加大对检验监测机构薄弱地区的指导、协调和扶持力度，补齐短板。

（二）建设主体范围

主要包括四类：一是隶属于粮食和储备部门的事业单位或已经取得当地编办事业单位批件的检验监测机构；二是本地区尚无检验监测机构的市、县，可依托当地骨干粮食企业检验室建设检验监测机构，建成后按照当地粮食和储备部门要求，承担相关检验监测任务；三是纳入国家粮食质量检验监测体系的有关高

校、中央企业，由所在地省级粮食和储备部门统筹考虑；四是可承担粮食监测任务，并纳入国家或省级粮食质量安全检验监测体系的相关检验监测机构。

（三）建设主体基本条件

建设主体应具备与开展工作相适应的场地和专业技术人员，与发挥作用相匹配的检验任务以及必要的业务运行经费保障，有明确的配套资金落实方案和职责、任务、资产归属要求，保证建成后能够正常开展业务，实现良性运行，发挥应有作用。

三、功能定位

（一）国家区域中心

应具备省级检验监测中心的全部功能，重点承担粮食质量安全政策、法规、规划、标准及技术规范的研究与制修订，相关技术指导、技术培训、技术咨询与服务等任务。

（二）省级检验监测中心

主要承担粮食质量安全监测预警体系建设和快速反应机制研究；承担国家标准和技术方法、技术规范的试验验证，以及地方粮食质量标准与团体标准制修订、验证和宣传贯彻，开展技术咨询、技术培训等工作；承担本区域内粮食质量安全监测计划实施，开展风险监测、质量调查、品质测报、监督抽检、突发事件应急监测、隐患排查、预警分析、认定检验、评价鉴定检验等工作，为服务粮食产业链、价值链、供应链及农户科学储粮提供技术服务与技术支撑；协调、指导区域内市、县级检验监测机构的业务工作；收集粮食质量安全及生产灾害等动态信息，提出有关工作建议和意见；具备检验各种粮食质量指标、品质指标和主要食品安全指标及批量检验的能力。

（三）市级检验监测站

主要承担粮食质量调查、品质测报和粮食质量安全风险监测；承担粮食例行监测、质量监督抽查、普查、突发事件应急监测、隐患排查及其他委托检验；为企业提供检验服务；负责本区域内粮食质量安全标准的宣传贯彻、技术咨询、技术培训，以及县级粮食检验监测机构的技术指导等工作；协助省级检验监测中心开展相关业务工作；收集本区域内粮食质量安全及生产灾害等信息；依据国家和行业粮油标准以及国家有关规定，具备检验主要粮食质量指标、品质指标、主要食品安全指标和区域内必检指标的能力。

（四）县级检验监测站

主要承担生产种植情况、粮食收获情况调查，掌握本区域内粮食品种、种植面积、产量情况；跟踪粮食种植过程施肥、施药、受灾等情况；进行质量调查

的各项质量指标、品质测报感官指标的检测；开展相关的检验把关服务，协助省、市级检验监测机构开展相关业务工作，承担下乡、进企业扦样和原始样品转送，以及其他检验服务。具备检验当地主要粮食质量指标、主要品质指标和主要食品安全指标快检筛查的能力。

四、建设内容

国家级机构侧重质量安全、标准研究能力建设，省级机构侧重质量安全、批量检验能力建设，市、县级机构侧重质量指标、储存品质项目检验能力和主要食品安全指标检验、快速筛查能力建设。

（一）配置检验仪器设备

按照立足当前、着眼长远、优化配置、补充配套、填平补齐的原则，在充分利用已有检验监测资源基础上，根据功能定位、检验任务和今后业务开展需要，配置相应的检验仪器设备。检验仪器设备选型要坚持需求导向、能用适用、够用好用、安全可靠、节能减排原则，满足检验质量与内在品质、储存品质、安全卫生、添加剂及非法添加物、微生物、转基因等指标相应参数的要求，同时要紧密结合粮食检验监测工作和队伍建设需要，避免闲置浪费。

（二）完善配套基础设施

根据工作需要和检验仪器设备配置等具体情况，进行必要的配套基础设施建设。基础设施在使用面积、布局和环境条件等方面应满足机构职责任务以及人员、仪器设备配备的实际需求。实验室内各类功能区应做到分区明确、布局合理；应设有废水、废气的处理设施，并达到排放标准要求；配备必需的安全生产防护和应急处置设施。

五、建设要求

（一）项目申报

省级粮食和储备部门要摸清本省（区、市）检验监测机构现状和实际需求，按照国家总体要求和整省推进的原则，围绕功能定位、目标任务、建设内容，统筹安排域内检验监测机构建设布局、投资标准和分段实施步骤，上报粮食质量安全检验监测体系建设实施方案。在中央财政资金下达前，完成采购仪器设备技术参数编制和项目招投标工作方案制定等前期工作，确保项目实施与财政资金使用进度要求相匹配。要积极协调相关部门，尽早落实机构场地、人员、运行经费、建设资金等，确保项目建设各项配套条件

落地。

（二）项目审核

省级粮食和储备部门要根据本省（区、市）检验监测机构功能定位及检验项目、工作量、技术人员条件等情况，对市、县级申报的建设方案进行认真审核，重点做好检验监测机构场地、人员和运行经费等核实工作。对不符合申报条件的、建成后难以正常运行和无检验监测任务的建设项目，要坚决剔除，保证所建项目能够用得上、用得好。

各省（区、市）建设实施方案应由正文、附件、附表三部分组成。正文应包含本省（区、市）现有粮食检验监测体系建设取得的成效、存在的问题、已有基础条件，总体和分年度实施目标、建设范围、建设内容、投资测算和规模、实施进度、项目管理、体系运行保障具体措施、绩效考核指标，以及省级粮食和储备部门粮食质量安全检验监测体系建设工作组成员、职务、联系方式等。附件包括项目提升机构需附现有人员、检验能力、运行经费等情况的佐证材料，新建机构需附批复成立机构、落实场地人员和拟承担的检验任务等情况的佐证材料，以及其他必要的材料。详见附表1-3。

（三）仪器设备采购

科学制定仪器设备采购方案，坚持厉行勤俭节约，不得盲目追求"高大上"而造成资金、资源的浪费。仪器设备采购工作，原则上由省级粮食和储备部门牵头统一组织实施，并负责督导协调所购仪器设备的到货、安装、调试、验收和使用；招标过程中，可邀请纪检监察部门相关人员现场监督，确保采购工作公平、公正。各省（区、市）原则上应做到区域内仪器设备统一功能、统一选型、统一参数；实验室名称标牌统一款式、统一规格、统一制作；技术操作人员统一培训。

列入当年建设范围的机构，应在中央财政资金拨付后12个月内完成项目建设；项目建设完成后，省级财政、粮食和储备部门要及时组织项目验收，并将项目完成、整体验收、绩效评价等情况及时报送财政部、国家粮食和物资储备局。

（四）资金筹措使用

坚持中央财政适当补助，地方积极配套，中央与地方共建共享的原则，由中央补助和地方财政投入（企业自筹）统筹解决。有关高校、中央企业的检验监测机构所需中央财政资金，在中央下达所在省份的资金中统筹安排。严格按照财政资金管理有关规定使用项目资金，财政资金主要用于配置检验仪器设备、实验室配套基础设施建设、移动检验扦样及样品传递工具等。

（五）逐级压实责任

省级粮食和储备部门对项目申报、实施、绩效评价、验收等承担监管责任，应加强对本省（区、市）项目建设进度、质量、资金使用、资金落实、体系运行以及其他有关情况的监督检查。建立定期调度制度，全面掌握、及时跟踪项目实施情况，做好项目协调、服务和推进工作，确保项目实施进度和建设成效。实行建设单位项目法人负责制，项目法人对项目申报、实施、建设质量、资金管理和建成后的运行等承担主体责任。各级检验监测机构要承担起所配仪器设备管好、用好、维护好的责任。

六、创新机制

（一）因地制宜、分类指导

省级粮食和储备部门要针对不同地域、不同层级、不同机构的特点分类施策，加强分类指导。根据机构功能定位，结合粮食质量安全检验监测工作实际，安排工作任务，开展技术培训，制定指导管理措施，充分发挥各级检验监测机构作用。研究建立检验监测机构管理制度，加强事中事后监管，建立诚信体系和"黑名单"制度。

（二）严格管理、加强监督

检验监测机构要建立公正性保证机制。实行检验监测机构与检验人责任制，检验人应依法依规进行检验，保证出具的检验数据和结论客观公正，对检验数据和结论负责；检验监测机构对出具的检验报告负责。省、市级粮食和储备部门要落实"双随机"要求，实施"抽检分离"，优化抽样、检验工作方式，确保检测结果客观公正。提高仪器设备使用效率，对长期闲置或利用率偏低的仪器设备，必要时省级粮食和储备部门可对使用财政资金购置的仪器设备予以调配使用。

（三）发挥优势、增强功能

各级检验监测机构要按照功能定位和检验监测任务要求，发挥专业性、系统性的优势和技术专长，继续加强新收获粮食和库存粮食风险监测，确保监测面有效提升。依托粮食行业专业优势，按照积极服务社会和公正检验原则，开展政策性粮食第三方检验监测服务，在平仓检验、鉴定检验、准入检验和仲裁检验等方面加快实施第三方检验。省级粮食和储备部门要研究建立第三方检验监测机构资质认定管理制度，增强检验监测机构的权威性和公信力。

（四）优化服务、激发动力

各级检验监测机构按照高质量发展要求，结合粮食收储制度和储备制度改革市场化的新形势，拓展服务范围，创新服务方式，增强服务效果，激发内生动力。省、市检验监测机构要延伸检测服务链，鼓励政策性监测任务与社会委托业务并行发展，主动承接其他行政部门、种粮大户、农民专业合作社、食品加工企业等委托业务；鼓励开展产学研、技术咨询、标准研制、培训、验货以及其他技术服务。围绕实施乡村振兴战略、推进农业供给侧结构性改革、加快粮食产业经济发展等，聚焦"五优联动"，构建"监测服务政府、抽查服务监管、检测服务产业、测报服务农户"的服务模式。

发挥典型示范引领作用，选取部分项目实施好、运行好、服务好的机构，在省级粮食和储备部门推荐的基础上，国家粮食和物资储备局择优确认示范检验监测机构。

七、保障措施

（一）加强领导

省级粮食和储备部门要加强领导，成立工作组，明确负责人，组织精干力量，加强调度协调，积极解决实施中出现的问题，保障粮食检验监测体系建设按时保质完成。支持建立联络员制度，由省级检验监测机构选派专业技术人员，分工联系市、县检验监测机构，加强跟踪指导服务。

（二）完善制度

省级粮食和储备部门要制定项目和资金管理办法及项目绩效评价方法，按要求组织项目验收。重点加强对专项资金使用、仪器设备采购、建设进度、履约验收、项目执行、绩效评价等情况进行监督检查，对场地、人员、运行经费未落实到位，仪器设备长期闲置，不能正常运行和未能有效发挥作用的检验监测机构要采取有效措施督促整改。

（三）强化保障

各地要为检验监测机构扩展运行服务、开展检验监测业务提供包括场地、设备、经费等在内的相关条件保障，确保业务正常开展，确保技术支撑作用有效发挥。转换用人机制，搞活用人制度，完善收入分配，实行体现粮食质检工作专业性、技术性特点的收入分配激励机制，激发内生动力。要在现行政策规定范围内，加大对粮食检验监测机构的支持。加强部门间的横向合作交流，根据各地实际，采取多种合作方式，优势互补，形成合力，提高检验监测机构检验能力和服务水平。

（四）搞好培训

要选拔素质好、作风实、专业对口的人员充实粮食质检队伍。加大专业技能培训力度，让新入职人员尽快适应岗位要求，确保所配仪器设备有人会用。省、市级检验监测机构要发挥引领带动作用，组织技术人员到县级检验监测机构和粮食收储企业指导质检队伍建设。

（五）严格考核

将粮食质量安全检验监测体系建设项目纳入粮食安全省长责任制和国务院食品安全工作考核内容，确保项目建设落地，体系良性有效运行。严格实行项目绩效评价，细化绩效考核指标；重点考核新建机构场地、人员、资金配套、经费保障和运行成效等情况；

务必使配置的检测仪器设备能够有效利用，机构真正发挥作用，满足当地粮食质量安全检验监测工作需要。

（六）严明纪律

各地要认真贯彻落实中央八项规定精神，严格执行廉政规定，切实改进作风，将检验监测体系建设工程建成廉政工程、优质工程。在建设中要坚持公平公正、科学规范，对弄虚作假、谎报瞒报等行为予以批评并责令改正，并视情节追究有关责任人的责任。

附表（略）

"中国好粮油"行动计划实施指南

（国家粮食和物资储备局　国粮规〔2019〕183号　2019年6月13日）

根据财政部、国家粮食和物资储备局《关于深入实施"优质粮食工程"的意见》（财建〔2019〕287号），现就落实"中国好粮油"行动计划制定本实施指南。

一、主要目标

"中国好粮油"行动计划要紧扣实现粮食产业兴旺、农民增收、企业增效，满足消费者对优质粮油产品的需求，到2020年，全国产粮大县粮油优质品率提高30%左右。

二、组织实施

（一）实施主体

1. 省级粮食和储备、财政部门负责组织制定本省（区、市）总体实施方案，并进行监督检查和绩效评价；管理省级层面的实施项目和示范企业；负责示范县（市）和示范企业的监督检查、指导实施及考核验收。

2. 示范县（市）政府是示范县（市）的实施主体，负责制定实施方案，加强对实施全过程的管理；负责对区域内示范企业实施情况的协调指导、监督检查和考核评价。

3. 示范企业要坚持市场导向，聚焦"中国好粮油"行动计划目标任务，制定切实可行的实施方案，有序推进、确保落实，真正起到示范引领作用。

（二）示范县（市）条件和数量

1. 示范县（市）应具备以下条件：

（1）处于优质粮油优势生产区，具备良好产地环境和发展潜力；

（2）在培育、优选、推广新品种方面有明显优势，具备较好的连片规模化种植基础和粮食产后服务能力；

（3）具有较好的优质粮油加工、销售和区域公共品牌建设基础；

（4）县（市）政府高度重视，实施方案目标明确，措施可行。

2. 示范县（市）数量由各地根据实际情况选择确定，原则上粮食主产省每年可支持10个以内示范县（市），其他省份每年可支持5个左右示范县。示范县（市）除国家级贫困县外，应当实行动态调整，已列入支持范围的示范县（市）原则上今后不再纳入；各省（区、市）三年实施方案确定滚动支持的示范县（市），应当一次性确定资金支持额度，按计划分年度实施。

（三）示范企业条件和数量

1. 示范企业应具备以下条件：

（1）企业有注册商标和品牌，市场开拓能力强，有销售渠道；

（2）企业资产优良，信用良好，无相关违法违规行为；

（3）产品销售量大、市场占有率及消费者认同度高，具有较强的新产品开发和产品质量保障能力，符合国家产业政策和环保政策要求；

（4）企业积极性高，实施方案主要目标和考核指标清晰，措施具体可行。

2. 示范企业数量由各省（区、市）根据实际情况确定，示范县（市）政府在符合条件的企业中择优选定。

三、实施内容

各实施主体要聚焦目标任务，把"五优联动"贯穿于"中国好粮油"行动计划全过程；围绕"从田间到餐桌"各环节，统筹谋划、补齐短板、系统推进。突出示范引领、创新模式、挖掘典型、推广经验、放大效应，着力在品牌推广、渠道建设、科技支撑和专题宣传等方面取得重点突破。

（一）优化种植结构，促进"优粮优产"

示范县（市）和示范企业要立足优势，突出特色，加大培育和优选优质粮种力度，积极引导和组织推广优质品种，实现连片种植和规模化经营。

1. 示范县（市）和示范企业建立种植基地，开展优质粮食订单农业，培育和优选优质品种，推广连片种植。

2. 示范县（市）建立优质粮油产前产后科技服务平台，指导农户科学种粮、科学管理、科学储粮等，特别是加大优质粮食种植技术的推广力度。

3. 示范县（市）和示范企业与科研机构开展合作，制定粮食生产过程控制技术规程，建立全程可追溯体系等。

4. 地方各级粮食和储备部门建立有效激励机制，对采取建设种植基地、开展优质粮食订单农业等方式，与农民形成利益共同体成效突出的示范企业给予奖励。

（二）强化质量导向，促进"优粮优购"

示范县（市）和示范企业要根据粮食质量及品质情况，按照"优粮优价"原则进行收购，切实增加农民收益，保护农民种植优质粮食积极性。

1. 省级粮食和储备部门结合本地实际情况、生产特色、区域特点、市场认可程度等，组织制定优质原粮标准。

2. 地方各级粮食和储备部门对本区域内粮油产品进行测评，掌握粮油质量、品质、营养特性等，指导企业加大产品研发力度，推动产业升级。

3. 支持企业按优质优价原则进行收购。

（三）提高储粮水平，促进"优粮优储"

示范县（市）和示范企业要推行优质粮食按品种及等级分仓储存，积极推进绿色储粮和智能化储粮新技术，不断提高仓储技术和精细化管理水平。

1. 示范县（市）和示范企业在粮食收购、清理、干燥、储存等关键环节制定技术规程或技术要求，通过改造仓储设施，实现储粮技术升级，满足按品种及等级分仓储存的要求。

2. 地方各级粮食和储备部门及示范企业开展优质粮食分品种及等级储存保鲜技术研究，制定相关技术规程或技术要求。

3. 在示范县（市）和示范企业推广应用保质保鲜、防虫防霉、低温干燥、低温储藏等新技术。

（四）倡导适度加工，促进"优粮优加"

地方各级粮食和储备部门、示范县（市）和示范企业要建立标准领跑者激励机制，走"标准引领""以质取胜"之路，加快推广粮油产品适度加工，发展粮食循环经济，促进粮食资源综合利用。

1. 省级粮食和储备部门结合本省（区、市）实际情况、区域特点、特色品种、市场认可程度等，组织制定优质成品粮油标准；鼓励粮食企业结合品牌特色、区域特点、市场认可程度等，制定企业产品团体标准，提升区域粮油产品的加工质量。

2. 通过示范企业与科研院所开展合作，采用新工艺和新技术，研发优质粮油新产品。

3. 各级粮食和储备部门组织相关企业、科研院所根据优质粮食生产区域特点，结合地域优势和品牌建设等，研究建立优质粮油适度加工标准和规范。

4. 示范企业应用先进技术，通过技术改造和提高质检水平，实现产品升级，增加优质粮油产品供给。

（五）引领消费升级，促进"优粮优销"

按照分级遴选机制推出省级"好粮油"和"中国好粮油"产品，促进粮油产品"提质进档、消费升级"；进一步拓展销售渠道，推进"互联网＋粮食"行动，发展粮食电子商务和新型零售业态，构建经济高效的优质粮油销售渠道；通过"中国好粮油"专题宣传，普及科学膳食知识，提高好粮油产品认知度。

1. 省级粮食和储备部门及示范县（市）结合实际推进区域公共品牌建设，示范企业加强企业品牌建设，提高"好粮油"品牌的公信力。省级粮食和储备部门负责制定地方"好粮油"产品标准和遴选办法，把品牌影响力、市场占有率、消费认同度和企业经营年限等作为重要指标，遴选过程要注重产品品质、地域文化和传统特色，做到公平、公正；组织地方"好粮油"遴选工作，按程序进行公示后，将遴选结果报送国家粮食和物资储备局备案；加强对地方"好粮油"生产经营者监督，保证"好粮油"产品质量和信用。

2. 国家粮食和物资储备局负责组织"中国好粮油"遴选工作，在省级"好粮油"产品基础上，择优遴选"中国好粮油"产品。制定"中国好粮油"产品标准、产品及标识管理办法，规定"中国好粮油"遴选范围、要求，规范产品质量和标识管理，实行动态管理和淘汰退出机制。

3. 各级粮食和储备部门、示范企业建立完善网络销售平台，或者依托成熟的电商平台开展线上销售，利用"放心粮油店"、大型综合超市等设立"好粮油"专柜和建设直营店，加大"好粮油"线下销售力度。

4. 示范企业利用社会物流资源，完善优质粮油产品配送网络，探索成品粮"公共库"模式，提供专业的优质粮油产品储存和配送服务。

5. 发挥"中国好粮油网"作用，突出公益服务功能，实现"中国好粮油"政策宣传、标准发布、产品推介、科普宣传等功能。

6. 省级粮食和储备部门、示范县（市）和示范企业多渠道广泛宣传"好粮油"产品，运用粮食科技周、世界粮食日、展销会、推介会等宣传平台和电视、广播、网络、微博、微信等新闻媒体加强宣传。

（六）放大示范效应，促进"五优联动"

为发挥"好粮油"示范引领、辐射带动、放大效应的作用，在"优质粮食工程"示范县、示范企业（合作社）和"好粮油"销售店中遴选认定百个全国性典型示范县、千个先进示范企业（合作社）、万个样板店。

1. 全国百个典型示范县。典型示范县应在推广基地建设或订单农业等方面有稳定模式和成熟经验，本县（市）粮油优质品率提高40%以上；在促进粮食产业兴旺、农民增收、企业增效等方面有具体举措并取得实效；在粮食品质测评、区域品牌推广方面成效显著；在推动"五优联动"、创新发展模式等方面示范作用明显。以现有示范县（市）为基础，原则上主产省推荐典型5个，其他省（区、市）推荐2个；在各省（区、市）推荐基础上，由国家粮食和物资储备局确认。

2. 全国千个先进示范企业（合作社）。先进示范企业品牌应在当地知名度和影响力大、产品市场认可度高，或区域特色明显，带动能力强；在系统推进"五优联动"，重点是通过基地建设或订单农业构建粮食种植利益共同体、品牌推广、渠道建设、科技支撑等方面实际成效和示范作用明显；典型示范合作社应有加工产业基础和配套条件，优质粮油种植面积达到50%以上，且连片种植面积达30%以上，农户收益提高20%以上，在推广优质粮油连片种植、农民增收、脱贫攻坚等方面示范作用明显。先进示范企业（合作社）原则上主产省推荐50个左右，其他省（区、市）推荐20个左右；由省级粮食和储备部门在"中国好粮油"行动计划示范企业（合作社）中择优认定。

3. 全国万个样板店。结合在"放心粮油店"、大型超市等设置专卖柜台或建设专卖店，年销售"好粮油"300吨以上，信用良好、消费者认同度高，在宣传优质粮油品牌、提升品牌影响力、扩大"好粮油"产品销售、规范服务等方面示范作用明显。各省（区、市）样板店数量要综合考虑"好粮油"销量和网点数量等因素，原则上按每14万消费人口1个样板店的标准，在销售"好粮油"的实体店中择优认定。

在"百千万"典型示范中，各省应规范认定程序，经公示无异议后，向国家粮食和物资储备局推荐，核审后统一公布。

四、考核验收

（一）验收条件

1. "中国好粮油"行动计划实施方案中各项具体任务均已完成，达到了预期目标；

2. 有完整的总结报告和绩效自评报告，包括项目达到的目标及考核指标、计划实施内容、实施内容完成投资情况、总体进度完成情况、取得的主要成果和经验等；

3. 有每项实施内容完整的档案资料；

4. 有完整的财务决算报告，并有第三方审计报告；

5. 有已备案的实施方案及资金下达的有关文件；

6. 示范县（市）和示范企业出具的验收材料真实性声明；

7. 示范县（市）和示范企业提交的项目验收申请。

（二）验收组织

1. 示范县（市）政府领导小组负责组织示范县（市）和示范企业的验收，省级粮食和储备、财政部门可派员督导。示范县（市）政府领导小组在国家或省级推荐的专家库中抽取不少于5名专家，成立专家验收组，或委托有资质有经验的咨询机构进行验收。采取专家验收组验收的，应对重要实施内容、示范企业进行现场查看，可根据需要设立资料小组、财务小组等开展相关工作。

2. 省级粮食和储备、财政部门负责对省级层面项目、省级管理的示范企业进行验收。

3. 项目验收后应形成正式验收报告，主要内容应包括：目标及指标完成情况、主要实施内容及投资完成情况、取得的主要成果、验收结论等。

（三）验收备案

1. 项目通过验收后，以示范县（市）为单位报送省级粮食和储备、财政部门备案。备案的具体要求由省级粮食和储备、财政部门确定。

2. 省级层面项目实施单位和省级管理的示范企业，直接报送省级粮食和储备、财政部门备案。

3. 省级粮食和储备、财政部门汇总本省（区、市）"中国好粮油"行动计划验收情况，编制总体验收报告，并附绩效自评价报告，报送国家粮食和物资储备局、财政部备案。

五、保障措施

（一）完善方案

省级粮食和储备、财政部门要按照国家整体要求，完善"中国好粮油"行动计划实施方案。根据本区域的实际情况，结合产粮大县、区域特色、品牌建设等，统筹遴选示范县（市）和示范企业，对示范县（市）和示范企业实施方案进行认真审核确认，在此基础上编制本省（区、市）实施方案，做到统筹规划、目标明确，重点突出、内容科学，资金合理、测算准确，措施得力、限期完成。

（二）精心组织

省级粮食和储备、财政部门要密切配合，建立工作机制，组织做好项目申报、实施、考核与验收等工作。省级粮食和储备部门要建立项目推进和定期调度制度，全面掌握、及时跟踪项目进度、质量等情况，加大统筹协调力度，确保项目实施成效。示范县（市）政府要成立由粮食和储备、财政等部门组成的领导小组，制定有关措施和管理办法，聚集动能、形成合力、精准施策，与粮食产后服务体系建设、粮食

质量安全检验监测体系建设协调一致，与示范县（市）各项惠农政策深度融合，与示范企业及品牌建设实际紧密结合，加强对实施全过程的统一协调和跟踪管理，推动项目落地见效。

（三）规范管理

省级粮食和储备部门要会同财政部门制定项目及资金管理办法，严格按照财政资金管理有关规定使用项目资金，对项目资金到位、使用等情况加强监督检查。加强对项目实施过程中关键风险点的监控，严格执行廉政规定。坚持公平公正、客观真实，对弄虚作假、谎报瞒报等行为责令改正、追究责任；对违法违纪等行为严肃查处。

（四）强化保障

各级粮食和储备部门要建立"中国好粮油"专家咨询制度，为实施方案策划、标准规范和技术规程制定、产品研发、品牌策划等提供技术支撑。支持示范企业与科研机构联合制定"好粮油"产品发展战略规划，制定收购、储存、加工、物流、销售的全流程技术规范或服务指南。引导示范企业加强人才培养，特别是对实施"中国好粮油"行动计划中的关键管理岗位、关键技术岗位人才的培养。

（五）严格考核

将"中国好粮油"行动计划纳入粮食安全省长责任制考核内容，确保落地落实，发挥示范引领作用，构建长效机制。严格实行绩效评价，细化绩效考核指标，重点考核提高粮油优质品率、促进农民种植优质粮油收益和粮油产品提级进档的实效、品牌建设及配套资金落实等方面取得的成效。

附录（略）

关于促进乡村产业振兴的指导意见

（国务院 国发 ［2019］ 12 号 2019 年 6 月 17 日）

各省、自治区、直辖市人民政府，国务院各部委、各直属机构：

产业兴旺是乡村振兴的重要基础，是解决农村一切问题的前提。乡村产业根植于县域，以农业农村资源为依托，以农民为主体，以农村一二三产业融合发展为路径，地域特色鲜明、创新创业活跃、业态类型丰富、利益联结紧密，是提升农业、繁荣农村、富裕农民的产业。近年来，我国农村创新创业环境不断改善，新产业新业态大量涌现，乡村产业发展取得了积

极成效，但也存在产业门类不全、产业链条较短、要素活力不足和质量效益不高等问题，亟须加强引导和扶持。为促进乡村产业振兴，现提出如下意见。

一、总体要求

（一）指导思想

以习近平新时代中国特色社会主义思想为指导，全面贯彻党的十九大和十九届二中、三中全会精神，

牢固树立新发展理念，落实高质量发展要求，坚持农业农村优先发展总方针，以实施乡村振兴战略为总抓手，以农业供给侧结构性改革为主线，围绕农村一二三产业融合发展，与脱贫攻坚有效衔接、与城镇化联动推进，充分挖掘乡村多种功能和价值，聚焦重点产业，聚集资源要素，强化创新引领，突出集群成链，延长产业链、提升价值链，培育发展新动能，加快构建现代农业产业体系、生产体系和经营体系，推动形成城乡融合发展格局，为农业农村现代化奠定坚实基础。

（二）基本原则

因地制宜、突出特色。依托种养业、绿水青山、田园风光和乡土文化等，发展优势明显、特色鲜明的乡村产业，更好彰显地域特色、承载乡村价值、体现乡土气息。

市场导向、政府支持。充分发挥市场在资源配置中的决定性作用，激活要素、市场和各类经营主体。更好发挥政府作用，引导形成以农民为主体、企业带动和社会参与相结合的乡村产业发展格局。

融合发展、联农带农。加快全产业链、全价值链建设，健全利益联结机制，把以农业农村资源为依托的二三产业尽量留在农村，把农业产业链的增值收益、就业岗位尽量留给农民。

绿色引领、创新驱动。践行绿水青山就是金山银山理念，严守耕地和生态保护红线，节约资源，保护环境，促进农村生产生活生态协调发展。推动科技、业态和模式创新，提高乡村产业质量效益。

（三）目标任务

力争用5—10年时间，农村一二三产业融合发展增加值占县域生产总值的比重实现较大幅度提高，乡村产业振兴取得重要进展。乡村产业体系健全完备，农业供给侧结构性改革成效明显，绿色发展模式更加成熟，乡村就业结构更加优化，农民增收渠道持续拓宽，产业扶贫作用进一步凸显。

二、突出优势特色，培育壮大乡村产业

（四）做强现代种养业

创新产业组织方式，推动种养业向规模化、标准化、品牌化和绿色化方向发展，延伸拓展产业链，增加绿色优质产品供给，不断提高质量效益和竞争力。巩固提升粮食产能，全面落实永久基本农田特殊保护制度，加强高标准农田建设，加快划定粮食生产功能区和重要农产品生产保护区。加强生猪等畜禽产能建设，提升动物疫病防控能力，推进奶业振兴和渔业转型升级。发展经济林和林下经济。（农业农村部、国家发展改革委、自然资源部、国家林草局等负责）

（五）做精乡土特色产业

因地制宜发展小宗类、多样性特色种养，加强地方品种种质资源保护和开发。建设特色农产品优势区，推进特色农产品基地建设。支持建设规范化乡村工厂、生产车间，发展特色食品、制造、手工业和绿色建筑建材等乡土产业。充分挖掘农村各类非物质文化遗产资源，保护传统工艺，促进乡村特色文化产业发展。（农业农村部、工业和信息化部、文化和旅游部、国家林草局等负责）

（六）提升农产品加工流通业

支持粮食主产区和特色农产品优势区发展农产品加工业，建设一批农产品精深加工基地和加工强县。鼓励农民合作社和家庭农场发展农产品初加工，建设一批专业村镇。统筹农产品产地、集散地、销地批发市场建设，加强农产品物流骨干网络和冷链物流体系建设。（农业农村部、国家发展改革委、工业和信息化部、商务部、国家粮食和储备局、国家邮政局等负责）

（七）优化乡村休闲旅游业

实施休闲农业和乡村旅游精品工程，建设一批设施完备、功能多样的休闲观光园区、乡村民宿、森林人家和康养基地，培育一批美丽休闲乡村、乡村旅游重点村，建设一批休闲农业示范县。（农业农村部、文化和旅游部、国家卫生健康委、国家林草局等负责）

（八）培育乡村新型服务业

支持供销、邮政、农业服务公司、农民合作社等开展农资供应、土地托管、代耕代种、统防统治、烘干收储等农业生产性服务业。改造农村传统小商业、小门店、小集市等，发展批发零售、养老托幼、环境卫生等农村生活性服务业。（农业农村部、国家发展改革委、财政部、商务部、国家邮政局、供销合作总社等负责）

（九）发展乡村信息产业

深入推进"互联网+"现代农业，加快重要农产品全产业链大数据建设，加强国家数字农业农村系统建设。全面推进信息进村入户，实施"互联网+"农产品出村进城工程。推动农村电子商务公共服务中心和快递物流园区发展。（农业农村部、中央网信办、工业和信息化部、商务部、国家邮政局等负责）

三、科学合理布局，优化乡村产业空间结构

（十）强化县域统筹

在县域内统筹考虑城乡产业发展，合理规划乡村

产业布局，形成县城、中心镇（乡）、中心村层级分工明显、功能有机衔接的格局。推进城镇基础设施和基本公共服务向乡村延伸，实现城乡基础设施互联互通、公共服务普惠共享。完善县城综合服务功能，搭建技术研发、人才培训和产品营销等平台。（国家发展改革委、自然资源部、生态环境部、住房城乡建设部、农业农村部等负责）

（十一）推进镇域产业聚集

发挥镇（乡）上连县、下连村的纽带作用，支持有条件的地方建设以镇（乡）所在地为中心的产业集群。支持农产品加工流通企业重心下沉，向有条件的镇（乡）和物流节点集中。引导特色小镇立足产业基础，加快要素聚集和业态创新，辐射和带动周边地区产业发展。（国家发展改革委、住房城乡建设部、农业农村部等负责）

（十二）促进镇村联动发展

引导农业企业与农民合作社、农户联合建设原料基地、加工车间等，实现加工在镇、基地在村、增收在户。支持镇（乡）发展劳动密集型产业，引导有条件的村建设农工贸专业村。（国家发展改革委、农业农村部、商务部等负责）

（十三）支持贫困地区产业发展

持续加大资金、技术、人才等要素投入，巩固和扩大产业扶贫成果。支持贫困地区特别是"三区三州"等深度贫困地区开发特色资源、发展特色产业，鼓励农业产业化龙头企业、农民合作社与贫困户建立多种形式的利益联结机制。引导大型加工流通、采购销售、投融资企业与贫困地区对接，开展招商引资，促进产品销售。鼓励农业产业化龙头企业与贫困地区合作创建绿色食品、有机农产品原料标准化生产基地，带动贫困户进入大市场。（农业农村部、国家发展改革委、财政部、商务部、国务院扶贫办等负责）

四、促进产业融合发展，增强乡村产业聚合力

（十四）培育多元融合主体

支持农业产业化龙头企业发展，引导其向粮食主产区和特色农产品优势区集聚。启动家庭农场培育计划，开展农民合作社规范提升行动。鼓励发展农业产业化龙头企业带动、农民合作社和家庭农场跟进、小农户参与的农业产业化联合体。支持发展县域范围内产业关联度高、辐射带动力强、多种主体参与的融合模式，实现优势互补、风险共担、利益共享。（农业农村部、国家发展改革委、财政部、国家林草局等负责）

（十五）发展多类型融合业态

跨界配置农业和现代产业要素，促进产业深度交叉融合，形成"农业＋"多业态发展态势。推进规模种植与林牧渔融合，发展稻渔共生、林下种养等。推进农业与加工流通业融合，发展中央厨房、直供直销、会员农业等。推进农业与文化、旅游、教育、康养等产业融合，发展创意农业、功能农业等。推进农业与信息产业融合，发展数字农业、智慧农业等。（农业农村部、国家发展改革委、教育部、工业和信息化部、文化和旅游部、国家卫生健康委、国家林草局等负责）

（十六）打造产业融合载体

立足县域资源禀赋，突出主导产业，建设一批现代农业产业园和农业产业强镇，创建一批农村产业融合发展示范园，形成多主体参与、多要素聚集、多业态发展格局。（农业农村部、国家发展改革委、财政部、国家林草局等负责）

（十七）构建利益联结机制

引导农业企业与小农户建立契约型、分红型、股权型等合作方式，把利益分配重点向产业链上游倾斜，促进农民持续增收。完善农业股份合作制企业利润分配机制，推广"订单收购＋分红"、"农民入股＋保底收益＋按股分红"等模式。开展土地经营权入股从事农业产业化经营试点。（农业农村部、国家发展改革委等负责）

五、推进质量兴农绿色兴农，增强乡村产业持续增长力

（十八）健全绿色质量标准体系

实施国家质量兴农战略规划，制修订农业投入品、农产品加工业、农村新业态等方面的国家和行业标准，建立统一的绿色农产品市场准入标准。积极参与国际标准制修订，推进农产品认证结果互认。引导和鼓励农业企业获得国际通行的农产品认证，拓展国际市场。（农业农村部、市场监管总局等负责）

（十九）大力推进标准化生产

引导各类农业经营主体建设标准化生产基地，在国家农产品质量安全县整县推进全程标准化生产。加强化肥、农药、兽药及饲料质量安全管理，推进废旧地膜和包装废弃物等回收处理，推行水产健康养殖。加快建立农产品质量分级及产地准出、市场准入制度，实现从田间到餐桌的全产业链监管。（农业农村部、生态环境部、市场监管总局等负责）

（二十）培育提升农业品牌

实施农业品牌提升行动，建立农业品牌目录制

度，加强农产品地理标志管理和农业品牌保护。鼓励地方培育品质优良、特色鲜明的区域公用品牌，引导企业与农户等共创企业品牌，培育一批"土字号"、"乡字号"产品品牌。（农业农村部、商务部、国家知识产权局等负责）

（二十一）强化资源保护利用

大力发展旱地节能节水等资源节约型产业。建设农业绿色发展先行区。国家明令淘汰的落后产能、列入国家禁止类产业目录的、污染环境的项目，不得进入乡村。推进种养循环一体化，支持秸秆和畜禽粪污资源化利用。推进加工副产物综合利用。（国家发展改革委、工业和信息化部、自然资源部、生态环境部、水利部、农业农村部等负责）

六、推动创新创业升级，增强乡村产业发展新动能

（二十二）强化科技创新引领

大力培育乡村产业创新主体。建设国家农业高新技术产业示范区和国家农业科技园区。建立产学研用协同创新机制，联合攻克一批农业领域关键技术。支持种业育繁推一体化，培育一批竞争力强的大型种业企业集团。建设一批农产品加工技术集成基地。创新公益性农技推广服务方式。（科技部、农业农村部等负责）

（二十三）促进农村创新创业

实施乡村就业创业促进行动，引导农民工、大中专毕业生、退役军人、科技人员等返乡入乡人员和"田秀才"、"土专家"、"乡创客"创新创业。创建农村创新创业和孵化实训基地，加强乡村工匠、文化能人、手工艺人和经营管理人才等创新创业主体培训，提高创业技能。（农业农村部、国家发展改革委、教育部、人力资源社会保障部、退役军人部、共青团中央、全国妇联等负责）

七、完善政策措施，优化乡村产业发展环境

（二十四）健全财政投入机制

加强一般公共预算投入保障，提高土地出让收入用于农业农村的比例，支持乡村产业振兴。新增耕地指标和城乡建设用地增减挂钩节余指标跨省域调剂收益，全部用于巩固脱贫攻坚成果和支持乡村振兴。鼓励有条件的地方按市场化方式设立乡村产业发展基金，重点用于乡村产业技术创新。鼓励地方按规定对吸纳贫困家庭劳动力、农村残疾人就业的农业企业给予相关补贴，落实相关税收优惠政策。（财政部、自然资源部、农业农村部、税务总局、国务院扶贫办等负责）

（二十五）创新乡村金融服务

引导县域金融机构将吸收的存款主要用于当地，重点支持乡村产业。支持小微企业融资优惠政策适用于乡村产业和农村创新创业。发挥全国农业信贷担保体系作用，鼓励地方通过实施担保费用补助、业务奖补等方式支持乡村产业贷款担保，拓宽担保物范围。允许权属清晰的农村承包土地经营权、农业设施、农机具等依法抵押贷款。加大乡村产业项目融资担保力度。支持地方政府发行一般债券用于支持乡村振兴领域的纯公益性项目建设。鼓励地方政府发行项目融资和收益自平衡的专项债券，支持符合条件、有一定收益的乡村公益性项目建设。规范地方政府举债融资行为，不得借乡村振兴之名违法违规变相举债。支持符合条件的农业企业上市融资。（人民银行、财政部、农业农村部、银保监会、证监会等负责）

（二十六）有序引导工商资本下乡

坚持互惠互利，优化营商环境，引导工商资本到乡村投资兴办农民参与度高、受益面广的乡村产业，支持发展适合规模化集约化经营的种养业。支持企业到贫困地区和其他经济欠发达地区吸纳农民就业、开展职业培训和就业服务等。工商资本进入乡村，要依法依规开发利用农业农村资源，不得违规占用耕地从事非农产业，不能侵害农民财产权益。（农业农村部、国家发展改革委等负责）

（二十七）完善用地保障政策

耕地占补平衡以县域自行平衡为主，在安排土地利用年度计划时，加大对乡村产业发展用地的倾斜支持力度。探索针对乡村产业的省市县联动"点供"用地。推动制修订相关法律法规，完善配套制度，开展农村集体经营性建设用地入市改革，增加乡村产业用地供给。有序开展县域乡村闲置集体建设用地、闲置宅基地、村庄空闲地、厂矿废弃地、道路改线废弃地、农业生产与村庄建设复合用地及"四荒地"（荒山、荒沟、荒丘、荒滩）等土地综合整治，盘活建设用地重点用于乡村新产业新业态和返乡入乡创新创业。完善设施农业用地管理办法。（自然资源部、农业农村部、司法部、国家林草局等负责）

（二十八）健全人才保障机制

各类创业扶持政策向农业农村领域延伸覆盖，引导各类人才到乡村兴办产业。加大农民技能培训力度，支持职业学校扩大农村招生。深化农业系列职称制度改革，开展面向农技推广人员的评审。支持科技人员以科技成果入股农业企业，建立健全科研人员校

企、院企共建双聘机制，实行股权分红等激励措施。实施乡村振兴青春建功行动。（科技部、教育部、人力资源社会保障部、农业农村部、退役军人部、共青团中央、全国妇联等负责）

八、强化组织保障，确保乡村产业振兴落地见效

（二十九）加强统筹协调

各地要落实五级书记抓乡村振兴的工作要求，把乡村产业振兴作为重要任务，摆上突出位置。建立农业农村部门牵头抓总、相关部门协同配合、社会力量积极支持、农民群众广泛参与的推进机制。（农业农

村部牵头负责）

（三十）强化指导服务

深化"放管服"改革，发挥各类服务机构作用，为从事乡村产业的各类经营主体提供高效便捷服务。完善乡村产业监测体系，研究开展农村一二三产业融合发展情况统计。（农业农村部、国家统计局等负责）

（三十一）营造良好氛围

宣传推介乡村产业发展鲜活经验，推广一批农民合作社、家庭农场和农村创新创业典型案例。弘扬企业家精神和工匠精神，倡导诚信守法，营造崇尚创新、鼓励创业的良好环境。（农业农村部、广电总局等负责）

关于加强非洲猪瘟防控工作的意见

（国务院办公厅　国办发〔2019〕31号　2019年6月22日）

各省、自治区、直辖市人民政府，国务院各部委、各直属机构：

党中央、国务院高度重视非洲猪瘟防控工作。2018年8月非洲猪瘟疫情发生后，各地区各有关部门持续强化防控措施，防止疫情扩散蔓延，取得了阶段性成效。但同时也要看到，生猪产业链监管中还存在不少薄弱环节，有的地区使用餐厨废弃物喂猪现象仍然比较普遍，生猪调运管理不够严格，屠宰加工流通环节非洲猪瘟检测能力不足，基层动物防疫体系不健全，防疫能力仍存在短板，防控形势依然复杂严峻。为加强非洲猪瘟防控工作，全面提升动物疫病防控能力，经国务院同意，现提出以下意见。

一、加强养猪场（户）防疫监管

（一）提升生物安全防护水平

严格动物防疫条件审查，着力抓好养猪场（户）特别是种猪场和规模猪场防疫监管。深入推进生猪标准化规模养殖，逐步降低散养比例，督促落实封闭饲养、全进全出等饲养管理制度，提高养猪场（户）生物安全防范水平。综合运用信贷保险等手段，引导养猪场（户）改善动物防疫条件，完善清洗消毒、出猪间（台）等防疫设施设备，不断提升防疫能力和水平。督促养猪场（户）建立完善养殖档案，严格按规定加施牲畜标识，提高生猪可追溯性。（农业农村部、

国家发展改革委、银保监会等负责，地方人民政府负责落实。以下均需地方人民政府落实，不再列出）

（二）落实关键防控措施

指导养猪场（户）有效落实清洗消毒、无害化处理等措施，严格出入场区的车辆和人员管理。鼓励养猪场（户）自行开展非洲猪瘟检测，及早发现和处置隐患。督促养猪场（户）严格规范地报告疫情，做好疫情处置，严防疫情扩散。开展专项整治行动，严厉打击收购、贩运、销售、随意丢弃病死猪的违法违规行为，依法实行顶格处罚。加强病死猪无害化处理监管，指导自行处理病死猪的规模养猪场（户）配备处理设施，确保清洁安全、不污染环境。（农业农村部、公安部、生态环境部等负责）

二、加强餐厨废弃物管理

（三）严防餐厨废弃物直接流入养殖环节

推动尽快修订相关法律法规，进一步明确禁止直接使用餐厨废弃物喂猪，完善罚则。各地要对餐厨废弃物实行统一收集、密闭运输、集中处理、闭环监管，严防未经无害化处理的餐厨废弃物流入养殖环节。督促有关单位做好餐厨废弃物产生、收集、运输、存储、处理等全链条的工作记录，强化监督检查和溯源追踪。按照政府主导、企业参与、市场运作原则，推动建立产生者付费、处理者受益的餐厨废弃物

无害化处理和资源化利用长效机制。（农业农村部、住房城乡建设部、市场监管总局、国家发展改革委、司法部、交通运输部、商务部等负责）

（四）落实餐厨废弃物管理责任

各地要尽快逐级明确餐厨废弃物管理牵头部门，细化完善餐厨废弃物全链条管理责任，建立完善全链条监管机制。加大对禁止直接使用餐厨废弃物喂猪的宣传力度，对养猪场（户）因使用餐厨废弃物喂猪引发疫情或造成疫情扩散的，不给予强制扑杀补助，并追究各环节监管责任。（农业农村部、住房城乡建设部、市场监管总局、国家发展改革委、财政部等负责）

三、规范生猪产地检疫管理

（五）严格实施生猪产地检疫

按照法律法规规定和检疫规程，合理布局产地检疫报检点。动物卫生监督机构要严格履行检疫程序，确保生猪检疫全覆盖。研究建立产地检疫风险评估机制，强化资料审核查验、临床健康检查等关键检疫环节，发现疑似非洲猪瘟症状的生猪，要立即采取控制措施并及时按程序报告。加大产地检疫工作宣传力度，落实货主产地检疫申报主体责任。官方兽医要严格按照要求，规范填写产地检疫证明。（农业农村部等负责）

（六）严肃查处违规出证行为

各地要加强对检疫出证人员的教育培训和监督管理，提高其依法履职能力。进一步规范产地检疫证明使用和管理，明确出证人员的权限和责任，严格执行产地检疫证明领用管理制度。对开具虚假检疫证明、不检疫就出证、违规出证以及违规使用、倒卖产地检疫证明等动物卫生证章标志的，依法依规严肃追究有关人员责任。（农业农村部、公安部等负责）

四、加强生猪及生猪产品调运管理

（七）强化运输车辆管理

完善生猪运输车辆备案管理制度，鼓励使用专业化、标准化、集装化的运输工具运输生猪等活畜禽。严格落实有关动物防疫条件要求，完善运输工具清洗消毒设施设备，坚决消除运输工具传播疫情的风险。（农业农村部、交通运输部等负责）

（八）加强运输过程监管

建立生猪指定通道运输制度，生猪调运必须经指定通道运输。在重点养殖区域周边、省际间以及指定通道道口，结合公路检查站等设施，科学设立临时性动物卫生监督检查站，配齐相关检测仪器设施设备。严格生猪及生猪产品调运环节查验，重点查验产地检疫证

明、运输车辆备案情况、生猪健康状况等，降低疫病扩散风险。（农业农村部、交通运输部、公安部等负责）

五、加强生猪屠宰监管

（九）落实屠宰厂（场）自检制度

严格执行生猪定点屠宰制度。督促指导生猪屠宰厂（场）落实各项防控措施，配齐非洲猪瘟检测仪器设备，按照批批检、全覆盖原则，全面开展非洲猪瘟检测，切实做好疫情排查和报告。建立生猪屠宰厂（场）暂存产品抽检制度，强化溯源追踪，严格处置风险隐患。（农业农村部等负责）

（十）落实驻场官方兽医制度

各地要在生猪屠宰厂（场）足额配备官方兽医，大型、中小型生猪屠宰厂（场）和小型生猪屠宰点分别配备不少于 10 人、5 人和 2 人，工作经费由地方财政解决。生猪屠宰厂（场）要为官方兽医开展检疫提供人员协助和必要条件。探索建立签约兽医或协检员制度。官方兽医要依法履行检疫和监管职责，严格按照规程开展屠宰检疫并出具动物检疫合格证；严格监督屠宰厂（场）查验生猪产地检疫证明和健康状况、落实非洲猪瘟病毒批批检测制度，确保检测结果（报告）真实有效。（农业农村部、财政部、人力资源社会保障部等负责）

（十一）严格屠宰厂（场）监管

督促指导生猪屠宰厂（场）严格履行动物防疫和生猪产品质量安全主体责任，坚决防止病死猪和未经检疫、检疫不合格的生猪进入屠宰厂（场），对病死猪实施无害化处理。生猪屠宰厂（场）要规范做好生猪入场、肉品品质检验、生猪产品出厂及病死猪无害化处理等关键环节记录，强化各项防控措施落实。加大生猪屠宰厂（场）资格审核清理力度，对环保不达标、不符合动物防疫等条件的，或因检测不到位、造假等原因导致非洲猪瘟疫情扩散的，依法吊销生猪定点屠宰证。加快修订生猪屠宰管理条例，加大对私屠滥宰的处罚力度。持续打击私屠滥宰、注水注药、屠宰贩卖病死猪等违法违规行为，依法予以严厉处罚，涉嫌犯罪的，依法从严追究刑事责任。（农业农村部、公安部、司法部、生态环境部等负责）

六、加强生猪产品加工经营环节监管

（十二）实施加工经营主体检查检测制度

督促猪肉制品加工企业、生猪产品经营者严格履行进货查验和记录责任，严格查验动物检疫合格证、肉品品质检验合格证和非洲猪瘟病毒检测结果（报

告），确保生猪产品原料来自定点屠宰厂（场）；采购的进口生猪产品应附有合法的入境检验检疫证明。督促猪肉制品加工企业对未经非洲猪瘟病毒检测的生猪产品原料，自行或委托具有资质的单位开展非洲猪瘟病毒检测并做好记录。未经定点屠宰厂（场）屠宰并经检疫合格的猪肉以及未附有合法的入境检验检疫证明的进口猪肉，均不得进入市场流通和生产加工。（市场监管总局、海关总署等负责）

（十三）强化加工经营环节监督检查

市场监管部门要加强对猪肉制品加工企业、食用农产品集中交易市场、销售企业和餐饮企业的监督检查，并依法依规组织对生猪产品和猪肉制品开展抽检。市场监管部门和畜牧兽医部门要加强沟通联系，明确非洲猪瘟病毒检测方法和相关要求。对非洲猪瘟病毒复检为阳性的，所在地人民政府应组织畜牧兽医部门、市场监管部门及时进行处置并开展溯源调查。加大对流通环节违法违规行为的打击力度。（市场监管总局、农业农村部、公安部、财政部等负责）

七、加强区域化和进出境管理

（十四）加快实施分区防控

制定实施分区防控方案，建立协调监管机制和区域内省际联席会议制度，促进区域内生猪产销大体平衡，降低疫情跨区域传播风险。各地要推进区域联防联控，统筹抓好疫病防控、调运监管和市场供应等工作，科学规划生猪养殖屠宰加工等产业布局，尽快实现主产区出栏生猪就近屠宰。有条件的地方可通过奖补、贴息等政策，支持企业发展冷链物流配送，变"运猪"为"运肉"。加快推进分区防控试点工作，及时总结推广试点经验。（农业农村部、国家发展改革委、财政部、交通运输部、商务部等负责）

（十五）支持开展无疫区建设

加强区域内动物疫病监测、动物卫生监督、防疫屏障和应急处置体系建设，优化流通控制模式，严格易感动物调入监管。制定非洲猪瘟无疫区和无疫小区建设评估标准。鼓励具有较好天然屏障条件的地区和具有较高生物安全防护水平的生猪养殖屠宰一体化企业创建非洲猪瘟无疫区和无疫小区，提升区域防控能力。研究制定非洲猪瘟无疫区、无疫小区生猪及生猪产品调运政策。（农业农村部、国家发展改革委等负责）

（十六）强化进出境检验检疫和打击走私

密切关注国际非洲猪瘟疫情态势，加强外来动物疫病监视监测网络运行管理，强化风险评估预警，完善境外疫情防堵措施。严格进出境检验检疫，禁止疫区产品进口。进口动物及动物产品，应取得海关部门

检验检疫合格证。加大对国际运输工具、国际邮寄物、旅客携带物查验检疫力度，规范处置风险物品，完善疫情监测和通报机制。严格边境查缉堵截，强化打击走私生猪产品国际合作，全面落实反走私综合治理各项措施，持续保持海上、关区、陆路边境等打击走私高压态势。全面落实供港澳生猪及生猪产品生产企业防疫主体责任，进一步强化监管措施，动态调整供港澳生猪通道。强化野猪监测巡查，实现重点区域全覆盖，严防野猪传播疫情。（海关总署、公安部、农业农村部、国家林草局、中国海警局等负责）

八、加强动物防疫体系建设

（十七）稳定基层机构队伍

县级以上地方人民政府要高度重视基层动物防疫和市场监管队伍建设，采取有效措施稳定基层机构队伍。依托现有机构编制资源，建立健全动物卫生监督机构和动物疫病预防控制机构，明确工作职责，巩固和加强工作队伍，保障监测、预防、控制、扑灭、检疫、监督等动物防疫工作经费和专项业务经费；加强食品检查队伍的专业化、职业化建设，保障其业务经费。切实落实动物疫病防控技术人员和官方兽医有关津贴。强化执法队伍动物防疫专业力量，加强对畜牧兽医行政执法工作的指导。（农业农村部、市场监管总局、中央编办、财政部、人力资源社会保障部等负责）

（十八）完善动物防疫体系

推进实施动植物保护能力提升工程建设规划，补齐动物防疫设施设备短板，加快病死畜禽无害化处理场所、动物卫生监督检查站、动物检疫申报点、活畜禽运输指定通道等基础设施建设。支持畜牧大县建设生猪运输车辆洗消中心。加强部门信息系统共享，对非洲猪瘟防控各环节实行"互联网＋"监管，用信息化、智能化、大数据等手段提高监管效率和水平。完善病死畜禽无害化处理补助政策，地方人民政府结合当地实际加大支持力度。进一步完善扑杀补助机制，对在国家重点动物疫病预防、控制、扑灭过程中强制扑杀的动物给予补助，加快补助发放进度。加快构建高水平科研创新平台，尽快在防控关键技术和产品上取得突破。（农业农村部、国家发展改革委、科技部、工业和信息化部、财政部、市场监管总局等负责）

九、加强动物防疫责任落实

（十九）明确各方责任

落实地方各级人民政府对本地区非洲猪瘟等动物

疫病防控工作负总责、主要负责人是第一责任人的属地管理责任，对辖区内防控工作实施集中统一指挥，加强工作督导，将工作责任明确到人、措施落实到位。落实各有关部门动物防疫监管责任，逐项明确各环节监管责任单位和职责分工，进一步强化部门联防联控机制。依法督促落实畜禽养殖、贩运、交易、屠宰、加工等各环节从业者动物防疫主体责任，加强宣传教育和监督管理。设立非洲猪瘟疫情有奖举报热线，鼓励媒体、单位和个人对生猪生产、屠宰、加工流通等环节进行监督。完善非洲猪瘟疫情统一规范发布制度，健全部门联动和协商机制，涉及疫情相关信息的，由农业农村部会同有关部门统一发布，如实向社会公开疫情。（农业农村部、市场监管总局等负责）

（二十）严肃追责问责

层层压实地方责任，对责任不落实、落实不到位的严肃追责，并向全社会通报。加强对关键防控措施落实情况的监督检查，确保各项措施落实落细。严肃查处动物防疫工作不力等行为，对因隐瞒不报、不及时报告或处置措施不到位等问题导致疫情扩散蔓延的，从严追责问责。加强警示教育和提醒，坚决查处失职渎职等违法违规行为，涉及犯罪的，移交有关机关严肃处理。对在非洲猪瘟等动物疫病防控工作中作出突出贡献的单位和个人，按有关规定予以表彰。（农业农村部、市场监管总局、人力资源社会保障部等负责）

十、稳定生猪生产发展

（二十一）落实"菜篮子"市长负责制

地方各级人民政府要承担当地生猪市场保供稳价主体责任，切实提高生猪生产能力、市场流通能力、质量安全监管能力和调控保障能力。加强市场信息预警，引导养猪场（户）增养补栏。科学划定禁养区，

对超范围划定禁养区、随意扩大禁养限养范围等问题，要限期整改。维持生猪市场正常流通秩序，不得层层加码禁运限运、设置行政壁垒，一经发现，在全国范围内通报并限期整改。（农业农村部、国家发展改革委、生态环境部、商务部、市场监管总局等负责）

（二十二）加大对生猪生产发展的政策支持力度

省级财政要通过生猪生产稳定专项补贴等措施，对受影响较大的生猪调出大县的规模化养猪场（户）实行临时性生产救助。金融机构要稳定预期、稳定信贷、稳定支持，不得对养猪场（户）、屠宰加工企业等盲目停贷限贷。省级农业信贷担保机构要在做好风险评估防控的基础上，简化流程、降低门槛，为规模养猪场（户）提供信贷担保支持。各地可根据实际，统筹利用中央财政农业生产发展资金、自有财力等渠道，对符合条件的规模养猪场（户）给予短期贷款贴息支持。落实能繁母猪和育肥猪保险政策，适当提高保险保额，增强风险防范能力。（财政部、农业农村部、银保监会等负责）

（二十三）加快生猪产业转型升级

构建标准化生产体系，继续创建一批高质量的标准化示范场。支持畜牧大县规模养猪场（户）开展粪污资源化利用，适时研究将非畜牧大县规模养猪场（户）纳入项目实施范围。完善设施农用地政策，合理规划、切实保障规模养猪场（户）发展及相关配套设施建设的土地供应。支持生猪养殖企业在省域或区域化管理范围内全产业链发展。调整优化生猪产业布局，生猪自给率低的销区要积极扩大生猪生产，逐步提高生猪自给率。因环境容量等客观条件限制，确实无法满足自给率要求的省份，要主动对接周边省份，合作建立养殖基地，提升就近保供能力。（农业农村部、国家发展改革委、财政部、自然资源部、生态环境部等负责）

食品安全抽样检验管理办法

（国家市场监督管理总局令第 15 号公布　2019 年 8 月 8 日）

第一章　总　则

第一条　为规范食品安全抽样检验工作，加强食品安全监督管理，保障公众身体健康和生命安全，根据《中华人民共和国食品安全法》等法律法规，制定本办法。

第二条　市场监督管理部门组织实施的食品安全监督抽检和风险监测的抽样检验工作，适用本办法。

第三条　国家市场监督管理总局负责组织开展全国性食品安全抽样检验工作，监督指导地方市场监督管理部门组织实施食品安全抽样检验工作。

县级以上地方市场监督管理部门负责组织开展本级食品安全抽样检验工作，并按照规定实施上级市场监督管理部门组织的食品安全抽样检验工作。

第四条 市场监督管理部门应当按照科学、公开、公平、公正的原则，以发现和查处食品安全问题为导向，依法对食品生产经营活动全过程组织开展食品安全抽样检验工作。

食品生产经营者是食品安全第一责任人，应当依法配合市场监督管理部门组织实施的食品安全抽样检验工作。

第五条 市场监督管理部门应当与承担食品安全抽样、检验任务的技术机构（以下简称承检机构）签订委托协议，明确双方权利和义务。

承检机构应当依照有关法律、法规规定取得资质认定后方可从事检验活动。承检机构进行检验，应当尊重科学，恪守职业道德，保证出具的检验数据和结论客观、公正，不得出具虚假检验报告。

市场监督管理部门应当对承检机构的抽样检验工作进行监督检查，发现存在检验能力缺陷或者有重大检验质量问题等情形的，应当按照有关规定及时处理。

第六条 国家市场监督管理总局建立国家食品安全抽样检验信息系统，定期分析食品安全抽样检验数据，加强食品安全风险预警，完善并督促落实相关监督管理制度。

县级以上地方市场监督管理部门应当按照规定通过国家食品安全抽样检验信息系统，及时报送并汇总分析食品安全抽样检验数据。

第七条 国家市场监督管理总局负责组织制定食品安全抽样检验指导规范。

开展食品安全抽样检验工作应当遵守食品安全抽样检验指导规范。

第二章　计　划

第八条 国家市场监督管理总局根据食品安全监管工作的需要，制定全国性食品安全抽样检验年度计划。

县级以上地方市场监督管理部门应当根据上级市场监督管理部门制定的抽样检验年度计划并结合实际情况，制定本行政区域的食品安全抽样检验工作方案。

市场监督管理部门可以根据工作需要不定期开展食品安全抽样检验工作。

第九条 食品安全抽样检验工作计划和工作方案应当包括下列内容：

（一）抽样检验的食品品种；

（二）抽样环节、抽样方法、抽样数量等抽样工作要求；

（三）检验项目、检验方法、判定依据等检验工作要求；

（四）抽检结果及汇总分析的报送方式和时限；

（五）法律、法规、规章和食品安全标准规定的其他内容。

第十条 下列食品应当作为食品安全抽样检验工作计划的重点：

（一）风险程度高以及污染水平呈上升趋势的食品；

（二）流通范围广、消费量大、消费者投诉举报多的食品；

（三）风险监测、监督检查、专项整治、案件稽查、事故调查、应急处置等工作表明存在较大隐患的食品；

（四）专供婴幼儿和其他特定人群的主辅食品；

（五）学校和托幼机构食堂以及旅游景区餐饮服务单位、中央厨房、集体用餐配送单位经营的食品；

（六）有关部门公布的可能违法添加非食用物质的食品；

（七）已在境外造成健康危害并有证据表明可能在国内产生危害的食品；

（八）其他应当作为抽样检验工作重点的食品。

第三章　抽　样

第十一条 市场监督管理部门可以自行抽样或者委托承检机构抽样。食品安全抽样工作应当遵守随机选取抽样对象、随机确定抽样人员的要求。

县级以上地方市场监督管理部门应当按照上级市场监督管理部门的要求，配合做好食品安全抽样工作。

第十二条 食品安全抽样检验应当支付样品费用。

第十三条 抽样单位应当建立食品抽样管理制度，明确岗位职责、抽样流程和工作纪律，加强对抽样人员的培训和指导，保证抽样工作质量。

抽样人员应当熟悉食品安全法律、法规、规章和食品安全标准等的相关规定。

第十四条 抽样人员执行现场抽样任务时不得少于2人，并向被抽样食品生产经营者出示抽样检验告知书及有效身份证明文件。由承检机构执行抽样任务的，还应当出示任务委托书。

案件稽查、事故调查中的食品安全抽样活动，应当由食品安全行政执法人员进行或者陪同。

承担食品安全抽样检验任务的抽样单位和相关人员不得提前通知被抽样食品生产经营者。

第十五条 抽样人员现场抽样时，应当记录被抽样食品生产经营者的营业执照、许可证等可追溯信息。

抽样人员可以从食品经营者的经营场所、仓库以及食品生产者的成品库待销产品中随机抽取样品，不得由食品生产经营者自行提供样品。

抽样数量原则上应当满足检验和复检的要求。

第十六条 风险监测、案件稽查、事故调查、应急处置中的抽样，不受抽样数量、抽样地点、被抽样单位是否具备合法资质等限制。

第十七条 食品安全监督抽检中的样品分为检验样品和复检备份样品。

现场抽样的，抽样人员应当采取有效的防拆封措施，对检验样品和复检备份样品分别封样，并由抽样人员和被抽样食品生产经营者签字或者盖章确认。

抽样人员应当保存购物票据，并对抽样场所、贮存环境、样品信息等通过拍照或者录像等方式留存证据。

第十八条 市场监督管理部门开展网络食品安全抽样检验时，应当记录买样人员以及付款账户、注册账号、收货地址、联系方式等信息。买样人员应当通过截图、拍照或者录像等方式记录被抽样网络食品生产经营者信息、样品网页展示信息，以及订单信息、支付记录等。

抽样人员收到样品后，应当通过拍照或者录像等方式记录拆封过程，对递送包装、样品包装、样品储运条件等进行查验，并对检验样品和复检备份样品分别封样。

第十九条 抽样人员应当使用规范的抽样文书，详细记录抽样信息。记录保存期限不得少于2年。

现场抽样时，抽样人员应当书面告知被抽样食品生产经营者依法享有的权利和应当承担的义务。被抽样食品生产经营者应当在食品安全抽样文书上签字或者盖章，不得拒绝或者阻挠食品安全抽样工作。

第二十条 现场抽样时，样品、抽样文书以及相关资料应当由抽样人员于5个工作日内携带或者寄送至承检机构，不得由被抽样食品生产经营者自行送样和寄送文书。因客观原因需要延长送样期限的，应当经组织抽样检验的市场监督管理部门同意。

对有特殊贮存和运输要求的样品，抽样人员应当采取相应措施，保证样品贮存、运输过程符合国家相关规定和包装标示的要求，不发生影响检验结论的变化。

第二十一条 抽样人员发现食品生产经营者涉嫌违法、生产经营的食品及原料没有合法来源或者无正当理由拒绝接受食品安全抽样的，应当报告有管辖权的市场监督管理部门进行处理。

第四章 检验与结果报送

第二十二条 食品安全抽样检验的样品由承检机构保存。

承检机构接收样品时，应当查验、记录样品的外观、状态、封条有无破损以及其他可能对检验结论产生影响的情况，并核对样品与抽样文书信息，将检验样品和复检备份样品分别加贴相应标识后，按照要求入库存放。

对抽样不规范的样品，承检机构应当拒绝接收并书面说明理由，及时向组织或者实施食品安全抽样检验的市场监督管理部门报告。

第二十三条 食品安全监督抽检应当采用食品安全标准规定的检验项目和检验方法。没有食品安全标准的，应当采用依照法律法规制定的临时限量值、临时检验方法或者补充检验方法。

风险监测、案件稽查、事故调查、应急处置等工作中，在没有前款规定的检验方法的情况下，可以采用其他检验方法分析查找食品安全问题的原因。所采用的方法应当遵循技术手段先进的原则，并取得国家或者省级市场监督管理部门同意。

第二十四条 食品安全抽样检验实行承检机构与检验人负责制。承检机构出具的食品安全检验报告应当加盖机构公章，并有检验人的签名或者盖章。承检机构和检验人对出具的食品安全检验报告负责。

承检机构应当自收到样品之日起20个工作日内出具检验报告。市场监督管理部门与承检机构另有约定的，从其约定。

未经组织实施抽样检验任务的市场监督管理部门同意，承检机构不得分包或者转包检验任务。

第二十五条 食品安全监督抽检的检验结论合格的，承检机构应当自检验结论作出之日起3个月内妥善保存复检备份样品。复检备份样品剩余保质期不足3个月的，应当保存至保质期结束。

检验结论不合格的，承检机构应当自检验结论作出之日起6个月内妥善保存复检备份样品。复检备份样品剩余保质期不足6个月的，应当保存至保质期结束。

第二十六条 食品安全监督抽检的检验结论合格

的，承检机构应当在检验结论作出后 7 个工作日内将检验结论报送组织或者委托实施抽样检验的市场监督管理部门。

抽样检验结论不合格的，承检机构应当在检验结论作出后 2 个工作日内报告组织或者委托实施抽样检验的市场监督管理部门。

第二十七条 国家市场监督管理总局组织的食品安全监督抽检的检验结论不合格的，承检机构除按照相关要求报告外，还应当通过食品安全抽样检验信息系统及时通报抽样地以及标称的食品生产者住所地市场监督管理部门。

地方市场监督管理部门组织或者实施食品安全监督抽检的检验结论不合格的，抽样地与标称食品生产者住所地不在同一省级行政区域的，抽样地市场监督管理部门应当在收到不合格检验结论后通过食品安全抽样检验信息系统及时通报标称的食品生产者住所地同级市场监督管理部门。同一省级行政区域内不合格检验结论的通报按照抽检地省级市场监督管理部门规定的程序和时限通报。

通过网络食品交易第三方平台抽样的，除按照前两款的规定通报外，还应当同时通报网络食品交易第三方平台提供者住所地市场监督管理部门。

第二十八条 食品安全监督抽检的抽样检验结论表明不合格食品可能对身体健康和生命安全造成严重危害的，市场监督管理部门和承检机构应当按照规定立即报告或者通报。

案件稽查、事故调查、应急处置中的检验结论的通报和报告，不受本办法规定时限限制。

第二十九条 县级以上地方市场监督管理部门收到监督抽检不合格检验结论后，应当按照省级以上市场监督管理部门的规定，在 5 个工作日内将检验报告和抽样检验结果通知书送达被抽样食品生产经营者、食品集中交易市场开办者、网络食品交易第三方平台提供者，并告知其依法享有的权利和应当承担的义务。

第五章　复检和异议

第三十条 食品生产经营者对依照本办法规定实施的监督抽检检验结论有异议的，可以自收到检验结论之日起 7 个工作日内，向实施监督抽检的市场监督管理部门或者其上一级市场监督管理部门提出书面复检申请。向国家市场监督管理总局提出复检申请的，国家市场监督管理总局可以委托复检申请人住所地省级市场监督管理部门负责办理。逾期未提出的，不予受理。

第三十一条 有下列情形之一的，不予复检：

（一）检验结论为微生物指标不合格的；

（二）复检备份样品超过保质期的；

（三）逾期提出复检申请的；

（四）其他原因导致备份样品无法实现复检目的的；

（五）法律、法规、规章以及食品安全标准规定的不予复检的其他情形。

第三十二条 市场监督管理部门应当自收到复检申请材料之日起 5 个工作日内，出具受理或者不予受理通知书。不予受理的，应当书面说明理由。

市场监督管理部门应当自出具受理通知书之日起 5 个工作日内，在公布的复检机构名录中，遵循便捷高效原则，随机确定复检机构进行复检。复检机构不得与初检机构为同一机构。因客观原因不能及时确定复检机构的，可以延长 5 个工作日，并向申请人说明理由。

复检机构无正当理由不得拒绝复检任务，确实无法承担复检任务的，应当在 2 个工作日内向相关市场监督管理部门作出书面说明。

复检机构与复检申请人存在日常检验业务委托等利害关系的，不得接受复检申请。

第三十三条 初检机构应当自复检机构确定后 3 个工作日内，将备份样品移交至复检机构。因客观原因不能按时移交的，经受理复检的市场监督管理部门同意，可以延长 3 个工作日。复检样品的递送方式由初检机构和申请人协商确定。

复检机构接到备份样品后，应当通过拍照或者录像等方式对备份样品外包装、封条等完整性进行确认，并做好样品接收记录。复检备份样品封条、包装破坏，或者出现其他对结果判定产生影响的情况，复检机构应当及时书面报告市场监督管理部门。

第三十四条 复检机构实施复检，应当使用与初检机构一致的检验方法。实施复检时，食品安全标准对检验方法有新的规定的，从其规定。

初检机构可以派员观察复检机构的复检实施过程，复检机构应当予以配合。初检机构不得干扰复检工作。

第三十五条 复检机构应当自收到备份样品之日起 10 个工作日内，向市场监督管理部门提交复检结论。市场监督管理部门与复检机构对时限另有约定的，从其约定。复检机构出具的复检结论为最终检验结论。

市场监督管理部门应当自收到复检结论之日起 5 个工作日内，将复检结论通知申请人，并通报不合格食品生产经营者住所地市场监督管理部门。

第三十六条　复检申请人应当向复检机构先行支付复检费用。复检结论与初检结论一致的，复检费用由复检申请人承担。复检结论与初检结论不一致的，复检费用由实施监督抽检的市场监督管理部门承担。

复检费用包括检验费用和样品递送产生的相关费用。

第三十七条　在食品安全监督抽检工作中，食品生产经营者可以对其生产经营食品的抽样过程、样品真实性、检验方法、标准适用等事项依法提出异议处理申请。

对抽样过程有异议的，申请人应当在抽样完成后7个工作日内，向实施监督抽检的市场监督管理部门提出书面申请，并提交相关证明材料。

对样品真实性、检验方法、标准适用等事项有异议的，申请人应当自收到不合格结论通知之日起7个工作日内，向组织实施监督抽检的市场监督管理部门提出书面申请，并提交相关证明材料。

向国家市场监督管理总局提出异议申请的，国家市场监督管理总局可以委托申请人住所地省级市场监督管理部门负责办理。

第三十八条　异议申请材料不符合要求或者证明材料不齐全的，市场监督管理部门应当当场或者在5个工作日内一次告知申请人需要补正的全部内容。

市场监督管理部门应当自收到申请材料之日起5个工作日内，出具受理或者不予受理通知书。不予受理的，应当书面说明理由。

第三十九条　异议审核需要其他市场监督管理部门协助的，相关市场监督管理部门应当积极配合。

对抽样过程有异议的，市场监督管理部门应当自受理之日起20个工作日内，完成异议审核，并将审核结论书面告知申请人。

对样品真实性、检验方法、标准适用等事项有异议的，市场监督管理部门应当自受理之日起30个工作日内，完成异议审核，并将审核结论书面告知申请人。需商请有关部门明确检验以及判定依据相关要求的，所需时间不计算在内。

市场监督管理部门应当根据异议核查实际情况依法进行处理，并及时将异议处理申请受理情况及审核结论，通报不合格食品生产经营者住所地市场监督管理部门。

第六章　核查处置及信息发布

第四十条　食品生产经营者收到监督抽检不合格检验结论后，应当立即采取封存不合格食品，暂停生产、经营不合格食品，通知相关生产经营者和消费者，召回已上市销售的不合格食品等风险控制措施，排查不合格原因并进行整改，及时向住所地市场监督管理部门报告处理情况，积极配合市场监督管理部门的调查处理，不得拒绝、逃避。

在复检和异议期间，食品生产经营者不得停止履行前款规定的义务。食品生产经营者未主动履行的，市场监督管理部门应当责令其履行。

在国家利益、公共利益需要时，或者为处置重大食品安全突发事件，经省级以上市场监督管理部门同意，可以由省级以上市场监督管理部门组织调查分析或者再次抽样检验，查明不合格原因。

第四十一条　食品安全风险监测结果表明存在食品安全隐患的，省级以上市场监督管理部门应当组织相关领域专家进一步调查和分析研判，确认有必要通知相关食品生产经营者的，应当及时通知。

接到通知的食品生产经营者应当立即进行自查，发现食品不符合食品安全标准或者有证据证明可能危害人体健康的，应当依照食品安全法第六十三条的规定停止生产、经营，实施食品召回，并报告相关情况。

食品生产经营者未主动履行前款规定义务的，市场监督管理部门应当责令其履行，并可以对食品生产经营者的法定代表人或者主要负责人进行责任约谈。

第四十二条　食品经营者收到监督抽检不合格检验结论后，应当按照国家市场监督管理总局的规定在被抽检经营场所显著位置公示相关不合格产品信息。

第四十三条　市场监督管理部门收到监督抽检不合格检验结论后，应当及时启动核查处置工作，督促食品生产经营者履行法定义务，依法开展调查处理。必要时，上级市场监督管理部门可以直接组织调查处理。

县级以上地方市场监督管理部门组织的监督抽检，检验结论表明不合格食品含有违法添加的非食用物质，或者存在致病性微生物、农药残留、兽药残留、生物毒素、重金属以及其他危害人体健康的物质严重超出标准限量等情形的，应当依法及时处理并逐级报告至国家市场监督管理总局。

第四十四条　调查中发现涉及其他部门职责的，应当将有关信息通报相关职能部门。有委托生产情形的，受托方食品生产者住所地市场监督管理部门在开展核查处置的同时，还应当通报委托方食品生产经营者住所地市场监督管理部门。

第四十五条　市场监督管理部门应当在90日内完成不合格食品的核查处置工作。需要延长办理期限的，应当书面报请负责核查处置的市场监督管理部门负责人批准。

第四十六条 市场监督管理部门应当通过政府网站等媒体及时向社会公开监督抽检结果和不合格食品核查处置的相关信息，并按照要求将相关信息记入食品生产经营者信用档案。市场监督管理部门公布食品安全监督抽检不合格信息，包括被抽检食品名称、规格、商标、生产日期或者批号、不合格项目，标称的生产者名称、地址，以及被抽样单位名称、地址等。

可能对公共利益产生重大影响的食品安全监督抽检信息，市场监督管理部门应当在信息公布前加强分析研判，科学、准确公布信息，必要时，应当通报相关部门并报告同级人民政府或者上级市场监督管理部门。

任何单位和个人不得擅自发布、泄露市场监督管理部门组织的食品安全监督抽检信息。

第七章　法律责任

第四十七条 食品生产经营者违反本办法的规定，无正当理由拒绝、阻挠或者干涉食品安全抽样检验、风险监测和调查处理的，由县级以上人民政府市场监督管理部门依照食品安全法第一百三十三条第一款的规定处罚；违反治安管理处罚法有关规定的，由市场监督管理部门依法移交公安机关处理。

食品生产经营者违反本办法第三十七条的规定，提供虚假证明材料的，由市场监督管理部门给予警告，并处 1 万元以上 3 万元以下罚款。

违反本办法第四十二条的规定，食品经营者未按规定公示相关不合格产品信息的，由市场监督管理部门责令改正；拒不改正的，给予警告，并处 2000 元以上 3 万元以下罚款。

第四十八条 违反本办法第四十条、第四十一条的规定，经市场监督管理部门责令履行后，食品生产经营者仍拒不召回或者停止经营的，由县级以上人民政府市场监督管理部门依照食品安全法第一百二十四条第一款的规定处罚。

第四十九条 市场监督管理部门应当依法将食品生产经营者受到的行政处罚等信息归集至国家企业信用信息公示系统，记于食品生产经营者名下并向社会公示。对存在严重违法失信行为的，按照规定实施联合惩戒。

第五十条 有下列情形之一的，市场监督管理部门应当按照有关规定依法处理并向社会公布；构成犯罪的，依法移送司法机关处理。

（一）调换样品、伪造检验数据或者出具虚假检验报告的；

（二）利用抽样检验工作之便牟取不正当利益的；

（三）违反规定事先通知被抽检食品生产经营者的；

（四）擅自发布食品安全抽样检验信息的；

（五）未按照规定的时限和程序报告不合格检验结论，造成严重后果的；

（六）有其他违法行为的。

有前款规定的第（一）项情形的，市场监督管理部门终身不得委托其承担抽样检验任务；有前款规定的第（一）项以外其他情形的，市场监督管理部门五年内不得委托其承担抽样检验任务。

复检机构有第一款规定的情形，或者无正当理由拒绝承担复检任务的，由县级以上人民政府市场监督管理部门给予警告；无正当理由 1 年内 2 次拒绝承担复检任务的，由国务院市场监督管理部门商有关部门撤销其复检机构资质并向社会公布。

第五十一条 市场监督管理部门及其工作人员有违反法律、法规以及本办法规定和有关纪律要求的，应当依据食品安全法和相关规定，对直接负责的主管人员和其他直接责任人员，给予相应的处分；构成犯罪的，依法移送司法机关处理。

第八章　附　则

第五十二条 本办法所称监督抽检是指市场监督管理部门按照法定程序和食品安全标准等规定，以排查风险为目的，对食品组织的抽样、检验、复检、处理等活动。

本办法所称风险监测是指市场监督管理部门对没有食品安全标准的风险因素，开展监测、分析、处理的活动。

第五十三条 市场监督管理部门可以参照本办法的有关规定组织开展评价性抽检。

评价性抽检是指依据法定程序和食品安全标准等规定开展抽样检验，对市场上食品总体安全状况进行评估的活动。

第五十四条 食品添加剂的检验，适用本办法有关食品检验的规定。

餐饮食品、食用农产品进入食品生产经营环节的抽样检验以及保质期短的食品、节令性食品的抽样检验，参照本办法执行。

市场监督管理部门可以参照本办法关于网络食品安全监督抽检的规定对自动售卖机、无人超市等没有实际经营人员的食品经营者组织实施抽样检验。

第五十五条 承检机构制作的电子检验报告与出具的书面检验报告具有同等法律效力。

第五十六条 本办法自 2019 年 10 月 1 日起施行。

关于坚持以高质量发展为目标
加快建设现代化粮食产业体系的指导意见

(国家发展和改革委员会等   国粮粮〔2019〕240 号   2019 年 8 月 23 日))

各省、自治区、直辖市、计划单列市及新疆生产建设兵团发展改革委、粮食和物资储备局(粮食局):

为认真贯彻落实习近平总书记关于"粮头食尾"和"农头工尾"、李克强总理关于加快建设粮食产业强国的重要指示和批示要求,深入实施《国务院办公厅关于加快推进农业供给侧结构性改革大力发展粮食产业经济的意见》(国办发〔2017〕78 号),全面开创粮食产业高质量发展新局面,特提出以下指导意见。

一、明确总体要求

大力发展粮食产业经济,加快建设现代化粮食产业体系,对于增强粮食安全保障能力、促进农业提质增效、更好满足人民美好生活需要具有重要意义。要以习近平新时代中国特色社会主义思想为指导,认真贯彻党的十九大和十九届二中、三中全会精神,全面落实总体国家安全观,大力实施国家粮食安全战略和乡村振兴战略,以农业供给侧结构性改革为主线,坚持"粮头食尾"和"农头工尾",推动粮食产业链、价值链、供应链"三链协同",建设优质粮食工程、示范市县、特色园区、骨干企业"四大载体",促进粮食产购储加销"五优联动",健全完善适应高质量发展要求的长效体制机制,稳步提升粮食产业综合素质、效益和竞争力,加快建设粮食产业强国,为实现更高层次、更高质量、更有效率、更可持续的国家粮食安全提供重要产业支撑。

要坚持市场主导、政府引导,充分发挥市场配置粮食资源的决定性作用和更好发挥政府作用。要坚持质量第一、效益优先,加快推进粮食产业创新发展、转型升级、提质增效。要坚持资源节约、绿色循环,建立健全与资源环境相匹配、集约高效可持续的长效发展机制。要坚持问题导向、底线思维,妥善解决粮食产业链条不长、质量效益不高、核心竞争力不强等实际问题,不断提高守底线、保安全的能力和水平。

到 2025 年,实体经济、科技创新、现代金融、人才资源协同发展的现代化粮食产业体系基本建立,"大粮食、大产业、大市场、大流通"格局全面形成,防范化解粮食领域风险挑战、保障国家粮食安全的能力显著增强。粮食产业增加值年均增长 7% 左右,总产值达到 5 万亿元;主营业务收入过百亿元的粮食企业超过 60 个;绿色优质高端产品供给大幅增加,充分满足粮油消费需求;科技创新取得新的突破,逐步形成世界先进的创新引领能力和产业竞争优势;国际粮食合作交流持续深化,统筹"两个市场、两种资源"的水平明显提高。

二、加快延伸产业链

(一)推动粮食全产业链发展

推广实行全产业链发展模式,指导各地统筹推进建链、补链、强链各项工作,提高粮食产业发展的整体性和系统性。健全完善粮食产购储加销体系,由各环节分散经营向一体化发展转变。支持有条件的企业向上游延伸建设原料基地,向下游延伸发展精深加工,建设物流、营销和服务网络。

(二)增加绿色优质粮油产品供给

坚持绿色化、优质化、特色化、品牌化发展理念,优化粮食种植结构,开发绿色优质粮油产品,不断增加多元化、个性化、定制化产品供给。积极构建现代种业体系,培育具有自主知识产权的优良品种。加快主食产业化发展,推进米面、玉米、杂粮及薯类主食制品的工业化生产和社会化供应,大力发展方便食品、速冻食品,提高主食产品的产业化经营能力。

(三)适度发展粮食精深加工

统筹推动粮食精深加工与初加工、综合利用加工协调发展,增加专用型品种、功能性食品有效供给,引导粮食加工向医药、保健等领域延伸,不断提高产品附加值和综合效益。结合粮食不合理库存消化，引导玉米精深加工适度有序发展。提倡稻谷、小麦等口粮品种适度加工，减少资源浪费和营养流失。

（四）加快发展粮食循环经济

加强粮油副产物循环、全值和梯次利用，提升秸秆、玉米芯、稻壳米糠、麦麸、油料饼粕等副产物综合利用率。推广应用各类高效节能环保技术装备，推进清洁生产和节能减排，逐步建立低碳低耗、循环高效的绿色粮食产业体系。

（五）建设特色粮食产业集群

依托粮食主产区、特色粮油产区和关键物流节点，推动粮食产业集群发展，建设一批粮食产业经济发展示范市县。支持主产区依托县域发展粮食加工，就地就近实现转化增值，让农民更多分享产业增值收益。引导粮食企业向各类园区集聚，优化提升仓储、加工、物流、质检、科研、电子商务等配套服务功能，建设一批粮食产业经济发展示范园区。

三、着力提升价值链

（六）调整优化产业结构

坚持分类指导，改造提升一批"老字号"，深度开发一批"原字号"，培育壮大一批"新字号"，促进粮食产业结构优化、提档升级。扩大优质产能，化解过剩产能，淘汰落后产能，推动新老产业协调发展、新旧动能有序转换。把握好投资结构和力度，避免重复建设。

（七）做强做优粮食企业

深化国有粮食企业改革，加快建立健全现代企业制度。加大对民营和中小粮食企业支持力度，进一步激发"大众创业、万众创新"的热情。依托农业产业化龙头企业和粮油产业化龙头企业，通过资源整合、兼并重组等方式，鼓励发展产业联盟和各类联合体，实现优势互补、强强联合。

（八）培育创建知名粮油品牌

加强顶层设计和政策扶持，支持粮食企业弘扬"工匠精神"，增品种、提品质、创品牌，培育一批全国性、区域性知名粮油品牌。完善产品标准、检验监测、质量追溯体系，强化品牌质量管控。加强粮油品牌信用体系建设，严厉打击制售假冒伪劣产品行为，营造良好市场环境。

（九）培育发展新模式新业态

深入开展"互联网＋粮食"行动，积极利用大数据、物联网、云计算、移动互联网、人工智能等新一代信息技术，加快推动粮食业务线上线下融合发展，探索推广手机售粮、网上粮店等新业态。深入实施"金储"工程，强化质量追溯和在线监管，不断提升科学管理、指挥调度水平。推动粮食产业经济与数字乡村发展战略深入融合，促进农业观光、农耕体验、文化科普等新产业发展。

（十）改造提升机械装备水平

实施粮食加工转化机械装备产业提升行动，加强关键粮油机械制造自主创新，开发具有自主知识产权和核心技术的粮食加工成套设备。大力实施技术改造，加快设备升级换代，推动粮油机械设备向自动化、精准化、智能化、绿色化方向发展。

（十一）健全完善粮食标准体系

深化标准化工作改革，强化以需求为导向的标准立项机制，加快优质粮油产品、绿色加工技术等方面标准的研究制修订和推广实施，形成覆盖粮食全产业链的标准体系。深入开展标准化国际合作交流，进一步提升中国粮食标准国际影响力。

（十二）深入实施"科技兴粮"

突出粮食企业在科技创新中的主体地位，加强粮食营养健康、质量安全、精深加工、绿色仓储等关键环节和重点领域创新，培育一批创新型粮食企业。支持粮食企业与涉粮院校、科研机构深入合作，通过设立研发基金、实验室、科技创新联盟等，促进科研机构、人才、成果与企业有效对接，加快构建产学研用一体化科技创新体系。

（十三）扎实推进"人才兴粮"

深化粮食行业人才发展体制机制改革，重点培养一批粮食科技创新领军人才、优秀青年科技人才和粮食领域卓越工程师等高技能人才。推动涉粮院校粮食产业相关学科建设，加强职业技能培训，提升行业职工技能水平。充分发挥国家粮食安全政策专家咨询委员会智库作用，加强粮食产业高质量发展重大政策问题研究。

四、积极打造供应链

（十四）健全完善粮食市场供应体系

统筹考虑人口分布、生产布局、交通条件等因素，加强粮食市场体系规划建设，扩大覆盖范围，提高供应效率。进一步完善国家粮食电子交易平台体系，探索建立特色品种粮食交易市场，服务新型经营主体与大型加工用粮企业。积极发展粮超对接、粮批对接、粮校对接等直采直供模式，加快"放心粮油"和"主食厨房"建设，畅通粮食供应"最后一公里"。

（十五）大力发展现代粮食物流

加快建设沿海沿江、沿铁路干线的粮食物流重点线路，进一步打通国内粮食物流主要通道和进出口通道。大力发展散粮运输和多式联运，鼓励粮食企业建设中转仓、铁路专用线、内河沿海码头。

（十六）全面深化粮食产销合作

支持各地加强政府层面战略协作，构建长期稳定、高效精准的粮食产销合作关系。鼓励产区企业到销区建立营销网络，销区企业到产区建立粮源基地、加工基地和仓储物流设施等，提高省际粮食流通的组织化程度。扩大中国粮食交易大会品牌效应，鼓励开展区域性产销合作洽谈活动。

（十七）充分利用"两个市场、两种资源"

引导粮食企业深度参与"一带一路"建设，支持骨干企业建设境外粮食生产加工基地，加强国际粮食贸易和产业合作，加快培育一批跨国"大粮商"，着力建设"海外粮仓"，更好利用国际资源保障国内粮食安全。

五、深入实施"优质粮食工程"

（十八）严格落实"优质粮食工程"实施方案

加强对各地"优质粮食工程"建设的统筹指导，把实施目标分解落实到示范市县、示范企业和相关项目。加强粮食产后服务体系、粮食质量安全检验监测体系和"中国好粮油"行动计划三个子项的统筹融合，合理安排实施规模、范围和资金配比，实现"1+1+1＞3"效果。

（十九）优化粮食产后服务中心功能布局

科学规划、合理布点，逐步实现产粮大县全覆盖，根据需要向非产粮大县延伸。突出环保要求，推广应用粮食处理新技术和新设备，不断优化粮食产后服务中心清理、干燥、收储、加工、销售等服务功能，引导分仓储存和精细化管理，切实提高专业化、社会化产后服务能力。

（二十）提高粮食质量安全检验监测机构运行水平

以现有粮食检验监测机构为依托，以大型粮食骨干企业为补充，进一步明确建设重点，落实好设备、场地、人员、经费等相关条件，加快建设国家、省、市、县四级粮食检验监测机构。积极开展第三方检验监测服务，推动单一检验服务向技术咨询、标准研制、检验培训等综合服务转变。

（二十一）充分发挥"中国好粮油"示范引领作用

完善分级遴选机制，突出品牌培育期、市场占有率、消费认同度等指标，择优遴选"中国好粮油"产品。制定完善"中国好粮油"产品及标识管理办法，增强品牌公信力和美誉度。支持示范企业与农业合作

社、种粮农民结成利益共同体，促进农民持续增收。

（二十二）健全完善优粮优价市场运行机制

坚持市场化改革取向和保护农民利益并重，完善小麦、稻谷最低收购价政策，进一步激发市场活力。依托"优质粮食工程"、粮食安全保障调控和应急设施专项等，着力解决粮食产购储加销各环节不平衡不稳定不充分的问题，推动形成"五优联动"良性运行机制。

六、强化保障措施

（二十三）加强组织领导

各地要切实增强大局意识和责任意识，建立健全粮食产业高质量发展工作协调机制，统筹推进各项工作。加强部门协同配合，引导社会各方力量参与，形成粮食产业发展合力。要与打赢打好脱贫攻坚战紧密结合，在粮食产业规划布局、项目安排、资金投入等方面，对革命老区、民族地区、边疆地区和贫困地区等予以支持倾斜。

（二十四）加大财税扶持

鼓励各地统筹利用商品粮大省奖励资金、产粮产油大县奖励资金、粮食风险基金等相关资金，综合运用贴息、奖补等政策，支持粮食产业经济发展。落实新型农业经营主体购置仓储、烘干设备按规定享受农机具购置补贴政策。落实粮食加工企业从事农产品初加工所得按规定免征企业所得税政策和国家简并增值税税率有关政策。

（二十五）强化金融信贷服务

鼓励金融机构以产业化龙头企业、优质粮油产品加工等为重点，加大对粮食产购储加销各环节的信贷支持力度。支持金融机构依托国家粮食电子交易平台研发设计供应链融资产品，有效化解中小粮食企业融资难、融资贵问题。支持粮食企业通过上市、新三板挂牌、发行债券等筹集资金。建立健全粮食收购贷款信用保证基金融资担保机制。鼓励保险机构为粮食企业开展对外贸易和"走出去"提供保险服务。

（二十六）落实用地用电政策

落实在土地利用年度计划中对粮食产业发展重点项目予以支持，改制重组后的粮食企业可依法处置土地资产，城乡建设用地增减挂钩节余指标重点支持农产品加工，有关粮食储备企业减免房产税、城镇土地使用税、印花税等政策要求。支持国有粮食企业依法依规将划拨用地转为出让用地。落实粮食初加工用电执行农业生产用电价格政策。

（二十七）注重典型示范引领

全面总结山东滨州、黑龙江五常、河南漯河等示

范市县的经验做法，支持各地培树一批粮食产业高质量发展示范市县、企业、园区，通过组织参观考察、召开现场会、举办成果展示等活动，发挥以点带面的示范引领作用。

（二十八）坚持正确宣传导向

全方位宣传解读粮食产业经济发展政策，深入报道丰富实践和重大成就。办好世界粮食日和全国爱粮节粮宣传周、粮食科技活动周等重要活动，广泛传播粮食文化和科学知识，引导公众树立营养、健康、绿色的消费理念。

（二十九）严格责任考核奖惩

适时调整优化粮食安全省长责任制考核指标体系，提高粮食产业发展相关指标权重，强化考核结果运用，切实增强推动粮食产业高质量发展的主动性。加强调度督导，对工作推进有力、发展成效明显的予以表彰，在相关扶持政策上予以倾斜；对工作不力、进展缓慢的通报批评，适当减少或取消扶持安排。

关于改革粮食和物资储备标准化工作推动高质量发展的意见

（国家粮食和物资储备局等 国粮发〔2019〕273号 2019年9月24日）

为认真贯彻落实党中央、国务院关于标准化工作改革决策部署，以高标准推动高质量发展，服务构建高效的现代粮食流通体系和统一的国家物资储备体系，全面提高国家粮食安全和战略应急物资储备安全保障能力，现就粮食和物资储备标准化工作深化改革、转型发展提出意见如下。

一、总体要求

（一）指导思想

以习近平新时代中国特色社会主义思想为指导，认真落实总体国家安全观，深入实施国家粮食安全战略、标准化战略，深化标准化工作改革，建设推动高质量发展的粮食和物资储备标准体系，依据标准开展行业管理、市场准入和质量管理。

（二）基本原则

——坚持深化改革，优化顶层设计。认真落实党中央国务院关于深化标准化工作改革要求，充分释放市场活力，改革完善粮食和物资储备标准化工作体制机制。完善政策措施，促进粮食标准体系结构优化和物资储备标准加快发展。

——坚持需求导向，强化科学引领。以标准促进供给侧结构性改革，适应粮食产业转型发展和消费升级需要。以强化安全、保障应急为底线，逐步提升物资储备管理标准化和规范化水平。以科技创新为驱动，强化标准基础性和前瞻性技术研究，充分发挥标准引领作用。

——坚持协同推进，形成工作合力。发挥政府引导作用，强化粮食和储备部门与标准化行政主管部门工作协同。充分发挥市场机制作用，积极引导社会团体、企事业单位和公众参与，提升标准化工作联动性和整体性。

——坚持开放融合，促进国际合作。立足国情，借鉴转化国外先进粮食和物资储备标准，积极参与制定国际标准，不断推进国内外粮食和物资储备标准体系衔接融合。

（三）主要目标

到2025年，着力构建全要素、全链条、多层次的现代粮食全产业链标准体系，基本建成结构合理、衔接配套、适应高质量发展要求的物资储备标准体系。标准化管理体制机制进一步健全，标准制修订管理更加规范、科学、高效。标准得到广泛普及应用，标准对粮食和物资储备高质量发展引领作用充分发挥。标准化国际合作交流更加深入，中国粮食标准国际影响力进一步提升。

二、严守安全底线健全强制性标准

（四）大力推进强制性标准修订和转化

按照强制性标准整合精简结论，加快构建"结构合理、规模适度、内容科学"的粮食和物资储备领域强制性国家标准体系，实现"横向到边、纵向到底"全覆盖。根据强制性标准设定原则要求，大力推进标准制修订和转化。进一步完善粮食强制性标准技术要求，在发布《玉米》标准基础上，2019年完成《小麦》标准修订征求意见，以及《稻谷》标准修订立项等工作；完成《储粮化学药剂管理和使用规范》等强制性行业标准上升为强制性国家标准立项。突出安全底线要求，2020年完成综合、能源、应急等储备物资安全生产操作规程及技术规范强制性标准立项工作；到2025年，制定一批物资储备强制性标准。

三、拉升质量高线提高重点领域标准水平

（五）加快基础通用标准制修订

以最严谨的标准要求，加快修订粮油名词术语系列标准，制定物资储备编码、标志标识、术语与缩略语等基础性及储备物资包装重点通用技术标准。制定储备物资轮换技术标准，保证储备物资效能。2019年完成《粮油检验扦样、分样法》等规范操作标准送审，《粮油名词术语粮食、油料及其加工产品》等基础标准立项。到2022年，发布《粮食标准体系》和《物资储备标准体系》标准。

（六）加强重点粮食产品相关标准制修订工作

加速健康谷物、质量评价方法、适度加工等重点标准制修订，减少一般性粮油产品标准制定。到2022年，研究制修订20余项绿色优质、营养健康的粮油产品标准。修订完善现行主要粮食质量分等分级和评价方法标准，促进粮食优质优价，引导粮食种植结构调整。制定大米、小麦粉、植物油等产品适度加工技术规程和操作规范标准，引导企业适度加工，促进节粮减损和节能减排。鼓励杂粮、杂豆等传统特色粮油产品标准的制修订，推动特色粮油食品产业化发展。

（七）加强仓储技术标准制修订工作

结合新材料、新技术的开发应用，完善仓储技术标准，制定绿色储粮药剂、先进储粮技术规程等标准，满足粮食绿色保质、分类利用、减损增效的需要。制定国家物资储备仓库专用设施设备相关标准和通用仓库建设标准，修订完善成品油库建设标准。

（八）强化粮油机械、仪器设备制造标准制修订

加强成套机械设备、智能化仪器设备和装备等相关标准制修订，提升专用装备制造业水平。制定快速检测方法标准，鼓励研发现场、在线、可移动、可组网的快速检测技术和仪器设备，满足自动化生产和粮食流通和物资储备质量监管需要。

（九）建立应急物资管理保障服务标准体系

加强改革探索，研究制定应急管理服务标准，推动建立统一规范的应急指挥体系，以标准化手段优化资源配置、规范流程、提升服务、创新治理，确保应急作为公共服务的关键环节兜住底线。

（十）健全信息化标准体系

加强粮食和物资储备信息化标准制修订，推进粮食和物资储备领域数据互联互通、信息共享。加快粮食仓储信息化标准制定，提升粮库信息化建设的规范化水平。对质量监测、品质测报、安全监测、粮情监测等专项监测信息数据进行标准化，提升"互联网＋"监测水平。加强面向业务应用信息化标准研制，加快实现信息技术同粮食和物资储备业务工作的深度融合。

四、激发市场活力增加标准有效供给

（十一）引导规范团体标准健康发展

加强对团体标准化工作的指导和监督，鼓励粮食和物资储备行业学会、协会、产业技术联盟等社会团体制定高于国家标准、行业标准相关技术要求的具有竞争力的标准，更好地满足市场和创新需要。引导地方特色、多元化、个性化粮油产品，粮食智能装备等制定团体标准。

（十二）释放企业产品和服务标准公开效应

结合粮食行业实际，推动加强粮食企业产品和服务标准自我声明公开和监督制度的实施，鼓励引导更多的粮食企业公开企业标准。在大米和小麦粉等大宗粮油消费品、粮油仓储和加工机械设备领域，助推实施企业标准"领跑者"制度，强化标准引领，提升产品和服务质量。宣传一批在粮食行业"领跑"中做出佳绩的企业。

五、完善标准化管理体制机制

（十三）改革完善标准化工作机制

国家标准化管理委员会要加强粮食和物资储备标准化工作的指导，协调解决重大问题。粮食和物资储备部门要完善粮食和物资储备标准化工作机制，明确国家、地方粮食和储备部门、垂管系统各层级标准化管理职责。国家粮食和物资储备局制定标准化发展规划，建立标准化协调机制，组建行业标准化技术委员会。各垂管局负责基层处、储备库标准化管理指导和协调。地方粮食和储备部门加强指导，协调本地区本行业领域的标准化工作，推动有关地方标准的制修订。地方标准化行政主管部门要积极支持当地粮食和物资储备标准化工作，鼓励成立地方粮食和物资储备专业标准化技术委员会。2020年，完成物资储备、粮食标准样品、粮食工程建设等行业标准化技术委员会组建。

（十四）完善粮食和物资储备标准管理制度

研究制定《粮食和物资储备行业标准管理办法》和《粮食和物资储备行业标准化技术委员会管理办法》，进一步改革规范标准立项、征求意见和审定等制修订各环节工作流程。严把国家和行业标准立项审查关，强化信息反馈、评估、复审制度化建设，保证标准规范性、时效性。规范粮油等标准化技术委员会管理，加强分技术委员会评估考核，强化标准化技术委员会和专家组在标准制修订工作中的组织管理和技术审查职责，保证标准质量和制修订效率。到2025年，完成现有推荐性粮食标准复审修订，实现标龄5年以内的目标。

（十五）建立完善标准实施、监督和评估机制

国家粮食和物资储备局建立粮食标准实施信息反馈和评估机制。各级粮食和储备部门、垂管局、相关团体组织要大力推动标准实施，鼓励企业采用先进标准；及时对重点标准开展后评估工作。标准化技术组织定期开展标准复审，提出继续有效、修订或废止结论。起草单位要及时跟踪标准实施情况和问题，并进行分析处置。到2020年，完成粮食标准实施评价工作试点，建立粮食和物资储备标准服务平台。

（十六）开展标准宣传培训

各级粮食和储备部门、垂管局要建立自上而下的标准宣传培训机制。突出宣传效果，创新宣传方式，有效利用各种媒体，积极探索视频教学、可视化标准图谱等宣传新模式。改革创新标准培训方式，联合科研院所、大专院校、检验机构及相关社会团体经常开展多形式、多层次标准培训，聚焦标准重点难点解读。

（十七）开展标准化试点示范工作

推动粮食标准化示范工作，开展物资储备标准化试点建设，促进粮食流通和物资储备业务标准化管理。在粮食收购、储存、加工和物资收储等生产经营单位，开展标准化示范工作，充分发挥典型示范作用，推广标准化经验，发挥标准化在深化改革、转型发展中的作用。2021年，启动建设物资储备标准化试点工作。到2025年，建设有代表性的标准化试点示范项目50个。

六、提高粮食和物资储备标准国际化水平

（十八）加快推进国际国内标准互联互通

加强对国际标准化组织、国际食品法典委员会等国际组织粮食标准的跟踪、比对和评估，推进中国标准与国际标准之间的转化运用。大力支持自主创新粮油标准转化为国际标准。发挥粮食和物资储备标准在"一带一路"建设中的作用。以标准"软联通"促进"两个市场、两种资源"服务国家粮食安全。引导和鼓励国内科研单位、质检机构、大型企业积极参与国际标准化活动，创造条件争取我国专家在粮食标准相关国际组织任职，提升国际影响力。

七、提升标准化基础能力水平

（十九）夯实标准研究基础

提升粮食和物资储备标准基础研究支撑能力，重点支持抽样扦样取样规则、样品真实性代表性、质量安全基础数据、储备加工过程损失损耗等研究。建立粮食和物资储备标准样品管理机制，突出标准样品的地位，充分发挥标准研究验证机构支撑标准样品工作的作用。制定粮食和物资专业检测实验室建设标准、技术规范。鼓励和引导科研项目中标准化成果优先作为政府采购和公开招投标的参考依据。

（二十）加强标准化人才队伍建设

着力提升粮食和物资储备标准化人才专业素质，实施"百千万"标准化人才培养工程，遴选"百名"标准化引领人才，建立"千名"标准化专家库，培养"万名"标准化操作型人才。重点培养一批精通物资储备管理业务的标准化专门人才。探索建立同企业联合培养人才的市场化机制，将标准化业务技能纳入企业技术工人培训内容，加强企业标准化人才队伍建设。

八、保障措施

（二十一）加强统筹协调

在国家标准化管理委员会指导下，充分发挥国家粮食和物资储备局对拟订国家标准、行业标准工作的组织领导与统筹协调作用，做好粮食和物资储备标准化工作与计量、认证认可、检验检测工作的协调对接，形成推动高质量发展的整体合力。健全各级标准化行政主管部门与粮食和储备部门协同工作机制，加强重点标准化工作的统筹协调，强化督促检查，形成层层分工负责、上下齐抓共管的标准化发展合力。标准研制单位应精心组织实施标准全生命周期的各项工作。

（二十二）完善投入保障

各级粮食和储备部门要积极争取当地政府以及财政、标准化行政主管部门的支持，将标准研制和标准化管理工作经费纳入同级财政预算，形成持续稳定的经费保障机制。鼓励省级粮食和储备部门将优质粮食标准制修订经费纳入《优质粮食工程》好粮油行动计

划项目。鼓励标准研制单位向有关部门报告标准的工作进度，争取指导支持。探索建立市场化、多元化经费投入机制，鼓励和引导社会各界参与支持标准化工作。

（二十三）健全激励机制

各省（区、市）标准化行政管理部门、粮食和储备部门、垂管局应建立完善标准化工作激励机制，制定标准成果奖励办法等支持政策，宣传先进典型，激发参与标准化活动的单位和个人的积极性。鼓励检验检测机构、高校、科研院所与大型企业围绕高质量发展需求开展重大标准研制。鼓励收入分配改革，允许专业技术人员在工作之余发挥特长，指导企业研发新技术、新标准、新产品，取得合理报酬，充分激发标准化队伍干事创业活力。

中华人民共和国食品安全法实施条例

（国务院　国令第 721 号　2019 年 10 月 11 日）

第一章　总　　则

第一条　根据《中华人民共和国食品安全法》（以下简称食品安全法），制定本条例。

第二条　食品生产经营者应当依照法律、法规和食品安全标准从事生产经营活动，建立健全食品安全管理制度，采取有效措施预防和控制食品安全风险，保证食品安全。

第三条　国务院食品安全委员会负责分析食品安全形势，研究部署、统筹指导食品安全工作，提出食品安全监督管理的重大政策措施，督促落实食品安全监督管理责任。县级以上地方人民政府食品安全委员会按照本级人民政府规定的职责开展工作。

第四条　县级以上人民政府建立统一权威的食品安全监督管理体制，加强食品安全监督管理能力建设。

县级以上人民政府食品安全监督管理部门和其他有关部门应当依法履行职责，加强协调配合，做好食品安全监督管理工作。

乡镇人民政府和街道办事处应当支持、协助县级人民政府食品安全监督管理部门及其派出机构依法开展食品安全监督管理工作。

第五条　国家将食品安全知识纳入国民素质教育内容，普及食品安全科学常识和法律知识，提高全社会的食品安全意识。

第二章　食品安全风险监测和评估

第六条　县级以上人民政府卫生行政部门会同同级食品安全监督管理等部门建立食品安全风险监测会商机制，汇总、分析风险监测数据，研判食品安全风险，形成食品安全风险监测分析报告，报本级人民政府；县级以上地方人民政府卫生行政部门还应当将食品安全风险监测分析报告同时报上一级人民政府卫生行政部门。食品安全风险监测会商的具体办法由国务院卫生行政部门会同国务院食品安全监督管理等部门制定。

第七条　食品安全风险监测结果表明存在食品安全隐患，食品安全监督管理等部门经进一步调查确认有必要通知相关食品生产经营者的，应当及时通知。

接到通知的食品生产经营者应当立即进行自查，发现食品不符合食品安全标准或者有证据证明可能危害人体健康的，应当依照食品安全法第六十三条的规定停止生产、经营，实施食品召回，并报告相关情况。

第八条　国务院卫生行政、食品安全监督管理等部门发现需要对农药、肥料、兽药、饲料和饲料添加剂等进行安全性评估的，应当向国务院农业行政部门提出安全性评估建议。国务院农业行政部门应当及时组织评估，并向国务院有关部门通报评估结果。

第九条　国务院食品安全监督管理部门和其他有关部门建立食品安全风险信息交流机制，明确食品安全风险信息交流的内容、程序和要求。

第三章　食品安全标准

第十条　国务院卫生行政部门会同国务院食品安全监督管理、农业行政等部门制定食品安全国家标准规划及其年度实施计划。国务院卫生行政部门应当在其网站上公布食品安全国家标准规划及其年度实施计划的草案，公开征求意见。

第十一条 省、自治区、直辖市人民政府卫生行政部门依照食品安全法第二十九条的规定制定食品安全地方标准，应当公开征求意见。省、自治区、直辖市人民政府卫生行政部门应当自食品安全地方标准公布之日起 30 个工作日内，将地方标准报国务院卫生行政部门备案。国务院卫生行政部门发现备案的食品安全地方标准违反法律、法规或者食品安全国家标准的，应当及时予以纠正。

食品安全地方标准依法废止的，省、自治区、直辖市人民政府卫生行政部门应当及时在其网站上公布废止情况。

第十二条 保健食品、特殊医学用途配方食品、婴幼儿配方食品等特殊食品不属于地方特色食品，不得对其制定食品安全地方标准。

第十三条 食品安全标准公布后，食品生产经营者可以在食品安全标准规定的实施日期之前实施并公开提前实施情况。

第十四条 食品生产企业不得制定低于食品安全国家标准或者地方标准要求的企业标准。食品生产企业制定食品安全指标严于食品安全国家标准或者地方标准的企业标准的，应当报省、自治区、直辖市人民政府卫生行政部门备案。

食品生产企业制定企业标准的，应当公开，供公众免费查阅。

第四章 食品生产经营

第十五条 食品生产经营许可的有效期为 5 年。

食品生产经营者的生产经营条件发生变化，不再符合食品生产经营要求的，食品生产经营者应当立即采取整改措施；需要重新办理许可手续的，应当依法办理。

第十六条 国务院卫生行政部门应当及时公布新的食品原料、食品添加剂新品种和食品相关产品新品种目录以及所适用的食品安全国家标准。

对按照传统既是食品又是中药材的物质目录，国务院卫生行政部门会同国务院食品安全监督管理部门应当及时更新。

第十七条 国务院食品安全监督管理部门会同国务院农业行政等有关部门明确食品安全全程追溯基本要求，指导食品生产经营者通过信息化手段建立、完善食品安全追溯体系。

食品安全监督管理等部门应当将婴幼儿配方食品等针对特定人群的食品以及其他食品安全风险较高或者销售量大的食品的追溯体系建设作为监督检查的重点。

第十八条 食品生产经营者应当建立食品安全追溯体系，依照食品安全法的规定如实记录并保存进货查验、出厂检验、食品销售等信息，保证食品可追溯。

第十九条 食品生产经营企业的主要负责人对本企业的食品安全工作全面负责，建立并落实本企业的食品安全责任制，加强供货者管理、进货查验和出厂检验、生产经营过程控制、食品安全自查等工作。食品生产经营企业的食品安全管理人员应当协助企业主要负责人做好食品安全管理工作。

第二十条 食品生产经营企业应当加强对食品安全管理人员的培训和考核。食品安全管理人员应当掌握与其岗位相适应的食品安全法律、法规、标准和专业知识，具备食品安全管理能力。食品安全监督管理部门应当对企业食品安全管理人员进行随机监督抽查考核。考核指南由国务院食品安全监督管理部门制定、公布。

第二十一条 食品、食品添加剂生产经营者委托生产食品、食品添加剂的，应当委托取得食品生产许可、食品添加剂生产许可的生产者生产，并对其生产行为进行监督，对委托生产的食品、食品添加剂的安全负责。受托方应当依照法律、法规、食品安全标准以及合同约定进行生产，对生产行为负责，并接受委托方的监督。

第二十二条 食品生产经营者不得在食品生产、加工场所贮存依照本条例第六十三条规定制定的名录中的物质。

第二十三条 对食品进行辐照加工，应当遵守食品安全国家标准，并按照食品安全国家标准的要求对辐照加工食品进行检验和标注。

第二十四条 贮存、运输对温度、湿度等有特殊要求的食品，应当具备保温、冷藏或者冷冻等设备设施，并保持有效运行。

第二十五条 食品生产经营者委托贮存、运输食品的，应当对受托方的食品安全保障能力进行审核，并监督受托方按照保证食品安全的要求贮存、运输食品。受托方应当保证食品贮存、运输条件符合食品安全的要求，加强食品贮存、运输过程管理。

接受食品生产经营者委托贮存、运输食品的，应当如实记录委托方和收货方的名称、地址、联系方式等内容。记录保存期限不得少于贮存、运输结束后 2 年。

非食品生产经营者从事对温度、湿度等有特殊要求的食品贮存业务的，应当自取得营业执照之日起 30 个工作日内向所在地县级人民政府食品安全监督管理部门备案。

第二十六条　餐饮服务提供者委托餐具饮具集中消毒服务单位提供清洗消毒服务的，应当查验、留存餐具饮具集中消毒服务单位的营业执照复印件和消毒合格证明。保存期限不得少于消毒餐具饮具使用期限到期后6个月。

第二十七条　餐具饮具集中消毒服务单位应当建立餐具饮具出厂检验记录制度，如实记录出厂餐具饮具的数量、消毒日期和批号、使用期限、出厂日期以及委托方名称、地址、联系方式等内容。出厂检验记录保存期限不得少于消毒餐具饮具使用期限到期后6个月。消毒后的餐具饮具应当在独立包装上标注单位名称、地址、联系方式、消毒日期和批号以及使用期限等内容。

第二十八条　学校、托幼机构、养老机构、建筑工地等集中用餐单位的食堂应当执行原料控制、餐具饮具清洗消毒、食品留样等制度，并依照食品安全法第四十七条的规定定期开展食堂食品安全自查。

承包经营集中用餐单位食堂的，应当依法取得食品经营许可，并对食堂的食品安全负责。集中用餐单位应当督促承包方落实食品安全管理制度，承担管理责任。

第二十九条　食品生产经营者应当对变质、超过保质期或者回收的食品进行显著标示或者单独存放在有明确标志的场所，及时采取无害化处理、销毁等措施并如实记录。

食品安全法所称回收食品，是指已经售出，因违反法律、法规、食品安全标准或者超过保质期等原因，被召回或者退回的食品，不包括依照食品安全法第六十三条第三款的规定可以继续销售的食品。

第三十条　县级以上地方人民政府根据需要建设必要的食品无害化处理和销毁设施。食品生产经营者可以按照规定使用政府建设的设施对食品进行无害化处理或者予以销毁。

第三十一条　食品集中交易市场的开办者、食品展销会的举办者应当在市场开业或者展销会举办前向所在地县级人民政府食品安全监督管理部门报告。

第三十二条　网络食品交易第三方平台提供者应当妥善保存入网食品经营者的登记信息和交易信息。县级以上人民政府食品安全监督管理部门开展食品安全监督检查、食品安全案件调查处理、食品安全事故处置确需了解有关信息的，经其负责人批准，可以要求网络食品交易第三方平台提供者提供，网络食品交易第三方平台提供者应当按照要求提供。县级以上人民政府食品安全监督管理部门及其工作人员对网络食品交易第三方平台提供者提供的信息依法负有保密义务。

第三十三条　生产经营转基因食品应当显著标示，标示办法由国务院食品安全监督管理部门会同国务院农业行政部门制定。

第三十四条　禁止利用包括会议、讲座、健康咨询在内的任何方式对食品进行虚假宣传。食品安全监督管理部门发现虚假宣传行为的，应当依法及时处理。

第三十五条　保健食品生产工艺有原料提取、纯化等前处理工序的，生产企业应当具备相应的原料前处理能力。

第三十六条　特殊医学用途配方食品生产企业应当按照食品安全国家标准规定的检验项目对出厂产品实施逐批检验。

特殊医学用途配方食品中的特定全营养配方食品应当通过医疗机构或者药品零售企业向消费者销售。医疗机构、药品零售企业销售特定全营养配方食品的，不需要取得食品经营许可，但是应当遵守食品安全法和本条例关于食品销售的规定。

第三十七条　特殊医学用途配方食品中的特定全营养配方食品广告按照处方药广告管理，其他类别的特殊医学用途配方食品广告按照非处方药广告管理。

第三十八条　对保健食品之外的其他食品，不得声称具有保健功能。

对添加食品安全国家标准规定的选择性添加物质的婴幼儿配方食品，不得以选择性添加物质命名。

第三十九条　特殊食品的标签、说明书内容应当与注册或者备案的标签、说明书一致。销售特殊食品，应当核对食品标签、说明书内容是否与注册或者备案的标签、说明书一致，不一致的不得销售。省级以上人民政府食品安全监督管理部门应当在其网站上公布注册或者备案的特殊食品的标签、说明书。

特殊食品不得与普通食品或者药品混放销售。

第五章　食品检验

第四十条　对食品进行抽样检验，应当按照食品安全标准、注册或者备案的特殊食品的产品技术要求以及国家有关规定确定的检验项目和检验方法进行。

第四十一条　对可能掺杂掺假的食品，按照现有食品安全标准规定的检验项目和检验方法以及依照食品安全法第一百一十一条和本条例第六十三条规定制定的检验项目和检验方法无法检验的，国务院食品安全监督管理部门可以制定补充检验项目和检验方法，用于对食品的抽样检验、食品安全案件调查处理和食品安全事故处置。

第四十二条　依照食品安全法第八十八条的规定申请复检的，申请人应当向复检机构先行支付复检费用。复检结论表明食品不合格的，复检费用由复检申请人承担；复检结论表明食品合格的，复检费用由实施抽样检验的食品安全监督管理部门承担。

复检机构无正当理由不得拒绝承担复检任务。

第四十三条　任何单位和个人不得发布未依法取得资质认定的食品检验机构出具的食品检验信息，不得利用上述检验信息对食品、食品生产经营者进行等级评定，欺骗、误导消费者。

第六章　食品进出口

第四十四条　进口商进口食品、食品添加剂，应当按照规定向出入境检验检疫机构报检，如实申报产品相关信息，并随附法律、行政法规规定的合格证明材料。

第四十五条　进口食品运达口岸后，应当存放在出入境检验检疫机构指定或者认可的场所；需要移动的，应当按照出入境检验检疫机构的要求采取必要的安全防护措施。大宗散装进口食品应当在卸货口岸进行检验。

第四十六条　国家出入境检验检疫部门根据风险管理需要，可以对部分食品实行指定口岸进口。

第四十七条　国务院卫生行政部门依照食品安全法第九十三条的规定对境外出口商、境外生产企业或者其委托的进口商提交的相关国家（地区）标准或者国际标准进行审查，认为符合食品安全要求的，决定暂予适用并予以公布；暂予适用的标准公布前，不得进口尚无食品安全国家标准的食品。

食品安全国家标准中通用标准已经涵盖的食品不属于食品安全法第九十三条规定的尚无食品安全国家标准的食品。

第四十八条　进口商应当建立境外出口商、境外生产企业审核制度，重点审核境外出口商、境外生产企业制定和执行食品安全风险控制措施的情况以及向我国出口的食品是否符合食品安全法、本条例和其他有关法律、行政法规的规定以及食品安全国家标准的要求。

第四十九条　进口商依照食品安全法第九十四条第三款的规定召回进口食品的，应当将食品召回和处理情况向所在地县级人民政府食品安全监督管理部门和所在地出入境检验检疫机构报告。

第五十条　国家出入境检验检疫部门发现已经注册的境外食品生产企业不再符合注册要求的，应当责令其在规定期限内整改，整改期间暂停进口其生产的食品；经整改仍不符合注册要求的，国家出入境检验检疫部门应当撤销境外食品生产企业注册并公告。

第五十一条　对通过我国良好生产规范、危害分析与关键控制点体系认证的境外生产企业，认证机构应当依法实施跟踪调查。对不再符合认证要求的企业，认证机构应当依法撤销认证并向社会公布。

第五十二条　境外发生的食品安全事件可能对我国境内造成影响，或者在进口食品、食品添加剂、食品相关产品中发现严重食品安全问题的，国家出入境检验检疫部门应当及时进行风险预警，并可以对相关的食品、食品添加剂、食品相关产品采取下列控制措施：

（一）退货或者销毁处理；

（二）有条件地限制进口；

（三）暂停或者禁止进口。

第五十三条　出口食品、食品添加剂的生产企业应当保证其出口食品、食品添加剂符合进口国家（地区）的标准或者合同要求；我国缔结或者参加的国际条约、协定有要求的，还应当符合国际条约、协定的要求。

第七章　食品安全事故处置

第五十四条　食品安全事故按照国家食品安全事故应急预案实行分级管理。县级以上人民政府食品安全监督管理部门会同同级有关部门负责食品安全事故调查处理。

县级以上人民政府应当根据实际情况及时修改、完善食品安全事故应急预案。

第五十五条　县级以上人民政府应当完善食品安全事故应急管理机制，改善应急装备，做好应急物资储备和应急队伍建设，加强应急培训、演练。

第五十六条　发生食品安全事故的单位应当对导致或者可能导致食品安全事故的食品及原料、工具、设备、设施等，立即采取封存等控制措施。

第五十七条　县级以上人民政府食品安全监督管理部门接到食品安全事故报告后，应当立即会同同级卫生行政、农业行政等部门依照食品安全法第一百零五条的规定进行调查处理。食品安全监督管理部门应当对事故单位封存的食品及原料、工具、设备、设施等予以保护，需要封存而事故单位尚未封存的应当直接封存或者责令事故单位立即封存，并通知疾病预防控制机构对与事故有关的因素开展流行病学调查。

疾病预防控制机构应当在调查结束后向同级食品安全监督管理、卫生行政部门同时提交流行病学调查报告。

任何单位和个人不得拒绝、阻挠疾病预防控制机构开展流行病学调查。有关部门应当对疾病预防控制机构开展流行病学调查予以协助。

第五十八条　国务院食品安全监督管理部门会同国务院卫生行政、农业行政等部门定期对全国食品安全事故情况进行分析，完善食品安全监督管理措施，预防和减少事故的发生。

第八章　监督管理

第五十九条　设区的市级以上人民政府食品安全监督管理部门根据监督管理工作需要，可以对由下级人民政府食品安全监督管理部门负责日常监督管理的食品生产经营者实施随机监督检查，也可以组织下级人民政府食品安全监督管理部门对食品生产经营者实施异地监督检查。

设区的市级以上人民政府食品安全监督管理部门认为必要的，可以直接调查处理下级人民政府食品安全监督管理部门管辖的食品安全违法案件，也可以指定其他下级人民政府食品安全监督管理部门调查处理。

第六十条　国家建立食品安全检查员制度，依托现有资源加强职业化检查员队伍建设，强化考核培训，提高检查员专业化水平。

第六十一条　县级以上人民政府食品安全监督管理部门依照食品安全法第一百一十条的规定实施查封、扣押措施，查封、扣押的期限不得超过30日；情况复杂的，经实施查封、扣押措施的食品安全监督管理部门负责人批准，可以延长，延长期限不得超过45日。

第六十二条　网络食品交易第三方平台多次出现入网食品经营者违法经营或者入网食品经营者的违法经营行为造成严重后果的，县级以上人民政府食品安全监督管理部门可以对网络食品交易第三方平台提供者的法定代表人或者主要负责人进行责任约谈。

第六十三条　国务院食品安全监督管理部门会同国务院卫生行政等部门根据食源性疾病信息、食品安全风险监测信息和监督管理信息等，对发现的添加或者可能添加到食品中的非食品用化学物质和其他可能危害人体健康的物质，制定名录及检测方法并予以公布。

第六十四条　县级以上地方人民政府卫生行政部门应当对餐具饮具集中消毒服务单位进行监督检查，发现不符合法律、法规、国家相关标准以及相关卫生规范等要求的，应当及时调查处理。监督检查的结果应当向社会公布。

第六十五条　国家实行食品安全违法行为举报奖励制度，对查证属实的举报，给予举报人奖励。举报人举报所在企业食品安全重大违法犯罪行为的，应当加大奖励力度。有关部门应当对举报人的信息予以保密，保护举报人的合法权益。食品安全违法行为举报奖励办法由国务院食品安全监督管理部门会同国务院财政等有关部门制定。

食品安全违法行为举报奖励资金纳入各级人民政府预算。

第六十六条　国务院食品安全监督管理部门应当会同国务院有关部门建立守信联合激励和失信联合惩戒机制，结合食品生产经营者信用档案，建立严重违法生产经营者黑名单制度，将食品安全信用状况与准入、融资、信贷、征信等相衔接，及时向社会公布。

第九章　法律责任

第六十七条　有下列情形之一的，属于食品安全法第一百二十三条至第一百二十六条、第一百三十二条以及本条例第七十二条、第七十三条规定的情节严重情形：

（一）违法行为涉及的产品货值金额2万元以上或者违法行为持续时间3个月以上；

（二）造成食源性疾病并出现死亡病例，或者造成30人以上食源性疾病但未出现死亡病例；

（三）故意提供虚假信息或者隐瞒真实情况；

（四）拒绝、逃避监督检查；

（五）因违反食品安全法律、法规受到行政处罚后1年内又实施同一性质的食品安全违法行为，或者因违反食品安全法律、法规受到刑事处罚后又实施食品安全违法行为；

（六）其他情节严重的情形。

对情节严重的违法行为处以罚款时，应当依法从重从严。

第六十八条　有下列情形之一的，依照食品安全法第一百二十五条第一款、本条例第七十五条的规定给予处罚：

（一）在食品生产、加工场所贮存依照本条例第六十三条规定制定的名录中的物质；

（二）生产经营的保健食品之外的食品的标签、说明书声称具有保健功能；

（三）以食品安全国家标准规定的选择性添加物质命名婴幼儿配方食品；

（四）生产经营的特殊食品的标签、说明书内容与注册或者备案的标签、说明书不一致。

第六十九条　有下列情形之一的，依照食品安全法第一百二十六条第一款、本条例第七十五条的规定给予处罚：

（一）接受食品生产经营者委托贮存、运输食品，未按照规定记录保存信息；

（二）餐饮服务提供者未查验、留存餐具饮具集中消毒服务单位的营业执照复印件和消毒合格证明；

（三）食品生产经营者未按照规定对变质、超过保质期或者回收的食品进行标示或者存放，或者未及时对上述食品采取无害化处理、销毁等措施并如实记录；

（四）医疗机构和药品零售企业之外的单位或者个人向消费者销售特殊医学用途配方食品中的特定全营养配方食品；

（五）将特殊食品与普通食品或者药品混放销售。

第七十条 除食品安全法第一百二十五条第一款、第一百二十六条规定的情形外，食品生产经营者的生产经营行为不符合食品安全法第三十三条第一款第五项、第七项至第十项的规定，或者不符合有关食品生产经营过程要求的食品安全国家标准的，依照食品安全法第一百二十六条第一款、本条例第七十五条的规定给予处罚。

第七十一条 餐具饮具集中消毒服务单位未按照规定建立并遵守出厂检验记录制度的，由县级以上人民政府卫生行政部门依照食品安全法第一百二十六条第一款、本条例第七十五条的规定给予处罚。

第七十二条 从事对温度、湿度等有特殊要求的食品贮存业务的非食品生产经营者，食品集中交易市场的开办者、食品展销会的举办者，未按照规定备案或者报告的，由县级以上人民政府食品安全监督管理部门责令改正，给予警告；拒不改正的，处1万元以上5万元以下罚款；情节严重的，责令停产停业，并处5万元以上20万元以下罚款。

第七十三条 利用会议、讲座、健康咨询等方式对食品进行虚假宣传的，由县级以上人民政府食品安全监督管理部门责令消除影响，有违法所得的，没收违法所得；情节严重的，依照食品安全法第一百四十条第五款的规定进行处罚；属于单位违法的，还应当依照本条例第七十五条的规定对单位的法定代表人、主要负责人、直接负责的主管人员和其他直接责任人员给予处罚。

第七十四条 食品生产经营者生产经营的食品符合食品安全标准但不符合食品所标注的企业标准规定的食品安全指标的，由县级以上人民政府食品安全监督管理部门给予警告，并责令食品经营者停止经营该食品，责令食品生产企业改正；拒不停止经营或者改正的，没收不符合企业标准规定的食品安全指标的食

品，货值金额不足1万元的，并处1万元以上5万元以下罚款，货值金额1万元以上的，并处货值金额5倍以上10倍以下罚款。

第七十五条 食品生产经营企业等单位有食品安全法规定的违法情形，除依照食品安全法的规定给予处罚外，有下列情形之一的，对单位的法定代表人、主要负责人、直接负责的主管人员和其他直接责任人员处以其上一年度从本单位取得收入的1倍以上10倍以下罚款：

（一）故意实施违法行为；

（二）违法行为性质恶劣；

（三）违法行为造成严重后果。

属于食品安全法第一百二十五条第二款规定情形的，不适用前款规定。

第七十六条 食品生产经营者依照食品安全法第六十三条第一款、第二款的规定停止生产、经营，实施食品召回，或者采取其他有效措施减轻或者消除食品安全风险，未造成危害后果的，可以从轻或者减轻处罚。

第七十七条 县级以上地方人民政府食品安全监督管理等部门对有食品安全法第一百二十三条规定的违法情形且情节严重，可能需要行政拘留的，应当及时将案件及有关材料移送同级公安机关。公安机关认为需要补充材料的，食品安全监督管理等部门应当及时提供。公安机关经审查认为不符合行政拘留条件的，应当及时将案件及有关材料退回移送的食品安全监督管理等部门。

第七十八条 公安机关对发现的食品安全违法行为，经审查没有犯罪事实或者立案侦查后认为不需要追究刑事责任，但依法应当予以行政拘留的，应当及时作出行政拘留的处罚决定；不需要予以行政拘留但依法应当追究其他行政责任的，应当及时将案件及有关材料移送同级食品安全监督管理等部门。

第七十九条 复检机构无正当理由拒绝承担复检任务的，由县级以上人民政府食品安全监督管理部门给予警告，无正当理由1年内2次拒绝承担复检任务的，由国务院有关部门撤销其复检机构资质并向社会公布。

第八十条 发布未依法取得资质认定的食品检验机构出具的食品检验信息，或者利用上述检验信息对食品、食品生产经营者进行等级评定，欺骗、误导消费者的，由县级以上人民政府食品安全监督管理部门责令改正，有违法所得的，没收违法所得，并处10万元以上50万元以下罚款；拒不改正的，处50万元以上100万元以下罚款；构成违反治安管理行为的，由公安机关依法给予治安管理处罚。

第八十一条　食品安全监督管理部门依照食品安全法、本条例对违法单位或者个人处以 30 万元以上罚款的，由设区的市级以上人民政府食品安全监督管理部门决定。罚款具体处罚权限由国务院食品安全监督管理部门规定。

第八十二条　阻碍食品安全监督管理等部门工作人员依法执行职务，构成违反治安管理行为的，由公安机关依法给予治安管理处罚。

第八十三条　县级以上人民政府食品安全监督管理等部门发现单位或者个人违反食品安全法第一百二十条第一款规定，编造、散布虚假食品安全信息，涉嫌构成违反治安管理行为的，应当将相关情况通报同级公安机关。

第八十四条　县级以上人民政府食品安全监督管理部门及其工作人员违法向他人提供网络食品交易第三方平台提供者提供的信息的，依照食品安全法第一百四十五条的规定给予处分。

第八十五条　违反本条例规定，构成犯罪的，依法追究刑事责任。

第十章　附　　则

第八十六条　本条例自 2019 年 12 月 1 日起施行。

4

第四部分

国内综合统计资料

国内综合统计资料
简 要 说 明

1. 本部分统计资料主要包括农林牧渔业主要产品产量、农产品加工机械拥有量及农产品加工行业固定资产投资情况、按国民经济行业分类统计有关农产品加工业现状、农产品加工业主要产品产量、农产品加工业主要产品出口创汇情况、农产品加工业部分行业与企业排序，以及我国西部地区综合统计等7部分统计数据。

2. 香港和澳门特别行政区的统计是构成国家统计总体的一部分，但根据中华人民共和国"香港特别行政区基本法"和"澳门特别行政区基本法"的有关原则，香港、澳门与内地是相对独立的统计区域。根据各自不同的统计制度和法律规定，独立进行统计工作。本部分中所涉及的统计数据均未包括香港、澳门特别行政区和台湾省。这三部分相关统计数据，另在本年鉴附录中列出。

3. 本部分统计资料数据，除已注明"资料来源"之外，其余均采用国家统计局公布的数据。

4. 本部分采用的统计数据，基本上以2018年数据为主，为了保持与上卷年鉴提供数据的连续性，有一部分统计数据是在上卷基础上，延续列出。

5. 本部分有关表中所示"规模以上企业"是指年产品销售收入2 000万元以上的企业。

6. 本部分有关表中所示工业产值、工业增加值、工业产品销售产值、利税总额等数据未单独标注者，均按当年价格计算（当年价格即为现行价格）。

7. 本部分统计资料数据所使用的计量单位，均采用国际统一标准计量单位。对有关行业未按国际统一标准计量单位提供的数据，编辑部均按国际统一标准计量单位进行了相应换算。

8. 本部分中同一类、同一行业统计数据，由于管理渠道、统计范围、数据采集方法、时间等略有不同，加之有些行业与相关管理部门交叉较多，因此数据也略有不同。但来自同一系统的数据基本上还是一致的。

9. 本部分统计资料中，依据国家统计局、农业农村部、国家林业和草原局、中国食品工业协会、中国轻工业联合会、中国纺织工业联合会等部门、行业提供的相关数据，开辟了"我国西部地区综合统计"专栏。

10. 本部分统计资料中符号使用说明："空格"表示该项统计指标数据不详或无该项数据；"*"或"①"表示本表下有注解。

11. 由于时间短促，难免有误，请给予批评指正。

农林牧渔业主要产品产量统计

表1　我国主要农产品产量（2014—2018年）

单位：万t

年份	粮　食						
	合　计	谷　物				豆　类	薯　类
		小　计	稻　谷	小　麦	玉　米		
2014	63 965	59 602	20 961	12 832	24 976	1 565	2 799
2015	66 060	61 818	21 214	13 264	26 499	1 513	2 729
2016	66 044	61 667	21 109	13 327	26 361	1 651	2 726
2017	66 161	61 521	21 268	13 433	25 907	1 842	2 799
2018	65 789	61 004	21 213	13 144	25 717	1 920	2 865

年份	棉花	油　料				麻　类	
		小　计	花　生	油菜籽	芝　麻	小　计	黄红麻
2014	629.9	3 372	1 590	1 391	43.7	16.5	5.1
2015	590.7	3 391	1 596	1 386	45.0	15.6	4.8
2016	534.3	3 400	1 636	1 313	35.2	18.1	3.4
2017	565.3	3 475	1 709	1 327	36.6	21.8	2.9
2018	610.3	3 433	1 733	1 328	43.1	20.3	2.9

年份	糖　料			茶叶	烟　叶	
	小　计	甘　蔗	甜　菜		小　计	烤　烟
2014	12 089	11 579	510	204.9	284.7	269.7
2015	11 215	10 706	509	227.7	267.7	249.5
2016	11 177	10 322	855	231.3	257.4	244.5
2017	11 378	10 440	938	246.0	239.1	227.9
2018	11 938	10 810	1 128	261.0	224.1	211.0

年份	水　果					
	合　计	苹　果	柑　橘	梨	葡　萄	香　蕉
2014	23 303	3 735	3 362	1 582	1 173	1 062
2015	24 525	3 890	3 618	1 653	1 316	1 063
2016	24 405	4 039	3 592	1 596	1 263	1 094
2017	25 242	4 139	3 817	1 641	1 308	1 117
2018	25 688	3 923	4 138	1 608	1 367	1 122

表 2　各地区主要农产品产量（2018 年）

单位：万 t

地　区	一、粮　食					
	总　产	1. 谷　物				2. 豆类
		总　产	稻　谷	小　麦	玉　米	总　产
全国总计	65 789.2	61 003.6	21 212.9	13 144.0	25 717.4	1 920.3
北　京	34.1	33.0	0.1	5.3	27.1	0.5
天　津	209.7	207.4	37.4	57.1	110.6	1.4
河　北	3 700.9	3 524.9	52.5	1 450.7	1 941.2	28.1
山　西	1 380.4	1 293.2	0.6	228.6	981.6	35.6
内蒙古	3 553.3	3 197.8	121.9	202.3	2 700.0	205.7
辽　宁	2 192.4	2 131.6	418.0	1.4	1 662.8	20.0
吉　林	3 632.7	3 533.8	646.3	0.0	2 799.9	62.8
黑龙江	7 506.8	6 747.6	2 685.5	36.2	3 982.2	678.5
上　海	103.7	103.2	88.0	13.0	1.3	0.2
江　苏	3 660.3	3 572.5	1 958.0	1 289.1	300.0	65.0
浙　江	599.1	535.7	477.4	35.8	20.6	28.2
安　徽	4 007.3	3 889.3	1 681.2	1 607.5	595.6	103.0
福　建	498.6	412.7	398.3	0.1	12.6	10.8
江　西	2 190.7	2 112.2	2 092.2	3.2	15.7	29.4
山　东	5 319.5	5 190.8	98.6	2 471.7	2 607.2	44.5
河　南	6 648.9	6 483.4	501.4	3 602.9	2 351.4	101.7
湖　北	2 839.5	2 704.0	1 965.6	410.4	323.4	38.4
湖　南	3 022.9	2 891.5	2 674.0	8.0	202.8	36.3
广　东	1 193.5	1 087.5	1 032.1	0.2	54.5	11.3
广　西	1 372.8	1 295.9	1 016.2	0.5	273.4	26.2
海　南	147.1	130.7	130.7			1.9
重　庆	1 079.3	753.6	486.9	8.2	251.3	40.9
四　川	3 493.7	2 830.9	1 478.6	247.3	1 066.3	121.5
贵　州	1 059.7	739.2	420.7	33.2	259.0	29.3
云　南	1 860.5	1 581.7	527.7	74.3	926.0	118.1
西　藏	104.4	101.5	0.5	19.5	3.4	2.2
陕　西	1 226.0	1 103.1	80.7	401.3	584.2	28.6
甘　肃	1 151.4	918.5	2.5	280.5	590.0	30.6
青　海	103.1	64.0		42.6	11.5	2.9
宁　夏	392.6	353.4	66.6	41.6	234.6	2.8
新　疆	1 504.2	1 478.8	72.7	571.9	827.6	14.0

（续）

地区	一、粮食 3. 薯类* 总产	二、油料 总产	1. 花生	2. 油菜籽	3. 芝麻	三、棉花 总产
全国总计	2 865.4	3 433.4	1 733.3	1 328.1	43.1	610.3
北 京	0.7	0.4	0.3	0.0	0.0	0.0
天 津	0.9	0.6	0.5	0.0	0.0	1.8
河 北	147.9	121.4	98.5	3.4	0.2	23.9
山 西	51.6	15.5	1.3	2.4	0.2	0.4
内蒙古	149.8	201.5	7.7	39.8	0.1	0.0
辽 宁	40.8	78.1	76.8	0.1	0.1	
吉 林	36.2	87.5	80.3	0.0	0.1	
黑龙江	80.7	11.2	5.1	0.2	0.1	
上 海	0.4	0.7	0.2	0.5	0.0	0.0
江 苏	22.8	86.0	39.3	45.7	1.0	2.1
浙 江	35.2	29.4	4.7	23.3	0.9	0.8
安 徽	14.9	158.0	71.1	84.3	1.1	8.9
福 建	75.1	21.2	20.3	0.9	0.0	0.0
江 西	49.1	120.8	48.1	69.1	3.7	7.2
山 东	84.2	310.9	306.7	2.2	0.1	21.7
河 南	63.8	631.0	572.4	39.0	18.8	3.8
湖 北	97.0	302.5	80.7	205.3	11.4	14.9
湖 南	95.0	234.4	28.5	204.2	1.5	8.6
广 东	94.7	106.3	104.4	1.1	0.6	
广 西	50.7	66.7	62.7	2.3	1.2	0.1
海 南	14.6	8.4	8.3		0.1	
重 庆	284.9	63.7	13.6	48.6	0.4	
四 川	541.3	362.5	67.7	292.2	0.2	0.4
贵 州	291.2	112.6	11.5	86.2	0.1	0.1
云 南	160.7	61.0	7.0	52.5	0.0	0.0
西 藏	0.6	5.9	0.0	5.8		
陕 西	94.3	61.0	12.6	36.9	1.1	1.0
甘 肃	202.3	70.4	0.2	35.5		3.5
青 海	36.2	28.5		28.1		
宁 夏	36.4	7.3	0.0	0.6	0.0	
新 疆	11.5	67.8	2.7	17.7	0.0	511.1

(续)

地 区	四、麻 类		五、糖 料		六、烟 叶	
	总 产	其中：黄红麻	1. 甘蔗	2. 甜菜	总 产	其中：烤烟
全国总计	**20.3**	**2.9**	**10 809.7**	**1 127.7**	**224.1**	**211.0**
北 京					0.0	0.0
天 津						
河 北	0.0	0.0		94.1	0.3	0.3
山 西	0.0			0.1	0.4	0.4
内蒙古	0.2			515.9	0.6	0.4
辽 宁	0.0			11.8	1.8	1.5
吉 林	0.0			2.5	2.7	1.5
黑龙江	10.5			53.0	3.4	3.3
上 海			0.2			
江 苏	0.1		5.3	0.0		
浙 江	0.0	0.0	40.6		0.1	
安 徽	0.3	0.1	10.1		2.0	2.0
福 建	0.0	0.0	26.1		10.7	10.7
江 西	0.6	0.0	64.6		3.6	3.4
山 东	0.0			0.0	4.6	4.6
河 南	2.1	2.0	15.4		25.3	25.0
湖 北	0.5	0.0	27.7	0.1	6.6	5.6
湖 南	0.4	0.0	33.8		19.1	18.8
广 东	0.0	0.0	1 412.7		4.3	3.8
广 西	0.7	0.6	7 292.8		1.8	1.4
海 南	0.0	0.0	132.5		0.0	0.0
重 庆	0.6	0.0	9.1		6.2	5.2
四 川	3.1	0.0	36.2	0.2	16.2	14.0
贵 州	0.0	0.0	62.5	0.0	25.1	22.8
云 南	0.0		1 640.1		84.5	82.3
西 藏						
陕 西	0.1	0.0	0.1	0.0	4.0	3.4
甘 肃	0.3			25.2	0.6	0.6
青 海				0.0		
宁 夏					0.1	0.1
新 疆	0.7			424.7		

注：＊薯类产量按 5：1 折粮计算，下同。

表3　我国玉米主产区生产情况（2017—2018年）

单位：万t

地　区	2017年	2018年	同比增长（%）
河　北	2 035.50	1 941.20	−4.63
山　西	977.90	981.60	0.38
内蒙古	2 497.40	2 700.00	8.11
辽　宁	1 789.40	1 662.80	−7.07
吉　林	3 250.80	2 799.90	−13.87
黑龙江	3 703.10	3 982.20	7.54
山　东	2 662.20	2 607.20	−2.07
河　南	2 170.10	2 351.40	8.35
陕　西	551.10	584.20	6.01
其　他	6 269.40	6 106.90	−2.59
总　计	25 906.90	25 717.40	−0.73

表4　各地区水果产量（2018年）

单位：t

地　区	水　果	其　　　　　　中					
		苹　果	梨	柑　橘	西　瓜	甜　瓜	葡　萄
全国总计	25 688.4	3 923.3	1 607.8	4 138.1	6 153.7	1 315.9	1 366.7
北　京	61.5	4.3	7.9		13.2	0.3	2.2
天　津	62.5	3.6	8.4		18.9	2.8	10.2
河　北	1 347.9	220.1	329.7		244.5	98.0	113.4
山　西	750.5	376.5	63.7		43.0	6.9	28.4
内蒙古	264.2	13.6	7.0		146.4	72.0	6.1
辽　宁	788.9	237.0	126.3		126.0	40.8	76.2
吉　林	148.1	5.6	5.7		88.1	32.4	11.3
黑龙江	170.8	13.8	4.3		94.6	41.7	8.7
上　海	54.3		3.8	10.7	17.8	4.3	6.6
江　苏	934.1	40.5	70.4	3.0	477.5	87.9	67.1
浙　江	743.6		38.3	183.7	207.6	45.5	76.8
安　徽	643.8	36.4	122.6	2.3	270.9	8.4	48.2
福　建	683.1		17.5	339.2	35.2	2.9	20.8
江　西	684.4		16.3	410.8	186.8	16.8	8.6
山　东	2 788.8	952.2	101.1		810.3	202.6	109.4
河　南	2 492.8	402.7	122.9	3.9	1 364.3	197.0	77.0
湖　北	998.0	1.0	37.3	488.1	284.0	41.5	27.9
湖　南	1 016.8		19.7	528.6	327.5	42.2	18.5
广　东	1 669.2		11.3	437.2	90.3	12.6	
广　西	2 116.6		40.2	836.5	289.7	30.5	55.9
海　南	430.4			7.0	48.0	3.7	
重　庆	431.3	0.4	29.0	261.2	54.2	0.7	11.7
四　川	1 080.7	72.6	94.7	433.0	107.1	1.4	37.6
贵　州	369.5	9.1	35.9	47.9	54.4	2.9	31.3
云　南	813.4	51.9	57.6	98.1	43.7	2.8	101.3
西　藏	0.3				0.2	0.0	
陕　西	1 835.1	1 008.7	99.7	46.9	169.1	71.7	72.8
甘　肃	609.3	291.5	19.0	0.1	165.9	34.0	25.3
青　海	3.5	0.4	0.4		1.4	0.0	0.0
宁　夏	197.2	18.2	0.9		138.9	10.2	19.9
新　疆	1 497.8	163.3	116.2		234.3	201.4	293.5

（续）

地 区	其		中			
	红 枣	柿 子	香 蕉	菠 萝	荔 枝	龙 眼
全国总计	**735.8**	**314.3**	**1 122.2**	**162.5**		
北 京	0.9	2.3				
天 津	7.1	1.4				
河 北	77.1	30.3				
山 西	66.2	13.3				
内 蒙 古	0.2					
辽 宁	10.5					
吉 林						
黑 龙 江						
上 海	0	0.1				
江 苏	0.4	9.3				
浙 江		5.7				
安 徽	1.5	12.9				
福 建		10.3	42.1	2.4		
江 西		3.0				
山 东	66.2	11.5				
河 南	25.2	48.4				
湖 北	3.3	5.2				
湖 南	3.3	2.3				
广 东		12.8	422.8	102.3		
广 西	3	99.8	323.2	3.6		
海 南			121.6	44		
重 庆	1.1	1.4	0.1			
四 川	1.8	5.9	4.9	0		
贵 州	0.3	1.2	4	0		
云 南	3.5	9.1	203.5	10.1		
西 藏						
陕 西	88	26.1				
甘 肃	9.1	1.8				
青 海						
宁 夏	5.7					
新 疆	361.2					

表5 各地区茶叶产量（2018 年）

单位：t

地 区	茶 叶	其 中						
		绿 茶	青 茶	红 茶	黑 茶	黄 茶	白 茶	其他茶叶
全国总计	**2 610 393**	**1 734 558**	**278 160**	**233 307**	**176 946**	**2 743**	**36 607**	**148 071**
北 京								
天 津								
河 北	3	3						
山 西	18							18
内 蒙 古								
辽 宁								
吉 林								
黑 龙 江								
上 海	7	6		1				
江 苏	14 037	10 700	30	3 257	50			
浙 江	175 170	169 079		1 375	3 144			1 572
安 徽	112 440	102 230	37	6 448	150	702	1 455	1 418
福 建	418 337	126 175	215 855	49 012			25 796	1 499
江 西	65 362	51 690	717	8 095	41	250	1 404	3 165
山 东	22 232	22 232						
河 南	63 427	58 012		5 407				8
湖 北	329 831	235 352	1 163	33 397	50 760	266	2 450	6 443
湖 南	214 687	95 115	2 415	22 848	87 695	386	967	5 261
广 东	99 871	41 193	43 907	6 750		1 034		6 987
广 西	75 183	49 756	3 202	14 445	2 598		2	5 180
海 南	1 138	542		392				204
重 庆	41 994	36 592	62	3 926			18	1 396
四 川	300 715	249 345	5 298	7 137	20 490	95	356	17 994
贵 州	180 318	144 469	576	13 421	10 095	10	4 155	7 593
云 南	423 259	275 740	4 898	53 283		0	5	89 333
西 藏								
陕 西	71 038	65 000		4 114	1 924			
甘 肃	1 327	1 327						
青 海								
宁 夏								
新 疆								

表6 我国农垦系统主要农产品产量（2017—2018年）

项　　目	产　　量（万 t）		
	2016 年	2017 年	同比增减（%）
一、粮食	3 512.2	3 652.8	3.9
谷物	3 198.4	3 359.4	5.0
稻谷	1 942.8	1 882.6	−3.1
小麦	292.2	276.1	−5.5
玉米	933.4	1 200.7	28.6
豆类	236.8	174	−26.5
大豆	228.5	167.9	−26.5
薯类（折粮）	80.3	70.1	−12.7
二、棉花	208.6	284.8	36.5
三、油料	76.6	79.7	4.1
四、糖料	774.8	755.8	−2.5
五、麻类	3.0	8.2	171.7
六、烟叶			
七、药材			
八、蔬菜、瓜类			

表7　各地区农垦系统主要农产品产量（2018年）

单位：万 t

地　区	粮　食	棉　花	油　料	糖　料	麻　类
全国总计	3 652.8	284.8	79.7	755.8	8.2
北　京	0.1				
天　津	1.3				
河　北	57	0.3	0.3	3.1	
山　西	3.9	0.0	0.0	0.0	
内 蒙 古	206		26.9	41.0	0.2
辽　宁	119.4		1.3	0.3	
吉　林	68		0.8		
黑 龙 江	2 279.6		0.5	2.5	0.8
上　海	28.1		0.3		
江　苏	121.1	0.0			
浙　江	1	0.0	0.0		
安　徽	32.8	0.0	0.2	0.0	
福　建	4.4	0.0	0.3	0.4	0.0
江　西	71.3	0.3	2.9	0.9	
山　东	7.5	0.0	0.0		
河　南	27.9	0.0	2.4		
湖　北	96.3	1.0	7.6	0.8	0.0
湖　南	64.2	5.9	4.8	0.5	0.0
广　东	5.5		0.6	226.5	6.8
广　西	1.7		0.3	221.7	
海　南	11.7		0.4	20.3	
重　庆	0.4		0.0		
四　川	1.3		0.0		
贵　州	0.2		0.0		
云　南	5.9		0.0	41.7	
陕　西	11.3		0.1		
甘　肃	32.8	0.6	1.3	7.0	
青　海	8.3		2.1	0.1	
宁　夏	33.1		0.2		
新　疆	350.5	276.5	26.4	188.9	0.3

表 8 我国农垦系统茶、桑、果、林生产情况（2017—2018 年）

指 标	单 位	2017 年	2018 年	同比增长（%）
一、年末实有茶园面积	khm²	28.5	27.3	−4.2
茶叶总产量	万 t	5.2	5.6	7.7
二、年末实有桑园面积	khm²	1.0	0.9	−10.0
三、年末实有果园面积	khm²	418.0	411.3	−1.6
水果总产量	万 t	737.5	745.3	1.1
其中：苹果	万 t	103.4	101.2	−2.1
梨	万 t	84.4	62.4	−26.1
柑橘	万 t	37.2	43.9	18.0
四、年末实有橡胶园面积	khm²	453.6	439.1	−3.2
当年橡胶开割面积	khm²	297.2	327.9	10.3
每公顷产干胶	kg	962.3	893.6	−1.7
全年干胶总产量	万 t	27.0	29.3	8.5
五、当年造林面积	khm²	135.6	65.4	−10.6
用材林	khm²	20.4	11.6	−43.2
经济林	khm²	29.8	15	−49.7
防护林	khm²	83.9	38.1	67.1
薪炭林	khm²	0.1	0.3	200.0
特种用材林	khm²	0.1	0.4	300.0

表 9 我国部分热带水果产量情况（2017—2018 年）

单位：万 t

项目	2017 年	2018 年	同比增长（%）
荔 枝	188.2	301.0	59.94
龙 眼	201.9	203.0	0.54
柑 橘	3 816.8	4 138.1	8.42
香 蕉	1 117.0	1 122.0	0.45
芒 果	205.4		
菠 萝	149.5	162.5	8.70

表 10 我国棉花主产区生产情况（2017—2018 年）

单位：万 hm²、万 t

地 区	面 积			产 量		
	2017 年	2018 年	同比增长（%）	2017 年	2018 年	同比增长（%）
新 疆	221.8	249.1	12.31	456.6	511.1	11.94
山 东	17.5	18.3	4.57	20.7	21.7	4.83
河 南	4.0	3.7	−7.50	4.4	3.8	−13.64
河 北	22.1	21.0	−4.98	24.0	23.9	−0.42
湖 北	20.5	15.9	−22.44	18.4	14.9	−19.02
江 苏	2.1	1.7	−19.05	2.6	2.1	−19.23
安 徽	8.8	8.6	−2.27	8.6	8.9	3.49
湖 南	8.6	6.4	−25.58	11.0	8.6	−21.82
主产区总计	305.4	324.7	6.32	546.3	595.0	8.91
全国总计	**319.5**	**335.4**	**4.98**	**565.2**	**610.3**	**7.98**
主产区占全国比重（%）	95.6	96.8	1.20	96.7	97.5	0.80

表 11　各地区蔬菜产量情况（2017—2018 年）

单位：万 t

地区	2017 年	2018 年	同比增长（%）
全国总计	**69 192.7**	**70 346.7**	**1.67**
北　京	156.8	130.6	−16.74
天　津	269.6	254.0	−5.79
河　北	5 058.5	5 154.5	1.90
山　西	806.7	821.9	1.88
内 蒙 古	1 111.3	1 006.5	−9.43
辽　宁	1 797.8	1 852.3	3.03
吉　林	356.6	438.2	22.87
黑 龙 江	798.6	634.4	−20.56
上　海	293.5	294.5	0.34
江　苏	5 540.5	5 625.9	1.54
浙　江	1 910.5	1 888.4	−1.16
安　徽	2 019.6	2 118.2	4.88
福　建	1 415.3	1 493.0	5.49
江　西	1 490.1	1 537.0	3.15
山　东	8 133.8	8 192.0	0.72
河　南	7 530.2	7 260.7	−3.58
湖　北	3 826.4	3 963.9	3.59
湖　南	3 671.6	3 822.0	4.10
广　东	3 177.5	3 330.2	4.81
广　西	3 282.6	3 432.2	4.56
海　南	553.1	566.8	2.47
重　庆	1 862.6	1 932.7	3.76
四　川	4 252.3	4 438.0	4.37
贵　州	2 272.2	2 613.4	15.02
云　南	2 077.8	2 205.7	6.16
西　藏	72.7	72.6	−0.18
陕　西	1 734.0	1 808.4	4.29
甘　肃	1 212.3	1 292.6	6.62
青　海	148.1	150.3	1.46
宁　夏	539.9	550.8	2.02
新　疆	1 820.1	1 465.1	−19.50

表 12　我国主要经济林产品产量（2014—2018 年）

单位：万 t

年　份	木材（万 m³）	松　脂	生　漆	油桐籽	油茶籽
2014	8 233.3	130.95	2.23	41.61	202.34
2015	7 200.3	132.63	2.28	41.20	216.35
2016	7 775.8	132.89	2.19	40.85	216.44
2017	8 398.2	144.39	1.81	37.01	243.16
2018	8 810.9	137.54	1.89	34.82	262.98

表 13 各地区主要林产品产量（2018 年）

单位：t

地　　区	木材（万 m³）	核　桃	松　脂	生　漆	油桐籽	油茶籽
全国总计	8 810.86	3 820 720	1 375 367	18 882	348 173	2 629 796
北　京	13.79	11 584				
天　津	19.75	1 945				
河　北	87.42	158 422				
山　西	25.97	71 481				
内蒙古	74.55					
辽　宁	170.96	1 107				
吉　林	165.46	11 430				
黑龙江	70.58	174				
上　海						
江　苏	133.85	2 183				260
浙　江	123.42	23 950	272	20	178	68 523
安　徽	450.50	23 385	14 880	110	1 729	97 267
福　建	580.22	146	107 635	85	26 329	174 154
江　西	257.00	5	119 760	195	13 563	455 454
山　东	474.26	166 006				
河　南	258.36	151 990	7	1 998	66 397	49 134
湖　北	209.76	123 487	13 280	2 664	21 400	194 836
湖　南	286.07	7 655	47 434	1 120	26 663	1010 844
广　东	859.91		248 015		8 701	149 194
广　西	3 714.82	2 560	690 217	55	85 617	273 000
海　南	198.41		7 712			3 844
重　庆	59.53	29 226	80	1 458	4 318	10 518
四　川	230.70	573 685	240	293	5 238	23 119
贵　州	278.25	142 398	16 708	7 392	44 470	83 090
云　南	550.71	1 071 092	108 490	130	15 766	20 043
西　藏		4 645			897	2
陕　西	8.00	238 329	637	3 361	26 905	16 514
甘　肃	4.45	76 302		1	2	
青　海	0.06	28 200				
宁　夏		1 654				
新　疆	44.11	897 679				

表 14　我国主要牲畜饲养情况（2014—2018 年）

单位：万头（只）

年　份	合　计	大　牲　畜　年　底　存　栏　头　数				
		牛	马	驴	骡	骆　驼
2014	9 952.0	9 007.3	415.8	383.6	117.4	28.0
2015	9 929.8	9 055.8	397.5	342.4	104.1	30.1
2016	9 559.9	8 834.5	351.2	259.3	84.5	30.5
2017	9 763.6	9 038.7	343.6	267.8	81.1	32.3
2018	9 625.5	8 915.3	347.3	253.3	75.8	33.8

年　份	肉猪出栏头数	猪年底存栏头数	羊年底存栏只数		
			合　计	山　羊	绵　羊
2014	74 951.5	47 160.2	30 391.3	14 167.5	16 223.8
2015	72 415.6	45 802.9	31 174.3	14 507.5	16 666.8
2016	70 073.9	44 209.2	29 930.5	13 691.8	16 238.8
2017	70 202.1	44 158.9	30 231.7	13 823.8	16 407.9
2018	69 382.4	42 817.1	29 713.5	13 574.7	16 138.8

表 15　我国主要畜产品产量（2014—2018 年）

年　份	总产量（万 t）	肉　类　产　量（万 t）				奶类产量（万 t）		禽蛋产量（万 t）
		猪牛羊肉				总　产　量	其中:牛奶	
		小　计	猪　肉	牛　肉	羊　肉			
2014	8 817.9	6 864.2	5 820.8	615.7	427.6	3 276.5	3 159.9	2 930.3
2015	8 749.5	6 702.2	5 645.4	616.9	439.9	3 295.5	3 179.8	3 046.1
2016	8 628.3	6 502.6	5 425.5	616.6	460.3	3 173.9	3 064.0	3 160.5
2017	8 654.4	6 557.5	5 451.8	634.6	471.1	3 148.6	3 038.6	3 096.3
2018	8 624.6	6 522.9	5 403.7	644.1	475.1	3 176.8	3 074.6	3 128.3

年　份	蜂　蜜（万 t）	蚕　茧（万 t）		绵羊毛（万 t）			山羊毛总产量（t）	羊绒总产量（t）
		总　产	其中:桑蚕茧	总　产	细羊毛	半细羊毛		
2014	46.3	89.2	81.7	40.7	12.2	13.3	38 655	18 465
2015	47.3			41.3	13.1	13.5	35 487	18 684
2016	55.5			41.2	12.9	13.8	35 785	18 844
2017	54.3			41.0	12.8	13.3	32 863	17 852
2018	44.7			35.7	11.8	12.0	26 965	15 438

表 16　各地区奶类产量（2017—2018 年）

单位：万 t

地　区	2017 年		2018 年	
	奶类产量	其中：牛奶	奶类产量	其中：牛奶
全国总计	**3 148.4**	**3 038.8**	**3 176.8**	**3 074.6**
北　京	37.4	37.4	31.1	31.1
天　津	52.1	52.1	48.0	48.0
河　北	388.3	381.0	391.1	384.8
山　西	78.1	77.4	81.7	81.1
内 蒙 古	559.6	552.9	571.8	565.6
辽　宁	120.7	119.7	132.6	131.8
吉　林	34.4	34.0	39.0	38.8
黑 龙 江	468.4	465.2	458.5	455.9
上　海	36.4	36.4	33.4	33.4
江　苏	49.0	49.0	50.0	50.0
浙　江	14.3	14.3	15.8	15.7
安　徽	29.8	29.8	30.8	30.8
福　建	13.5	13.1	14.3	13.8
江　西	9.5	9.5	9.6	9.6
山　东	231.3	223.5	232.5	225.1
河　南	212.9	202.9	208.9	202.7
湖　北	12.8	12.8	12.8	12.8
湖　南	6.1	6.1	6.2	6.2
广　东	13.9	13.9	13.9	13.9
广　西	8.1	8.1	8.9	8.9
海　南	0.5	0.5	0.2	0.2
重　庆	5.1	5.1	4.9	4.9
四　川	63.8	63.7	64.3	64.2
贵　州	4.4	4.4	4.6	4.6
云　南	64.5	56.8	65.7	58.2
西　藏	42.0	37.1	40.8	36.4
陕　西	156.9	107.3	159.7	109.7
甘　肃	41.0	40.4	41.1	40.5
青　海	33.2	32.4	33.5	32.6
宁　夏	160.1	160.1	169.4	168.3
新　疆	200.3	191.9	201.7	194.9

表 17　我国农垦系统主要畜产品产量（2017—2018 年）

单位：万 t

项　　目	2017 年	2018 年	同比增长（％）
1. 肉类总产量	189.4	163.0	－13.94
其中：猪肉	150.9	126.2	－16.37
2. 牛奶	385.1	389.8	1.22
3. 羊毛	3.4	3.2	－5.88
4. 鹿茸（t）	66.5		
5. 禽蛋	54.4	45.4	－16.54

表 18 我国水产品产量（2014—2018 年） 单位：万 t

年 份	总产量	1. 海水产品	其中 捕 捞	其中 养 殖	2. 内陆产品	其中 捕 捞	其中 养 殖
2014	6 461.5	3 296.2	1 483.6	1 812.6	3 165.3	229.5	2 935.8
2015	6 699.6	3 409.6	1 534.0	1 875.6	3 290.1	227.8	3 062.3
2016	6 901.2	3 490.1	1 328.2	1 963.1	3 411.1	231.8	3 179.2
2017	6 445.3	3 321.7	1 321.0	2 000.7	3 123.6	218.3	2 905.3
2018	6 457.7	3 301.4	1 270.2	2 031.2	3 156.2	196.4	2 959.8

表 19 各地区水产品产量（2018 年） 单位：万 t

地 区	总产量	1. 养殖 小计	其中 海水养殖	其中 淡水养殖	2. 捕捞 小计	其中 海洋捕捞	其中 远洋渔业	其中 淡水捕捞
全国总计	64 576 558	49 910 590	20 312 206	29 598 384	14 665 968	1 044 647	2 257 450	1 963 871
北 京	30 028	25 962		25 962	4 066		1 706	2 360
天 津	326 445	279 880	7 652	272 228	46 565	27 002	14 041	5 522
河 北	1 096 152	776 187	489 836	286 351	319 965	212 348	65 481	42 136
山 西	47 773	45 451		45 451	2 322			2 322
内蒙古	139 499	118 179		118 179	21 320			21 320
辽 宁	4 508 240	3 662 362	2 863 634	798 728	845 878	524 394	282 105	39 379
吉 林	234 090	214 790		214 790	19 300			19 300
黑龙江	624 320	577 220		5 772 201	47 100			47 100
上 海	262 509	94 293		94 293	168 216	13 739	152 893	1 584
江 苏	4 948 443	4 171 270	918 327	3 252 943	777 173	475 170	14 809	287 194
浙 江	5 896 129	2 342 009	1 208 973	1 133 036	3 554 120	2 873 946	549 546	130 628
安 徽	2 249 625	1 990 499		1 990 499	259 126			259 126
福 建	7 838 917	5 589 177	4 788 297	800 880	2 249 740	1 701 208	478 656	69 876
江 西	2 559 450	2 335 443		2 335 443	224 007			224 007
山 东	8 614 032	6 381 381	5 210 855	1 170 526	2 232 651	1 702 291	447 539	82 821
河 南	983 817	875 496		875 496	108 321			108 321
湖 北	4 584 045	4 402 981		4 402 981	181 064			181 064
湖 南	2 469 383	2 379 514		2 379 514	89 869			89 869
广 东	8 424 441	6 984 715	3 167 259	3 817 456	1 439 726	1 271 603	52 828	115 295
广 西	3 319 989	2 645 880	1 363 182	1 282 698	674 109	559 066	21 913	93 130
海 南	1 758 188	661 052	294 191	366 861	1 097 136	1 083 880		13 256
重 庆	529 581	510 746		510 746	18 835			18 835
四 川	1 534 754	1 489 358		1 489 358	45 396			45 396
贵 州	237 320	226 382		226 382	10 938			10 938
云 南	637 500	606 376		606 376	31 124			31 124
西 藏	377	43		43	334			334
陕 西	163 035	155 835		155 835	7 200			7 200
甘 肃	14 136	14 136		14 136				
青 海	17 116	17 116		17 116				
宁 夏	176 949	176 555		176 555	394			394
新 疆	174 342	160 302		160 302	14 040			14 040

表20 我国沿海地区海洋捕捞水产品产量（按品种分）（2018年）

单位：kt

地 区	海洋捕捞产量	按 水 产 品 种 类 分					
		1. 鱼类	海鳗	鳓鱼	鲲鱼	沙丁鱼	鲱鱼
全国总计*	**10 444.6**	**7 162.3**	**329.1**	**67.7**	**658.4**	**105.7**	**10.3**
天 津	27.0	22.6			14.9		
河 北	212.3	121.7			44.6		
辽 宁	524.4	302.5	0.3	0.4	37.3	0.4	0.0
上 海	13.7	5.7	0.2	0.0			
江 苏	475.2	258.0	7.0	2.3	2.0	0.4	0.0
浙 江	2 873.9	1 947.6	81.1	9.4	54.6	8.1	1.9
福 建	1 701.2	1 238.6	61.2	11.5	67.6	7.3	3.4
山 东	1 702.3	1 161.7	14.6		403.2	6.0	
广 东	1 271.6	909.7	74.1	24.1	30.0	60.1	3.7
广 西	559.1	310.1	12.1	18.6		10.4	0.9
海 南	1 083.9	884.0	77.9	1.3	4.3	13.0	0.4

地 区	按 水 产 品 种 类 分							
	石斑鱼	鲷	蓝圆鲹	白姑鱼	黄姑鱼	鮸鱼	大黄鱼	小黄鱼
全国总计	**101.6**	**136.5**	**494.0**	**95.9**	**67.1**	**60.9**	**68.3**	**282.6**
天 津								1.3
河 北					0.2		1.1	9.4
辽 宁	4.1	0.1		1.2	1.6	0.1	21.5	55.7
上 海								0.2
江 苏	0.0	0.1	0.0	3.4	6.8	1.7	0.1	26.2
浙 江	0.8	4.8	52.6	48.8	36.2	42.5	5.5	103.4
福 建	16.1	55.1	243.3	9.0	8.4	10.0	3.6	9.5
山 东		0.0		10.2	6.8	0.4	2.7	41.0
广 东	37.1	37.5	96.0	18.8	4.4	5.1	25.6	23.7
广 西	5.2	21.2	57.0	1.4	0.1	0.7		
海 南	38.1	17.8	45.0	3.2	2.8	0.4	13.0	12.1

（续）

地　区	按 水 产 品 种 类 分							
	梅童鱼	方头鱼	玉筋鱼	带鱼	金钱鱼	梭鱼	鲐鱼	鲅鱼
全国总计	**230.2**	**41.7**	**92.3**	**939.4**	**334.3**	**118.3**	**432.5**	**356.7**
天　津				0.2		0.4	1.9	1.3
河　北	0.2		0.2	2.1		11.2	6.7	10.2
辽　宁	4.2	0.2	3.2	6.4		12.7	22.8	34.5
上　海	0.1			0.3			0.1	0.1
江　苏	60.8	0.2	0.3	49.6		7.9	4.3	7.2
浙　江	139.7	15.8	30.7	388.0	1.7	8.9	186.5	84.5
福　建	19.4	4.3	12.5	139.1	8.9	14.5	120.8	40.5
山　东			30.7	71.6		26.5	37.1	149.0
广　东	3.5	9.3	2.3	127.9	78.7	24.2	30.2	25.6
广　西		0.0		25.8	28.5	7.9	10.0	2.0
海　南	2.4	11.9	12.4	128.4	216.6	4.0	12.0	1.9

地　区	按 水 产 品 种 类 分							
	金枪鱼	鲳鱼	马面鲀	竹荚鱼	鲻鱼	2. 甲壳类	虾	毛虾
全国总计	**55.1**	**326.0**	**139.1**	**40.6**	**90.8**	**1 979.5**	**1 310.0**	**425.2**
天　津						1.7	1.3	0.4
河　北		2.6			3.9	46.1	32.3	7.3
辽　宁	0.1	1.1	0.3		5.0	103.3	69.2	20.4
上　海		0.1				7.8	1.0	
江　苏		31.1	0.8		10.4	138.5	46.6	24.1
浙　江	4.1	100.6	19.5	5.2	9.0	751.6	548.5	179.4
福　建	2.4	57.9	41.4	11.1	24.7	304.8	179.8	58.1
山　东		28.9	1.8			221.7	180.8	61.6
广　东	31.8	64.8	39.4	5.0	18.0	211.6	138.4	35.9
广　西		9.0	21.2	0.2	7.5	123.2	69.5	28.1
海　南	16.7	29.9	14.7	19.0	12.3	69.3	42.6	9.9

(续)

地 区	按 水 产 品 种 类 分							
	对虾	鹰爪虾	虾蛄	蟹	梭子蟹	青蟹	蟳	3. 贝类
全国总计	**223.1**	**245.3**	**220.6**	**669.5**	**497.8**	**79.4**	**28.5**	**430.4**
天 津			0.7	0.4	0.3			1.7
河 北	2.2	2.1	16.2	13.7	9.5			18.8
辽 宁	4.5	5.8	30.0	34.0	15.0	3.9	8.4	54.5
上 海		0.5		6.9	7.0			
江 苏	2.2	8.6	7.5	91.9	92.5	2.5	1.2	40.8
浙 江	78.6	140.2	51.8	203.1	176.3	3.5	6.3	20.2
福 建	25.9	40.3	34.2	125.0	87.4	15.8	5.6	37.8
山 东	13.4	22.6	48.6	40.9	23.8		1.7	143.8
广 东	59.3	13.0	22.5	73.2	43.5	29.6	2.7	44.3
广 西	17.3	8.1	6.7	53.7	30.3	10.8	1.8	49.3
海 南	19.5	3.9	2.4	26.7	12.2	13.2	0.7	19.2

地 区	按 水 产 品 种 类 分						
	4. 藻类	5. 头足类	乌贼	鱿鱼	章鱼	6. 其他类	海蜇
全国总计	**18.3**	**569.9**	**127.3**	**292.0**	**107.8**	**284.2**	**160.7**
天 津		1.0		0.8	0.1		
河 北		8.6	1.5	1.6	4.5	17.2	10.5
辽 宁	0.2	28.1	3.4	14.1	6.5	35.9	8.4
上 海		0.2			0.1		
江 苏	0.8	13.5	1.9	7.1	3.8	23.5	14.2
浙 江	1.2	129.5	33.8	67.6	25.7	23.9	3.8
福 建	1.8	104.2	29.8	52.5	15.2	14.1	11.8
山 东	1.3	92.1	8.9	38.8	28.5	81.7	60.7
广 东	6.1	61.0	14.4	26.3	12.1	38.9	11.9
广 西		40.7	14.7	19.7	5.8	35.9	34.0
海 南	6.9	91.1	18.8	63.3	5.5	13.3	5.4

表21 我国沿海地区海水养殖水产品产量（按品种分）（2018年）

单位：kt

地 区	海水养殖产量	1. 鱼类	鲈鱼	鲆鱼	大黄鱼	军曹鱼	鲕鱼	鲷鱼
全国总计	20 312.2	1 495.1	166.6	108.0	198.0	38.8	25.8	88.4
天 津	7.7	1.4		0.1				
河 北	489.8	11.6		3.9				
辽 宁	2 863.6	71.8	7.2	50.7				
上 海								
江 苏	918.3	83.9	1.5	6.0				0.1
浙 江	1 209.0	44.7	7.7	0.1	18.7			3.0
福 建	4 788.3	391.0	33.9	4.8	165.4	0.2	4.0	37.5
山 东	5 210.9	111.5	18.4	39.4				0.2
广 东	3 167.3	594.8	86.6	3.0	14.0	27.5	22.0	41.4
广 西	1 363.2	59.7	9.9			0.1		4.2
海 南	294.2	124.6	1.3			11.0		2.1

地 区	1. 鱼 类				2. 甲壳类	(1) 虾	南美白对虾	斑节对虾
	美国红鱼	河豚	石斑鱼	鲽鱼				
全国总计*	68.3	23.1	160.0	13.9	1 702.9	1 409.1	1 117.5	75.4
天 津			0.2		6.2	6.2	6.0	
河 北		2.0	0.5	1.4	31.1	29.5	20.6	
辽 宁		2.9			41.0	34.7	10.5	
上 海								
江 苏		0.2		2.0	115.3	80.5	20.4	8.8
浙 江	5.8		0.5		112.3	62.7	40.0	1.4
福 建	15.5	9.6	31.5	1.1	202.1	128.6	105.0	6.0
山 东	4.0	3.8	0.3	4.8	167.0	147.4	103.0	0.4
广 东	33.5	4.6	71.0	4.6	582.1	507.5	441.5	53.4
广 西	5.9		3.1		316.0	296.5	295.1	0.9
海 南	3.4		52.4		130.0	115.4	106.1	4.5

（续）

地　区	2. 甲壳类					3. 贝　类		
	（1）虾		（2）蟹			总　产	牡　蛎	鲍
	中国对虾	日本对虾	总产	梭子蟹	青蟹			
全国总计	**55.8**	**55.2**	**293.8**	**116.3**	**157.7**	**14 439.3**	**5 139.8**	**163.2**
天　津								
河　北	4.9	4.1	1.5	1.5		433.1		
辽　宁	12.2	10.8	6.3	6.2		2 294.5	268.0	2.2
上　海								
江　苏	6.3	0.7	34.8	30.9	2.0	667.5	40.0	
浙　江	0.9	2.0	50.0	23.6	25.4	959.9	223.0	0.8
福　建	5.2	9.2	73.5	30.7	36.3	3 028.2	1 894.2	134.9
山　东	7.1	21.9	20.0	14.0		4 148.9	933.2	13.2
广　东	19.2	6.5	74.6	9.2	60.7	1 898.1	1 141.5	12.0
广　西		0.1	19.5		19.5	982.8	636.1	
海　南			14.3		13.8	26.3	3.9	0.1

地　区	3. 贝　类						
	螺	蚶	贻贝	江珧	扇贝	蛤	蛏
全国总计	**239.0**	**372.3**	**903.4**	**14.5**	**1 917.9**	**4 080.8**	**852.9**
天　津							
河　北	3.6	8.4			378.0	41.0	0.1
辽　宁		60.6	47.7		431.2	1 264.0	38.2
上　海							
江　苏	67.0	31.8	44.7			368.3	58.1
浙　江	15.2	140.5	177.2		0.6	94.1	300.3
福　建	6.4	61.4	104.3		8.8	433.7	279.5
山　东	10.6	2.3	439.1		982.6	1 356.2	163.6
广　东	82.5	58.6	78.0	14.5	113.5	262.1	11.4
广　西	47.5	4.1	12.3		2.8	254.8	1.7
海　南	6.1	4.6			0.2	6.5	

（续）

地 区	4. 藻类						
	总计	海带	裙带菜	紫菜	江蓠	麒麟菜	石花菜
全国总计	**2 343.9**	**1 522.5**	**175.5**	**201.8**	**330.3**	**1.8**	
天 津							
河 北	1.0	1.0					
辽 宁	341.6	226.0	115.7				
上 海							
江 苏	42.5	0.2		42.2			
浙 江	88.1	16.4		54.0			
福 建	1 118.7	768.3		74.6	220.8		
山 东	665.3	506.8	58.7	15.6	50.1		
广 东	73.2	3.9	1.1	15.3	49.7	1.0	
广 西							
海 南	13.5				9.7	0.8	

地 区	4. 藻类		5. 其他类	海参	海胆（kg）	海水珍珠（kg）	海蜇
	栖菜	苔 菜					
全国总计	**23.2**		**331.0**	**174.3**	**8 844.4**	**2.8**	**72.7**
天 津							
河 北			13.0	4.8			4.1
辽 宁			114.7	47.1	1 510.5		59.2
上 海							
江 苏			9.1	0.1			5.3
浙 江	16.6		4.0	0.1			0.8
福 建	6.6		48.4	29.8			2.6
山 东			118.1	92.2	5 498.0		0.4
广 东			19.1	0.1	1 835.9	2.0	0.3
广 西			4.6			0.8	
海 南			0.1				

表 22 各地区农垦系统畜牧业生产情况（2018 年）

单位：万头、万只

地　　区	大牲畜年末头数	牛年末头数	猪年末头数	羊年末只数	家禽年末只数
全国总计	**280.2**	**238.6**	**1 173.1**	**1 236.5**	**11 115.1**
北　京	9.0	9.0	16.0		452.0
天　津	3.8	3.5	3.0		92.7
河　北	17.4	17.2	36.6	8.0	415.7
山　西	1.0	1.0	0.2	11.9	12.6
内蒙古	33.8	28.9	27.0	261.1	75.2
辽　宁	6.5	6.5	62.0	18.5	2 158.1
吉　林	2.7	2.6	6.3	16.6	76.6
黑龙江	20.5	18.7	70.5	19.4	938.3
上　海	8.5	8.5	76.7		99.2
江　苏	0.7	0.7	10.3	0.9	529.0
浙　江			8.8	0.2	1.6
安　徽	0.2	0.2	4.1	0.9	212.0
福　建	0.6	0.6	16.0	1.5	176.2
江　西	3.9	3.9	46.9	1.8	255.5
山　东	1.0	1.0	7.1		15.0
河　南	0.7	0.7	49.9	0.7	54.8
湖　北	3.2	3.2	103.5	5.8	936.0
湖　南	4.4	4.0	91.7	3.8	458.6
广　东	3.1	3.1	83.0	0.4	491.6
广　西	1.0	1.0	99.7	0.2	348.2
海　南	5.8	5.8	145.1	20.7	1 376.0
重　庆	3.0	3.0	11.0		100.1
四　川	7.1	6.8	0.2	2.1	
贵　州	1.0	1.0	0.1	0.2	2.0
云　南	1.0	1.0	7.7	0.8	240.0
陕　西	1.1	1.1	1.2	3.5	5.8
甘　肃	1.8	1.5	1.0	15.6	18.4
青　海	8.2	4.6	0.6	23.7	
宁　夏	6.2	6.2	3.1	7.7	53.0
新　疆	123.0	93.3	183.3	810.4	1 509.9

资料来源：表中数据出自 2019 年版《中国农村统计年鉴》。

表 23 我国按人口平均的主要农畜产品产量（2014—2018 年）

单位：kg/人

年　份	粮　食	棉　花	油　料	猪牛羊肉	牛　奶	水产品
2014	469	4.6	24.7	50.3	23.2	43.8
2015	482	4.3	24.7	48.9	23.2	45.1
2016	479	3.8	26.3	47.2	22.2	46.3
2017	477	4.1	25.1	47.3	21.9	46.5
2018	472	4.4	24.7	46.8	22.1	46.4

表 24 我国城乡居民家庭人均食品消费量比较（2014—2018 年）

单位：kg/人

年 份	粮 食		蔬 菜		食用油(植物油)		猪牛羊肉		家 禽		水产品	
	农村	城市	农村	城市	农村	城市	农村	城市	农村	城市	农村	城市
2014	167.6	117.2	87.5	100.1	9.0	10.6	22.5	28.4	6.7	9.1	6.8	14.4
2015	159.5	112.6	88.7	100.2	9.2	10.7	23.1	28.9	7.1	9.4	7.2	14.7
2016	157.2	111.9	89.7	103.2	9.3	10.6	22.7	29.0	7.9	10.2	7.5	14.8
2017	154.6	109.7	88.5	102.5	9.2	10.3	23.6	29.2	7.9	9.7	7.4	14.8
2018	148.5	110.0	87.5	103.1	9.0	8.9	27.5	31.2	8.0	9.8	7.8	14.3

资料来源：表中数据出自 2019 年版《中国统计年鉴》。

表 25 我国城镇和农村人口人均食品消费支出情况（2014—2018 年）

单位：元/人

项 目	2014	2015	2016	2017	2018
全国人均	**4 493.9**	**4 814.0**	**5 151.0**	**5 373.6**	**5 631.1**
城镇居民	6 000.0	6 359.7	6 762.4	7 001.0	7 239.0
农村居民	2 814.0	3 048.0	3 266.1	3 415.4	3 645.6
人均增长	367.2	320.1	337.0	222.6	257.5
城镇居民增长	429.3	359.7	402.8	238.6	238.0
农村居民增长	259.6	234.0	218.0	149.3	230.2

资料来源：表中数据出自 2019 年版《中国统计年鉴》。

表 26 我国人口增长情况（2014—2018 年）

单位：万人

项 目	2014	2015	2016	2017	2018
人口数	136 782	137 462	138 271	139 008	139 538
其中：城镇人口	74 916	77 116	79 298	81 347	83 137
农村人口	61 866	60 346	58 973	57 661	56 401
增长人口数	710	680	809	737	530

农产品加工机械拥有量及农产品加工行业固定资产投资情况

表 27 农产品加工业按建设性质和构成分固定资产投资（2018 年）

单位：亿元

行 业	新 建	扩 建	改建和技术改造
合 计	**27 455.7**	**11 943.8**	**19 016.7**
农副食品加工业	6 141.1	2 210.9	3 509.0
食品制造业	3 077.2	946.8	1 870.1
饮料制造业	1 786.4	631.1	1 085.5
烟草制品业	101.3	1.8	107.3
纺织业	2 727.9	1 777.5	2 472.3
纺织服装、鞋、帽制造业	2 210.5	1 150.0	1 429.2
皮革、毛皮、羽毛（绒）及其制品业	1 130.5	1 301.1	739.6
木材加工及木、竹、藤、棕、草制品业	2 213.8	514.2	2 054.0
家具制造业	2 487.4	1 208.9	1 134.6
造纸及纸制品业	1 244.4	740.4	1 270.6
印刷业和记录媒介的复制	674.9	538.7	757.7
橡胶制品业	3 028.5	1 335.3	2 690.6

表 28 我国农产品加工业按控股情况分固定资产投资比上年增长情况（2018 年）

单位：亿元、%

行 业	全部投资	国有控股	集体控股	私人控股
农副食品加工业	3.8	−9.2	−56.1	1.8
食品制造业	6.8	−9.6	−22.1	−5.0
饮料制造业	1.3	−2.2	−99.8	30.1
烟草制品业	5.1	−17.4	−19.1	4.7
纺织业	−1.5	14.9	45.9	−3.7
纺织服装、鞋、帽制造业	3.1	11.9	−32.7	0.6
皮革、毛皮、羽毛（绒）及其制品业	17.3	11.3	−10.8	19.6
木材加工及木、竹、藤、棕、草制品业	23.2	58.7	126.8	22.4
家具制造业	5.1	71.9	32.6	−0.9
造纸及纸制品业	7.2	−3.2	−36.7	5.2
印刷业和记录媒介的复制	0.0	5.7	17.8	−2.8
橡胶制品业	5.4	−14.8	24.4	5.8

表 29　我国农产品加工行业新增固定资产后主要产品新增生产能力（2017—2018 年）

产 品 名 称	单　　位	2017 年	2018 年
轮胎外胎	万条/年	6 227	2 007
轮胎内胎	万条/年		
化学纤维	t/年	2 509 787	2 025 136
棉 纺 锭	锭	12 487 229	8 113 521
啤　酒	万 t/年	126	34
白　酒	万 t/年	138	34
其他酒	万 t/年	38	9
卷　烟	箱 /年	1 179 908	866
机制纸浆	万 t/年	174	38

表 30　我国农产品加工行业实际到位资金比上年增长情况（2018 年）

单位:％

行　　业	合计	国家预算	国内贷款	利用外资	自筹资金	其他资金
农副食品加工业	−6.0	−53.5	−19.9	11.4	−5.4	19.7
食品制造业	1.8	−86.1	−30.9	−6.5	5.7	−7.5
饮料制造业	−12.2	−40.2	−38.8	−33.6	−10.8	−4.1
烟草制品业	5.8	−95.9	−28.1		12.3	−42.9
纺织业	1.0	165.2	−26.1	40.7	3.0	−10.6
纺织服装、鞋、帽制造业	−9.3	98.3	−30.9	−43.7	−9.2	28.4
皮革、毛皮、羽毛（绒）及其制品业	4.7	15.4	−38.7	−27.0	0.6	−38.4
木材加工及木、竹、藤、棕、草制品业	8.6	85.2	14.6	20.9	9.0	−19.6
家具制造业	21.2	71.0	10.9	−9.7	23.1	−8.3
造纸及纸制品业	3.0	29.0	−7.2	−24.6	4.0	18.3
印刷业和记录媒介的复制	8.2		42.2	−62.3	2.9	104.4
橡胶制品业	2.7	−13.2	−30.9	−23.5	5.7	25.5

表 31　林业系统森工固定资产投资完成情况（2017—2018 年）

单位：亿元

项　　　　目	2017 年	2018 年	同比增长（％）
一、森工固定资产投资完成额（按构成划分）	14 080 891	10 629 856	−24.51
1. 建筑工程	3 854 268	3 075 209	−20.21
2. 安装工程	775 357	336 563	−56.59
3. 其他投资	8 131 898	6 723 407	−17.32
二、当年新增固定资产	5 855 792	3 404 712	−41.86

表 32　林业系统各地区森工固定资产投资完成情况（2018 年）

单位：万元

地　区	合　计	建筑工程	安装工程	其他投资
全国总计	**10 629 856**	**3 075 209**	**336 563**	**6 723 407**
北　京	1 457 247	836 918	320	617 620
天　津				
河　北	3 974	3 811		163
山　西	6 255	3 110	363	2 329
内 蒙 古	102 312	30 490	1 886	46 867
辽　宁	37 572			35 305
吉　林	28 929	15 161	3 095	5 463
黑 龙 江	1 036 082	102 545	991	932 253
上　海	45 766	16 137		29 478
江　苏	86 688			86 653
浙　江	9 770	6 229		3 541
安　徽	109 345	15 680		93 409
福　建	13 251	5 471	272	6 955
江　西	23 493	6 054		17 439
山　东	43 714	17 281	7 616	13 062
河　南				
湖　北	163 628	40 696	2 045	113 082
湖　南	173 993	43 695	4 359	106 067
广　东	23 580	5 913		8 961
广　西	6 001 227	1 598 363	301 721	3 710 022
海　南	1 361	315	63	926
重　庆	115 742	38 422	1 438	74 859
四　川	172 198	36 079	400	133 741
贵　州	101 696	30 493	5 206	63 072
云　南	134 996	44 096	1 021	83 226
西　藏	90 264	41 655	2 076	45 400
陕　西	284 969	26 593		257 796
甘　肃	153 897	7 566	770	141 689
青　海	77 681	39 037		38 644
宁　夏	23 407	13 931		9 428
新　疆	9 538	4 257	960	4 037
局直属单位	97 281	45 211	1 961	41 920
大兴安岭	45 352	24 910	416	16 093

表 33　我国农村住户固定资产投资完成情况（2017—2018 年）

单位：亿元

项　目	2017 年	2018 年	同比增长（%）
固定资产投资总额	9 554.4	10 039.2	5.07
农林牧渔业	2 069.7	2 254.1	8.91

表 34　我国水产行业固定资产投资完成情况（2017—2018 年）

单位：亿元

项　　　目	2017 年	2018 年	同比增长（％）
一、投资总额	1 205.2	1 439.2	19.40
二、本年新增固定资产	944.0		
三、固定资产交付使用率（％）	78.3		

资料来源：表中数据出自 2019 年版《中国统计年鉴》。

按国民经济行业分类统计
农产品加工业现状

表 35　我国农产品加工业规模以上工业企业主要指标（2018 年）

行　　业	单位数（个）	主营业务收入（亿元）	利润总额（亿元）	资产总计（亿元）	负债合计（亿元）
合　　计	129 892	211 471	13 029	169 391	83 322
农副食品加工业	25 007	47 758	2 124	30 809	16 846
食品制造业	8 981	18 680	1 552	15 642	7 181
饮料制造业	6 805	15 535	2 094	17 689	7 439
烟草制品业	116	10 465	924	10 881	2 620
纺织业	19 122	27 863	1 265	21 820	12 324
纺织服装、鞋、帽制造业	14 827	17 418	1 007	12 516	6 076
皮革、毛皮、羽毛（绒）及其制品业	8 550	12 131	721	6 511	3 103
木材加工及竹、藤、棕、草制品业	9 153	9 210	475	5 404	2 566
家具制造业	6 300	7 082	426	5 624	2 900
造纸及纸制品业	6 704	14 013	766	14 715	8 492
印刷业和记录媒介的复制	5 706	6 471	426	5 752	2 576
橡胶制品业	18 621	24 845	1 249	22 028	11 199

表 36 我国农产品加工业规模以上工业企业主要成本性指标（2018 年）

行　　　　业	主营业务成本（亿元）	销售费用（亿元）	管理费用（亿元）	财务费用（亿元）	平均用工人数（万人）
合　　　　计	**174 889.9**	**7 443.3**	**8 375.6**	**1 820.9**	**2 205.0**
农副食品加工业	42 803.3	1 172.1	1 182.2	429.0	314.3
食品制造业	14 640.3	1 548.9	823.2	119.0	179.4
饮料制造业	10 725.5	1 271.3	734.9	98.3	129.6
烟草制品业	3 748.5	163.6	498.2	－23.9	16.2
纺织业	24 834.0	464.2	919.5	369.3	331.8
纺织服装、鞋、帽制造业	14 776.4	669.4	833.5	116.1	335.6
皮革、毛皮、羽毛（绒）及其制品业	10 495.7	312.3	498.8	86.0	214.0
木材加工及竹、藤、棕、草制品业	8 105.9	227.1	287.0	78.4	101.2
家具制造业	5 904.0	298.7	399.6	45.0	110.4
造纸及纸制品业	12 094.7	411.8	559.4	230.3	106.2
印刷业和记录媒介的复制	5 429.7	177.6	386.8	45.5	84.5
橡胶制品业	21 331.9	726.3	1 252.5	227.9	281.8

表 37 我国农产品加工业国有及国有控股工业企业主要指标（2018 年）

行　　　　业	单位数（个）	主营业务收入（亿元）	利润总额（亿元）	资产总计（亿元）	负债合计（亿元）
合　　　　计	**2 461**	**21 699.8**	**2 252.6**	**26 013.7**	**10 035.7**
农副食品加工业	646	2 698.7	55.1	1 885.8	1 369.4
食品制造业	326	1 327.1	72.1	1 325.8	698.5
饮料制造业	282	3 540.2	1 062.6	6 009.6	1 971.8
烟草制品业	93	10 407.4	903.9	10 785.4	2 563.6
纺织业	177	760.8	13.0	1 188.2	680.2
纺织服装、鞋、帽制造业	187	210.9	15.2	355.3	141.3
皮革、毛皮、羽毛（绒）及其制品业	26	78.7	5.2	87.1	34.7
木材加工及竹、藤、棕、草制品业	82	167.4	1.4	284.6	193.6
家具制造业	19	164.0	29.4	166.4	109.5
造纸及纸制品业	96	631.7	20.9	1 572.7	1 039.2
印刷业和记录媒介的复制	284	581.3	65.8	766.5	239.9
橡胶制品业	243	1 131.6	8.0	1 586.3	994.0

表 38　我国农产品加工业国有及国有控股工业企业主要成本性指标（2018 年）

行　　业	主营业务成本（亿元）	销售费用（亿元）	管理费用（亿元）	财务费用（亿元）	平均用工人数（万人）
合　　计	12 057.8	775.5	1 096.3	118.2	115.0
农副食品加工业	2 492.3	67.7	64.8	27.9	13.3
食品制造业	1 060.3	125.7	61.5	10.3	13.2
饮料制造业	1 657.6	310.8	194.2	−11.5	23.6
烟草制品业	3 713.2	162.0	492.6	24.3	15.8
纺织业	691.3	13.4	33.4	15.8	11.4
纺织服装、鞋、帽制造业	148.2	5.2	43.6	−0.5	7.9
皮革、毛皮、羽毛（绒）及其制品业	66.0	1.3	6.0	0.3	1.8
木材加工及竹、藤、棕、草制品业	146.1	6.6	8.5	4.0	2.3
家具制造业	126.8	2.9	17.7	−0.9	0.7
造纸及纸制品业	524.4	20.4	41.1	32.4	5.0
印刷业和记录媒介的复制	441.7	10.7	67.2	−1.7	8.0
橡胶制品业	989.9	48.8	65.7	17.8	12.0

表 39　我国农产品加工业外商投资和港澳台商投资工业企业主要指标（2018 年）

行　　业	单位数（个）	主营业务收入（亿元）	利润总额（亿元）	资产总计（亿元）	负债合计（亿元）
合　　计	15 545	44 573.0	2 804.2	39 101.3	19 650.5
农副食品加工业	1 615	8 643.4	363.9	5 972.0	3 594.1
食品制造业	1 111	5 231.3	521.9	4 379.6	1 976.5
饮料制造业	722	3 630.6	307.0	3 624.2	1 842.6
烟草制品业	4	8.2	1.0	19.4	10.3
纺织业	2 154	4 481.1	260.7	4 176.9	2 032.6
纺织服装、鞋、帽制造业	2 907	4 670.7	224.8	3 450.7	1 582.2
皮革、毛皮、羽毛（绒）及其制品业	1 533	4 001.7	275.9	2 342.1	1 113.6
木材加工及竹、藤、棕、草制品业	346	542.1	23.7	513.1	251.2
家具制造业	760	1 643.4	98.0	1 384.1	759.4
造纸及纸制品业	861	4 349.6	320.0	5 805.4	3 043.2
印刷业和记录媒介的复制	588	1 143.1	90.4	1 319.9	522.5
橡胶制品业	2 944	6 227.8	316.9	6 113.9	2 922.3

表 40　我国农产品加工业外商投资和港澳台商投资工业企业主要成本性指标（2018 年）

行　　　业	主营业务成本（亿元）	销售费用（亿元）	管理费用（亿元）	财务费用（亿元）	平均用工人数（万人）
合　　　计	36 938.8	9 009.3	2 105.4	279.5	514.9
农副食品加工业	7 815.5	229.5	180.7	55.3	43.1
食品制造业	3 699.0	7 321.0	266.5	6.1	39.9
饮料制造业	2 636.6	461.7	159.7	10.5	26.6
烟草制品业	5.1	0.2	1.4	0.3	0.3
纺织业	3 879.3	94.7	211.1	34.1	59.5
纺织服装、鞋、帽制造业	3 913.1	260.0	257.2	17.2	107.6
皮革、毛皮、羽毛（绒）及其制品业	3 386.3	125.4	205.0	24.1	80.3
木材加工及竹、藤、棕、草制品业	462.1	21.2	24.7	7.0	6.9
家具制造业	1 379.0	68.1	108.6	4.7	24.9
造纸及纸制品业	3 610.3	168.0	195.3	74.6	24.3
印刷业和记录媒介的复制	919.5	39.6	88.7	3.8	19.4
橡胶制品业	5 233.0	219.9	406.5	41.8	82.1

表 41　我国农产品加工业私有工业企业主要指标（2018 年）

行　　　业	企业数（个）	主营业务收入（亿元）	利润总额（亿元）	资产总计（亿元）	负债合计（亿元）
合　　　计	82 051	95 001.2	4 622.8	56 995.4	29 849.6
农副食品加工业	15 855	21 484.6	1 001.8	12 053.7	5 908.4
食品制造业	4 988	6 377.4	436.5	4 431.0	2 048.7
饮料制造业	3 833	4 556.8	327.3	3 367.6	1 571.1
烟草制品业	5	14.5	5.4	25.8	20.0
纺织业	13 575	14 545.0	653.0	10 037.7	5 942.1
纺织服装、鞋、帽制造业	8 747	7 960.9	438.0	4 880.2	2 551.5
皮革、毛皮、羽毛（绒）及其制品业	5 239	5 426.8	297.8	2 486.2	1 274.8
木材加工及竹、藤、棕、草制品业	6 922	6 615.2	334.5	3 113.9	1 433.3
家具制造业	4 212	3 664.3	206.7	2 628.8	1 371.3
造纸及纸制品业	4 134	5 049.8	200.0	3 286.4	1 944.7
印刷业和记录媒介的复制	3 423	3 136.9	159.2	2 106.7	1 130.1
橡胶制品业	11 118	16 169.0	562.6	8 577.4	4 653.6

表 42 我国农产品加工业私有工业企业主要成本性指标（2018 年）

行 业	主营业务成本（亿元）	销售费用（亿元）	管理费用（亿元）	财务费用（亿元）	平均用工人数（万人）
合 计	103 062.30	2 904.43	3 670.42	1 028.15	1 189.08
农副食品加工业	19 131.7	519.7	564.2	184.8	157.7
食品制造业	5 306.1	288.3	271.8	57.6	71.7
饮料制造业	3 690.0	207.5	190.2	50.1	41.9
烟草制品业	11.2	0.4	1.0	0.1	0.1
纺织业	12 980.4	242.4	467.1	165.6	178.0
纺织服装、鞋、帽制造业	6 814.0	254.1	349.6	60.4	147.8
皮革、毛皮、羽毛（绒）及其制品业	4 748.7	121.6	185.9	48.3	89.7
木材加工及竹、藤、棕、草制品业	5 871.0	145.9	186.7	48.0	70.4
家具制造业	3 070.0	150.6	190.7	28.3	57.8
造纸及纸制品业	4 487.7	128.7	184.4	51.3	47.8
印刷业和记录媒介的复制	2 711.9	79.7	143.7	29.1	36.3
橡胶制品业	10 092.3	292.5	508.4	114.8	123.4

表 43 我国农产品加工业大中型工业企业主要指标（2018 年）

行 业	企业数（个）	主营业务收入（亿元）	利润总额（亿元）	资产总计（亿元）	负债合计（亿元）
合 计	18 954	109 245.4	8 284.6	101 835.8	48 283.2
农副食品加工业	2 591	19 606.6	970.1	14 902.9	8 639.7
食品制造业	1 573	11 728.2	1 105.0	9 949.8	4 534.3
饮料制造业	1 025	10 041.9	1 732.9	12 483.3	4 927.6
烟草制品业	74	9 427.7	837.6	10 066.7	2 336.7
纺织业	3 062	14 751.8	738.3	12 564.9	6 947.3
纺织服装、鞋、帽制造业	3 152	9 762.2	648.1	8 099.3	3 775.7
皮革、毛皮、羽毛（绒）及其制品业	1 907	6 750.7	458.1	4 011.4	1 732.9
木材加工及竹、藤、棕、草制品业	819	2 171.7	138.2	1 834.4	921.3
家具制造业	972	3 581.8	251.6	3 276.8	1 751.5
造纸及纸制品业	842	7 758.7	544.6	10 163.3	5 824.7
印刷业和记录媒介的复制	688	2 409.0	217.9	2 603.4	975.6
橡胶制品业	2 249	11 255.1	642.2	11 879.6	5 915.9

表 44 我国农产品加工业大中型工业企业主要成本性指标（2018 年）

行　　业	主营业务成本（亿元）	销售费用（亿元）	管理费用（亿元）	财务费用（亿元）	平均用工人数（万人）
合　　计	85 441.3	4 809.7	4 635.3	963.4	1 191.2
农副食品加工业	17 467.3	519.1	479.5	213.0	146.8
食品制造业	8 863.7	1 247.2	495.4	58.6	108.1
饮料制造业	6 284.9	1 017.4	478.9	40.0	80.2
烟草制品业	3 184.9	144.8	466.8	−22.5	15.0
纺织业	13 071.5	247.6	492.6	236.0	183.8
纺织服装、鞋、帽制造业	8 076.0	488.9	502.6	66.1	202.5
皮革、毛皮、羽毛（绒）及其制品业	5 743.8	199.9	313.4	41.5	137.3
木材加工及竹、藤、棕、草制品业	1 858.6	62.9	81.3	25.6	29.9
家具制造业	2 915.4	176.6	229.4	19.6	59.2
造纸及纸制品业	6 525.9	254.1	317.6	165.3	50.9
印刷业和记录媒介的复制	1 931.5	78.4	178.5	12.4	37.9
橡胶制品业	9 517.8	372.8	599.3	107.8	139.6

表 45 我国乳制品行业主要经济指标（2014—2018 年）

年份	企业数量（个）	主营业务收入（亿元）	利润总额（亿元）	消费量（万 t）
2014	631	3 197.73		2 841.3
2015	538	3 328.50		2 957.9
2016	627	3 503.89		3 204.7
2017	611	3 590.41	244.87	3 259.3
2018	589	3 085.50	220.60	2 681.5

资料来源：表中数据由中国乳制品工业协会提供，其中 2018 年数据为 1～11 月数据。

表 46 林业系统农产品加工业总产值（2017—2018 年）

行　　业	工业总产值（万元）		
	2017 年	2018 年	同比增长（%）
总　　计	440 182 823	762 727 590	73.28
1. 非木质林产品加工制造业	40 417 075	58 241 270	44.10
2. 木材加工及竹、藤、棕、草制品业	127 589 748	128 158 726	0.45
木材加工	23 212 392	22 919 180	−1.26
人造板制造业	66 165 822	66 863 043	1.05
木制品制造业	28 924 731	28 373 177	−1.91
竹、藤、棕、草制品制造业	9 286 803	10 003 326	7.72
3. 木、竹、藤家具制造业	63 178 766	63 560 469	0.60
4. 木、竹、苇浆造纸和纸制品业	61 793 223	66 465 191	7.56
5. 林产化学产品制造业	6 700 999	6 025 110	−10.09
6. 文教体育用品	7 874 735		
7. 其　他	11 739 528	11 686 830	−0.45

表 47　林业系统各地区农产品加工业总产值（2018 年）

单位：万元

地　区	总　计	非木质林产品加工制造业	木材加工及竹、藤、棕、草制品业				
			合　计	木材加工	人造板制造业	木制品制造业	竹、藤、棕、草制品制造业
全国总计	762 727 590	58 241 270	128 158 726	22 919 180	66 863 043	28 373 177	10 003 326
北　京	1 982 907	243					
天　津	329 393						
河　北	14 537 374	2 396 575	3 434 968	268 373	2 985 217	177 515	3 863
山　西	4 975 362	444 819	94 245	50 156	39 254	4 835	
内蒙古	5 005 409	68 363	1 438 611	1 390 829	46 640	1 142	
辽　宁	10 981 337	651 438	1 299 405	323 072	278 290	624 258	73 785
吉　林	13 980 773	3 611 274	2 613 330	376 394	1 107 423	1 125 385	4 128
黑龙江	14 684 966	462 107	1 360 313	778 762	151 074	421 071	9 406
上　海	3 270 590	2 626 682	487 200		487 200		
江　苏	47 389 897	2 308 740	17 737 650	778 762	12 697 724	3 190 779	426 110
浙　江	48 980 208	3 281 777	7 298 939	1 423 037	1 369 250	4 274 557	1 081 639
安　徽	40 445 629	8 115 895	11 061 932	573 493	6 511 073	1 616 250	1 143 890
福　建	59 237 698	1 759 088	13 082 546	1 790 719	2 106 456	5 432 973	3 917 399
江　西	45 025 656	6 144 985	4 026 261	1 625 718	1 289 382	1 626 679	417 995
山　东	67 358 492	1 508 978	21 512 306	692 205	16 819 700	1 332 319	176 939
河　南	21 120 020	3 090 176	3 591 940	3 183 348	2 402 526	316 087	75 704
湖　北	37 921 344	3 758 940	3 951 431	797 623	1 724 327	1 528 776	281 024
湖　南	46 569 770	6 335 081	4 888 108	417 304	1 576 442	1 359 383	1 073 452
广　东	81 675 768	2 310 481	5 297 437	878 831	2 542 146	1 477 891	385 408
广　西	57 082 451	210 556	18 114 017	891 992	10 181 299	2 166 548	321 829
海　南	6 384 908	408 988	260 444	5 444 341	61 742	3 634	760
重　庆	12 605 922	1 651 962	1 005 448	194 308	314 626	255 753	126 344
四　川	37 408 252	1 890 310	2 496 556	308 725	1 138 927	407 511	321 297
贵　州	30 100 000	2 781 204	1 078 452	628 821	268 526	348 856	110 710
云　南	22 207 951	2 626 682	1 748 899	350 360	649 411	608 758	34 894
西　藏	358 893		460	455 836	310		
陕　西	13 206 108	858 799	215 894	150	90 439	63 247	14 065
甘　肃	4 802 713	211 515	6 370	48 143	3 707	520	585
青　海	675 339	54 483					
宁　夏	1 623 706	557 800					
新　疆	9 802 514	705 557	46 708	24 571	19 932	105	2 100
大兴安岭	996 240	29 237	8 856	511		8 345	

（续）

地　区	木质、竹、藤家具制造业	林产化学产品制造业	木、竹、苇浆造纸及纸制品业	文教体育用品	其　他
全国总计	**63 560 469**	**6 025 110**	**34 970 678**	**8 490 306**	
北　京					
天　津					
河　北	586 920	40 034	696	13 074	55 660
山　西	30 224	1 120		144	28 105
内 蒙 古	14 302	3 000		115	54 431
辽　宁	569 547	3 491	33 706	49 195	101 188
吉　林	566 257	13 052	76 625	27 606	156 319
黑 龙 江	424 443	2 224	25 715	82 697	254 495
上　海	1 200 000				
江　苏	2 110 899	429 031	639 890	265 304	552 803
浙　江	4 820 492	150 634	394 147	2 409 713	199 879
安　徽	2 349 952	144 725	112 632	618 540	315 296
福　建	5 833 834	1 094 855	1 001 906	1 432 125	1 844 090
江　西	12 853 087	767 026	55 972	288 376	193 698
山　东	3 200 786		1 198 478	1 836 279	240 548
河　南	1 298 935	22 492	513 073	170 439	309 642
湖　北	1 996 742	52 104	147 134	116 500	1 109 786
湖　南	1 889 218	310 148	314 144	334 708	1 241 904
广　东	17 107 354	719 876	439 941	188 868	894 372
广　西	1 849 263	1 667 187	494 369	210 498	2 301 645
海　南	36 897	639	468 260	80 041	110
重　庆	1 088 033	10 636	429 755	109 749	291 634
四　川	3 190 794	159 059	704 455	69 643	767 509
贵　州	292 278	47 190	123 604	155 320	179 023
云　南	190 937	381 241	157 838	28 484	276 322
西　藏	850				2 032
陕　西	51 275	1 200	14 376	2 710	155 185
甘　肃	6 881			178	10 214
青　海					42 478
宁　夏					1 196
新　疆	269	200			106 898
大 兴 安 岭		3 946			368

表 48　我国水产品加工业发展情况（2017—2018 年）

项 目	单 位	2017 年	2018 年	同比增长（%）
一、水产加工企业	个	9 694	9 336	−3.49
水产品加工能力	t/年	28 491 124	28 921 556	−1.16
其中：规模以上加工企业	个	2 714	2 524	−4.25
二、水产冷库	座	8 595	7 957	−3.40
冻结能力	t/d	946 875	868 930	−7.28
冷藏能力	t/次	4 583 690	4 671 761	0.32
制冰能力	t/d	253 993	202 420	−13.54
三、水产加工品总量	t	21 654 407	21 568 505	−1.79
淡水加工产品	t	3 903 668	3 818 330	−6.46
海水加工产品	t	17 750 739	17 750 175	−0.73
（一）水产冷冻品	t	14 049 146	15 149 561	1.86
其中：冷冻品	t	7 033 530	7 732 722	5.92
冷冻加工品	t	7 015 616	7 416 839	−2.06
（二）鱼糜制品及干腌制品	t	3 235 165	3 079 607	−5.32
其中：鱼糜制品	t	1 553 620	1 455 460	−5.61
干腌制品	t	1 681 545	1 624 147	−5.06
（三）藻类加工品	t	1 060 316	1 106 594	0.55
（四）罐制品	t	451 198	355 774	−15.29
（五）水产饲料（鱼粉）	t	705 525	649 934	1.68
（六）鱼油制品	t	69 289	72 562	7.40
（七）其他水产加工品	t	2 083 768	1 154 473	−28.26
其中：助剂和添加剂	t	97 070	70 151	−33.45
珍珠	kg	244 527	152 400	−15.72
四、用于加工的水产品总量	t	26 357 579	26 534 066	−0.99
其中：淡水产品	t	5 693 896	5 543 884	−3.33
海水产品	t	20 663 683	20 990 182	−0.36
五、部分水产品年加工量	t	1 519 032	1 797 118	8.41
其中：对虾	t	512 322	517 358	−0.53
克氏原螯虾	t	192 132	409 044	32.20
罗非鱼	t	640 317	697 229	4.45
鳗鱼	t	117 410	129 061	8.73

资料来源：表中数据出自 2019 年版《中国渔业统计年鉴》。

表49 我国水产品加工业加工能力、产量及产值（2014—2018年）

年　份	加工企业数（个）	加工能力（万t/年）	水产品加工总产量		折合水产品原料（万t）	总产值（亿元）	占水产品总产值比率（%）
			总产量（万t）	同比增长（%）			
2014	9 663	2 847.2	2 053.2	5.07		3 712.7	8.07
2015	9 892	2 810.3	2 092.3	1.91	2 274.3		
2016	9 694	2 849.1	2 165.4	3.50		4 090.2	
2017	9 674	2 926.2	2 196.3	1.43		4305.1	
2018	9 336	2 892.2	2 156.9	−1.79			

表50 我国沿海省、自治区、直辖市水产品加工业生产情况（2017—2018年）

单位：万t

地　区	2017年	2018年	同比增长（%）
全国总计	2 196.25	2 156.85	−1.79
天　津	0.05	0.20	300.00
河　北	8.82	7.31	−17.12
辽　宁	244.80	248.82	1.64
上　海	1.24	1.29	4.03
江　苏	164.02	128.22	−21.83
浙　江	208.37	189.64	−8.99
福　建	367.76	412.78	12.24
山　东	699.35	677.31	−3.15
广　东	152.65	144.64	−5.25
广　西	71.82	73.77	2.72
海　南	48.45	47.68	−1.59
11省份小计	1 967.33	1 931.66	−1.81
占全国比率（%）	89.58	89.56	−0.02

资料来源：表中数据出自2019年版《中国渔业统计年鉴》。

表51 我国农业系统农产品加工企业主要经济指标（2018年）

项　目	单　位	2018年
企业个数	万个	7.9
主营业务收入	万亿元	14.9
同比增长	%	−23.2
利润总额	万亿元	
同比增长	%	
税金总额	亿元	
同比增长	%	

资料来源：表中数据由农业农村部提供。

表 52　我国渔业经济总产值（2017—2018 年）

单位：万元

指　　标	2017 年	2018 年	同比增长（%）
渔业经济总产值	247 612 203.78	258 644 732.15	4.46
1. 渔业	123 138 456.82	128 154 129.31	4.07
其中：海水养殖	33 073 954.05	35 720 005.13	8.00
淡水养殖	58 762 497.43	58 842 681.35	0.14
海洋捕捞	19 876 514.82	22 287 573.77	12.13
淡水捕捞	4 617 538.97	4 657 715.05	0.87
水产苗种	6 807 951.55	6 646 154.01	−2.38
2. 渔业工业和建筑业	56 666 171.57	56 750 934.70	0.15
其中：水产品加工	43 050 766.78	43 367 909.15	0.74
渔用机具制造	3 583 056.17	3 848 943.61	7.42
其中：渔船渔机修造	2 263 880.53	2 311 046.24	2.08
渔用绳网制造	1 200 587.16	1 361 687.19	13.42
渔用饲料	6 465 927.00	6 471 452.71	0.09
渔用药物	194 976.24	184 496.34	−5.37
建筑业	1 936 329.03	2 351 750.53	21.45
其他	931 323.96	1 030 174.75	10.61
3. 渔业流通和服务业	73 739 668.14	67 807 575.39	−8.04
其中：水产流通	58 392 955.22	54 439 786.51	−6.77
水产（仓储）运输	4 128 041.97	3 725 846.28	−9.74
休闲渔业	9 022 548.17	7 644 100.37	−15.28
其他	2 196 122.78	1 997 842.23	−9.03

表53　各地区林产调味产品生产情况（2018年）

单位：t

地　区	合　计	花　椒	八　角	桂　皮	其　他
全国总计	830 671	449 669	217 057	87 620	76 325
北　京	25	25			
天　津	6	6			
河　北	8 257	8 257			
山　西	1 196	11 960			
内　蒙　古					
辽　宁					
吉　林					
黑　龙　江	1				1
上　海					
江　苏	38	38			
浙　江					
安　徽	930	327		192	411
福　建					
江　西	385	6	37	143	199
山　东	46 028	37 304			8 724
河　南	27 824	27 789			35
湖　北	2 554	1 940	124	11	479
湖　南	1 512	442	69	120	881
广　东	62 487		5 503	56 565	419
广　西	193 005	14	163 464	28 841	686
海　南	22 842				22 842
重　庆	72 114	70 394	463	188	1 069
四　川	104 458	104 230	135	48	45
贵　州	9 815	8 223	290	824	478
云　南	157 699	70 104	46 945	661	39 989
西　藏	10	10			
陕　西	77 705	77 584	27	27	67
甘　肃	31 010	31 010			
青　海	6	6			
宁　夏					
新　疆					
大兴安岭					

资料来源：表中数据出自2018年版《中国林业统计年鉴》。

表 54　各地区森林食品生产情况（2018 年）

单位：t

地　区	合　计	竹笋干	食用菌（干重）	山野菜（干重）	其他（干重）
全国总计	3 826 928	805 691	2 095 646	360 272	5 653 319
北　京	16		16		
天　津					
河　北	11 174		5 590	3 670	1 914
山　西	59 903		49 843	25	10 035
内 蒙 古	13 222		11 305	1 769	148
辽　宁	126 894		37 691	48 104	41 099
吉　林	87 881		64 108	23 129	644
黑 龙 江	431 094		325 413	74 085	31 596
上　海	169	169			
江　苏	61 245	805	57 722	1 376	1 342
浙　江	245 213	197 434	45 400	2 359	20
安　徽	161 616	33 107	100 422	13 710	14 377
福　建	728 673	204 101	453 531	45 627	25 414
江　西	166 356	49 482	53 623	7 706	55 545
山　东	82 234		26 141	2 093	54 000
河　南	292 751	1 593	241 466	38 703	10 989
湖　北	312 938	16 547	193 714	22 619	80 058
湖　南	144 703	71 911	38 209	15 971	18 612
广　东	79 916	54 779	23 599	282	1 256
广　西	91 605	33 804	50 763	145	6 893
海　南	19 322	622	100		18 600
重　庆	145 295	29 499	8 705	2 893	104 198
四　川	204 754	72 900	90 188	12 604	29 062
贵　州	133 882	17 143	95 298	10 909	10 532
云　南	132 948	17 344	58 745	19 783	37 076
西　藏	70		58		12
陕　西	78 839	4 446	57 829	10 723	5 841
甘　肃	2 696	5	1 806	330	555
青　海	7		7		
宁　夏					
新　疆	33		33		
大 兴 安 岭	11 479		4 321	1 657	5 501

资料来源：表中数据出自 2018 年版《中国林业统计年鉴》。

表 55　我国饮料行业主要经济指标（2017—2018 年）

指　标	单　位	2017 年	2018 年	同比增长（%）
企业单位数	个	6 714	6 805	1.36
总产量	万 t	18 051.2	15 679.2	−13.14
工业总产值	亿元			
主营业务收入	亿元	17 096.2	15 534.9	−9.13
利润总额	亿元	2 006.9	2 094.3	4.35
职工人数	万人			
资产总计	亿元	17 053.3	17 688.7	3.73
负债合计	亿元	7 263.7	7 438.5	2.41

注：表中数据出自 2019 年版《中国统计年鉴》，以上数据为规模以上工业企业的经济指标。

表 56　我国酿酒行业主要酒种销售收入增长情况（2018 年）

单位：%

指　标	产销量增长	销售收入增长	利润总额增长
酒　精	3.24	13.61	−50.85
啤　酒	0.50	7.08	5.61
白　酒	3.14	12.88	29.98
葡萄酒	−7.36	−9.51	−9.46

资料来源：表中数据由国家统计局提供。

表 57　我国酒精工业主要经济指标（2017—2018 年）

指　标	单　位	2017 年	2018 年	同比增长（%）
企业单位数	个	131	119	−9.16
产品产量	万 kL	1 027.3	646.6	−37.06
主营业务收入	亿元	801.2	512.8	−36.00
利润总额	亿元	46.9	10.8	−76.97
行业总资产	亿元			

资料来源：表中数据由国家统计局提供。

表 58　我国乳制品行业主要经济指标（2017—2018 年）

指　标	单　位	2017 年	2018 年	同比增长（%）
全年奶牛存栏	万头		720.0	
全年奶类总产量	万 t	3 870.3	3 870.3	0.00
其中：牛奶产量	万 t	3 754.7	3 075.0	−18.10

（续）

指　标	单　位	2017 年	2018 年	同比增长（%）
全国乳制品产量	万 t	2 782.5	2 687.1	−3.43
其中　液态奶	万 t	2 521.0	2 505.5	−0.61
干乳制品	万 t			
乳制品工业总产值	亿元			
主营业务收入	亿元	3 328.5	3 700.4	11.17
乳制品加工利润总额	亿元	363.7		
城镇居民人均消费	kg			
乳制品进口量	万 t	191.85	263.63	37.41
乳制品进口额	万美元	61.11	95.75	56.68
乳制品出口量	万 t	3.55	3.90	9.86
乳制品出口额	万美元	0.64	0.54	−15.63

资料来源：表中数据由国家统计局提供。

表 59　我国烟草工业主要经济指标（2017—2018 年）

指　标	单　位	2017 年	2018 年	同比增长（%）
企业数	个	122	116	−4.92
工业总产值	亿元			
主营业务收入	亿元	8 890.9	10 465.4	17.71
利润总额	亿元	971.5	923.5	−4.94
职工人数	万人			
资产总计	亿元	10 520.7	10 881.1	3.43
负债合计	亿元	2 496.2	2 619.6	4.94

表 60　我国纺织工业主要经济指标（2017—2018 年）

指　标	单　位	2017 年	2018 年	同比增长（%）
企业数	个	18 726	19 122	2.11
工业总产值	亿元			
主营业务收入	亿元	36 114.4	27 863.1	−22.85
利润总额	亿元	1 914.0	1265.3	−33.89
职工人数	万人			
资产总计	亿元	22 912.5	21 819.8	−4.77
负债合计	亿元	12 156.8	12 324.0	1.38

表61 我国纺织服装、鞋、帽制造业主要经济指标（2017—2018年）

指　　标	单　位	2017年	2018年	同比增长（％）
企业数	个	14 600	14 827	1.55
工业总产值	亿元			
主营业务收入	亿元	20 892.1	17 417.7	−16.63
利润总额	亿元	1 213.4	1 006.8	−17.03
职工人数	万人			
资产总计	亿元	12 823.5	12 515.9	−2.40
负债合计	亿元	6 054.0	6 075.6	0.36

表62 我国皮革工业经济运行情况（2017—2018年）

指　　标	单　位	2017年	2018年	同比增长（％）
企业数	个	8 293	8 550	3.10
工业总产值	亿元			
主营业务收入	亿元	14 105.6	12 130.5	−14.00
利润总额	亿元	910.3	721.0	−20.80
职工人数	万人			
资产总计	亿元	6 979.0	6 511.3	−6.70
负债合计	亿元	3 168.0	3 103.3	−2.04

　　资料来源：数据出自2019年版《中国统计年鉴》。

表63 我国家具行业经济运行情况（2017—2018年）

指　　标	单　位	2017年	2018年	同比增长（％）
企业数	个	6 149	6 300	2.46
工业总产值	亿元			
主营业务收入	亿元	8 787.9	7 081.7	−19.42
利润总额	亿元	568.6	425.9	−25.10
资产总计	亿元	5 737.5	5 624.1	−1.98
负债合计	亿元	2 759.8	2 900.0	5.08
出口交货值	亿元			

　　资料来源：数据出自2019年版《中国统计年鉴》。

表64 我国造纸工业主要经济指标（2017—2018年）

指　　标	单　位	2017年	2018年	同比增长（％）
企业数	个	2 754	2 657	−3.52
工业总产值	亿元			
主营业务收入	亿元	9 215.00	6 353.00	−31.06
利税总额	亿元	666.00		
利润总额	亿元		466.00	
资产总计	亿元	10 317.00	10 505.00	1.82
资产负债率	％	55.91	59.30	3.39
从业人员平均人数	万人			

　　资料来源：表中数据由中国造纸协会提供。

表 65　我国新闻出版产业基本情况（2017—2018 年）

类　别		单　位	2017 年	2018 年	同比增长（％）
总 计	图书、期刊、报纸总印张	亿印张	2 020.94	1 937.18	−4.14
	折合用纸量	万 t			
	其中：书籍用纸量	万 t			
	课本用纸量	万 t			
	期刊用纸量	万 t			
	报纸用纸量	万 t			
	图片用纸量	万 t			
图 书	图书出版总量	种	512 500	519 250	1.32
	其中：初版图书	种	255 100	247 108	−3.13
	重版重印图书	种	257 400	272 142	5.73
	总印数	亿册（张）	92.44	82.91	−10.31
	总印张	亿印张	808.04	758.20	−6.17
	折合用纸量	万 t			
	定价金额	亿元	1 731.25	1 870.90	8.07
期 刊	期刊出版总数	种	10 130	10 139	0.09
	平均期印数	万 册		12 331	
	总印数	亿 册	24.92	22.92	−8.03
	总印张	亿印张	136.66	126.75	−7.25
	折合用纸量	万 t			
	定价金额	亿元	223.89	217.92	−2.67
报 纸	出版种数	种	1 884	1 871	−0.69
	平均期印数	万 份		17 584.84	
	总印数	亿 份	362.50	337.26	−6.96
	总印张	亿印张	1 076.24	927.90	−13.78
	折合用纸量	万 t			
	定价金额	亿元	398.85	393.45	−1.35
电子出版物及音像制品	出版种数	种	22 792	19 466	−14.59
	出版数量	亿盒（张）	5.37	5.00	−6.89
	发行数量	亿盒（张）			
	发行金额	亿元			
出版物进出口	出口 图书、期刊、报纸				
	出口数量	万册	2 169.94	1 696.07	−21.84
	出口金额	万美元	7 785.11	7 194.75	−7.58
	进口 图书、期刊、报纸				
	进口数量	万册	3 108.18	4 088.02	31.52
	进口金额	万美元	30 051.73	36 202.19	20.47

资料来源：表中数据出自中国新闻出版广电网。

表 66　我国 55 个印刷机械企业主要经济指标（2017—2018 年）

指　　　标	单　位	2017 年	2018 年	同比增长（%）
主营业务收入	万元	510 018.00	560 864.00	9.97
资产总额	万元			
利润总额	万元	33 707.00	34 917.00	3.59
应缴增值税	万元			
成本费用总额	万元	503 384.00	509 451.00	1.21
产品销售率	%	99.06	97.93	−1.14
总资产贡献率	%	4.48	6.61	47.54
资产保值增值率	%	122.07	98.00	−19.72
资产负债率	%	36.55	43.30	18.47
成本费用利润率	%	6.59	7.85	19.12
流动资金年周转率	次/年	0.75	0.89	18.67
全员劳动生产率	万元/人	17.32	23.13	33.55

资料来源：表中数据出自《今日印刷》。

表 67　我国农产品加工业能源消费总量和主要能源品种消费量（2017 年）

行　　　业	能源消费总量（万 t 标准煤）	煤炭消费量（万 t）	焦炭消费量（万 t）	原油消费量（万 t）	汽油消费量（万 t）	煤油消费量（万 t）	柴油消费量（万 t）	燃料油消费量（万 t）	天然气消费量（亿 m³）	电力消费量（亿 kW·h）
合　　计	27 600.6	13 763.1	144.9	0.1	92.6	0.6	2 258.7	33.4	123.7	20 340.7
农副食品加工业	4 089.2	2 191.7	137.6	0.0	17.6	0.2	36.4	2.2	17.0	716.3
食品制造业	1 995.3	1 564.1	2.4		7.9	0.0	13.3	2.5	17.5	263.3
饮料制造业	1 418.0	980.4	0.9		5.0		8.2	2.2	10.9	156.4
烟草加工业	199.8	21.3			0.5	0.1	1.3	0.1	1.1	52.0
纺织业	7 487.0	3 272.7	1.4	0.0	13.1		2 129.0	5.3	30.8	1 684.9
纺织服装、鞋、帽制造业	878.5	137.7	0.7	0.0	9.0	0.1	9.8	0.6	6.3	215.8
皮革、毛皮、羽毛（绒）及其制品业	559.8	90.3			5.2	0.0	4.0	0.4	1.5	14 725.0
木材加工及竹、藤、棕草制品业	1 075.2	208.6			4.7		8.7	0.2	2.3	245.3
家具制造业	352.6	16.4	0.7		1.6		5.0	0.3	1.7	98.6
造纸及纸制品业	4 304.3	4 581.2		0.0	4.8	0.0	15.9	13.2	19.6	712.4
印刷业和记录媒介复制	479.5	40.8			6.3	0.0	5.8	0.2	3.4	121.3
橡胶制品业	4 761.4	658.0	1.2		17.0	0.2	21.2	6.1	11.8	1 349.4

农产品加工业主要产品产量

表68 我国农产品加工业主要产品产量（2017—2018年）

产 品 名 称	单 位	2017年	2018年	同比增长（%）
纱	万t	3 191.4	2 958.9	−7.29
布	亿m	691.1	657.3	−4.89
机制纸及纸板	万t	12 542.0	11 660.6	−7.03
成品糖	万t	1 472.0	1 524.1	3.54
卷烟	亿支	23 448.3	23 358.7	−0.38
罐头	万t	1 314.3	1 028.0	−21.78
啤酒	万kL	4 401.5	3 812.2	−13.39
原盐	万t	6 654.2	5 836.2	−12.29
精制食用植物油	万t	6 071.8	5 066.0	−16.57
中成药	万t	383.6	261.9	−31.73
合成橡胶	万t	592.1	559.0	−5.59
橡胶轮胎外胎	万条	92 789.6	81 640.7	−12.02
化学纤维	万t	4 877.1	5 011.1	2.75

表69 我国淀粉产量及品种情况（2017—2018年）

单位：万t

品 种	2017年	2018年	同比增长（%）	占总淀粉（%）
合 计	2 720.11	2 926.04	7.57	100.00
玉米淀粉	2 595.08	2 815.00	8.47	96.21
木薯淀粉	32.99	26.27	−20.37	0.90
马铃薯淀粉	53.72	59.20	10.20	2.02
甘薯淀粉	26.29	25.57	−2.74	0.87
小麦淀粉	12.11			

资料来源：表中数据由中国淀粉工业协会提供。

表70 我国淀粉深加工品产量（2017—2018年）

单位：万t

主要品种	2017年	2018年	同比增长（%）	占深加工品（%）
合 计	1 450.10	1 225.97	−15.46	100.00
变性淀粉	170.55	165.87	−2.74	13.53
结晶葡萄糖	279.63			
液体淀粉糖	897.87	947.93	19.77	77.32
糖 醇	102.05	112.17	9.91	9.15

资料来源：表中数据由中国淀粉工业协会提供。

表 71 我国变性淀粉主要品种产量（2017—2018 年）

单位：万 t

主 要 品 种	2017 年	2018 年	同比增长（%）	占比（%）
合　　计	**109.30**	**97.13**	**−11.13**	**100.00**
氧化淀粉	31.26	29.15	−6.75	30.01
复合变性淀粉	23.43	19.88	−15.15	20.47
醋酸酯淀粉	22.76	18.41	−19.11	18.95
阳离子淀粉	19.71	15.93	−19.18	16.40
磷酸酯淀粉	12.14	13.76	13.34	14.17

资料来源：表中数据由中国淀粉工业协会提供。

表 72 我国玉米淀粉生产规模情况（2017—2018 年）

项　　目	单 位	2017 年	2018 年	同比增长（%）
年产 100 万 t 以上的企业	个	8	8	0
年产 100 万 t 以上的企业总产量	万 t	1 297.5	1 435.7	10.65
占全国玉米淀粉总产量	%	51.0	51.0	0
年产 40 万 t 以上的企业	个	13	17	30.77
年产 40 万 t 以上的企业总产量	万 t	2 102.0	2 449.1	16.51
占全国玉米淀粉总产量	%	81	87	7

资料来源：表中数据由中国淀粉工业协会提供。

表 73 我国部分淀粉深加工品生产规模情况（2017—2018 年）

项　　目		2017 年	2018 年	同比增长（%）
变性淀粉	年产 10 万 t 以上企业（个）	6	4	−33.3
	年产 10 万 t 以上企业总产量（万 t）	84.2	68.7	−18.4
	占全国总产量（%）	49.4	41.4	−8.0
	年产 5 万 t 以上企业（个）	7	9	28.6
	年产 5 万 t 以上企业总产量（万 t）	92.2	100.35	8.8
	占全国总产量（%）	54.0	60.5	6.5
	年产 2 万 t 以上企业（个）	24	23	−4.2
	年产 2 万 t 以上企业总产量（万 t）	144.1	140.2	−2.7
	占全国总产量（%）	84.5	84.5	0.0

（续）

项　　目		2017 年	2018 年	同比增长（％）
结晶葡萄糖	年产 100 万 t 以上企业（个）	1		
	年产 100 万 t 以上企业总产量（万 t）	141.9		
	占全国总产量（％）	36.8		
	年产 20 万 t 以上企业（个）	4		
	年产 20 万 t 以上企业总产量（万 t）	236.2		
	占全国总产量（％）	61.2		
	年产 10 万 t 以上企业（个）	7		
	年产 10 万 t 以上企业总产量（万 t）	285.6		
	占全国总产量（％）	74.0		
液体淀粉糖	年产 50 万 t 以上企业（个）	5	7	40.0
	年产 50 万 t 以上企业总产量（万 t）	413.7	398.3	−3.7
	占全国总产量（％）	52.3	58.6	6.3
	年产 10 万 t 以上企业（个）			
	年产 10 万 t 以上企业总产量（万 t）			
	占全国总产量（％）			

资料来源：表中数据由中国淀粉工业协会提供。

表 74　我国各地区罐头产量（2017—2018 年）

单位：t

地　　区	2017 年	2018 年	同比增长（％）
全　国	**12 395 559**	**10 279 864**	**−17.07**
福　建	3 289 296	316 780	−90.37
湖　南	1 175 531	866 973	−26.25
山　东	1 134 146	1 081 034	−4.68
湖　北	1 096 347	1 131 783	3.23
新　疆	791 507	575 010	−27.35
安　徽	606 517	537 047	−11.45

（续）

地　区	2017 年	2018 年	同比增长（%）
广　西	560 225	310 881	−44.51
浙　江	494 908	452 284	−8.61
广　东	468 978	389 875	−16.87
河　北	467 676	161 338	−65.50
河　南	445 144	143 699	−67.72
四　川	389 922	432 356	10.88
海　南	225 966	189 333	−16.21
陕　西	222 310	120 311	−45.88
江　苏	214 972	95 933	−55.37
江　西	165 274	124 193	−24.86
辽　宁	163 364	140 392	−14.06
重　庆	142 146	60 146	−57.69
黑龙江	118 993	107 707	−9.48
甘　肃	63 730	22 834	−64.17
天　津	41 510	68 252	64.42
上　海	37 208	38 252	2.81
云　南	30 203	38 266	26.70
贵　州	20 402	2 510	−87.70
吉　林	18 740	93	−99.50
山　西	9 455	10 093	6.75
宁　夏	715		
内蒙古	374	17 492	4 577.01

资料来源：表中数据来自中国产业研究院。

表 75 我国各地区饮料产量（2017—2018 年）

单位：万 t

地 区	2017 年	2018 年	同比增长（%）
全国总计	18 051.23	15 679.21	−13.14
北 京	399.30	410.80	2.88
天 津	511.66	232.66	−54.53
河 北	674.90	540.88	−19.86
山 西	126.10	106.87	−15.25
内蒙古	63.60	54.26	−14.69
辽 宁	255.43	244.50	−4.28
吉 林	942.29	570.22	−39.49
黑龙江	384.79	319.74	−16.91
上 海	255.99	257.08	0.43
江 苏	566.76	641.56	13.20
浙 江	793.92	759.06	−4.39
安 徽	361.79	409.64	13.23
福 建	593.14	655.86	10.57
江 西	364.47	427.19	17.21
山 东	634.30	342.57	−45.99
河 南	1 879.75	824.52	−56.14
湖 北	997.01	912.50	−8.48
湖 南	524.80	537.45	2.41
广 东	2 985.43	2 960.43	−0.84
广 西	554.28	355.02	−35.95
海 南	60.60	60.82	0.36
重庆市	277.82	280.60	1.00
四 川	1 408.64	1 625.80	15.42
贵 州	661.25	578.74	−12.48
云 南	564.16	437.15	−22.51
西 藏	73.97	68.40	−7.53
陕 西	728.55	705.30	−3.19
甘 肃	149.63	123.14	−17.70
青 海	33.38	14.84	−55.54
宁 夏	39.30	34.73	−11.63
新 疆	184.23	186.89	1.44

资料来源：表中数据由中国食品工业协会提供。

表 76 我国粮油加工业年生产能力汇总情况（2015—2017 年）

单位：万 t、万台（套）

年份	处理稻谷	处理小麦	处理油料	其中		油脂精炼	处理玉米	处理杂粮	加工饲料	粮机制造
				大豆	菜籽					
2015	30 738	19 400	15 584			4 902	10 758		21 644	35.1
2016	29 908	18 914	15 476			4 898	1 526		26 770	42.1
2017	36 397	10 181	16 928	11 408	3 633				22 161	82.2

表 77 我国各地区白酒产量（2017—2018 年）

单位：万 kL

地 区	2017 年	2018 年	同比增长（%）
全国总计	1 198.1	871.2	−27.3
四 川	372.4	358.3	−3.8
河 南	114.9	42.9	−62.7
山 东	106.3	40.6	−61.8
江 苏	92.4	69.2	−25.1
吉 林	77.8	19.4	−75.1
湖 北	62.0	56.0	−9.7
黑 龙 江	57.8	15.3	−73.5
贵 州	45.2	30.9	−31.7
安 徽	43.9	43.1	−1.9
北 京	33.8	46.4	37.2
湖 南	28.7	14.8	−48.4
河 北	23.6	16.1	−31.8
广 东	20.7	15.6	−24.5
陕 西	20.2	15.7	−22.2
江 西	16.7	11.2	−32.9
山 西	14.0	16.7	19.4
广 西	13.0	11.2	−14.1
重 庆	11.7	11.2	−4.2
云 南	11.3	9.6	−15.2
内 蒙 古	7.0		
新 疆	6.2		
福 建	6.0	6.3	5.2
甘 肃	3.3		
天 津	3.1		
辽 宁	2.7		
青 海	1.8		
浙 江	1.3		
宁 夏	0.3		
西 藏	0.1		

表 78　我国粮油加工业主要产品产量（2015—2017 年）

单位：万 t、万台（套）

年份	大米	小麦粉	食用植物油	玉米加工产品	粮食食品	其中：大豆食品	杂粮及薯类	饲料	粮机设备
2015	21 214	7 546	2 682	4 100	2 232	223	536	20 009	35.1
2016	21 109	7 800	3 231					20 918	42.1
2017	21 268	13 801	6 071					22 161	

表 79　我国乳制品产量情况（规模以上企业）（2014—2018 年）

单位：万 t

指　标	2014 年	2015 年	2016 年	2017 年	2018 年
乳制品	2 651.8	2 782.5	2 993.2	2 935.0	2 687.1
其中：液体乳	2 400.1	2 521.0	2 831.2	2 814.3	2 505.6
乳　粉	150.8	142.0	139.0	120.7	97.0

资料来源：中国乳制品工业协会。

表 80　我国乳制品产量前五位省、自治区情况（2018 年）

地　区	产量（万 t）	同比增长（%）	占全国比例（%）
全国总计	2 687.1	−8.4	100.0
河　北	365.3	−2.0	13.6
内蒙古	254.8	−3.3	9.5
河　南	251.6	−28.4	9.4
山　东	204.4	−18.6	7.6
黑龙江	155.3	−2.1	5.8

资料来源：中国乳制品工业协会。

表 81　我国烟草工业主要产品产量（2017—2018 年）

年　份	烟叶（万 t）	烤烟（万 t）	卷烟（亿支）
2017	239.1	227.9	
2018	224.1	211.0	
同比增长（%）	−6.3	−7.4	

资料来源：表中数据出自 2018 年版《农村统计年鉴》。

表 82　我国发酵酒精产量（2017—2018 年）

单位：万 kL

年　份	2017 年	2018 年	同比增长（%）
产　量	626.34	646.63	3.24

资料来源：表中数据由中国酒业协会提供。

表 83 我国各地区啤酒产量（2017—2018 年）

单位：万 kL

地　　区	2017 年	2018 年	同比增长（％）
全　　国	4 401.49	3 812.24	−13.40
山　　东	608.82	471.90	−22.50
广　　东	412.26	387.29	−6.10
河　　南	400.34	256.13	−36.00
浙　　江	254.41	237.31	−6.70
辽　　宁	219.53	213.30	−2.80
四　　川	240.66	221.36	−8.02
黑龙江	185.17	185.01	−0.09
广　　西	158.88	155.60	−2.06
湖　　北	165.52	171.04	3.33
江　　苏	179.42	173.11	−3.52
河　　北	174.89	166.76	−4.65
福　　建	162.42	150.28	−7.47
吉　　林	109.59	92.17	−15.90
北　　京	130.00	108.46	−16.57
江　　西	130.30	83.62	−35.83
安　　徽	96.05	52.84	−44.99
云　　南	98.81	72.82	−26.30
贵　　州	92.35		
内蒙古	70.44	64.62	−8.26
陕　　西	91.73	93.06	1.45
重　　庆	78.95	70.61	−10.56
湖　　南	73.13	56.34	−22.96
上　　海	56.43	49.96	−11.47
甘　　肃	50.42	44.55	−11.64
新　　疆	45.58	48.63	6.69
山　　西	33.67	17.52	−47.97
天　　津	24.38	32.83	34.66
宁　　夏	23.44	20.79	−11.31
西　　藏	17.96	13.34	−25.72
青　　海	3.82	1.95	−48.95
海　　南	3.02	3.45	14.24

资料来源：表中数据出自中国酒业协会啤酒分会。

表 84 我国饲料工业产品产量（2015—2018 年）

单位：万 t

年 份	饲料产量	其中：1. 配（混）合饲料	2. 浓缩饲料	3. 预混合饲料
2015	20 009	17 396	1 960	653
2016	20 917	18 394	1 832	691
2017	22 788	20 529	1 606	653
2018	22 885	21 014	1 242	543

资料来源：表中数据由中国饲料工业协会提供。

表 85 我国饲料产量过千万吨省份（2017—2018 年）

单位：万 t

地 区	2017 年	2018 年	同比增长（%）
全国总计	22 161	22 788	2.80
10 省小计	15 424	17 254	11.90
10 省占全国比重（%）	69.60	75.72	6.12
广 东	2 951	3 226	9.30
山 东	2 391	3 062	28.10
广 西	1 361	1 532	12.60
河 北	1 345	1 346	0.07
湖 南	1 241	1 344	8.30
江 苏	1 237	1 266	2.34
辽 宁	1 193	1 235	3.52
四 川	1 105	1 085	−1.81
河 南	1 061	1 069	0.75
江 西	1 005	1 069	6.37

资料来源：表中数据由中国饲料工业协会提供。

表 86 我国鱼油、鱼粉产量（2014—2018 年）

单位：kt

年 份	2014 年	2015 年	2016 年	2017 年	2018 年
鱼 粉	500.0	480.0	460.0	375.0	649.9
鱼 油	71.4	68.6	65.7	50.0	72.6

表 87 我国各地区水产品加工总量（2017—2018 年）

单位：t

地 区	2017 年		2018 年	
	水产加工品总量	其中：淡水加工产品	水产加工品总量	其中：淡水加工产品
全国总计	**21 962 522**	**4 081 875**	**21 568 505**	**3 818 330**
北 京	2 073	1 675	2 020	1 645
天 津	510		1 510	1 000
河 北	88 247	14 024	73 106	12 998
山 西				
内蒙古	8 090	8 090	6 564	6 564
辽 宁	2 448 498	36 585	2 488 199	36 566
吉 林	237 716	1 776	250 815	1 975
黑龙江	7 625	7 625	10 102	10 102
上 海	12 384	9 835	12 854	10 305
江 苏	1 640 182	882 296	1 282 187	625 058
浙 江	2 083 654	85 594	1 896 422	78 732
安 徽	259 472	254 829	197 433	192 706
福 建	3 677 613	165 468	127 756	193 342
江 西	379 075	379 075	375 525	375 525
山 东	6 993 534	121 058	6 773 128	107 266
河 南	20 167	20 167	21 889	21 889
湖 北	1 143 318	1 143 318	1 166 637	1 166 637
湖 南	137 990	137 990	151 886	151 886
广 东	1 526 477	1 526 477	1 446 350	352 372
广 西	718 223	718 223	737 665	121 975
海 南	484 518	484 518	476 760	280 090
重 庆	1 098	1 098	687	687
四 川	5 130	5 130	3 798	3 798
贵 州	1 406	1 406	1 872	1 872
云 南	73 996	73 996	42 406	42 406
西 藏				
陕 西	1 090	1 090	1 090	1 090
甘 肃				
青 海	3 000	3 000	11 000	11 000
宁 夏	116	116	96	96
新 疆	7 320	7 320	8 748	8 748

资料来源：表中数据来自 2019 版《中国渔业统计年鉴》。

表88　我国各地区木本油料产品生产情况（2018 年）

单位：t

地　区	合　计	油茶籽	核　桃	油橄榄	油用牡丹籽	其　他
全国总计	6 766 220	2 629 796	3 820 720	49 089	32 027	234 588
北　　京	11 631		11 584		47	
天　　津	1 945		1 945			
河　　北	158 558		158 422		136	
山　　西	72 991		71 481		629	881
内 蒙 古	96					96
辽　　宁	40 583		1 107			39 476
吉　　林	11 430		11 430			
黑 龙 江	274		174			100
上　　海						
江　　苏	2 747	260	2 183		279	25
浙　　江	92 473	68 523	23 950			
安　　徽	131 913	97 267	23 385		9 281	1 980
福　　建	259 469	174 154	146			85 169
江　　西	455 676	455 454	5			217
山　　东	174 587		166 006		7 551	1 030
河　　南	207 425	49 134	151 990		4 784	1 517
湖　　北	321 135	194 836	123 487	160	2 652	
湖　　南	1 020 260	1 010 844	7 655		76	1 685
广　　东	154 008	149 194				4 814
广　　西	280 240	273 000	2 560			4 680
海　　南	3 844	3 844				
重　　庆	48 059	10 518	29 226	1 118	267	6 930
四　　川	631 757	23 119	573 685	20 026	61	14 866
贵　　州	257 688	83 090	142 398	37	170	31 993
云　　南	1 121 955	20 043	1 071 092	804	11	30 005
西　　藏	4 647	2	4 645			
陕　　西	262 251	16 514	238 329	42	5 380	1 986
甘　　肃	110 998		76 302	26 902	664	7 130
青　　海	28 210		28 200		10	
宁　　夏	1 683		1 654		29	
新　　疆	897 687		897 679			8
大兴安岭						

表 89　我国食用菌产量、产值、出口情况（2017—2018 年）

项　　目	单　　位	2017 年	2018 年	同比增长（％）
产　　量	t	37 120 000	38 420 000	3.5
产　　值	万元	27 219 200	29 373 700	7.9
出口量	t	630 800	703 100	11.5
创　　汇	万美元	384 000	445 400	16.0

表 90　我国酿酒行业主要产品产量（2017—2018 年）

单位：万 kL

地　　区	2017 年	2018 年	同比增长（％）
总　　计	7 077.41	5 631.93	−20.4
发酵酒精	1 027.29	646.63	−37.1
饮料酒	6 050.13	4 985.30	−17.6
葡萄酒	100.11	62.91	−37.2
白　　酒	1 198.06	871.20	−27.3
啤　　酒	4 401.49	3 812.24	−13.4

表 91　各地区主要森林药材产量（2018 年）

单位：t

地　　区	合　计	银杏（白果）	山杏仁（苦杏仁）	杜仲	黄檗	厚朴	山茱萸	枸杞	沙棘
全国总计	3 639 167	188 701	42 195	202 478	71 066	201 048	62 100	362 005	98 352
北　京									
天　津									
河　北	77 229		20 552					29 902	3 500
山　西	40 251		500				1 438	178	9 232
内蒙古	16 765							10 454	416
辽　宁	35 111	1 506	7 469					186	11
吉　林	129 326								8
黑龙江	174 253		300					66	2 784
上　海									
江　苏	116 848	87 391	130						
浙　江	17 493	1 764		444		1 716	4 217		
安　徽	117 990	2 605	3	1 469	118	811	463		1
福　建	80 404	452		890		5 247			
江　西	98 192	280		6 915	105	2 527	29		
山　东	15 807	8 171	69	30			20		100
河　南	204 167	3 291	150	21 738			32 090		1 910

（续）

地 区	合 计	银杏（白果）	山杏仁（苦杏仁）	杜仲	黄檗	厚朴	山茱萸	枸杞	沙棘
湖 北	274 477	30 086	16	23 653	5 245	13 212	504	1 886	
湖 南	294 934	3 272	95	89 850	4 716	117 340	110	1	
广 东	100 604	978							
广 西	215 847	8 804		3 160		5 693	45		
海 南	12 523								
重 庆	160 642	2 161		11 496	10 255	6 572	180	30	26
四 川	269 696	16 630	295	20 945	41 470	39 245	114		
贵 州	125 129	6 729	12	10 299	7 899	2 166	309	78	
云 南	376 703	175		548	914	3			
西 藏	475							400	
陕 西	256 510	13 330	12 604	10 549	322	6 502	22 378	182	12 510
甘 肃	151 879	1 076		492	22	14	203	91 918	52 020
青 海	85 800							84 600	1 200
宁 夏	86 858							86 857	
新 疆	102 465							53 256	16 645
大兴安岭	789								3 350

表 92 我国森林工业主要产品产量（2017—2018 年）

主 要 产 品	单 位	2017 年	2018 年	同比增长（%）
锯 材	万 m³	8 602.4	8 361.8	−2.80
木片（实积）	万 m³	4 438.2	4 089.0	−7.87
人造板	万 m³	29 845.9	29 909.3	0.21
胶合板	万 m³	17 195.2	17 898.3	4.09
纤维板	万 m³	6 297.0	6 168.1	−2.05
刨花板	万 m³	2 777.8	2 731.5	−1.67
其他人造板	万 m³	3 215.9	3 111.4	−3.25
其他加工材	万 m³	1 356.9	1 343.7	−0.97
改性木材	万 m²	185.3	140.1	−24.39
指接材	万 m²	400.1	364.5	−8.90
木竹地板	万 m³	82 568.3	78 897.8	−4.45
林产化学产品				
松香类产品	t	1 644 982.0	1 421 382.0	−13.59
松节油类产品	t	278 226.0	242 435.0	−12.86
樟 脑	t	14 972.0	19 442.0	29.86
冰 片	t	1 098.0	1 244.0	13.30
栲胶类产品	t	4 667.0	3 165.0	−32.18
紫胶类产品	t	7 098.0	6 570.0	−7.44
木竹热解产品	t	1 767 541.0	1 457 014.0	−17.57
木质生物质成型燃料	t	872 859.0	944 389.0	8.19

表 93　各地区森林工业主要产品产量（2018 年）

单位：万 m³

地　区	锯　材	木片（实积）	人　造　板					其他加工材	
			合　计	胶合板	纤维板	刨花板	其他人造板	改性木材	指接材
全国总计	8 361.8	4 089.0	29 909.3		6 168.1	2 731.5	3 111.4	140.1	364.5
北　京									
天　津									
河　北	96.7	10.5	1 588.1		464.7	256.5	209.4	0.0	
山　西	16.3	11.6	31.4		18.2	1.0	10.2	0.3	
内蒙古	1 260.2	0.8	35.3			0.1	2.9		
辽　宁	264.3	66.3	174.9		45.3	13.5	45.0		12.5
吉　林	98.5	23.2	320.7		89.7	26.0	62.6	1.8	2.7
黑龙江	434.6	43.2	68.1		4.6	2.2	18.7	0.1	3.2
上　海									
江　苏	351.0	146.6	5 743.47		785.6	769.8	295.6	3.0	
浙　江	363.3	36.0	510.2		81.0	8.7	238.3	14.7	98.4
安　徽	553.4	189.7	2 513.07		368.0	185.3	168.8	0.8	2.8
福　建	333.5	271.6	996.0		212.6	37.6	218.0	26.6	120.0
江　西	270.0	153.3	435.0		109.0	39.4	122.4	21.8	51.7
山　东	1 197.75	1 440.19	7 488.85		1 382.8	640.4	426.7	42.4	17.0
河　南	271.1	315.7	1 642.20		432.9	90.5	397.4		
湖　北	243.6	110.5	830.0		383.8	73.3	61.5	3.3	3.4
湖　南	471.6	36.5	714.4		70.5	34.9	160.0	0.4	13.2
广　东	179.0	245.0	1 011.39		479.7	174.9	26.1		5.0
广　西	1 242.04	722.6	4 458.69		757.1	279.6	433.6	20.9	22.2
海　南	103.0	13.8	42.7		2.8	7.7			
重　庆	100.5	53.9	159.8		53.4	33.5	16.1	2.6	6.1
四　川	170.2	65.8	565.3		275.3	9.6	103.2	0.5	3.6
贵　州	170.0	15.8	146.0		10.5	9.5	58.2	0.5	1.4
云　南	150.4	108.1	384.2		118.0	37.3	33.1	0.2	1.5
西　藏			0.4						
陕　西	7.4	6.6	26.9		13.9	0.2	2.1		
甘　肃	1.3		4.6		2.5		1.4		
青　海									
宁　夏									
新　疆	12.4	1.3	17.5		6.2		0.1		
大兴安岭		0.4							

（续）

地 区	木竹地板（万 m²）	樟 脑（t）	冰 片（t）	松香类产品（t）	松节油类产品（t）	栲胶类产品（t）	紫胶类产品（t）	木竹热解产品（t）	木质生物质成型燃料（t）
全国总计	78 897.8	19 442	1 244	1 421 382	242 435	3 165	6 570	1 457 014	944 389
北 京									
天 津									
河 北						835		45 022	5 455
山 西								600	
内蒙古	19.90							3 000	160 251
辽 宁	2 270.63								
吉 林	3 387.84							4 859	
黑龙江	262.78							1 455	
上 海									
江 苏	34 724.80			9 000					
浙 江	10 584.90			18 000	5 500			183 932	319 863
安 徽	8 809.43			5 411	1 493			98 830	24 586
福 建	2 284.93	10 250		119 944	16 088			453 398	59 560
江 西	3 722.55	471	46	140 190	57 783			240 830	39 190
山 东	4 284.67							22 330	
河 南	557.87					1 200		4 080	
湖 北	3 326.27			16 219	1 430			1 837	208 574
湖 南	1 410.38	5 706	120	89 326	9 051		23	148 707	66 829
广 东	1 347.85			150 573	33 827		550	9 969	95
广 西	1 265.29	2 000	150	712 576	89 501	1 130	3 667	29 420	8 011
海 南	16.49			539	80			195	
重 庆	26.55			1 185				3 851	
四 川	307.11	1 015	170	125				2 962	
贵 州	162.60		15	15 863	2 831			78 563	4 200
云 南	120.31		743	142 231	24 851		2 330	118 253	33 775
西 藏	0.30								
陕 西	4.31			200					10 700
甘 肃								183 932	319 863
青 海								98 830	24 586
宁 夏								453 398	59 560
新 疆							200	240 830	39 190
大兴安岭							4 721	22 330	

表 94 我国水产加工产品主要种类与产量（2015—2018 年）

单位：万 t

年 份	冷冻制品	干腌制品	鱼糜制品	鱼 粉	罐制品	鱼油制品
2015	1 376.5	163.8	145.4	71.1	41.3	7.3
2016	1 388.6	168.9	148.3	69.0	42.9	8.5
2017	1 487.3	171.1	154.2	63.9	42.0	6.8
2018	1 515.0	162.41	145.5	65.0	35.6	7.3

资料来源：表中数据出自 2019 版《中国渔业统计年鉴》。

表 95 纺织工业主要产品产量（规模以上企业）（2017—2018 年）

产品名称	单 位	2017 年	2018 年	同比增长（％）
化学纤维	万 t	4 714.0	5 011.1	6.3
纱	万 t	4 050.0	2 976.0	−26.5
布	亿 m	695.6	490.0	−29.6
服装	万件	287.8	222.7	−22.6

资料来源：表中数据中国纺织工业联合会提供。

表 96 我国家具工业分地区主要产品产量（2018 年）

单位：万件

地 区	家 具	地 区	家 具
全国总计	**24 182.05**	湖 北	299.96
广 东	5 739.21	上 海	297.21
江 西	3 241.51	天 津	233.18
浙 江	3 162.22	黑龙江	140.66
福 建	3 068.50	贵 州	138.36
四 川	1 539.88	陕 西	132.70
山 东	1 290.40	广 西	124.61
辽 宁	1 159.44	吉 林	46.01
江 苏	1 010.26	云 南	41.17
北 京	530.62	新 疆	19.42
重 庆	505.43	甘 肃	6.07
安 徽	430.54	宁 夏	4.39
河 南	351.57	山 西	3.23
湖 南	345.61	青 海	1.02
河 北	318.88		

资料来源：表中数据由中国家具协会提供。

表 97 我国造纸工业纸浆消耗情况（2017—2018 年）

单位：万 t

品　种	2017 年		2018 年		同比增长（%）
	消　耗	所占比例（%）	消　耗	所占比例（%）	
纸浆消耗量	**10 051**	**100**	**9 387**	**100**	**−6.61**
1. 木　浆	3 151	31	3 303	35	4.82
其中：进口木浆	2 111	21	2 166	23	2.61
国产木浆	1 040	10	1 137	12	9.33
2. 非木浆	597	6	610	7	2.18
3. 废纸浆	6 303	63	5 474	58	−13.15
其中：进口废纸浆	1	—	30	—	2 900.00
国产废纸浆	6 302	63	5 444	58	−13.61

资料来源：表中数据出自中国造纸协会。

表 98 我国造纸工业纸浆生产情况（2014—2018 年）

单位：万 t

品　种	2014 年	2015 年	2016 年	2017 年	2018 年
总　计	7 906	7 984	7 925	7 949	7 201
木　浆	962	966	1 005	1 050	1 147
废纸浆	6 189	6 338	6 329	6 302	5 444
非木浆	755	680	591	597	610
苇　浆	113	100	68	69	49
蔗渣浆	111	96	90	86	90
竹　浆	154	143	157	165	191
稻麦草	336	303	244	246	250
其他浆	41	38	32	31	30

资料来源：表中数据出自中国造纸协会。

表 99 我国机制纸及纸板主要品种产量（2017—2018 年）

单位：万 t

品　种	2017 年	2018 年	同比增长（%）
纸及纸板合计	**11 130**	**10 435**	**−6.24**
一、纸			
1. 新闻纸	235	190	−19.15
2. 未涂布印刷书写纸	1 790	1 750	−2.23
3. 涂布印刷纸	765	705	−7.84
其中：铜版纸	675	655	−2.96
4. 生活用纸	960	970	1.04
5. 包装用纸	695	690	−0.72
二、纸板			
1. 白纸板	1 430	1 335	−6.64
其中：涂布白纸板	1 370	1 275	−6.93
2. 箱纸板	2 385	2 145	−10.06
3. 瓦楞原纸	2 335	2 105	−9.85
三、特种纸及纸板	305	320	4.92
四、其他纸及纸板	230	225	−2.17

资料来源：表中数据出自中国造纸协会。

表 100　我国纸和纸板消费结构情况（2017—2018 年）

单位：万 t

产品名称	生产量			消费量		
	2017 年	2018 年	同比增长（%）	2017 年	2018 年	同比增长（%）
总　计	**11 130**	**10 435**	**−6.24**	**10 897**	**10 439**	**−4.20**
1. 新闻纸	235	190	−19.15	267	237	−11.24
2. 未涂布印刷书写纸	1 790	1 750	−2.23	1 744	1 751	0.40
3. 涂布印刷纸	765	705	−7.84	634	604	−4.73
其中：铜版纸	675	655	−2.96	585	581	−0.68
4. 生活用纸	960	970	1.04	890	901	1.24
5. 包装用纸	695	690	−0.72	707	701	−0.85
6. 白纸板	1 430	1 335	−6.64	1 299	1 219	−6.16
其中：涂布白纸板	1 370	1 275	−6.93	1 238	1 158	−6.46
7. 箱纸板	2 385	2 145	−10.06	2 510	2 345	−6.57
8. 瓦楞原纸	2 335	2 105	−9.85	2 396	2 213	−7.64
9. 特种纸和纸板	305	320	4.92	249	261	4.82
10. 其他纸和纸板	230	225	−2.17	201	207	2.99

资料来源：表中数据出自中国造纸协会。

表 101　我国纸和纸板生产、消费及进口量与人均消费量（2014—2018 年）

年　份	纸和纸板总产量（万 t）	纸和纸板总消费量（万 t）	纸和纸板进口量（万 t）	人均消费量（kg）
2014	10 470	10 071	282	74
2015	10 710	10 352	287	75
2016	10 855	10 419	297	75
2017	11 130	10 897	466	78
2018	10 435	10 439	622	75

资料来源：表中数据出自中国造纸协会。

表 102　我国人均主要工农业产品产量（2014—2018 年）

产品名称	单　位	2014 年	2015 年	2016 年	2017 年	2018 年
粮　食	kg	445.0	453.0	449.0	477.0	472.0
棉　花	kg	4.5	4.1	3.8	4.1	4.4
油　料	kg	25.7	25.8	26.3	25.1	24.7
糖　料	kg	97.7			82.1	
茶　叶	kg	1.53			1.8	
水　果	kg	191.1			182.1	
猪牛羊肉	kg	49.8	48.3	47.0	47.3	46.8
水产品	kg	47.4	49.1	50.6	46.5	46.4
牛　奶	kg	27.3	27.4	26.1	21.9	22.1
布	m	65.5	65.1	65.7	50.1	47.2
机制纸及纸板	kg	86.4	85.6	89.3	80.1	83.7
纱	kg	24.8	25.8	27.0	29.1	21.3

农产品加工业主要产品出口创汇情况

表 103　我国海关出口农产品及加工品数量与金额（2017—2018 年）

单位：万元人民币

产 品 名 称	单 位	2017 年		2018 年	
		数　量	金　额	数　量	金　额
活　猪	万头	157	305 192	158	281 943
活家禽	万只	230	1 539	240	641
牛　肉	万 t	0.1	5 392	0.04	2 106
猪　肉	万 t	5.1	175 630	4.2	128 634
冻　鸡	万 t	12.9	163 524	10.9	157 088
水海产品	万 t	1 369	13 820 292	425	14 537 758
鲜　蛋	百万个	421	77 164	1 177	73 691
谷物及谷物粉	万 t	156	511 832	249	706 055
稻谷和大米	万 t	119.7	404 083	209	588 314
玉　米	万 t	8.6	15 083	1.2	4 020
蔬菜	万 t	925	8 910 125	948	8 323 665
鲜或冷藏蔬菜	万 t	651	3 598 240	629	3 066 199
橘、橙	万 t	56.2	562 260	70.9	654 488
苹　果	万 t	133.5	985 473	111.8	854 650
松子仁	t	16 153	165 192	12 750	122 364
大　豆	万 t	11	61 856	13	65 400
花生及花生仁	万 t	15	152 776	20	184 270
食用植物油（含棕榈油）	t	200 055	155 246	294 727	202 869
食　糖	t	157 933	61 205	195 747	66 679
天然蜂蜜	t	129 274	183 314	123 478	164 556
茶　叶	t	355 258	1 090 172	364 742	1 173 890
辣椒干	t	61 716	82 272	77 243	102 081
猪肉罐头	t	43 095	89 576	50 028	98 784
蘑菇罐头	t	226 418	260 688	241 694	379 831
啤　酒	万 L	36 095	154 144	38 571	166 428

（续）

产 品 名 称	单 位	2017 年		2018 年	
		数 量	金 额	数 量	金 额
肠 衣	t	105 955	910 921	102 856	890 021
填充用羽毛、羽绒	t	53 376	428 156	49 355	540 158
中药材及中成药	t	155 553	824 336	128 400	727 337
烤 烟	t	146 865	348 965	127 493	295 907
纸 烟	万条	12 468	388 179	14 332	481 876
锯 材	万 m³	28	137 113	25	117 011
生 丝	t	5 936	222 317	4 581	192 091
山羊绒	t	3 072	127 663	3 212	157 835
棉 花	t	17 083	22 731	47 349	62 025
烟花、爆竹	t	323 410	488 630	379 031	571 189
松香及树脂酸	t	56 609	68 600	47 085	53 939
新的充气橡胶轮胎	万条	56 609	9 596 682	48 620	9 957 253
纸及纸板（未切成形）	万 t	48 351	5 057 175	565	4 614 314
棉纱线	t	652	74 414 143	402 072	1 159 941
丝织物		393 512	1 121 941		426 245
棉机织物		27 275	417 611		9 439 002
亚麻及苎麻机织物	万 m	173 908	9 440 157	34 826	711 458
合成短纤及棉混纺机织物	万 m	58 498	516 432	168 955	1 386 496
地 毯	万 m²	656 350	1 368 975	63 568	1 963 088
塑料编织袋（周转袋除外）	万条	56 609	1 832 166	637 709	659 369
纺织机械及零件			2 332 955		2 413 900
家具及其零件			3 848 398		35 430 327
非针织或钩编织物制服装			45 062 008		42 557 648
针织或钩编织服装			41 939 402		41 348 799
皮 鞋	万双	68 232	6 309 515	67 916	6 151 302
橡胶或塑料底布鞋（包括球鞋）	万双	287 561	9 090 741	294 235	9 049 812
足球、篮球、排球	万个	22 607	309 450	23 895	310 693
竹编结品	t	28 853	113 221	29 505	93 164
藤编结品	t	8 500	40 294	9 182	53 289
草编结品	t	16 561	84 173	16 590	87 434
柳编结品	t	51 072	304 116	50 009	308 840

表 104　我国农产品进出口状况（2014—2018 年）　单位：亿美元 、%

年　份	出口额	同　比	进口额	同　比	进出口总额	同　比	逆差	同　比
2014	719.6	6.1	1 225.4	3.1	1 945.0	4.1	505.8	−0.9
2015	706.8	−1.8	1 168.8	−4.6	1 875.6	−3.6	462.0	−8.7
2016	729.9	3.3	1 115.7	−4.5	1 845.6	−1.6	385.8	−16.5
2017	755.3	3.5	1 258.6	12.8	2 013.9	9.1	503.2	30.4
2018	797.1	5.5	1 371.0	8.9	2 168.1	7.7	573.8	14.0

资料来源：表中数据出自农业农村部。

表 105　我国主要农产品进出口增速情况（2016—2018 年）

单位：亿美元、%

类　别	年　份	进口额	同　比	出口额	同　比
水产品	2016	93.7	4.4	207.4	2.0
	2017	113.5	21.1	204.1	−1.6
	2018	148.6	31.0	223.3	5.6
蔬　菜	2016	5.3	−1.85	147.2	11.0
	2017	5.5	3.8	131.5	−10.7
	2018	8.3	50.0	152.4	−1.8
水　果	2016	58.1	−0.5	71.4	3.6
	2017	58.6	0.9	50.6	−29.1
	2018	84.2	34.5	71.6	1.2

资料来源：表中数据出自 2019 年版《中国统计年鉴》。

表 106　我国海关进口农产品及加工品数量与金额（2017—2018 年）

单位：万美元

产　品　名　称	单　位	2017 年 数　量	2017 年 金　额	2018 年 数　量	2018 年 金　额
谷物及谷物粉	万 t	2 559	648 524	2 047	591 184
小　麦	万 t	442	108 252	310	169 039
稻谷和大米	万 t	403	186 000	308	163 930
大　豆	万 t	9 553	3 963 765	8 803	3 806 003
食用植物油	万 t	577	453 056	629	472 770
食　糖	万 t	229	107 848	280	102 880
天然橡胶（包括乳胶）	万 t	279	491 702	260	360 672
合成橡胶（包括乳胶）	万 t	436	847 274	441	762 007
原　木	万 m³	5 540	992 068	5 969	1 098 445
锯　材	万 m³	3 739	1 006 549	3 674	1 013 068
纸　浆	万 t	2 372	1 534 167	2 479	1 971 594
羊毛及毛条	万 t	35	279 948	37	322 273
棉　花	万 t	116	218 977	157	317 159
纺织用合成纤维	万 t	40	89 146		
聚酯纤维	万 t	16	23 024		
聚丙烯腈纤维	万 t	15	34 378		
纸及纸板（未切成形）	万 t	475	432 210		
制冷设备用压缩机	万台	1 031	103 740		

表 107 我国粮油产品进口情况（2014—2017 年）

单位：万 t

年份	粮食	谷物	小麦	大米	玉米	大麦	大豆
2014	10 042.4	1 951.0	300.4	257.9	259.9	541.3	7 139.9
2015	11 056.5	2 199.7	337.4	356.2	316.8	500.5	8 391.3
2016	11 476.6	2 198.9	341.2	356.2	316.8	500.5	8 391.3
2017	13 062.0	2 559.0	422.0	403.0	283.0	886.0	9 553.0

年份	食用植物油	豆油	菜籽油	棕榈油	花生油
2014	650.2	113.5	81.0	396.9	9.4
2015	688.4	56.0	70.0	447.8	95.7
2016	552.8	56.0	70.0	315.7	10.7
2017	577.0			510.0	10.8

表 108 我国粮油产品出口情况（2015—2018 年）

单位：万 t

年 份	粮食	谷物	小麦	大米	玉米	大豆	食用植物油	豆油	菜籽油
2015	163.5	47.8	12.2	28.9	1.1	13.4	13.5	10.4	0.4
2016	190.1	58.1	11.3	39.5	0.4	12.7	11.3	8.0	0.5
2017	283.0		18.3	120.0	8.6	11.0	20.0	13.3	2.1
2018	366.0	254.4	28.6	208.9	1.2	13.0	29.6		

资料来源：表中数据出自农业农村部。

表 109 我国蔬菜进出口情况（2017—2018 年）

品种类别	进 口					
	2017 年		2018 年		同比增长（%）	
	数量（万 t）	金额（万美元）	数量（万 t）	金额（万美元）	数量	金额
鲜冷冻蔬菜	4.55	0.44				
加工蔬菜	16.98	2.17				
干蔬菜	1.48	0.49				
合 计	**23.01**	**3.07**	**49.00**	**8.30**	**99.10**	**53.10**

品种类别	出 口					
	2017 年		2018 年		同比增长（%）	
	数量（万 t）	金额（万美元）	数量（万 t）	金额（万美元）	数量	金额
鲜冷冻蔬菜	718.56	63.54	629.00	46.40	−12.46	−17.14
加工蔬菜	315.47	45.26				
干蔬菜	60.21	44.84				
合 计	**1 094.24**	**153.64**	**1 125.00**	**152.45**	**2.81**	**−0.77**

资料来源：表中数据出自中国海关。

表 110　我国谷物进出口情况（2013—2018 年）

单位：万 t，%

年　份	进口量	同比增长	出口量	同比增长	净进口量	同比增长
2013	1 458.3	4.3	100.1	23.1	1 358.2	3.1
2014	1 951.6	33.8	76.9	23.1	1 874.6	38.0
2015	3 218.2	64.9	53.3	−30.8	3 164.9	68.8
2016	2 198.9	−31.7	58.1	9.0	2 140.8	−32.4
2017	2 559.0	16.4	156.0	168.5	2 403.0	12.3
2018	2 050.2	−19.9	254.4	57.4	1 795.8	−25.1

资料来源：表中数据由农业农村部提供。

表 111　我国分品种粮食进口情况（2014—2018 年）

单位：kt

年　份	小　麦	大　米	玉　米	大　豆
2014	2 973	2 559	2 598	71 400
2015	3 007		4 730	81 694
2016	3 412	3 562	3 168	
2017	4 420	4 030	2 830	95 530
2018	3 099	3 077	3 524	88 031

资料来源：表中数据由中国农业农村部提供。

表 112　我国主要粮食产品进出口情况（2018 年）

单位：万 t

主要粮食产品	进　口	出　口	顺　差
谷　物	2 050.2	254.4	−1 795.8
大　米	307.7	208.9	−98.8
小　麦	309.9	28.6	−281.3
玉　米	352.4	1.2	−351.2
大　麦	681.5	91.7	−589.8
大　豆	8 803.1		

资料来源：表中数据由农业农村部提供。

表 113　我国油脂油料进口情况（2014—2018 年）

单位：kt

年份	大　豆进口量	菜　籽进口量	其他油籽进口量	植物油进口量	其中：			
					（1）豆油	（2）棕榈油	（3）菜籽油	（4）其他植物油
2014	71 399	5 081	1 038	7 873	1 136	5 324	810	603
2015	81 694	4 471	806	8 391	818	5 909	815	818
2016	83 913	3 566	2 050	6 884	560	4 478	700	750
2017	95 530	1 296		5 770	650	3 460	757	
2018	88 031	4 756		8 087	549	5 327	1 296	

资料来源：表中数据由农业农村部提供。

表 114 我国林产品进出口数量（2017—2018 年）

产 品 名 称		贸 易	单 位	2017 年	2018 年
原 木	针叶原木	出口 进口	m³	 38 236 224	 41 612 911
	阔叶原木	出口 进口	m³	92 491 17 162 103	72 327 18 072 555
	合 计	**出口** **进口**	**m³**	**92 491** **55 398 327**	**72 327** **59 685 466**
锯 材		出口 进口	m³	285 640 37 402 136	255 670 36 642 861
单 板		出口 进口	m³	335 140 738 810	428 288 958 718
特 形 材		出口 进口	t	148 973 18 896	132 838 28 971
刨 花 板		出口 进口	m³	305 917 1 093 961	353 440 1 065 331
纤 维 板		出口 进口	m³	2 687 649 229 508	2 273 630 307 631
胶 合 板		出口 进口	m³	10 835 369 185 483	11 203 381 162 996
木 制 品		出口 进口	t	2 420 625 753 180	2 392 503 664 333
家 具		出口 进口	件	367 209 974 11 888 758	386 935 434 12 246 952
木 片		出口 进口	t	 11 401 753	230 12 836 122
木 浆		出口 进口	t	24 417 23 652 174	24 370 24 419 135
废 纸		出口 进口	t	1 394 25 717 692	537 17 025 286
纸和纸制品		出口 进口	t	9 313 991 4 874 085	8 563 363 6 404 037
木 炭		出口 进口	t	76 533 170 718	60 647 298 037
松 香		出口 进口	t	 	469 50 699 31

（续）

产　品　名　称		贸　易	单　位	2017 年	2018 年
水果	柑橘类	出口	t	775 228	983 551
		进口		466 751	533 265
	鲜苹果	出口	t	1 334 636	1 118 478
		进口		68 850	64 512
	鲜梨	出口	t		491 087
		进口			7 433
	鲜葡萄	出口	t	280 391	277 162
		进口		233 931	231 702
	山竹果	出口	t	27	26
		进口		71 141	159 029
	鲜榴梿	出口	t	3	4
		进口		224 382	431 956
	鲜龙眼	出口	t	3 170	3 713
		进口		528 806	456 603
	鲜火龙果	出口	t		3 990
		进口			510 884
坚果	核桃	出口	t	33 826	51 157
		进口		12 234	11 114
	板栗	出口	t		36 389
		进口			7 822
	松子仁	出口	t	16 153	12 750
		进口		12 980	3 175
	开心果	出口	t		4 939
		进口			54 954
干果	梅干及李干	出口	t	421	544
		进口		4 362	6 304
	龙眼干、肉	出口	t	246	410
		进口		57 850	83 965
	柿饼	出口	t	2 614	2 434
		进口		4	2
	红枣	出口	t	9 886	11 172
		进口		9	3
	葡萄干	出口	t	13 792	23 739
		进口		33 132	37 717
果汁	柑橘类果汁	出口	t	4 714	4 553
		进口		82 541	87 816
	苹果汁	出口	t	655 527	558 700
		进口		7 712	6 445

表 115　我国林产品进出口额（2017—2018 年）

单位：千美元

产　品　名　称		贸　易	2017 年	2018 年
总　　计		出口	**73 405 906**	**78 491 352**
		进口	**74 983 984**	**81 872 984**
原木	针叶原木	出口		
		进口	5 138 718	5 785 597
	阔叶原木	出口	30 155	23 605
		进口	4 781 965	5 199 242
	合　　计	出口	**30 155**	**23 605**
		进口	**9 920 683**	**10 984 839**
锯　材		出口	204 445	180 496
		进口	10 067 066	10 132 562
单　板		出口	382 999	481 998
		进口	156 892	192 217
特形材		出口	213 652	189 707
		进口	36 828	45 769
刨花板		出口	97 400	106 627
		进口	241 020	242 553
纤维板		出口	1 146 604	1 118 496
		进口	135 017	141 499
胶合板		出口	5 097 387	5 425 910
		进口	150 851	155 669
木制品		出口	6 289 577	6 086 516
		进口	740 539	666 670
家　具		出口	22 692 178	22 933 444
		进口	1 183 797	1 256 034
木　片		出口		478
		进口	1 897 517	2 263 472
木　浆		出口	16 600	20 375
		进口	15 266 065	19 513 308
废　纸		出口	385	203
		进口	5 874 652	4 294 716
纸和纸制品		出口	1 673 385	17 599 912
		进口	4 981 667	6 203 231
木　炭		出口	104 079	80 387
		进口	50 264	87 121
松　香		出口		81 774
		进口		84 263

（续）

产品名称		贸易	2017 年	2018 年
水果	柑橘类	出口	1 071 605	1 261 167
		进口	552 051	633 489
	鲜苹果	出口	1 456 372	1 298 926
		进口	115 215	117 385
	鲜梨	出口		530 066
		进口		12 671
	鲜葡萄	出口	735 140	689 676
		进口	590 728	586 352
	山竹果	出口	28	30
		进口	147 070	349 401
	鲜榴梿	出口	3	6
		进口	552 171	1 095 163
	鲜龙眼	出口	9 936	8 295
		进口	437 722	365 577
	鲜火龙果	出口	1 781	6 422
		进口	389 512	396 649
坚果	核桃	出口	106 052	149 973
		进口	33 817	34 107
	板栗	出口		78 469
		进口		19 220
	松子仁	出口	243 249	184 826
		进口	96 659	30 162
	开心果	出口		20 762
		进口		352 594
干果	梅干及李干	出口	2 096	2 416
		进口	7 722	11 365
	龙眼干、肉	出口	1 713	2 765
		进口	91 308	125 350
	柿饼	出口	7 764	7 446
		进口	17	5
	红枣	出口	33 361	35 872
		进口	49	47
	葡萄干	出口	29 387	45 737
		进口	43 633	52 983
果汁	柑橘类果汁	出口	18 808	9 974
		进口	160 369	191 326
	苹果汁	出口	648 227	621 540
		进口	6 438	5 354
其他		出口	16 232 475	19 173 670
		进口	20 706 541	9 833 733

表116　各地区水产品进口贸易情况（2017—2018 年）

单位：万美元、t

地　　区	2017 年进口		2018 年进口		同比增长（%）	
	金额	数量	金额	数量	金额	数量
全国总计	**134 588.96**	**4 897 090**	**1486 146.31**	**5 222 151**	**30.99**	**6.64**
北　京	46 166.55	104 321	67 007.34	132 056	45.14	26.59
天　津	16 301.82	39 905	63 584.08	160 911	290.04	303.23
河　北	2 268.84	9 626	10 957.32	35 031	382.95	263.93
山　西	134	579	14.18	38	−89.40	−93.50
内蒙古	20	33	0.75		−96.18	−99.94
辽　宁	215 489	1 265 566	234 912.06	1 238 550	9.01	−2.13
吉　林	24 506	121 339	30 906.09	54 421	26.12	−55.15
黑龙江	687	2 085	928.19	2 529	35.14	21.27
上　海	172 561.90	423 599	242 525.66	435 279	40.54	2.76
江　苏	20 626.07	65 663	19 378.48	85 898	−6.05	30.82
浙　江	46 357.50	155 479	54 020.22	182 805	16.53	17.58
安　徽	1 289.87	9 066	2 348.51	13 863	82.07	52.91
福　建	100 416.25	616 423	139 401.75	695 905	38.82	12.89
江　西	1 034.51	895	155.10	417	−85.01	−53.44
山　东	271 487	1 151 877	315 683.80	1 185 678	16.28	2.93
河　南	2 994	8 960	2 786.75	5 366	−6.92	−40.12
湖　北	2 053	8 385	2 956.58	8 030	44.02	−4.24
湖　南	5 189.73	8 451	8 611.17	17 606	65.93	108.32
广　东	194	795 096	262 390.29	872 903	44.81	9.79
广　西	7 497.90	57 149	7 247.16	37 447	−3.34	−34.48
海　南	3 473.77	2 794	3 008.49	2 899	−13.39	3.76
重　庆	3 539.45	19 856	4 895.66	19 602	38.32	−1.28
四　川	4 987.46	19 378	6 933.90	19 294	39.03	−0.43
贵　州	15		423.23	68		
云　南	3 332.00	6 001	3 050.81	6 151	−8.44	2.51
陕　西	171	186	470.84	289	176.08	55.69
甘　肃	1		29.93	30		
青　海	1		0.85			
宁　夏	44	219	189.94	933	332.61	325.33
新　疆	751	4 159	1 327.19	8 154	76.73	96.06

表 117　各地区水产品出口贸易情况（2017—2018 年）

单位：万美元、t

地 区	2017 年出口		2018 年出口		同比增长（％）	
	金额	数量	金额	数量	金额	数量
全国总计	2 115 009.27	4 339 377	2 232 640.71	4 322 014	5.56	−0.40
北　京	279	255	237.36	2 577	−14.91	909.19
天　津	3 592.06	5 270	2 595.49	3 936	−27.74	−25.32
河　北	25 694.55	37 456	26 004.90	31 612	1.21	−15.60
山　西	24	32	18.78	13	−22.62	−57.70
内蒙古			8.26	16		
辽　宁	296 262.36	855 858	311 392.46	854 483	5.11	−0.16
吉　林	16 327.19	44 043	12 958.17	29 387	−20.63	−33.28
黑龙江	233	433	380.76	535	63.53	23.53
上　海	10 605.05	8 191	10 223.76	8 754	−3.60	6.88
江　苏	37 271.22	48 347	44 834.48	53 281	20.29	10.21
浙　江	185 685.22	500 441	203 152.22	498 874	9.41	−0.31
安　徽	4 165.94	3 578	7 084.51	4 668	70.06	30.46
福　建	582 200.89	936 628	637 449.70	919 583	9.49	−1.82
江　西	18 052	7 144	20 352.78	7 333	12.75	2.64
山　东	487 916.31	1 094 288	515 793.74	1 103 576	5.71	0.85
河　南	408	272	177.49	134	−56.47	−50.60
湖　北	17 197.58	116 831	9 501.46	6 852	−44.75	−59.29
湖　南	3 104.57	1 785	1 579.49	1 292	−49.12	−27.65
广　东	343 606.22	574 075	358 331.46	603　976	4.29	5.21
广　西	29 776.73	53 019	20 337.56	42 316	−31.70	−20.19
海　南	47 597.41	146 126	45 242.91	145 011	−4.95	−0.76
重　庆	0		0.27		248.11	130.14
四　川	2 982.07	1 586	3 322.34	1 543	11.41	−2.74
贵　州	24	98	18.23	82		
云　南	1 816	3 480	1 246.90	1 835	−31.33	−47.27
陕　西	1		14	22	1 540.03	4 838.13
甘　肃				16		
青　海						
宁　夏	14	11	23		64.03	54.90
新　疆	173	130	359	306	107.07	135.64

资料来源：表 116、表 117 中数据出自 2019 年版《中国渔业统计年鉴》。

表118 我国淀粉及部分深加工品进出口情况（2018年）

单位：t

主要品种	进口量	同比增长（%）	出口量	同比增长（%）
玉米淀粉	2 526	9.68	519 000	96.59
木薯淀粉	2 008 800	−13.83	700	−29.31
马铃薯淀粉	48 700	−21.77	1 778	7.57
小麦淀粉				
山梨醇	2 198	18.59	82 920	56.00
甘露糖醇	542	38.86	9 051	−2.93
木糖醇	78	−63.74	46 312	42.66
葡萄糖及葡萄糖浆，果糖＜20%	1 958	33.82	743 489	10.30
葡萄糖及葡萄糖浆，20%≤果糖≤50%，转化糖除外	1 092	110.69	12 580	−18.87
果糖及果糖浆，果糖＞50%，转化糖除外	2 890	20.15	302 410	−44.68
糊精及变性淀粉	419 899	7.83	94 561	12.82
未列名淀粉			42 586	5.00
化学纯果糖	2 890 446	20.15	302 410 473	−44.67
合　　计	**5 379 129**	**92.54**	**304 265 860**	**176.40**

资料来源：表中数据由中国淀粉工业协会提供。

表119 我国食糖进出口与贸易方式情况（2016—2019年）

单位：万t

		进　　口			
年　份	合　　计	一般贸易	来料加工	进料加工	保税仓库进出境
2016	**211.48**	176.34	0.95	6.72	18.70
2017	**229.07**	115.96	0.88	12.55	76.19
2018	**279.55**	183.66		18.09	45.14
2019	**339.00**				

		出　　口			
年　份	合　　计	一般贸易	来料加工	进料加工	保税仓库进出境
2016	**12.04**	0.90	0.74	1.31	8.96
2017	**15.79**	8.97	0.65	1.65	1.74
2018	**19.57**	8.31		1.83	5.42
2019	**18.60**				

资料来源：表中数据由中国糖业协会提供。

表 120 我国食品出口情况（2018 年）

单位：t、万美元

产品名称	出口量	出口额
总　计		
糖	195 700	4 892
糖果、蜜饯	3.6	1.14
焙烘糕饼		
方便食品		
乳品	39 000	0.54
罐头	299.9	542 500
可可制品		
调味品、发酵品		

资料来源：表中数据出自 2018 年版《中国农业年鉴》。

表 121　我国蜂蜜生产及出口情况（2015—2018 年）

年　份	我国产量 （万 t）	出口量 （万 t）	出口率 （%）	出口创汇 （万美元）
2015	47.97	14.48	30.19	28 900
2016	70.00	12.83	18.20	27 665
2017	55.53	12.90	23.23	27 100
2018	54.25	17.10	31.52	33 399

资料来源：中国蜂蜜协会。

表 122　我国蜂产品出口情况（2017—2018 年）

主要产品	数量、金额、单价	2017 年	2018 年	同比增长（%）
蜂　蜜	数量（t）	129 000	123 000	−4.7
	金额（万美元）	27 100	24 926	−8.0
	平均单价（美元/kg）	2 100.8	2 026.5	−3.5
鲜王浆	数量（t）	755.2	1 096.0	10.16
	金额（万美元）	201 000.0	4 812.0	16.88
	平均单价（美元/kg）	26.6	43.91	6.10
鲜蜂王浆冻干粉	数量（t）			
	金额（万美元）			
	平均单价（美元/kg）			

(续)

主 要 产 品	数量、金额、单价	2017 年	2018 年	同比增长（%）
鲜蜂王浆制剂	数量（t）	231.1	352.0	52.31
	金额（万美元）	193.4	346.0	78.87
	平均单价（美元/kg）	8.4	9.84	17.43

资料来源：表中数据出自《中国蜂业》。

表 123　我国水产品进出口贸易（2015—2018 年）

年　　份	出口量（万 t）	出口额（亿美元）	进口量（万 t）	进口额（亿美元）
2015	406.0	203.3	408.1	89.8
2016	423.7	207.3	404.1	93.7
2017	433.9	211.5	489.7	113.5
2018	432.2	232.3	522.2	148.6

资料来源：表中数据出自 2019 年版《中国渔业统计年鉴》。

表 124　我国乳制品进口情况（2017 年）

单位：万 t、万美元

项　目	数　量	金　额	占 比（%）
乳制品	263.63	1 006 400	100.0
干乳制品	193.22	909 000	100.0
婴配粉	32.45	476 900	16.8
奶　粉	80.14	242 900	41.5
乳　清	55.72	63 300	28.8
奶　酪	10.83	51 300	5.6
奶　油	11.33	69 700	5.9
炼　乳			
液态奶	70.41	97 400	100.0
鲜　奶	67.33	91 300	95.6
酸　奶	3.08	6 100	4.4

资料来源：表中数据由中国海关提供。

表 125 我国纺织品服装出口情况（2017—2018 年）

产 品 名 称	单 位	2017 年	2018 年	同比增长（%）
纺织品服装出口总额	**亿美元**	**2 669.5**	**2 767.3**	**3.7**
其中：纺织品	亿美元	1 097.7	1 191.0	8.5
服 装	亿美元	1 571.8	1 576.3	0.3

资料来源：表中数据由中国纺织国际产能合作企业联盟提供。

表 126 我国机械工业产品进出口情况（2015—2018 年）

单位：万亿元人民币

项 目	2015 年	2016 年	2017 年	2018 年（亿美元）
产品进出口总额	4.15	4.3	4.81	3 267.36
产品进口总额	1.73	1.81	2.07	1 616.95
产品出口总额	2.42	2.49	2.74	1 650.41

资料来源：表中数据由中国海关提供，其中 2018 年数据为 1～8 月数据。

表 127 我国中药行业进出口情况（2017—2018 年）

单位：亿美元、%

年 份	行 业	进 出 口 总 额	进 出 口 同比增长	出 口 总 额	出 口 同比增长	进 口 总 额	进 口 同比增长
2017	全国医药合计	1 166.76	12.64	607.99	9.44	558.77	16.34
	中药合计	51.97	8.25	36.40	2.07	15.57	26.06
2018	全国医药合计	1 148.51	−1.56	644.22	5.96	504.29	−9.75
	中药合计	57.68	10.99	39.09	7.39	18.59	19.38

表 128 我国天然橡胶、合成橡胶进口情况（2015—2018 年）

单位：万 t、万美元

产 品	2015 年 数量	2015 年 金额	2016 年 数量	2016 年 金额	2017 年 数量	2017 年 金额	2018 年 数量	2018 年 金额
天然橡胶	273.6	391 500	250.1	335 392	279.3	491 693	200.5	296 195
合成橡胶	198.3	389 500	330.8	535 569	436.4	847 600	441.0	762 077

农产品加工业部分行业与企业排序

表 129　轻工业系统农产品加工业分行业主要经济指标（2017 年）

序号	行业 (按企业单位数排序)	绝对数（个）	行业占轻工系统比重（%）	序号	行业 (按主营业务收入排序)	工业销售产值（亿元）	行业占轻工系统比重（%）
	全国轻工行业合计	61 307	100.0		全国轻工行业合计	136 865.5	100.0
1	农副食品加工业	24 661	40.2	1	农副食品加工业	59 894.4	43.8
2	食品制造业	8 862	14.5	2	食品制造业	22 140.9	16.2
3	皮革、毛皮、羽毛（绒）及其制品业	8 293	13.5	3	饮料制造业	17 096.2	12.5
4	饮料制造业	6 714	11.0	4	造纸及纸制品业	14 840.5	10.8
5	造纸及纸制品业	6 628	10.8	5	皮革、毛皮、羽毛（绒）及其制品业	14 105.6	10.3
6	家具制造业	6 149	10.0	6	家具制造业	8 787.9	0.6
7	轻工机械			7	轻工机械		
8	制盐			8	制盐		
9	木竹藤棕草制品业			9	木竹藤棕草制品业		

序号	行业 (按利税总额排序)	利税总额（亿元）	行业占轻工系统比重（%）	序号	行业 (按利润总额排序)	利润总额（亿元）	行业占轻工系统比重（%）
	全国轻工行业合计	92 227.5	100.0		全国轻工行业合计	9 444.1	100.0
1	农副食品加工业	32 310.6	35.0	1	农副食品加工业	3 101.2	32.8
2	饮料制造业	17 053.3	18.5	2	饮料制造业	2 006.9	21.3
3	食品制造业	15 510.3	16.8	3	食品制造业	1 840.7	19.5
4	造纸及纸制品业	14 636.8	15.9	4	造纸及纸制品业	1 016.4	10.8
5	皮革、毛皮、羽毛（绒）及其制品	6 979.0	7.6	5	皮革、毛皮、羽毛（绒）及制品业	910.3	9.6
6	家具制造业	5 737.5	6.2	6	家具制造业	568.6	6.0
7	轻工机械			7	轻工机械		
8	制盐			8	制盐		
9	木竹藤棕草制品业			9	木竹藤棕草制品业		

（续）

序号	按负债合计排序			序号	按资产总计排序		
	行　业	负债合计（亿元）	行业占轻工系统比重（%）		行　业	资产总计（亿元）	行业占轻工系统比重（%）
	全国轻工行业合计	**44 725.4**	**100.0**		**全国轻工行业合计**	**145 223.6**	**100.0**
1	农副食品加工业	16 361.6	36.6	1	农副食品加工业	33 924.5	23.4
2	造纸及纸制品业	8 189.1	18.3	2	饮料制造业	16 761.3	11.5
3	饮料制造业	7 263.7	16.2	3	食品制造业	15 496.8	10.7
4	食品制造业	6 983.0	15.6	4	造纸及纸制品业	14 117.3	9.7
5	皮革、毛皮、羽毛（绒）及制品业	3 168.0	7.1	5	皮革、毛皮、羽毛（绒）及制品业	7 396.3	5.1
6	家具制造业	2 760.0	6.2	6	家具制造业	5 552.8	3.8
7	轻工机械			7	轻工机械	2 341.1	1.6
8	制　盐			8	制　盐	899.5	0.6
9	木竹藤棕草制品业			9	木竹藤棕草制品业	561.2	0.4

资料来源：表中数据由中国轻工业信息中心提供。

表 130　我国淀粉产量前十强企业（2018 年）

序　号	企　业　名　称	产　量（t）
1	西王集团有限公司	1 377 530
2	广州双桥股份有限公司	1 170 000
3	中粮生化总公司	993 850
4	山东省鲁洲食品集团有限公司	929 180
5	嘉吉投资（中国）有限公司	924 833
6	诸城兴贸玉米开发有限公司	863 224
7	肇庆焕发生物科技有限公司	538 669
8	山东中谷淀粉糖有限公司	502 896
9	山东盛泰生物科技有限公司	498 200
10	山东香驰健源生物科技有限公司	450 012

资料来源：表中数据由中国淀粉工业协会提供。

表 131　全国白酒名酒品牌经济运行情况（2019 年）

序号	公司名称	名酒产品	名酒品牌营收占白酒行业营收比重（%）	占白酒名酒品牌营收比重（%）
1	中国贵州茅台酒厂（集团）有限责任公司	飞天茅台（53°、43°）	10.94	49.89

（续）

序号	公司名称	名酒产品	名酒品牌营收占白酒行业营收比重（%）	占白酒名酒品牌营收比重（%）
2	四川省宜宾五粮液集团有限公司	五粮液 （52°、45°、39°）	3.56	16.23
3	四川绵竹剑南春酒厂有限公司	剑南春 （52°、46°、38°）	2.05	9.35
4	江苏洋河酒厂股份有限公司	洋河大曲（大曲浓香 55°、48°、38°）	1.22	5.54
5	泸州老窖股份有限公司	泸州老窖特曲 （52°、42°、38°）	1.01	4.59
6	四川省古蔺郎酒厂有限公司	郎牌郎酒（大曲酱香 53°、39°）	0.82	3.75
7	山西杏花村汾酒厂股份有限公司	汾酒青花 （53°、48°、42°）	0.74	3.38
8	安徽古井贡酒股份有限公同	古井贡年份原浆 （50°、45°）	0.54	2.45
9	江苏双沟酒业股份有限公司	双沟大曲 （53°、46°、42°）	0.35	1.60
10	陕西西凤股份有限公司	西凤酒凤香型 （55°、45°）	0.28	1.30
11	四川全兴酒业有限公司	全兴大曲（52°）	0.28	1.26
12	舍得酒业股份有限公司	舍得沱牌曲酒（52°）	0.15	0.67

数据来源：中国食品工业协会。

表 132 我国酿酒行业十强企业（2018 年）

序号	企 业 名 称
1	中国贵州茅台酒厂（集团）有限责任公司
2	四川宜宾五粮液集团有限公司
3	江苏洋河酒厂股份有限公司
4	泸州老窖股份有限公司
5	山西杏花村汾酒集团有限责任公司
6	安徽古井集团有限责任公司
7	北京燕京啤酒股份有限公司
8	中粮酒业长城葡萄酒有限公司
9	劲牌有限公司
10	中国绍兴黄酒集团

表 133 我国造纸行业十强企业（2018 年）

序号	企 业 名 称
1	山东晨鸣纸业集团股份有限公司
2	华泰集团有限公司

（续）

序号	企 业 名 称
3	玖龙纸业（控股）有限公司
4	山东太阳控股集团有限公司
5	中国纸业投资有限公司
6	理文造纸有限公司
7	福建恒安集团有限公司
8	山鹰国际控股股份公司
9	维达国际控股有限公司
10	金红叶纸业集团有限公司

资料来源：表中信息由中国造纸协会提供。

表 134　我国啤酒十大品牌生产企业（2018 年）

序号	品 牌	生 产 企 业
1	雪花	华润雪花啤酒（中国）有限公司
2	青岛	青岛啤酒股份有限公司
3	百威	百威英博哈尔滨啤酒有限公司
4	哈尔滨	哈尔滨啤酒集团有限公司
5	燕京	北京燕京啤酒集团公司（燕京）
6	蓝带	肇庆蓝带啤酒有限公司
7	嘉士伯	嘉士伯啤酒（广东）有限公司
8	喜力	喜力（中国）企业管理有限公司
9	崂山	青岛啤酒股份有限公司
10	生力	广州生力啤酒有限公司

资料来源：表中信息由中国酒业协会啤酒分会提供。

表 135　我国烟草十大品牌生产企业（2018 年）

序号	品 牌	生 产 企 业
1	中华	上海烟草集团有限责任公司
2	芙蓉王	湖南中烟工业有限责任公司
3	黄鹤楼	湖北中烟工业有限责任公司
4	玉溪	红塔烟草（集团）有限责任公司
5	利群	浙江中烟工业有限责任公司
6	云烟	红云红河集团昆明卷烟厂
7	双喜	上海烟草集团有限责任公司
8	南京	江苏中烟工业有限责任公司
9	红塔山	红塔烟草（集团）有限责任公司
10	白沙	湖南中烟工业有限责任公司

资料来源：表中信息出自 2018 胡润排行榜。

表 136　我国橡胶十大品牌生产企业（2018 年）

序　号	品　　牌	生　产　企　业
1	华　美	华美科技集团有限公司
2	泛　亚	江苏泛亚橡塑新材料有限公司
3	汇　海	河北汇海橡塑新材料有限责任公司
4	耐　踏	北京亚美豪德体育设施有限公司
5	华能中天	河北华能中天化工建材集团有限公司
6	至　正	黄石市至正橡塑新材料股份有限公司
7	富尔达	廊坊富尔达化工建材有限公司
8	润　大	江苏润大橡塑新材料有限公司
9	高　新	杭州高新橡塑材料股份有限公司
10	福　凯	青岛福凯橡塑新材料有限公司

资料来源：表中信息由中国橡胶工业协会提供。

表 137　我国家具十大品牌生产企业（2018 年）

序　号	品　　牌	生　产　企　业
1	华　丰	大连华丰家具有限公司
2	联　邦	广东联邦家私集团有限公司
3	皇朝家私	广州皇朝家具有限公司
4	顾家家居	顾家家居股份有限公司
5	曲美家具	曲美家居集团股份有限公司
6	索菲亚家居	索菲亚家居股份有限公司
7	掌上明珠家具	明珠家具股份有限公司
8	全友家私	成都全友家私有限公司
9	红苹果家具	深圳天诚家具有限公司
10	双叶家具	七台河市双叶家居实业有限公司

表 138　我国纺织品服装十强企业（2018 年）

序　号	企　业　名　称
1	荣盛石化股份有限公司
2	恒逸石化股份有限公司
3	恒力石化股份有限公司
4	桐昆集团股份有限公司
5	新凤鸣集团股份公司
6	安踏体育用品有限公司
7	际华集团股份有限公司
8	申洲国际集团控股有限公司
9	唐山三友化工股份有限公司
10	天虹纺织集团有限公司

资料来源：表中信息由中国纺织工业联合会提供。

表 139　我国纸及纸板产量 100 万 t 以上省、自治区、直辖市（2017—2018 年）

单位：万 t、%

地　区	产　量		
	2017 年	2018 年	同比增长
广　东	1 885	1 815	−3.71
山　东	1 875	1 810	−3.47
浙　江	1 711	1 510	−11.75
江　苏	1 253	1 141	−8.94
福　建	758	750	−1.06
河　南	568	490	−13.73
湖　北	267	325	21.72
安　徽	302	305	0.99
重庆市	309	288	−6.80
四　川	221	245	10.86
广　西	251	240	−4.38
湖　南	290	235	−18.97
天　津	231	220	−4.76
河　北	297	205	−30.98
江　西	196	200	2.04
海　南	173	166	−4.05
辽　宁	97	102	5.15
合　计	**10 684**	**10 047**	**−5.96**

资料来源：表中数据出自中国造纸协会。

表 140　我国纸及纸板产量 100 万 t 以上的生产企业（2018 年）

单位：万 t

序　号	生　产　企　业	产　量
1	玖龙纸业（控股）有限公司	1 394.00
2	理文造纸有限公司	563.17
3	山鹰国际控股股份公司	461.00
4	山东太阳控股集团有限公司	459.73
5	山东晨鸣纸业集团股份有限公司	456.72
6	华泰集团有限公司	313.64

（续）

序　号	生　产　企　业	产　　量
7	中国纸业投资有限公司	290.00
8	宁波中华纸业有限公司（含宁波亚洲浆纸业有限公司）	252.11
9	江苏荣成环保科技股份有限公司	220.97
10	金东纸业（江苏）股份有限公司	191.00
11	福建联盛纸业	182.00
12	山东博汇集团有限公司	175.22
13	亚太森博中国控股有限公司	153.64
14	东莞建晖纸业有限公司	150.71
15	金红叶纸业集团有限公司	146.00
16	浙江景兴纸业股份有限公司	138.72
17	山东世纪阳光纸业集团有限公司	124.50
18	维达国际控股有限公司	122.00
19	广西金桂浆纸业有限公司	109.10
20	武汉金凤凰纸业有限公司	104.19
21	海南金海浆纸业有限公司	103.78
22	恒安国际集团有限公司	102.83

资料来源：表中数据出自中国造纸协会。

表 141　我国重点造纸企业产量排名前 30 名企业（2017—2018 年）

单位：万 t、%

序　号	企　业　名　称	产　　量		
		2017 年	2018 年	同比增长
1	玖龙纸业（控股）有限公司	1 313.00	1 394.00	6.17
2	理文造纸有限公司	554.98	563.17	1.48
3	山鹰国际控股股份公司	510.11	461.00	28.77
4	山东太阳控股集团有限公司	443.16	459.73	3.74
5	山东晨鸣纸业集团股份有限公司	358.00	456.72	−10.47
6	华泰集团有限公司	313.17	313.64	0.15
7	中国纸业投资有限公司	280.00	290.00	3.57
8	宁波中华纸业有限公司（含宁波亚洲浆纸业有限公司）	236.00	252.11	10.57

（续）

序　号	企　业　名　称	产　量		
		2017 年	2018 年	同比增长
9	江苏荣成环保科技股份有限公司	228.00	220.97	5.46
10	金东纸业（江苏）股份有限公司	209.53	191.00	−7.47
11	福建联盛纸业	206.41	182.00	−22.88
12	山东博汇集团有限公司	191.66	175.22	−8.58
13	亚太森博中国控股有限公司	147.93	153.64	8.20
14	东莞建晖纸业有限公司	142.00	150.71	1.88
15	金红叶纸业集团有限公司	139.19	146.00	36.42
16	浙江景兴纸业股份有限公司	128.84	138.72	−0.34
17	山东世纪阳光纸业集团有限公司	110.00	124.50	−3.37
18	维达国际控股有限公司	108.80	122.00	10.91
19	广西金桂浆纸业有限公司	107.02	109.10	17.31
20	武汉金凤凰纸业有限公司	96.67	104.19	24.21
21	海南金海浆纸业有限公司	94.00	103.78	−5.65
22	恒安国际集团有限公司	93.18	102.83	12.22
23	芬欧汇川（中国）有限公司	83.88	87.00	−7.45
24	东莞金洲纸业有限公司	82.18	85.21	−21.68
25	新乡新亚纸业集团股份有限公司	72.34	82.35	0.21
26	永丰余造纸（扬州）有限公司	68.52	65.40	0.46
27	大河纸业有限公司	63.95	62.95	1.79
28	漯河银鸽实业集团有限公司	62.40	61.84	−3.30
29	邹平汇泽实业有限公司（山东天地缘）	61.84	60.71	−11.40
30	金华盛纸业（苏州工业园区）有限公司	60.11	59.03	−1.80

资料来源：表中数据出自中国造纸协会。

表 142 我国主食品加工十强企业（2018 年）

序号	企业名称
1	福娃集团有限公司
2	河南斯美特食品有限公司
3	湖北禾丰粮油集团有限公司
4	安徽王仁和米线食品有限公司
5	安徽青松食品有限公司
6	湖北任森农业科技发展股份有限公司
7	江西麻姑实业集团有限公司
8	淮北徽香昱原早餐工程有限责任公司
9	湖南阳光华利食品有限公司
10	安徽尝发食品有限公司

资料来源：表中信息出自中国粮食行业协会。

表 143 我国皮革行业十强企业（2018 年）

序号	企业名称
1	安踏体育用品集团有限公司
2	新百丽鞋业（深圳）有限公司
3	李宁（中国）体育用品有限公司
4	金猴集团有限公司
5	奥康集团有限公司
6	浙江红蜻蜓鞋业股份有限公司
7	浙江通天星集团股份有限公司
8	信泰（福建）科技有限公司
9	安踏体育用品集团有限公司
10	新百丽鞋业（深圳）有限公司

资料来源：表中信息由中国皮革协会提供。

我国西部地区综合统计

表 144　我国西部地区主要农产品产量（2017—2018 年）

单位：万 t、％

主　要　农　产　品	2017 年	2018 年	同比增长
一、粮食作物	16 643.6	16 901.0	1.50
（一）谷　物	14 253.8	14 418.5	1.20
稻　谷	4 262.1	4 274.9	0.30
小　麦	1 956.6	1 923.1	−1.70
玉　米	7 574.4	7 727.2	2.00
谷　子	95.3	81.0	−15.00
高　粱	83.9	126.1	50.30
（二）豆　类	591.1	622.6	5.33
大　豆	392.2	407.2	3.82
杂　豆	198.9	215.5	8.35
（三）薯　类	1 798.8	1 859.9	3.40
马铃薯	1 284.8	1 322.1	2.90
二、油料作物	1 147.6	1 108.8	−3.38
花　生	178.3	185.7	4.15
油菜籽	641.2	646.4	0.81
芝　麻	4.6	3.1	−32.61
胡麻籽	22.7	26.6	17.18
向日葵籽	272.8	216.7	−20.56
三、棉　花	461.6	516.2	11.83
四、麻　类	6.0	5.7	−5.00
黄红麻	0.5	0.7	40.00
五、糖　料	9 564.6	10 006.8	4.62
甘　蔗	8 745.0	9 040.7	3.38
甜　菜	819.6	966.1	17.87
六、烟　叶	145.6	139.1	−4.46
烤　烟	137.7	130.1	−5.52
七、茶　叶	102.6	109.4	6.63
八、水　果	8 886.1	9 218.8	3.74

表 145 我国西部地区主要农产品单位面积产量（2017—2018 年）

单位：kg/hm²、%

主 要 农 产 品	2017 年	2018 年	同比增长
一、粮食作物	4 847.9	4 991.1	3.00
（一）谷　物	5 481.1	5 687.6	3.80
稻　谷	6 770.8	6 871.4	1.50
小　麦	3 920.4	4 017.7	2.50
玉　米	5 836.8	6 146.3	5.30
谷　子	2 823.0	2 889.3	2.30
高　粱	3 615.1	3 856.6	6.68
（二）豆　类	1 846.0	1 834.6	−0.62
大　豆	1 806.8	1 785.6	−1.17
杂　豆	1 928.8	1 934.8	0.31
（三）薯　类	3 510.2	3 634.1	3.53
马铃薯	3 399.4	3 560.1	4.73
二、油料作物	2 219.7	2 239.9	0.91
花　生	2 600.7	2 630.0	1.13
油菜籽	2 046.2	2 100.0	2.63
芝　麻	1 791.1	1 856.1	3.63
胡麻籽	1 416.8	1 623.5	14.59
向日葵籽	2 747.8	2 741.9	−0.21
三、棉花	2 049.4	2 043.8	−0.27
四、麻类	2 115.7	2 014.9	−4.76
黄红麻	2 701.8	2 963.5	9.69
五、糖料	74 394.7	74 014.4	−0.51
甘　蔗	76 923.3	77 363.9	0.57
甜　菜	55 076.4	52 712.6	−4.29
六、烟叶	1 983.6	1 993.4	0.49
烤　烟	1 974.5	1 976.2	0.09

表146　我国西部地区茶叶产量（2018 年）

单位：t

地　区	茶　叶总产量	其　中						
		绿茶	青茶	红茶	黑茶	黄茶	白茶	其他茶
全国总计	2 610 393	1 734 558	278 160	233 307	176 946	2 743	36 607	148 071
地区小计	1 093 834	1 151 229	14 036	96 326	35 107	105	4 536	121 496
占全国比重（％）	41.9	66.4	5.0	41.3	19.8	3.8	12.4	82.1
内蒙古								
广　西	75 183	49 756	3 202	14 445	2 598		2	5 180
重　庆	41 994	365 592	62	3 926			18	1 396
四　川	300 715	249 345	5 298	7 137	20 490	95	356	17 994
贵　州	180 318	144 469	576	13 421	10 095	10	4 155	7 593
云　南	423 259	275 740	4 898	53 283			5	89 333
西　藏								
陕　西	71 038	65 000		4 114	1 924			
甘　肃	1 327	1 327						
青　海								
宁　夏								
新　疆								

表147　我国西部地区水果产量（2018 年）

单位：t

地　区	水　果总产量	其　中					
		苹　果	柑　橘	梨	香　蕉	菠　萝	葡　萄
全国总计	25 668.4	3 923.3	4 138.1	1 607.8	1 122.2	149.5	1 366.7
地区小计	9 218.9	1 629.7	1 723.7	500.6	535.7	12.5	649.3
占全国比重（％）	35.91	41.54	41.65	31.14	47.73	8.36	47.50
内蒙古	264.2	13.6		7.0			
广　西	2 116.6		836.5	40.2	323.2	3.5	55.9
重　庆	431.3	0.4	261.2	29.0	0.1		11.7
四　川	1 080.7	72.6	433.0	94.7	4.9		37.6
贵　州	369.5	9.1	47.9	35.9	4.0		31.3
云　南	813.4	51.9	98.1	57.6	203.5	9.0	101.3
西　藏	0.3						
陕　西	1 835.1	1 008.7	46.9	99.7			72.8
甘　肃	609.3	291.5	0.1	19.0			25.3
青　海	3.5	0.4		0.4			0.0
宁　夏	197.2	18.2		0.9			19.9
新　疆	1 497.8	163.3		116.2			293.5

表 148　我国西部地区主要林产品产量（2017—2018 年）

产 品	单 位	2017 年	2018 年	同比增长（%）
木材	万 m³	4 207	4 425	5.20
竹材	万根	89 710	119 110	32.80
板栗	t	509 683	517 687	1.60
竹笋干	t	229 304	175 141	−23.60
油茶籽	t	360 248	426 286	18.30
核桃	t	3 183 753	3 065 770	−3.70
生漆	t	10 660	12 690	19.04
油桐籽	t	197 823	183 213	−7.39
乌桕籽	t	4 441	2 955	−33.46
五倍子	t	12 178	14 025	15.17
棕片	t	24 213	23 129	−4.48
松脂	t	771 693	816 372	5.79
紫胶（原胶）	t	2 980	2 022	−32.15

表 149　我国西部地区主要畜产品产量（2017—2018 年）

产 品 名 称	单 位	2017 年	2018 年	同比增长（%）
一、肉类总产量	万 t	2 618.6	2 658.7	1.50
猪 肉	万 t	1 601.2	1 632.0	1.90
牛 肉	万 t	285.3	288.5	1.10
羊 肉	万 t	284.2	287.9	1.30
禽 肉	万 t	390.7	393.9	0.80
兔 肉	万 t	26.8	27.1	1.10
二、其他畜产品产量				
奶 类	万 t	1 339.1	1 366.3	2.03
牛 奶	万 t	1 260.1	1 288.8	2.28
山羊粗毛	万 t	18 914.8	14 471.1	−23.49
绵羊毛	万 t	307 901.9	270 017.2	−12.30
细羊毛	t	104 461.9	98 583.8	−5.63
半细羊毛	t	66 368.4	61 399.5	−7.49
山羊绒	t	13 109.8	11 318.1	−13.67
蜂 蜜	t	13.5	14.4	6.67
禽 蛋	t	440.7	450.7	2.27

表 150　我国西部地区水产品产量（2017—2018 年）

单位：kt、%

产 品 名 称	2017 年	2018 年	同比增长
水产品总产量	6 813.8	6 944.6	1.92
按海水、内陆分			
海水产品产量	1 919.0	1 944.2	1.31
内陆水产品产量	4 894.8	5 000.4	2.16
按生产性质分			
捕捞产量	913.5	823.7	−9.83
养殖产量	5 900.2	6 120.9	3.74

表 151　我国西部地区人均主要农产品、畜产品、水产品产量（2017—2018 年）

单位：kg/人

产 品 名 称	2017 年	2018 年	同比增长（％）
一、主要农产品	2363.1	2402.6	1.67
（一）粮　食	443.2	446.8	0.81
1.谷　物	379.6	381.2	0.42
稻　谷	113.5	113.0	−0.44
小　麦	52.1	50.8	−2.50
玉　米	201.7	204.3	1.29
谷　子	2.5	2.1	−16.00
高　粱	2.2	3.3	50.00
2.豆　类	15.7	16.5	5.10
大　豆	10.4	10.8	3.85
杂　豆	5.3	5.7	7.55
3.薯　类	47.9	49.2	2.71
马铃薯	34.2	35.0	2.34
（二）油　料	30.6	29.3	−4.25
花　生	4.7	4.9	4.26
油菜籽	17.1	17.1	0.00
芝　麻	0.1	0.1	0.00
胡麻籽	0.6	0.7	16.67
向日葵籽	7.3	5.7	−21.92
（三）棉　花	12.3	13.6	10.57
（四）麻　类	0.2	0.2	0.00
黄红麻			
（五）糖　料	254.7	264.6	3.89
甘　蔗	232.9	239.0	2.62
甜　菜	21.8	25.5	16.97
（六）水　果	236.2	243.7	3.18
（七）烟　叶	3.9	3.7	−5.13
烤　烟	3.7	3.4	−8.11
二、畜产品			
（一）猪牛羊肉	57.8	58.4	1.04
猪　肉	42.6	43.1	1.17
牛　肉	7.6	7.6	0.00
羊　肉	7.6	7.6	0.00
（二）奶　类	35.7	36.1	1.12
牛　奶	33.6	34.1	1.49
（三）禽　蛋	11.7	11.9	1.71
三、水产品	17.5	18.4	5.14
鱼　类	13.4	13.9	3.73
虾蟹类	1.2	1.3	8.33

表 152　我国西部地区农林牧渔业总产值、增加值及构成（2017—2018 年）

名　　称	总　产　值		增　加　值	
	2017 年	2018 年	2017 年	2018 年
一、绝对数（亿元）				
合　　计	**32 680.6**	**34 585.3**	**19 837.5**	**21 050.4**
1. 农　业	19 229.9	20 754.0	12 411.9	13 370.1
2. 林　业	1 693.0	1 813.5	1 128.1	1 214.9
3. 牧　业	9 410.1	9 504.7	4 978.2	5 046.3
4. 渔　业	1 055.0	1 118.5	683.7	723.8
二、构成（%）				
农林牧渔业合计	100.0	100.0	100.0	100.0
1. 农　业	58.8	60.0	62.6	63.5
2. 林　业	5.2	5.2	5.7	5.8
3. 牧　业	28.8	27.5	25.1	24.0
4. 渔　业	3.2	3.2	3.4	3.4

表 153　我国西部地区林业产业总产值（2018 年）

单位：万元

地区	总　　计	第一产业	第二产业	第三产业
全国总计	**762 727 590**	**245 808 400**	**349 958 761**	**166 960 429**
地区小计	**194 879 258**	**87 093 773**	**58 820 239**	**49 065 246**
占全国比重（%）	25.55	35.43	16.81	29.39
内蒙古	5 005 409	2 000 547	1 669 769	1 335 093
广　西	57 082 451	19 550 093	30 356 465	7 175 893
重　庆	12 605 922	5 199 893	3 689 380	3 716 649
四　川	37 408 252	14 438 460	9 977 274	12 992 518
贵　州	30 100 000	8 855 188	3 961 577	17 283 235
云　南	22 207 951	13 395 340	5 959 590	2 853 021
西　藏	358 893	294 891	3 342	60 660
陕　西	13 206 108	10 348 411	1 345 835	1 511 862
甘　肃	4 802 713	3 743 224	236 703	822 786
青　海	675 339	493 314	96 961	85 064
宁　夏	1 623 706	764 420	558 996	300 290
新　疆	9 802 514	8 009 992	964 347	928 175

表 154　我国西部地区森林工业主要产品产量（2018 年）

地　区	锯材 （万 m³）	木片 （万实积 m³）	胶合板 （万 m³）	纤维板 （万 m³）	刨花板 （万 m³）	其他人造板 （万 m³）	改性木材 （万 m³）	指接材 （万 m³）
全国总计	8361.8	4089.0	17898.3	6168.1	2731.5	3111.4	140.1	364.5
地区小计	3 114.4	974.9	3 541.4	1 236.9	370.0	650.7	24.7	34.8
占全国比重（%）	37.24	23.84	19.78	20.05	13.55	20.91	17.63	9.55
内蒙古	1260.2	0.8	32.4		0.1	2.9		
广　西	1242.0	722.6	2988.4	757.1	279.6	433.6	20.9	22.2
重　庆	100.5	53.9	56.8	53.4	33.5	16.1	2.6	6.1
四　川	170.2	65.8	177.2	275.3	9.6	103.2	0.5	3.6
贵　州	170.0	15.8	67.8	10.5	9.5	58.2	0.5	1.4
云　南	150.4	108.1	195.8	118.0	37.3	33.1	0.2	1.5
西　藏			0.4					
陕　西	7.4	6.6	10.5	13.9	0.4	2.1		
甘　肃	1.3		0.7	2.5		1.4		
青　海								
宁　夏								
新　疆	12.4	1.3	11.1	6.2		0.1		

地　区	木竹地板 （万 m²）	松香类产品 （t）	松节油类产品 （t）	樟脑 （t）	冰片 （t）	栲胶类产品 （t）	紫胶类产品 （t）	木材热解产品 （t）	木质生物质成型燃料（t）
全国总计	82 568.31	1 664 982	278 226	14 972	1 098	4 667	7 098	1 767 541	872 859
地区小计	1 499.97	1 107 683	157 022	816	1011	2 325	6 359	598 588	153 429
占全国比重（%）	1.82	66.53	56.44	5.45	92.08	49.82	89.59	33.87	17.58
内蒙古	8.60							3 000	100 000
广　西	465.68	917 622	130117			1 525	3 567	26 337	5 824
重　庆	16.25	1 120						4 005	
四　川	553.11			816	200			13 448	
贵　州	118.92	13 396	1227		51	800		529 523	35 605
云　南	337.10	175 345	25678		760		2 792	22 275	12 000
西　藏									
陕　西	0.31	200							
甘　肃									
青　海									
宁　夏									
新　疆									

表 155　我国西部地区粮食作物单位面积产量（2018 年）

单位：kg/hm²

地　区	谷物	稻谷	小麦	玉米	豆类	薯类	油料
全　国	**6 120.5**	**7 026.6**	**5 416.6**	**6 104.3**	**1 885.1**	**3 990.5**	**2 667.2**
内蒙古	6 232.5	8 100.0	3 390.0	7 215.0	1 573.0	4 260.8	2 261.6
广　西	5 447.2	5 798.6	1 666.7	4 678.1	1 683.4	1 894.6	2 738.9
重　庆	6 588.1	7 417.5	3 289.3	5 681.9	2 028.3	4 236.0	1 959.6
四　川	6 319.7	7 890.1	3 894.5	5 745.2	2 314.7	4 291.9	2 431.2
贵　州	4 885.3	6 262.9	2 342.9	4 300.8	901.1	3 228.2	1 727.5
云　南	4 984.1	6 211.5	2 190.0	5 187.1	2 515.5	3 023.5	1 970.5
西　藏	5 665.7	5 592.7	6 133.0	6 517.8	4 929.4	6 693.6	2 596.3
陕　西	4 461.1	7 656.1	4 149.0	4 952.6	1 518.9	2 734.0	2 146.6
甘　肃	4 742.0	6 468.9	3 616.8	5 825.7	2 223.5	3 545.1	2 161.0
青　海	3 548.2		3 820.8	6 249.3	2 264.9	4 103.3	1 924.9
宁　夏	5 859.1	8 531.0	3 233.5	7 549.1	1 243.4	3 309.4	2 161.2
新　疆	6 851.0	9 268.2	5 544.4	8 009.1	3 136.6	6 905.9	3 025.6

表 156　我国西部地区国有农场基本情况（2018 年）

地　区	农场个数（个）	职工人数（万人）	耕地面积（khm²）
全国总计	**1 759**	**192.1**	**6 419.7**
地区小计	**644**	**27.3**	**2 531.5**
占全国比重（%）	36.61	14.21	39.43
内蒙古	104	6.6	694.6
广　西	18	2.2	33.6
重　庆	17	0.7	0.3
四　川	30	0.1	0.9
贵　州	37	0.3	1.1
云　南	43	5.2	12.0
陕　西	12	0.4	10.8
甘　肃	21	1.3	68.9
青　海	22	0.6	38.1
宁　夏	14	1.1	41.2
新　疆	326	8.8	1 630.0

其 他

表 157 我国农产品质量安全例行监测情况（2019 年）

监测产品种类	合格率（%）	同比
蔬 菜	97.3	上升 0.1 个百分点
畜禽产品	98.3	下降 0.3 个百分点
水产品	95.7	下降 1.4 个百分点
水 果	94.1	下降 1.9 个百分点
茶 叶	98.3	上升 1.1 个百分点

资料来源：表中数据由中华人民共和国中央人民政府官网提供。

表 158 我国大米加工 50 强企业（2018 年）

序号	企 业 名 称	序号	企 业 名 称
1	中粮粮谷控股有限公司	26	黑龙江秋然米业有限公司
2	益海嘉里金龙鱼粮油食品股份有限公司	27	湖北庄品健实业（集团）有限公司
3	湖北国宝桥米有限公司	28	湖南天下洞庭粮油实业有限公司
4	华润五丰米业（中国）有限公司	29	黑龙江省北大荒米业有限公司
5	金健米业股份有限公司	30	安徽联河股份有限公司
6	万年贡米集团有限公司	31	深圳市深粮控股股份有限公司
7	湖北禾丰粮油集团有限公司	32	湖南粮食集团有限责任公司
8	福娃集团有限公司	33	福建泉州市金穗米业有限公司
9	北京古船米业有限公司	34	宁夏昊王米业集团有限公司
10	上海良友（集团）有限公司	35	安徽省白湖农场集团有限责任公司
11	湖北省粮油（集团）有限责任公司	36	湖南浩天米业有限公司
12	江苏省农垦米业集团有限公司	37	深圳市中泰米业有限公司
13	盘锦鼎翔米业有限公司	38	吉林裕丰米业股份有限公司
14	湖北省宏发米业公司	39	庆安东禾金谷粮食储备有限公司
15	洪湖市洪湖浪米业有限责任公司	40	江西金佳谷物股份有限公司
16	安徽牧马湖农业开发集团有限公司	41	天长市天鑫粮油贸易有限责任公司
17	宜兴市粮油集团大米有限公司	42	松原粮食集团有限公司
18	安徽省桐城青草香米业集团有限公司	43	广东穗方源实业有限公司
19	江西奉新天工米业有限公司	44	南京沙塘庵粮油实业有限公司
20	山信粮业有限公司	45	上海垠海贸易有限公司
21	湖南角山米业有限责任公司	46	深圳市稼贾福实业有限公司
22	东莞市太粮米业有限公司	47	湖北宏凯工贸发展有限公司
23	安徽稼仙金佳粮集团股份有限公司	48	黑龙江省和粮农业有限公司
24	安徽省阜阳市海泉粮油工业股份有限公司	49	安徽省东博米业有限公司
25	安徽光明槐祥工贸集团有限公司	50	宁夏兴唐米业集团有限公司

表 159 我国小麦粉加工 50 强企业（2018 年）

序号	企 业 名 称	序号	企 业 名 称
1	五得利面粉集团有限公司	26	内蒙古恒丰食品工业（集团）股份有限公司
2	中粮粮谷控股有限公司	27	宝鸡祥和面粉有限责任公司
3	益海嘉里金龙鱼粮油食品股份有限公司	28	江苏省银河面粉有限公司
4	河北金沙河面业集团有限责任公司	29	江苏省淮安新丰面粉有限公司
5	蛇口南顺面粉有限公司	30	广州岭南穗粮谷物股份有限公司
6	今麦郎食品有限公司	31	青岛维良食品有限公司
7	发达面粉集团股份有限公司	32	维维六朝松面粉产业有限公司
8	陕西陕富面业有限责任公司	33	安徽省凤宝粮油食品（集团）有限公司
9	山东利生食品集团有限公司	34	广东金禾面粉有限公司
10	江苏三零面粉有限公司	35	河南莲花面粉有限公司
11	滨州中裕食品有限公司	36	西安爱菊粮油工业集团有限公司
12	北京古船食品有限公司	37	固安县参花面粉有限公司
13	东莞穗丰粮食集团有限公司	38	安徽皖王面粉集团有限公司
14	河南省大程粮油集团股份有限公司	39	安徽省天麒面业科技股份有限公司
15	新疆天山面粉（集团）有限责任公司	40	山东梨花面业有限公司
16	陕西西瑞（集团）有限责任公司	41	遂平益康面粉有限公司
17	浙江恒天食品股份有限公司	42	宁夏塞北雪面粉有限公司
18	甘肃红太阳面业集团有限责任公司	43	湖南粮食集团有限责任公司
19	山东天邦粮油有限公司	44	深圳市深粮控股股份有限公司
20	山东半球面粉有限公司	45	天津利金粮油股份有限公司
21	安徽正宇面粉有限公司	46	安徽金鸽面业集团有限公司
22	陕西老牛面粉有限公司	47	湖北三杰粮油食品集团有限公司
23	广东白燕粮油实业有限公司	48	绵阳仙特米业有限公司
24	河南天香面业有限公司	49	河南神人助粮油有限公司
25	潍坊风筝面粉有限责任公司	50	上海福新面粉有限公司

表 160　我国食用油加工 50 强企业（2018 年）

序号	企 业 名 称	序号	企 业 名 称
1	益海嘉里金龙鱼粮油食品股份有限公司	26	云南滇雪粮油有限公司
2	山东鲁花集团有限公司	27	广州植之元油脂实业有限公司
3	九三粮油工业集团有限公司	28	广东鹰唛食品有限公司
4	三河汇福粮油集团有限公司	29	山东玉皇粮油食品有限公司
5	西王集团有限公司	30	防城港澳加粮油工业有限公司
6	山东三星玉米产业科技有限公司	31	湖北天星粮油股份有限公司
7	山东香驰粮油有限公司	32	邦基正大（天津）粮油有限公司
8	上海良友海狮油脂实业有限公司	33	河南懿丰油脂有限公司
9	中粮东海粮油工业（张家港）有限公司	34	上海富味乡油脂食品有限公司
10	佳格投资（中国）有限公司	35	成都市新兴粮油有限公司
11	中储粮镇江粮油有限公司	36	西安爱菊粮油工业集团有限公司
12	道道全粮油股份有限公司	37	北京艾森绿宝油脂有限公司
13	仪征方顺粮油工业有限公司	38	厦门银祥油脂有限公司
14	山东金胜粮油食品有限公司	39	凯欣粮油有限公司
15	山东龙大植物油有限公司	40	长安花粮油股份有限公司
16	青岛天祥食品集团有限公司	41	河北兴发植物油有限公司
17	金太阳粮油股份有限公司	42	合肥金润米业有限公司
18	湖南粮食集团有限责任公司	43	玉锋实业集团有限公司
19	湖北省粮油（集团）有限责任公司	44	浙江新市油脂股份有限公司
20	江苏中海粮油工业有限公司	45	江苏佳丰粮油工业有限公司
21	青岛长生集团股份有限公司	46	河南爱厨植物油有限公司
22	山东渤海实业股份有限公司	47	河南省淇花食用油有限公司
23	河南阳光油脂集团有限公司	48	江苏金洲粮油集团
24	合肥燕庄食用油有限责任公司	49	湖北黄袍山绿色产品有限公司
25	西安邦淇制油科技有限公司	50	内蒙古蒙佳粮油工业集团有限公司

表 161　我国挂面加工十强企业（2018 年）

序　号	企　业　名　称
1	河北金沙河面业集团有限责任公司
2	克明面业股份有限公司
3	益海嘉里金龙鱼粮油食品股份有限公司
4	今麦郎食品有限公司
5	五得利面粉集团有限公司
6	中粮粮谷控股有限公司
7	想念食品股份有限公司
8	博大面业集团有限公司
9	江西省春丝食品有限公司
10	宁夏塞北雪面粉有限公司

表 162　我国杂粮加工十强企业（2018 年）

序　号	企　业　名　称
1	安徽燕之坊食品有限公司
2	吉林市永鹏农副产品开发有限公司
3	浙江新市油脂股份有限公司
4	怀仁县龙首山粮油贸易有限责任公司
5	苏州优尔食品有限公司
6	内蒙古正隆谷物食品有限公司
7	苏州金记食品有限公司
8	安徽凯利粮油食品有限公司
9	黑龙江省和粮农业有限公司
10	内蒙古老哈河粮油工业有限责任公司

表 163　我国粮油机械制造十强企业（2018 年）

序　号	企　业　名　称
1	布勒（无锡）商业有限公司
2	丰尚农牧装备有限公司
3	江苏正昌集团有限公司
4	合肥美亚光电技术股份有限公司
5	开封市茂盛机械有限公司
6	迈安德集团有限公司
7	湖南郴州粮油机械有限公司
8	河北苹乐面粉机械集团有限公司
9	湖北永祥粮食机械股份有限公司
10	安徽捷迅光电技术有限公司

资料来源：表 158 至表 163 的数据由中国粮食行业协会、中国粮油学会和中国粮食经济学会提供。

5

第五部分

标准、专利

农产品加工业部分国家标准（2019 年）

标 准 号	标 准 名 称	代 替 标 准
GB/T 1537—2019	棉籽油	
GB 2763—2019	食品安全国家标准　食品中农药最大残留限量	
GB/T 5226.1—2019	机械电气安全　机械电气设备　第1部分：通用技术条件	
GB/T 5494—2019	粮油检验　粮食、油料的杂质、不完善粒检验	GB/T 5494—2008
GB/T 5513—2019	粮油检验　粮食中还原糖和非还原糖测定	GB/T 5513—2008
GB/T 6192—2019	黑木耳	
GB/T 8235—2019	亚麻籽油	
GB/T 9959.1—2019	鲜、冻猪肉及猪副产品　第1部分：片猪肉	GB 9959.1—2001
GB/T 9959.3—2019	鲜、冻猪肉及猪副产品　第3部分：分部位分割猪肉	
GB/T 9959.4—2019	鲜、冻猪肉及猪副产品　第4部分：猪副产品	
GB/T 14614—2019	粮油检验　小麦粉面团流变学特性测试　粉质仪法	GB/T 14614—2006
GB/T 14615—2019	粮油检验　小麦粉面团流变学特性测试　拉伸仪法	GB/T 14615—2006
GB/T 16266—2019	包装材料试验方法　接触腐蚀	GB/T 16266—2008
GB/T 17236—2019	畜禽屠宰操作规程　生猪	GB/T 17236—2008
GB/T 18108—2019	鲜海水鱼通则	GB/T 18108—2008
GB/T 18319—2019	纺织品　光蓄热性能试验方法	GB/T 18319—2001
GB/T 18886—2019	纺织品　色牢度试验　耐唾液色牢度	GB/T 18886—2002
GB/T 19479—2019	畜禽屠宰良好操作规范　生猪	GB/T 19479—2004
GB/T 19941.1—2019	皮革和毛皮　甲醛含量的测定　第1部分：高效液相色谱法	GB/T 19941—2005
GB/T 19941.2—2019	皮革和毛皮　甲醛含量的测定　第2部分：分光光度法	GB/T 19941—2005
GB/T 19941.3—2019	皮革和毛皮　甲醛含量的测定　第3部分：甲醛释放量	
GB/T 19942—2019	皮革和毛皮　化学试验　禁用偶氮染料的测定	GB/T 19942—2005
GB/T 20575—2019	鲜、冻肉生产良好操作规范	GB/T 20575—2006
GB/T 21655.2—2019	纺织品　吸湿速干性的评定　第2部分：动态水分传递法	GB/T 21655.2—2009
GB/T 22327—2019	核桃油	GB/T 22327—2008
GB 23200.116—2019	食品安全国家标准　植物源性食品中90种有机磷类农药及其代谢物残留量的测定　气相色谱法	
GB 23200.117—2019	食品安全国家标准　植物源性食品中喹啉铜残留量的测定　高效液相色谱法	
GB/T 24252—2019	蚕丝被	GB/T 24252—2009
GB/T 24616—2019	冷藏、冷冻食品物流包装、标志、运输和储存	GB/T 24616—2009
GB/T 26150—2019	免洗红枣	GB/T 26150—2010
GB/T 33610.1—2019	纺织品　消臭性能的测定　第1部分：通则	
GB/T 33610.3—2019	纺织品　消臭性能的测定　第3部分：气相色谱法	
GB/T 37422—2019	绿色包装评价方法与准则	
GB/T 37492—2019	粮油检验　谷物及其制品水溶性膳食纤维的测定　酶重量法	
GB/T 37493—2019	粮油检验　谷物、豆类中可溶性糖的测定　铜还原-碘量法	
GB/T 37494—2019	粮油机械　轧坯机	
GB/T 37495—2019	粮油机械　碟式汽提塔	
GB/T 37496—2019	粮油机械　平转浸出器	

标 准 号	标 准 名 称	代 替 标 准
GB/T 37497—2019	粮油机械　软化锅	
GB/T 37509—2019	食用油运载容器技术条件	
GB/T 37510—2019	粮油检验　小麦粉膨胀势的测定	
GB/T 37511—2019	粮油检验　小麦粉面团流变学特性测试　混合试验仪法	
GB/T 37512—2019	粮油检验　实际与理论 ECN42 甘三酯含量差值的测定	
GB/T 37513—2019	粮油机械　低破碎斗式提升机	
GB/T 37519—2019	粮油机械　斗式提升机	
GB/T 37597—2019	电动食品加工器具　性能测试方法	
GB/T 37629—2019	纺织品　定量化学分析　聚丙烯腈纤维与某些其他纤维的混合物	
GB/T 37710—2019	粮食物流名词术语	
GB/T 37719.1—2019	粮油储藏　储粮害虫检验辅助图谱　第1部分：拟步甲科	
GB/T 37748—2019	元宝枫籽油	
GB/T 37749—2019	茶树菇	
GB/T 37850—2019	食品从业人员用工作服技术要求	
GB/T 37858—2019	纸浆　纤维湿重的测定	
GB/T 37859—2019	纸、纸板和纸制品　丙烯酰胺的测定	
GB/T 37860—2019	纸、纸板和纸制品　邻苯二甲酸酯的测定	
GB/T 37917—2019	油茶籽	
GB/Z 37925—2019	粮食集装化包装仓储作业技术要求	
GB/T 38006—2019	纺织品　织物经蒸汽熨烫后尺寸变化试验方法	
GB/T 38014—2019	纺织品　手术防护用非织造布	
GB/T 38015—2019	纺织品　定量化学分析　氨纶与某些其他纤维的混合物	
GB/T 38016—2019	纺织品　干燥速率的测定	
GB/T 38136—2019	化学纤维　产品分类	
GB/T 38208—2019	农产品基本信息描述　茶叶	
GB/T 38272—2019	机械安全　机械设备安全升级指南	
GB/T 38303—2019	农业社会化服务　农民技能培训规范	
GB/T 38398—2019	纺织品　过滤性能　最易穿透粒径的测定	
GB/T 38399.1—2019	纺织机械与附件　平型经编机词汇　第1部分：基本结构和成圈机件	
GB/T 38399.2—2019	纺织机械与附件　平型经编机词汇　第2部分：送经、织物牵拉和卷取	
GB/T 38399.3—2019	纺织机械与附件　平型经编机词汇　第3部分：提花装置	
GB/T 38399.4—2019	纺织机械与附件　平型经编机词汇　第4部分：缝编机和缝编装置	
GB/T 38401—2019	皮革和毛皮　化学试验　二甲基甲酰胺含量的测定	
GB/T 38402—2019	皮革和毛皮　化学试验　六价铬含量的测定：色谱法	
GB/T 38405—2019	皮革和毛皮　化学试验　短链氯化石蜡的测定	
GB/T 38406—2019	皮革化学品　合成鞣剂中鞣质含量的测定	
GB/T 38407—2019	皮革和毛皮化学品　铬鞣剂中六价铬及还原性的测定	

标 准 号	标 准 名 称	代 替 标 准
GB/T 38408—2019	皮革 材质鉴别 显微镜法	
GB/T 38410—2019	皮革化学品 鞣剂中鞣质含量的测定 过滤法	
GB/T 38411—2019	皮革化学品 皮革加工助剂中游离甲醛的测定	
GB/T 38412—2019	皮革制品 通用技术规范	
GB/T 38413—2019	纺织品 细颗粒物过滤性能试验方法	
GB/T 38414—2019	家用纺织品分类	
GB/T 38416—2019	毛皮 材质鉴别 显微镜法	
GB/T 38417—2019	纺织机械与附件 电子经停装置用停经杆	
GB/T 38419—2019	纺织品 米氏酮和米氏碱的测定	
GB/T 38422—2019	纺织机械与附件 圆型针织机 词汇	

农产品加工业农业行业标准（2019 年）

标 准 号	标 准 名 称	代 替 标 准
NY/T 1220.1—2019	沼气工程技术规范 第 1 部分：工程设计	NY/T 1220.1—2006
NY/T 1220.2—2019	沼气工程技术规范 第 2 部分：输配系统设计	NY/T 1220.2—2006
NY/T 1220.3—2019	沼气工程技术规范 第 3 部分：施工及验收	NY/T 1220.3—2006
NY/T 1220.4—2019	沼气工程技术规范 第 4 部分：运行管理	NY/T 1220.4—2006
NY/T 1220.5—2019	沼气工程技术规范 第 5 部分：质量评价	NY/T 1220.5—2006
NY/T 3344—2019	苹果腐烂病抗性鉴定技术规程	
NY/T 3345—2019	梨黑星病抗性鉴定技术规程	
NY/T 3346—2019	马铃薯抗青枯病鉴定技术规程	
NY/T 3347—2019	玉米籽粒生理成熟后自然脱水速率鉴定技术规程	
NY/T 3413—2019	葡萄病虫害防治技术规程	
NY/T 3414—2019	日晒高温覆膜法防治韭蛆技术规程	
NY/T 3415—2019	香菇菌棒工厂化生产技术规范	
NY/T 3416—2019	茭白贮运技术规范	
NY/T 3417—2019	苹果树主要害虫调查方法	
NY/T 3418—2019	杏鲍菇等级规格	
NY/T 3419—2019	茶树高温热害等级	
NY/T 3420—2019	土壤有效硒的测定 氢化物发生原子荧光光谱法	
NY/T 3421—2019	家蚕核型多角体病毒检测 荧光定量 PCR 法	
NY/T 3422—2019	肥料和土壤调理剂 氟含量的测定	
NY/T 3423—2019	肥料增效剂 3,4-二甲基吡唑磷酸盐（DMPP）含量的测定	
NY/T 3424—2019	水溶肥料 无机砷和有机砷含量的测定	
NY/T 3425—2019	水溶肥料 总铬、三价铬和六价铬含量的测定	
NY/T 3426—2019	玉米细胞质雄性不育杂交种生产技术规程	
NY/T 3427—2019	棉花品种枯萎病抗性鉴定技术规程	
NY/T 3428—2019	大豆品种大豆花叶病毒病抗性鉴定技术规程	
NY/T 3429—2019	芝麻品种资源耐湿性鉴定技术规程	
NY/T 3430—2019	甜菜种子活力测定 高温处理法	

(续)

标 准 号	标 准 名 称	代 替 标 准
NY/T 3431—2019	植物品种特异性、一致性和稳定性测试指南 补血草属	
NY/T 3432—2019	植物品种特异性、一致性和稳定性测试指南 万寿菊属	
NY/T 3433—2019	植物品种特异性、一致性和稳定性测试指南 枇杷属	
NY/T 3434—2019	植物品种特异性、一致性和稳定性测试指南 桂花草属	
NY/T 3435—2019	植物品种特异性、一致性和稳定性测试指南 芥蓝	
NY/T 3436—2019	柑橘属品种鉴定 SSR 分子标记法	
NY/T 3437—2019	沼气工程安全管理规范	
NY/T 3438.1—2019	村级沼气集中供气站技术规范 第 1 部分：设计	
NY/T 3438.2—2019	村级沼气集中供气站技术规范 第 2 部分：施工与验收	
NY/T 3438.3—2019	村级沼气集中供气站技术规范 第 3 部分：运行管理	
NY/T 3439—2019	沼气工程钢制焊接发酵罐技术条件	
NY/T 3440—2019	生活污水净化沼气池质量验收规范	
NY/T 3441—2019	蔬菜废弃物高温堆肥无害化处理技术规程	
NY/T 3442—2019	畜禽粪便堆肥技术规范	

农产品加工业林业行业标准（2019 年）

标 准 号	标 准 名 称	代 替 标 准
LY/T 1320—2019	软木纸	LY/T 1320—2010、LY/T 1321—2013
LY/T 1794—2019	人造板用木片	LY/T 1794—2008
LY/T 1925—2019	防腐木材产品标识	LY/T 1925—2010
LY/T 1822—2019	废弃木材循环利用规范	LY/T 1822—2009
LY/T 3130—2019	木栈道铺装技术规程	
LY/T 3131—2019	木质拼花地板	
LY/T 3132—2019	木质移门	
LY/T 3133—2019	户外用水性木器涂料	
LY/T 3134—2019	室内木质隔声门	
LY/T 3135—2019	木材剩余物	
LY/T 3136—2019	旋切单板干燥质量检测方法	
LY/T 3137—2019	沉香产品通用技术要求	
LY/T 3138—2019	木质品耐光色牢度等级评定方法	
LY/T 3139—2019	建筑墙面用实木挂板	
LY/T 3140—2019	木结构 销类紧固件屈服弯矩试验方法	
LY/T 3141—2019	古建筑木构件安全性鉴定技术规范	
LY/T 3142—2019	井干式木结构技术标准	
LY/T 3143—2019	结构和室外用木质材料产品标识	
LY/T 3144—2019	结构用木材金属紧固件连接试验 试材密度要求	
LY/T 3145—2019	木结构—楼板、墙板和屋顶用承重板的性能规范和要求	
LY/T 3146—2019	结构材纵接性能的测试方法	
LY/T 3147—2019	室外木材用涂料（清漆和色漆）分类及耐候性能要求	

标　准　号	标　准　名　称	代　替　标　准
LY/T 3148—2019	木雕及其制品通用技术要求	
LY/T 3149—2019	软木制品　术语	
LY/T 3150—2019	鞋底用软木	
LY/T 3151—2019	皂荚皂苷	
LY/T 3152—2019	无患子皂苷	
LY/T 3153—2019	3,4,5-三甲氧基苯甲酸甲酯	
LY/T 3154—2019	气相光催化净化用活性炭	
LY/T 3155—2019	活性炭苯吸附率的测定	
LY/T 3156—2019	车内空气净化用活性炭	
LY/T 3157—2019	松脂化学组成分析方法　毛细管气相色谱法	
LY/T 3158—2019	木浆生产综合耗能	
LY/T 3159—2019	细木工板生产节能技术规范	
LY/T 3160—2019	单板干燥机节能监测方法	
LY/T 3161—2019	工业糠醛生产综合能耗	
LY/T 3162—2019	胶合板生产节能技术规范	
LY/T 3163—2019	浸渍纸层压木质地板生产线节能技术规范	
LY/T 3164—2019	竹木复合层积地板生产综合耗能	

农产品加工业供销行业标准（2019年）

标　准　号	标　准　名　称	代　替　标　准
GH/T 1066—2019	棉包信息采集技术规程	GH/T 1066—2010
GH/T 1178—2019	祁门工夫红茶	GH/T 1178—2017
GH/T 1237—2019	枸杞浆	
GH/T 1238—2019	甜樱桃冷链流通技术规程	
GH/T 1239—2019	果蔬风冷预冷装备	
GH/T 1240—2019	干制蛹虫草	
GH/T 1241—2019	漳平水仙茶	
GH/T 1242—2019	紧压白茶加工技术规范	
GH/T 1243—2019	英德红茶	
GH/T 1244—2019	固态速溶普洱茶	
GH/T 1245—2019	生态茶园建设规范	
GH/T 1246—2019	茯茶加工技术规范	
GH/T 1247—2019	调味茶	
GH/T 1248—2019	信阳红茶	
GH/T 1249—2019	再生资源产业园区分类与基本规范	
GH/T 1259—2019	茶多酚制品中水分、茶多酚、咖啡碱含量的近红外光谱测定法	
GH/T 1260—2019	固态速溶茶中水分、茶多酚、咖啡碱含量的近红外光谱测定法	

(续)

标　准　号	标　准　名　称	代　替　标　准
GH/T 1262—2019	棉籽壳	
GH/T 1263—2019	棉包刷唛机	
GH/T 1264—2019	籽棉喂花机	
GH/T 1265—2019	棉花轧工质量分级仪	
GH/T 1266—2019	棉花轧工质量分级检测方法　仪器法	
GH/T 1267—2019	全自动棉花聚酯带捆扎机	
GH/T 1268—2019	籽棉收购数据格式	
GH/T 1269—2019	籽棉收购业务流程及管理规程	
GH/T 1270—2019	秸秆收储运体系建设规范	
GH/T 1271—2019	枸杞清汁	
GH/T 1272—2019	枇杷冷链流通技术规程	
GH/T 1273—2019	涡轮式水果打浆机	
GH/T 1274—2019	工业用杯式榨汁机	
GH/T 1275—2019	粉茶	
GH/T 1276—2019	开化龙顶茶	
GH/T 1277—2019	蒸青茶加工技术规范	
GH/T 1279—2019	农民专业合作社　农产品包装要求	

农产品加工业粮食行业标准（2019 年）

标　准　号	标　准　名　称	代　替　标　准
LS/T 3117—2019	杜仲籽	
LS/T 3118—2019	元宝枫籽	
LS/T 3316—2019	元宝枫籽饼粕	
LS/T 3317—2019	亚麻籽饼粕	
LS/T 3119—2019	油茶籽	
LS/T 3120—2019	油用牡丹籽	
LS/T 3121—2019	油用核桃	
LS/T 3122—2019	盐肤木果籽	
LS/T 3123—2019	橡胶籽	
LS/T 3124—2019	盐地碱蓬籽	
LS/T 3260—2019	燕麦米	
LS/T 3261—2019	盐肤木果油	
LS/T 3262—2019	食用橡胶籽油	
LS/T 3263—2019	盐地碱蓬籽油	
LS/T 3264—2019	美藤果油	
LS/T 3265—2019	文冠果油	
LS/T 3318—2019	橡胶籽饼粕	
LS/T 6136—2019	粮油检测　大米中锰、铜、锌、铷、锶、镉、铅的测定　快速提取-电感耦合等离子体质谱法	

农产品加工业轻工行业标准（2019 年）

标　准　号	标　准　名　称	代　替　标　准
QB/T 1378—2019	烤麸类罐头	QB/T 1378—1991
QB/T 2221—2019	粥类罐头	QB/T 2221—1996
QB/T 2811—2019	造纸用碳酸钙	QB/T 2811—2006
QB/T 4125—2019	纸浆　D65 亮度最高限量	QB/T 4125—2010
QB/T 4379—2019	手提纸袋	QB/T 4379—2012
QB/T 4627—2019	玉米笋罐头	QB/T 4627—2014
QB/T 5206—2019	植物饮料　凉茶	
QB/T 5395—2019	浓缩乳	
QB/T 5398—2019	造纸用原料　蔗渣	QB/T 3701—1999
QB/T 5400—2019	薄型封装纸	
QB/T 5421—2019	薯类罐头	
QB/T 5422—2019	八宝饭罐头	
QB/T 5439—2019	全自动手帕纸生产线	
QB/T 5440—2019	全自动抽取式面巾纸生产线	
QB/T 5441—2019	全自动卫生卷纸生产线	
QB/T 5454—2019	糠醛蒸馏塔	
QB/T 5455—2019	浓缩梨汁	
QB/T 5456—2019	梨汁及梨汁饮料	
QB/T 5466—2019	工坊啤酒机械　糖化过滤锅	
QB/T 5467—2019	工坊啤酒机械　煮沸回旋锅	
QB/T 5468—2019	饮料机械　聚酯（PET）瓶风力输送机	
QB/T 5469—2019	制酒饮料机械　瓶（罐）输送机	
QB/T 5470—2019	制酒饮料机械　无菌水杀菌机	

农产品加工业出入境检验检疫行业标准（2019 年）

标　准　号	标　准　名　称	代　替　标　准
SN/T 0337—2019	出口植物源性食品中克百威及其代谢物残留量的测定　液相色谱-质谱/质谱法	SN 0337—1995
SN/T 0491—2019	出口植物源食品中苯氟磺胺残留量检测方法	SN 0491—1995
SN/T 0654—2019	出口水果中克菌丹残留量的检测　气相色谱法和气相色谱-质谱/质谱法	SN 0654—1997
SN/T 0693—2019	出口植物源性食品中烯虫酯残留量的测定	SN 0693—1997
SN/T 0800.10—2019	进出口粮食、饲料　大豆粉吸水率检验方法	SN/T 0800.10—1999
SN/T 1017.6—2019	出口粮谷中叶枯酞残留量检测方法	SN/T 1017.6—2002
SN/T 1071.1—2019	出口粮谷中环庚草醚残留量的测定	SN/T 1017.1—2001
SN/T 1147—2019	椰心叶甲检疫鉴定方法	SN/T 1147—2002
SN/T 1148—2019	木薯单爪螨检疫鉴定方法	SN/T 1148—2002
SN/T 1149—2019	椰子缢胸叶甲检疫鉴定方法	SN/T 1149—2002
SN/T 1594—2019	出口茶叶及代用茶中噻嗪酮残留量的测定	SN/T 1594—2005
SN/T 1626—2019	出口肉及肉制品中甲硝唑、替硝唑、奥硝唑、洛硝哒唑、二甲硝咪唑、塞克硝唑残留量测定方法　液相色谱-质谱/质谱法	SN/T 1626—2005

（续）

标　准　号	标　准　名　称	代　替　标　准
SN/T 1690.3—2019	新型纺织纤维成分分析方法　第3部分：石墨烯改性纤维的定性鉴别	
SN/T 1873—2019	出口食品中硫丹残留量的检测方法	SN/T 1873—2007
SN/T 1943—2019	小麦及其制品中转基因成分普通PCR和实时荧光PCR定性检测方法	SN/T 1943—2007
SN/T 1979—2019	出口动物源食品中吡喹酮残留量的测定　液相色谱-质谱/质谱法	SN 1979—2007
SN/T 2012—2019	出口食醋中苯甲酸、山梨酸的检测方法　液相色谱及液相色谱-质谱/质谱法	SN/T 2012—2007
SN/T 2032—2019	进境种猪指定隔离检疫场建设规范	SN/T 2032—2007
SN/T 2316—2019	出口动物源食品中阿散酸、硝苯砷酸、洛克沙砷残留量的检测方法	SN/T 2316—2009
SN/T 2471—2019	落叶松种子小蜂与黄连木种子小蜂检疫鉴定方法	SN/T 2471—2010
SN/T 2574—2019	出口蜂王浆中双甲脒及其代谢产物残留量的测定　液相色谱-质谱/质谱法	SN/T 2574—2010
SN/T 2588—2019	刺桐姬小蜂检疫鉴定方法	SN/T 2588—2010
SN/T 2622—2019	柑橘溃疡病菌检疫鉴定方法	SN/T 2622—2010
SN/T 3847—2019	出口食品中苯二氮卓类药物残留量的测定　液相色谱-质谱/质谱法	SN/T 3847—2014 SN/T 2220—2008
SN/T 4675.31—2019	出口葡萄酒中丙三醇碳稳定同位素比值的测定　液相色谱-稳定同位素比值质谱法	
SN/T 4877.13—2019	基因条形码筛查方法　第13部分：检疫性马铃薯Y病毒属病毒	
SN/T 4877.14—2019	基因条形码筛查方法　第14部分：检疫性南方菜豆花叶病毒属病毒	
SN/T 4877.15—2019	基因条形码筛查方法　第15部分：检疫性叶点霉	
SN/T 5111—2019	进出口食用动物、饲料吡喹酮药物残留测定　液相色谱-质谱/质谱法	
SN/T 5112—2019	进出口食用动物、饲料丙二醇含量测定　气相色谱法和气相色谱-质谱法	
SN/T 5113—2019	进出口食用动物、饲料中呋喃测定　液相色谱-质谱/质谱法和液相色谱法	
SN/T 5114—2019	进出口食用动物、饲料氟苯尼考（氟甲砜霉素）测定　液相色谱-质谱/质谱法	
SN/T 5115—2019	进出口食用动物、饲料中卡巴氧测定　液相色谱-质谱/质谱法	
SN/T 5116—2019	进出口食用动物、饲料孔雀石绿、结晶紫测定　液相色谱-质谱/质谱法	
SN/T 5117—2019	进出口食用动物、饲料 链霉素类（链霉素、二氢链霉素）药物残留测定　液相色谱-质谱/质谱法	

标　准　号	标　准　名　称	代　替　标　准
SN/T 5118—2019	进出口食用动物、饲料中三聚氰胺残留测定　液相色谱-质谱/质谱法	
SN/T 5119—2019	进出口食用动物中新霉素药物残留测定　酶联免疫吸附法和液相色谱-质谱/质谱法	
SN/T 5120—2019	进出口食用动物、饲料中亚硝酸盐测定　比色法和离子色谱法	
SN/T 5121—2019	进出口食用动物、饲料中伊维菌素残留测定　液相色谱-质谱/质谱法	
SN/T 5122—2019	进出口食用动物、饲料喹诺酮类筛选检测　胶体金免疫层析法	
SN/T 5123—2019	进出口饲料组胺测定　比色法和酶联免疫吸附法	
SN/T 5124—2019	猪 Delta 冠状病毒检疫技术规范	
SN/T 5125—2019	水生动物副溶血弧菌和霍乱弧菌双重实时荧光检测方法	
SN/T 5126—2019	鲑鱼及其加工产品中转基因成分定性 PCR 检测方法	
SN/T 5128—2019	重要绿植扶桑绵粉蚧甲酸乙酯检疫熏蒸处理方法	
SN/T 5129—2019	苹果属上冬生疫霉菌、丁香疫霉菌和栗黑水疫霉菌的多重 PCR 筛查方法	
SN/T 5130—2019	疣粒稻鉴定方法	
SN/T 5131—2019	人参鉴定方法	
SN/T 5132—2019	肉苁蓉鉴定方法	
SN/T 5133—2019	枣大球蚧及近似种 DNA 条形码鉴定方法	
SN/T 5138—2019	棉花黄萎病菌检疫鉴定方法	
SN/T 5139—2019	马铃薯斑马片病菌检疫鉴定方法	
SN/T 5140—2019	出口动物源食品中磺胺类药物残留量的测定	SN 0498—95 SN/T 1965—2007 SN/T 2580—2010
SN/T 5141—2019	出口食品中汞形态的测定　液相色谱-电感耦合等离子体质谱法	
SN/T 5142—2019	进出口动物源性食品中粘菌素残留量的测定　液相色谱-串联质谱法	
SN/T 5143—2019	出口小麦粉及其制品中氨基脲的测定　液相色谱-质谱/质谱法	
SN/T 5144—2019	出口食品中酮脲磺草吩酯残留量的测定　液相色谱-质谱/质谱法	
SN/T 5145.1—2019	出口食品及饲料中动物源成分快速检测方法　第 1 部分：猫成分检测　PCR-试纸条法	
SN/T 5145.2—2019	出口食品及饲料中动物源成分快速检测方法　第 2 部分：貂成分检测　PCR-试纸条法	
SN/T 5145.3—2019	出口食品及饲料中动物源成分快速检测方法　第 3 部分：鹿成分检测　PCR-试纸条法	

(续)

标 准 号	标 准 名 称	代 替 标 准
SN/T 5145.4—2019	出口食品及饲料中动物源成分快速检测方法 第 4 部分：骆驼成分检测 PCR-试纸条法	
SN/T 5145.5—2019	出口食品及饲料中动物源成分快速检测方法 第 5 部分：狗成分检测 PCR-试纸条法	
SN/T 5145.6—2019	出口食品及饲料中动物源成分快速检测方法 第 6 部分：牛成分检测 PCR-试纸条法	
SN/T 5145.7—2019	出口食品及饲料中动物源成分快速检测方法 第 7 部分：绵羊成分检测 PCR-试纸条法	
SN/T 5145.8—2019	出口食品及饲料中动物源成分快速检测方法 第 8 部分：驴成分检测 PCR-试纸条法	
SN/T 5145.9—2019	出口食品及饲料中动物源成分快速检测方法 第 9 部分：狐狸成分检测 PCR-试纸条法	
SN/T 5145.10—2019	出口食品及饲料中动物源成分快速检测方法 第 10 部分：鹅成分检测 PCR-试纸条法	
SN/T 5145.11—2019	出口食品及饲料中动物源成分快速检测方法 第 11 部分：鸭成分检测 PCR-试纸条法	
SN/T 5145.12—2019	出口食品及饲料中动物源成分快速检测方法 第 12 部分：火鸡成分检测 PCR-试纸条法	
SN/T 5145.13—2019	出口食品及饲料中动物源成分快速检测方法 第 13 部分：鸽子成分检测 PCR-试纸条法	
SN/T 5146—2019	出口食品中左旋肉碱的测定 高效液相色谱和液相色谱-质谱/质谱法	
SN/T 5147—2019	出口乳制品中肌醇的测定 液相色谱-质谱/质谱法	
SN/T 5148—2019	出口动物源食品中可乐定和赛庚啶残留量的测定 液相色谱-质谱/质谱法	
SN/T 5149—2019	出口动物源食品中卡麦角林残留量的测定 液相色谱-质谱/质谱法	
SN/T 5155—2019	食品接触材料检测方法 高分子材料 食品模拟物中巴豆酸含量的测定 高效液相色谱法	
SN/T 5167—2019	出口动物源食品中氢氯噻嗪等 10 种利尿剂残留量的测定 液相色谱-质谱/质谱法	
SN/T 5168—2019	出口动物源食品中羟甲烯龙的测定 液相色谱-质谱/质谱法	
SN/T 5169—2019	出口动物源食品中美替诺龙的测定 液相色谱-质谱/质谱法	
SN/T 5170—2019	出口动物源食品中肾上腺素和去甲肾上腺素的测定	
SN/T 5171—2019	出口植物源性食品中去甲乌药碱的测定 液相色谱-质谱/质谱法	
SN/T 5217—2019	出口食品中溴化植物油含量的测定	
SN/T 5218—2019	出口食品中乙酰蓖麻酸酯含量的测定	
SN/T 5219—2019	出口食品中氨氯吡啶酸、氯氨吡啶酸残留量的测定 液相色谱-质谱/质谱法	

（续）

标　准　号	标　准　名　称	代　替　标　准
SN/T 5220—2019	出口食品中 3-氯丙醇酯及缩水甘油酯的测定　气相色谱-质谱法	
SN/T 5221—2019	出口植物源食品中氯虫苯甲酰胺残留量的测定	
SN/T 5222—2019	蜂蜜中 20 种全氟烷基化合物的测定　液相色谱-串联质谱法	
SN/T 5223—2019	蜂蜜中 18 种游离氨基酸的测定　高效液相色谱-荧光检测法	
SN/T 5224—2019	出口食品中单核细胞增生李斯特氏菌检验方法　实时荧光PCR 内标法	
SN/T 5225—2019	进出口食品中五种致泻大肠埃希氏菌快速检测方法　多重PCR 法	
SN/T 5226—2019	出口食品中鳖源性成分的检测　实时荧光 PCR 方法	
SN/T 5227.1—2019	出口食品中鸡源性成分快速检测　重组酶介导链替换核酸扩增法（RAA 法）	
SN/T 5227.2—2019	出口食品中猪源性成分快速检测　重组酶介导链替换核酸扩增法（RAA 法）	
SN/T 5227.3—2019	出口食品中羊源性成分快速检测　重组酶介导链替换核酸扩增法（RAA 法）	
SN/T 5227.4—2019	出口食品中鸭源性成分快速检测　重组酶介导链替换核酸扩增法（RAA 法）	
SN/T 5227.5—2019	出口食品中牛源性成分快速检测　重组酶介导链替换核酸扩增法（RAA 法）	
SN/T 5227.6—2019	出口食品中水牛源性成分快速检测　重组酶介导链替换核酸扩增法（RAA 法）	
SN/T 5227.7—2019	出口食品中马源性成分快速检测　重组酶介导链替换核酸扩增法（RAA 法）	
SN/T 5227.8—2019	出口食品中驴源性成分快速检测　重组酶介导链替换核酸扩增法（RAA 法）	
SN/T 5227.9—2019	出口食品中狐狸源性成分快速检测　重组酶介导链替换核酸扩增法（RAA 法）	
SN/T 5227.10—2019	出口食品中貂源性成分快速检测　重组酶介导链替换核酸扩增法（RAA 法）	
SN/T 5227.11—2019	出口食品中大鼠源性成分快速检测　重组酶介导链替换核酸扩增法（RAA 法）	
SN/T 5228.1—2019	出口食品中病原微生物快速筛选方法　MALDI-TOF MS法　第 1 部分：溶藻弧菌	
SN/T 5228.2—2019	出口食品中病原微生物快速筛选方法　MALDI-TOF MS法　第 2 部分：产气荚膜梭菌	
SN/T 5228.3—2019	出口食品中病原微生物快速筛选方法　MALDI-TOF MS法　第 3 部分：金黄色葡萄球菌	
SN/T 5228.4—2019	出口食品中病原微生物快速筛选方法　MALDI-TOF MS法　第 4 部分：克罗诺杆菌属	

（续）

标 准 号	标 准 名 称	代 替 标 准
SN/T 5228.5—2019	出口食品中病原微生物快速筛选方法 MALDI-TOF MS 法 第5部分：创伤弧菌	
SN/T 5228.6—2019	出口食品中病原微生物快速筛选方法 MALDI-TOF MS 法 第6部分：蜡样芽孢杆菌	
SN/T 5228.7—2019	出口食品中病原微生物快速筛选方法 MALDI-TOF MS 法 第7部分：空肠弯曲菌	
SN/T 5228.8—2019	出口食品中病原微生物快速筛选方法 MALDI-TOF MS 法 第8部分：肺炎克雷伯氏菌	
SN/T 5228.9—2019	出口食品中病原微生物快速筛选方法 MALDI-TOF MS 法 第9部分：铜绿假单胞菌	
SN/T 5232—2019	食品接触材料 鲜切制品气调包装的检测	

农产品加工业烟草行业标准（2019年）

标 准 号	标 准 名 称	代 替 标 准
YC/T 577—2019	卷烟联运滑托盘应用规范	
YC/T 578—2019	基于电子标签的片烟物流跟踪系统数据交换规范	
YC/T 579—2019	卷烟工业企业设备管理绩效评价方法	
YC/T 580—2019	烟草行业工业控制系统网络安全基线技术规范	
YC/T 581—2019	烟草行业数据中心数据建模规范	
YC/Z 582—2019	烟草企业安全风险分级管控和事故隐患排查治理指南	
YC/Z 583—2019	烟草行业信息系统容灾备份建设指南	

农产品加工业纺织行业标准（2019年）

标 准 号	标 准 名 称	代 替 标 准
FZ/T 01076—2019	粘合衬组合试样制作方法	FZ/T 01076—2010
FZ/T 01148—2019	纺织品 己二酸二酰肼的测定 液相色谱-串联质谱法	
FZ/T 01149—2019	纺织品 防风透湿性能的评定	
FZ/T 01150—2019	纺织品 竹纤维和竹浆粘胶纤维定性鉴别试验方法 近红外光谱法	
FZ/T 01151—2019	纺织品 织物耐磨性能试验方法 加速摩擦法	
FZ/T 01152—2019	纺织品 纬编针织物线圈长度和纱线线密度的测定	
FZ/T 01153—2019	非织造布 疵点的描述 术语	
FZ/T 01154—2019	非织造布粘结牢度试验 方法	
FZ/T 07003—2019	绿色设计产品评价技术规范 丝绸制品	
FZ/T 07004—2019	纺织行业绿色工厂评价导则	
FZ/T 12018—2019	紧密纺精梳棉本色纱线	FZ/T 12018—2009
FZ/T 12022—2019	涤纶与粘纤混纺色纺纱线	FZ/T 12022—2009
FZ/T 12061—2019	粘纤锦纶/聚酯（PBT）仿兔毛包芯本色纱线	
FZ/T 12062—2019	粘胶纤维色纺纱	
FZ/T 12063—2019	涤纶羊毛混纺色纺纱	
FZ/T 12064—2019	喷气涡流纺腈纶羊毛混纺色纺纱	

（续）

标　准　号	标　准　名　称	代　替　标　准
FZ/T 13021—2019	棉氨纶弹力本色布	FZ/T 13021—2009
FZ/T 13047—2019	棉与腈混纺本色布	
FZ/T 13048—2019	棉涤纶低弹丝包芯纱本色布	
FZ/T 13049—2019	涤纶氨纶弹力本色布	
FZ/T 14003—2019	拉毛起绒棉印染布	FZ/T 14003—2009
FZ/T 14014—2019	莱赛尔纤维印染布	FZ/T 14014—2009
FZ/T 14016—2019	棉氨纶弹力印染布	FZ/T 14016—2009
FZ/T 14043—2019	数码喷墨棉印花布	
FZ/T 14044—2019	棉与涤混纺阻燃染色布	
FZ/T 14045—2019	棉锦混纺阻燃染色布	
FZ/T 14046—2019	涤纶氨纶弹力印染布	
FZ/T 14047—2019	涤纶印染布	
FZ/T 20015.7—2019	毛纺产品分类、命名及编号　毛毯	FZ/T 20015.7—1998
FZ/T 20015.8—2019	毛纺产品分类、命名及编号　长毛绒	FZ/T 20015.8—1998
FZ/T 20033—2019	绵羊毛、山羊绒条中异色纤维和植物性杂质的测定	
FZ/T 21001—2019	自梳外毛毛条	FZ/T 21001—2009
FZ/T 22005—2019	半精纺毛机织纱线	FZ/T 22005—2008
FZ/T 22016—2019	喷毛纱	
FZ/T 24011—2019	羊绒机织围巾、披肩	FZ/T 24011—2010
FZ/T 32023—2019	亚麻与涤纶混纺色纺纱	
FZ/T 32024—2019	亚麻与棉混纺色纺纱	
FZ/T 32025—2019	亚麻与再生纤维素纤维混纺色纺纱	
FZ/T 42009—2019	桑蚕土丝	FZ/T 42009—2006
FZ/T 43053—2019	聚酯纤维形态记忆织物	
FZ/T 43054—2019	装备用涤纶长丝涂层织物	
FZ/T 43055—2019	锦纶长丝皮肤衣织物	
FZ/T 44006—2019	刺绣花边	
FZ/T 44007—2019	蚕丝拉绒围巾、披肩	
FZ/T 50009.4—2019	中空涤纶短纤维蓬松性和弹性试验方法	FZ/T 50009.4—2007
FZ/T 50045—2019	氨纶长丝　横截面积试验方法	
FZ/T 50046—2019	高模量纤维　单纤维拉伸性能试验方法	
FZ/T 50047—2019	聚酰亚胺纤维耐热、耐紫外光辐射及耐酸性能试验方法	
FZ/T 51016—2019	粘胶纤维原液着色用水性色浆	
FZ/T 52055—2019	有色聚乙烯/聚丙烯（PE/PP）复合短纤维	
FZ/T 54007—2019	锦纶 6 弹力丝	FZ/T 54007—2009
FZ/T 54013—2019	锦纶 66 工业用长丝	FZ/T 54013—2009
FZ/T 54022—2019	有色涤纶工业长丝	FZ/T 54022—2009
FZ/T 54024—2019	锦纶 6 预取向丝	FZ/T 54024—2009
FZ/T 54110—2019	涤纶中取向丝（MOY）	
FZ/T 54111—2019	涤纶中强牵伸丝	
FZ/T 54112—2019	聚对苯二甲酸丙二酯（PTT）膨体长丝（BCF）	

（续）

标　准　号	标　准　名　称	代　替　标　准
FZ/T 54113—2019	有色锦纶6预取向丝	
FZ/T 54114—2019	有色锦纶6牵伸丝	
FZ/T 54115—2019	锦纶6牵伸分纤母丝	
FZ/T 54116—2019	再生有色涤纶预取向丝	
FZ/T 54117—2019	高收缩涤纶牵伸丝	
FZ/T 54118—2019	高收缩涤纶牵伸丝/涤纶预取向丝混纤丝	
FZ/T 54119—2019	消光弹性涤纶牵伸丝	
FZ/T 54120—2019	有色氨纶长丝	
FZ/T 54121—2019	低熔点聚酯（LMPET）/聚酯（PET）复合单丝	
FZ/T 60007—2019	毛毯试验方法	FZ/T 60007—1991
FZ/T 60008—2019	毛毯非可复性伸长试验方法	FZ/T 60008—1992
FZ/T 61001—2019	纯毛、毛混纺毛毯	FZ/T 61001—2006
FZ/T 61002—2019	化纤仿毛毛毯	FZ/T 61002—2006
FZ/T 61006—2019	纬编腈纶毛毯	FZ/T 61006—2006
FZ/T 62039—2019	机织婴幼儿睡袋	
FZ/T 62013—2019	再生纤维素纤维凉席	FZ/T 62013—2009
FZ/T 62040—2019	纯棉絮棉	
FZ/T 63005—2019	机织腰带	FZ/T 63005—2010
FZ/T 63006—2019	松紧带	FZ/T 63006—2010
FZ/T 63047—2019	对位芳纶本色缝纫线	
FZ/T 63048—2019	聚酯网线	
FZ/T 63049—2019	车辆救援纤维绳索	
FZ/T 63050—2019	绝缘电力牵引绳	
FZ/T 64007—2019	树脂机织衬	FZ/T 64007—2010
FZ/T 64067—2019	双面机织粘合衬	
FZ/T 64068—2019	拒油防污机织粘合衬	
FZ/T 64069—2019	染色机织粘合衬	
FZ/T 64070—2019	衬纬经编针织拉毛粘合衬	
FZ/T 64071—2019	手撕胶带用缝编非织造基布	
FZ/T 64072—2019	鞋用防穿刺高强机织布	
FZ/T 64073—2019	编织类汽车坐垫	
FZ/T 64074—2019	砂带基布	
FZ/T 64075—2019	遮阳用聚氯乙烯包覆丝织物	
FZ/T 64076—2019	建筑包覆用非织造布	
FZ/T 64077.1—2019	壳聚糖纤维非织造布　第1部分：热风非织造布	
FZ/T 64077.2—2019	壳聚糖纤维非织造布　第2部分：水刺非织造布	
FZ/T 64077.3—2019	壳聚糖纤维非织造布　第3部分：针刺非织造布	
FZ/T 64078—2019	熔喷法非织造布	
FZ/T 71008—2019	半精纺毛针织纱线	FZ/T 71008—2008
FZ/T 72002—2019	毛条喂入式针织人造毛皮	FZ/T 72002—2006
FZ/T 72007—2019	经编针织人造毛皮	FZ/T 72007—2006

（续）

标 准 号	标 准 名 称	代 替 标 准
FZ/T 72024—2019	床上用品用针织面料	
FZ/T 72025—2019	西裤用针织面料	
FZ/T 72026—2019	鞋面用弹力针织布	
FZ/T 72027—2019	文胸用间隔织物	
FZ/T 73020—2019	针织休闲服装	FZ/T 73020—2012
FZ/T 73022—2019	针织保暖内衣	FZ/T 73022—2012
FZ/T 73025—2019	婴幼儿针织服饰	FZ/T 73025—2013
FZ/T 73029—2019	针织裤	FZ/T 73029—2009
FZ/T 73037—2019	针织运动袜	FZ/T 73037—2010
FZ/T 73061—2019	针织茄克衫	
FZ/T 73062—2019	针织沙滩服	
FZ/T 73063—2019	针织孕妇装	
FZ/T 73064—2019	针织西裤	
FZ/T 74007—2019	户外防晒皮肤衣	
FZ/T 81023—2019	防水透湿服装	
FZ/T 92079—2019	剥边器	FZ/T 92079—2011
FZ/T 93053—2019	转杯纺纱机　转杯	FZ/T 93053—2010
FZ/T 93054—2019	转杯纺纱机　分梳辊	FZ/T 93054—2010
FZ/T 93106—2019	上销	
FZ/T 93107—2019	纺织用粉尘分离压实器	
FZ/T 93108—2019	粗纱尾纱自动清除机	
FZ/T 93109—2019	高强线用数控捻线机	
FZ/T 93120—2019	非织造布分切复卷机	
FZ/T 94037—2019	织机用边撑刺轴技术条件	FZ/T 94037—1995
FZ/T 95005—2019	不锈钢导辊式平洗槽	FZ/T 95005—1994
FZ/T 95012—2019	单层拉幅定形机	FZ/T 95012—2010
FZ/T 95027—2019	高温高压喷射溢流染色机	
FZ/T 95028—2019	起毛机	
FZ/T 97039—2019	特里科型经编机	
FZ/T 98020—2019	织物透湿性能试验仪	
FZ/T 98021—2019	纺织品防水性能试验仪　静水压法	

农产品加工业发明专利（2018年）

［2018年农产品加工业（含加工制品、加工技术与设备）部分专利选摘］

申请或批准号	发 明 名 称	申请（专利权）人与通信地址	发明人
CN201810005675.3	一种减少断丝的制丝装置	浙江理工大学，浙江省杭州市市辖区杭州下沙经济开发区2号大街928号浙江理工大学（310018）	罗海林、傅雅琴
CN201810006379.5	一种减缓绿茶面变色速率的方法	江南大学，江苏省无锡市滨湖区蠡湖大道1800号（214122）	周惠明、于鲲
CN201810010997.7	一种农业用甘蔗搅碎榨汁设备	巧家县万华食品有限责任公司，云南省昭通市巧家县白鹤滩镇青年路祥和家园（657000）	廖燕平、曾淦蘋

（续）

申请或批准号	发 明 名 称	申请（专利权）人与通信地址	发明人
CN201810011716.X	一种手动蘑菇挤压除水装置	河南科丰种业集团有限公司，河南省濮阳市清丰县文化路东段（产业集聚区）（457000）	袁卫东、王运杰
CN201810013637.2	一种农业用水稻分级处理设备	奉节县凰富民丰生态农业发展有限公司，重庆市奉节县草堂镇柑子社区3组44号（404600）	周国良、王东中
CN201810018118.5	一种炭烤牛肉的切片工艺	安徽泷汇安全科技有限公司，安徽省合肥市高新区黄山路602号国家大学科技园（230088）	王财勇
CN201810033850.X	一种偏心轮转动式竹笋快速高效烘干装置	会同县鹿鸣笋业开发有限公司，湖南省怀化市会同工业集中区（水坪溪）（418000）	丁文海
CN201810037827.8	一种花生分级清洗装置	温州来福机械制造有限公司，浙江省温州市瑞安市曹村镇工业区（325200）	朱 岭
CN201810038144.4	一种食品加工用快速取放的蔬菜清洗设备	江苏灰太狼食品有限公司，江苏省盐城市盐都区张庄街道盐兴路28号（224015）	李海妹
CN201810056777.8	自动切肉穿串方法	北京正兴天宝自动化科技有限公司，北京市通州区马驹桥镇周营南街207号2号楼2层（101102）	孙 征
CN201810058037.8	一种农业用花生去壳装置	南京慧瞳作物表型组学研究院有限公司，江苏省南京市溧水区白马镇白朱路111号（211225）	刘飞云、李小燕
CN201810063421.7	一种贝莱斯芽孢杆菌及其分离筛选方法与应用	四川大学，四川省成都市武侯区一环路南一段24号（610000）	裴晓方、陈宇航
CN201810065990.5	一种富硒胡麻种植方法及其富硒胡麻粉的制备方法	山西省农业科学院高寒区作物研究所，山西省大同市迎宾东路18号高寒所（37008）	冯学金、王利琴
CN201810075851.0	一种横向喂入式麻类茎秆分离机	武汉纺织大学，湖北省武汉市江夏区阳光大道特1号（430205）	苏工兵、袁浪佳
CN201810079977.5	一种饲料及饲料添加剂生产装置	廊坊瑞康饲料有限公司，河北省廊坊市经济技术开发区广阳东道50号（65001）	楼德耀
CN201810083351.1	鱿鱼加工用专用油炸设备	重庆好弟兄食品有限公司，重庆市长寿区健康科技产业基地（葛兰工业组团）（401220）	候 杰、余传国
CN201810084424.9	具有自洁功能的水果清洗装置	重庆市长寿区石猫儿农业有限公司，重庆市长寿区长寿湖镇东海村11组30号（401120）	石建国
CN201810084525.6	面筋上料机	重庆好弟兄食品有限公司，重庆市长寿区健康科技产业基地（葛兰工业组团）（401220）	候 杰、余传国
CN201810085535.1	一种自吸卧式饲料粉碎搅拌机	安徽荣国环保智能科技有限公司，安徽省阜阳市界首市东城光武大道689号（236500）	费 军
CN201810087361.2	一种用于玉米粒清洗装置	徐州兴梁农业发展有限公司，江苏省徐州市睢宁县梁集镇西胜街39号（221245）	朱世新
CN201810098041.7	一种饲料加工设备	江苏万瑞达生物科技股份有限公司，江苏省盐城市东台经济开发区纬五路11-1号（224200）	杨丽君
CN201810106709.8	一种农业用晾晒装置	瑞安状元登第酒业有限公司，浙江省温州市瑞安市经济开发区阁巷高新小微园35幢办公楼3楼A02室（瑞安智造科创服务中心住所试行区）（325200）	平太宇

（续）

申请或批准号	发　明　名　称	申请（专利权）人与通信地址	发明人
CN201810107097.4	羟丙基木薯淀粉-玉米醇溶蛋白复合物及其制备方法	河南工业大学，河南省郑州市高新技术产业开发区莲花街（450001）	刘　洁、王香丽
CN201810112120.9	油炸设备	重庆市纭凡食品开发有限责任公司，重庆市长寿区长寿湖镇东海村11组29号（401220）	石建华
CN201810115084.1	一种微生物发酵反应器	安徽爱家食品有限公司，安徽省亳州市涡阳县马店集镇工业园区（233600）	岑罗琼
CN201810122959.0	一种低耗能的高粱秆榨汁装置	宿州市徽腾知识产权咨询有限公司，安徽省宿州市银河二路以北，磬云路以东港丽锦绣江南（西区）B1♯楼160（234000）	楼天涯
CN201810123031.4	一种物料表皮自动去除装置	大连大学，辽宁省大连市经济技术开发区学府大街10号（116622）	王元刚、贾卫平
CN201810125689.9	一种基于物联网具有筛选功能的板栗果皮处理设备	湖南文理学院，湖南省常德市武陵区洞庭大道3150号（415000）	李剑波、丁德红
CN201810138481.0	一种饲料用酶制备装置	盐城市同俊精密机械制造有限公司，江苏省盐城市射阳县海通镇金海路东侧射阜淮路南侧（224300）	王惠珍
CN201810152774.4	一种农业苹果加工苹果根蒂切割机	绍兴柯桥新兴门业有限公司，浙江省绍兴市柯桥区平水镇平水街307号（312000）	周德旺、张　翔
CN201810155677.0	一种脱水蔬菜生产用烘干流水线	安徽顶佳食品有限公司，安徽省淮北市濉溪县刘桥镇工业园区（钜峰新型建材公司院内）（235100）	任　磊
CN201810158220.5	土豆螺旋切片设备	岳西神农氏农业科技有限公司，安徽省安庆市岳西县长宁工业园内（246600）	陈灵枝
CN201810158243.6	扇贝取丁机及其取丁工艺	浙江渔福食品有限公司，浙江省杭州市余杭区崇贤街道银杏路9号5幢（311108）	曾国强
CN201810162185.4	一种水果盒子制作设备	杭州潇楠科技有限公司，浙江省杭州市萧山区萧山经济技术开发区启迪路198号A-B102-785室（311200）	罗燕美
CN201810162409.1	一种玉米秸秆饲料粉碎机用进料方法	宁夏金博乐食品科技有限公司，宁夏回族自治区吴忠市利通区古城工业园区顺发路南侧物华乳品饮料有限公司附属用房（750000）	薛德黔、陈汉英
CN201810174668.6	一种豆瓣酱的制备方法	西华大学，四川省成都市金牛区土桥金周路999号（610039）	吴　韬、李伟丽
CN201810176649.7	一种辣椒碎的加工设备及其制造方法	青岛德盛恒信食品有限公司，山东省青岛市平度市白沙河街道办事处尚河头村（266700）	王小杰
CN201810185576.8	一种饲料加工缓冲交错干燥装置	唐山市奥博尔饲料有限公司，河北省唐山市滦县茨榆坨工业开发区（63700）	侯芬芳
CN201810188639.5	一种甘蔗切头及清洗装置的工作方法	磐安县盘古农耕家庭农场有限公司，浙江省金华市磐安县新渥镇双槐村（322300）	段锐东、张沐阳

（续）

申请或批准号	发 明 名 称	申请（专利权）人与通信地址	发明人
CN201810189766.7	一种苦杏仁高效脱皮方法	陕西师范大学，陕西省西安市雁塔区长延堡办长安南路 199 号（710062）	张清安、吴东栋
CN201810193741.4	一种用于水果加工的输送清洗机	龙南天宇生态农业有限公司，江西省赣州市龙南县龙南镇龙翔大道中段中央城商务大厦 5 号楼 A-1011 房（341799）	赵志坚
CN201810198286.7	一种多级碎化的饲料加工装置	黑龙江禾丰牧业有限公司，黑龙江省哈尔滨市平房区星海路 29 号（150060）	陈 阳
CN201810198287.1	一种带有干燥功能的饲料碎化装置	广州承兴生物科技有限公司，广东省广州市白云区南街自编 1 号 7 楼 7068 房（510080）	陈 阳
CN201810200035.8	一种双歧杆菌单菌发酵乳制备方法及其应用	江南大学，江苏省无锡市滨湖区蠡湖大道 1800 号（214122）	杨 波、陈 卫
CN201810205712.5	一种莲子定位砸开装置	亳州市永刚饮片厂有限公司，安徽省亳州市工业园长江路 6 号（236800）	李奇元
CN201810205768.0	一种用于中药材莲子的去芯开边自动化生产系统	安徽道源堂中药饮片有限公司，安徽省亳州市涡阳县经济开发区（B 区）（233600）	周记伟
CN201810206579.5	牛肉切片加工装置	重庆市长寿区田哥食品有限公司，重庆市长寿区文苑南路 3 号 16 幢 2-1（401220）	田 洁
CN201810216277.6	一种用于板栗加工的小型清洗装置	迁西县栗芳园食品有限公司，河北省唐山市迁西县太平寨镇大岭寨北 2 公里处（64300）	季元吉
CN201810227924.3	一种坚果剖开装置	徐州丰姚农业发展有限公司，江苏省徐州市睢宁县姚集镇万亩优质果园示范区 2 号（212000）	曹丽美
CN201810238620.7	一种小核菌及其发酵生产硬葡聚糖的方法	江南大学，江苏省无锡市滨湖区蠡湖大道 1800 号（214122）	周景文、陈 坚
CN201810258357.8	一种种蛋无损识别设备和方法	浙江大学，浙江省杭州市西湖区余杭塘路 866 号（310058）	应义斌、朱 垓
CN201810259782.9	一种融合种蛋参数的无精蛋光电检测方法	浙江大学，浙江省杭州市西湖区余杭塘路 866 号（310058）	泮进明、朱 垓
CN201810272341.2	饲料粉碎机	重庆旺农饲料有限公司，重庆市铜梁区金龙工业园区白土坝工业小区（400038）	于荣光
CN201810307661.7	一种用于红薯酒加工的清洗装置	安徽明龙酒业有限公司，安徽省滁州市明光市桂花园开发区（239400）	高 顺
CN201810314810.2	一种带有组合式载料盘的菠菜清洗装置	四川蜀鲜生科技有限责任公司，四川省成都市郫都区德源镇（菁蓉镇）大禹东路 66 号光谷创业咖啡 2 楼 204 室（610000）	吴彬涛
CN201810322279.3	一种提拉式苎麻剥麻机	国家林业局哈尔滨林业机械研究所，黑龙江省哈尔滨市南岗区学府路 374 号（150000）	谭新建、杜鹏东
CN201810323826.X	用于农产品加工的沥水吹干装置	龙南天宇生态农业有限公司，江西省赣州市龙南县龙南镇龙翔大道中段中央城商务大厦 5 号楼 A-1011 房（341799）	王翠兰

（续）

申请或批准号	发　明　名　称	申请（专利权）人与通信地址	发明人
CN201810323993.4	一种提高饲料密实度的分体式混合装置	江苏锡沂高新区科技发展有限公司，江苏省徐州市新沂市北沟镇黄山路北侧（无锡-新沂工业园）（221400）	何锦国
CN201810346018.5	一种基于涡流挤压清洗技术的畜牧业用羊毛清洗装置	重庆市亿柘农业开发有限公司，重庆市奉节县公平镇学堂村16社8号1幢（404600）	朵　礼
CN201810346761.0	多色螺旋米果生产用挤压模具	福州大学，福建省福州市闽侯县福州地区大学新区学园路2号（350108）	廖　娟、刘建华
CN201810349922.1	一种籽棉气流撕薄装置	中国农业大学，北京市海淀区圆明园西路2号（100193）	高改梨、冯银辉
CN201810349925.5	一种籽棉残膜清除机	中国农业大学，北京市海淀区圆明园西路2号（100193）	高改梨、冯银辉
CN201810393283.9	一种全自动蔬菜清洗切根系统	甘肃金信食品有限公司，甘肃省酒泉市金塔县金鑫工业园区甄宇路05号（735300）	包文波、杜文杰
CN201810409820.4	一种饲料加工装置	广西南宁市同盼饲料有限公司，广西壮族自治区南宁市良庆区画岭路3号（530200）	王　立
CN201810410120.7	一种猪饲料装置	安徽笑果农牧产业科技有限公司，安徽省宿州市灵璧县工业园区（234000）	竺妙飞
CN201810417033.4	一种食品加工用面团揉捻机	江苏食品药品职业技术学院，江苏省淮安市枚乘东路4号（223005）	许云飞
CN201810430946.X	一种中药处理设备	安徽济人药业有限公司，安徽省亳州市工业园区（236800）	潘林妃
CN201810431181.1	一种中药分割剥离加工设备	广东孟河中医药研究有限公司，广东省汕尾市高新区管委会光明创新创业中心1号楼2楼208室（516600）	潘仲民
CN201810436082.2	一株控制桃果采后病害的膜醭毕赤酵母	江苏大学，江苏省镇江市京口区学府路301号（212013）	张红印、吴　锋
CN201810445367.2	一种联动式核桃多级清洗装置	金寨县富东生态农业开发有限公司，安徽省六安市金寨县燕子河镇东街（237300）	高婷婷
CN201810446477.0	一种可变径自适应旋转切割式香蕉落梳刀具	华南农业大学，广东省广州市天河区五山路483号（510642）	杨　洲、郭　杰
CN201810446574.X	一种可自适应环抱蕉茎的插切式香蕉落梳装置	华南农业大学，广东省广州市天河区五山路483号（510642）	杨　洲、郭　杰
CN201810450554.X	油菜籽烘干除杂装置	贵州务川八爷农场有限公司，贵州省遵义市务川仡佬族苗族自治县都濡街道鹿坪村（564399）	邓松羽、陈　江
CN201810459327.3	一种农业生产用粉碎振动式油茶果剥壳取籽装置	瑞安市捷达机械制造有限公司，浙江省温州市瑞安市曹村镇工业区（325200）	张秋达
CN201810472685.8	一种制备碳酸饮料装置	阜阳正林新能源科技有限公司，安徽省阜阳市颍泉区中市街道办事处界首路166号依泉庭苑46#楼405室（236000）	何绮雯

（续）

申请或批准号	发 明 名 称	申请（专利权）人与通信地址	发明人
CN201810473207.9	一种用于茶叶生产工艺的干燥机	保山市叁陆伍茶业有限责任公司，云南省保山市昌宁县田园镇右文村鸡蛋山（678100）	周一帆、胡立波
CN201810476266.1	一种高稳定性的肉蛋白乳液及其制备方法	南京农业大学，江苏省南京市玄武区卫岗1号（210095）	王 鹏、李凌云
CN201810495868.1	一种虾青素肠内营养乳剂、干乳剂及其制备方法和应用	潍坊医学院，山东省潍坊市潍城区宝通西街7166号（261000）	张维芬、于洪丽
CN201810496263.4	一种设有缓冲罐的大豆蛋白加工用换热装置	山东禹王生态食业有限公司，山东省德州市禹城市高新技术开发区富华街（251200）	王彩华、刘汝萃
CN201810497095.0	一种护肝解酒蚕蛹提取生物蛋白	广州人为峰生物科技有限公司，广东省广州市天河区五山路483号华南农业大学泰山区自编18栋3056-1房（510642）	严锦山、刘吉平
CN201810504997.2	一种智能化水果食品削皮机	江永桦仕德实业有限公司，湖南省永州市江永县潇浦镇工业园永济二级公路与霞凤路交汇处（425400）	曹丽美
CN201810505793.0	一种化合物的应用	中国热带农业科学院热带生物技术研究所，海南省海口市龙华区学院路4号热带生物技术研究所A502（571101）	陈惠琴、戴好富
CN201810527228.4	一种基于海藻多糖的W1/O/W2脂肪替代物及其制备方法	山东省海洋资源与环境研究院，山东省烟台市开发区长江路216号（264006）	张 健、刘少伟
CN201810558030.2	一种畜牧业用饲料多功能处理装置	广东科邦饲料科技有限公司，广东省广州市花都区花东镇花东大道东88号（510000）	吴彬涛
CN201810589279.X	一种饲料粉碎混配装置	阜阳正林新能源科技有限公司，安徽省阜阳市颍泉区中市街道办事处界首路166号依泉庭苑46#楼405室（236000）	张 辉
CN201810592009.4	一种高筋揉面装置	烟台工程职业技术学院，山东省烟台市开发区珠江路92号（264006）	尹雪峰、孙建香
CN201810618560.1	一种高奶香酸奶及其制备方法	光明乳业股份有限公司，上海市闵行区吴中路578号（201103）	陈 卫、刘小鸣
CN201810628351.5	一种清花异纤机	桐乡市常新农机专业合作社，浙江省嘉兴市桐乡市崇福镇五丰村莲花浜120号（314511）	梁 锋、李忠奎
CN201810637751.2	一种冬虫夏草冷藏盒	温州职业技术学院，浙江省温州市瓯海区东方南路38号温州市国家大学科技园孵化器（325000）	夏志良
CN201810657735.X	玉米须总皂苷精制品的生产工艺及其用途	上海欣百诺生物科技有限公司；汪雪，上海市浦东新区中国（上海）自由贸易试验区蔡伦路720弄2号楼304室（201203）	汪 雪、金柳
CN201810665505.8	一种豆制品加工用大豆清洗装置	马鞍山江心绿洲食品有限公司，安徽省马鞍山市当涂县江心乡新锦村（243000）	李中利、殷毡毡
CN201810750208.3	一种无刺蜂蜂蜜提取物及其提取方法和应用	中国农业科学院蜜蜂研究所，北京市海淀区香山北沟1号（100093）	王 凯、吴黎明

（续）

申请或批准号	发 明 名 称	申请（专利权）人与通信地址	发明人
CN201810757543.6	一种食用色素的制备工艺	广东蓝水星食品有限公司，广东省汕头市金平区金园工业区 13-09-2 片区 A、B 幢厂房（515000）	曾 棣
CN201810849261.9	一种双筒式花生剥壳机	河南省农业科学院长垣分院，河南省新乡市长垣县宏力大道南段行政南区 9 号楼（453400）	李秀杰、崔小伟
CN201810849262.3	花生剥壳机	河南省农业科学院长垣分院，河南省新乡市长垣县宏力大道南段行政南区 9 号楼（453400）	李秀杰、崔小伟
CN201810856678.8	一种板栗刺壳去除装置	宝应县振新农业发展有限公司，江苏省扬州市宝应县夏集镇子郭路 888 号（225800）	凌红旭、蒲康凯
CN201810870116.9	一种花生防霉剂及其防霉方法	青岛农业大学，山东省青岛市城阳区长城路 700 号（266109）	杨庆利、任瑶瑶
CN201810878670.1	一种核桃脱皮后清洗装置	温州来福机械制造有限公司，浙江省温州市瑞安市曹村镇工业区（325200）	凌红旭、周 恒
CN201810904675.7	一种高良姜多糖的抗氧化应用及其分离纯化方法	海南医学院，海南省海口市龙华区学院路 3 号（570100）	魏 娜、魏 晴
CN201810953790.3	一种调味料复合鲜味剂及其制备方法	厦门璞真食品有限公司，福建省厦门市同安区轻工食品工业区美禾九路 158 号（361100）	潘世朝、李志强
CN201811012488.4	一种非海参烷型海参皂苷及其制备方法与应用	山东省科学院生物研究所，山东省济南市历城区经十东路 28789 号（250103）	张轩铭、韩利文
CN201811016462.7	一种馒头的制作方法	山东海波海洋生物科技股份有限公司，山东省烟台市莱山区经济开发区两甲埠村（264000）	吴咏翰
CN201811040513.X	一种羊毛线原料专用洗涤设备	温州润和带业有限公司，浙江省温州市瑞安市汀田街道（325206）	刘建光
CN201811083507.2	一种冷冻干燥即食鸡蛋粉的生产方法	烟台五神生物科技有限公司，山东省烟台市高新区山东国际生物科技园 3 号楼 7 楼（264670）	邹风谦、林寿文
CN201811175850.X	一种笼目海带粽子叶及其制备方法	山东东方海洋科技股份有限公司，山东省烟台市莱山区澳柯玛大街 18 号（264003）	衣美艳、毛 毛
CN201811177356.7	一种亚麻纱线自动化生产线及其生产工艺	湖州金博亚麻纺织有限公司，浙江省湖州市南浔镇马腰长征路（313000）	杨佳东
CN201811180686.1	一种家用擀皮器及其使用方法	龙口味美思环保科技有限公司，山东省烟台市龙口市东莱街道环城北路 218 号（265700）	徐梦雨
CN201811258203.5	一种半精纺纺纱加工设备的自动化智能走线系统	桐乡市易德纺织有限公司，浙江省嘉兴市桐乡市河山镇大街北首（314000）	周卫忠
CN201811350772.2	一种方便鸡排取出的鸡排腌渍装置	烟台工程职业技术学院，山东省烟台市开发区珠江路 92 号（264006）	孔 建、王玲玉
CN201811548398.7	一种发酵原梨汁生产系统	四川大学，四川省成都市一环路南一段 24 号（610065）	金 垚、肖胜舰
CN201811633605.9	一种黑果枸杞蓝色提取物及其制备方法	中国科学院西北高原生物研究所湖州高原生物资源产业化创新中心，浙江省湖州市红丰路 1366 号南太湖科技创新中心 9 楼（313000）	欧阳健、王洪伦

（续）

申请或批准号	发 明 名 称	申请（专利权）人与通信地址	发明人
CN201720894741.8	一种小馒头自动生产机	童城（福建）营养食品有限公司，福建省漳州市龙海市海澄食品工业区（363000）	黄少坡
CN201720895254.3	一种便于卸料的滚揉机	绍兴市搜诚记食品有限公司，浙江省绍兴市上虞区梁湖镇工业园区皂李湖路（312300）	徐人山、高伟表
CN201720950946.3	一种用于绣球菌产品烘干加工的转筒	福建容益菌业科技研发有限公司，福建省福州市闽侯县南通镇洲头村东路8号（350000）	黄贤华、林　程
CN201720958534.4	一种马铃薯全粉撒粉机	乐陵希森马铃薯产业集团有限公司，山东省德州市乐陵市黄夹镇许家村（253619）	谢开云、朱炎辉
CN201721357302.X	一种糕点的新型生产线	菲塔（福建）食品有限公司，福建省漳州市龙海市东园开发区（363100）	黄炳林
CN201721690473.4	牡丹茶生产的智能给料机	大理丹葵农业开发有限公司，云南省大理白族自治州鹤庆县西邑镇西园村民委员会陈家院村（671000）	陈龙江
CN201721772438.7	一种水果清洗设备	田野创新股份有限公司，广西壮族自治区北海市合浦县工业园区创业大道（536100）	莫艳秋
CN201721837004.0	高效多层食品脱水烘干装置	绥化学院，黑龙江省绥化市北林区黄河南路18号（152000）	王德新、张春华
CN201820001120.7	一种毛肚专用煮制机	淮北辣魔王食品股份有限公司，安徽省淮北市凤凰山开发区凤冠路18号（235000）	张　志、徐雷雷
CN201820001131.5	一种魔芋专用精炼机	淮北辣魔王食品股份有限公司，安徽省淮北市凤凰山开发区凤冠路18号（235000）	张　志、徐雷雷
CN201820004287.9	一种清洗系统	安吉语茉茶业有限公司，浙江省湖州市安吉县溪龙乡黄杜村大山坞自然村（313000）	贾　伟
CN201820004486.X	一种高效分丝的开丝机	四川伊可及竹原纤维科技有限公司，四川省绵阳市三台县北坝镇青东坝工业集中区（621100）	潘学东、赵秀鑫
CN201820009320.7	一种琼脂生产用烘干装置	福建省绿麒食品胶体有限公司，福建省漳州市漳州台商投资区角美镇内丁工业园（363100）	嵇海峰、张钟安
CN201820010326.6	一种饺子皮按压成型装置	汕头市达濠李老二食品有限公司，广东省汕头市濠江区青篮花灯港南侧（515000）	李小凤
CN201820010694.0	一种烘干机筒体	星光农机股份有限公司，浙江省湖州市南浔区和孚镇星光大街1688号（313000）	朱云飞、胡冰文
CN201820011229.9	物料粉末化调温处理装置	深圳市泽源能源股份有限公司，广东省深圳市福田区天安数码城创新科技广场一期B座1509（518000）	陈沛波、曾秀仪
CN201820012120.7	一种薯片生产原料混合装置	佛山市南海华谋气动食品机械有限公司，广东省佛山市南海区里水镇河村村巫庄村东路1号首层之一（528200）	黄显明
CN201820012644.6	一种冷链配送中的运输车蔬菜保鲜系统	佛山市好来客食品有限公司，广东省佛山市南海区狮山镇罗村东西大道乐路段中南农产品交易中心内中三区富心富安位1号之一（528000）	杨海滨

（续）

申请或批准号	发 明 名 称	申请（专利权）人与通信地址	发明人
CN201820013461.6	面点以及制作设备	上海嘉犀商务咨询有限公司，上海市奉贤区大叶公路 5225 号 1 幢 3097 室（201401）	朱冠嘉
CN201820013989.3	一种加工快速的立式家用面条机	九阳股份有限公司，山东省济南市槐荫区美里路 999 号（250117）	王旭宁、高 林
CN201820015315.7	一种青豆裹粉机出粉装置	佛山市南海华谋气动食品机械有限公司，广东省佛山市南海区里水镇河村村巫庄村东路 1 号首层之一（528200）	黄显明
CN201820016706.0	一种脱水蔬菜用空气去皮机	青岛联盛益康食品科技有限公司，山东省青岛市莱西市店埠镇永兴庄桃源 6 路（266000）	张海峰
CN201820016776.6	一种防潮型薯片调料喷洒装置	佛山市南海华谋气动食品机械有限公司，广东省佛山市南海区里水镇河村村巫庄村东路 1 号首层之一（528200）	黄显明
CN201820017725.5	食品贩卖机出料系统	希斯高宝高科有限公司，港荃湾德士古道 98 号五方集团中心 22 楼（中国香）	李博学
CN201820018052.5	一种糕点加工厂的能源循环利用系统	曲靖市吉庆园食品有限公司，云南省曲靖市马龙县鸡头村街道轻工业园区（655100）	蔡美轩、何建芳
CN201820018053.X	一种糕点加工用高效醒发装置	曲靖市吉庆园食品有限公司，云南省曲靖市马龙县鸡头村街道轻工业园区（655100）	蔡美轩、何建芳
CN201820018055.9	一种全自动蛋糕打发装置	曲靖市吉庆园食品有限公司，云南省曲靖市马龙县鸡头村街道轻工业园区（655100）	蔡美轩、何建芳
CN201820018627.3	一种食品烘烤用节能型隧道炉	曲靖市吉庆园食品有限公司，云南省曲靖市马龙县鸡头村街道轻工业园区（655100）	蔡美轩、何建芳
CN201820019124.8	一种糕点生产用在线脱模装置	曲靖市吉庆园食品有限公司，云南省曲靖市马龙县鸡头村街道轻工业园区（655100）	蔡美轩、何建芳
CN201820019132.2	一种糕点生产用自动注浆成型装置	曲靖市吉庆园食品有限公司，云南省曲靖市马龙县鸡头村街道轻工业园区（655100）	蔡美轩、何建芳
CN201820019149.8	一种月饼加工用馅料搅拌装置	曲靖市吉庆园食品有限公司，云南省曲靖市马龙县鸡头村街道轻工业园区（655100）	蔡美轩、何建芳
CN201820022793.0	一种酱卤产品连续化生产装置	青岛香巴尔食品配料有限公司，山东省青岛市平度市云山镇人民路 2 号 2（266700）	王朱佳
CN201820023478.X	一种新型高效葡萄烘干机	吐鲁番市胡杨林农业发展有限公司，新疆维吾尔自治区吐鲁番市高昌区火洲中路 699 号（港城园区）（838099）	魏 松
CN201820024069.1	一种搅拌机的揉面机构	广东顺德旺牛电子商务有限公司，广东省佛山市顺德区容桂上佳市居委会青龙南路 9 号七层 709（528000）	谢兵辉、江长根
CN201820025167.7	一种多功能的乳制品脱糖加工罐	蒙牛高科乳制品（北京）有限责任公司，北京市通州区食品工业园区一区 1 号北侧（101107）	黄清珍
CN201820025857.2	一种酱油膜过滤机	广州市红桥万利调味食品有限公司，广东省广州市南沙区鱼窝头大简村（511475）	樊耀南

（续）

申请或批准号	发 明 名 称	申请（专利权）人与通信地址	发明人
CN201820025874.6	一体化全自动黄豆发酵机	广州市红桥万利调味食品有限公司，广东省广州市南沙区鱼窝头大简村（511475）	樊耀南
CN201820026525.6	一种有机大米冷却装置	江西新世野农业有限公司，江西省赣州市崇义县横水镇鱼梁工业园（341300）	王贤楷
CN201820026796.1	一种隧道式热风烤蛋饼机	吉林省艾斯克机电股份有限公司，吉林省四平市红嘴经济技术开发区文凯路 1739 号（136000）	李鸿起、钟绍辉
CN201820027856.1	红枣去核机	沧州天地源食品有限公司，河北省沧州市沧县崔尔庄镇程庄子村（61000）	程亚楠
CN201820027895.1	一种脱水蔬菜用的水循环去石机	青岛联盛益康食品科技有限公司，山东省青岛市莱西市店埠镇永兴庄桃源 6 路（266000）	张海峰
CN201820030298.4	一种用于水产加工的鱼肉采肉机	湛江国联水产开发股份有限公司，广东省湛江市开发区平乐工业区永平南路（524022）	李春桃、谢　燕
CN201820030311.6	一种虾加工器具	湛江国联水产开发股份有限公司，广东省湛江市开发区平乐工业区永平南路（524022）	何秋菊、周道志
CN201820030312.0	一种面包虾的加工装置	湛江国联水产开发股份有限公司，广东省湛江市开发区平乐工业区永平南路（524022）	周道志、谢　燕
CN201820030673.5	一种节能型粮食干燥装置	山西省农业机械化科学研究院，山西省太原市小店区黄陵路 56 号（30031）	王启芳、王计新
CN201820031420.X	一种稻谷壳烘干装置	江西新世野农业有限公司，江西省赣州市崇义县横水镇鱼梁工业园（341300）	王贤楷
CN201820035841.X	一种肉制品取放防烫果木烤炉	中山市安科厨房设备有限公司，广东省中山市东升镇东升社区大新街（528400）	伍世安、滕丽艳
CN201820036452.9	一种蔬菜重量筛选装置	山东青果食品有限公司，山东省临沂市沂南县温泉路 6 号（276300）	宋丙国、李玉东
CN201820036486.8	一种土豆清洗装置	山东青果食品有限公司，山东省临沂市沂南县温泉路 6 号（276300）	宋丙国、李　鹏
CN201820036590.7	一种用于生产熟化粉状饲料的干燥冷却系统	中国农业科学院饲料研究所，北京市海淀区中关村南大街 12 号（100081）	李军国、段海涛
CN201820037249.3	一种搅拌炒锅	成都市红福人家食品有限公司，四川省成都市金堂县赵镇江源路（610499）	任兴树
CN201820037771.1	一种辣椒清洗切碎系统	成都市红福人家食品有限公司，四川省成都市金堂县赵镇江源路（610499）	任兴树
CN201820037843.2	一种辣椒清洗切割系统	成都市红福人家食品有限公司，四川省成都市金堂县赵镇江源路（610499）	任兴树
CN201820037849.X	搅拌炒锅	成都市红福人家食品有限公司，四川省成都市金堂县赵镇江源路（610499）	任兴树
CN201820037868.2	一种高效的水产品清洗槽	漳州龙文维克信息技术有限公司，福建省漳州市龙文区蓝田镇蓝田村蓝田 309 号（363007）	何泽年
CN201820039773.4	一种螺旋机械手臂智能芒果削皮机	海南大学，海南省海口市人民大道 58 号海南大学（570228）	张　燕、翟好宇

（续）

申请或批准号	发 明 名 称	申请（专利权）人与通信地址	发明人
CN201820040222.X	一种用于生产饲料的调质制粒一体化装置	共青科技职业学院，江西省九江市共青城共青大道1号（332020）	蔡秋生、王辛敏
CN201820040512.4	饲料生产用粉碎装置	重庆新希望饲料有限公司，重庆市巴南区麻柳沿江开发区（401342）	刘 全、余 飞
CN201820040513.9	饲料加工用双层圆筒初清筛	重庆新希望饲料有限公司，重庆市巴南区麻柳沿江开发区（401342）	刘 全、余 飞
CN201820042562.6	一种新型蔬菜杀菌去农残清洗机	青岛恒孚食品有限公司，山东省青岛市胶州市胶东镇胶泰路东、为民路北（266000）	王吉杰、王佑升
CN201820042590.8	一种新型土豆清洗去皮装置	青岛恒孚食品有限公司，山东省青岛市胶州市胶东镇胶泰路东、为民路北（266000）	王吉杰、王佑升
CN201820043522.3	一种牡蛎再漂洗装置	福建渔老大食品有限公司，福建省福州市连江县筱埕镇大埕村连黄路3楼2楼1楼（350511）	谢书明
CN201820043730.3	一种牡蛎分拣去壳装置	福建渔老大食品有限公司，福建省福州市连江县筱埕镇大埕村连黄路3楼2楼1楼（350511）	谢书明
CN201820043770.8	一种食品生产用喷淋式杀菌锅	石家庄得瑞机械制造有限公司，河北省石家庄市鹿泉区铜冶镇北铜冶村金河北岸厂房（50200）	朱文辉
CN201820043976.0	一种小麦烘干机	灵璧县泰顺机械有限公司，安徽省宿州市灵璧县禅堂乡禅堂街（234000）	朱新振、朱 柯
CN201820044119.2	一种洗果机	万宁万维诺丽生物科技有限公司，海南省海口市玉沙路21号玉沙广场4幢2205室（570125）	符文英、云韵琴
CN201820045039.9	一种冷冻面团裹油生产线	天津南侨食品有限公司，天津市滨海新区经济技术开发区渤海路52号（300457）	陈正文
CN201820047367.2	一种面粉搅拌机	惠州市优麦食品有限公司，广东省惠州市仲恺高新区惠环街道平南红卫村39号（516000）	陈贵良
CN201820047637.X	一种椰子开口机	深圳市引领机器人科技有限公司，广东省深圳市光明新区光明街道白花社区引领工业园C栋二楼（518000）	李俊麟、韩国哲
CN201820047727.9	一种制面快速的面条机	九阳股份有限公司，山东省济南市槐荫区美里路999号（250117）	王旭宁、高 林
CN201820047811.0	一种板栗脱壳去衣一体机	湖南工业大学，湖南省株洲市天元区泰山路88号湖南工业大学机械工程学院401室（412007）	米承继、周 哲
CN201820049664.0	一种应用于食品生产的蒸汽杀菌锅	蒙牛高科乳制品（北京）有限责任公司，北京市通州区食品工业园区一区1号北侧（101107）	朱文辉
CN201820049763.9	一种果蔬高效冷却装置	青岛恒孚食品有限公司，山东省青岛市胶州市胶东镇胶泰路东、为民路北（266000）	王吉杰、王佑升
CN201820049908.5	一种鲜湿面自动理料机	上海星派自动化股份有限公司，上海市嘉定区南翔镇科盛路9号6幢1层A区（201802）	杨成龙、付健生
CN201820050778.7	一种去核干燥梅去核装置	诏安梅满天下食品有限公司，福建省漳州市诏安县太平镇麻寮村（363500）	田雄杰
CN201820050851.0	活虾分选机	天津市达辉水产品冷冻有限公司，天津市津南区辛庄镇达港南路38号（300354）	张 辉

（续）

申请或批准号	发 明 名 称	申请（专利权）人与通信地址	发明人
CN201820051148.1	一种蛋糕表面蛋液喷洒装置	嘉兴美丹食品有限公司，浙江省嘉兴市秀洲区油车港正阳东路 169 号（314018）	陈千伟
CN201820051151.3	一种带有清洗装置的虾仁冷冻设备	天津市达辉水产品冷冻有限公司，天津市津南区辛庄镇达港南路 38 号（300354）	张 辉
CN201820051183.3	一种卷面皮装置	嘉兴美丹食品有限公司，浙江省嘉兴市秀洲区油车港正阳东路 169 号（314018）	陈千伟
CN201820051501.6	防溅活虾清洗设备	天津市达辉水产品冷冻有限公司，天津市津南区辛庄镇达港南路 38 号（300354）	张 辉
CN201820051539.3	便于收集水分的活虾分选设备	天津市达辉水产品冷冻有限公司，天津市津南区辛庄镇达港南路 38 号（300354）	张 辉
CN201820051591.9	一种控水型虾仁清洗冷冻一体化设备	天津市达辉水产品冷冻有限公司，天津市津南区辛庄镇达港南路 38 号（300354）	张 辉
CN201820051592.3	鲜虾去皮检验台	天津市达辉水产品冷冻有限公司，天津市津南区辛庄镇达港南路 38 号（300354）	张 辉
CN201820051596.1	一种水果干烘干室	茂名佰果园食品有限公司，广东省茂名市电白区民营科技工业园第三区 5 号（525400）	温建中、李新华
CN201820052215.1	一种芒果去核切瓣机	茂名佰果园食品有限公司，广东省茂名市电白区民营科技工业园第三区 5 号（525400）	温建中、李新华
CN201820052782.7	一种应用于榨油设备上的除尘烘烤装置	台州风达机器人科技有限公司，浙江省台州市温岭市泽国镇幸福五路 1 号（317500）	金丽丹
CN201820052955.5	一种食品加工设备	广东厨宝生物科技有限公司，广东省东莞市高埗镇洗沙村高龙西路誉方工业园（523000）	许元佳
CN201820053443.0	一种低噪音的冰淇淋机	江门市澳好利机械制造有限公司，广东省江门市新会区大泽镇五和外经贸工业开发区（主车间）（529100）	余新安、余慕瑛
CN201820053447.9	一种具有喉座锁机功能的冰淇淋机	江门市澳好利机械制造有限公司，广东省江门市新会区大泽镇五和外经贸工业开发区（主车间）（529100）	余新安、余慕瑛
CN201820055374.7	一种新型自动化温控烘焙机	福建大用生态农业综合发展有限公司，福建省龙岩市漳平市南洋镇梧溪村茶坑自然村（364400）	周世须、陈达天
CN201820055767.8	一种多功能齿轮传动装置及榨汁绞肉多用机	东莞洁澳思精密科技股份有限公司，广东省东莞市寮步镇塘唇村金富一路（523000）	雷 欣
CN201820057051.1	一种花生筛选装置	泗水县锦川花生食品有限公司，山东省济宁市泗水县经济开发区圣康路 12 号（273200）	苏 杭、吕 腾
CN201820058114.5	一种往复式切面机	重庆市黔江区佰裕佳食品有限公司，重庆市黔江区正阳工业园区园区路白家河标准化厂房 7 栋 3、4 楼（409000）	徐章琴
CN201820058159.2	一种面片切条机	重庆市黔江区佰裕佳食品有限公司，重庆市黔江区正阳工业园区园区路白家河标准化厂房 7 栋 3、4 楼（409000）	徐章琴

（续）

申请或批准号	发　明　名　称	申请（专利权）人与通信地址	发明人
CN201820058160.5	一种双轴和面机	重庆市黔江区佰裕佳食品有限公司，重庆市黔江区正阳工业园区园区路白家河标准化厂房7栋3、4楼（409000）	徐章琴
CN201820058161.X	一种盘式熟化机	重庆市黔江区佰裕佳食品有限公司，重庆市黔江区正阳工业园区园区路白家河标准化厂房7栋3、4楼（409000）	徐章琴
CN201820058167.7	一种手工面醒面箱	重庆市黔江区佰裕佳食品有限公司，重庆市黔江区正阳工业园区园区路白家河标准化厂房7栋3、4楼（409000）	徐章琴
CN201820058688.2	一种红茶生产线	绍兴柯桥东方茶业有限公司，浙江省绍兴市柯桥区平水镇若耶青山自然村（312030）	钱宝良
CN201820058707.1	隧道式自动化热泵烘干生产线	广州易科热泵烘干设备科技有限公司，广东省广州市花都区新雅街南阳庄六街八巷11号首层（510000）	钟演君
CN201820059349.6	一种铁板输送入炉装置	嘉兴美丹食品有限公司，浙江省嘉兴市秀洲区油车港正阳东路169号（314018）	陈千伟
CN201820060473.4	一种双工位坚果破壳机	义乌市荣耀食品有限公司，浙江省金华市义乌市副食品市场一楼七街0979-0981（322000）	杨荣跃
CN201820061172.3	一种粮油干燥器	宁夏兴灵粮油有限公司，宁夏回族自治区银川市灵武市崇兴镇新华桥三叉路口向西100米处（751400）	孙　兵、孙鹏达
CN201820061176.1	一种粮油加工生产用调和罐	宁夏兴灵粮油有限公司，宁夏回族自治区银川市灵武市崇兴镇新华桥三叉路口向西100米处（751400）	孙　兵、孙鹏达
CN201820061684.X	隧道进风窗	青岛海岚环境设备有限公司，山东省青岛市城阳区夏庄街道中黄埠社区华夏路11号（266000）	彭　波
CN201820061758.X	马铃薯去石清洗系统	内蒙古凌志法姆福瑞食品有限公司，内蒙古自治区赤峰市翁牛特旗乌丹玉龙食品工业园区内蒙古凌志法姆福瑞食品有限公司（24500）	朱宝春、聂延玲
CN201820062154.7	一种剥虾机机壳	南通恒翔机电设备有限公司，江苏省南通市港闸区永福路8号3幢（226000）	水林锋
CN201820065621.1	一种颗粒面加工设备	郑州万家食品有限公司，河南省郑州市二七区马寨经济园区东方南路66号（450007）	韩东雷、张子成
CN201820067185.1	一种水产加工用的解冻桶	福建省永春天露农林专业合作社，福建省泉州市永春县桃城镇卧龙村228号（362000）	康庆福
CN201820067300.5	一种饼干烘烤装置	广东旺通食品有限公司，广东省阳江市阳东区北惯镇东莺村委会打石山（529900）	冯　健
CN201820067338.2	一种饼干切片设备	广东旺通食品有限公司，广东省阳江市阳东区北惯镇东莺村委会打石山（529900）	冯　健
CN201820067866.8	一种粮食内部杀虫器	长乐致远技术开发有限公司，福建省福州市长乐区航城街道郑和西路300号（350200）	蔡媛媛

(续)

申请或批准号	发 明 名 称	申请（专利权）人与通信地址	发明人
CN201820068446.1	巧克力快速生产设备	广东甜味食品有限公司，广东省江门市开平市长沙楼兴路1号（529300）	张春敏
CN201820068449.5	方形巧克力浇注成型装置	广东甜味食品有限公司，广东省江门市开平市长沙楼兴路1号（529300）	张春敏
CN201820068498.9	一种辣根加工用去皮清洗设备	金昌市源达农副果品有限责任公司，甘肃省金昌市延安东路宝品里8号（737100）	马泽业、赵尔顺
CN201820069178.5	巧克力生产装置	广东甜味食品有限公司，广东省江门市开平市长沙楼兴路1号（510000）	张春敏
CN201820069213.3	一种洋葱气泡清洗机	金昌市源达农副果品有限责任公司，甘肃省金昌市延安东路宝品里8号（737100）	马泽业、赵尔顺
CN201820069215.2	一种洋葱粉加工用脱水烘干设备	金昌市源达农副果品有限责任公司，甘肃省金昌市延安东路宝品里8号（737100）	马泽业、赵尔顺
CN201820069221.8	一种洋葱粉加工用精选烘干设备	金昌市源达农副果品有限责任公司，甘肃省金昌市延安东路宝品里8号（737100）	马泽业、赵尔顺
CN201820069316.X	蛤仔自动清洗机	大连海洋大学，辽宁省大连市沙河口区黑石礁街52号（116000）	李秀辰、张 健
CN201820069589.4	一种营养米粉滚筒干燥机	江西德煦实业有限公司，江西省南昌市南昌经济技术开发区英雄五路300号（330000）	姚东霞、郑文红
CN201820070062.3	双壳贝类自动脱壳设备	大连海洋大学，辽宁省大连市沙河口区黑石礁街52号（116000）	张国琛、李鑫龙
CN201820070327.X	食用小麦粉发酵罐	肇庆市兆龙生物科技有限公司，广东省肇庆市高要区城区新元路（T小区）（526000）	朱兆基
CN201820070328.4	面制品乳化油搅拌机	肇庆市兆龙生物科技有限公司，广东省肇庆市高要区城区新元路（T小区）（526000）	朱兆基
CN201820071251.2	一种茶叶筛分装置	湖州嘉盛茶业有限公司，浙江省湖州市递铺镇范潭工业园区（313399）	吴建明、李卫东
CN201820073273.2	一种竹笋清洗装置	江西省金桥农业科技发展有限公司，江西省宜春市奉新县奉新工业园区应星南大道1929号（336000）	许居高
CN201820073357.6	一种竹笋冷却装置	江西省金桥农业科技发展有限公司，江西省宜春市奉新县奉新工业园区应星南大道1929号（336000）	许居高
CN201820074435.4	一种冷摊机	湖州嘉盛茶业有限公司，浙江省湖州市递铺镇范潭工业园区（313399）	吴建明、李卫东
CN201820076048.4	斩拌机	微山县远华湖产食品有限公司，山东省济宁市微山县城南新薛河西（277600）	殷海燕、杨远华
CN201820077293.7	一种食品的烘烤设备	重庆骏港机械有限公司，重庆市江津区双福新区土堡社区（402247）	杨华斌
CN201820077308.X	一种翻斗油渣机	重庆骏港机械有限公司，重庆市江津区双福新区土堡社区（402247）	杨华斌

（续）

申请或批准号	发　明　名　称	申请（专利权）人与通信地址	发明人
CN201820077970.5	一种制粒机	希彼埃姆机械（无锡）有限公司，江苏省无锡市新加坡工业园新都路 10 号（214028）	孙　亮
CN201820079974.7	一种挂面拧麻花装置	圣昌达机械（天津）有限公司，天津市西青区西青开发区宏源道 12 号天直工业园 11B（300385）	王绍雄
CN201820080697.1	一种代用茶除杂装置	肇庆仁修堂医药有限公司，广东省肇庆市四会市贞山街道河西公路 33 号（518000）	李邑宏
CN201820081618.9	一种食品生产用连续浇注机	金葵食品科技（大连）股份有限公司，辽宁省大连市高新技术产业园区凌水街道庙岭村 200 号（116023）	林素利
CN201820082876.9	一种新型茶叶揉捻装置	云南农业大学，云南省昆明市盘龙区黑龙潭云南农业大学（650201）	熊昌云、白廷文
CN201820082895.1	一种生物食品成型节能干燥装置	辽宁科技学院，辽宁省本溪市本溪高新技术产业开发区香槐路 176 号（117000）	王玉荣、史雅静
CN201820082993.5	一种防漏豆的咖啡烘豆机	东莞厚街赤岭通用电器制造有限公司，广东省东莞市厚街镇赤岭社区工业大道一环路 11 号（523000）	叶中力
CN201820083639.4	一种水循环防污染的粮食烘干设备	新昌县羽林街道信长轴承厂，浙江省绍兴市新昌县羽林街道王家园村（312500）	姚柳园
CN201820083762.6	复合式搅拌桨	北京嘉瑞富德食品科技有限公司，北京市通州区中关村科技园区通州园金桥科技产业基地环科中路 5-157 号（101100）	付　强、孟俊虎
CN201820083771.5	一种果蔬食品烘干装置	安徽福香源生态农业科技有限公司，安徽省宿州市经济开发区金泰大道 16 号（234000）	张仲君
CN201820083842.1	一种用于加工压片糖果的压片装置	漳州彼特福生物科技有限公司，福建省漳州市长泰县岩溪镇上蔡村（363000）	王兴宝
CN201820083866.7	一种斩拌机用伸缩可调式刀架安装装置	海欣食品股份有限公司，福建省福州市仓山区建新镇建新北路 150 号 1♯楼（350028）	滕用严
CN201820083870.3	一种应用于鱼糜切片机出料口的清洁装置	海欣食品股份有限公司，福建省福州市仓山区建新镇建新北路 150 号 1♯楼（350028）	滕用严
CN201820084847.6	一种酱香烤鸭生产用清洗装置	安徽润宝食品有限公司，安徽省亳州市蒙城县双涧镇工业功能区（233500）	张　宝、杨华妹
CN201820084932.2	一种果蔬加工装置	安徽福香源生态农业科技有限公司，安徽省宿州市经济开发区金泰大道 16 号（234000）	张仲君
CN201820085145.X	一种防止肉片溅落的鱼糜切片机	海欣食品股份有限公司，福建省福州市仓山区建新镇建新北路 150 号 1♯楼（350028）	滕用严
CN201820086635.1	一种油炸食品生产设备	石家庄得瑞机械制造有限公司，河北省石家庄市鹿泉区铜冶镇北铜冶村金河北岸厂房（50200）	林庆伟
CN201820086669.0	麻鸭清洗加工装置	微山县远华湖产食品有限公司，山东省济宁市微山县城南新薛河西（277600）	杨远华、黄海龙
CN201820087067.7	一种用于筛分茶叶的圆筛机	湖州嘉盛茶业有限公司，浙江省湖州市递铺镇范潭工业园区（313399）	吴建明、李卫东

（续）

申请或批准号	发　明　名　称	申请（专利权）人与通信地址	发明人
CN201820087115.2	一种滚筒式匀堆机	湖州嘉盛茶业有限公司，浙江省湖州市递铺镇范潭工业园区（313399）	吴建明、李卫东
CN201820087304.X	一种豆腐压榨装置	沭阳万和香食品有限公司，江苏省宿迁市沭阳县龙庙镇工业园区立派路15号（223600）	陆羿文
CN201820087311.X	一种豆腐加工用豆渣过滤装置	沭阳万和香食品有限公司，江苏省宿迁市沭阳县龙庙镇工业园区立派路15号（223600）	陆羿文
CN201820087312.4	一种豆腐加工定量加水装置	沭阳万和香食品有限公司，江苏省宿迁市沭阳县龙庙镇工业园区立派路15号（223600）	陆羿文
CN201820087930.9	食品添加剂混合机	北京嘉瑞富德食品科技有限公司，北京市通州区中关村科技园区通州园金桥科技产业基地环科中路5-157号（101100）	付　强、孟俊虎
CN201820088058.X	一种球磨抹茶机	湖州嘉盛茶业有限公司，浙江省湖州市递铺镇范潭工业园区（313399）	吴建明、李卫东
CN201820088633.6	一种农用晒谷装置	四川盛世佳禾农业开发有限公司，四川省成都市中国（四川）自由贸易试验区成都高新区天府大道北段1480号7栋3层12号（610000）	付云锋
CN201820089003.0	一种整体式豆奶机	深圳市智贝赛家电有限公司，广东省深圳市龙岗区坪地街道坪西南路17-1号劲光科技园B栋4楼411（518100）	黄炳煌
CN201820089379.1	一种用于压片糖果的混料装置	漳州彼特福生物科技有限公司，福建省漳州市长泰县岩溪镇上蔡村（363000）	王兴宝
CN201820091661.3	一种椰子剥壳装置	安徽椰芝岛食品有限公司，安徽省芜湖市鸠江经济开发区永昌路87号（241000）	张　路
CN201820092339.2	一种食品加工用面条制作设备	新昌县渲渲工业产品设计有限公司，浙江省绍兴市新昌县七星街道浙江江南名茶市场C10幢1016（312500）	李　晖
CN201820093046.6	一种面条生产用改进型上架设备	湖北津湘益食品有限公司，湖北省荆州市公安县斗湖堤镇潺陵大道2号（434300）	马金益
CN201820093195.2	一种土豆清洗机上的出料装置	中华人民共和国保定出入境检验检疫局，河北省保定市新市区朝阳北大街788号（71000）	刘　谦、贾志欣
CN201820093385.4	一种面条生产用切条设备	湖北津湘益食品有限公司，湖北省荆州市公安县斗湖堤镇潺陵大道2号（434300）	马金益
CN201820093391.X	一种米粉机的升料装置	湖北津湘益食品有限公司，湖北省荆州市公安县斗湖堤镇潺陵大道2号（434300）	马金益
CN201820093394.3	一种面条生产用面片熟化装置	湖北津湘益食品有限公司，湖北省荆州市公安县斗湖堤镇潺陵大道2号（434300）	马金益
CN201820093848.7	一种新型切面机	湖北津湘益食品有限公司，湖北省荆州市公安县斗湖堤镇潺陵大道2号（434300）	马金益
CN201820093854.2	一种面条生产用改进型压片装置	湖北津湘益食品有限公司，湖北省荆州市公安县斗湖堤镇潺陵大道2号（434300）	马金益

（续）

申请或批准号	发　明　名　称	申请（专利权）人与通信地址	发明人
CN201820093856.1	一种智能压面机	湖北津湘益食品有限公司，湖北省荆州市公安县斗湖堤镇潺陵大道 2 号（434300）	马金益
CN201820093986.5	一种用于袋装果蔬汁饮料制造的配料装置	漳州彼特福生物科技有限公司，福建省漳州市长泰县岩溪镇上蔡村（363000）	王兴宝
CN201820094151.1	一种中药饮片用杏仁去皮机	河北康博药业有限公司，河北省保定市定州经济开发区（73000）	张　岚
CN201820094463.2	一种肉丸成型机	佛山市顺德区嘉厨食品机械有限公司，广东省佛山市顺德区陈村镇仙涌工业区仙涌大道东（北）6 号之二（528000）	何泳垣
CN201820094481.0	一种变频双动和面机	佛山市顺德区嘉厨食品机械有限公司，广东省佛山市顺德区陈村镇仙涌工业区仙涌大道东（北）6 号之二（528000）	何泳垣
CN201820095600.4	便清洁的和面机	湖南湘林乐面业有限公司，湖南省岳阳市岳阳县荣家湾镇天鹅路 38 号（414000）	毛湘林
CN201820095620.1	滑切式切面机	湖南湘林乐面业有限公司，湖南省岳阳市岳阳县荣家湾镇天鹅路 38 号（414000）	毛湘林
CN201820095640.9	便于调节的压面机	湖南湘林乐面业有限公司，湖南省岳阳市岳阳县荣家湾镇天鹅路 38 号（414000）	毛湘林
CN201820095994.3	一种食品加工用混合装置	梅州市嘉埔食品有限公司，广东省梅州市梅江区江南法政路 6 号（514021）	丘海山
CN201820096023.0	一种便于烘干的咸鸭蛋清洗设备	湖北离湖禽蛋股份有限公司，湖北省荆州市监利县荒湖管理区后街（433300）	董本洲、董黎明
CN201820096602.5	牛皮胶原长纤维制作生产线	嘉兴奥克兰特种牛皮科技有限公司，浙江省嘉兴市嘉善县罗星街道晋阳东路 568 号 11 幢 903 室（314000）	孙世元、巨安奇
CN201820097408.9	糕点扎孔机	北京好仁缘食品有限公司，北京市朝阳区高碑店乡西店村甲 18 号（100022）	刘旭昇
CN201820098638.7	一种乳酸饮料生产用过滤器	南京小洋人生物科技发展有限公司，江苏省南京市溧水经济开发区红光西路 8 号（211200）	戴炳忠
CN201820099576.1	全自卷式甜筒烘烤机	梅州腾力机械设备有限公司，广东省梅州市梅县区南口镇瑶燕村委侧（原瑶燕小学）（514000）	张治中
CN201820099631.7	一种蜂蜜过滤装置	陕西杨凌陕特农业发展有限公司，陕西省咸阳市杨凌示范区水运东路 8 号楼创业工场 1106-2 室（712100）	王耀斌
CN201820100170.0	一种用于糕点切割机的托盘	北京好仁缘食品有限公司，北京市朝阳区高碑店乡西店村甲 18 号（100022）	刘旭昇
CN201820100173.4	糕点烘烤装置	北京好仁缘食品有限公司，北京市朝阳区高碑店乡西店村甲 18 号（100022）	刘旭昇
CN201820100213.5	一种糕点混料成型生产线成套设备	北京好仁缘食品有限公司，北京市朝阳区高碑店乡西店村甲 18 号（100022）	刘旭昇

（续）

申请或批准号	发 明 名 称	申请（专利权）人与通信地址	发明人
CN201820100238.5	大豆浸泡预处理装置	北京好仁缘食品有限公司，北京市朝阳区高碑店乡西店村甲 18 号（100022）	刘旭昇
CN201820100248.9	一种多功能棉花糖机	广州星漫乐游乐设备有限公司，广东省广州市番禺区东环街迎星东路 143 号星力动漫游戏产业园 F23 号、F25 号（511400）	魏 威
CN201820100305.3	糕点表面刷涂装置	北京好仁缘食品有限公司，北京市朝阳区高碑店乡西店村甲 18 号（100022）	刘旭昇
CN201820100337.3	用于油脂提炼的油渣混合装置	北京好仁缘食品有限公司，北京市朝阳区高碑店乡西店村甲 18 号（100022）	刘旭昇
CN201820100373.X	一种糕点切割机	北京好仁缘食品有限公司，北京市朝阳区高碑店乡西店村甲 18 号（100022）	刘旭昇
CN201820100422.X	糕点混料搅拌装置以及具有该装置的生产线成套设备	北京好仁缘食品有限公司，北京市朝阳区高碑店乡西店村甲 18 号（100022）	刘旭昇
CN201820100672.3	一种挤出机	苏州市金鹰机械设备有限公司，江苏省苏州市吴中区木渎镇金桥工业园（215000）	金荣根
CN201820101597.2	立体带式发酵设备	徐州市禾协肥业有限公司，江苏省徐州市沛县能源经济技术开发区郝寨路南（221000）	土宗抗、李秀旭
CN201820101598.7	开放型立体带式发酵设备	徐州市禾协肥业有限公司，江苏省徐州市沛县能源经济技术开发区郝寨路南（221000）	王宗抗、李秀旭
CN201820103087.9	一种畜皮脱毛机	山东省农业机械科学研究院，山东省济南市历城区桑园路 19 号（250100）	李寒松、张宗超
CN201820103256.9	一种焙烤食品无尘冷却装置	吉林工程技术师范学院，吉林省长春市宽城区凯旋路 3050 号（130000）	高秀娥、王晓娥
CN201820104960.6	肉松烘干装置	浙江心安食品有限公司，浙江省嘉兴市海宁市长安镇（农发区）大堤路 9 号（314000）	蔚盛超
CN201820105344.2	一种切片装置	河北密州香食品有限公司，河北省邢台市威县经济开发区腾飞路中段（54703）	赵常福、韩 强
CN201820105918.6	用于加工肉松的装置	浙江心安食品有限公司，浙江省嘉兴市海宁市长安镇（农发区）大堤路 9 号（314000）	蔚盛超
CN201820105984.3	板栗切瓣机	青岛博瑞设备制造有限公司，山东省青岛市城阳区夏庄街道史家泊子社区（266107）	邵平义、韩显森
CN201820105985.8	食品真空冷却机	青岛博瑞设备制造有限公司，山东省青岛市城阳区夏庄街道史家泊子社区（266107）	邵平义、韩显森
CN201820105988.1	一种冷冻醒发柜	中山市君诺电器设备有限公司，广东省中山市小榄镇绩东一民安南路 283 号（中山市金利电子衡器有限公司宿舍后边）（528400）	曾茂军、杨 勇
CN201820106125.6	一种葡萄干打散机	青岛博瑞设备制造有限公司，山东省青岛市城阳区夏庄街道史家泊子社区（266107）	韩显森、郭树峰
CN201820108704.4	红枣清洗机	山西省农业科学院果树研究所，山西省太原市小店区龙城大街 79 号（30000）	梁 芊、聂磊云

（续）

申请或批准号	发 明 名 称	申请（专利权）人与通信地址	发明人
CN201820109000.9	一种旋转翻炒肉松机	龙海市福联食品机械有限公司，福建省漳州市龙海市海澄镇工业园西小区（363102）	蒋建国、蔡锡惠
CN201820110169.6	一种鱼片挤压脱水机	龙海市福联食品机械有限公司，福建省漳州市龙海市海澄镇工业园西小区（363102）	蒋建国、蔡锡惠
CN201820110404.X	浓缩饮料调配分装装置	江苏彭城堂乳业有限公司，江苏省盐城市人民北路新兴油库北侧（224053）	刘永生、刘永久
CN201820112203.3	一种花生酱用真空搅拌罐	山东莺歌食品有限公司，山东省枣庄市山亭区店子镇（277200）	郑秀帅、王洪来
CN201820112297.4	一种鸡腿去皮去脂装置	枣庄华宝牧业开发有限公司，山东省枣庄市山亭区经济开发区世纪大道路西、北京路北（277200）	刘 念、王传明
CN201820112974.2	酸奶机	广东多米电器科技有限公司，广东省佛山市顺德区容桂容里居委会昌宝西路33号天富来国际工业城三期15座502之二（528305）	陈 勇
CN201820113360.6	一种海藻净化处理装置	中国海洋大学，山东省青岛市崂山区松岭路238号（266100）	王秀粉、李世征
CN201820113543.8	一种蓝莓拣选设备	吉林省普蓝高科技有限公司，吉林省长春市高新开发区锦湖大路1357H号大学生创业园四楼431室（130000）	李 姜、张兴华
CN201820113601.7	一种蓝莓加工用筛选装置	吉林省普蓝高科技有限公司，吉林省长春市高新开发区锦湖大路1357H号大学生创业园四楼431室（130000）	徐德冰、李 姜
CN201820114172.5	一种高效的板栗剥苞装置	安徽理工大学，安徽省淮南市泰丰大街168号（232001）	倪岚霖
CN201820114600.4	一种绞肉机的减速箱结构	宁波康加分电器科技有限公司，浙江省慈溪市掌起镇北一环路53号（315313）	高 迪
CN201820115044.2	一种牛肉加工用清洗装置	云南农业大学，云南省昆明市盘龙区黑龙潭云南农业大学（650201）	廖国周、王桂瑛
CN201820115123.3	一种用于猪肉火腿的分段捆绑装置	新疆亿康源食品有限公司，新疆维吾尔自治区昌吉回族自治州农业科技园区高新农业产业园富园路300号（831100）	朱建锁、朱雪飞
CN201820115141.1	一种具有多功能清洗猪肉火腿的清洗装置	新疆亿康源食品有限公司，新疆维吾尔自治区昌吉回族自治州农业科技园区高新农业产业园富园路300号（831100）	朱建锁、朱雪飞
CN201820115166.1	一种用于猪肉火腿的灌装机	新疆亿康源食品有限公司，新疆维吾尔自治区昌吉回族自治州农业科技园区高新农业产业园富园路300号（831100）	朱建锁、朱雪飞
CN201820119684.0	一种乌冬面生产输送线	广东百精自动化设备有限公司，广东省东莞市大朗镇石厦村金厦东路一巷2号（523792）	李 建
CN201820119882.7	一种羊皮快速夹持装置	山东省农业机械科学研究院，山东省济南市历城区桑园路19号（250100）	张宗超、李寒松

（续）

申请或批准号	发 明 名 称	申请（专利权）人与通信地址	发明人
CN201820120095.4	一种新型的曲线往复式软麻机	武汉纺织大学，湖北省武汉市江夏区阳光大道 1 号（430200）	张栋伟、喻方锦
CN201820122905.X	一种改良的果实除叶装置	东莞市恩扬五金灯饰有限公司，广东省东莞市横沥镇山厦村新厦路（523000）	朱小红、黄生树
CN201820123404.3	一种果实除叶装置	东莞市恩扬五金灯饰有限公司，广东省东莞市横沥镇山厦村新厦路（523000）	朱小红、黄生树
CN201820124479.3	一种粉碎系统	山东省农业机械科学研究院，山东省济南市历城区桑园路 19 号（250000）	崔相全、李寒松
CN201820125951.5	一种流体食品挤出装置	中食兆业（北京）食品发展有限公司，北京市西城区广安门南街 60 号 2 号楼 2 层 204 室（100000）	朱隆绘、孟庆林
CN201820126539.5	一种枣的清洗装置	沧州千益红酒业有限公司，河北省沧州市运河区南城屯乡西砖河村（61000）	王云英
CN201820126960.6	一种防水式食材搅拌机	郑州市云鼎汇砂生物科技有限公司，河南省郑州市管城回族区经济技术开发区第七大街 146 号 2 号生产楼 1 楼（450000）	周 阳
CN201820127574.9	一种蛋挞皮连续式生产成型设备	浙江奥昆食品有限公司，浙江省湖州市长兴经济技术开发区莘桥路 158 号-1（313100）	张晶晶
CN201820127854.X	柑橘筛选装置	四川农业大学，四川省成都市温江区惠民路 211 号（610000）	熊 博、廖 玲
CN201820128788.8	一种高效环保节能型粮油杂粮脱皮机	长乐致远技术开发有限公司，福建省福州市长乐区航城街道郑和西路 300 号（350200）	蔡媛媛
CN201820132987.6	辣椒干洗机	成都新润油脂有限责任公司，四川省成都市新都区木兰镇共和村 2 社（610513）	侯彦宁
CN201820134321.4	全自动干酪槽装置	上海本优机械有限公司，上海市金山区亭林镇亭宜路 680 号（200540）	胡金保、李春秀
CN201820138054.8	压面机	江苏台普动力机械有限公司，江苏省盐城市盐都区张庄工业集中区（224015）	尤 春、杨荣山
CN201820138172.9	一种饼干机挤料装置	河北好邻居食品有限公司，河北省邢台市宁晋县西城管理区（55550）	刘胜路
CN201820138174.8	一种糕点切割装置	河北好邻居食品有限公司，河北省邢台市宁晋县西城管理区（55550）	刘胜路
CN201820139189.6	一种荞面搅拌设备	威宁县黔鹤农产品有限责任公司，贵州省黔东南苗族侗族自治州毕节市威宁彝族回族苗族自治县经济开发区五里岗工业园区（553100）	蔡 琴、陶 龙
CN201820139190.9	一种荞茶烘干设备	威宁县黔鹤农产品有限责任公司，贵州省黔东南苗族侗族自治州毕节市威宁彝族回族苗族自治县经济开发区五里岗工业园区（553100）	陶 龙、蔡 琴
CN201820141954.8	一种山药清洗去皮装置	焦作大学，河南省焦作市人民大道东段 3066 号焦作大学（454000）	侯 艳、胡俊杰
CN201820143809.3	一种甜菊叶筛选机	明光市大地农业科技有限公司，安徽省滁州市明光市明西街道办事处西徐村（239400）	王魁嵩

（续）

申请或批准号	发 明 名 称	申请（专利权）人与通信地址	发明人
CN201820144582.4	一种茶叶生产线用上料装置	上犹县梅水茶场，江西省赣州市上犹县梅水乡水径村（341200）	叶绍伦
CN201820145690.3	板栗脱壳机	云南农业大学，云南省昆明市盘龙区黑龙潭云南农业大学（650201）	商 茹、张鸿富
CN201820145798.2	核桃破壳机	彭阳县泰明食品加工有限公司，宁夏回族自治区固原市彭阳县南门工业园区（宁夏奥龙现代农业综合开发公司内）（756000）	惠泰吉、惠富平
CN201820146096.6	柑普茶杀青专用炉	台山市恒鑫沉香一号农业科技有限公司，广东省江门市台山市广海镇诚北村篱笛塘水库边1号（529200）	王恒文
CN201820147277.0	一种用于干燥食用菌的干燥装置	甘肃占鑫生物科技有限公司，甘肃省张掖市民乐县生态工业园区（734502）	谢占虎、魏生龙
CN201820147796.7	一种减少污染的红枣浓缩汁加工设备	甘肃枣尚好食品有限责任公司，甘肃省张掖市临泽县工业开发园区（734000）	尹 鑫
CN201820148456.6	粮食干燥机的进风装置	河南鑫合实业发展有限公司，河南省焦作市温县太行路中段北侧（454850）	李 芳
CN201820149240.1	蔬菜加工用蒸汽烫料装置	天津果果农庄农业科技有限公司，天津市武清区大黄堡镇千户庄村（300000）	郭 军
CN201820149681.1	肉质分割工作台	重庆凯年食品有限公司，重庆市长寿区街镇工业走廊葛兰工业组团康富路19号（401231）	黄成明、陈 巍
CN201820150240.3	一种清洗效果好的豆浆机	九阳股份有限公司，山东省济南市槐荫区美里路999号（250117）	王旭宁、陈 龙
CN201820151743.2	一种加工麦芽水喷淋装置	兰州黄河（金昌）麦芽有限公司，甘肃省金昌市金川区经济技术开发区（737100）	贠文杰、马建云
CN201820152006.4	食品清洗消毒机	浙江优食环境科技有限公司，浙江省宁波市慈溪市杭州湾新区滨海大道298号（315336）	任士水、叶秀友
CN201820153403.3	一种腊制品垫板	重庆凯年食品有限公司，重庆市长寿区街镇工业走廊葛兰工业组团康富路19号（401231）	陈 巍、张 明
CN201820153412.2	饲料预混料投料系统	大连顺祥牧业有限公司，辽宁省大连市瓦房店市祝华工业园区祝丰北街578-2号（116300）	吕政付
CN201820154399.2	一种罗非鱼多层次加工生产线	海南远生渔业有限公司，海南省澄迈县老城开发区玉堂路6号（571900）	刘荣旭
CN201820155389.0	一种食品加工研磨搅拌装置	青岛香海盛食品配料有限公司，山东省青岛市平度市经济开发区贵州路南端（266000）	王明岗、焦景刚
CN201820155925.7	一种自动剪切的鲜湿米粉成型装置	祁东县佳佳食品有限公司，湖南省衡阳市祁东县新丰大道9号（421600）	谭小波、肖陆林
CN201820156679.7	一种新型米粉上挂切断机	祁东县佳佳食品有限公司，湖南省衡阳市祁东县新丰大道9号（421600）	谭小波、肖陆林
CN201820156808.2	一种食品加工拌料装置	漯河食品职业学院，河南省漯河市郾城区孟庙镇107国道与何冢线交汇处西北角（462000）	刘灵芝、魏景利

（续）

申请或批准号	发 明 名 称	申请（专利权）人与通信地址	发明人
CN201820157132.9	适用于液体输送的带式输送机	河南工程学院，河南省郑州市新郑龙湖镇祥和路1号（450000）	刘建英、温 倩
CN201820157174.2	可碾压成形的食品输送机	河南工程学院，河南省郑州市新郑龙湖镇祥和路1号（450000）	刘建英、刘 军
CN201820157876.0	水果加工用制浆装置	天津果果农庄农业科技有限公司，天津市武清区大黄堡镇千户庄村（300000）	郭 军
CN201820157888.3	新型谷物干燥机的输送分粮装置	河南嘉禾农机科技有限公司，河南省焦作市温县太行路中段（454850）	马思明
CN201820158498.8	一种饼干辊扎设备	广州贝斯美生物科技有限公司，广东省广州市越秀区东风中路300号之一自编12楼G房（510030）	沙治国
CN201820158577.9	一种茶叶炒制装置	贵州梵锦茶业有限公司，贵州省贵阳市铜仁市松桃苗族自治县正大乡包家村（554102）	姜明柱
CN201820158578.3	一种立体茶叶提取装置	贵州梵锦茶业有限公司，贵州省贵阳市铜仁市松桃苗族自治县正大乡包家村（554102）	姜明柱
CN201820158585.3	一种风力抛散式茶叶散离装置	贵州梵锦茶业有限公司，贵州省贵阳市铜仁市松桃苗族自治县正大乡包家村（554102）	姜明柱
CN201820158596.1	一种茶叶提取发酵罐	贵州梵锦茶业有限公司，贵州省贵阳市铜仁市松桃苗族自治县正大乡包家村（554102）	姜明柱
CN201820161110.X	一种火腿腌制专用冷藏系统	曲靖传丰食品有限责任公司，云南省曲靖市沾益区龙华街道庄家湾社区金家屯村2-5号（655331）	吴传丰
CN201820161236.7	一种洋葱去皮筛选机	酒泉敦煌种业百佳食品有限公司，甘肃省酒泉市肃州区工业园区（南园）（735000）	魏建设、臧 瑜
CN201820161417.X	一种洋葱片摊铺机	酒泉敦煌种业百佳食品有限公司，甘肃省酒泉市肃州区工业园区（南园）（735000）	魏建设、臧 瑜
CN201820161420.1	一种洋葱传输带清洗装置	酒泉敦煌种业百佳食品有限公司，甘肃省酒泉市肃州区工业园区（南园）（735000）	魏建设、臧 瑜
CN201820162246.2	一种奶制品发酵用冷却装置	大连心乐乳业有限公司，辽宁省大连市普湾新区三十里堡街道北乐村（116103）	陆艳军
CN201820162267.4	一种奶制品发酵用清洗感应控制装置	大连心乐乳业有限公司，辽宁省大连市普湾新区三十里堡街道北乐村（116103）	陆艳军
CN201820162270.6	一种奶制品发酵低温保存装置	大连心乐乳业有限公司，辽宁省大连市普湾新区三十里堡街道北乐村（116103）	陆艳军
CN201820162290.3	一种鲜奶冷却装置	大连心乐乳业有限公司，辽宁省大连市普湾新区三十里堡街道北乐村（116103）	陆艳军
CN201820162291.8	一种鲜奶分离机的分离器	大连心乐乳业有限公司，辽宁省大连市普湾新区三十里堡街道北乐村（116103）	陆艳军
CN201820162296.0	一种鲜奶巴氏杀菌装置	大连心乐乳业有限公司，辽宁省大连市普湾新区三十里堡街道北乐村（116103）	陆艳军
CN201820162448.7	一种用于虾糜制品混料用加工装置	福清市谊华水产食品有限公司，福建省福州市福清市龙田镇龙进路8号（350315）	周 衡

（续）

申请或批准号	发 明 名 称	申请（专利权）人与通信地址	发明人
CN201820163129.8	一种用于饺子加工的速冻设备	漯河医学高等专科学校，河南省漯河市源汇区大学路148号（462000）	张亚东、王 飞
CN201820165204.4	一种烫皮生产设备	安仁县颜氏食品机械制造有限公司，湖南省郴州市安仁县安平镇（423600）	颜青夏
CN201820165651.X	食品加工机及其面团发酵控制装置	佛山市顺德区美的电热电器制造有限公司，广东省佛山市顺德区北滘镇三乐东路19号（528311）	陈维维、曹庆刚
CN201820166301.5	一种烫皮生产用加热设备	安仁县颜氏食品机械制造有限公司，湖南省郴州市安仁县安平镇（423600）	颜青夏
CN201820167203.3	一种包馅机送料装置	重庆美创食品有限公司，重庆市垫江县杠家镇创业园内（408312）	张立国
CN201820167497.X	一种食用菌烘干柜	民乐县荣善生物科技有限公司，甘肃省张掖市民乐县生态工业园区（734502）	王元芳、江一剑
CN201820167498.4	一种食用菌烘干箱	民乐县荣善生物科技有限公司，甘肃省张掖市民乐县生态工业园区（734502）	王元芳、江一剑
CN201820168427.6	一种手抓饼生产装置	新乡富元食品有限公司，河南省新乡市封丘县产业集聚区（453000）	王海营、张英杰
CN201820168448.8	一种多功能茶叶筛选装置	都匀市黔山茗茶叶有限公司，贵州省黔南布依族苗族自治州都匀市毛尖镇坪阳村八组中坝（558000）	广周春
CN201820168461.3	一种葡萄储存装置	中宁县智才技术服务有限公司，宁夏回族自治区中卫市中宁县郭庄枸杞市场杞福商务宾馆209室（751200）	衡 松
CN201820168733.X	一种食用菌加工用烘干装置	民乐县荣善生物科技有限公司，甘肃省张掖市民乐县生态工业园区（734502）	王元芳、江一剑
CN201820169572.6	一种月饼烘烤系统	重庆美创食品有限公司，重庆市垫江县杠家镇创业园内（408312）	张立国
CN201820169573.0	一种用于月饼加工的包馅机送料装置	重庆美创食品有限公司，重庆市垫江县杠家镇创业园内（408312）	张立国
CN201820169619.9	一种食用菌用清洗装置	民乐县荣善生物科技有限公司，甘肃省张掖市民乐县生态工业园区（734502）	王元芳、江一剑
CN201820169620.1	一种食用菌用烘干箱	民乐县荣善生物科技有限公司，甘肃省张掖市民乐县生态工业园区（734502）	王元芳、江一剑
CN201820169929.0	一种骨肉分离机	云南认真食品有限公司，云南省红河哈尼族彝族自治州个旧市沙甸区东郊路口（661100）	马德胜
CN201820170056.5	一种牧草粉碎装置	临沂市布恩饲料有限公司，山东省临沂市兰山区半程镇任家庄村（276002）	吴宝强、于 娟
CN201820170083.2	一种斩拌机	云南认真食品有限公司，云南省红河哈尼族彝族自治州个旧市沙甸区东郊路口（661100）	马德胜
CN201820172804.3	一种果汁杀菌灌装设备	昆山前卫机械科技有限公司，江苏省苏州市昆山花桥绿地大道231弄9号楼1508室（215332）	聂 磊

（续）

申请或批准号	发 明 名 称	申请（专利权）人与通信地址	发明人
CN201820173097.X	一种水果蔬菜去皮清洗机	昆山前卫机械科技有限公司，江苏省苏州市昆山花桥绿地大道 231 弄 9 号楼 1508 室（215332）	聂 磊
CN201820173099.9	一种水果蔬菜清洗榨汁流水线	昆山前卫机械科技有限公司，江苏省苏州市昆山花桥绿地大道 231 弄 9 号楼 1508 室（215332）	聂 磊
CN201820173130.9	一种果蔬清洗消毒装置	昆山前卫机械科技有限公司，江苏省苏州市昆山花桥绿地大道 231 弄 9 号楼 1508 室（215332）	聂 磊
CN201820173591.6	一种玉米饼发酵装置	吉林省荣发食品集团有限公司，吉林省长春市宽城区北郊合隆经济开发区（130000）	魏 来、王利平
CN201820173924.5	一种油条自动成型装置	湖州职业技术学院，浙江省湖州市吴兴区湖州市教育园区（313000）	张洁锋、朱景建
CN201820174394.6	一种食用菌的快速烘干装置	河北绿珍食用菌有限公司，河北省邯郸市魏县邯大高速连接口北 100 米路西（56800）	赵全琳
CN201820175675.3	一种馅料连续输送装置	福建安井食品股份有限公司，福建省厦门市海沧区新阳路 2508 号（361026）	黄建联、吴友明
CN201820176181.7	一种红枣食品加工用配料混合装置	海泉百膳生物科技股份有限公司，安徽省阜阳市颍东区颍东经济开发区纬三路 502 号安徽省达亿粮油食品有限公司研发楼 0 室（236000）	李 静
CN201820177174.9	一种茶叶筛选机	广东缘来香茶业有限公司，广东省揭阳市惠来县华湖镇溪洋村果林场土名"赤山埔"（515200）	林晓滨、林增群
CN201820177893.0	一种海参清洗喷淋装置	福州日兴水产食品有限公司，福建省福州市连江县筱埕镇大埕村永宁路 2 号（350511）	江铭福、刘忠明
CN201820180559.0	一种软体海产肉类的烘干装置	龙海市嘉昌水产有限公司，福建省漳州市龙海市港尾镇斗美村（363100）	陈书聪、林纪华
CN201820180864.X	一种虾处理流水线	深圳市恒升鑫源电子设备有限公司，广东省深圳市龙华新区观澜街道岗头社区盈丰路 A4 幢厂房 1 楼 A 区（518000）	王新桥
CN201820181442.4	一种智能核桃激光划口机	石河子大学，新疆维吾尔自治区石河子市北四路石河子大学机械电气工程学院（832000）	郑 霞、张恩铭
CN201820182639.X	黑糖块的生产线的设备布局结构	广州华糖食品有限公司，广东省广州市黄埔区东区开创大道 362 号（510000）	杨守职、张建夫
CN201820183463.X	一种鲜牛乳常温杀菌装置	魔水科技（北京）有限公司，丰台区丰台街道丰台区新发地（北京市）	高 强
CN201820183715.9	蜂蜜快速混合装置	陕西杨凌陕特农业发展有限公司，陕西省咸阳市杨凌示范区水运东路 8 号楼创业工场 1106-2 室（712100）	王耀斌
CN201820187633.1	一种手摇式压面机	浙江工贸职业技术学院，浙江省温州市瓯海经济开发区东方南路 38 号温州国家大学科技园（325000）	刘国强
CN201820190098.5	一种饼干旋转烘烤炉	江西绿安食品有限公司，江西省新余市高新区光明路 888 号工业地产 10 栋 3 楼（338000）	张燕平

（续）

申请或批准号	发　明　名　称	申请（专利权）人与通信地址	发明人
CN201820191223.4	一种蓝莓深加工清洗装置	姚安蓝丰蓝莓农业种植开发有限公司，云南省楚雄彝族自治州姚安县光禄镇小邑村委会小邑（675000）	黄东福、张建华
CN201820192472.5	一种便于送料的灌肠机	福建台宏食品有限公司，福建省泉州市石狮市鸿山镇西墩村西墩工业区（362700）	邓东雄
CN201820192821.3	一种多层冻干食品风干机	大地生机（福建）农业发展有限公司，福建省龙岩市上杭县工业园区三期李家坪（364000）	卓继纬、张炳新
CN201820192964.4	一种食品加工烘干机	青岛海派食品有限公司，山东省青岛市黄岛区三沙路3906号（266000）	殷效青
CN201820192965.9	一种立式真空滚揉机	青岛海派食品有限公司，山东省青岛市黄岛区三沙路3906号（266000）	张新珍
CN201820193878.5	一种新型打浆机	福建台宏食品有限公司，福建省泉州市石狮市鸿山镇西墩村西墩工业区（362700）	邓东雄
CN201820194143.4	批量式冻干食品低温真空油炸装置	大地生机（福建）农业发展有限公司，福建省龙岩市上杭县工业园区三期李家坪（364000）	卓继纬、张炳新
CN201820194621.1	一种打鳞机	湖北国启生态农业有限公司，湖北省黄石市大冶市还地桥镇黄金湖（435114）	祝　庆
CN201820194759.1	一种肉产品加工用灌肠机	安徽鑫松亚食品有限公司，安徽省阜阳市颍东经济开发区振兴路东、富强路南侧（236000）	薛松松
CN201820195263.6	一种便于樱桃的去核装置	姚安蓝丰蓝莓农业种植开发有限公司，云南省楚雄彝族自治州姚安县光禄镇小邑村委会小邑（675000）	黄东福、张建华
CN201820195264.0	一种便于清洗的蓝莓烘干装置	姚安蓝丰蓝莓农业种植开发有限公司，云南省楚雄彝族自治州姚安县光禄镇小邑村委会小邑（675000）	黄东福、张建华
CN201820196487.9	一种新型真空搅拌滚揉机	福建台宏食品有限公司，福建省泉州市石狮市鸿山镇西墩村西墩工业区（362700）	邓东雄
CN201820196680.2	一种用于冻干食品罐式全自动低温真空油炸设备	大地生机（福建）农业发展有限公司，福建省龙岩市上杭县工业园区三期李家坪（364000）	卓继纬、张炳新
CN201820196725.6	一种茶叶松包打散机	淳安县千询企业管理有限公司，浙江省杭州市淳安县大墅镇栗月坪村70号（311700）	胡月霞、胡奇峰
CN201820196772.0	一种金砖面包生产用番茄红素提取装置	安徽艾檬特食品有限公司，安徽省铜陵市铜都大道中段1019号（244000）	古小刚
CN201820196775.4	一种分体式芦荟清洗及切削设备	海口金秋颂农业开发有限公司，海南省海口市美兰区海甸三东路46号燕兴城3号楼一层04号（570208）	胡　娟
CN201820197070.4	一种乳酸菌杀菌装置	山东统元食品有限公司，山东省德州市国家高新技术产业开发区工业南路8号（251200）	佘春华、胡　卫
CN201820197521.4	一种肉产品加工用滚揉机	安徽鑫松亚食品有限公司，安徽省阜阳市颍东经济开发区振兴路东、富强路南侧（236000）	薛松松

（续）

申请或批准号	发 明 名 称	申请（专利权）人与通信地址	发明人
CN201820197525.2	一种肉产品加工用锯骨机	安徽鑫松亚食品有限公司，安徽省阜阳市颍东经济开发区振兴路东、富强路南侧（236000）	薛松松
CN201820200361.4	一种刺梨果筛洗机	贵州天刺力食品科技有限责任公司，贵州省六盘水市盘州市两河街道办旧铺工业园区（553537）	陈 林
CN201820200492.2	一种面粉加工原料清洁装置	安徽省达亿粮油食品有限公司，安徽省阜阳市颍东区工业园（236000）	李 平
CN201820201491.X	一种用于乳猪烤前洗刷装置	东台市千禧福冷冻食品有限公司，江苏省盐城市东台市东台镇上官居委会二组（224200）	李晓祥、沈山江
CN201820202512.X	一种果肉挑选流水线	四川喜之郎食品有限公司，四川省遂宁市经济技术开发区南区内（610000）	李永军
CN201820203993.6	一种用于牛奶、果汁的全自动生产加工设备	浙江旭翔机械科技有限公司，浙江省嘉兴市平湖市新埭镇创新路北侧（314211）	王云德
CN201820204169.2	一种改进的酱腌菜智能数控调味搅拌机	宁夏渝陵食品股份有限公司，宁夏回族自治区银川市贺兰县德胜工业园区清真食品园（750299）	田 杰、田 华
CN201820204914.3	一种改进的酱腌菜智能杀菌冷却机设备	宁夏渝陵食品股份有限公司，宁夏回族自治区银川市贺兰县德胜工业园区清真食品园（750299）	田 杰、田 华
CN201820205534.1	一种自动和面机	广州市远瞩食品制造有限公司，广东省广州市荔湾区玉兰路2号C座三楼自编之二（510385）	杨恒坚
CN201820206480.0	香酥食品生产用油炸机	山东极合蒜农业发展有限公司，山东省莱芜市莱城区口镇姚口路36号（271114）	李良鸿、罗世芝
CN201820206818.2	一种高效的蔬菜清洗装置	余湘集团股份有限公司，湖北省荆州市监利县三洲镇余湘路（433300）	余继根
CN201820206842.6	一种改进型搅拌装置	余湘集团股份有限公司，湖北省荆州市监利县三洲镇余湘路（433300）	余继根
CN201820208736.1	一种茶叶摇青装置	潜山县妙山茶业有限公司，安徽省安庆市潜山县五庙乡五庙街（246300）	程君来
CN201820208770.9	一种晾晒火腿通风装置	江西开元安福火腿有限责任公司，江西省吉安市安福县工业园区（343200）	皮 磊
CN201820208792.5	一种半自动火腿发酵装置	江西开元安福火腿有限责任公司，江西省吉安市安福县工业园区（343200）	皮 磊
CN201820211031.5	一种分体式面条机	东莞市高创电机科技有限公司，广东省东莞市常平镇板石村南埔科技创新中心Z栋三层301室（523000）	何文耀
CN201820213115.2	一种多功能炒茶机	诸暨市石笕茶叶专业合作社，浙江省绍兴市诸暨市陈宅镇巽迪陈村（311800）	张天校、史步东
CN201820213131.1	一种新型高品质黄茶生产线	诸暨市石笕茶叶专业合作社，浙江省绍兴市诸暨市陈宅镇巽迪陈村（311800）	张天校、史步东
CN201820213893.1	一种甘薯加工设备	漯河市农业科学院，河南省漯河市郾城区黄河路900号（462000）	张勇跃、孟凡奇
CN201820214311.1	一种海参速冻机	广东环球水产食品有限公司，广东省茂名市化州市杨梅工业园工业大道东2号（525129）	钟福德、李志福

（续）

申请或批准号	发　明　名　称	申请（专利权）人与通信地址	发明人
CN201820214443.4	一种全自动红茶发酵机	诸暨市石笕茶叶专业合作社，浙江省绍兴市诸暨市陈宅镇巽迪陈村（311800）	张天校、史步东
CN201820214444.9	一种新型茶叶理条杀青机	诸暨市石笕茶叶专业合作社，浙江省绍兴市诸暨市陈宅镇巽迪陈村（311800）	张天校、史步东
CN201820214445.3	一种高效茶叶揉捻机	诸暨市石笕茶叶专业合作社，浙江省绍兴市诸暨市陈宅镇巽迪陈村（311800）	张天校、史步东
CN201820214478.8	一种新型茶叶提香系统	诸暨市石笕茶叶专业合作社，浙江省绍兴市诸暨市陈宅镇巽迪陈村（311800）	张天校、史步东
CN201820214486.2	一种新型红茶生产线	诸暨市石笕茶叶专业合作社，浙江省绍兴市诸暨市陈宅镇巽迪陈村（311800）	张天校、史步东
CN201820214488.1	一种新型茶叶筛选装置	诸暨市石笕茶叶专业合作社，浙江省绍兴市诸暨市陈宅镇巽迪陈村（311800）	张天校、史步东
CN201820215010.0	一种全自动连续式喷淋水浴杀菌设备	浙江旭翔机械科技有限公司，浙江省嘉兴市平湖市新埭镇创新路北侧（314211）	王云德
CN201820215624.9	一种龙虾清洗机	广东环球水产食品有限公司，广东省茂名市化州市杨梅工业园工业大道东2号（525129）	钟福德、李志福
CN201820216186.8	一种用于加工茶叶的输送装置	英德八百秀才茶业有限公司，广东省清远市英德市东华镇黄陂华侨茶场（513000）	李启村
CN201820217624.2	一种全自动果汁浓缩设备	浙江旭翔机械科技有限公司，浙江省嘉兴市平湖市新埭镇创新路北侧（314200）	王云德
CN201820218908.3	浒苔烘干装置	郑州万谷机械股份有限公司，河南省郑州市上街区安阳路113号（450041）	张德榜、陈正权
CN201820219176.X	一种带翻动机构的芝麻烘干装置	安徽华安食品有限公司，安徽省马鞍山市和县盛家口经济开发区（238200）	王　浩、王　健
CN201820219448.6	一种速冻鱼肉加工装置	广东环球水产食品有限公司，广东省茂名市化州市杨梅工业园工业大道东2号（525129）	钟福德、李志福
CN201820219563.3	一种鱼肉加工速冻设备	广东环球水产食品有限公司，广东省茂名市化州市杨梅工业园工业大道东2号（525129）	钟福德、李志福
CN201820220498.6	一种用于糕点生产的注浆机	保定市军威食品制造有限公司，河北省保定市莲池区南沟头村村东（71000）	杨卫军
CN201820221014.X	一种分体式食品消毒装置	浙江优食环境科技有限公司，浙江省宁波市慈溪市杭州湾新区滨海大道298号（315336）	任士水、叶秀友
CN201820221767.0	一种豆浆注浆除沫装置	北京香豆豆食品有限公司，北京市房山区窦店镇久安路38号（102446）	刘长安、庄　楠
CN201820223236.5	一种带有清洗消毒的金针菇生产用空筐输送线	山东友和菌业有限公司，山东省济宁市邹城市平阳寺镇驻地（273514）	林启健、姬广群
CN201820224284.6	一种月饼成型机	重庆美创食品有限公司，重庆市垫江县杠家镇创业园内（408312）	张立国
CN201820224367.5	一种自动控温金针菇生产用烘干机	山东友和菌业有限公司，山东省济宁市邹城市平阳寺镇驻地（273514）	陈福永

（续）

申请或批准号	发 明 名 称	申请（专利权）人与通信地址	发明人
CN201820224376.4	一种转轴加油封的金针菇生产用搅拌机	山东友和菌业有限公司，山东省济宁市邹城市平阳寺镇驻地（273514）	姬广群、黄恩清
CN201820224792.4	低温烤肠加工的全自动生产线	新疆宜嘉乐食品有限公司，新疆维吾尔自治区昌吉回族自治州昌吉市老龙河（农业科技园区高新农业产业园富园路301路）（830000）	王振法
CN201820225099.9	一种牡蛎高效酶解设备	广西云康健健康管理有限公司，广西壮族自治区南宁市高新区高新大道东段25号A栋二楼东侧（530007）	龙腾云、刘战华
CN201820225431.1	一种夹心食品成型装置	阳泉市星焱电子科技有限公司，山西省阳泉市开发区学院路1号山西工程技术学院（45000）	郝雨、张海涛
CN201820226230.3	一种用于羊肚菌酱油的搅拌机	南阳理工学院，河南省南阳市宛城区长江路80号（473000）	岳春、李霞
CN201820226366.4	一种高效的羊肚菌酱油生产加工用混合装置	南阳理工学院，河南省南阳市宛城区长江路80号（473000）	岳春、宋兴华
CN201820226735.X	一种可拆卸多饼印花成型装置	江西绿安食品有限公司，江西省新余市高新区光明路888号工业地产10栋3楼（338000）	张燕平
CN201820226739.8	一种多饼成型滚轴装置	江西绿安食品有限公司，江西省新余市高新区光明路888号工业地产10栋3楼（338000）	张燕平
CN201820227677.2	球磨抹茶机	西安凯伦生物科技有限公司，陕西省西安市浐灞生态区兴泰南街333号欧亚创意设计园孵化中心4层内1308（710000）	周勇、王宗成
CN201820227765.2	饲料磨料及其控料装置	石家庄中农同创生物科技有限公司，河北省石家庄市无极县北苏工业园（50000）	陈磊
CN201820227814.2	一种藜麦发酵装置	成都大学，四川省成都市龙泉驿区十陵镇成都大学（610106）	雨田、郭晓恒
CN201820228204.4	一种毛肚清洗机	诸城市铭品食品机械有限公司，山东省潍坊市诸城市人民东路5309号（262200）	房志强、李英杰
CN201820228260.8	袋装火锅底料生产线	重庆市三易食品有限公司，重庆市江津区白沙工业园F-1号地块（402289）	易宗宇
CN201820229070.8	一种海鲜加工清洗消毒装置	广东环球水产食品有限公司，广东省茂名市化州市杨梅工业园工业大道东2号（525129）	钟福德、李志福
CN201820229138.2	一种龙虾分级装置	广东环球水产食品有限公司，广东省茂名市化州市杨梅工业园工业大道东2号（525129）	钟福德、李志福
CN201820229153.7	一种立杆微粉碎机	大冶瑞隆粉末涂料有限公司，湖北省黄石市大冶市城西北工业园32号路以南（435100）	柯锐峰
CN201820229344.3	一种集加热、冷却、速冻及解冻于一体的食品加工设备	青岛环速科技有限公司，山东省青岛市市北区福州北路90号15层1503户（266011）	孙业国、姜志兴
CN201820230186.3	一种绿茶一体化加工装置	西安凯伦生物科技有限公司，陕西省西安市浐灞生态区兴泰南街333号欧亚创意设计园孵化中心4层内1308（710000）	周勇、王宗成

（续）

申请或批准号	发 明 名 称	申请（专利权）人与通信地址	发明人
CN201820230973.8	一种水产品加工解冻装置	广东环球水产食品有限公司，广东省茂名市化州市杨梅工业园工业大道东2号（525129）	钟福德、李志福
CN201820230990.1	一种蘑菇自动加工系统	烟台拓伟智能科技股份有限公司，山东省烟台市栖霞市桃村外向型工业园（265300）	迟 伟、杨 升
CN201820231744.8	一种鱼腹撑开装置	武汉轻工大学，湖北省武汉市常青花园学府南路68号（430023）	刘良忠、何文力
CN201820231853.X	一种水产品加工灭菌装置	广东环球水产食品有限公司，广东省茂名市化州市杨梅工业园工业大道东2号（525129）	钟福德、李志福
CN201820232350.4	面团成型设备及可移动面团成型设备	深圳市妈妈与好朋友食品有限公司，广东省深圳市龙岗区坂田街道大发浦社区里浦街7号1栋2楼4号（518000）	孙瑞冬
CN201820232903.6	大容量饲料混合机	安德里茨（中国）有限公司，广东省佛山市禅城区城西工业区天宝路9号（528000）	刘阳辉、应若凡
CN201820233525.3	一种生产风味佳菠萝干用环保节能烘干系统	漳州蒂妮食品有限公司，福建省漳州市南靖高新技术产业园区（363600）	钟清良
CN201820236020.2	一种用于食品隧道炉烘烤布带的纠偏机构	广州浩胜食品机械有限公司，广东省广州市黄埔区大沙镇茅岗村大春园（510000）	邱木圳
CN201820236040.X	一种食品隧道炉烤盘布纠偏装置	广州浩胜食品机械有限公司，广东省广州市黄埔区大沙镇茅岗村大春园（510000）	邱木圳
CN201820236046.7	一种食品隧道炉速差机构	广州浩胜食品机械有限公司，广东省广州市黄埔区大沙镇茅岗村大春园（510000）	邱木圳
CN201820236477.3	一种白茶加工设备	东源万绿印象茶叶专业合作社，广东省河源市东源县新港镇双田畲族村（517500）	李建斌
CN201820238128.5	一种农业用葡萄颗粒筛分设备	四川绅裕农业科技有限公司，四川省成都市双流县永安镇付家坝社区黄龙大道三段106号（610200）	张怀忠、郑 洋
CN201820239041.X	一种凉茶生产用高温杀菌冷却装置	安徽鼎康医药有限公司，安徽省阜阳市太和县经济开发区英阳西路（安徽六顺创业特种滤材有限公司院内）（236600）	丁泽平
CN201820239052.8	一种凉茶提取设备	安徽鼎康医药有限公司，安徽省阜阳市太和县经济开发区英阳西路（安徽六顺创业特种滤材有限公司院内）（236600）	丁泽平
CN201820239221.8	一种打瓜取籽机	酒泉凯地农业科技开发有限公司，甘肃省酒泉市肃州区果园乡酒果路10号（735000）	曹立国、马 铭
CN201820239349.4	一种安全性能高的绞肉机	河南科技学院，河南省新乡市红旗区河南科技学院（453003）	崔震昆、朱 琳
CN201820241442.9	一种月饼包馅机	嘉兴市真真老老食品有限公司，浙江省嘉兴市秀洲区油车港镇正阳东路199号（314000）	邵建国
CN201820242630.3	打粉机	广州松春机械设备有限公司，广东省广州市番禺区沙湾镇北村桃园岗工业区E厂房（511483）	张 华

（续）

申请或批准号	发 明 名 称	申请（专利权）人与通信地址	发明人
CN201820244331.3	抓取面挂的设备	武汉佳阳绿昶食品有限公司，湖北省武汉市新洲区徐古街周山村（430000）	陈可夫、游光福
CN201820244333.2	超高温自动清洗灭菌机	武汉佳阳绿昶食品有限公司，湖北省武汉市新洲区徐古街周山村（430000）	陈可夫、游光福
CN201820244652.3	花生脱皮半粒设备	青岛东方果仁制品有限公司，山东省青岛市莱西市夏格庄镇驻地（266000）	胡玉忠、赵炳希
CN201820253216.2	马蹄削皮机	宁波市奉化晨驹仪器制造厂，浙江省宁波市奉化区尚田镇甬临线西2号（315511）	毛良表、毛晨驹
CN201820253411.5	飞刀削皮装置	宁波市奉化晨驹仪器制造厂，浙江省宁波市奉化区尚田镇甬临线西2号（315511）	毛良表、毛晨驹
CN201820253508.6	食用菌加工设备	宜城联河现代农业有限公司，湖北省襄阳市宜城市流水镇刘家湾村（441400）	徐光明
CN201820254749.2	一种新型食品肉来料加工机	广州华锋机电设备有限公司，广东省广州市荔湾区增南路388号之二（510375）	刘丽娜
CN201820256198.3	食用菌储藏及保鲜设备	宜城联河现代农业有限公司，湖北省襄阳市宜城市流水镇刘家湾村（441400）	徐光明
CN201820257545.4	一种奶粉加工用混合装置	北安宜品努卡乳业有限公司，黑龙江省黑河市北安市铁西区工业园区（164000）	牟善波、那正阳
CN201820259225.2	一种食品加工烘焙设备的散热结构	昆明多柏思食品有限公司，云南省昆明市五华区学府路534号（650000）	林治宏
CN201820259237.5	一种热风循环式烘焙装置	昆明多柏思食品有限公司，云南省昆明市五华区学府路534号（650000）	林治宏
CN201820259238.X	一种起酥机的压面厚度调节装置	昆明多柏思食品有限公司，云南省昆明市五华区学府路534号（650000）	林治宏
CN201820264561.6	一种毛纺提升传送装置	泰兴市荣盛纺织机械有限公司，江苏省泰州市泰兴市虹桥工业园区四通路（225400）	殷 荣
CN201820264629.0	一种酱料加工用搅拌装置	惠州市酱源辣辣香农业发展有限公司，广东省惠州市惠东县梁化镇育民村（原南野学校内）（516323）	刘少英、陈健明
CN201820264710.9	一种辣椒清洗装置	四川品品食品有限公司，四川省成都市郫都区安德镇中国川菜产业功能区蜀雅路272号（611730）	吕 勤
CN201820265353.8	一种滚筒式杀青机的茶叶排湿装置	山阳县金桥茶业有限公司，陕西省商洛市山阳县城关街办北大街中段文化馆门前（726400）	许 青
CN201820265481.2	一种茶叶高效烘干提香设备	山阳县金桥茶业有限公司，陕西省商洛市山阳县城关街办北大街中段文化馆门前（726400）	许红飞、刘方伟
CN201820267410.6	一种农用粮食烘干机	福建森德工贸有限公司，福建省南平市邵武市五一九路东段北侧凯盛4号楼1层（354000）	李 超
CN201820267989.6	一种海带生产加工用晾晒干燥装置	福建省良品堂电子商务有限公司，福建省莆田市城厢区凤凰山街道新塘街167弄13号（351100）	翁春娇
CN201820268004.1	一种方便紫菜收集的晾晒装置	福建省良品堂电子商务有限公司，福建省莆田市城厢区凤凰山街道新塘街167弄13号（351100）	翁春娇

（续）

申请或批准号	发　明　名　称	申请（专利权）人与通信地址	发明人
CN201820268012.6	一种大米生产加工用干燥装置	福建省千果庄园电子商务有限公司，福建省莆田市城厢区荔城中大道 1507 号（351100）	郭秋霞
CN201820269018.5	双向型蔬菜干燥装置	方家铺子（福建）现代农业发展有限公司，福建省莆田市城厢区龙桥居委会荔城中大道 1539 号 1 号楼 2 梯 1002 室（351100）	林玮瑛
CN201820269199.1	牡蛎开壳器	方家铺子（福建）海洋生物科技有限公司，福建省莆田市城厢区北磨街 173 号（351100）	林　青
CN201820270234.1	一种多路温控及高效循环的茶叶烘干装置	丸新柴本制茶（杭州）有限公司，浙江省杭州市淳安县枫树岭镇楼底新村（311717）	王春杰
CN201820270603.7	一种藜麦片的加工装置	吉林省彬生农业科技发展（集团）有限公司，吉林省长春市德惠市米沙子镇岫岩村七社（130000）	吕牧孙、李金凤
CN201820271751.0	一种牛肉干烘干机	蒙城宏健食品有限公司，安徽省亳州市蒙城县开发区政通路 2 号（233500）	占　平、高书生
CN201820271753.X	一种滑轨式豆腐成型切割一体机	蒙城宏健食品有限公司，安徽省亳州市蒙城县开发区政通路 2 号（233500）	占　平、高书生
CN201820271781.1	一种烘箱	蒙城宏健食品有限公司，安徽省亳州市蒙城县开发区政通路 2 号（233500）	占　平、高书生
CN201820272308.5	一种包埋乳酸菌发酵乳的低温保存装置	南阳理工学院，河南省南阳市长江路 80 号（473004）	岳　春、张德中
CN201820272908.1	一种食品收容管理装置	天津市华夏彩印有限公司，天津市武清区黄花店镇八里桥村（301708）	王爱民
CN201820273878.6	一种立式揉面机	安徽省久阳农业机械有限公司，安徽省蚌埠市怀远县城关镇农资公司梅郢仓库院内（233400）	张家驹、吴明根
CN201820274027.3	一种香菇酱灌装设备	信阳羚锐好味道股份有限公司，河南省信阳市羊山新区新二十四大街 59 号（464000）	吴希振、卢玉斌
CN201820274028.8	一种香菇酱配料混合设备	信阳羚锐好味道股份有限公司，河南省信阳市羊山新区新二十四大街 59 号（464000）	卢玉斌、张付东
CN201820275810.1	一种果脯蜜饯加工去核设备	漳州含羞草食品有限公司，福建省漳州市龙文区福岐北路 1 号（363000）	王健坤
CN201820275854.4	一种果脯蜜饯加工预处理烫涤装置	漳州含羞草食品有限公司，福建省漳州市龙文区福岐北路 1 号（363000）	王健坤
CN201820275855.9	一种果脯热烘干加工冷却设备	漳州含羞草食品有限公司，福建省漳州市龙文区福岐北路 1 号（363000）	王健坤
CN201820275886.4	一种果脯蜜饯真空脱气罐	漳州含羞草食品有限公司，福建省漳州市龙文区福岐北路 1 号（363000）	王健坤
CN201820276738.4	一种用于揉面机的辊距调节装置	安徽省久阳农业机械有限公司，安徽省蚌埠市怀远县城关镇农资公司梅郢仓库院内（233400）	张家驹、吴明根
CN201820278603.1	蔬菜深加工脱水装置	灵台县亿兴钢构有限责任公司，甘肃省平凉市灵台县中台镇蒲河东路（744400）	姚　鹏
CN201820279063.9	一种具有自动喷雾加湿装置的脱麻机	江西恩达麻世纪科技股份有限公司，江西省新余市分宜县城西工业园（雪松路东侧）（336500）	褚特野、邱枚英

（续）

申请或批准号	发 明 名 称	申请（专利权）人与通信地址	发明人
CN201820279333.6	一种锯骨机全自动送料机构	厦门璞真食品有限公司，福建省厦门市同安区轻工食品工业区美禾九路 158 号（361100）	潘世朝、李志强
CN201820279364.1	一种蜜饯果脯侵料加工设备	漳州含羞草食品有限公司，福建省漳州市龙文区福岐北路 1 号（363000）	王健坤
CN201820279369.4	一种红枣除渣清洗装置	新疆绿丹食品有限责任公司，新疆维吾尔自治区喀什地区岳普湖县泰岳工业园区经二东路 4 号（844400）	樊仲文
CN201820279375.X	一种果脯加工去核装置	漳州含羞草食品有限公司，福建省漳州市龙文区福岐北路 1 号（363000）	王健坤
CN201820279376.4	一种果脯蜜饯加热烘干装置	漳州含羞草食品有限公司，福建省漳州市龙文区福岐北路 1 号（363000）	王健坤
CN201820279804.3	一种带有清洗效果的水产品化冻装置	龙海市格林水产食品有限公司，福建省漳州市龙海市港尾镇汤头岭口（353105）	黄海泉
CN201820280454.2	一种鲜鱼去鳞加工设备	宁波大学，浙江省宁波市江北区风华路 818 号宁波大学材化学院（315211）	陈 红、张进杰
CN201820280535.2	一种鱼加工前处理用的固定装置	宁波大学，浙江省宁波市江北区风华路 818 号宁波大学材化学院（315211）	宋琳璐、张进杰
CN201820280555.X	一种水产品的解冻清洗装置	宁波大学，浙江省宁波市江北区风华路 818 号宁波大学材化学院（315211）	单梦圆、张进杰
CN201820280628.5	一种风味独特的大米锅巴一体化生产设备	湖北卧龙神厨食品股份有限公司，湖北省襄阳市樊城区春园路中原路 13 号领秀中原二期 1 幢公寓楼单元 15 层 13 室（441000）	张 辉
CN201820280646.3	一种大米烘干装置	郧西县鸿大粮油食品工业发展有限公司，湖北省十堰市郧西县城关镇两府路 26 号（442600）	龚维洪
CN201820280724.X	一种猪头毛的自动脱毛机	泉州理工职业学院，福建省泉州市晋江市内坑镇大学路（362268）	陈良波、蔡海毅
CN201820280739.6	一种红枣清洗分级设备	新疆绿丹食品有限责任公司，新疆维吾尔自治区喀什地区岳普湖县泰岳工业园区经二东路 4 号（844400）	樊仲文
CN201820282154.8	一种水产品粉碎切割加工装置	宁波大学，浙江省宁波市江北区风华路 818 号宁波大学材化学院（315211）	单梦圆、张进杰
CN201820282340.1	一种蚕茧剥离设备	淮阴工学院，江苏省涟水县海安路 10 号安东大厦八楼（223400）	潘时达、陈宏明
CN201820283288.1	一种节能环保茶叶快速烘干设备	河南博联农业研究院有限公司，河南省郑州市金水区国基路 60 号国家知识产权创意产业试点园区 1 号楼 4 层 410 室（450000）	杨 阳、杨学强
CN201820283313.6	一种蜂蜜浓缩装置	陕西杨凌陕特农业发展有限公司，陕西省咸阳市杨凌示范区水运东路 8 号楼创业工场 1106-2 室（712100）	王耀斌

（续）

申请或批准号	发　明　名　称	申请（专利权）人与通信地址	发明人
CN201820284292.X	一种全自动玉米加工系统	新疆昌农种业股份有限公司，新疆维吾尔自治州昌吉回族自治州昌吉市大西渠镇思源村三片区昌农种业科研中心（831100）	高晓莹、张顺东
CN201820284879.0	一种牛肉干制作用蒸锅	蒙城宏健食品有限公司，安徽省亳州市蒙城县开发区政通路2号（233500）	占　平、高书生
CN201820286360.6	山药分装装置	迪庆香格里拉智海生物科技有限公司，云南省迪庆藏族自治州经济开发区松园绿色园区（674400）	袁雅波、韩连国
CN201820288377.5	一种太阳能花生烘干装置	河南博联农业研究院有限公司，河南省郑州市金水区国基路60号国家知识产权创意产业试点园区1号楼4层410室（450000）	杨　阳、杨军朋
CN201820288397.2	一种用于肉丸加工生产的剁馅设备	石家庄得瑞机械制造有限公司，河北省石家庄市鹿泉区铜冶镇北铜冶村金河北岸厂房（50200）	韩志杰
CN201820289050.X	一种花生秸秆压块机	安徽省争华羊业集团有限公司，安徽省蚌埠市固镇县仲兴乡中陈村后陈庄（233712）	陈争上、徐　宁
CN201820289120.1	饲料预混合仓	江苏良友正大股份有限公司，江苏省常州市溧阳经济开发区城北工业园区晨阳路6号（213300）	陈志亮、吴　翔
CN201820289775.9	一种脐橙片固液分离机	赣州天绿生化科技有限公司，江西省赣州市赣县区赣州高新技术产业园区储潭工业小区（341100）	肖　梅
CN201820290157.6	一种具有智能色选分料功能的茶叶色选机	福建省泉州市裕园茶业有限公司，福建省泉州市丰泽区田安路丰盛商住楼F8-10号店面（生产地址：泉州市经济技术开发区智泰路4-11号）（362000）	林扬闻
CN201820290707.4	搅拌机	上海麦优食品有限公司，上海市浦东新区惠南镇沪南公路9585号（201300）	黄勇华、梁渊博
CN201820291579.5	用于生产冷冻面团的冷冻机	上海麦优食品有限公司，上海市浦东新区惠南镇沪南公路9585号（201300）	黄勇华、梁渊博
CN201820291631.7	一种曲奇饼胚	上海麦优食品有限公司，上海市浦东新区惠南镇沪南公路9585号（201300）	梁渊博、黄勇华
CN201820291632.1	一种馅料灌装机	上海麦优食品有限公司，上海市浦东新区惠南镇沪南公路9585号（201300）	梁渊博、黄勇华
CN201820292513.8	一种豆制品加工装置	枣庄宏仔食品有限公司，山东省枣庄市山亭区城头镇西城头村（277200）	任广利
CN201820292522.7	一种豆制品压制成型装置	枣庄宏仔食品有限公司，山东省枣庄市山亭区城头镇西城头村（277200）	任广利
CN201820293111.X	可调节智控理条机	淳安县千询企业管理有限公司，浙江省杭州市淳安县大墅镇栗月坪村70号（311700）	胡月霞、王　嘉
CN201820293166.0	一种果脯蜜饯原材料洗涤设备	漳州含羞草食品有限公司，福建省漳州市龙文区福岐北路1号（363000）	王健坤
CN201820293436.8	一种智能腐竹晾晒装置	清远职业技术学院，广东省清远市清城区东城街蟠龙园（511542）	罗　芳、张伟雄

(续)

申请或批准号	发 明 名 称	申请（专利权）人与通信地址	发明人
CN201820294376.1	一种烤鸭生产用烘烤装置	淮安市宝升源禽业有限公司，江苏省淮安市淮阴区袁集乡桂塘村农业创业园 2 号（223303）	李玉保
CN201820296093.0	一种对辊式椰子壳肉分离机	海南大学，海南省海口市人民大道 58 号海南大学（570228）	张 燕、翟好宇
CN201820296691.8	一种牛肉打碎设备	修武县伊赛牛肉有限公司，河南省焦作市修武县产业集聚区华芳路中段南侧（454350）	买银胖、皇甫幼宇
CN201820297981.4	一种和面搅拌机	北京立全宏达食品有限公司，北京市顺义区北小营镇后鲁各庄村福兴大街 3 号（101300）	王立超
CN201820298117.6	一种白吉馍切块机	北京立全宏达食品有限公司，北京市顺义区北小营镇后鲁各庄村福兴大街 3 号（101300）	王立超
CN201820298155.1	一种卧式和面机	北京立全宏达食品有限公司，北京市顺义区北小营镇后鲁各庄村福兴大街 3 号（101300）	王立超
CN201820298208.X	一种和面机	北京立全宏达食品有限公司，北京市顺义区北小营镇后鲁各庄村福兴大街 3 号（101300）	王立超
CN201820298216.4	一种面团搅拌机	北京立全宏达食品有限公司，北京市顺义区北小营镇后鲁各庄村福兴大街 3 号（101300）	王立超
CN201820298287.4	一种便于清洗的和面机	北京立全宏达食品有限公司，北京市顺义区北小营镇后鲁各庄村福兴大街 3 号（101300）	王立超
CN201820298393.2	一种单辊挤压式椰子壳肉分离机	海南大学，海南省海口市人民大道 58 号海南大学（570228）	张 燕、翟好宇
CN201820298400.9	一种用于果蔬的气泡清洗机	青岛德盛恒信食品有限公司，山东省青岛市平度市白沙河街道办事处尚河头村（266700）	王小杰
CN201820298487.X	一种辣椒清洁机	青岛德盛恒信食品有限公司，山东省青岛市平度市白沙河街道办事处尚河头村（266700）	王小杰
CN201820298827.9	沙果去核机	北京林业大学，北京市海淀区清华东路 35 号（100083）	闫 磊、高 爽
CN201820299170.8	密闭式风冷机	福州金翔食品机械设备技术有限公司，福建省福州市晋安区岳峰镇连江北路与化工路交叉处东二环奏禾城市广场（一期）第 3♯楼 20 层 18 办公-2（350011）	祝华园、刘小静
CN201820299700.9	一种辣椒去种机	青岛德盛恒信食品有限公司，山东省青岛市平度市白沙河街道办事处尚河头村（266700）	王小杰
CN201820300178.1	一种果蔬冻干生产线的冷冻机构	青岛德盛恒信食品有限公司，山东省青岛市平度市白沙河街道办事处尚河头村（266700）	王小杰
CN201820300458.2	一种果蔬冻干生产线的清洗机构	青岛德盛恒信食品有限公司，山东省青岛市平度市白沙河街道办事处尚河头村（266700）	王小杰
CN201820302955.6	一种食品加工用脱水装置	四川农业大学，四川省雅安市雨城区新康路 46 号四川农业大学食品学院（625014）	申光辉、刘海娜
CN201820302957.5	一种具有碎料过滤功能的食用菌制粒机	福建瑞回春生物科技有限公司，福建省福州市鼓楼区五四路 282 号福建省中医药研究院 11 号楼 406 室（350001）	董秀清、叶洪浩

（续）

申请或批准号	发 明 名 称	申请（专利权）人与通信地址	发明人
CN201820303229.6	一种禽蛋剥壳装置	诸城艾格自动化装备有限公司，山东省潍坊市诸城市舜王街道舜安社区万兴路南侧（262200）	王　森、陈风亭
CN201820303858.9	一种水果干烘箱	青海特健生物科技有限公司，青海省西宁市青海生物科技产业园区金新路食品保健品集聚区5号楼东三层（810000）	张兰花、帅小树
CN201820305287.2	一种鲜叶筛选机滚筒	浙江红五环制茶装备股份有限公司，浙江省衢州市经济开发区世纪大道903号（324000）	苏渊卉、徐　伟
CN201820305628.6	一种碾茶炉	浙江红五环制茶装备股份有限公司，浙江省衢州市经济开发区世纪大道903号（324000）	徐　伟、苏渊卉
CN201820306772.1	一种多功能自动面条机	吴江市佳格精密机械有限公司，江苏省苏州市吴江区横扇镇菀坪社区安湖村24组（215223）	张　明
CN201820307011.8	一种发酵玉米浆干粉的生产系统	宜昌华诚生物（宜都）有限公司，湖北省宜昌市宜都市陆城尾笔社区3-012号（443300）	胡华明
CN201820307041.9	加暖式魔芋贮藏室	盐津柿子沁园复生魔芋有限公司，云南省昭通市盐津县柿子镇柿子村保丰二社（吴先才的私房）（657500）	吴先才
CN201820308219.1	一种肉牛屠宰用清淋装置	修武县伊赛牛肉有限公司，河南省焦作市修武县产业集聚区华芳路中段南侧（454350）	买银胖、皇甫幼宇
CN201820308220.4	一种肉牛屠宰用牛头清洗装置	修武县伊赛牛肉有限公司，河南省焦作市修武县产业集聚区华芳路中段南侧（454350）	买银胖、皇甫幼宇
CN201820308303.3	一种富硒桃子包装一体化工具	重庆市江津区旭丰农业开发有限公司，重庆市江津区白沙镇黑石山村蝉村村民小组（402233）	冯正伟
CN201820309294.X	一种高效的农用蔬果筛选机	上海霜揩电子科技有限公司，上海市虹口区新建路203号底层7911室（200080）	董丙伟
CN201820309517.2	一种牛肉剔除筋膜辅助工具	修武县伊赛牛肉有限公司，河南省焦作市修武县产业集聚区华芳路中段南侧（454350）	买银胖、皇甫幼宇
CN201820309791.X	一种小麦干燥储存装置	连云港市农业科学院，江苏省连云港市海州区宁海街道迎宾大道（与郁州南路交叉口东200米）（222243）	孙中伟、张广旭
CN201820311513.8	一种用于卤制品的普洱茶提取物保鲜载体	云南农业大学，云南省昆明市盘龙区黑龙潭云南农业大学（650201）	胡永金、薛桥丽
CN201820313098.X	一种面食食品加工机	商丘职业技术学院，河南省商丘市睢阳区神火大道南段566号（476000）	周向辉、李哲斌
CN201820313433.6	一种茶油果加工用剥壳机构	南昌市金农机械设备有限公司，江西省南昌市进贤县民和镇弘洲东侧（迁安置门面）（330000）	赵振文
CN201820313769.2	机电一体化的馒头揉面机	华北电力大学（保定），河北省保定市莲池区华电路689号华北电力大学（71000）	崔　帅、杨玉熹
CN201820314083.5	一种球形茶叶加工器	昆明兴茶茶叶有限公司第一分公司，云南省昆明市官渡区昆明经开区中豪新册产业城2期B-18幢101、201-1、301-1号（650217）	王　伟

（续）

申请或批准号	发 明 名 称	申请（专利权）人与通信地址	发明人
CN201820314845.1	一种方便下料的锯骨机	苏州味溢食品开发有限公司，江苏省苏州市工业园区唯新路6号（215000）	朱慈庄
CN201820314860.6	一种方便清洁挡料板的斩拌机	苏州味溢食品开发有限公司，江苏省苏州市工业园区唯新路6号（215000）	朱慈庄
CN201820315144.X	全自动放血线设备	青海香三江畜牧业开发有限公司，青海省海南藏族自治州共和县恰卜恰镇民族路26号（813099）	史延芳、才 秀
CN201820315965.3	一种用于悬挂式猪体劈半设备的自动同步装置	新余鸿鼎机械设备制造有限公司，江西省新余市高新开发区潭塘路1668号（338004）	黄 洪
CN201820316413.4	一种面团捏和机	山东商务职业学院，山东省烟台市莱山区金海路1001号（264003）	熊素敏、任秀娟
CN201820316803.1	一种小番茄果脯烘烤设备	元谋艾莱克食品有限责任公司，云南省楚雄彝族自治州元谋县黄瓜园镇苴林猴街村（675000）	黄钰婷
CN201820317017.3	一种玉米剥粒装置	黑龙江省农业科学院齐齐哈尔分院，黑龙江省齐齐哈尔市建华区新明大街83号（161000）	樊景胜
CN201820317310.X	蜂蜜加工用分层搅拌器	神农架林区蜜蜂天堂食品有限公司，湖北省神农架林区松柏镇神农大道268号（442400）	刘 梦、陈柏泉
CN201820317334.5	一种双流化床干燥结构	辽宁波尔莱特农牧实业有限公司，辽宁省沈阳市沈北新区虎石台经济开发区虎石台南大街75-1号（110000）	吕福军
CN201820317341.5	蜂蜜提纯装置	神农架林区蜜蜂天堂食品有限公司，湖北省神农架林区松柏镇神农大道268号（442400）	刘 梦、陈柏泉
CN201820317347.2	蜂蜜过滤罐	神农架林区蜜蜂天堂食品有限公司，湖北省神农架林区松柏镇神农大道268号（442400）	刘 梦、陈柏泉
CN201820317692.6	一种食品加工用的流水线烘干箱	宁波北仑信鸿农业科技有限公司，浙江省宁波市北仑区春晓二路288号4幢1号一层A122（315830）	黄美群
CN201820318125.2	肉制品微波脱脂设备	山东立威微波设备有限公司，山东省济南市天桥区药山办事处小鲁居工业园区三区18号（250000）	赵善量、田镇苓
CN201820318932.4	一种谷物烘干机	安徽鑫烨软件技术有限公司，安徽省合肥市高新区浮山路99号英唐科技园行政楼807（230088）	谢博文、宋文杰
CN201820318960.6	一种酸奶发酵系统	宜昌喜旺食品有限公司，湖北省宜昌市夷陵区东城路3-6号（443100）	李晓明、杨光明
CN201820319053.3	蜂蜜加工用浓缩装置	神农架林区蜜蜂天堂食品有限公司，湖北省神农架林区松柏镇神农大道268号（442400）	刘 梦、陈柏泉
CN201820319116.5	蜂蜜加工用除杂装置	神农架林区蜜蜂天堂食品有限公司，湖北省神农架林区松柏镇神农大道268号（442400）	刘 梦、陈柏泉
CN201820319752.8	一种食品加工用拌料机	安徽悠之优味食品有限公司，安徽省马鞍山市和县历阳镇巢宁路东侧99号（243000）	丁 荣
CN201820321592.0	一种和面机以及食品加工设备	内蒙古草原汇香食品科技有限公司，内蒙古自治区赤峰市元宝山区绿色农畜产品加工园区（24000）	徐金伟

（续）

申请或批准号	发 明 名 称	申请（专利权）人与通信地址	发明人
CN201820323249.X	一种热卤冷却装置	南京桂花鸭（集团）有限公司，江苏省南京市江宁滨江经济技术开发区盛安大道 718 号（211100）	夏 青
CN201820323481.3	一种米线自动烘干输送带	师宗县坤腾食品有限公司，云南省曲靖市师宗县丹凤街道古城村委会孟家村（655000）	柏永坤
CN201820323494.0	一种米线机	师宗县坤腾食品有限公司，云南省曲靖市师宗县丹凤街道古城村委会孟家村（655000）	柏永坤
CN201820323968.1	蜂蜜冷却装置	神农架林区蜜蜂天堂食品有限公司，湖北省神农架林区松柏镇神农大道 268 号（442400）	刘 梦、陈柏泉
CN201820324917.0	新型菠菜收割机	天津市红利源果蔬种植专业合作社，天津市武清区下伍旗镇北八百户村（300000）	齐国利
CN201820325907.9	一种芦荟清洁切割收集一体化系统	海南钟晨生物工程有限责任公司，海南省海口市港澳工业开发区海盛路 99 号（570301）	胡 娟
CN201820327579.6	一种绿色农产品压榨机	江西金佰荟食品有限公司，江西省宜春市万载县工业园（336100）	谢建群
CN201820327848.9	一种亚麻籽油冷榨提取装置	内蒙古久鼎食品有限公司，内蒙古自治区呼和浩特市盛乐经济园区成长大道北（11517）	王瑞军
CN201820328564.1	一种滚筒式制茶机	苏州豪轩达钣金有限公司，江苏省苏州市吴江经济技术开发区（同里镇）同兴村 8 组（215200）	王华清
CN201820329471.0	一种果汁浓缩用分离罐	开封市三锋食品饮料有限公司，河南省开封市尉氏县大营东开发区（475000）	王二峰
CN201820329514.5	土豆去皮机	四川江中源食品有限公司，四川省德阳市中江县辑庆镇上场村八组成南路（618112）	黄鹏高
CN201820329596.3	一种土豆去皮机	四川江中源食品有限公司，四川省德阳市中江县辑庆镇上场村八组成南路（618112）	黄鹏高
CN201820329810.5	一种链板式预煮机	四川江中源食品有限公司，四川省德阳市中江县辑庆镇上场村八组成南路（618112）	黄鹏高
CN201820329933.9	一种气泡清洗机	四川江中源食品有限公司，四川省德阳市中江县辑庆镇上场村八组成南路（618112）	黄鹏高
CN201820330640.2	一种果汁浸提装置	开封市三锋食品饮料有限公司，河南省开封市尉氏县大营东开发区（475000）	王二峰
CN201820330692.X	一种可调节烘烤时间和翻炒效率的茶叶干燥机	北京茶王生物科技有限公司，北京市昌平区回龙观镇北清路 1 号院 3 号楼 14 层 2 单元 1702（102200）	方亚琴
CN201820330742.4	一种绿色食品加工用原料清洗机	青岛中椒食品配料有限公司，山东省青岛市胶州市胶北工业园弘博路 8 号（266000）	方亚琴
CN201820330897.8	一种蔬菜的连续脱水机	上海老盛昌配送有限公司；上海老盛昌餐饮管理有限公司，上海市嘉定区安亭镇百安公路 227 号（201805）	侯庭武、黄胜昔
CN201820331852.2	果汁杀菌锅	开封市三锋食品饮料有限公司，河南省开封市尉氏县大营东开发区（475000）	王二峰

（续）

申请或批准号	发明名称	申请（专利权）人与通信地址	发明人
CN201820332264.0	一种瓜子恒温炒制机	五原县鸿发商贸有限责任公司，内蒙古自治区巴彦淖尔市五原县隆兴昌镇红卫办事处工业园区（15100）	孟　帅
CN201820333273.1	一种用于果蔬分选的单链双托式果杯装置	浙江大学，浙江省杭州市西湖区余杭塘路866号（310058）	徐惠荣、常　汉
CN201820334486.6	一种颗粒状谷物烘干机械装置	漳州龙文维克信息技术有限公司，福建省漳州市龙文区蓝田镇蓝田村蓝田309号（363007）	陈耀辉
CN201820335278.8	一种果蔬脆化智能转换装置	广西花衣壮科技发展有限公司，广西壮族自治区崇左市龙峡山路东段北侧（市直小区A区）第1栋1-301号房（532200）	颜　明
CN201820335615.3	连续水浴式巴氏杀菌机	四川江中源食品有限公司，四川省德阳市中江县辑庆镇上场村八组成南路（618112）	黄鹏高
CN201820335641.6	一种蔬菜清洗装置	肇庆学院，广东省肇庆市端州区肇庆大道（526061）	张　帅
CN201820335688.2	蜂蜜加工用除菌装置	神农架林区蜜蜂天堂食品有限公司，湖北省神农架林区松柏镇神农大道268号（442400）	刘　梦、陈柏泉
CN201820336481.7	一种用于米糠饼粉生产的蒸炒锅	宁夏鸿兴农工贸发展有限公司，宁夏回族自治区银川市贺兰县立岗镇化建（750200）	郝建新
CN201820337024.X	一种高效山茶籽自动剥壳机	保仪生态科技（广东）有限公司，广东省梅州市兴宁市东莞石碣（兴宁）产业转移工业园（514000）	方　一
CN201820337045.1	山茶油多级过滤装置	保仪生态科技（广东）有限公司，广东省梅州市兴宁市东莞石碣（兴宁）产业转移工业园（514000）	方　一
CN201820337539.X	一种小米糠成型保鲜装置	辽宁朝阳农品农业科技发展有限公司，辽宁省朝阳市国营朝阳县贾家店农场（122000）	张　璐、周奇缘
CN201820338186.5	一种滚筒式茶叶烘干机	云南翠贡茶业有限公司，云南省昭通市大关县翠华镇翠屏村石厂社（657000）	牟小虎
CN201820338511.8	一种茶叶烘干用输送设备	湖南官庄干发茶业有限公司，湖南省怀化市沅陵县官庄镇辰州工业新区（419600）	张远翔
CN201820339320.3	一种用于谷物干燥的热泵多层干燥装置	淮阴师范学院，江苏省淮安市淮阴区长江西路111号（223300）	葛恒清、陈贵宾
CN201820339408.5	一种便于倒入茶叶的炒干机	云南翠贡茶业有限公司，云南省昭通市大关县翠华镇翠屏村石厂社（657000）	牟小虎
CN201820339474.2	茶果破碎装置	湖南日恋茶油有限公司，湖南省邵阳市邵阳县黄塘乡八一场（422100）	王文娇
CN201820342261.5	一种葡萄干储存晾晒架	中宁县华葡农林科技有限公司，宁夏回族自治区中卫市中宁县平安西街瀛海花园1#商业楼4号营业房03号（755100）	马恩元
CN201820342891.2	一种连续式柔性竹材摩擦挤压开纤机	浙江农林大学暨阳学院，浙江省绍兴市诸暨市暨阳街道浦阳路77号（311300）	姚文斌、林茂阳

（续）

申请或批准号	发明名称	申请（专利权）人与通信地址	发明人
CN201820343587.X	一种食品检测的搅拌装置	厦门泓益检测有限公司，福建省厦门市厦门轻工食品工业区（361100）	张志刚、赵叶祺
CN201820346050.9	油炸线粉浆粉生产装置	江苏广原油脂有限公司，江苏省淮安市金湖经济开发区宁华大道3号（223001）	刘颖慧
CN201820346378.0	易碎颗粒食品杀菌装置	呼伦贝尔金膳食品有限公司，内蒙古自治区呼伦贝尔市莫力达瓦达斡尔族自治旗尼尔基镇工业园区（162850）	于姗彤、于剑睿
CN201820347331.6	粉状食品杀菌装置	呼伦贝尔金膳食品有限公司，内蒙古自治区呼伦贝尔市莫力达瓦达斡尔族自治旗尼尔基镇工业园区（162850）	于姗彤、于剑睿
CN201820347354.7	一种用于生产充气糖果的搅拌锅	广州倍享生物科技有限公司，广东省广州市番禺区石壁街石壁一村谢石公路自编95号之一201（511498）	吴力卡
CN201820347545.3	一种米浆搅拌装置	黄梅南洋生物科技股份有限公司，湖北省黄冈市黄梅县黄梅大胜坡工业园区（435500）	钱建荣、黎静
CN201820347881.8	一种果汁浓缩分离装置	广州市乐纯环保设备有限公司，广东省广州市天河区广汕二路600号第四层自编403（510520）	黄海超
CN201820350735.0	一种玉米快速脱粒装置	南安市创培电子科技有限公司，福建省泉州市南安市石井镇古山村莲山工业区5号（362300）	王玉环
CN201820350946.4	一种自动米饼成型机	蚌埠市优乃德自动化机械设备制造有限公司，安徽省蚌埠市淮上区花园路1095号-10号（233000）	张滨
CN201820351499.4	一种防掉料的土豆泥生产系统	辽宁绿龙农业科技有限公司，辽宁省辽阳市灯塔市古城街道办事处（111300）	李纲
CN201820351500.3	一种土豆泥生产系统	辽宁绿龙农业科技有限公司，辽宁省辽阳市灯塔市古城街道办事处（111300）	李纲
CN201820351660.8	一种全自动熬糖锅	沈阳不老林食品有限公司，辽宁省沈阳市苏家屯区丁香街176-3（110000）	刘林
CN201820356016.X	一种奶油打发机构	福建雅思嘉食品有限公司，福建省漳州市龙海市榜山工业集中区（363100）	杨志艺、郑俊杰
CN201820358559.5	一种花生加工机器	漳州龙文维克信息技术有限公司，福建省漳州市龙文区蓝田镇蓝田村蓝田309号（363007）	顾健
CN201820358721.3	复合预混合料的预混合装置	广州市猪王饲料有限公司，广东省广州市花都区花东镇阳升村8号101（510000）	袁国同
CN201820359535.1	一种花生酱用胶体磨破碎机	济南鸿运食品有限公司，山东省济南市章丘区刁镇中心大街北首路东（250000）	谢文龙
CN201820359610.4	连续式柔性均质充气打发机	漳州市瑞斯捷食品机械有限公司，福建省龙海市东园工业区（363100）	钟栋娜
CN201820359771.3	一种蔬菜清洗装置	重庆铺力农业股份合作社，重庆市梁平县仁贤镇五一村九组（400000）	江新琴
CN201820359795.9	一种食品工业自动发酵设备	漳州龙文区炼盛合信息技术有限公司，福建省漳州市龙文区南昌花园10栋602室（363000）	黄阿蕊、洪乌柳

（续）

申请或批准号	发 明 名 称	申请（专利权）人与通信地址	发明人
CN201820362951.7	一种土豆加工用清洗设备	成都蒲江珂贤科技有限公司，四川省成都市蒲江县鹤山镇蒲砚街 6 号 1 栋 1 层（611630）	何 伟
CN201820363005.4	一种根茎类蔬菜表面除泥装置	泗阳县百春锦蔬菜专业合作社，江苏省宿迁市泗阳县城厢街道办龙门居委会 9-2 号（223700）	周相民、周 永
CN201820363010.5	一种增强型土豆表面清泥装置	泗阳县百春锦蔬菜专业合作社，江苏省宿迁市泗阳县城厢街道办龙门居委会 9-2 号（223700）	周相民、周 永
CN201820364069.6	一种用于制作火腿风干装置	成都蒲江珂贤科技有限公司，四川省成都市蒲江县鹤山镇蒲砚街 6 号 1 栋 1 层（611630）	余代安
CN201820364737.5	饲料添加剂生产线给料机	江西富味特生物技术有限公司，江西省九江市九江经济技术开发区进出口加工区综合工业园如琴路 1 号（332000）	倪荣焱
CN201820364742.6	饲料添加剂搅拌机	江西富味特生物技术有限公司，江西省九江市九江经济技术开发区进出口加工区综合工业园如琴路 1 号（332000）	倪荣焱
CN201820365350.1	一种真空负压冷挤压机	济南卓恒膨化机械有限公司，山东省济南市天桥区大桥镇大桥路 21 号（250000）	袁善锋、马媛媛
CN201820366614.5	一种用于农业生产的乳制品高温消毒器	广东燕塘乳业股份有限公司，广东省广州市天河区沙河燕塘（510000）	张智超
CN201820366672.8	一种果汁压榨控制装置	重庆派森百橙汁有限公司，重庆市忠县新立镇三岔湾（404325）	吴 彦、雷 霆
CN201820367201.9	一种可除杂的乳制品生产装置	蒙牛高科乳制品（北京）有限责任公司，北京市通州区食品工业园区一区 1 号北侧（101107）	许 劝
CN201820367202.3	一种乳制品加工的生产装置	广东燕塘乳业股份有限公司，广东省广州市天河区沙河燕塘（510000）	许 哲
CN201820367283.7	一种方便清洁的粮食烘干设备	开封市汴丰农业机械有限公司，河南省开封市尉氏县庄头乡鸡王村（475502）	王小强
CN201820367318.7	一种高效的粮食烘干设备	开封市汴丰农业机械有限公司，河南省开封市尉氏县庄头乡鸡王村（475502）	王小强
CN201820367376.X	一种循环式粮食烘干设备	开封市汴丰农业机械有限公司，河南省开封市尉氏县庄头乡鸡王村（475502）	王小强
CN201820367587.3	一种茶叶自动化生产线	福建和茶网络科技有限公司，福建省福州市鼓楼区五四路 158 号环球广场 21 楼 01 室（350001）	杨 柳
CN201820368608.3	一种多电机驱动的物料混合去铁丝机电设备	河南省云乐科技有限公司，河南省郑州市金水区南阳路 68 号南阳新村 28 号楼 3 层 27 号（450053）	肖海波
CN201820369396.0	一种节能化茶叶烘干箱	云南省农业科学院茶叶研究所，云南省西双版纳傣族自治州勐海县勐海镇景图街 2 号（666200）	汪云刚、李云娜
CN201820369440.8	蔬菜清洗机喷淋线气泡发生器	泰州市梦之谷科技发展有限公司，江苏省泰州市姜堰区罗塘街道南环西路 997 号（225500）	孙宏梅
CN201820370330.3	一种用于调查果实性状特征的便携式装置	新疆农垦科学院，新疆维吾尔自治区石河子市乌伊公路 221 号（832000）	马 新、姜继元

（续）

申请或批准号	发明名称	申请（专利权）人与通信地址	发明人
CN201820370532.8	一种具有均匀加热功能的烘干机	河南创卓仓储科技有限公司，河南省郑州市高新技术产业开发区电厂路27号6幢1单元15层84号（450000）	郭影
CN201820371430.8	一种自动喷水挤出机	江苏艾合复合材料有限公司，江苏省常州市武进国家高新技术产业开发区西湖路8号《津通国际工业园》9号楼B区一层（213161）	屈小红、谷军军
CN201820371684.X	一种高效茶叶筛选出料装置	江西峻岭茶业综合开发有限公司，江西省赣州市上犹县油石乡大小元村黄石坑组（341200）	袁克俊、袁星星
CN201820371955.1	一种可对不同大小核桃进行破壳的核桃破壳机	温州焕宏纺织品有限公司，浙江省温州市鹿城区府东路上堡公寓10幢1604室-2（托管31）（325000）	钱松元
CN201820372742.0	一种清洁效果好的蛋品清洗机	佛山市南海红宝蛋类食品有限公司，广东省佛山市南海区里水镇甘蕉上街大塘心西工业区（528000）	樊松亮
CN201820373613.3	一种菌菇自动烘干加工装置	开化县民盛食用菌有限公司，浙江省衢州市开化县音坑乡城畈村后畈自然村（324300）	苏干光
CN201820374443.0	一种用于蒸汽灭菌器内的臭氧灭菌装置	长春普莱医药生物技术有限公司，吉林省长春市高新区光谷大街928号四楼（132013）	陈文学
CN201820374538.2	一种发酵蒸锅	大连寿童食品有限公司，辽宁省大连市金州区光明街道汉正路16-4号（116000）	边宏
CN201820375462.5	一种农副产品清洗装置	肇庆学院，广东省肇庆市端州区肇庆大道（526061）	张帅
CN201820376482.4	一种农业用粉碎机粉碎装置	浙江开创智库科技有限公司，浙江省湖州市吴兴区区府路1188号总部自由港H幢12楼1209室（313000）	薛德黔、陈汉英
CN201820377903.5	秸秆粉碎机防撞装置	宁夏龙海诚农牧机械制造有限公司，宁夏回族自治区吴忠市利通区南环路南侧（金属物流园）（751100）	谭学军
CN201820378736.6	一种粮食作物快速烘干装置	云南归田生物科技有限公司，云南省昆明市西山区西坝河五家堆村1号云南教育出版社3楼307、308、322、323号（650000）	金小刚
CN201820379016.1	一种榨菜丝搬运搅拌装置	桐乡市大周商贸有限公司，浙江省嘉兴市桐乡市高桥新区南日新社区4区54号（314500）	周达新
CN201820379143.1	一种转筒式羊毛清洗装置	沈阳理工大学，辽宁省沈阳市浑南新区南屏中路6号沈阳理工大学（110159）	杨文朋、宋永旭
CN201820380942.0	一种食品酱料搅拌器	苏州味溢食品开发有限公司，江苏省苏州市工业园区唯新路6号（215000）	朱慈庄
CN201820382185.0	一种西红柿辅助剥皮机	陕西理工大学，陕西省汉中市汉台区东一环1号陕西理工大学机械工程学院（723000）	彭春雷

（续）

申请或批准号	发 明 名 称	申请（专利权）人与通信地址	发明人
CN201820387499.X	一种具有清洗切割搅拌功能的可定时投料一体机	新昌县智韵机械有限公司，浙江省绍兴市新昌县沙溪镇剡界岭村张家车 40 号（312500）	徐宏永
CN201820387730.5	一种高效花生脱壳机	宿迁大福农副产品有限公司，江苏省宿迁市沭阳县龙庙镇联合村 205 国道南侧（223600）	丁 宁
CN201820387831.2	一种环绕式茶叶风干装置	江苏农牧科技职业学院，江苏省泰州市凤凰东路 8 号（225300）	王国强、王林春
CN201820388595.6	一种葡萄脱粒杀菌机	中宁县华葡农林科技有限公司，宁夏回族自治区中卫市宁县平安西街瀛海花园 1♯商业楼 4 号营业房 03 号（755100）	马恩元
CN201820388965.6	一种蔬菜快速清洗去水装置	肇庆学院，广东省肇庆市端州区肇庆大道（526061）	张 帅
CN201820389947.X	蔬菜清洗机	四川民福记食品有限公司，四川省成都市彭州市濛阳镇工业集中发展点（611934）	黄道禄、刘星辰
CN201820391220.5	一种蔬菜清洗机	四川民福记食品有限公司，四川省成都市彭州市濛阳镇工业集中发展点（611934）	黄道禄、刘星辰
CN201820391401.8	一种核桃的清洗装置	伊川县万安农业开发有限公司，河南省洛阳市伊川县城关镇兴华街南段（471000）	魏存卿、马军虎
CN201820391847.0	去皮机	四川民福记食品有限公司，四川省成都市彭州市濛阳镇工业集中发展点（611934）	黄道禄、刘星辰
CN201820391852.1	一种生姜去皮机	四川民福记食品有限公司，四川省成都市彭州市濛阳镇工业集中发展点（611934）	黄道禄、刘星辰
CN201820391855.5	一种食品生产用滚揉机	四川民福记食品有限公司，四川省成都市彭州市濛阳镇工业集中发展点（611934）	黄道禄、钟鼎良
CN201820392884.3	一种辣椒末的打磨机	天津市学雨农产品有限公司，天津市宝坻区王卜庄镇小吴庄村（300000）	于 超
CN201820394790.X	一种生产蚕丝用除尘输送装置	赣州华业科技有限公司，江西省赣州市赣县区梅林镇城南新区客家文化城风情街 5 区 19 号二楼（341100）	杨小红
CN201820394795.2	一种拉蚕丝预处理煮茧装置	赣州华业科技有限公司，江西省赣州市赣县区梅林镇城南新区客家文化城风情街 5 区 19 号二楼（341100）	杨小红
CN201820395596.3	杂粮微波熟化设备	青岛正亚机械科技有限公司，山东省青岛市城阳区惜福镇街道南寨社区居委会北 1600 米（266000）	许常君、鲁廷贤
CN201820397144.9	一种带换气系统的节能马铃薯储藏室	甘肃康勤薯业有限公司，甘肃省定西市临洮县辛店镇康家崖村（730500）	康潇霄
CN201820397348.2	一种豆制品加工用黄豆浸泡筛选装置	攸县南国宏豆食品有限公司，湖南省株洲市攸州工业园商业路（412318）	夏 毅
CN201820397696.X	一种用于食品油炸的智能控制装置	大连金渤海产食品有限公司，辽宁省大连市金州区大魏家镇后石村（116110）	查东亮

（续）

申请或批准号	发 明 名 称	申请（专利权）人与通信地址	发明人
CN201820399765.0	一种粉丝提升机	中山天聚自动化输送设备有限公司，广东省中山市南朗镇大车工业园东桠片区（528414）	何文军、吴奕维
CN201820400127.6	快速去除虾壳及虾线的开虾刀	珠海市冠翔实业有限公司，广东省珠海市九洲大道西2021号A座21层6号之二（519015）	李鹏刚、郑　青
CN201820404315.6	一种食品加工用烘干机	嘉兴市凯斯设备制造有限公司，浙江省嘉兴市秀洲区新塍镇镇南工业园区（314000）	钮智勇
CN201820405390.4	一种新型全自动羊刨毛机	青岛万和牧源屠宰机械制造有限公司，山东省青岛市胶州市胶北街道办事处贵州路32号（266309）	夏龙明、郭玉春
CN201820405405.7	一种羊头刨毛机	青岛万和牧源屠宰机械制造有限公司，山东省青岛市胶州市胶北街道办事处贵州路32号（266309）	夏龙明、郭玉春
CN201820405412.7	一种新型气动牛扯皮机	青岛万和牧源屠宰机械制造有限公司，山东省青岛市胶州市胶北街道办事处贵州路32号（266309）	夏龙明、郭玉春
CN201820405413.1	一种新型软滚筒刨毛机	青岛万和牧源屠宰机械制造有限公司，山东省青岛市胶州市胶北街道办事处贵州路32号（266309）	夏龙明、郭玉春
CN201820406277.8	一种水产品精滤机	北海日然食品有限公司，广西壮族自治区北海市合浦县平头岭开发区内（536100）	宋林祥
CN201820406689.1	一种气动翻晒茶叶晾晒装置	重庆市开州区争鸣名茶厂，重庆市开州区敦好镇龙珠村（405400）	张吉仲
CN201820407132.X	一种粮食烘干用燃煤热风炉	郑州中谷机械制造有限公司，河南省郑州市新密市新华路办事处洧水路602号（452370）	郭建楼、耿小军
CN201820407214.4	一种可除尘的粮食烘干系统	郑州中谷机械制造有限公司，河南省郑州市新密市新华路办事处洧水路602号（452370）	郭建楼、耿小军
CN201820407775.4	一种便捷下料型辣椒干洗设备	天津市学雨农产品有限公司，天津市宝坻区王卜庄镇小吴庄村（300000）	于　超
CN201820407953.3	一种油茶饼成型装置	赣州龙淤农业专业合作社，江西省赣州市赣县茅店镇大龙村石塆子组（341100）	谢忠芳
CN201820407985.3	一种油茶茶果剥壳取籽装置	赣州龙淤农业专业合作社，江西省赣州市赣县茅店镇大龙村石塆子组（341100）	谢忠芳
CN201820408448.0	农用大米储存仓	四川九一零科技有限公司，四川省成都市高新区天府大道北段1700号3栋3单元7层710（610041）	罗　旭
CN201820410484.0	一种肉类切丁机	安徽杠岗香食品科技有限公司，安徽省合肥市肥东县经济开发区祥和路西侧（231600）	柯光友
CN201820411551.0	一种热泵型粮食烘干机	南京同立制冷空调设备制造有限公司，江苏省南京市栖霞区八卦洲街道大同生态产业园B区2-2号（210000）	武　民、吴文文
CN201820411574.1	一种智能设计蛋糕形状的蛋糕机	玉溪市张记皇冠食品有限公司，云南省玉溪市高新区九龙片区中所居委会九组预留地（653100）	张　建

（续）

申请或批准号	发 明 名 称	申请（专利权）人与通信地址	发明人
CN201820412974.4	揉面机	河南丰华食品科技有限公司，河南省驻马店市西平县宋集乡宋集南街（463900）	范坤志
CN201820416061.X	一种柿子破碎发酵装置	运城学院，山西省运城市盐湖区复旦西街1155号（44000）	刘 瑞
CN201820421519.0	一种油条切条机构	河南中博食品机械有限公司，河南省新乡市新乡县七里营镇金融大道11号（453731）	陈光涛、陈荣志
CN201820425458.5	一种牛羊肉卷切片机	中宁县峰之源农业发展有限公司，宁夏回族自治区中卫市中宁县大战场镇石喇叭村七队（751200）	丁学成
CN201820435274.7	一种用于全自动起酥生产线的转运装置	北京味多美食品科技有限责任公司，北京市大兴区中关村科技园区生物医药产业基地天荣街24号（100026）	陈新强
CN201820435302.5	一种双门双系统冻藏醒发箱	北京味多美食品有限责任公司，北京市西城区阜成门内大街327号（100034）	陈如美
CN201820436129.0	一种面包冷冻工作台	北京味多美食品有限责任公司，北京市西城区阜成门内大街327号（100034）	黄 利
CN201820436516.4	一种饼干全自动生产线用饼干快速取出装置	北京味多美食品科技有限责任公司，北京市大兴区中关村科技园区生物医药产业基地天荣街24号（100026）	朱红金
CN201820436531.9	一种黄花菜蒸制装置	宁夏农林科学院荒漠化治理研究所（宁夏防沙治沙与水土保持重点实验室），宁夏回族自治区银川市金凤区黄河东路590号（750002）	张清云、曹丽华
CN201820437560.7	魔芋精粉加工机组	四川天仙食品有限公司，四川省巴中市通江县诺江镇龙溪沟（636600）	苟太均
CN201820438587.8	一种果蔬低温保存室	江苏泰供海诞现代农业发展有限公司，江苏省泰州市高港区白马镇陈家村办公室（225300）	李乃平
CN201820439731.X	一种果蔬保鲜存储室	江苏泰供海诞现代农业发展有限公司，江苏省泰州市高港区白马镇陈家村办公室（225300）	李乃平
CN201820440857.9	一种便捷式葡萄榨汁机	中宁县华葡农林科技有限公司，宁夏回族自治区中卫市中宁县平安西街瀛海花园1#商业楼4号营业房03号（755100）	马恩元
CN201820441708.4	一种具有余热回收及冲洗水分类收集功能的挤储奶系统	农业部环境保护科研监测所，天津市南开区复康路31号（300000）	赵 润、张克强
CN201820441745.5	一种调粉筒自动加装防护罩装置	珠海经济特区佳荣食品有限公司，广东省珠海市高新区唐家湾镇金园一路2号1单元（519000）	严 雄
CN201820441831.6	一种挤储奶设施冲洗水分类收集系统	农业部环境保护科研监测所，天津市南开区复康路31号（300000）	赵 润、张克强
CN201820442163.9	一种制作豆制品挤压装置	河北素粟康食品科技有限公司，河北省衡水市饶阳县饶阳镇张铺村六区568号（53000）	武晓恩

（续）

申请或批准号	发 明 名 称	申请（专利权）人与通信地址	发明人
CN201820442372.3	一种豆制品多功能挤压设备	河北素粟康食品科技有限公司，河北省衡水市饶阳县饶阳镇张铺村六区 568 号（53000）	武晓恩
CN201820442724.5	一种红薯粉生产用碎料装置	马鞍山绿野高科信息有限公司，安徽省马鞍山市经济技术开发区梅山路 399 号科创中心内 A522、A526 室（243000）	刘飞鸣
CN201820444132.7	一种苗族茶叶除杂装置	雷山县福尧茶叶有限公司，贵州省黔东南苗族侗族自治州雷山县丹江镇乌开工业区（557199）	吴先斌
CN201820445379.0	一种面条成型风干装置	河南科技学院，河南省新乡市红旗区华兰大道东段河南科技学院（453003）	何承云、刘晓玲
CN201820445412.X	茶叶筛末机	福建泉州市永露茶业有限公司，福建省泉州市永春县苏坑镇东坑村（362600）	王德露
CN201820450345.0	一种用于甜炼乳加工的闪蒸装置	熊猫乳品集团股份有限公司，浙江省温州市苍南县灵溪镇建兴东路 650-668 号（325000）	林文珍、占东升
CN201820451919.6	粮食烘干设备	中宁县峰之源农业发展有限公司，宁夏回族自治区中卫市中宁县大战场镇石喇叭村七队（751200）	丁学成
CN201820452272.9	一种毛桃挑拣用手部保护装置	蕉岭源丰现代农业科技有限公司，广东省梅州市蕉岭县三圳镇九岭村伍湖 102 号（514100）	刘 威、舒 宾
CN201820453020.8	食用菌鼓泡浮洗机	福建明良食品有限公司，福建省南平市建瓯市徐墩镇明良工业园区（353103）	黄良富、黄良飞
CN201820456468.5	一种便于清洗的牛奶生产用发酵罐	浙江一景乳业股份有限公司，浙江省绍兴市嵊州市经济开发区普田大道 555 号（312400）	李一清
CN201820456926.5	一种食用菌专用预冷保鲜设备	广西维尚品现代农业科技发展有限公司，广东省佛山市南海区平洲南港路富景花园雅景 A 座 803A（528251）	范 昇
CN201820460323.2	一种枣类快速去核装置	湘潭大学，湖南省湘潭市雨湖区羊牯塘街道湘潭大学（411105）	秦衡峰、张常丰
CN201820460798.1	能够排高温高湿气体的干果机	中山市高乐士电器制造有限公司，广东省中山市南头镇尚勤路 10 号（二楼之二、三楼）（528427）	梁杰初、刘怀君
CN201820461340.8	一种节能型蒸汽加热系统	廊坊味全食品有限公司，河北省廊坊市大厂回族自治县夏垫镇华夏南路 759 号（65300）	俞有富
CN201820461495.1	一种新型果蔬面条机	河南科技学院，河南省新乡市红旗区华兰大道东段河南科技学院（453003）	何承云、刘晓玲
CN201820463650.3	一种香肠加工用绞肉机	天津市双合盛食品有限公司，天津市蓟州区经济开发区八一街 7 号（300000）	刘建立
CN201820464818.2	一种粉条晾晒转运架	湖南雁隆食品有限责任公司，湖南省衡阳市祁东县黄土铺镇黄邵路 11 号（421621）	肖享华
CN201820465172.X	一种用于食品派的自动加工装置	漳州市瑞斯捷食品机械有限公司，福建省龙海市东园工业区（363100）	钟栋娜

（续）

申请或批准号	发 明 名 称	申请（专利权）人与通信地址	发明人
CN201820465207.X	一种香肠杀菌箱	大连金百味食品有限公司，辽宁省大连市甘井子区辛寨子工业园区（116600）	吴 艳
CN201820465210.1	一种圆盘式火腿滚揉机	大连金百味食品有限公司，辽宁省大连市甘井子区辛寨子工业园区（116600）	毕 成
CN201820465216.9	一种火腿熏制烤炉	大连金百味食品有限公司，辽宁省大连市甘井子区辛寨子工业园区（116600）	陈元建
CN201820466380.1	一种拌料机	成都市盈宇食品有限公司，四川省成都市新都区军屯镇雷大村（610509）	吴昌建
CN201820466487.6	一种鱼干加工装置	马鞍山绿野高科信息有限公司，安徽省马鞍山市经济技术开发区梅山路399号科创中心内A522、A526室（243000）	刘飞鸣
CN201820466889.6	泡菜发酵液循环装置及系统	四川老坛子食品有限公司，四川省眉山市东坡区经济开发区东区（620000）	何艳平、卢 伟
CN201820467946.2	一种粮食双向通风烘干设备	成都朗博旺科技发展有限公司，四川省成都市成华区二仙桥北路31号（610051）	刘照勇
CN201820470028.5	饲料粉碎烘干出料装置	英联饲料（安徽）有限公司，安徽省淮南市寿县蜀山现代产业园（232200）	王兆群、赵君涛
CN201820470061.8	可拆卸式清理的搅拌桶	英联饲料（安徽）有限公司，安徽省淮南市寿县蜀山现代产业园（232200）	王兆群、赵君涛
CN201820472796.4	一种微波速冻面的速冻装置	洛宁云鹤食品有限公司，河南省洛阳市洛宁县产业集聚区（471700）	孟祥哲
CN201820473390.8	一种高效的焙烤食品生产用搅拌装置	广州赢特保健食品有限公司，广东省广州市白云区钟落潭镇金盆村金沙路2号（510550）	申爱国
CN201820474506.X	一种多方位喷淋杀菌的实验杀菌釜	上海瑞凯伊德食品有限公司，上海市金山区廊下镇漕廊公路6996号6号楼A区（201500）	沈士秀、石茂占
CN201820474903.7	微波热泵组合式烘房	山东科弘微波能有限公司，山东省济南市槐荫区粟山路新沙工业园五街39-42号（250118）	张成海、马学英
CN201820475227.5	食用菌快速烘干装置	江苏闽源食用菌科技发展有限公司，江苏省盐城市迎宾大道888号（224051）	黄国平
CN201820476572.0	一种调质器弥散式蒸汽腔	希彼埃姆机械（无锡）有限公司，江苏省无锡市新加坡工业园新都路10号（214028）	孙 亮、沈 伟
CN201820478131.4	纳豆机	广东多米电器科技有限公司，广东省佛山市顺德区容桂容里居委会昌宝西路33号天富来国际工业城三期15座502之二（528305）	陈 勇
CN201820478698.1	一种洋葱粗洗机	金昌市源达农副果品有限责任公司，甘肃省金昌市延安东路宝品里8号（737100）	杨玉霞、高喜苹
CN201820479708.3	防止水汽凝结的干果机	中山市高乐士电器制造有限公司，广东省中山市南头镇尚勤路10号（二楼之二、三楼）（528427）	梁杰初、刘怀君
CN201820480789.9	发酵液循环装置及泡菜腌制容器	四川老坛子食品有限公司，四川省眉山市东坡区经济开发区东区（620000）	何艳平、卢 伟

（续）

申请或批准号	发　明　名　称	申请（专利权）人与通信地址	发明人
CN201820481150.2	一种高效黄桃罐头加工用清洗装置	百事美特食品宿迁有限公司，江苏省宿迁市宿迁经济开发区深圳路38号（223800）	张国荣、张令国
CN201820481198.3	一种高效黄桃罐头去皮装置	百事美特食品宿迁有限公司，江苏省宿迁市宿迁经济开发区深圳路38号（223800）	张国荣、张令国
CN201820481352.7	一种真空微波式茶叶烘干装置	广西德茗六堡茶有限公司，广西壮族自治区梧州市新兴三路48号C幢1单元201房（543000）	周忠海、萨日娜
CN201820482650.8	一种热带水果加工用清洗机	南安欣久商贸有限公司，福建省泉州市南安市石井镇促进村东滨北区10号（362300）	谢健华
CN201820483222.7	发酵控制设备及发酵设备	四川老坛子食品有限公司，四川省眉山市东坡区经济开发区东区（620000）	何艳平、卢　伟
CN201820485445.7	一种泡菜清洗机	成都市盈宇食品有限公司，四川省成都市新都区军屯镇雷大村（610509）	吴昌建
CN201820486117.9	一种苦瓜清洗装置	漳州市海悦园农业科技有限公司，福建省漳州市龙文区蓝田开发区朝阳园区联东U谷26幢102二楼（363000）	林南海
CN201820486204.4	一种农作物茎叶高效加工机械	民勤县金诚农业发展有限公司，甘肃省武威市民勤县工业聚集区（733300）	王玉珍、仲金凤
CN201820487620.6	核桃仁榨油机	洛阳康贝源食品股份有限公司，河南省洛阳市伊川县平等乡马庄村（471000）	李汝芳
CN201820487627.8	核桃仁冷榨装置	洛阳康贝源食品股份有限公司，河南省洛阳市伊川县平等乡马庄村（471000）	李汝芳
CN201820487630.X	一体化核桃仁榨油装置	洛阳康贝源食品股份有限公司，河南省洛阳市伊川县平等乡马庄村（471000）	李汝芳
CN201820490961.9	一种生姜清洗机	成都市盈宇食品有限公司，四川省成都市新都区军屯镇雷大村（610509）	吴昌建
CN201820491384.5	一种食用菌加工用清洗机	安远县天地人和现代农业发展有限公司，江西省赣州市安远县凤山乡凤山村白露岭（341000）	李　鑫
CN201820491386.4	一种食用菌的清洗烘干装置	安远县天地人和现代农业发展有限公司，江西省赣州市安远县凤山乡凤山村白露岭（341000）	李　鑫
CN201820492652.5	一种狼山鸡蛋粪分离系统	南通科技职业学院，江苏省南通市崇川区青年东路148号（226007）	严林俊、苏爱梅
CN201820492690.0	一种蜂王浆除杂过滤用温湿度控制设备	广东桂岭蜂业科技股份公司，广东省梅州市蕉岭县蕉城镇陂角村红心路30号（514000）	赖秋萍
CN201820494789.4	一种食品搅拌机用散热装置	广州列夫合宜食品有限公司，广东省广州市白云区永平友谊路C6号八一科技产业园二期D4号（510000）	郑道坤
CN201820495343.3	一种茶叶生产传输轨道	浙江云翠茶业发展有限公司，浙江省衢州市开化县芹阳办事处江东中路19号（324300）	汪秀芳
CN201820495946.3	一种应用于食品加工流水线上的冷却装置	广州列夫合宜食品有限公司，广东省广州市白云区永平友谊路C6号八一科技产业园二期D4号（510000）	郑道坤

（续）

申请或批准号	发 明 名 称	申请（专利权）人与通信地址	发明人
CN201820495948.2	一种食品加工用裹粉机	广州列夫合宜食品有限公司，广东省广州市白云区永平友谊路C6号八一科技产业园二期D4号（510000）	郑道坤
CN201820497833.7	一种低成本的面条机	九阳股份有限公司，山东省济南市槐荫区美里路999号（250117）	王旭宁、张 硕
CN201820498351.3	一种农业有机固体废弃物循环利用处理装置	山西省农业科学院玉米研究所，山西省忻州市新建北路14号（34000）	郭贵青、邢荣平
CN201820498410.7	一种揉面机	浙江峰邦机械科技有限公司，浙江省绍兴市新昌县南明街道人民东路127号佳艺广场6楼6A-5室（312500）	李 军
CN201820498832.4	一种食用油冷却机	温州市大红花粮油有限公司，浙江省温州市龙湾区瑶溪街道温州粮食中心市场A区703号（325000）	刘海英
CN201820501588.2	改进的粮食烘干机	安徽省新田农业机械制造有限公司，安徽省宿州市埇桥区循环经济示范园龙华路1号（234000）	徐庆辉、吕西洋
CN201820501928.1	一种食品生产用发酵罐	长泰县吉泰食品技术研发中心，福建省漳州市长泰县古农场银塘路301号（363999）	方深彦
CN201820503578.2	一种红豆筛分烘干装置	福建省千果庄园电子商务有限公司，福建省莆田市城厢区凤凰山街道新塘街167弄13号（351100）	郭秋霞
CN201820504102.0	一种新型水稻烘干设备	安远深山农家农产品有限公司，江西省赣州市安远县欣山镇财富广场二楼（341000）	李 鑫
CN201820507075.2	一种高效茉莉花茶清洁装置	福州福民茶叶有限公司，福建省福州市仓山区城门镇下洋村洋中里16号（350000）	刘南官
CN201820508784.2	一种牛羊饲料搅拌装置	中国农业科学院饲料研究所，北京市海淀区中关村南大街12号（100081）	司丙文、张小利
CN201820515948.4	贝类通过式清洗机	秦皇岛智深科技有限公司，河北省秦皇岛市海港区东港镇中心庄村177号（66000）	管国辉
CN201820516395.4	一种虾米清洗装置	盐城市怡美食品有限公司，江苏省盐城市射阳县黄沙港镇海星居委会（224333）	潘凤涛、刘 尧
CN201820516554.0	一种具有清洗功能的大蒜切片机	成都菊乐科技发展有限公司，四川省成都市高新区（西区）百草路1066号（610097）	陈秀辉、卢素容
CN201820526749.3	一种甘蔗榨汁机	郑州大学，河南省郑州市高新区科学大道100号郑州大学新校区（450001）	郑成栋、程 研
CN201820528485.5	茶叶杀青烘干系统	余姚绿谷工坊食品有限公司，浙江省宁波市余姚市凤山街道胜一村（315400）	李 威
CN201820528490.6	一种茶叶杀青机	余姚绿谷工坊食品有限公司，浙江省宁波市余姚市凤山街道胜一村（315400）	丁蒙蒙、陈友新
CN201820528674.2	一种茶叶杀青与烘干热能综合利用系统	南漳县华胜机械制造有限公司，湖北省襄阳市南漳经济开发区涌泉机电工业园（441500）	简永超、冯华安

（续）

申请或批准号	发 明 名 称	申请（专利权）人与通信地址	发明人
CN201820529507.X	一种用于山茶油搅拌用脱色装置	株洲乡轩山茶油有限公司，湖南省株洲市攸县桃水镇竹如山村旷家组（412300）	旷冬华、旷玲艳
CN201820530263.7	一种新型花椒烘干装置	开县书香种植专业合作社，重庆市开州区南雅镇书香村3组（405400）	丁 峰
CN201820532218.5	和面机联动机构	佛山市南海康莱达机电制造有限公司，广东省佛山市南海区狮山镇穆院村穆北工业区（528200）	罗勇斌
CN201820532232.5	一种食品保鲜装置	河源华盈科技有限公司，广东省河源市高新区高新二路创业服务中心三楼331室（517000）	丁 宁、邱志文
CN201820535831.2	一种面包加工装置	北京恒利食品有限公司，北京市朝阳区管庄果家店51号（100024）	付 强
CN201820536360.7	一种多功能面食生产加工装置	北京恒利食品有限公司，北京市朝阳区管庄果家店51号（100024）	文 莉
CN201820536372.X	一种用于烤点加工的搅拌装置	北京恒利食品有限公司，北京市朝阳区管庄果家店51号（100024）	付 强
CN201820536870.4	一种具备清洗功能的肉制品滚揉机	北京恒利食品有限公司，北京市朝阳区管庄果家店51号（100024）	付 强
CN201820538038.8	茶叶搅拌烘干机	黄河科技学院，河南省郑州市二七区连云路123号（450000）	陈小伟、姜爱菊
CN201820538072.5	一种馅料搅拌混合设备	南京红森林食品有限公司，江苏省南京市江宁区滨江开发区闻莺路（211100）	翟照明
CN201820539643.7	一种瓜果蔬菜烘干加工装置	甘肃金佛农业综合开发有限公司，甘肃省武威市凉州区黄羊工业园区（730000）	聂大田、黄 杰
CN201820539764.1	一种食品添加剂的混合配置设备	安徽省贝斯泰检测科技有限公司，安徽省马鞍山市经济技术开发区梅山路399号科创中心内B511、B512室（243000）	成文清
CN201820540354.9	一种豆制品生产原料的清洗用水回收系统	安徽省农业科学院农产品加工研究所，安徽省合肥市农科南路40号（230000）	程江华、万娅琼
CN201820541822.4	空气能、油、电、燃气多功能混合能效热风循环旋转炉	广州伟格机械设备有限公司，广东省广州市白云区石井街滘心村外海西湖工业区8号（510430）	李伟国
CN201820542037.0	一种并列式挤奶机	宁夏兴源达农牧有限公司，宁夏回族自治区银川市灵武市白土岗乡泾兴村生态移民区（751400）	马佳军、王 菲
CN201820542430.X	一种果脯生产用多功能切割设备	天津市桂福春食品有限公司，天津市蓟州区尤古庄镇袁桑路8号（300000）	王志伟
CN201820546783.7	一种绿茶加工用环保烘炒装置	福建新味食品有限公司，福建省宁德市福安市岩湖坂开发区68号（355000）	黄细忠、黄海星
CN201820552412.X	一种红麻干茎剥麻装备	中国农业科学院麻类研究所，湖南省长沙市岳麓区咸嘉湖西路348号（410205）	吕江南、马 兰
CN201820553248.4	一种便携式薯类渣浆分离机	双峰茂林机械制造有限公司，湖南省娄底市双峰县永丰镇茅坪学校（417000）	谢建辉

（续）

申请或批准号	发 明 名 称	申请（专利权）人与通信地址	发明人
CN201820554415.7	一种果汁饮料生产用化糖系统	云南淡定人生食品有限公司，云南省曲靖市沾益区白水镇水洞山（655335）	尹家勇
CN201820554427.X	曲奇饼干成型机	中山市顶盛食品机械有限公司，广东省中山市坦洲镇腾云路13号（528467）	邱光明
CN201820555064.1	一种果汁饮料杀菌脱气均质系统	云南淡定人生食品有限公司，云南省曲靖市沾益区白水镇水洞山（655335）	尹家勇
CN201820556920.5	一种膨化机切割装置锁紧结构	江苏华丽食品机械股份有限公司，江苏省常州市武进高新技术产业开发区新辉路7号A1幢（213000）	符景平、刘汉青
CN201820557784.1	一种粉条分拨机	河南省盛田农业有限公司，河南省许昌市禹州市朱阁镇北郝庄村（461600）	孙继周、孙溪烽
CN201820560978.7	饲料生产用物料筛选分级冷却系统	郑州博大浓缩干燥设备有限公司，河南省郑州市郑东新区CBD商务外环路13号绿地峰会天下1103室（450046）	孙发喜、刘记录
CN201820561673.8	一种蜂蜜的结晶装置	门源兴农蜂业有限公司，青海省海北藏族自治州门源县浩门镇（海北州生物园区）（810000）	赵栋帮、刘彩虹
CN201820562006.1	一种椰子壳肉分离机	海南大学，海南省海口市人民大道58号海南大学（570228）	张 燕、李梓豪
CN201820562056.X	一种酸奶发酵罐	蚌埠市和平乳业有限责任公司，安徽省蚌埠市蚌山区延安南路1151号（233000）	刘东伟、房 宇
CN201820562705.6	一种食用菌菇调味桶	东莞爱尚菇食品科技有限公司，广东省东莞市松山湖科技产业园区松科苑15号楼302房（523000）	陶 红
CN201820562796.3	隧道浸入式鱼肉速冻机	江苏麦克诺菲生物科技有限公司，江苏省南京市浦口区南京顶山都市产业园03幢203-7室（210000）	陈 健、杨 涛
CN201820563353.6	一种旋转式花生果把去除装置	青岛盛德食品有限公司，山东省青岛市胶州市胶莱镇工业园内（王珠河北、中心路西）（266000）	郑玉珍、王福青
CN201820563861.4	一种巧克力调温浇注机	成都耐斯特科技有限公司，四川省成都市成华区东三环路二段龙潭工业园（610000）	张应伦、张应勇
CN201820563862.9	一种米通成型机	成都耐斯特科技有限公司，四川省成都市成华区东三环路二段龙潭工业园（610000）	张应伦、张应勇
CN201820563863.3	一种巧克力球磨设备	成都耐斯特科技有限公司，四川省成都市成华区东三环路二段龙潭工业园（610000）	张应伦、张应勇
CN201820565133.7	一种紫薯粉条加工用的加热装置	邢台市自然农庄农产品有限公司，河北省邢台市南和县城西环路西侧（广场东路）（54400）	张庆敏、张卫华
CN201820569789.6	鱿鱼快速烘干设备	吉林正大食品有限公司，吉林省长春市榆树市环城工业集中区正大路1号（130400）	宋桂东
CN201820571177.0	一种用于水产加工的解冻装置	深圳市龙祥阁实业有限公司，广东省深圳市龙岗区龙岗街道龙园路59-2号2楼（518000）	黄钰秋
CN201820572706.9	一种用于豆腐生产的涂油设备	沭阳万和香食品有限公司，江苏省宿迁市沭阳县龙庙镇工业园区立派路15号（223600）	陆羿文

（续）

申请或批准号	发 明 名 称	申请（专利权）人与通信地址	发明人
CN201820572707.3	一种新型煮浆机	沭阳万和香食品有限公司，江苏省宿迁市沭阳县龙庙镇工业园区立派路 15 号（223600）	陆羿文
CN201820573335.6	具有自动上料功能的面粉搅拌机	连江县金源工业设计有限公司，福建省福州市连江县凤城镇马祖西路 10 号万家城市广场一区 1 号楼 16 层 1610 室（350500）	黄　铃
CN201820574607.4	食品造粒机模头	南京昊翔机械制造有限公司，江苏省南京市江宁区陶吴镇汤铜路 16 号（211151）	李念军、史永飞
CN201820578014.5	一种挤奶装置的冷却系统	河北首农现代农业科技有限公司，河北省保定市定州市钮店村（73000）	刘堂富、闫战胜
CN201820581231.X	一种食品加工切块装置	惠安易成机电设备工程有限公司，福建省泉州市惠安县螺城镇中山北路 16♯楼二层（362100）	毛　陈
CN201820581389.7	一种杏鲍菇保鲜存储设备	江苏恒星生物科技有限公司，江苏省泰州市海陵区农业开发区红旗大道 6 号（225300）	陶志勇、鄢华春
CN201820583654.5	一种能够自动旋转的茶叶烘干机	漳州枋青生态农业开发有限公司，福建省漳州市长泰县枋洋镇青阳村下厝 22 号（363903）	卢聪明
CN201820583715.8	一种带有余热回收装置的茶叶烘干设备	漳州枋青生态农业开发有限公司，福建省漳州市长泰县枋洋镇青阳村下厝 22 号（363903）	卢聪明
CN201820584069.7	一种快速清洗烘干的莲子加工设备	庆元县云露富硒莲专业合作社，浙江省丽水市庆元县淤上乡涂坑村新村 21 号（323800）	孙先伟、吴德慧
CN201820584086.0	一种莲子清洗加工装置	庆元县云露富硒莲专业合作社，浙江省丽水市庆元县淤上乡涂坑村新村 21 号（323800）	吴德慧、孙先伟
CN201820585780.4	滚筒式茶叶烘干装置	安徽蝠牌生态茶业股份有限公司，安徽省六安市金寨县长岭乡街道（237000）	孟春林
CN201820586602.3	一种真空和面机	安徽百润食品有限公司，安徽省阜阳市阜南县曹集镇保庄圩（236300）	李国正、管宏伟
CN201820590481.X	一种果蔬打浆搅拌系统	河南二婶食品发展有限公司，河南省漯河市经济技术开发区民营工业园经三路 63 号（462000）	李展旭
CN201820590595.4	一种可在真空环境下加热解冻或冷冻的食品加工设备	青岛环速科技有限公司，山东省青岛市市北区福州北路 90 号 15 层 1503 户（266000）	孙业国、姜志兴
CN201820590623.2	能提高红薯透熟度均匀性的红薯汽蒸设备	安化县薯果果食品厂，湖南省益阳市安化县仙溪镇山漳村（413521）	宁宏图、刘格辉
CN201820590917.5	一种大米加工储存仓	和县金城米业有限责任公司，安徽省马鞍山市和县历阳镇十里埠（238200）	郑　兵
CN201820591489.8	一种多方位清洁的鸡蛋清洗装置	温州市洞头东岙畜禽养殖专业合作社，浙江省温州市洞头区东屏街道府前路 40 弄 1 号（325000）	甘泽良、甘世宝
CN201820592884.8	一种绞肉机	浙江盛世吴宁食品有限公司，浙江省金华市东阳市歌山镇工业区（322100）	厉华峰
CN201820592906.0	一种新型搅拌机	浙江盛世吴宁食品有限公司，浙江省金华市东阳市歌山镇工业区（322100）	厉华峰

（续）

申请或批准号	发　明　名　称	申请（专利权）人与通信地址	发明人
CN201820592907.5	一种多功能搅拌机	浙江盛世吴宁食品有限公司，浙江省金华市东阳市歌山镇工业区（322100）	厉华峰
CN201820593089.0	一种新型改进结构的蔬菜脱水机	安徽百润食品有限公司，安徽省阜阳市阜南县曹集镇保庄圩（236300）	李国正、管宏伟
CN201820594067.6	一种移动式亚麻剥麻设备	黑龙江省农业机械运用研究所，黑龙江省绥化市营林街3号（152054）	王德明、谢洪昌
CN201820594109.6	一种豆馅蒸煮箱	长春华日食品有限公司，吉林省长春市宽城区合隆经济开发区（130000）	魏　来、王利平
CN201820594740.6	一种防粉尘爆炸粉丝机	杭州千岛湖农宝食品有限公司，浙江省杭州市淳安县梓桐镇练溪村（311711）	徐志法、徐吉平
CN201820594951.X	一种果蔬清洗装置	福建美净汇工贸有限公司，福建省漳州市长泰县岩溪镇上蔡村溪坂28号（363000）	蔡宝金
CN201820595365.7	一种旋转式海带快速冷却装置	福州亿达食品有限公司，福建省福州市连江县经济开发区敖江园区青啤大道68号（350500）	邱威杰、邱碧香
CN201820595679.7	一种豆制品加工用渣浆分离装置	福建美净汇工贸有限公司，福建省漳州市长泰县岩溪镇上蔡村溪坂28号（363000）	蔡宝金
CN201820597864.X	一种辣椒分目机	青岛航源不锈钢制品有限公司，山东省青岛市胶州市胶东街道办事处于家村（266300）	李海源
CN201820598198.1	一种用于农业产品清洗装置	浙江华御食品有限公司，浙江省丽水市庆元县五都工业园曙光路8号（323800）	吴学明
CN201820600174.5	一种豆腐生产用涂油设备	沭阳万和香食品有限公司，江苏省宿迁市沭阳县龙庙镇工业园区立派路15号（223600）	陆羿文
CN201820601586.0	一种果蔬保鲜库	江苏泰供海诞现代农业发展有限公司，江苏省泰州市高港区白马镇陈家村办公室（225300）	李乃平
CN201820602271.8	一种立式花生脱壳机	南漳县华胜机械制造有限公司，湖北省襄阳市南漳经济开发区涌泉机电工业园（441500）	简永超、冯华安
CN201820602548.7	一种桂圆干磨皮设备	蔡福记食品股份有限公司，福建省莆田市荔城区拱辰街道延寿中街1786号海峡大厦23层（351100）	蔡建清
CN201820602803.8	一种莲子剥壳机	江西省石城县清心食品有限公司，江西省赣州市石城县琴江镇紫前路1号（342700）	赖邦珍
CN201820607741.X	一种蔬菜快速且均匀烘干脱水装置	山东中质华检测试检验有限公司，山东省济宁市高新区洸河路16号鲁南质检中心院内（273200）	仲光凤、王成梅
CN201820611328.0	一种猪肉搅碎装置	福建全家福食品有限公司，福建省漳州市龙海市紫泥镇锦田村北洲23号（363000）	姚美聪、林永能
CN201820611906.0	一种猪肉干加工生产搅拌装置	福建全家福食品有限公司，福建省漳州市龙海市紫泥镇锦田村北洲23号（363000）	姚美聪、林永能
CN201820611918.3	一种牛肉干调味装置	福建全家福食品有限公司，福建省漳州市龙海市紫泥镇锦田村北洲23号（363000）	姚美聪、林永能
CN201820612157.3	一种比萨饼底初步冷却生产线	南京美诺食品有限公司，江苏省南京市江宁区滨江开发区翔凤路18号（210000）	何国庆

（续）

申请或批准号	发　明　名　称	申请（专利权）人与通信地址	发明人
CN201820612209.7	一种立式和面机	三河科达实业有限公司，河北省三河市燕郊高新区燕高路 306 号（65201）	赵　英、温　浩
CN201820612298.5	一种轧面机	三河科达实业有限公司，河北省三河市燕郊高新区燕高路 306 号（65201）	赵　英、甄景荣
CN201820613316.1	一种亚麻脱麻机	黑龙江省农业机械运用研究所，黑龙江省绥化市营林街 3 号（152054）	高　勇、胡科全
CN201820614961.5	一种糕点面粉的自动搅拌装置	河北三志食品股份有限公司，河北省邢台县龙冈经济开发区凤仪东街北侧（54000）	许勤书
CN201820616015.4	一种食品加工机的显示屏固定结构	漳州龙文区汇洋远软件开发有限公司，福建省漳州市龙文区钱隆学府卓越小区 3 幢 1809 室（363000）	黄佳彬、黄海燕
CN201820616033.2	一种清洗干燥分选水果一体机	山东中质华检测试检验有限公司，山东省济宁市高新区洸河路 16 号鲁南质检中心院内（273200）	仲光凤、初　蕾
CN201820616439.0	一种黑莓口味食品黑莓果酱涂抹装置	江苏连恒生物科技有限公司，江苏省南京市高新开发区高科三路 2 号 A 区（210000）	薛　源
CN201820616791.4	酱鸭烫皮生产线用热水箱	北京盛聚玄德商贸有限公司，北京市房山区窦店镇北柳村北柳大街 9 号（102402）	任建党、张艳萍
CN201820617070.5	一种枣粉生产装置	南皮县华盈农牧科技有限公司，河北省沧州市南皮县付庄工业区（61500）	周忠旺
CN201820617577.0	一种具有减震装置的搅拌机	郑州工业应用技术学院，河南省郑州市新郑市新村镇（451150）	李慧亮
CN201820618553.7	一种冷冻蔬菜加工搅拌清洗装置	河南省泌花食品有限公司，河南省驻马店市泌阳县产业集聚区（工业区与北二环交叉口）（463700）	黄太峰
CN201820621342.9	一种麦芽糖加工的液化装置	临城金糖食品有限公司，河北省邢台市临城县东环路中段路东（54300）	王志勇
CN201820623677.4	一种发酵饲料烘干装置	沈阳工学院，辽宁省抚顺市经济开发区滨河路东段 1 号（113122）	付玉洁、王珊珊
CN201820623766.9	一种剥麻设备及其压力调节机构	中国农业科学院麻类研究所，湖南省长沙市岳麓区咸嘉湖西路 348 号（410205）	吕江南、马　兰
CN201820623767.3	一种剥麻设备及其碎茎机构	中国农业科学院麻类研究所，湖南省长沙市岳麓区咸嘉湖西路 348 号（410205）	吕江南、马　兰
CN201820623869.5	一种洗菜机分区控制废水循环再利用装置	普宁市华鹏食品有限公司，广东省揭阳市普宁市池尾科技工业园第三座普宁市华鹏食品有限公司（515300）	林若波、廖兴展
CN201820623963.0	一种芥菜加工用清洗装置	福州日宝食品有限公司，福建省福州市闽清县坂东镇朱厝工业区（350811）	许聿庆
CN201820624097.7	一种具有螺旋分区结构的洗菜机滚筒	普宁市华鹏食品有限公司，广东省揭阳市普宁市池尾科技工业园第三座普宁市华鹏食品有限公司（515300）	廖兴展、蓝少鹏
CN201820626668.0	多功能饲料混合装置	江苏中煤长江生物科技有限公司，江苏省徐州市经济技术开发区庙山路 10 号（221000）	曹磊磊、林化全

（续）

申请或批准号	发 明 名 称	申请（专利权）人与通信地址	发明人
CN201820626669.5	饲料高效搅拌装置	江苏中煤长江生物科技有限公司，江苏省徐州市经济技术开发区庙山路 10 号（221000）	曹磊磊、林化全
CN201820628289.5	一种焦糖连续化熬制生产设备	安徽顺鑫盛源生物食品有限公司，安徽省滁州市琅琊区经济开发区蚌埠路 28 号（239000）	张益顺、孙德坡
CN201820628295.0	新型简陋型鲜橙压汁装置	漳州源鲜农业科技有限公司，福建省漳州市龙文区南昌东路 20 号龙文众创空间 6 楼 608（363000）	吴文宪、蔡文贵
CN201820630640.4	一种全自动柚子清洗机	广东李金柚农业科技有限公司，广东省梅州市梅县区城东镇梅雁路 21 号（510000）	李永生、张家平
CN201820630684.7	一种家用馒头机半环连接装置	山东家逸智能电器有限公司，山东省聊城市冠县东二环南首西侧梁堂乡北寺地村（252500）	杨然昌、高建维
CN201820630792.4	一种复合糯米粉生产用全自动配粉系统	潢川县裕丰粮业有限责任公司，河南省信阳市潢川县魏岗乡余店街南（464000）	余 飞、赵保禄
CN201820632562.1	一种简易式金针菇快速除根包装装置	福州合农农业科技有限公司，福建省福州市闽清县下祝乡渡塘村 98 号（350821）	杨铭彬、杨 恒
CN201820632936.X	圆形馒头成型设备	河南宏旭农业机械有限公司，河南省新乡市牧野区王村镇大里村西（453000）	位小四
CN201820633810.4	一种菌菇加工用清洗装置	福州合农农业科技有限公司，福建省福州市闽清县下祝乡渡塘村 98 号（350821）	杨铭彬、杨 恒
CN201820634716.0	饲料制粒设备	陕西理工大学，陕西省汉中市汉台区朝阳路东关正街 505 号（723000）	李超飞
CN201820634808.9	一种马铃薯加工用清洗过滤装置	韶关市武江区中久电子科技有限公司，广东省韶关市武江区新华南路华园新村 6 号（512026）	吴德琴
CN201820635442.7	一种芥菜腌制加工用搅拌装置	福州日宝食品有限公司，福建省福州市闽清县坂东镇朱厝工业区（350811）	许聿庆
CN201820635882.2	一种夹心蛋糕生产线烘干系统	漳州市瑞斯捷食品机械有限公司，福建省龙海市东园工业区（363104）	钟栋娜
CN201820636958.3	一种果汁脱气机	江西博君生态农业开发有限公司，江西省抚州市南城县金山口工业园区（344700）	朱 博、杨建军
CN201820636999.2	一种果糕打浆机	江西博君生态农业开发有限公司，江西省抚州市南城县金山口工业园区（344700）	朱 博、杨建军
CN201820637756.0	一种金针菇卷尾切割装置	闽清县盛旺佳食用菌农业专业合作社，福建省福州市闽清县下祝乡汶洋村汶洋 11 号（350821）	杨相生、张 平
CN201820637800.8	一种香菇加工用烘干装置	闽清县盛旺佳食用菌农业专业合作社，福建省福州市闽清县下祝乡汶洋村汶洋 11 号（350821）	杨相生、张 平
CN201820638849.5	小型卧式青核桃脱皮机	新疆农业科学院农业机械化研究所，新疆维吾尔自治区乌鲁木齐市南昌南路 291 号（830091）	杨忠强、王庆惠
CN201820639067.3	一种麦胚在线喂料装置	安徽科技学院，安徽省滁州市凤阳县东华路 9 号（233100）	蔡易辉、郭元新
CN201820639145.X	一种小浆果过滤器	江苏连恒生物科技有限公司，江苏省南京市高新开发区高科三路 2 号 A 区（210000）	薛 源

（续）

申请或批准号	发 明 名 称	申请（专利权）人与通信地址	发明人
CN201820639168.0	一种小浆果清洗机	江苏连恒生物科技有限公司，江苏省南京市高新开发区高科三路 2 号 A 区（210000）	薛 源
CN201820639455.1	豆制品加工用的黄豆浸泡装置	天津鲜豆客食品科技有限公司，天津市武清区南蔡村镇金通路西侧 2 号（300000）	蒋 亮
CN201820642479.2	一种花生清洗烘干设备	安徽省华民食品有限公司，安徽省阜阳市经济技术开发区纬七路 608 号（236000）	彭 刚
CN201820643115.6	一种粉条烘箱	晋城市古陵山食品有限公司，山西省晋城市陵川县平城镇下川村（48000）	李建忠
CN201820646196.5	一种枸杞自动清洗生产线	常州市昇源干燥设备科技有限公司，江苏省常州市新北区孟河镇四图村网船上 30 号-1（213000）	陈 军
CN201820647089.4	一种土豆清洗设备	贵州云博极讯科技有限责任公司，贵州省贵阳市乌当区高新路 115 号贵州师范学院大学科技园（550018）	余 雄、夏小燕
CN201820647336.0	一种华夫饼机	上海麦优食品有限公司，上海市浦东新区惠南镇沪南公路 9585 号（201300）	梁渊博、黄勇华
CN201820651080.0	饲草的烘干设备	广南县盛滢养殖农民专业合作社，云南省文山壮族苗族自治州广南县者兔乡木乍村委会奎那（663000）	曹红梅
CN201820651746.2	一种豆粉加工用烘干装置	佳木斯冬梅大豆食品有限公司，黑龙江省佳木斯市郊区长青乡四合村（友谊路西段佳木斯市经济技术开发区）（154000）	董良杰、王雍凯
CN201820652698.9	豆制品加工用凝固点浆装置	天津鲜豆客食品科技有限公司，天津市武清区南蔡村镇金通路西侧 2 号（300000）	蒋 亮
CN201820652864.5	一种腊肠生产用猪肉清洗装置	湖南光辉食品有限责任公司，湖南省长沙市芙蓉区东岸街道杉木村 7 组 5 栋（410000）	喻光辉
CN201820653908.6	一种木耳清洗机	德兴市山农食用菌种植有限公司，江西省上饶市德兴市绕二镇徐家坊徐家坞（334208）	杨光胜
CN201820654295.8	一种小龙虾自动清洗机	湖北省功明长鑫食品有限公司，湖北省潜江市周矶管理区健康路（433112）	王善龙、任广才
CN201820656867.6	一种改进型茶叶烘焙提香机	云龙县沧江古树茶厂，云南省大理白族自治州云龙县功果桥镇汤邓村（650000）	李浩通
CN201820658568.6	一种插剥式椰子剥衣机	海南大学，海南省海口市人民大道 58 号（570228）	樊军庆、万有为
CN201820658855.7	一种青砖茶半自动切割装置	鑫鼎生物科技有限公司，湖北省宜昌市伍家岗区桔乡路 509 号（443001）	何建刚、李世振
CN201820660816.0	一种多腔式棉花糖机设备	绍兴市上虞冠格电器有限公司，浙江省绍兴市上虞区丰惠镇永庆村西蒲（312300）	贝志胜
CN201820660818.X	一种具有预热构件的棉花糖机	绍兴市上虞冠格电器有限公司，浙江省绍兴市上虞区丰惠镇永庆村西蒲（312300）	贝志胜
CN201820660822.6	一种爆米花机用旋转式风吹冷却装置	绍兴市上虞冠格电器有限公司，浙江省绍兴市上虞区丰惠镇永庆村西蒲（312300）	贝志胜

（续）

申请或批准号	发 明 名 称	申请（专利权）人与通信地址	发明人
CN201820660832.X	一种移动式爆米花机设备	绍兴市上虞冠格电器有限公司，浙江省绍兴市上虞区丰惠镇永庆村西蒲（312300）	贝志胜
CN201820660835.3	一种具有快速冷却的搅拌式爆米花机	绍兴市上虞冠格电器有限公司，浙江省绍兴市上虞区丰惠镇永庆村西蒲（312300）	贝志胜
CN201820661568.1	蛋糕加工专用排盘装置	湖北钟祥金源食品股份有限公司，湖北省荆门市钟祥市南湖工业园湖北钟祥金源食品股份有限公司（431900）	邬广华、邬广祥
CN201820661584.0	面饼往复式压制成型装置	湖北钟祥金源食品股份有限公司，湖北省荆门市钟祥市南湖工业园湖北钟祥金源食品股份有限公司（431900）	邬广华、邬广祥
CN201820662899.7	一种成虾清洗装置	龙海市顺源水产科技有限公司，福建省漳州市龙海市海澄镇珠发花园3号楼2幢1606室（363000）	蔡章印
CN201820662906.3	一种带有清洗功能的香菇切丁机	浙江双敖特产有限公司，浙江省丽水市庆元县市场南路17号（323800）	张金洪
CN201820665565.5	一种半自动板栗剥米机	定州市绿谷农业科技发展有限公司，河北省保定市定州市东亭镇东村（73000）	张鑫、庞曼
CN201820666267.8	一种无污染的高效食品解冻装置	山东中质华检测试检验有限公司，山东省济宁市高新区洸河路16号鲁南质检中心院内（272000）	魏刚、司富美
CN201820668008.9	一种水产品加工烘干消毒装置	南安市昊天工业设计有限公司，福建省泉州市南安市美林街道梅亭村梅亭253号（362000）	陈章湖
CN201820668814.6	一种单相双速双动和面机	德庆金泰铸造有限公司，广东省肇庆市德庆县德城镇工业集约基地（526600）	陈盛昌
CN201820669548.9	一种用于水果制品用果肉腌制装置	深圳市拾汇科技有限公司，广东省深圳市龙岗区龙岗街道龙岗路创富时代608室（518000）	黄伟秀
CN201820671199.4	粉状谷物熟化成型的设备	宁夏福瑞麒食品有限公司，宁夏回族自治区银川市贺兰县创业路兴隆巷西2号（750200）	邵全才
CN201820671669.7	一种粮食烘干装置	泉州悠曼贸易有限公司，福建省泉州市泉港区南龙路栖霞69幢201-204（362100）	黄仁鸿
CN201820671691.1	一种具有冷却功能的果汁生产用浓缩塔	臻富（福建）果汁食品有限公司，福建省龙岩市武平工业园区E17地块（364399）	徐劲松
CN201820673149.X	一种用于收粮机的烘干锅炉	阜阳安固锅炉压力容器制造有限公司，安徽省阜阳市颍东区阜蚌路777号（236000）	傅家宝、梅家旗
CN201820673157.4	用于甘薯贮藏的保鲜装置	临沂市农业科学院，山东省临沂市兰山区涑河北街351号临沂市农业科学院（276000）	唐洪杰
CN201820673387.0	一种清洗搅拌一体的芥菜加工装置	福州日宝食品有限公司，福建省福州市闽清县坂东镇朱厝工业区（350811）	许聿庆
CN201820675842.0	一种转动式的水产清洗设备	山东中质华检测试检验有限公司，山东省济宁市高新区洸河路16号鲁南质检中心院内（273200）	辛堃、陈燕燕
CN201820676906.9	一种高速型揉压面机	德庆金泰铸造有限公司，广东省肇庆市德庆县德城镇工业集约基地（526600）	陈盛昌

（续）

申请或批准号	发　明　名　称	申请（专利权）人与通信地址	发明人
CN201820678431.7	一种用于糟菜腌制使用的搅拌装置	福州日宝食品有限公司，福建省福州市闽清县坂东镇朱厝工业区（350811）	许聿庆
CN201820678680.6	一种食品解冻装置	山东中质华检测试检验有限公司，山东省济宁市高新区洸河路16号鲁南质检中心院内（272000）	孔春利、于维敏
CN201820679672.3	糕点成型机	佛山市永铨食品机械有限公司，广东省佛山市南海区狮山镇罗村联和段南便坦工业区6-2号（528000）	游明桦
CN201820682682.2	一种灌装成型机	上海麦优食品有限公司，上海市浦东新区惠南镇沪南公路9585号（201300）	梁渊博、黄勇华
CN201820684082.X	一种切洗同步餐馆专用蔬菜加工设备	泉州市安巨机械科技有限公司，福建省泉州市南安市霞美镇霞光村泰和楼1楼（362000）	王双枝
CN201820686040.X	一种擀面机	杭州天宏智能科技有限公司，浙江省杭州市余杭区五常街道丰岭路31-1号2楼205室（310023）	魏仕樬
CN201820686133.2	豆制品加工用压制成型装置	天津鲜豆客食品科技有限公司，天津市武清区南蔡村镇金通路西侧2号（300000）	蒋　亮
CN201820687399.9	一种辅助擀面装置	杭州天宏智能科技有限公司，浙江省杭州市余杭区五常街道丰岭路31-1号2楼205室（310023）	魏仕樬
CN201820687409.9	一种手擀面加工生产线	杭州天宏智能科技有限公司，浙江省杭州市余杭区五常街道丰岭路31-1号2楼205室（310023）	魏仕樬
CN201820691330.3	一种菠萝夹心饼干生产用饼体烘烤设备	安徽金富士食品有限公司，安徽省淮北市凤凰山食品经济开发区凤凰路18号（235000）	庾秀南
CN201820694092.1	一种低温真空油炸蘑菇的加工设备	安徽蘑蘑哒食品有限公司，安徽省合肥市蜀山区小庙镇新民村382号（230000）	王　磊
CN201820695929.4	一种生产加工用油炸食品沥油装置	安徽真心食品有限公司，安徽省合肥市肥东县新城开发区（230000）	孙国升、袁　霞
CN201820696906.5	一种苎麻揉麻振动机	益阳玲智工程技术有限公司，湖南省益阳市高新区金山南路万城国际1号楼1417号（413000）	廖建勇、梁畅宇
CN201820697676.4	一种发酵小麦粉制作面包用发酵装置	中原粮油有限公司，河南省驻马店市正阳县维维大道（463000）	梁晓鹏、梅工厂
CN201820707211.2	一种用于食品安全检测的消毒设备	恒鑫共创（天津）科技有限公司，天津市滨海新区自贸试验区（空港经济区）保航路1号航空产业支持中心645AQ169房间（300000）	曹　玮
CN201820712790.X	一种超市用长条形猪肉表皮短毛去除装置	广州奥丁诺科技有限公司，广东省广州市番禺区南村镇汉溪大道东招商万博公馆5栋（招商城市主场5♯）1410房（511442）	杜树清
CN201820716074.9	一种纺织用蚕茧蒸煮装置	平湖市伊凡家箱包有限公司，浙江省嘉兴市平湖市当湖街道新华公寓3幢西梯四层东室车库（314299）	韩　祥
CN201820717731.1	一种麻类纤维分离系统	中国农业科学院麻类研究所，湖南省长沙市岳麓区咸嘉湖西路348号（410205）	冷　鹃、肖爱平

（续）

申请或批准号	发 明 名 称	申请（专利权）人与通信地址	发明人
CN201820721583.0	一种肉制品检测用便于切片的保鲜装置	洛阳云山美食品有限公司，河南省洛阳市嵩县城白云大道科技苑1号楼1楼1号（471000）	张宇欣、史张宇
CN201820722303.8	一种方便清洗的切肉总成	苏州正台元精密机械有限公司，江苏省苏州市吴中区苏蠡路65-10号（215000）	唐后福
CN201820724342.1	一种豆干压榨机	江苏小鹰豆制食品有限公司，江苏省盐城市阜宁县开发区新丰居委会昆仑路（224400）	殷开波
CN201820724637.9	一种豆制品摊凉装置	江苏小鹰豆制食品有限公司，江苏省盐城市阜宁县开发区新丰居委会昆仑路（224400）	殷开波
CN201820726495.X	一种带冷却功能的茶叶提升机	温州台源茶叶有限公司，浙江省温州市泰顺县罗阳镇南外路53号201室（325500）	林育民、郑旭芝
CN201820727520.6	一种应用于虾皮加工的自动化毛虾清洗设备	福建省锦添农业开发有限公司，福建省福州市连江经济开发区管委会四楼（350000）	刘用财
CN201820728852.6	一种柑普烘干机	江门市博涂环保机电科技有限公司，广东省江门市新会区会城奇榜村番茄场工业区厂房（529100）	陆连仲
CN201820732220.7	一种夹心饼干生产用饼干成型冷却装置	安徽金富士食品有限公司，安徽省淮北市凤凰山食品经济开发区凤凰路18号（235000）	庾秀南
CN201820747188.X	一种新型传统工艺茶叶炭火烘干设备	舒城石关兰花茶叶专业合作社，安徽省六安市舒城县五显镇石关村（231300）	龚世存
CN201820756694.5	猕猴桃干生产过程中的真空冷冻干燥器	山东山里阿哥农业科技有限公司；中华全国供销合作总社济南果品研究院，山东省淄博市博山区开发区北山路76号甲（255200）	葛邦国、陈守广
CN201820758477.X	一种荔枝挑选装置	海南力合泰食品有限公司，海南省海口市国家高新技术产业开发区狮子岭工业园火炬路9号（570100）	叶海涛
CN201820758478.4	一种芒果催熟装置	海南力合泰食品有限公司，海南省海口市国家高新技术产业开发区狮子岭工业园火炬路9号（570100）	叶海涛
CN201820761017.2	一种食品烘干装置	苏州信文食品有限公司，江苏省苏州市吴中区角直镇长虹北路169号（215127）	赵西奎
CN201820761333.X	一种颗粒状农产品表面杀虫灭菌装置	江苏智研科技有限公司，江苏省镇江市句容市经济开发区科技新城科技大道1号（212400）	贾朝伟、李琦
CN201820762306.4	一种玉米烘干机用换热器	黑龙江省农业机械运用研究所，黑龙江省绥化市营林街3号（152054）	张晓伟、谢洪昌
CN201820762741.7	一种食品干燥机	肇庆学院，广东省肇庆市端州区肇庆大道（526061）	张帅
CN201820783158.4	一种枸杞生产加工用烘干装置	青海神农生物科技有限公司，青海省西宁市城北区青海生物科技产业园经四路22号办公楼205室（810016）	安澜、杨红利
CN201820793991.7	一种用于食品检测的解冻装置	广州盟标质量检测技术服务有限公司，广东省广州市黄埔区科学大道162号B3区附楼305（仅限办公用途）（518000）	李武贤、陈亚红

（续）

申请或批准号	发 明 名 称	申请（专利权）人与通信地址	发明人
CN201820794996.1	二次加温自动烫皮机	河北乐寿鸭业有限责任公司，河北省沧州市献县城南工业区 106 国道东单桥村（62250）	高 伟、陈英涛
CN201820795078.0	一种黑茶砖自动压制线	益阳茶厂有限公司，湖南省益阳市赫山区龙岭工业园（413000）	徐迪军、杨海良
CN201820795489.X	无菌式翻肠装置	大连金百味食品有限公司，辽宁省大连市甘井子区辛寨子工业园区（116600）	吴 艳
CN201820802792.8	一种便于翻转的粉皮烘干架	枣庄市金恒通农业新能源科技有限公司，山东省枣庄市山亭区冯卯镇回乡创业园（277200）	张建文
CN201820803393.3	一种粮食烘干机的可调式烘干装置	合肥麦稻之星机械有限公司，安徽省合肥市包河区沈阳路 17 号（230000）	董邦超
CN201820805038.X	一种芒果清洁消毒装置	海南力合泰食品有限公司，海南省海口市国家高新技术产业开发区狮子岭工业园火炬路 9 号（570100）	叶海涛
CN201820806087.5	一种多功能的芒果速冻装置	海南力合泰食品有限公司，海南省海口市国家高新技术产业开发区狮子岭工业园火炬路 9 号（570100）	叶海涛
CN201820807380.3	一种具有辅助加料功能的面粉搅拌机	安徽德鑫源食品有限公司，安徽省亳州市涡阳县单集林场（236800）	张 捷、王 玲
CN201820809505.6	一种真空油炸机循环系统	河南省泌花食品有限公司，河南省驻马店市泌阳县产业集聚区（工业区与北二环交叉口）（463700）	黄太峰
CN201820813990.4	一种马铃薯防挤压分选机构	中国包装和食品机械有限公司，北京市朝阳区北沙滩 1 号（100083）	尹学清、李永辉
CN201820814653.7	一种马铃薯高通量分级落料分流装置	中国包装和食品机械有限公司，北京市朝阳区北沙滩 1 号（100083）	尹学清、李永辉
CN201820817678.2	一种粉皮热风烘干室的排气装置	枣庄市金恒通农业新能源科技有限公司，山东省枣庄市山亭区冯卯镇回乡创业园（277200）	张建文
CN201820820849.7	一种真空油炸机用料筐	河南省泌花食品有限公司，河南省驻马店市泌阳县产业集聚区（工业区与北二环交叉口）（463700）	黄太峰
CN201820821784.8	一种田螺去尾装置	湘潭大学，湖南省湘潭市雨湖区湘潭大学（411105）	张 魁、何仕海
CN201820822619.4	一种螺蛳去尾清洗装置	湘潭大学，湖南省湘潭市雨湖区湘潭大学（411105）	张 魁、何仕海
CN201820831676.9	家用智能种茶机	安徽菜乐坊农业科技有限公司，安徽省合肥市蜀山区南二环与怀宁路交口天鹅湖万达广场 1 号写字楼 1102 室（230000）	金尔江
CN201820832399.3	一种低温真空油炸设备	河南省泌花食品有限公司，河南省驻马店市泌阳县产业集聚区（工业区与北二环交叉口）（463700）	黄太峰

（续）

申请或批准号	发 明 名 称	申请（专利权）人与通信地址	发明人
CN201820832400.2	一种真空低温油炸干燥装置	河南省泌花食品有限公司，河南省驻马店市泌阳县产业集聚区（工业区与北二环交叉口）（463700）	黄太峰
CN201820835761.2	一种防溅的剖杀操作台	海之星（福建）远洋渔业有限公司，福建省漳州市东山县西埔镇冬古村（363400）	林财武
CN201820836758.2	一种新型薯类去皮切片机	四川农业大学，四川省成都市温江区惠民路211号（611130）	张志清、曾雪丹
CN201820840917.6	一种猪肉切割装置用固定装置	河南牧业经济学院，河南省郑州市金水区北林路16号河南牧业经济学院新实验楼3103房间（450000）	武书彦、王　辉
CN201820847165.6	一种水产加工用的处理台	江苏锡沂高新区科技发展有限公司，江苏省徐州市新沂市锡沂高新区黄山路北侧（221400）	殷邗清
CN201820848500.4	一种高粗作物茎秆加工处理设备	中国农业科学院麻类研究所，湖南省长沙市岳麓区咸嘉湖西路348号（410205）	马　兰、吕江南
CN201820849892.6	一种保鲜冰箱	长虹美菱股份有限公司，安徽省合肥市经济技术开发区莲花路2163号（230601）	左秋杰、任　猛
CN201820849963.2	一种挤压面叶装置	广州奥丁诺科技有限公司，广东省广州市番禺区南村镇汉溪大道东招商万博公馆5栋（招商城市主场5#）1410房（511442）	陈雨微
CN201820851858.2	一种自动化苎麻剥麻装备	中国农业科学院麻类研究所，湖南省长沙市岳麓区咸嘉湖西路348号（410205）	吕江南、马　兰
CN201820855598.6	离心式超高压处理泵	上海成峰流体设备有限公司，上海市松江区小昆山镇新港路1号1幢（201600）	胡庆敏
CN201820856321.5	一种水产品蒸煮装置	东山县东隆金属设备制造有限公司，福建省漳州市东山县康美镇铜钵村后厝318号（363401）	郑亚化
CN201820856432.6	一种空心挂面的盘条装置	洛阳桃岭实业有限公司，河南省洛阳市伊川县鸣皋镇小桑坡村（471000）	张治安
CN201820859152.0	一种压面开酥机	泉州鸿远投资咨询有限公司，福建省泉州市惠安县大红埔鑫源花园城6幢501号（362000）	张红美
CN201820864941.3	一种应用于米粉机的主传动装置	佛山市精巨机械有限公司，广东省佛山市南海区大沥镇水头工业区南一路土名"梁边前"自编22号（住所申报）（528000）	刘云峰
CN201820872784.0	一种果蔬切割装置	山东润品源食品股份有限公司，山东省枣庄市山亭区新城工业园区世纪大道西侧（277200）	韩荣生
CN201820873232.1	一种隧道式洗蛋装置	青岛保税区依爱电子有限责任公司，山东省青岛市经济技术开发区香江路98号（266555）	崔登峰、苏翔宇
CN201820875997.9	一种饼干生产用原料搅拌装置	安徽舒香食品有限公司，安徽省亳州市利辛县工业园科技路（236700）	苏　魁
CN201820893045.X	一种贝类食品清洗机	辣小鸭食品有限公司，吉林省长春市长江路经济开发区兰家镇邱家村姚家东工业开发区内（130000）	贤伟哲、王卫光

（续）

申请或批准号	发 明 名 称	申请（专利权）人与通信地址	发明人
CN201820901727.0	一种自动烤饼炉	昆山风马牛机器人科技有限公司，江苏省苏州市昆山市玉山镇祖冲之南路 1699 号北楼辅 1-22 号（集群登记）（215000）	王 亮、马志奎
CN201820904160.2	一种鲜切果蔬气调包装盒	大连民族大学，辽宁省大连市经济技术开发区辽河西路 18 号（116600）	胡文忠、周福慧
CN201820914361.0	一种仿手工馄饨成型机构	菏泽双阳食品有限公司，山东省菏泽市成武县白浮图经济开发区（274000）	张 焱
CN201820929768.0	一种豆干切割系统	盐城市天孜食品有限公司，江苏省盐城市经济技术开发区盐渎东路 79 号 6 幢 2（224000）	徐 滨、周学诚
CN201820930246.2	一种小龙虾加工用清洗装置	淮安富陵水产品有限公司，江苏省淮安市洪泽区高良涧街道电子商务产业园（渤海北路 3 号）（223100）	杨春霞
CN201820936061.2	一种多功能的自动剥螃蟹机	东山县吉兴水产加工有限公司，福建省漳州市东山县陈城镇宫前村（363403）	沈柳清、尤彩艳
CN201820936072.0	一种环保型蟹肉挑选装置	东山县吉兴水产加工有限公司，福建省漳州市东山县陈城镇宫前村（363403）	沈柳清、尤彩艳
CN201820936159.8	一种面片醒面机	河北鲜邦食品有限公司，河北省邢台市任县任城镇永康街（55151）	王立晓
CN201820937948.3	可用于包馅食品生产的间歇式无残留供皮装置	成都索知源机电设备有限公司，四川省成都市武侯区大悦路 18 号附 7 号（610043）	刘 海
CN201820943627.4	一种具有自动清洗水产品加工用传送机构	东山县吉兴水产加工有限公司，福建省漳州市东山县陈城镇宫前村（363403）	沈柳清、尤彩艳
CN201820952426.0	一种果蔬香肠真空灌装机	天津二商迎宾肉类食品有限公司，天津市西青区经济技术开发区赛达工业园新源道 2 号（300000）	周春生、崔晓丽
CN201820956975.5	一种猪肉肉制品滚动按摩机	天津二商迎宾肉类食品有限公司，天津市西青区经济技术开发区赛达工业园新源道 2 号（300000）	张 旭、李 光
CN201820957980.8	一种隧道式烘烤炉	深圳市天元欣环保科技有限公司，广东省深圳市龙岗区坂田街道岗头社区亚洲工业园 2 栋 1 楼（518129）	廖积盛
CN201820975157.X	一种挂面快速切断装置	南阳理工学院，河南省南阳市长江路 80 号（473004）	岳 春、李 霞
CN201820975193.6	一种高效牛肚清洗机	漳州泰优美食品有限公司，福建省漳州市长泰县古农农场工业区（363000）	黄章华
CN201820975391.2	一种牛肉加工斩拌机	漳州泰优美食品有限公司，福建省漳州市长泰县古农农场工业区（363000）	黄章华
CN201820978166.4	一种挂面生产用快速成型装置	南阳理工学院，河南省南阳市长江路 80 号（473004）	岳 春、王林波
CN201820978167.9	一种可增加挂面间距的挂面架杆	南阳理工学院，河南省南阳市长江路 80 号（473004）	岳 春、李江岱

（续）

申请或批准号	发 明 名 称	申请（专利权）人与通信地址	发明人
CN201821008250.X	一种猪肉批量加工用自动剥皮机	沭阳县商业肉联厂，江苏省宿迁市沭阳县工业园（东二环）（223600）	何怀金
CN201821033515.1	全自动去鱼头去内脏一体机	安徽三艾斯机械科技有限公司，安徽省合肥市巢湖经济开发区金巢大道与半汤大道交叉口东侧（241000）	徐曙光
CN201821040660.2	玉米提升装置	柳桥集团有限公司，浙江省杭州市萧山区新塘街道东康路 288 号（311200）	傅妙奎、傅妙兴
CN201821099312.2	一种加盐淡干海参加工烘干装置	烟台万事如意食品有限公司，山东省烟台市芝罘区楚玉路 8 号（264002）	刘玉成
CN201821146136.3	一种食品消毒清洗机	广元亿明生物科技有限公司，四川省广元市旺苍县白水镇卢家坝村 4 社（亿明生物工业园）（628201）	范仕明、索 毅
CN201821495007.5	一种回旋烤炉	烟台茂源食品机械制造有限公司，山东省烟台市栖霞市迎宾路北首庄园工业村（265300）	姜念波、杜文亮
CN201821526916.0	一种调温式和面机	山东婴儿乐股份有限公司，山东省烟台市莱山区杰瑞路 17 号（264000）	张 彤、袁春遐
CN201821825469.9	一种酸奶制造机	鲁东大学，山东省烟台市芝罘区红旗中路 184 号（264000）	孙雪梅、贡汉生

6

第六部分

大 事 记

1 月

9 日 "2019 年全国科技工作会议"在北京召开。会议深入贯彻习近平新时代中国特色社会主义思想和党的十九大及十九届二中、三中全会精神，深入贯彻庆祝改革开放 40 周年大会精神，深入贯彻中央经济工作会议精神，总结 2018 年工作，部署 2019 年重点任务，提出未来一段时期工作思路：深入实施创新驱动发展战略，决胜进入创新型国家行列，以优异成绩庆祝中华人民共和国成立 70 周年。会议印发了科技部党组 2019 年 1 号文件《中共科学技术部党组关于以习近平新时代中国特色社会主义思想为指导 凝心聚力 决胜进入创新型国家行列的意见》，强调要深入学习贯彻习近平新时代中国特色社会主义思想，坚持和加强党对科技工作的全面领导，深刻把握科技创新发展的新形势新要求，明确新时期科技工作思路，加快跻身创新型国家行列。教育部、中国科学院、中国工程院、国防科工局、中国科协的负责同志，各省、自治区、直辖市、计划单列市、副省级城市、新疆生产建设兵团科技管理部门主要负责同志，中央国家机关和军队 79 个部门的科技主管单位负责同志，部分国家自主创新示范区和高新区负责同志，部分民口科技重大专项实施管理办公室负责同志，中央纪委国家监委驻科技部纪检监察组，科技部机关各厅、司、局，直属机关党委，各直属事业单位，自然科学基金委，科技日报社主要负责同志，以及驻外使领馆科技参赞和外专驻外办事机构总代表等参加会议。

16~17 日 "全国粮食和物资储备工作会议"在北京召开。会议以习近平新时代中国特色社会主义思想为指导，深入贯彻中央经济工作会议、中央农村工作会议精神，认真落实全国发展和改革工作会议部署，总结工作、研判形势，部署 2019 年粮食流通和物资储备工作。会议认真传达贯彻了国务院总理李克强、副总理韩正和国家发展和改革委员会主任何立峰的重要批示。会议认为，一年来，全国粮食和物资储备系统全力做好抓改革、促转型、保安全各项工作，在机构、职能、人员融合中砥砺前行，在落实"两决定一意见"中创新实践，在为国管粮、为国管储中担当作为，各项工作取得显著成效，重点领域实现新的突破。一是机构改革顺利实施，粮食和物资储备事业开新局展新篇。国家粮食和物资储备局如期组建到位，职责有序交接，工作平稳过渡。各地粮食和物资储备部门按照党委、政府部署，认真做好机构改革工作。二是收储制度改革不断深化，粮食市场调控有力运行平稳。持续深化粮食收储制度改革，优质优价特

征更加明显。夏粮市场化收购比重超过 90%，秋粮市场化收购比重达 85%，各类企业全年收购粮食 3.6 亿多 t，没有出现"卖粮难"。政策性粮食不合理库存消化进度加快，全年消化库存近 1.3 亿 t，超额完成年度目标任务。三是"粮头食尾、农头工尾"的要求深入贯彻，粮食产业强国建设加力提效。大力推动优粮优产、优粮优购、优粮优储、优粮优加、优粮优销"五优联动"，现代化粮食产业体系建设向纵深发展。全国粮食产业经济总产值增幅有望达到 10% 左右，保持稳中向好势头。"优质粮食工程"支持范围和扶持资金规模进一步扩大。启动建设 4 个国家粮食技术创新中心和首个国家粮食技术转移中心。四是依法依规管粮机制日趋完善，维护国家粮食安全的支撑作用明显增强。顺利完成年度粮食安全省长责任制考核，进一步强化考核导向性。扎实开展全国政策性粮食库存数量和质量大清查试点。"12325"粮食流通监管热线开通运行。立法修规进程加快，《粮食安全保障法》列入十三届全国人大常委会立法规划一类项目。五是储备管理和设施建设水平逐步提高，保安全守底线的基础更加牢固。下达粮食安全保障调控和应急设施专项中央预算内投资 25 亿元。国家粮食管理平台一期试运行，与 12 个省级平台和有关部门实现互通共享。粮库智能化项目完工 2 794 个，安防能力、作业效率和监管水平普遍提升。六是全系统自身建设得到强化，创新力执行力公信力不断提高。举行中心组集体学习、辅导报告会、专题培训班，开展庆祝改革开放 40 周年理论研讨，将学习贯彻习近平新时代中国特色社会主义思想不断引向深入。大兴调查研究之风，开展"1＋N"专题调研。"深化改革、转型发展"大讨论取得丰硕成果。严格落实中央八项规定和实施细则精神，强化执纪监督问责，加强党风廉政建设。会议强调，全国粮食和物资储备系统要以习近平新时代中国特色社会主义思想为指导，坚持稳中求进工作总基调，坚持新发展理念，坚持以供给侧结构性改革为主线，落实高质量发展要求，以"加快推进深化改革转型发展年"为主题，抓重点、补短板、强基础，着力构建高效的现代粮食流通体系和统一的国家物资储备体系，全面提高国家粮食安全和战略应急储备安全保障能力。会议指出，担当新职责新使命，坚持和加强党的领导至关重要。要坚持党要管党、全面从严治党，深入贯彻新时代党的组织路线，认真落实局党组"两决定一意见"和"五句话"总体要求，树立干事创业的鲜明导向，营造人才辈出的浓厚氛围。要以党的政治建设为统领，全面提高党建工作质量和水平。要聚焦忠诚干净担当，建设坚强领导班子和高素质干部队伍。要树立鲜明导向，倡树干事创业、重实干求

实效的过硬作风。要突出正向激励，强化推进"深化改革、转型发展"的机制。要深化标本兼治，坚持不懈加强党风廉政建设。

24日 "全国食品安全监管重点工作电视电话会议"召开。会议落实全国市场监管工作会议精神，对做好2019年食品安全监管重点工作进行部署。会议指出，食品安全关系人民群众获得感、幸福感、安全感，关系社会大局稳定。2018年各级市场监管部门围绕人民群众普遍关切，坚持问题导向，严守安全底线，保持了食品安全形势的总体稳定，但与人民群众对美好生活的期待相比存在差距，人民群众还有一些不满意的地方。2019年食品安全监管工作更加艰巨繁重，各级市场监管部门要进一步增强忧患意识，强化底线思维，把保障食品安全作为一项重大的政治任务抓紧抓牢，作为市场监管的首要职责抓实抓好，按照习近平总书记关于食品安全"四个最严"的要求，下更大力气解决食品安全领域突出问题，着力防范化解重大风险，努力让人民群众少一点担心、多一点放心。会议强调各级市场监管部门要以机构改革为契机，提高防范化解食品安全风险的能力，要强化业务融合、协作配合、上下联动，努力形成横向到边、纵向到底、齐抓共管的工作格局，筑牢安全底线。要坚持严字当头、重典治乱，通过巨额处罚、数罪并罚、联合惩戒，加大处罚力度，提高违法成本。要完善风险分级分类管理制度机制，加强监管手段方式创新，提高监管效能，提升基层监管能力。要发挥社会监督、舆论监督作用，鼓励内部知情人举报，鼓励媒体记者提供案件线索，曝光不法企业。要把校园食品、保健食品作为重中之重，抓好大型企业、大宗食品、小微主体食品安全，以婴幼儿配方乳粉、餐饮服务业、农村市场为重点，提升食品质量安全水平。会议要求，食品安全地方负总责，各地要按照党政同责要求，依法依规制定食品安全监管事权清单，尽职照单免责，失职照单问责。各级监管部门必须忠于职守、勇于担当、廉洁奉公，落实好日常检查和监督抽检责任，督促企业落实主体责任，保证食品安全。要坚持不懈抓好非洲猪瘟防控工作。加强节日市场食品安全风险隐患排查，努力让人民群众过一个欢乐祥和的春节。

2月

22日 "渔业高质量发展推进会"在北京召开。会议总结渔业渔政工作成绩和经验，谋划部署进一步推进渔业高质量发展的工作思路和重点。农业农村部副部长于康震出席会议并讲话。会议充分肯定了2018年渔业渔政工作取得的成效及改革开放40年的巨大成就，指出当前渔业渔政事业发展形势出现了一些新的深刻变化，但渔业作为农业农村经济的重要组成部分的基础性地位没有改变，作为海洋强国战略的重要组成部分的作用没有改变，作为水域生态文明建设的重要组成部分的性质没有改变。会议强调要坚定信心，变中求进，稳中求进，保持渔业发展的良好势头，不断开创渔业渔政工作新局面。会议要求今明两年全国渔业渔政工作要对标全面建成小康社会"三农"工作硬任务，聚焦长江流域重点水域禁捕、渔业资源总量管理、涉渔"三无"船舶和"绝户网"清理取缔、渤海综合治理、渔业产业扶贫5项硬任务，着力推进养殖业绿色发展、渔业资源养护、一二三产业融合发展等3项重点工作，并强调扩大开放深化改革，提高渔业"走出去"水平，促进渔港振兴，优化完善支撑保障体系，为渔业高质量发展提供强有力的保障。

25日 "2019年农业农村标准化工作联席会议"在北京召开。国家市场监督管理总局、水利部、农业农村部、商务部等涉农部门和单位的相关负责同志，以及直属标委会代表共36人参加会议。国家市场监督管理总局标准技术司副司长徐长兴出席会议并讲话。会议传达了中央经济工作会议、中央农村工作会议，以及全国市场监管工作会议和全国标准化工作会议主要精神，各部门交流了2018年农业农村标准化工作所取得的成效和主要经验做法，提出了新时期标准化支撑乡村战略实施的思路和举措，并就做好2019年农业农村标准化工作提出了意见建议。会议充分肯定2018年全国农业农村领域标准化工作取得的成绩。会议指出，要切实增强使命感和紧迫感，进一步明确新时期农业农村标准化工作的方向和要求，把思想和行动统一到党中央、国务院对乡村振兴战略和高质量发展的部署和安排上来，更好发挥标准化支撑农业农村发展的基础性、战略性、引领性作用。会议要求，要紧紧围绕党和国家中心工作和百姓关心的现实问题，着力构建推进农业农村高质量发展的标准体系，持续深化标准化改革，优化农业农村标准化工作体制机制，着力提升标准化科学管理水平，为助力实施乡村振兴战略作出新贡献。

28日 "全国产品质量安全监管工作会议"在北京召开。会议指出，2018年，全国产品质量安全监管战线坚持抓改革和抓业务"两不误、两促进"，做到了安全保障有力度、改革推进有力度、服务大局有力度。强调，要对标新时代市场监管新要求，利用好机构改革和职能调整的有利契机，着力构建以安全评估为基础、以分类监管为抓手、以信用监管为依托、以智慧监管为支撑的新型质量安全监管机制；要围绕质量安全治理现代化，正确处理好政府和市场、创新发展与强化监管、条线监管与综合监管、事前防范与事后监管、政府监管与社会治理这"五个关系"；要聚焦当前重点难点，着力解决好生产流通统一质量安全监管、监督抽查制度改革、生产许可"放"后监管、监管制度创新等"四个问题"；要通过加强党性教育、理论学习和业务培训，进一步加强队伍政治建设和自身建设。会议提出，2019年，全国市场监管部门要切实管住管好重点消费品、重点工业品、食品相关产品、棉花等纤维产品这四个重点领域；着力用好监测评估、监督抽查、生产许可、专项整治、监督抽验等手段，始终保持产品质量安全监管高压态势；创新监管方式手段，提升监管效能；深化生产许可证制度改革，优化产品准入环境；围绕各级党委政府中心工作，聚焦重大任务、重大活动，主动担当作为；夯实基础、强化保障，尽快将产品质量安全监管的"四梁八柱"搭建好；压实全面从严治党责任，加强和改善党对产品质量安全监管工作的全面领导。会上，产品质量安全监督管理司司长张文兵作工作报告，部署了加强重点领域监管，守住质量安全底线等7项具体任务。

3月

17~18日　"全国农业机械化工作会议"在湖北省襄阳市召开，农业农村部副部长张桃林出席会议并讲话。会议强调，要认真学习全国春季农业生产暨农业机械化转型升级工作会议精神，以贯彻落实《国务院关于加快推进农业机械化和农机装备产业转型升级的指导意见》为主线，紧盯全程全面高质高效发展目标，加快推进机械化由耕、种、收环节向植保、烘干、秸秆处理全过程延伸，由种植业向畜牧业、渔业、设施农业、农产品初加工扩展，由平原地区向丘陵山区迈进，为实施乡村振兴战略、推进农业农村现代化提供有力机械化支撑。会议指出，2018年全国农业机械化工作取得了明显成效，农机总动力突破10亿kW，农作物耕种收综合机械化率超过68%，农机作业服务面积累计超过60亿亩次。2019年，要进一步加强各部门各方面协作，大力促进农机农艺融合、机械化信息化融合、农机服务模式与农业适度规模经营相适应、机械化生产与农田建设相适应，稳定实施农机购置补贴政策，深入开展全程机械化推进行动，创新推动农机具共享共用，积极改善农机作业条件，深化农机"放管服"改革，进一步释放农业机械化发展空间、潜力与活力，加快推进新时代农业机械

化向更宽领域更高水平转型升级，努力走出一条中国特色农业机械化发展道路。

22日　农业农村部正式启动实施"2019年国家农产品质量安全例行监测（风险监测）计划"，要求坚持问题导向和底线思维，增强忧患意识，落实"四个最严"要求，充分发挥风险监测的"雷达"作用，进一步调整完善监测计划，改进抽样方式，加强监测预警和风险防控，增强监测工作的科学性和针对性。监测计划突出"三个调整"：一是重点完善随机抽样。抽样城市由原来省会城市固定、另外两个地级市一年内固定，改为省会城市固定、另外两个地级市每季度随机确定。加强生产基地随机抽样，要求每个监测地级市提供比抽样基地数原则上多一倍的基地名单，由抽样人员随机确定。二是重点加大"三前"抽样比例。生产基地（种植养殖基地、农民专业合作社和家庭农场等）、产地运输车、暂养池、屠宰场等"三前"（食用农产品从种植养殖环节到进入批发、零售市场或生产加工企业前）抽样比例由2018年的27.0%提高到2019年的50%，加强生产指导。三是重点增加禁用药物参数。在2018年调整监测参数增幅29.8%的基础上，重点增加畜禽产品和水产品中禁用兽药参数8项，监测参数增至130项，增幅6.6%。监测品种仍重点抽检蔬菜、水果、茶叶、畜禽产品和水产品等5大类老百姓日常消费量大的大宗鲜活农产品，约110个品种4.37万个样品。农业农村部自2001年在京津沪深四城市试点启动农产品质量安全例行监测工作以来，经过不断完善，形成了一套比较成熟的例行监测制度，对发现问题隐患、开展风险预警、加强风险防控、组织风险评估和加强执法监管提供了有力的技术支撑，其结果已成为评估我国农产品质量安全状况的主要指标和各级政府部门监管决策的重要依据。2019年国家农产品质量安全例行监测（风险监测）工作将继续坚持"六项制度"，包括异地抽检制度、复检制度、能力验证制度、会商制度、结果通报制度和跟进开展检打联动制度。

28日　"全国农业农村科技创新工作会议"在银川召开，会议总结2018年农业农村科技工作，部署2019年农业农村科技创新重点任务。科技部副部长徐南平出席会议并讲话，自治区副主席吴秀章出席会议并致辞。会议要求，要深入领会习近平总书记关于乡村振兴发展的重要讲话精神，深刻理解实施乡村振兴战略的总目标是农业农村现代化和"二十个字"总要求的论断，把握乡村振兴发展的总体要求，明确新时代农业农村科技创新工作的方向和思路。会议强调，要坚持稳中求进工作总基调，以创新驱动乡村振兴发展为主线，深入实施创新驱动发展和乡村振兴两

大战略，聚焦现代农业重大科技问题，抢占农业科技竞争制高点；聚力科技园区建设，做强农业高新技术产业；重视基层科技管理工作，推进农业科技社会化服务体系建设；凝聚全社会科技资源精准帮扶，助力打赢脱贫攻坚战。要坚定把科技旗帜插到县乡村的决心，重心下移，力量下沉，推动县乡村走创新驱动乡村振兴发展之路。参会代表还围绕会议主题，就做好2019年农业农村科技创新工作进行了讨论交流，并赴贺兰山东麓葡萄种植酿造示范区和永宁县闽宁镇开展乡村振兴现场调研。

4月

19日 "全国现代农业产业园工作推进会"在广东省江门市召开。会议强调，要充分认识新形势下建设现代农业产业园的重要意义，切实把现代农业产业园建设作为推进乡村振兴的重要抓手，把握好"姓农、务农、为农、兴农"的建园宗旨，坚持集聚建园、融合强园、绿色兴园、创新活园，高质量推进现代农业产业园建设，为全面建成小康社会、实现乡村全面振兴提供有力支撑。会议指出，建设现代农业产业园是党中央、国务院作出的重要决策，各地要从实施乡村振兴战略的大格局、农业高质量发展新阶段和城乡融合发展大背景来深化认识现代农业产业园建设的重要意义和功能定位，高起点高标准谋划推进产业园建设，引领带动乡村产业做大做强和农业发展转型升级、提质增效，发挥产业园联工促农、联城带乡的桥梁纽带作用，探索城乡融合发展之路。据了解，2017年以来，农业农村部、财政部已批准创建62个、认定20个国家级产业园，各地共创建1000多个省级产业园和一大批市县级产业园。国家级产业园园区农民人均可支配收入达到2.2万元，比所在县平均水平高34%。会议强调，新形势下推进现代农业产业园建设，要坚持高起点、高标准、高水平，突出产业特色、要素集聚、质量效益、辐射带动，集中打造一批乡村产业振兴样板区。重点是科学规划布局，加快构建国家、省、市县三级产业园建设体系；推进全产业链建设，把产业园打造成三产融合的先导区；强化科技支撑，把产业园打造成先进技术装备研发应用高地；突出优质安全，树立质量兴农、绿色兴农、品牌强农新标杆；创新联农带农方式，让农民有更多幸福感获得感。会议要求，各地要在创新完善工作机制上下功夫，进一步加大支持保障力度，推动现代农业产业园建设再上新台阶。要创新组织管理，积极探索建立"园长制"，争取相关部门和社会力量支持参与产业园建设；强化政策保障，不断健全完善支持政策，引导撬动资金、土地等要素加速向产业园集聚；加强评估考核，建立完善产业园建设评价指标体系，引入第三方评估机制，实时跟踪产业园建设成效，定期分析评估；抓好典型示范，总结好经验、好做法，分区域、分产业提炼可复制、可推广的建设运营模式。

20日 农业农村部在浙江省台州市黄岩区召开"食用农产品合格证试点工作座谈会"。会议总结了食用农产品合格证制度试点工作成效和经验，要求进一步完善合格证制度设计，研究全面试行的工作方案，将食用农产品合格证制度有力有序向全国推广。农业农村部副部长于康震出席会议并讲话。会议指出，浙江等六省的试点工作，从制度设计和实践操作上探索了合格证制度的可行性，通过先行先试、典型示范等，在农产品质量安全全程监管上探索出一套行之有效的制度措施。会议强调，合格证制度是农产品质量安全监管领域一项重要的制度创新，下一步将总结试点经验，选择部分品种在全国范围统一试行。各地要高度重视试行工作，贯彻落实中办、国办《关于创新体制机制推进农业绿色发展的意见》有关精神，健全工作机制、强化条件保障，加大宣传培训，建立生产经营者开具、市场经营者查验留存、监管部门监管核查的合格证制度体系，督促生产经营者落实主体责任，提升农产品质量安全监管能力和水平，为推动农业高质量发展、促进乡村振兴提供有力支撑。会议期间，与会代表现场考察了台州市黄岩区食用农产品合格证开具和查验情况。

28日 "2019（首届）全国农业科技成果转化大会暨第七届成都国际都市现代农业博览会"在成都召开。大会发布了100项重大农业科技成果和1000项优秀科技成果，成果转化交易和科企战略合作签约额近10亿元，预期新增社会经济与生态效益超过100亿元。会议强调，科技成果转化是科技创新活动的"最后一公里"，加强科技成果转化是实施创新驱动发展战略、提高国家核心竞争力的必然要求，促进科研机构良性发展、建设世界一流院所的必然要求。当前，我国正处于实施乡村振兴战略、全面建成小康社会的关键时期，必须发挥创新引擎的带动作用，大力推广更加符合市场需要的新品种和关键技术，推动农业农村优先发展、绿色发展、高质量发展。希望政产学研各方加强沟通协作，联合打造发起于成都、服务于全国、具有权威性和广泛影响力的成果展示交易平台，进一步推动科技与农业产业有效结合。会议指出，要面向世界农业科技前沿、面向国家重大需求、面向现代农业建设主战场，推动科研方向的转变，注重开发优质高效、市场欢迎的农产品品种，引领一二三产业的融合发展；要坚持问题导向，突破一批、研究一批农业科技关键核心技术和实用新技术，构建农业科研机构、高校、龙头企业等多元主体的联合合作机制。要深化科技体制改革，为科技人员松绑减负，为农业农村注入科技支撑的动力。

5 月

7 日 "全国政策性粮食库存数量和质量大清查调度督导电视会议"在北京召开。会议认真传达贯彻了国务院领导同志重要批示精神以及部际协调机制第二次会议精神。会议指出，粮食库存大清查启动以来，各地区各有关部门认真贯彻韩正副总理重要讲话精神，进一步提高站位，压实责任、统筹推动，大清查各项工作有序开展。各地要按照党中央、国务院决策部署，充分认识大清查在加强库存管理、维护国家粮食安全、防范化解重大风险中的重要作用，提高站位勇于担当，进一步增强做好大清查工作的思想行动自觉。要准确把握本次大清查的特点规律，进一步认识大清查任务的艰巨复杂性；紧密结合普查要求，进一步认识普查阶段工作的特殊重要性；正视突出矛盾问题，进一步增强抓落实见成效的强烈责任感，对发现的问题盯紧盯实，彻查到底，依法惩办，并注意举一反三，指导好下步粮库清查工作，以更加坚定自觉、扎实有力的举措做好大清查普查阶段工作。会议强调，各地要直面问题打好硬仗，按照"全面清查、突出重点，直面问题、动真碰硬，压实责任、加强指导，用好数据、放大效应，正确导向、维护稳定"的要求，挂图作战，强力推动，确保大清查工作落实到位。要切实担当大清查责任，主动发现、报告和查处各类问题，不隐瞒、不回避、不护短。要抓紧抓实重点环节，全面细致开展库存检查，迅速彻底整改问题隐患，从严从实进行督导巡查。要彻查违纪违法案件，做到事实清楚、定性准确、处理得当、办成铁案，经得起检验。要加强科学统筹调度，兼顾进度与质量、全面与重点、当前与长远，从严从实完成普查阶段各项重点任务。会议要求，各地粮食和储备部门要履行职能作用，打好"主动仗"；相关部门单位要协同联动积极作为，紧紧依靠地方党委政府支持，强化各级协调机制的统筹组织，唱好"大合唱"。各地要全力以赴，持之以恒，驰而不息，认认真真落实大清查各项工作要求，确保摸清"家底"、整改问题，向党中央、国务院交上一本实实在在的"明白账"，为补齐粮食库存管理短板，健全库存监管长效机制，切实守住管好"天下粮仓"打下牢固基础。

13 日 "中国和全球农业政策论坛"在北京召开。论坛发布《中国农业产业发展报告 2019》和《2019 全球粮食政策报告》，对中国重大农业产业发展问题及未来发展趋势、全球粮食和营养安全进行深入探讨。论坛指出，实施乡村振兴战略是新时代"三农"工作的总抓手，需要"硬科学"的支撑，也需要"软科学"的支持。在当前经济下行压力加大、外部环境发生深刻变化的复杂环境下，迫切需要对乡村振兴的一系列问题进行研究。作为中国农业科学院智库报告的重要组成部分，《中国农业产业发展报告 2019》为研判未来农业产业发展趋势、完善农业产业发展制度安排与宏观调控提供了重要决策参考。中国农业科学院将进一步加强宏观战略和政策研究，围绕国家粮食安全、农业高质量发展和乡村振兴等重大战略问题开展深入研究，提高中国农业科学院在农业农村经济与社会发展研究领域的学术影响力、决策影响力和社会影响力，为政府有关部门宏观决策、实施乡村振兴提供强有力的决策支撑。《中国农业产业发展报告 2019》报告分析了当前中国农业发展面临的新形势和新问题，评估了农业政策调整和外界冲击对农业产业发展可能产生的影响，并延续分析研判 17 种主要农产品产业竞争力和发展趋势。

21 日 "2019 年全国粮食科技活动周启动仪式"在江苏南京举行。本次粮食科技活动周以"科技人才共支撑、兴粮兴储保安全"为主题。会议强调，粮食和物资储备系统履行国家储备安全核心职能，推动"深化改革、转型发展"，保障国家粮食和物资储备安全，迫切需要科技支撑。要激活创新"第一动力"，用好人才"第一资源"，依靠新技术新装备新模式，推动储备设施机械化、自动化、智能化，实现储备管理优化协同高效，提高国家粮食安全和战略应急物资储备安全保障水平。同时，要发挥企业主体作用，深化产学研合作，延伸粮食产业链、提升价值链、打造供应链，促进优粮优产、优粮优购、优粮优储、优粮优加、优粮优销"五优联动"，加快实现粮食产业高质量发展。会议要求，各级粮食和物资储备部门要进一步营造浓厚氛围，促进协同协作，集聚创新资源，激发创新潜能，不断为粮食和物资储备改革发展注入强劲动力。会议指出，江苏既是经济大省，也是粮食购销大省，立足省内解决吃饭问题，始终是一件关系全局的大事。江苏省委、省政府认真贯彻中央关于保障国家粮食安全的决策部署，全省粮食安全保障能力不断增强。江苏省将以本次科技周为契机，学习借鉴各地成功经验，充分发挥省内资源优势、科技优势、人才优势，进一步加强粮食安全和物资储备关键技术攻关，加快科技成果转化应用，推动全省粮食和物资储备事业高质量发展，为保障国家粮食安全作出应有贡献。启动仪式现场还举行了粮食技术创新中心授牌，"粮食科技特派员"小分队、"百名博士服务粮企"小分队授旗活动，以及科普展览等。全国粮食科技活动周期间，南京主会场和各地还举办科技和人才对接，物资储备、能源储备和应急救灾知识科普，粮油科普进校园、进企业、进军营等丰富多彩的活动，集中宣传粮油科技创新成果和优质粮油营养健康知识，促进粮油产品提质升级，引导粮油健康消费。

6月

11日 "全国粮食库存大清查普查情况调度和结果会审暨国家有关部门联合抽查动员视频会议"在北京召开。会议指出，在各级政府和有关部门单位的共同努力下，各地企业自查、省市普查和督导巡查等任务落实到位，大清查工作取得了重要阶段性成效。下步各地要以严而又严、细而又细的精神，认真做好普查数据审核汇总和问题整改等相关工作。国家有关部门联合抽查组要严格标准，遵守纪律，明确责任，优化方法，提高质量，确保抽查工作扎实有效完成。会议强调，各地要高度重视普查结果审核汇总和问题整改工作，严格审核汇总，强化问题整改消化。部门联合抽查工作要明确抽查目的意义，突出检查重点，坚持分工协作，严格方法程序，确保抽查质量。各省大清查协调机制办公室要组成专班，建立部门联合会审机制，做到上下联审、逐级把关，全面认真审核清查数据；要突出审核重点、分清数据层级，明确审核主体、压实审核责任，做到审核全程留痕，责任可追溯；要建立检查发现问题清单和整改台账，强化督促检查，抓好问题整改。同时，要做好国家联合抽查培训，增强抽查人员业务本领，发扬斗争精神，敢于动真碰硬，确保圆满完成抽查任务。河北、安徽、江西、湖南4省粮食和物资储备局负责同志交流本省普查工作情况；农业农村部、国家粮食和物资储备局有关同志代表国家联合抽查组作表态发言；大清查部际协调机制办公室负责同志宣读了抽查工作十条纪律。

16日 "全国食品安全宣传周活动"在北京启动。本届宣传周以"尚德守法 食品安全让生活更美好"为主题，由国务院食品安全办、中央文明办、教育部、工业和信息化部、公安部、司法部、生态环境部、农业农村部、商务部、文化和旅游部、卫生健康委、海关总署、市场监管总局、广电总局、网信办、银保监会、粮食和储备局、林草局、民航局、共青团中央、中国贸促会、中国科协、中国铁路总公司等23个部门共同主办。通过宣传周活动，深入贯彻落实习近平总书记关于食品安全工作的系列重要指示批

示精神，强监管、守底线，防风险、保安全，着力加强监管执法，下大力气解决群众反映强烈的食品安全问题；着力强化风险监测和监督抽检，防范化解各类食品安全风险隐患；着力加强制度建设，构建保障食品安全的长效机制。市场监管部门要把贯彻落实《中共中央国务院关于深化改革加强食品安全工作的意见》作为食品安全工作新的起点，守初心、担使命、找差距、抓落实，不断加大工作力度，努力保障人民群众"舌尖上的安全"。一要按照"四个最严"要求，严防、严管、严控食品安全风险，在现场检查、监督抽检、执法办案等各项工作中，依法严惩重处违法行为。二要加强监管，切实落实企业食品安全主体责任，强化"双随机"抽查和飞行检查，严格落实"处罚到人"要求，督促企业树立尚德守法意识，用良心做食品。三要加大"餐桌污染"治理力度，在国产婴幼儿配方乳粉、校园食品安全、保健食品专项整治、餐饮质量安全提升等多个方面持续发力，加快建设食品放心工程，让人民群众切实感受到身边的食品安全。6月18～30日宣传周期间，国家层面将先后开展法律法规宣讲、道德诚信教育、科学知识普及、科技成果展示、技术技能培训等50多项食品安全主题宣传活动。各地也将同步组织开展内容丰富、形式多样的主题活动。

19日 "全国农村产业融合发展暨农业产业强镇建设现场会"在四川成都召开。会议强调，要以实施乡村振兴战略为总抓手，以农村产业融合发展为路径，推进政策集成、要素集聚、服务集合、企业集中，加快建设一批农业产业强镇，构建多主体参与、多要素集聚、多业态打造、多利益联结的格局，为实现乡村产业振兴奠定坚实基础。据介绍，近年来，各地创新思路，积极探索，推进农村产业融合发展，融合主体不断壮大，融合业态丰富多样，融合模式持续创新，融合机制更加多元，融合发展成效显著。据统计，各类产业融合主体累计达350万个，其中农业产业化龙头企业8.7万家，形成龙头企业引领、新型经营主体为主、广大农民广泛参与的融合格局；规模以上农产品加工企业7.9万家，规模以上农产品加工企业主营业务收入达14.9万亿元，乡村休闲旅游营业收入达8 000多亿元，农业生产性服务业营业收入超过2 000亿元，农产品网络零售额达1.3万亿元。会议指出，各地要统筹谋划、聚焦重点、强化措施、加快发展，推动农村产业融合再上新台阶。一要坚持绿色理念。二要培育经营主体，构建产业化联合体扩大融合范围。三要打造平台载体，建设一批产业园区、农业产业强镇，打造一批农村产业融合集群。四要促进创新创业，强化服务，搭建平台，引导农民工等更

多返乡下乡人员到乡村投资兴业。五要强化政策扶持，为农村产业融合和乡村产业振兴营造良好环境。会议要求，各镇（乡）地要以产业融合为核心，聚焦主导产业，培育经营主体，延伸产业链条，创建产品品牌，构建利益机制，聚力建设一批标准原料基地、集约加工转化、网络服务体系、紧密利益联结的农业产业强镇，打造主业强、百业兴、人气旺、宜居宜业的乡村产业发展高地。

7月

4~5日 "全国市场监管工作座谈会"在北京召开，会议深入学习贯彻习近平新时代中国特色社会主义思想，总结交流上半年市场监管工作经验，研究面临的新形势新任务新要求，部署下半年重点工作任务。市场监管总局局长、党组书记肖亚庆在讲话中强调，要不忘初心、牢记使命，统一思想、开拓创新，努力完成全年各项工作任务，为促进经济社会持续健康发展作出新贡献。总局领导甘霖、唐军、田世宏、刘实、孙梅君、秦宜智、申长雨、焦红出席会议。中央纪委国家监委、中央组织部、审计署等有关同志列席会议。肖亚庆在讲话中回顾了上半年市场监管工作所取得的成绩。他指出，今年以来，全国市场监管部门认真落实党中央、国务院决策部署，按照中央经济工作会议和《政府工作报告》任务要求，积极推进机构改革，着力加强市场监管，准入制度改革取得新突破，监管执法力度持续加大，市场安全监管不断加强，质量提升行动深入开展，市场监管机制不断完善，基础工作和保障体系得到强化，党的建设进一步加强，为经济社会发展营造了良好市场环境。肖亚庆强调，要以习近平新时代中国特色社会主义思想为指导，进一步推动市场监管工作改革创新。认真学习领会习近平总书记关于市场监管的重要论述和指示批示精神，坚决贯彻落实中央关于市场监管机构改革决策部署，加快推进全面融合、深度融合；坚持以人民为中心的发展思想，着力解决人民群众关心、社会关切的突出问题；着眼服务大局，正确处理好监管与发展的关系；善于抓重点、抓关键，不断提高市场监管效能。肖亚庆要求，下半年要着力做好五个方面工作：一是以减少行政审批为着力点，深入推进"放管服"改革。二是以食品药品监管为着力点，严守安全底线。三是以价格监管为着力点，维护公平竞争的市场秩序。四是以打击假冒伪劣为着力点，维护消费者合法权益。五是以落实企业主体责任为着力点，提升产品和服务质量。肖亚庆要求，要扎实开展"不忘初心、牢记使命"主题教育，全面加强党的建设；要加

强政治建设，敢于担当作为，改进工作作风，保持清正廉洁，防范化解重大风险；坚决落实习近平总书记在主题教育会议上的重要讲话精神，按照中央统一部署要求，加强学习教育，深入调查研究，认真检视问题，扎实整改落实，为市场监管改革创新提供强大动力，奋力开创新时代市场监管工作新局面，以优异成绩庆祝中华人民共和国成立70周年。甘霖在总结讲话中强调，这次会议主题鲜明、重点突出、内容丰富，取得了重要成果。为贯彻落实好全国市场监管工作座谈会精神，甘霖提出具体要求：一是统一全系统思想，提高做好市场监管工作的政治站位。二是理清监管思路，明确推进市场监管工作的努力方向。三是突出重点抓落实，确保全年工作任务落地生效。要按照全国市场监管工作座谈会部署要求，坚持守初心、担使命，忠于职守、积极作为，为经济社会持续健康发展作出新贡献。

12日 "第二届食品安全国家标准审评委员会（简称委员会）成立大会"在北京召开。委员会主任委员、国家卫生健康委主任马晓伟对大会作出批示。委员会常务副主任委员、国家卫生健康委副主任李斌出席会议并讲话。马晓伟同志在批示中提出，希望全体委员贯彻落实习近平总书记"最严谨的标准"要求，增强责任意识、依法履职、严格自律，打造最严谨的食品安全标准体系。李斌同志在讲话中阐述了食品安全标准工作在实施健康中国战略中的重要意义，提出新形势下食品安全标准的工作目标和工作方向，要求各位委员团结协作，尽职担当，履行好标准审查职责。国际食品法典委员会秘书长汤姆·海兰德在贺信中指出，中国在食品安全标准领域取得的成就世界瞩目，标准制定原则和程序与国际食品法典标准契合，标准体系框架也充分借鉴和采纳国际食品法典的内容。中国主持两个国际食品法典委员会，为完善国际食品标准、保护全球消费者健康和促进国际食品贸易公平做出了巨大贡献。委员会副主任委员、农业农村部副部长于康震，市场监管总局食品安全总监王铁汉同志到会致辞。相关部门和国家卫生健康委相关司局、中国消费者协会等单位有关同志出席会议。会议审议通过《食品安全国家标准审评委员会章程》。

24日 "国家农产品质量安全县与贫困地区农产品质量安全县结对帮扶活动"在青海省西宁市启动，首批107个国家农产品质量安全县（市）与"三区三州"深度贫困地区部分县（市）及农业农村部定点帮扶县开展农产品质量安全"一对一"结对帮扶。据介绍，此次结对帮扶活动从2019年8月开始持续到2020年年底，活动将充分发挥农产品质量安全系统优势和国家农产品质量安全县示范引领带动功能，指

导帮扶深度贫困地区贫困县落实农产品质量安全主体责任，提升农产品质量安全管理水平，强化品牌打造和市场推介，助力贫困地区产业振兴和打赢脱贫攻坚战。

8 月

15 日 "中国农民丰收节组织指导委员会全体会议"在北京召开，审议了《2019 年中国农民丰收节组织实施工作方案》《2019 年中国农民丰收节公益清单》，对今年丰收节重点工作作出安排部署。会议强调，今年恰逢新中国成立 70 周年，又是打赢脱贫攻坚战和实施乡村振兴战略的重要历史交汇期，办好丰收节具有特殊重要意义。会议指出，今年丰收节庆活动将进一步下沉到县乡村，注重提高农民参与度和基层覆盖率，重点为广大农民、特别是青年农民搭建风采展示的舞台和干事创业的平台，对乡村全面振兴产生烘托和带动作用。各地要实化节庆内容，多在实现乡村多元价值、增加农民收入上下功夫，让农民有更强的获得感、幸福感。节庆活动要遵循现代节日规律，为广大农民以及各类市场主体搭建平台，充分调动社会和市场的积极性、主动性、创造性，推动农产品和服务消费升级，不断培育和拓展节日市场。会议要求，各地要建立丰收节组织实施工作机制，把丰收节纳入重要工作议程。组织指导委员会各成员单位要密切协作，做好对本系统的指导，确保各项活动既有序又热烈，为广大农民谋划更多实事。

16 日 农业农村部与吉林省人民政府共同主办的"东北贫困地区县市农产品产销对接活动"在长春市举办。来自辽宁、吉林、黑龙江、内蒙古四省、自治区的 87 个贫困县市的 211 家农产品企业和合作社，携 700 多种特色优质农产品，与来自全国 32 个大型农产品批发市场的近 200 名专业采购商共聚春城。此次活动现场签约总金额达到 16.81 亿元。吉林省副省长李悦、农业农村部国家首席兽医师李金祥、中国农产品市场协会会长张玉香等出席活动。本次活动旨在推进东北贫困地区农产品产销精准对接，助力东北贫困地区优质特色农产品上行，搭建产销对接长效机制。四省（自治区）展示展销的特色优质农产品种类丰富、特色鲜明，并设置了贸易洽谈专场，采购商合作意愿强烈，积极对接采购。四省（自治区）贫困地区的参展商纷纷表示，此次产销对接活动密切了与全国各地采购商的贸易交流合作，是以销带产、以销促产的有效平台。据悉，活动期间还组织举办了品牌农产品专场推介和签约活动。下半年，农业农村部还将在各地举办 6 场贫困地区产销对接活动。

28 日 国家重点研发计划"食品安全关键技术研发"重点专项（以下简称"食安专项"）专家组工作会在北京召开。生物中心工业生物技术处相关工作人员、专项专家组成员参加了本次会议。会上，生物中心工业处负责人首先介绍了本次会议召开背景及拟商议事项，专家组专家审议了"食安专项" 3 个项目的调整事宜，研究确定了 2019 年指南方向的评审分组等事项，并对下一步如何优化"食安专项"管理工作展开讨论。专家组专家一致认为，此次会议召开非常及时，在保障 2019 年度项目评审工作顺利开展，推进"食安专项"科学高效过程管理，确保"食安专项"目标任务顺利实现等多个方面具有重要意义。

9 月

6～8 日 由农业农村部和河南省人民政府主办的"第二十二届中国农产品加工业投资贸易洽谈会"在河南省驻马店市举行。来自全国各省、自治区、直辖市及全球 50 个国家和地区的 4 万多名嘉宾客商共赴金秋九月天中之约，共襄农产品加工业繁荣发展盛事，凝聚奋进乡村振兴新时代的磅礴伟力。本届大会由农业农村部和河南省人民政府主办，农业农村部乡村产业发展司、农业农村部农村社会事业发展中心、河南省农业农村厅、驻马店市人民政府承办。大会以"打造农产品加工业升级版、奋进乡村产业振兴新时代"为主题，举办重点项目签约、贫困地区特色农产品产销对接、农产品加工业科技装备成果展示等系列活动，吸引国内外 200 多个代表团、7 000 多家企业、4 万多名客商参会参展。本届农加工投洽会以"打造农产品加工业升级版、奋进乡村产业振兴新时代"为主题，秉持"展会搭建平台、平台聚集资源、资源服务产业"的理念，以"成果展示、投资洽谈、交流对接、高层论坛"为主要内容，举办重点项目签约、贫困地区特色农产品产销对接、农产品加工业科技装备成果展示、乡村产业发展论坛、国际农产品加工产业园推介等系列活动，必将为农产品加工业聚集更多资源要素、拓展更大战略空间，为加快乡村产业融合发展和农业农村现代化增添新动能。

12 日 "农业农村部常务会议"在北京召开，研究部署进一步做好农产品质量安全监管工作。会议强调，要深入学习贯彻落实习近平总书记对农产品质量安全工作的重要指示精神和中央部署要求，扎实做好农产品质量安全工作，加快完善符合我国国情农情的农产品质量安全法律框架，为保障农产品质量安全、推进实现乡村振兴提供制度保障。会议指出，党中央、国务院始终高度重视农产品质量安全工作。近年来，《农产品质量安全法》全面实施，各地各部门强化执法监管和专项整治，查处了一大批典型案件，推动农产品质量安全持续向好。但农产品质量安全工作依然存在短板，与农业高质量发展要求和人民群众期待还有差距，必须顺应新形势新要求，针对新变化新问题，进一步完善相关法律法规，加强监管，加大执法力度，不断提高新时代农产品质量安全水平，为确保人民群众"舌尖上的安全"提供更有力保障。会议要求，各有关司局要把农产品质量安全作为检验"不忘初心、牢记使命"主题教育成效的重要内容，进一步提高思想认识，完善工作机制，抓实抓好专项整治，坚持"产出来""管出来"两手抓两手硬，全面强化农产品质量安全工作，为庆祝新中国成立 70 周年交出合格答卷。

20 日　"2019 年中国农民丰收节丰收系列产品"在北京发布。推出丰收果、丰收花、丰收宴、丰收茶、丰收饮品等五大系列"丰收产品"。这也是今年丰收节的系列活动之一。2019 年中国农民丰收节"丰收系列产品"最终推荐结果如下，丰收果：苹果、柑橘、桃、香蕉、西瓜、小番茄；丰收花：月季、菊花、牡丹、梅花、百合；丰收茶：绿茶（含茉莉花茶）、红茶、乌龙茶、黑茶、白茶；丰收饮品：牛奶、苹果汁、番茄汁、植物蛋白饮料、葡萄酒；丰收宴：五谷丰登农家宴、全鱼宴、豆腐宴、土豆宴。中国农民丰收节组织指导委员会办公室负责人介绍，茶、果、饮、花、宴在丰收节当中具有一定的象征意义。本次推荐发布，意在把这些产品推向行业、推向全社会，让更多的人看到、吃到、喝到，让农民朋友增产又增收，让全社会共同分享丰收的喜悦。本次推选结果由中国农民丰收节组织指导委员会办公室指导，农业农村部食物与营养发展研究所联合中国优质农产品开发服务协会、中国果品流通协会、中国园艺学会、中国烹饪协会、中国茶叶流通协会、中国副食品流通协会等行业组织共同发布。

10 月

16 日　国家粮食和物资储备局、农业农村部、教育部、科技部、全国妇联及联合国粮食及农业组织在中国科学技术大学联合主办"2019 年世界粮食日和全国粮食安全宣传周主会场活动"。国家发展和改革委员会党组成员、国家粮食和物资储备局党组书记、局长张务锋讲话，安徽省人民政府副省长张曙光、农业农村部农业贸易促进中心主任张陆彪、联合国粮食及农业组织驻华代表马文森分别致辞；中国科学技术大学党委常委、副校长王晓平，国家粮食和物

资储备局党组成员、副局长黄炜、韩卫江、梁彦，全国妇联、教育部、科技部有关负责同志，联合国世界粮食计划署中国办公室副国别主任玛哈·艾哈迈德出席活动。张务锋指出，本次全国粮食安全宣传周活动，适逢庆祝新中国成立 70 周年、《中国的粮食安全》白皮书发布的重要时刻，伴随着粮食领域深化改革的前进步伐，承载着国际粮食安全合作的美好愿景。70 年来，我国粮食安全保障能力显著提高，用占全球 9% 的耕地、6% 的淡水资源生产的粮食，养活了近 20% 的人口，圆了千百年来中国人的温饱梦，对世界也是一个重大贡献。在第 39 个世界粮食日之际，以"扛稳粮食安全重任、建设粮食产业强国"为主题，组织开展系列宣传教育活动，就是要牢记习近平总书记关于"中国粮食、中国饭碗"的深情嘱托，发扬改革精神，践行初心使命，敢于担当作为，加快构建更高层次、更高质量、更有效率、更可持续的国家粮食安全保障体系。张务锋表示，扛稳粮食安全重任，粮食产业是重要支撑。要以"粮头食尾、农头工尾"为抓手，积极推动高质量发展，加快建设粮食产业强国。扛稳粮食安全重任，储备安全是有力保障。要改革完善粮食储备管理体制，健全粮食储备运行机制。扛稳粮食安全重任，市场流通是篇大文章。要健全粮食"产购储加销"体系，全面增强防范化解重大风险能力。扛稳粮食安全重任，离不开各方共同努力。要创新监管执法，优化完善服务，全力"为耕者谋利、为食者造福、为业者护航"。主会场活动现场公布了 12 个全国粮食安全宣传教育基地并授牌，开展了全国粮食和物资储备信息化展示，并向全社会发布"粮食安全、人人有责"的主题倡议。机关干部、粮油企业职工、院校学生、社区居民代表等 1 800 多人参加了活动。全国 31 个省、自治区、直辖市同步举行了宣传活动。

16 日　"第十七届中国国际农产品交易会动员会"在江西省南昌市召开，通报筹备进展情况，研究部署下一步重点工作。农业农村部副部长于康震、江西省常务副省长毛伟明出席会议并讲话。于康震强调，今年是新中国成立 70 周年，第十七届农交会在江西南昌举办，对于全面展示发展成果、深化会展改革创新、激活农业贸易合作、塑强农业品牌等具有重要意义。今年是农交会市场化改革元年，推动农交会市场化改革是贯彻落实中央关于促进会展业改革发展精神的重要举措，是落实农业农村部党组决策的务实行动，是实现展会高质量发展的必由之路，是时代之需民心所向。各展团和筹办机构要振奋精神，攻坚克难，积极配合改革创新要求，切实把本届农交会筹办工作部署好、落实好，推动农交会迈向更高水平，使

其成为真正富有生命力和可持续发展的精品展会。毛伟明指出，本届农交会在江西举办，为江西提供了展示江西经济社会发展特别是农业发展的广阔平台。江西要当好东道主，充分利用好农交会的平台，打好江西绿色生态这张"特色牌"，唱好全国品牌推介这场"重头戏"，搭好江西首届农博会这个"新舞台"，把江西元素贯穿于农交会的始终，高质量高水平做好各项筹备工作，力争把本届农交会办成一届展示中国农业硬实力、扩大江西农业影响力的交易大会。

16日 国家粮食和物资储备局在安徽合肥召开"全国粮食和物资储备局长座谈会"。传达关于改革完善体制机制加强粮食储备安全管理的若干意见精神，通报粮食安全保障立法、"十四五"规划编制有关工作进展情况，部署下步具体任务。国家发展和改革委员会党组成员、国家粮食和物资储备局党组书记、局长张务锋出席会议并讲话，局党组成员、副局长黄炜、梁彦分别做了通报，局党组成员、副局长韩卫江主持会议。张务锋指出，改革完善粮食储备安全管理体制机制、加快推动粮食安全保障立法和认真做好"十四五"规划纲要编制等三项工作，事关全局、意义重大、十分迫切。要切实增强使命感和责任感，按照国家局党组"两决定一意见"和"五句话"总体要求，敢于担当，积极作为，推动三项工作走深走实。一要提高站位、对标对表。深入贯彻落实党中央、国务院决策部署，从"两个维护"的高度认识和把握。二要顺应大势、善谋实干。聚焦关键领域，做到谋大、谋远、谋新、谋实。三要压实责任、抓紧抓好。主动认领，细化研究，集中力量完成任务。四要同心同德、协同联动。注重统筹兼顾，做到集思广益，弘扬新风正气，激发干事创业热情。五要从严从实、守住底线。坚决确保安全，全力维护稳定，抓好廉洁从政。张务锋强调，要聚焦国家储备安全核心职能，突出"深化改革、转型发展"时代主题，坚守安全稳定廉政"三条底线"，抓住重点、抓出亮点，扎实做好各项工作，扛稳国家粮食安全和战略应急物资储备安全重任。有关省（自治区、直辖市）粮食和物资储备局、垂管局主要负责同志做了交流发言。各省（自治区、直辖市）粮食和物资储备局（粮食局）、国家粮食和物资储备局有关司局和各垂管局主要负责同志参加会议。

11月

15日 由农业农村部、江西省人民政府共同主办的"第十七届中国国际农产品交易会"在江西南昌开幕，共有8 000余家企业携5万余种展品参展，吸引世界各地2.3万余家采购商。农业农村部部长韩长赋，江西省委书记刘奇、省长易炼红出席展会。本届农交会以"礼赞七十华诞，做强农业品牌，助力乡村振兴"为主题，为期4天，展览展示面积约13万m²，设立综合成就展区、扶贫展区、特大型企业馆等18个专业展区。现场举办全国农业品牌专场推介活动、中国农业品牌建设高峰论坛、数字农业农村发展论坛等10场重大活动。展出规模之大、参展方数量之多，刷新了农交会的纪录。与往届相比，本届农交会着力创新，亮点纷呈：一是礼赞七十华诞，首次以编年史形式设立农业农村综合成就展区，展示新中国成立70年来农业农村重要发展成就，分享"三农"发展的中国智慧、中国方案和中国经验，凝聚全社会力量推动农业农村持续发展。二是市场化取得实质性进展，首次打破省级农业农村部门招展组展的模式，面向市场专业化招展招商，进一步厘清政府和市场职能，激发展会发展内生动力。三是品牌强农持续发力，首次由政府支持指导行业协会和科研院所发布中国农业品牌目录、公益性价值评估和影响力指数，将中国农业品牌建设高峰论坛设定为主论坛，34个县（市）长在全国农业品牌专场推介活动中登台推介。四是贸易合作规模空前，首次大规模集聚行业龙头企业，中国500强企业中有104家涉农企业参展。农交会以线上线下联动邀约采购商，开展前，大型重点采购企业意向采购金额已突破100亿元。

16日 "第五届全国农产品地理标志品牌推介会"在江西南昌举办。会议指出，农产品地理标志是推进品牌强农、质量兴农的重要举措。目前，农业农村部登记的农产品地理标志已达2 778个，在推进特色产业发展、振兴乡村经济、弘扬农耕文化中发挥了积极作用。今年以来，各地积极落实地理标志农产品保护工程，重点培育了167个地理标志农产品，取得了积极成效。会议强调，要紧紧把握实施地理标志农产品保护工程的契机，加快地理标志农产品发展。要强化技术支撑，做好特性保护；强化品牌打造，促进提质增效；强化文化传承，建设美丽乡村；强化机制建设，汇聚发展合力。同时，要关注新形势下地理标志农产品面临的新情况新问题，处理好设施农业和地理标志保护的关系、特色保护和地方发展的关系、标志授权和使用的关系。本次推介会为第十七届中国国际农产品交易会的重大活动之一，本届农交会继续设立了农产品地理标志专门展区，面积3 000m²，共有近400个农产品地理标志品牌、500多家企业集中展示。

28～30日 "中国食品和包装机械工业协会成立30周年大会及年会、第八届亚洲食品装备论坛、中国食品科学技术学会食品机械分会年会"在郑州召开,来自全国食品生产企业、食品装备制造企业、大专院校科研院所专家、媒体等 500 多名代表带着行业和单位的嘱托积极参会,认真履行代表的职责。工业和信息化部装备司副司长罗俊杰,国家智能制造专家咨询委员会主任朱森第,中国机械工业联合会执行副会长宋晓刚,中国农业机械学会理事长、中国农业机械化科学研究院院长王博,中国-东盟商务理事会执行理事长许宁宁,中国食品科学技术学会副秘书长郭勇,河南省工信厅装备处处长宋连武,韩国包装输入入协会会长方时荣,郑州轻工业大学副校长方少明等领导、行业专家应邀出席会议。大会对我国食品装备工业 30 年来的历程进行了总结,对当前行业的现状进行分析,并就行业的未来发展方向和目标做了定位。楚玉峰在致辞中指出,本次大会是在深入贯彻习近平新时代中国特色社会主义思想和党的十九届四中全会精神的重要背景下召开的。协会要努力推动行业进入全面高质量发展阶段,瞄准国际食品和包装机械行业的发展趋势,积极推进产业结构调整,适应经济发展的新常态,推动中国食品装备产业友好共进、协调发展,广大会员企业要结伴而行、强强联合、不忘初心、砥砺奋进。中国食品和包装机械工业协会愿同各位进一步加强交流合作,做好行业朋友圈,结成命运共同体,奋力夺取新时代中国特色社会主义伟大胜利。当前,食品制造业日益向信息化、智能化、柔性化、无人化方向转变,食品装备作为食品工业的基础支撑,从一开始就通过工艺与装备的融合发展推动食品工业智能工厂的实现。会上,工业和信息化部装备司副司长罗俊杰以《以智能制造为切入点,加快推动食品装备产业高质量发展》为演讲主题,就我国食品与装备工业智能化发展做了主题报告。国家智能制造专家咨询委员会主任朱森第以《制造业数字化转型中的工艺创新》为演讲主题,就数字化转型中工艺的创新进行了深度分析与解析。此外,江南大学杨海麟教授、广州泽润食品研究所张卫泽、泸州老窖股份有限公司采供总监赵丙坤等嘉宾分别在工艺与装备融合、未来饮料的装备发展趋势、白酒灌装线工业 4.0 展望等方面进行了主题分享。在 30 日下午进行的中央厨房供应链管理论坛(CSF)上,中国农业科学院张泓研究员、浙江大学馥莉食品研究院院长刘东红教授、天津市商软信息系统开发有限公司董事长兼总经理王俊铁、江苏大学食品物理加工研究院院长马海乐教授、北京燕城东方科技集团有限公司董事长李诚、南京乐鹰商用厨房设备有限公司总经理赖夏荣等嘉宾分别以《中央厨房智能制造技术与装备》《智能和活性包装技术在保障中央厨房供应链食品安全上的应用》

《信息化助推餐饮供应链现代化》《中央厨房食品的物理加工技术与装备》为题进行了主题发言。八位演讲嘉宾分别围绕新一代信息技术与中央厨房产业深度融合,正在引发影响深远的产业变革形成新的生产方式、产业形态、商业模式和经济增长点,在大环境变革下如何参与中央厨房产业供应链的生态融合为主题展开交流。为了更好地总结 30 年来中国食品装备产业发展经验成就,表彰先进,发挥示范引导作用,大力弘扬中国食品装备工业成长壮大进程中所涌现的先进集体和优秀人物,本次大会还对为行业做出突出贡献的单位与个人进行了表彰。

12 月

3 日 "第四届全国林业产业大会"在北京召开。国家林业和草原局局长张建龙强调,要认真践行习近平"绿水青山就是金山银山"的发展理念,以提高发展质量和效益为核心,以林业供给侧结构性改革为主线,坚持生态优先、保护优先、合理利用、绿色发展,加快实现我国林业产业由高速增长向高质量增长的转变,更好满足人民日益增长的美好生活需要,为建设现代化经济体系和生态文明作出新贡献。会议指出,习近平总书记提出必须树立和践行"绿水青山就是金山银山"的理念,积极探索推广绿水青山转化为金山银山的路径,让绿水青山充分发挥经济社会效益,这些重要论述深刻阐述了加强生态保护与资源利用的辩证统一关系,为新时代林业产业高质量发展提供了根本遵循。推动林业产业高质量发展,是满足人民美好生活需要的必然选择,是实施乡村振兴战略的迫切需要,是林业现代化建设的根本要求,要努力把林业产业培育成造福人民群众、推动绿色发展的特色产业。党的十八大以来,林业产业在促进精准扶贫、繁荣区域经济、增进民生福祉等方面发挥着越来越重要的作用。2018 年,我国林业产业总产值达到 7.63 万亿元。我国是世界上最大的木质林产品消费国、贸易国和花卉生产基地,对国际林产品市场的影响力持续提升。林业一二三产业比例由 2012 年的 35∶53∶12 调整到 2018 年的 32∶46∶22,产业结构优化升级。林业产业内涵外延明显拓展,新产品、新业态快速发展。林业产业发展机制不断完善,中央财政累计贴息 48 亿元,扶持林业产业贷款规模达 1 737 亿元。林业产业的快速发展,促进了农村经济结构调整,助推了贫困地区精准脱贫。全国林业产业从业人员超过 5 000 万人,一些林区、山区农民收入的 20% 左右来自林产品,部分林业重点县超过 60%。会议强调,要坚持求真务实和改革创新,大力推动林业产业转型升级和高质量发展。一是调整优化产业布局。要紧紧围绕国家重大战略，以推动高质量发展为导向，尽快启动全国林业产业发展"十四五"规划编制，加快建设一批优势特色林产品和生态服务示范基地。二是培育壮大产业集群。加快推进现代林业产业园区建设，着力培优育强一批国家林业重点龙头企业，善于运用资本市场撬动各类资源要素。引导企业加快技术创新和技术改造，积极推进林草创新联盟建设。三是大力发展新兴业态。积极培育林业生物质能源、林业新材料、林业碳汇、森林生物制药、森林食品等战略性新兴产业，深化林产工业与互联网融合发展，积极促进技术创新与管理创新、商业模式创新融合，着力开发林草多种功能。四是着力打造质量品牌。持续推进林业供给侧结构性改革，强化全产业链思维和优质优价导向。深化林草标准化改革，提升我国林业产业标准国际话语权和影响力。组织实施好林业品牌建设与保护行动计划，加快推进森林生态标志产品建设工程。五是积极引导产销衔接。依托重点林产品主产地和重要集散地，培育一批区域性林产品交易市场；推进"互联网＋"与林产品产销高度融合，大力发展林产品电子商务，建设现代林产品物流配送体系；加强林产品产销信息监测统计和分析预警；加快实施"走出去"战略。六是积极引进社会资本。加快产权模式创新和金融创新，吸引社会资本和金融资本投资林业产业；严格执行各项林业税费优惠政策；积极完善森林和草原保险制度，扩大保险补贴政策和险种覆盖面，提高商品林保险补贴标准；加强林业和草原基础设施建设。七是切实加强组织领导。各级林草部门要把加快发展林业产业摆在更加突出位置，积极争取各级党委政府重视；不断优化林业产业管理和服务，精简和改革涉企行政审批；重视林业产业人才培养，加强企业家和职业经理人队伍建设，培养一批优秀林草企业家。会议公布了第四届中国林业产业突出贡献奖和创新奖、第四批国家林业重点龙头企业、新一批国家林业产业示范园区、首批试认定的森林生态标志产品名单。与会代表观看了《奋进新时代 绿山变金山——向高质量发展迈进的中国林业产业》宣传片。浙江省林业局、福建省林业局、广东省林业局、广西壮族自治区林业局作典型发言。

21日 农业农村部在北京召开"国家农业科技创新联盟和乡村振兴科技支撑行动工作交流会"，农业农村部副部长张桃林出席会议并讲话，中国农业科学院院长唐华俊出席会议。会议指出，一年来，全国农业科教系统和广大涉农企业积极实施乡村振兴科技支撑行动，下沉重心、兴业富民，主动融入"一村一品""一县一业"发展中，加快技术创新集成，推进成果落地见效，助推乡村产业振兴，全国科技支撑示范村镇数量已达1 000个。为解决科技与经济"两张皮"问题，2014年以来已建立农业科技创新联盟超过80个，10多个联盟已实现实体化运行，成为推动行业、产业或区域高质量发展的重要力量。会议要求，国家农业科技创新联盟要进一步聚焦主攻目标，创新运行机制，着力发挥协同作用。实施乡村振兴科技支撑行动，要为乡村振兴提供全方位科技服务，为产业发展提供全链条科技支撑，打造全要素集聚的科技支撑样板。会议强调，要准确把握当前农业农村科技面临的新形势新要求，围绕产业发展、农民增收、环境改善打造创新驱动发展新动能；围绕解决农业农村科技发展瓶颈，加快自主创新和开放创新步伐；围绕推进科技领域治理体系和治理能力现代化，加快科产融合、强化协同创新、激发创新活力。

25日 "全国农业农村市场信息工作会议"在北京召开。会议贯彻落实党的十九届四中全会、中央经济工作会议、中央农村工作会议和全国农业农村厅局长会议精神，总结"十三五"以来农业农村市场信息工作，部署明年及未来一个时期重点任务。农业农村部副部长于康震出席会议并讲话。会议指出，"十三五"以来，全国农业农村市场信息系统紧紧围绕推进农业市场化改革、现代信息技术与农业农村深度融合以及品牌引领农业高质量发展等，坚持调动市场力量，坚持信息化理念，齐心协力，开拓创新，各项工作取得了积极成效，为农业农村发展大局提供了有力支撑。会议强调，明年和今后一个时期，农业农村市场信息工作要聚焦全面打赢脱贫攻坚战和全面建成小康社会重点任务，完善制度框架和政策体系，加快补齐市场流通体系和农业农村信息化短板。农业农村市场信息系统要全面把握新形势新要求，进一步增强紧迫感、责任感，加强体系队伍建设，全面推进"互联网＋"农产品出村进城工程、信息进村入户、监测预警、农业品牌和市场体系建设、中国农民丰收节等重点工作，努力开创农业农村市场化、信息化、品牌化发展新局面。农业农村部相关司局和部属单位、全国农业农村市场信息系统及有关方面负责同志参加会议。

第七部分

附 录

附录简要说明

1. 本部分统计资料数据主要包括：香港、澳门特别行政区和台湾省相关统计数据；世界和部分国家主要农产品收获面积、单产和总产量；禽畜产品产量；主要国家农业与农产品加工业生产指数；农产品加工业主要经济指标；世界主要国家农、林、畜、禽产品进出口情况；按营业额排序的世界最大 500 个企业中农产品加工业企业。

2. 本部分统计资料数据主要来源于国家统计局、农业农村部、2019 年《国际统计年鉴》、2019 年《中国统计年鉴》、世界银行统计数据以及 2019 年《世界农业》、2019 年《农业展望》等。未注明"资料来源"的数据，均采用国家统计局公布的数据。

3. 本部分统计资料中符号使用说明："空格"表示该项统计指标数据不详或无该项数据；"*""①""△"表示本表下面有注解。

表 1　部分国家（地区）农业生产指数（2016 年）

（2004—2006 年＝100）

国家或地区	农业	食品
世界总计	**127.3**	**127.8**
埃　及	124.4	125.7
南　非	116.6	117.2
加拿大	113.1	113.8
美　国	116.5	118.0
巴　西	135.8	137.1
中　国	139.2	139.8
印　度	144.9	144.2
日　本	92.1	92.4
韩　国	102.8	103.0
法　国	95.8	95.8
德　国	106.8	106.8
意大利	91.6	91.8
俄罗斯	138.8	138.5
英　国	103.1	103.1
澳大利亚	104.4	103.4

资料来源：表中数据来自 2019 年《中国统计年鉴》。

表 2　我国台湾农业生产指数（2014—2017 年）

（2016 年＝100）

年份	总指数	农作物	林业	畜牧业	渔业
2014	107.4	110.2	207.2	98.7	116.2
2015	103.8	105.1	125.6	98.1	110.5
2016	100.0	100.0	100.0	100.0	100.0
2017	105.7	109.7	84.9	99.7	105.1

资料来源：表中数据来自 2019 年《中国统计年鉴》。

表 3　我国主要指标居世界位次（2016—2017 年）

指　标	2016 年	2017 年
国土面积	4	4
人　口	1	1
国内生产总值	2	2

（续）

指　标	2016 年	2017 年
人均国民总收入①	93（217）	70（189）
货物进出口贸易总额	2	1
出　口　额	1	1
进　口　额	2	2
外商直接投资	3	2
外汇储备	1	1

注：①括号中数据指参加排序的国家和地区。

资料来源：表中数据来自 2019 年《国际统计年鉴》。

表 4　我国主要指标占世界比重（2016—2017 年）

单位：%

指　标	2016 年	2017 年
国土面积	7.1	7.1
人　口	18.5	18.4
国内生产总值	14.7	15.0
货物进出口贸易总额	13.1	11.5
出　口　额	13.8	12.8
进　口　额	9.7	10.2
外商直接投资	7.7	9.0
外汇储备	28.1	27.4
稻谷产量	27.9	27.6
小麦产量	17.8	17.4
玉米产量	24.0	22.8
大豆产量	3.8	3.7

资料来源：表中数据来自 2019 年《国际统计年鉴》。

表 5　我国主要农产品产量居世界位次（2013—2018 年）

项　目	2013 年	2014 年	2015 年	2016 年	2017 年	2018 年
谷　物	1	1③	1	1	1	1
小　麦	1	1③				
稻　谷	1	1				
玉　米	2	3				
大　豆	4	6	4	5	4	4
油菜籽	2	2	2	2	2	2

（续）

项　目	2013 年	2014 年	2015 年	2016 年	2017 年	2018 年
花　生	1	1④	1	1	1	1
籽　棉	1	2	1	1	2	1
甘　蔗	3	3	3	3	3	3
茶　叶	1	1④	1	1	1	1
水　果①	1	1④	1	1	1	1
肉　类②	1	1④	1	1	1	1
牛　奶	3	3④				
羊　毛	1	1④				

注：①不包括瓜类。②1990 年以前为猪、牛、羊肉产量的位次。③2011 年数据。④2013 年数据。

资料来源：表中数据来自 2019 年《国际统计年鉴》。

表 6　世界主要国家陆地面积、耕地面积、人口、人均耕地面积排名情况（2017 年）

排名	国土陆地面积（万 km²）		耕地面积①（万 km²）		人口（亿人）		人均耕地（亩）	
	国　家	面　积	国　家	面　积	国　家	人　口	国　家	人　均
世界		13 432.5		1 425.9		78.0		2.7
1	俄罗斯	1 709.8	印　度	156.4	中　国	14.2	俄罗斯	12.3
2	加拿大	998.5	美　国	152.3	印　度	13.4	美　国	6.5
3	美　国	983.2	俄罗斯	123.1	美　国	3.5	巴　西	5.7
4	中　国	960.0	中　国	119.0	印度尼西亚	2.8	印　度	1.8
5	巴　西	851.6	巴　西	80.0	巴　西	2.1	中　国	1.3

注：①2015 年数据。

资料来源：表中数据来自 2018 年《国际统计年鉴》。

表 7　世界玉米主产国的玉米产量（2015/2016—2018/2019 年度）

单位：万 t

国家或地区	2015/2016 年度	2016/2017 年度	2017/2018 年度	2018/2019 年度
世界合计	97 345	107 599	107 618	112 449
美　国	34 551	38 478	37 096	36 629
中　国	22 463	21 955	25 907	25 733
巴　西	6 700	9 850	8 200	10 100
欧　盟	5 875	6 145	6 210	6 421
乌克兰	2 333	2 800	2 412	3 581
阿根廷	2 950	4 100	3 200	5 100
印　度	2 257	2 626	2 872	2 723
加拿大	1 356	1 319	1 410	1 389

（续）

国家或地区	2015/2016 年度	2016/2017 年度	2017/2018 年度	2018/2019 年度
南　非	821	1 748	1 353	1 180
墨西哥	2 597	2 757	2 745	2 760
俄罗斯	1 317	1 531	1 323	1 142
印度尼西亚	1 050	1 090	1 140	1 200

资料来源：表中数据来自美国农业部（USDA）。

表 8　世界主要农畜产品排名前三生产国（2017 年）

农畜产品	第一位国家	产量（kt）	第二位国家	产量（kt）	第三位国家	产量（kt）
谷　物	中　国	617 930	美　国	440 117	印　度	313 610
小　麦	中　国	134 334	印　度	98 510	俄罗斯	85 863
稻　谷	中　国	212 676	印　度	168 500	印度尼西亚	81 382
玉　米	美　国	370 960	中　国	259 071	巴　西	97 722
大　豆	美　国	119 519	巴　西	114 599	阿根廷	54 972
甘　蔗	巴　西	758 548	印　度	306 069	中　国	104 404
甜　菜	俄罗斯	51 934	法　国	34 381	德　国	34 060
油菜籽	加拿大	21 328	中　国	13 274	印　度	7 917
籽　棉	印　度	18 530	中　国	17 149	美　国	12 000
水　果	中　国	262 041	印　度	92 303	巴　西	39 882
花　生	中　国	17 092	印　度	9 179	美　国	3 281
肉　类	中　国	86 528	美　国	45 790	巴　西	27 717
蛋　类	中　国	36 458	美　国	6 259	印　度	4 848
奶　类	印　度	176 272	美　国	97 761	巴基斯坦	44 294
鱼　类	中　国	37 806	印度尼西亚	10 937	印　度	10 076
蜂　蜜	中　国	543	土耳其	114	阿根廷	76

资料来源：表中数据来自 2018 年《国际统计年鉴》和 2019 年《国际统计年鉴》。

表 9　世界主要国家（地区）牛肉生产情况（2018 年）

国家或地区	产量（万 t）	比重（%）
世　界	**6 288**	**100**
美　国	1 229	19.5
巴　西	990	15.7
欧　盟	792	12.6
中　国	733	11.6
印　度	430	6.8
阿根廷	295	4.7

（续）

国家或地区	产量（万 t）	比重（%）
澳大利亚	230	3.7
墨西哥	196	3.1
巴基斯坦	180	2.9
土耳其	140	2.2

资料来源：表中数据来自 2019 年《世界农业》第 5 期。

表 10 世界主要大洲大豆生产年均变化（1961—2017 年）

国家或地区	收获面积（万 hm²）	单产（kg/ hm²）	产量（万 t）
世界总计	**171.9**	**26.6**	**509.8**
南美洲	102.9	35.2	290.0
北美洲	37.5	28.6	158.9
亚 洲	23.6	12.3	45.2
欧 洲	4.7	29.5	11.6
非 洲	3.1	16.3	4.0

资料来源：表中数据来自 2019 年《世界农业》第 11 期。

表 11 世界主要国家大豆生产年均变化（1961—2017 年）

国家或地区	收获面积（万 hm²）	单产（kg/ hm²）	产量（万 t）
美 国	33.9	28.9	148.6
巴 西	53.6	38.3	159.7
阿根廷	39.0	33.5	106.0
印 度	23.4	12.4	24.9
中 国	−0.5	21.1	16.9
其他国家	21.7	29.1	48.1

资料来源：表中数据来自 2019 年《世界农业》第 11 期。

表 12 世界主要生产葡萄国产量及加工比例（2018 年）

国 家		产量（万 t）	鲜食葡萄（%）	制干葡萄（%）	酿酒葡萄（%）
世界总计		**7 780**	**42.0**	**7.0**	**52.0**
欧 洲	意大利	860	13.5	0	86.5
	法 国	620	0.4	0	99.6
	西班牙	690	4.0	0	96.0
	德 国	140	0.4	0	99.6
	罗马尼西亚	130	6.9	0	93.1
	希 腊	100	38.0	16.0	46.0

（续）

国　　家		产量（万 t）	鲜食葡萄（%）	制干葡萄（%）	酿酒葡萄（%）
亚　　洲	中　　国	1 170	84.1	5.6	10.3
	土耳其	390	56.1	40.7	3.2
	印　　度	290	95.0	4.0	1.0
	伊　　朗	230	75.0	25.0	0
	乌兹别克斯坦	170	73.0	23.0	4.0
美　　洲	美　　国	690	22.0	15.0	63.0
	阿根廷	270	1.0	8.0	91.0
	智　　利	250	17.0	7.0	76.0
	巴　　西	160	45.0	0	55.0
非　　洲	南　　非	180	14.0	12.0	74.0
	埃　　及	160	100	0	0
大洋洲	澳大利亚	190	9.0	2.0	89.0

资料来源：表中数据来自 2020 年《中外葡萄与葡萄酒》第 1 期。

表 13　部分国家（地区）主要粮食作物总产量（2018 年）

单位：kt

国家或地区	谷　　物	其　　中		
		小麦	稻谷	玉米
世界总计	**2 964 394**	**735 180**	**782 000**	**1 147 689**
中　　国	610 036	131 441	212 129	257 174
美　　国	467 951	51 287	10 170	392 451
印　　度	318 320	99 700	172 580	27 820
印度尼西亚	113 291		83 037	30 254
俄罗斯	109 838	72 136	1 038	11 419
巴　　西	103 065	5 419	11 749	82 288
阿根廷	70 591	18 518	1 368	43 462
乌克兰	69 109	24 653		35 801
法　　国	62 740	35 798		12 667
孟加拉国	60 818	1 099	56 417	3 288
加拿大	58 096	31 769		13 885
越　　南	48 924		44 046	4 874
巴基斯坦	42 742	25 076	10 803	6 309

(续)

国家或地区	谷 物	其 中		
		小麦	稻谷	玉米
德 国	37 956	20 264		3 344
泰 国	37 565		32 192	5 004

资料来源：表中数据来自 2019 年《国际统计年鉴》。

表 14 部分国家（地区）主要油料作物总产量（2018 年）

单位：kt

国家或地区	大豆	油菜籽	花生	芝麻
世界总计	**348 713**	**75 002**	**45 951**	**6 016**
埃 及	48		237	44
南 非	1 540	104	57	
加拿大	7 267	20 343		
美 国	123 664	1 644	2 477	
巴 西	117 888	45	563	14
中 国	14 189	13 281	17 333	432
印 度	13 786	8 430	6 695	746
日 本	211			
韩 国	89			13
法 国	400			
德 国	59	3 671		
意大利	1 139	39		
俄罗斯	4 027	1 989		
英 国		2 012		
澳大利亚	63	3 893		

资料来源：表中数据来自 2019 年《国际统计年鉴》。

表 15 部分国家（地区）籽棉、麻类生产情况（2018 年）

国家或地区	籽 棉		
	收获面积（khm²）	单 产（kg/hm²）	总产量（kt）
世界总计	**32 420.4**	**2 190.9**	**71 029**
中 国	3 354.4	5 280.2	17 712
印 度	12 350.0	1 186.8	14 657
美 国	4 261.6	2 682.1	11 430
巴基斯坦	2 373.0	2 034.6	4 828

（续）

国家或地区	籽　棉		
	收获面积 （khm²）	单　产 （kg/hm²）	总产量 （kt）
巴　西	1 150.0	4 309.6	4 956
澳大利亚	485.1	5 153.6	2 500
土耳其	518.6	4 955.6	2 570
墨西哥	240.6	4 833.7	1 163
阿根廷	319.3	2 549.3	814
埃　及	140.0	2 221.4	311
哈萨克斯坦	132.6	2 594.3	344
南　非	37.0	2 756.8	102
尼日利亚	316.3	856.8	271
朝　鲜	20.2	1 930.7	39

资料来源：表中数据来自 2018 年《国际统计年鉴》。

表16　部分国家（地区）甘蔗、甜菜生产情况（2018 年）

国家或地区	甘　蔗			甜　菜		
	收获面积 （khm²）	单产 （kg/hm²）	总产量 （kt）	收获面积 （khm²）	单产 （kg/hm²）	总产量 （kt）
世界总计	**2 6269.8**	**72 593.8**	**1 907 025**	**4 821.6**	**57 135.8**	**275 486**
中　国	1 405.8	76 893.6	108 097	216.1	55 890.8	12 078
埃　及	136.9	111 344.0	15 243	219.1	51 223.2	11 223
南　非	285.8	67 536.7	19 302			
巴　西	10 042.2	74 369.0	746 828			
印　度	4 730.0	79 682.9	376 900			
巴基斯坦	1 101.9	60 962.0	67 174	5.3	55 849.1	296
墨西哥	785.9	72 327.3	56 842			
美　国	364.1	86 064.3	31 336	443.3	67 829.9	30 069
法　国	37.7	60 318.3	2 274	485.3	81 557.8	39 580
阿根廷	426.2	44 673.9	19 040			
澳大利亚	443.0	75 636.6	33 507			

资料来源：表中数据来自 2019 年《国际统计年鉴》。

表 17 部分国家（地区）肉类产量（2017 年）

单位：kt

国家或地区	肉类总产量	其 中			
		牛 肉	羊 肉	猪 肉	禽 肉
世界总计	**334 230**	**70 089**	**15 352**	**119 887**	**122 007**
埃 及	2 183	816	125		1 130
南 非	3 125	1 014	167	235	1 665
加拿大	4 480	880	16	2 142	1 417
美 国	45 790	11 907	77	11 611	21 914
中 国	86 528	7 261	4 675	54 518	18 236
印 度	7 297	2 524	734	305	3 544
日 本	3 963	469		1 272	2 215
韩 国	2 405	281	2	1 280	838
法 国	5 544	1 423	116	2 136	1 746
德 国	8 298	1 137	32	5 506	1 514
意大利	3 658	756	35	1467	1 315
俄罗斯	10 384	1 614	222	3 530	4 444
英 国	3 925	902	298	901	1 814
澳大利亚	4 445	2 049	703	397	1 269

资料来源：表中数据来自 2019 年《国际统计年鉴》。

表 18 部分国家（地区）牛奶产量（2017 年）

单位：kt

国家或地区	2017 年
世界总计	**675 621**
中 国	30 386
孟加拉国	828
文 莱	
柬埔寨	25
印 度	83 634
印度尼西亚	920
伊 朗	6 811
以色列	1 513
日 本	7 281
哈萨克斯坦	5 460

(续)

国家或地区	2017 年
朝　鲜	83
韩　国	2 058

资料来源：表中数据来自 2019 年《国际统计年鉴》。

表 19　部分国家（地区）鱼类产量（2017 年）

单位：万 t

国家或地区	鱼类产品产量	其　　中	
		海域	内陆水域
世界总计			
埃　及	179.1	9.0	170.1
南　非	52.3	52.0	0.3
加拿大	58.0	54.0	4.0
美　国	473.2	416.9	20.2
巴　西	115.0	41.7	73.4
中　国	3 780.6	1 078.0	2 702.6
印　度	1 007.6	312.5	695.1
日　本	297.6	292.7	4.9
韩　国	113.0	110.1	2.9
法　国	45.1	41.4	3.7
泰　国	161.2	106.4	54.8
俄罗斯	480.9	437.6	43.2
英　国	78.6	77.5	1.1

资料来源：表中数据来自 2019 年《国际统计年鉴》。

表 20　部分国家（地区）蛋类产品产量（2017 年）

单位：万 t

国家或地区	蛋　类　产　量		其中：鸡蛋产量	
	产　量	占世界比重（%）	产　量	占世界比重（%）
世界总计	**8701.4**	**100.00**	**8 008.9**	**100.0**
中　国	3645.8	41.90	3 096.3	38.66
美　国	625.9	7.19	625.9	7.82
日　本	260.1	3.00	260.1	3.25
墨西哥	277.1	3.18	277.1	3.46
巴　西	272.2	3.13	254.7	3.18

（续）

国家或地区	蛋 类 产 量		其中：鸡蛋产量	
	产 量	占世界比重（%）	产 量	占世界比重（%）
俄罗斯	251.9	2.89	248.4	3.10
印度尼西亚	189.6	2.18	152.7	1.91
乌克兰	90.1	1.04	88.7	1.11
泰 国	108.0	1.24	69.0	0.86
土耳其	120.5	1.38	120.5	1.50
法 国	95.5	1.10	95.5	1.20
德 国	82.6	0.95	82.6	1.03
意大利	74.0	0.85	74.0	0.92
荷 兰	72.0	0.83	72.0	0.90
英 国	76.6	0.88	75.2	0.94
伊 朗	78.2	1.90	78.2	0.98

资料来源：表中数据来自 2019 年《国际统计年鉴》。

表 21　部分国家（地区）蜂蜜产量（2017 年）

单位：kt

国家或地区	产量
世界总计	**1 861**
中 国	543
土耳其	114
阿根廷	76
乌克兰	66
美 国	67
俄罗斯	66
印 度	65
墨西哥	51
伊 朗	70
巴 西	42
加拿大	39
西班牙	29
韩 国	27

资料来源：表中数据来自 2019 年《国际统计年鉴》。

表 22　我国及世界蛋鸡存栏量对比（2010—2017 年）

年份	中国存栏（亿只）	世界存栏（亿只）	中国占比（%）
2010	25.6	65.2	39.31
2011	25.8	66.2	39.02
2012	26.6	68.2	38.95
2013	26.9	69.5	38.68
2014	27.4	71.1	38.48
2015	29.8	75.3	39.58
2016	30.1	76.7	39.30
2017	31.5	78.4	40.24

资料来源：表中数据来自 2019 年《农业展望》第 4 期。

表 23　我国及世界鸡蛋产量对比（2010—2017 年）

年份	中国产量（亿只）	世界产量（亿只）	中国占比（%）
2010	2 382.0	6 424.0	37.08
2011	2 423.2	6 549.7	37.00
2012	2 465.9	6 709.7	36.75
2013	2 478.7	6 869.1	36.08
2014	2 494.3	7 011.4	35.57
2015	3 081.0	7 667.9	40.18
2016	3 197.3	7 896.8	40.49
2017	3 133.9	8 008.9	39.13

资料来源：表中数据来自 2019 年《农业展望》第 4 期。

表 24　我国按品种分各杂粮产量、消费量情况（2017/2018 年度）

品　　种	产量（亿 t）	占比（%）	消费量（亿 t）	占比（%）
大　麦	1.44	51.05	1.47	51.43
高　粱	0.58	20.72	0.59	20.61
燕　麦	0.24	8.41	0.24	8.38
黑　麦	0.12	4.36	0.13	4.23
合　　计	2.38	84.54	2.43	84.65

资料来源：表中数据来自 2019 年《农业展望》第 10 期。

表 25　我国与美国大豆生产情况比较（2013—2017 年）

年份	大豆播种面积（万 hm²）		大豆亩产量（kg）	
	中国	美国	中国	美国
2013	527.5	3 085.8	138.0	192.6
2014	505.5	3 342.3	143.6	214.3
2015	495.0	3 307.6	138.4	214.3
2016	540.0	3 347.0	120.2	232.2
2017	600.0	3 623.6	140.0	218.8

资料来源：表中数据来自 2019 年《世界农业》第 12 期。

表 26　香港特别行政区轻工业生产指数（2014—2018 年）
（2008 年＝100）

工业组别	2014 年	2015 年	2016 年	2017 年	2018 年
所有制造行业	94.6	93.2	92.7	93.1	94.3
其中：食品、饮品及烟草制品业	130.9	137.0	142.3	146.6	151.1
纺织制品业及成衣业	40.1	35.3	33.7	32.3	31.9
纸制品及印刷业	87.2	87.2	86.6	86.0	85.7

资料来源：表中数据来自 2019 年《中国统计年鉴》。

表 27　我国台湾主要农产品产量（2015—2017 年）
单位：万 t

年份	稻米	槟榔	菠萝	芒果	甘蔗	茶叶	花生	香蕉
2015	158.2	11.3	49.4	46.6	61.8	1.4	6.2	27.4
2016	158.8	10.0	52.7	10.7	52.7	1.3	6.2	25.8
2017	175.4	10.2	55.4	15.1	45.5	1.3	6.3	35.6

资料来源：表中数据来自 2019 年《中国统计年鉴》。

表 28　我国台湾茶叶种植面积（2005—2017 年）

年份	全台湾地区（hm²）	新北市（hm²）	占比（%）
2005	17 620	2 347	13.32
2006	17 205	2 201	12.79
2007	16 256	1 863	11.46
2008	15 744	1 780	11.31
2009	15 322	1 736	11.33
2010	14 739	1 696	11.51
2011	14 333	1 670	11.65

（续）

年份	全台湾地区（hm²）	新北市（hm²）	占比（%）
2012	13 486	1 658	12.29
2013	11 903	754	6.33
2014	11 906	756	6.35
2015	11 780	755	6.41
2016	11 814	759	6.42
2017	11 765	751	6.38

资料来源：表中数据来自 2019 年《世界农业》第 9 期。

表 29　"一带一路"沿线国家主要粮食生产国产量（1977—2016 年）

单位：亿 t、%

国　家	1977 年	1987 年	1997 年	2007 年	2016 年	份　额	
						期初	期末
沿线国家	8.09	10.20	12.17	13.47	16.76	100.0	100.0
中　国	2.43	3.59	4.46	4.58	5.83	30.05	34.76
俄罗斯	—	—	0.87	0.80	1.18	—	7.03
印　度	1.38	1.56	2.23	2.60	2.95	17.06	17.58
印度尼西亚	0.27	0.45	0.58	0.70	0.98	3.34	5.83
哈萨克斯坦	—	—	0.12	0.20	0.20	—	1.22
乌克兰	—	—	0.34	0.29	0.65	—	3.89

资料来源：表中数据来自 2019 年《自然资源学报》第 34 卷第 6 期。

表 30　"一带一路"沿线国家主要粮食生产国播种面积（1977—2016 年）

单位：亿 hm²、%

国　家	1977 年	1987 年	1997 年	2007 年	2016 年	份　额	
						期初	期末
沿线国家	4.51	4.28	4.19	4.08	4.21	100.0	100.0
中　国	0.97	0.90	0.93	0.86	0.97	21.59	22.96
俄罗斯	—	—	0.48	0.40	0.44	—	10.56
印　度	1.04	0.99	1.00	1.01	0.98	23.02	23.40
印度尼西亚	0.11	0.13	0.14	0.16	0.18	2.43	4.29
哈萨克斯坦	—	—	0.14	0.15	0.15	—	3.60
乌克兰	—	—	0.14	0.13	0.14	—	3.33

资料来源：表中数据来自 2019 年《自然资源学报》第 34 卷第 6 期。

表 31 部分国家粮食安全指数排名（2012—2017 年）

排 名	2012 年	2013 年	2014 年	2015 年	2016 年	2017 年
美 国	1	1	1	1	2	2
澳大利亚	7	8	12	5	6	5
荷 兰	3	3	3	4	5	6
德 国	9	9	6	7	7	7
法 国	2	2	6	7	8	8
加拿大	5	6	8	6	9	9

资料来源：表中数据来自 2019 年《世界农业》第 3 期。

表 32 中南半岛 5 国稻谷生产概况（2016—2017 年）

国 家	单产（t/hm²）	产量（万 t）	出口量（万 t）
柬埔寨	3.5	1 035	53
老 挝	4.2	404	7
缅 甸	3.8	2 562	28
泰 国	3.1	3 338	987
越 南	5.5	4 276	521

资料来源：表中数据来自 2019 年《世界农业》第 4 期。

表 33 波兰农产品生产指数（1995、2005、2016 年）

（2004—2006 年＝100）

农产品类别	1995 年	2005 年	2016 年
食物	91	99	118
作物	114	98	119
谷物	96	103	118
植物油	89	92	141
根和块茎	226	92	85
水果和蔬菜	83	97	131
糖	111	98	113
家畜	89	99	110
牛奶	96	100	112
肉	87	98	109
鱼	227	96	128

资料来源：表中数据来自 2019 年《中国集体经济》第 32 期。

表 34　俄罗斯大豆生产情况（2014/2015—2018/2019 年度）

年　度	收获面积（khm²）	单产（t/hm²）	总产（万 t）
2014/2015	1907	1.24	236.5
2015/2016	2082	1.30	270.7
2016/2017	2118	1.48	313.5
2017/2018	2568	1.41	362.1
2018/2019	2739	1.47	402.6

资料来源：表中数据来自美国农业部。

表 35　苏丹主要农作物生产情况（2016 年）

类　别	种植面积（万 hm²）	单产（kg/hm²）	产量（万 t）
玉　米	3.6	1 384	5.0
小　米	301.0	482	145.0
芝　麻	213.0	246	52.5
高　粱	916.0	706	647.0
小　麦	21.7	2 381	51.6
棉　花	6.6	1 640	10.9
花　生	213.0	789	183.0
甘　蔗	7.0	79 381	553.0
油　葵	12.2	712	8.7
阿拉伯胶	500.0	12	6.0

资料来源：表中数据来自 2019 年《世界农业》第 1 期。

表 36　欧盟乳制品产量（2013—2017 年）

单位：万 t

种　类	2013 年	2014 年	2015 年	2016 年	2017 年
液态奶	144 85	159 85	154 55	155 55	156 30
黄　油	210	225	233.5	235	231
奶　酪	437	956	974	981	996
全脂奶粉	67	72	71	72	73
脱脂奶粉	125	155	172	174	166

资料来源：表中数据来自 2019 年《中国乳品工业》第 3 期。

表 37　新西兰乳制品产量（2013—2017 年）

单位：万 t

种　类	2013 年	2014 年	2015 年	2016 年	2017 年
液态奶	2 020.0	2 189.3	2 158.7	2 122.4	2 154.0

（续）

种　类	2013 年	2014 年	2015 年	2016 年	2017 年
黄　油	53.5	58.0	59.4	56.4	53.5
奶　酪	31.1	32.5	35.5	36.0	38.0
全脂奶粉	130.0	146.0	138.0	133.0	138.0
脱脂奶粉	40.4	41.5	41.0	41.4	37.5

资料来源：表中数据来自 2019 年《中国乳品工业》第 3 期。

表 38　澳大利亚乳制品产量（2013—2017 年）

单位：万 t

种　类	2013 年	2014 年	2015 年	2016 年	2017 年
液态奶	931.5	965.8	1 009.1	948.6	930.0
黄　油	11.7	12.5	12.0	11.0	10.3
奶　酪	31.8	32.8	34.3	34.4	34.3
全脂奶粉	12.0	10.5	8.5	5.3	7.5
脱脂奶粉	20.8	22.8	26.6	23.8	22.4

资料来源：表中数据来自 2019 年《中国乳品工业》第 3 期。

表 39　美国乳制品产量（2013—2017 年）

单位：万 t

种　类	2013 年	2014 年	2015 年	2016 年	2017 年
液态奶	9 127.7	9 348.5	9 461.5	9 634.3	9 784.0
黄　油	84.5	84.2	83.9	83.4	83.8
奶　酪	503.6	522.2	536.7	551.5	564.6
全脂奶粉	3.3	4.7	4.9	4.5	5.5
脱脂奶粉	95.6	104.7	102.9	104.9	106.5

资料来源：表中数据来自 2019 年《中国乳品工业》第 3 期。

表 40　美国牛肉产量情况（1995—2018 年）

单位：万 t

年份	产量
1995	1 159
2000	1 230
2005	1 132
2010	1 205
2011	1 198

（续）

年份	产量
2012	1 185
2013	1 175
2014	1 108
2015	1 082
2016	1 151
2017	1 194
2018	1 229

资料来源：表中数据来自 2019 年《世界农业》第 5 期。

表 41　世界粮食安全指数得分前十排名（2017 年）

排名	国　家	得分
1	爱尔兰	85.6
2	美　国	84.6
3	英　国	84.2
4	新加坡	84.0
5	澳大利亚	83.3
6	荷　兰	82.8
7	德　国	82.5
8	法　国	82.5
9	加拿大	82.2
10	瑞　典	81.7

资料来源：表中数据来自 2019 年《世界农业》第 3 期。

表 42　世界各大洲农产品进出口额（2018 年）

洲	进口		出口	
	金额（百万美元）	占比（%）	金额（百万美元）	占比（%）
亚　洲	25 818.20	18.83	51 187.82	64.53
非　洲	3 475.31	2.53	3 358.83	4.23
欧　洲	21 758.41	15.87	11 478.18	14.47
南美洲	43 619.83	31.81	2 462.30	3.10
北美洲	24 364.01	17.77	9 428.23	11.89
大洋洲	18 108.99	13.20	1 407.24	1.77

资料来源：表中数据来自中华人民共和国商务部对外贸易司。

表 43　世界主要水产品出口国出口额（2013—2017 年）

单位：亿美元

国　家	2013 年	2014 年	2015 年	2016 年	2017 年
中　国	123.6	153.9	163.5	189.6	200.6
挪　威	66.9	75.1	78.5	99.3	123.6
泰　国	66.2	54.3	62.3	64.3	61.5
越　南	39.2	36.1	45.3	46.9	47.8
美　国	55.8	59.4	60.3	61.5	64.3
丹　麦	36.4	35.5	34.2	38.5	37.6
智　利	31.5	33.2	31.5	36.5	34.5
加拿大	43.2	45.5	41.6	44.4	45.5
西班牙	34.6	38.2	39.2	33.4	36.1
荷　兰	37.7	40.1	40.3	44.5	45.5

资料来源：表中数据来自 2019 年《农业展望》第 6 期。

表 44　世界棉花主要进口国情况（2017 年）

国　家	进口量（万 t）	占比（%）
孟加拉国	154.6	19.3
越　南	135.0	16.8
中　国	108.9	13.6
土耳其	74.0	9.2
印度尼西亚	69.4	8.7
巴基斯坦	43.5	5.4

资料来源：表中数据来自 2019 年《世界农业》第 8 期。

表 45　世界蜂蜜出口前十位国家情况（2016 年）

国　家	出口量（万 t）	出口量占比（%）	出口额（万 t）	出口额占比（%）
世界合计	**56.80**	**100.00**	**20.81**	**100.00**
中　国	12.83	22.60	2.77	13.29
阿根廷	8.12	14.29	1.69	8.11
印　度	3.58	6.30	0.71	3.40
墨西哥	2.93	5.12	0.94	4.50
西班牙	2.69	4.73	1.09	5.24
德　国	2.53	4.46	1.45	6.96
巴　西	2.42	4.26	0.92	4.42

（续）

国　家	出口量（万 t）	出口量占比（%）	出口额（万 t）	出口额占比（%）
比利时	2.08	3.67	0.72	3.48
匈牙利	1.88	3.31	0.74	3.56
加拿大	1.80	3.16	0.55	2.52

资料来源：表中数据来自 2019 年《世界农业》第 3 期。

表 46　世界樱桃出口潜力（2017 年）

国家或地区	出口率潜力（%）	出口潜力（万 t）	向中国出口率（%）	向中国出口潜力（万 t）
澳大利亚	4.03	0.08	10.70	0.01
白俄罗斯	39.85	2.02	0.00	0.00
加拿大	7.79	0.42	15.80	0.07
智　利	0.00	0.00	77.96	0.00
欧　盟	3.91	2.57	0.00	0.00
吉尔吉斯斯坦	90.77	0.41	38.22	0.16
土耳其	3.68	1.91	0.00	0.00
美　国	1.88	0.98	21.28	0.21
乌兹别克斯坦	6.74	1.01	0.00	0.00
其　他	—	3.66	—	0.00

资料来源：表中数据来自 2019 年《农业展望》第 5 期。

表 47　世界主要奶粉出口国奶粉的国际市场占有率（2006—2016 年）

单位：%

年份	新西兰	美国	德国	荷兰	法国	澳大利亚
2006	15.30	3.08	10.47	9.31	9.54	10.96
2007	26.13	7.74	8.32	7.25	5.84	7.47
2008	24.06	10.31	6.41	7.11	6.09	7.09
2009	28.07	5.89	6.45	7.89	5.91	7.33
2010	30.14	8.56	6.01	7.05	6.21	5.97
2011	31.73	8.69	6.89	6.84	5.85	5.48
2012	33.56	8.45	6.36	5.98	5.82	5.70
2013	33.18	10.13	6.37	5.64	4.67	4.37
2014	32.67	9.93	6.65	5.22	5.87	4.46
2015	28.77	9.49	6.96	5.31	5.81	4.48

（续）

年份	新西兰	美国	德国	荷兰	法国	澳大利亚
2016	30.69	9.51	7.18	6.31	5.56	4.51
年均增速	4.45	7.30	−2.33	−2.40	−3.32	−5.40

资料来源：表中数据来自 2020 年《中国乳品工业》第 2 期。

表 48　部分国家（地区）大米出口情况（2018 年）

国　家	2018 年		同比（%）	
	数量（t）	金额（万美元）	数量	金额
科特迪瓦	450 380.0	14 231.6	45.7	47.2
韩　国	173 426.0	12 107.0	3.7	0.7
日　本	73 239.9	6 145.6	376.7	382.4
几内亚	183 929.0	5 813.7	1 252.8	826.4
土耳其	167 775.0	5 652.3	127.3	127.3
埃　及	169 968.0	5 116.1	33 893.6	24 089.8
菲律宾	81 977.3	4 307.0	200.0	85.2
巴基斯坦	9 287.1	3 086.1	24.6	41.3
朝　鲜	43 537.7	2 465.5	19.7	15.5
贝　宁	79 700.0	2 441.4	1 548.4	556.4

资料来源：表中数据来自中华人民共和国商务部对外贸易司。

表 49　部分国家（地区）小麦出口情况（2018 年）

国　家	2018 年		同比（%）	
	数量（t）	金额（万美元）	数量	金额
埃塞俄比亚	7 341.4	314.6	−26.4	−23.5
乌兹别克斯坦	0.1	0.0	−4.0	−4.0
墨西哥	0.0	0.0		

资料来源：表中数据来自中华人民共和国商务部对外贸易司。

表 50　部分国家（地区）植物油及制品出口情况（2018 年）

国家或地区	2018 年		同比（%）	
	数量（t）	金额（万美元）	数量	金额
朝　鲜	147 812.8	15 391.7	32.6	28.1
中国香港	80 430.3	8 503.9	39.8	25.4
马来西亚	31 240.7	2 687.7	405.5	228.7
美　国	4 092.0	2 166.9	2.7	5.6
荷　兰	1 542.4	1 879.2	14.4	52.1

（续）

国家或地区	2018 年		同比（%）	
	数量（t）	金额（万美元）	数量	金额
日　本	5 608.2	1 874.3	63.7	24.7
新加坡	9 230.1	1 119.6	32.1	33.1
越　南	9 747.2	808.0	5 188.2	1 101.5
澳大利亚	965.2	804.0	26.3	61.0
韩　国	1 764.3	618.1	−71.8	−42.1

资料来源：表中数据来自中华人民共和国商务部对外贸易司。

表 51　部分国家（地区）猪肉出口情况（2018 年）

国家或地区	2018 年		同比（%）	
	数量（t）	金额（万美元）	数量	金额
中国香港	35 733.2	16 593.2	−22.8	−28.9
中国澳门	3 401.5	1 619.3	9.4	3.8
新加坡	759.8	844.0	59.6	47.4
蒙　古	1 578.0	382.4	49.0	28.8
文　莱	106.5	33.4	30.8	21.8
马来西亚	103.0	28.1	−1.0	2.3
吉尔吉斯斯坦	24.0	12.6		
巴　西	26.9	8.1	−66.8	−62.5
巴哈马	13.8	4.9	−22.4	5.8
塞拉利昂	9.0	2.4	−24.4	0.6

资料来源：表中数据来自中华人民共和国商务部对外贸易司。

表 52　部分国家（地区）鸡肉及制品出口情况（2018 年）

国家或地区	2018 年		同比（%）	
	数量（t）	金额（万美元）	数量	金额
日　本	209 872.6	89 177.0	7.8	8.2
中国香港	143 512.6	43 262.6	−4.0	3.4
马来西亚	17 290.6	4 604.7	103.5	105.2
荷　兰	11 228.8	3 814.0	38.0	41.3
中国澳门	11 217.5	3 812.1	22.2	30.6
韩　国	6 964.5	2 454.3	47.5	45.2
英　国	7 011.4	2 317.1	72.0	73.9
蒙　古	11 618.4	2 245.1	23.8	48.9

（续）

国家或地区	2018 年		同比（%）	
	数量（t）	金额（万美元）	数量	金额
巴　林	9 186.0	1 741.6	−19.1	−17.0
阿富汗	6 231.6	988.4	−24.2	−20.2

资料来源：表中数据来自中华人民共和国商务部对外贸易司。

表 53　部分国家（地区）苹果出口情况（2018 年）

国　家	2018 年		同比（%）	
	数量（t）	金额（万美元）	数量	金额
印度尼西亚	132 819.2	15 243.7	13.4	13.5
越　南	88 270.4	14 847.4	−16.5	−14.9
菲律宾	120 567.6	14 622.0	−8.3	−4.1
泰　国	103 722.0	14 298.6	−11.5	−9.4
俄罗斯	126 297.9	12 401.4	23.0	19.7
孟加拉国	148 179.0	11 943.1	−11.2	9.2
哈萨克斯坦	67 132.5	8 543.8	−9.7	−7.3
缅　甸	52 656.3	7 622.4	−26.2	−19.5
尼泊尔	72 349.5	6 636.2	8.6	13.3
朝　鲜	60 247.0	4 978.5	−28.3	15.4

资料来源：表中数据来自中华人民共和国商务部对外贸易司。

表 54　部分国家（地区）苹果汁出口情况（2018 年）

国　家	2018 年		同比（%）	
	数量（t）	金额（万美元）	数量	金额
美　国	277 774.6	31 368.6	−7.5	6.8
日　本	47 391.1	5 383.7	1.2	6.5
俄罗斯	51 841.2	5 108.5	−8.4	−3.1
南　非	39 652.1	4 329.2	−8.2	1.9
加拿大	30 251.4	3 343.3	−15.2	−2.4
澳大利亚	25 090.7	2 724.7	3.1	14.8
荷　兰	9 902.6	1 155.7	−56.1	−48.5
印　度	9 916.3	1 109.1	41.6	62.2
土耳其	8 943.3	1 013.5	−45.9	−39.1
德　国	6 519.0	755.6	−75.6	−71.6

资料来源：表中数据来自中华人民共和国商务部对外贸易司。

表 55 部分国家（地区）梨出口情况（2018 年）

国家或地区	2018 年		同比（%）	
	数量（t）	金额（万美元）	数量	金额
印度尼西亚	170 602.2	13 071.50	5.2	6.7
越 南	66 602.2	10 910.80	−11.7	5.2
泰 国	48 010.8	6 850.4	4.9	11.5
中国香港	29 668.0	4 096.5	−28.7	−31.6
马来西亚	34 075.1	3 489.0	−8.1	−14.2
俄罗斯	36 184.5	3 264.1	−11.8	−8.1
菲律宾	20 927.0	2 204.9	12.8	17.6
缅 甸	12 195.3	1 680.9	3.3	2.3
美 国	11 537.8	1 606.4	−0.6	−0.3
加拿大	10 779.3	1 231.4	−1.4	−3.2

资料来源：表中数据来自中华人民共和国商务部对外贸易司。

表 56 部分国家（地区）棉花出口情况（2018 年）

国家或地区	2018 年		同比（%）	
	数量（t）	金额（万美元）	数量	金额
越 南	16 265.5	3 193.4	47.8	51.9
印度尼西亚	15 347.7	3 041.3	439.4	452.7
韩 国	3 546.3	722.3	462.9	419.9
日 本	3 640.6	701.4	12 355.4	9 485.7
马来西亚	3 053.0	604.3		
巴基斯坦	1 794.2	366.0		
中国台湾	1 641.3	313.5	596.0	626.0
泰 国	665.5	134.1		
孟加拉国	613.5	126.6	379.6	404.2
印 度	250.4	57.7	3.6	0.0

资料来源：表中数据来自中华人民共和国商务部对外贸易司。

表 57 部分国家（地区）大蒜及制品出口情况（2018 年）

国 家	2018 年		同比（%）	
	数量（t）	金额（万美元）	数量	金额
美 国	155 218.7	33 478.9	21.4	−35.1
越 南	217 868.5	30 584.0	10.0	−7.7
印度尼西亚	578 203.3	29 998.8	7.8	−48.8

（续）

国 家	2018 年		同比（%）	
	数量（t）	金额（万美元）	数量	金额
日 本	32 951.6	10 040.8	3.3	−21.9
马来西亚	152 232.8	9 701.2	−1.1	−53.2
巴 西	73 859.1	6 566.3	−12.6	−52.9
菲律宾	82 762.8	5 292.7	14.9	−43.4
泰 国	63 913.8	4 885.0	55.3	−25.6
荷 兰	34 401.8	4 570.2	−2.1	−45.1
俄罗斯	45 189.6	4 485.8	−11.1	−42.0

资料来源：表中数据来自中华人民共和国商务部对外贸易司。

表 58　部分国家（地区）香菇及制品出口情况（2018 年）

国家或地区	2018 年		同比（%）	
	数量（t）	金额（万美元）	数量	金额
越 南	52 512.0	89 196.6	51.2	56.6
中国香港	43 112.6	72 176.3	−31.5	−21.8
泰 国	16 584.1	23 326.5	67.3	76.0
马来西亚	11 347.4	15 590.5	37.0	50.2
日 本	7 326.1	9 407.0	−2.8	2.5
韩 国	10 747.6	9 144.6	−2.0	−7.2
美 国	5 120.7	4 354.2	0.2	−0.1
新加坡	1 989.5	2 315.6	41.6	54.7
加拿大	627.9	762.4	−24.1	−37.1
印度尼西亚	578.7	666.6	29.4	39.9

资料来源：表中数据来自中华人民共和国商务部对外贸易司。

表 59　部分国家（地区）虾制品出口情况（2018 年）

国家或地区	2018 年		同比（%）	
	数量（t）	金额（万美元）	数量	金额
美 国	57 313.1	58 691.3	0.2	7.5
中国台湾	22 340.7	42 029.3	22.7	29.8
中国香港	15 506.0	23 831.0	−14.2	−10.9
日 本	26 947.6	22 463.5	−16.5	−3.1
墨西哥	9 540.5	13 087.7	−1.0	5.7
加拿大	11 533.7	12 987.0	20.3	22.0

（续）

国家或地区	2018 年		同比（%）	
	数量（t）	金额（万美元）	数量	金额
韩　国	17 390.9	12 443.0	−1.3	1.9
西班牙	12 790.3	10 227.2	18.6	34.0
澳大利亚	6 839.2	9 803.4	−17.5	−14.7
马来西亚	5 585.2	7 815.4	−40.4	−40.0

资料来源：表中数据来自中华人民共和国商务部对外贸易司。

表 60　部分国家（地区）花卉出口情况（2018 年）

单位：万美元

国家或地区	2018 年	2017 年	同比（%）
日　　本	8 986.2	8 788.7	2.2
韩　　国	4 180.0	2 928.1	42.8
荷　　兰	3 574.4	2 965.5	20.5
美　　国	2 834.4	2 569.9	10.3
泰　　国	1 222.7	935.8	30.7
德　　国	1 186.7	1 184.6	0.2
新加坡	986.4	893.0	10.5
中国香港	881.0	1 057.6	−16.7
澳大利亚	869.6	743.8	16.9
中国澳门	819.8	565.9	44.9

资料来源：表中数据来自中华人民共和国商务部对外贸易司。

表 61　部分国家（地区）花生仁果出口情况（2018 年）

国　　家	2018 年		同比（%）	
	数量（t）	金额（万美元）	数量	金额
越　　南	43 791.4	6 437.5	178.2	207.3
日　　本	15 117.4	3 692.5	−8.0	−3.1
泰　　国	19 832.7	2 591.3	99.1	66.5
西班牙	13 572.0	1 771.3	−14.0	−19.9
荷　　兰	11 886.9	1 643.3	−38.8	−43.7
加拿大	9 990.6	1 340.6	13.2	0.3
菲律宾	12 114.4	1 245.6	270.9	207.1
马来西亚	8 783.7	1 243.4	36.6	31.2

(续)

国 家	2018 年		同比（%）	
	数量（t）	金额（万美元）	数量	金额
黎巴嫩	6 897.4	1 172.4	25.5	33.0
约 旦	4 947.9	701.7	148.3	152.0

资料来源：表中数据来自中华人民共和国商务部对外贸易司。

表 62 部分国家（地区）蜂蜜出口情况（2018 年）

国 家	2018 年		同比（%）	
	数量（t）	金额（万美元）	数量	金额
日 本	29 980.7	6 950.5	−0.4	−4.9
英 国	36 284.5	6 579.6	22.3	20.9
西班牙	8 478.8	1 605.2	−4.7	−9.9
比利时	7 345.1	1 473.8	−35.5	−41.4
波 兰	6 959.0	1 283.5	−23.4	−27.1
德 国	4 379.8	890.9	−11.3	−17.0
澳大利亚	4 188.1	868.4	−34.6	−33.2
葡萄牙	3 227.7	655.6	63.9	65.1
荷 兰	3 003.1	594.6	−45.4	−44.6
南 非	2 888.9	556.3	−16.5	−17.0

资料来源：表中数据来自中华人民共和国商务部对外贸易司。

表 63 部分国家（地区）食品出口额（2018 年）

单位：万美元

国家或地区	2018 年	2017 年	同期比（%）
中国香港	928 227.6	906 641.2	2.4
日 本	916 757.9	877 613.6	4.5
美 国	678 041.0	633 674.3	7.0
越 南	435 385.5	376 667.4	15.6
韩 国	432 649.9	397 615.4	8.8
泰 国	292 703.9	275 362.6	6.3
中国台湾	238 250.7	219 683.4	8.5
马来西亚	217 400.0	219 452.2	−0.9
菲律宾	192 928.0	189 189.4	2.0
俄罗斯	185 700.3	179 766.8	3.3

资料来源：表中数据来自中华人民共和国商务部对外贸易司。

表 64　我国大麦主要进口来源国（2018 年）

国　家	数量（万 t）	比重（%）	金额（亿美元）
澳大利亚	412.25	60.47	10.070
加拿大	167.56	24.58	4.390
法　国	53.58	7.86	1.290
乌克兰	38.22	5.61	0.920
丹　麦	0.05	0.01	0.002
合　计	**671.66**	**98.53**	**16.670**

资料来源：表中数据来自 2019 年《农业展望》第 5 期。

表 65　我国稻米自给率、库存消费比和进出口量（2000—2018 年）

年份	进口（万 t）	出口（万 t）	库存消费比（%）	自给率（%）
2000	61.0	427.9	54.59	94.60
2001	58.7	406.6	51.37	95.10
2002	66.9	531.2	43.65	94.40
2003	125.0	328.7	27.43	85.00
2004	148.5	107.1	23.81	95.60
2005	105.0	126.8	21.48	97.50
2006	76.5	181.7	19.76	98.80
2007	28.4	130.9	20.57	101.30
2008	25.4	71.4	25.92	105.40
2009	40.4	66.4	32.07	106.50
2010	64.7	47.9	32.33	101.70
2011	198.2	43.7	35.45	102.80
2012	219.1	40.5	40.47	104.20
2013	235.7	29.4	43.37	102.40
2014	304.4	44.5	47.92	103.50
2015	330.0	35.0	54.59	104.90
2016	395.0	104.4	60.71	104.60
2017	350.0	170.0	66.42	105.10
2018	300.0	150.0	69.75	102.50

资料来源：表中数据来自 2019 年《农业展望》第 10 期。

表66　我国玉米出口量情况（2014—2018年）

单位：万t、%

年份	总量	朝鲜	合计	占比
2014	2.00	1.57	1.59	78.50
2015	1.11	0.99	0.99	89.10
2016	0.39	0.31	0.31	79.48
2017	8.51	5.08	5.08	59.69
2018	1.20	0.43	0.43	35.83

资料来源：表中数据来自中华人民共和国商务部对外贸易司。

表67　我国玉米贸易情况（2014—2018年）

单位：万t

年份	进口量	出口量	净进口量
2014	259.77	2.00	257.77
2015	473.00	1.11	471.90
2016	313.13	0.39	312.74
2017	282.70	8.51	274.19
2018	349.84	1.20	348.64

资料来源：表中数据来自中华人民共和国商务部对外贸易司。

表68　我国畜产品进口结构（2013—2016年）

年份	活动物	肉类产品	生毛皮	禽蛋	奶产品	羊毛及丝	动物油脂	其他
2013	2.22	30.46	22.50	0.29	26.61	14.79	0.60	2.53
2014	4.05	28.39	20.74	0.37	31.13	12.41	0.61	2.30
2015	3.09	38.15	22.41	0.69	17.82	14.70	0.57	2.57
2016	4.01	38.47	21.56	0.84	20.10	11.71	0.64	2.66

资料来源：表中数据来自2019年《农业展望》第5期。

表69　我国主要畜产品（猪、牛、羊肉类）进口依存度（2007—2017年）

年份	进口量（万t）	供给量（万t）	进口依存度（%）
2007	5.9	5 289.7	0.11
2008	9.7	5 623.7	0.17
2009	21.7	5 937.4	0.36
2010	28.0	6 151.1	0.46
2011	57.1	6 158.1	0.93

（续）

年份	进口量（万 t）	供给量（万 t）	进口依存度（%）
2012	65.2	6 471.1	1.01
2013	113.9	6 688.3	1.70
2014	114.5	6 903.3	1.66
2015	147.4	6 849.6	2.15
2016	242.0	6 744.6	3.59
2017	216.1	6 773.6	3.19

资料来源：表中数据来自 2019 年《农业展望》第 5 期。

表 70 我国猪肉供给量（2016—2018 年）

单位：万 t

类　别	2016 年	2017 年	2018 年
第 1 季度总供给	1 494	1 501	1 574
其中：国内生产	1 466	1 468	1 543
净进口	27.5	33.5	31.4
上半年总供给	2 547	25 450	2 676
其中：国内生产	2 473	2 493	2 614
净进口	74.0	51.5	61.7
前 3 季度总供给	3 814	3 790	3 929
其中：国内生产	3 690	3 717	3 843
净进口	124.0	73.0	86.0
全年总供给	**5 570**	**5 557**	**5 507**
其中：国内生产	**5 425**	**5 425**	**5 404**
净进口	**145.0**	**145.0**	**103.0**

资料来源：表中数据来自 2019 年《农业展望》第 4 期。

表 71 我国猪肉进口来源构成（2017—2018 年）

国　家	2017 年		2018 年		同比	
	数量（万 t）	占比（%）	数量（万 t）	占比（%）	数量（万 t）	占比（%）
德　国	21.18	17.40	22.84	19.15	1.66	1.74
西班牙	23.75	19.52	21.96	18.41	−1.79	−1.11
加拿大	16.68	13.70	16.03	13.44	−0.65	−0.27
巴　西	4.87	4.00	15.01	12.58	10.14	8.58

（续）

国　家	2017 年		2018 年		同比	
	数量（万 t）	占比（%）	数量（万 t）	占比（%）	数量（万 t）	占比（%）
美　国	16.57	13.62	8.57	7.18	−8.01	−6.44
荷　兰	8.64	7.10	8.47	7.10	−0.17	0.00

资料来源：表中数据来自 2019 年《农业展望》第 5 期。

表 72　我国蛋类产品出口情况（2014—2018 年）

单位：万美元

国家或地区	2014 年	2015 年	2016 年	2017 年	2018 年
中国香港	13 943.0	14 010.9	13 484.3	13 003.4	13489.1
日　本	1 112.8	1 170.7	908.4	894.2	996.8
中国澳门	1 615.3	1 585.0	1 530.4	1 458.1	1 687.3
美　国	645.6	695.3	665.1	741.2	775.2
新加坡	586.2	584.2	666.7	617.2	621.8
加拿大	320.0	317.1	357.3	343.7	371.8
合　计	**19 198.3**	**19 158.6**	**18 439.5**	**17 057.8**	**17942.0**

资料来源：表中数据来自中华人民共和国商务部对外贸易司。

表 73　我国鸡蛋进出口情况（2010—2016 年）

年份	进口量（t）	进口额（万美元）	出口量（t）	出口额（万美元）
2010	103 263	13 887.1	101 962	13 205.1
2011	112 194	17 014.7	102 238	16 461.6
2012	111 789	16 260.7	76 660	11 940.5
2013	115 210	18 423.0	91 086	16 474.0
2014	151 109	20 582.0	93 613	18 210.2
2015	150 762	19 943.7	96 221	18 151.4
2016	162 591	18 536.0	102 219	17 626.4

资料来源：表中数据来自 2019 年《农业展望》第 4 期。

表 74　我国莲藕出口情况（2012—2017 年）

年份	出口量（万 t）	出口额（万美元）
2012	2.35	2 100
2013	2.36	2 200
2014	2.31	2 500

(续)

年份	出口量（万 t）	出口额（万美元）
2015	2.50	3 130
2016	2.77	3 672
2017	3.18	3 776

资料来源：表中数据来自 2019 年《农业展望》第 3 期。

表 75　我国莲藕出口主要国家（地区）（2016—2017 年）

国　家	2016 年		国家	2017 年	
	出口量（t）	出口额（万美元）		出口量（t）	出口额（万美元）
世　界	**27 733**	**3 672**	世　界	**31 826**	**3 776**
马来西亚	7 935	1 108	日　本	7 401	1 104
日　本	7 065	1 085	马来西亚	7 410	948
美　国	5 979	700	美　国	7 252	697
新加坡	1 651	189	新加坡	2 250	239
加拿大	1 403	167	加拿大	1 824	187
泰　国	997	121	泰　国	1 212	124
荷　兰	412	51	韩　国	906	82
韩　国	501	45	荷　兰	553	57
澳大利亚	229	37	越　南	668	56
印度尼西亚	167	16	澳大利亚	284	45

资料来源：表中数据来自 2019 年《农业展望》第 3 期。

表 76　我国大蒜出口情况（1992—2017 年）

年份	出口量（万 t）	同比增长（%）	出口额（万美元）	同比增长（%）
1992	12.82	—	6 762.0	—
1993	32.01	149.66	11 063.7	63.62
1994	16.85	−47.34	7 561.6	−31.65
1995	14.11	−16.29	7 998.1	5.77
1996	14.53	2.99	9 241.4	15.54
1997	16.35	12.53	9 828.5	6.35
1998	15.76	−3.64	8 450.1	−14.02
1999	29.08	84.59	10 680.6	26.40
2000	38.39	31.98	13 629.2	27.61

（续）

年份	出口量（万 t）	同比增长（%）	出口额（万美元）	同比增长（%）
2001	54.64	42.35	20 709.5	51.95
2002	104.94	92.05	34 467.7	66.43
2003	114.22	8.85	35 490.3	2.97
2004	112.78	−1.26	41 916.5	18.11
2005	115.56	2.46	56 247.9	34.19
2006	122.42	5.94	80 210.6	42.36
2007	143.82	17.47	87 210.6	8.91
2008	153.56	6.77	63 809.3	−26.83
2009	159.56	3.91	108 630.8	70.24
2010	136.52	−14.44	231 890.3	113.47
2011	166.40	21.89	206 829.4	−10.81
2012	141.37	−15.04	138 758.9	−32.91
2013	162.59	15.02	139 739.6	0.71
2014	175.21	7.76	147 319.3	5.42
2015	175.40	0.11	186 088.7	26.32
2016	153.07	−12.73	264 471.4	42.12
2017	172.10	11.78	218 820.4	−17.26

资料来源：表中数据来自 2019 年《农业展望》第 10 期。

表 77　我国棉花、棉纱进口量（2011—2018 年）

单位：万 t

年份	原棉	其他棉花	棉纱
2011	336.3	20.4	90.3
2012	513.5	27.8	152.6
2013	414.8	35.3	209.9
2014	243.8	23.0	201.0
2015	147.3	28.6	234.5
2016	89.7	34.3	196.8
2017	115.5	20.8	198.3
2018	157.3	5.5	206.4

资料来源：表中数据来自 2019 年《农业展望》第 2 期。

表 78　我国棉花主要进口来源国（2011—2018 年）

单位：万 t

年份	印度	美国	澳大利亚	巴西	乌兹别克斯坦
2011	105.8	101.4	53.0	21.8	18.6
2012	153.8	148.0	81.8	37.2	31.7
2013	132.1	117.7	79.7	16.1	27.8
2014	90.9	56.2	49.6	15.5	17.2
2015	34.6	53.2	25.2	14.6	17.6
2016	20.1	27.1	21.8	8.6	15.4
2017	17.2	51.7	25.8	7.2	10.0
2018	19.3	53.4	42.4	18.9	6.5

资料来源：表中数据来自 2019 年《农业展望》第 2 期。

表 79　我国水果进出口情况（1996—2017 年）

年份	出口数量 （万 t）	进口数量 （万 t）	出口额 （亿美元）	进口额 （亿美元）	顺差 （亿美元）
1996	78.96	65.59	5.73	1.97	3.76
1997	98.10	77.45	6.31	2.35	3.96
1998	106.20	76.58	5.95	2.39	3.56
1999	118.86	69.37	6.65	2.61	4.04
2000	135.85	98.01	7.23	3.69	3.54
2001	148.22	92.98	7.94	3.45	4.49
2002	199.63	101.29	9.84	3.82	6.02
2003	267.05	109.50	13.73	5.03	8.70
2004	312.87	114.59	16.48	5.90	10.58
2005	364.87	122.26	20.35	6.65	13.70
2006	370.47	137.21	24.77	7.70	17.07
2007	477.57	145.51	37.50	9.69	27.81
2008	484.40	179.23	42.32	12.07	30.25
2009	525.60	244.17	38.36	16.51	21.85
2010	507.52	275.40	43.57	20.30	23.27
2011	479.54	341.83	55.21	31.08	24.13
2012	486.42	342.50	61.83	37.62	24.21
2013	491.23	352.45	66.02	41.00	25.02
2014	489.12	361.23	77.22	51.44	25.78

（续）

年份	出口数量（万 t）	进口数量（万 t）	出口额（亿美元）	进口额（亿美元）	顺差（亿美元）
2015	501.23	364.25	86.87	60.09	26.78
2016	512.24	374.96	85.89	58.57	27.32
2017	499.07	385.23	88.01	59.76	28.25

资料来源：表中数据来自 2019 年《世界农业》第 7 期。

表 80　我国水果主要出口市场结构（1996—2017 年）

单位：%

年份	东盟	日本	俄罗斯	美国	其他
1996	26.20	26.80	12.90	3.60	30.50
1997	32.40	26.30	11.90	3.70	25.70
1998	25.40	29.00	8.20	5.30	32.10
1999	28.40	34.30	4.40	4.40	28.50
2000	32.70	31.40	5.30	3.50	27.10
2001	29.00	31.70	5.40	4.70	29.20
2002	32.67	23.93	7.57	5.43	30.40
2003	31.25	18.36	7.51	6.44	36.44
2004	17.45	9.35	3.99	3.77	65.44
2005	19.31	7.74	4.58	2.99	65.38
2006	16.19	6.58	4.61	3.85	68.77
2007	15.34	4.93	5.43	3.14	71.16
2008	19.18	3.46	5.70	2.38	69.28
2009	26.79	3.49	5.84	2.98	60.90
2010	27.43	3.75	5.75	2.49	60.58
2011	27.45	3.28	4.61	2.20	62.46
2012	35.12	3.80	5.30	2.66	53.12
2013	34.23	3.91	5.44	2.74	53.68
2014	35.21	4.12	5.55	2.81	52.31
2015	36.25	4.54	5.81	2.86	50.54
2016	36.45	4.35	6.12	3.05	50.03
2017	37.46	4.26	6.51	3.12	48.65

资料来源：表中数据来自 2019 年《世界农业》第 7 期。

表81　我国梨总出口量及出口前三国家（2017—2018 年）

单位：t、万美元

国　家	2017 年		2018 年		同期比（%）	
	数量	金额	数量	金额	数量	金额
总出口	519 214.8	54 317.2	491 004.8	53 006.3	−5.4	−2.4
印度尼西亚	162 234.8	12246.9	170 602.2	13 071.5	5.2	6.7
越　南	75 410.1	10 374.9	66 606.2	10 910.8	−11.7	5.2
泰　国	45 750.9	6 142.4	48 010.8	6 850.4	4.9	11.5

资料来源：表中数据来自中华人民共和国商务部对外贸易司。

表82　我国茶叶总出口量及出口前三国家（地区）（2017—2018 年）

单位：t、万美元

国家或地区	2017 年		2018 年		同期比（%）	
	数量	金额	数量	金额	数量	金额
总出口	355 251.9	160 963.5	364 741.8	177 786.1	2.7	10.5
中国香港	13 057.9	24 486.7	14 126.2	31 325.7	8.2	27.9
摩洛哥	7 5278.3	22 911.4	77 562.5	23 706.3	3.0	3.5
越　南	3 238.0	9 253.9	4 341.7	10 138.0	34.1	9.6

资料来源：表中数据来自中华人民共和国商务部对外贸易司。

表83　欧盟农产品贸易进出口情况（2000—2016 年）

单位：亿美元

年份	出口额	进口额	进出口总额	顺差
2000	2 230.52	2 403.81	4 634.33	−173.29
2001	2 272.73	2 453.30	4 726.03	−180.57
2002	2 499.82	2 646.24	5 146.06	−146.42
2003	3 017.67	3 176.24	6 193.91	−158.57
2004	3 446.70	3 637.50	7 084.20	−190.80
2005	3 692.22	3 884.53	7 576.75	−192.31
2006	4 080.33	4 253.12	8 333.45	−172.79
2007	4 873.34	5 101.27	9 974.61	−227.93
2008	5 687.07	5 874.35	11 561.42	−187.28
2009	4 911.95	5 004.56	9 916.51	−92.61
2010	5 302.05	5 330.00	10 632.05	−27.95
2011	6 393.92	6 385.91	12 779.83	8.01
2012	6 243.73	6 030.12	12 273.85	213.61

（续）

年份	出口额	进口额	进出口总额	顺差
2013	6 771.84	6 431.50	13 203.34	340.34
2014	6 787.61	6 496.21	13 283.82	291.40
2015	5 892.11	5 697.21	11 589.32	194.90
2016	6 022.16	5 786.00	11 808.16	236.16

资料来源：表中数据来自 2018 年《安徽农业科学》第 20 期。

表 84　北欧五国农产品主要出口市场（2015 年）

单位：%

挪威		瑞典		芬兰		丹麦		冰岛	
出口市场	占比	出口市场	占比	出口市场	出口市场	占比	出口市场	占比	出口市场
丹　麦	8.94	挪　威	11.86	瑞　典	21.94	德　国	19.46	英　国	17.51
波　兰	8.68	丹　麦	10.06	爱沙尼亚	9.85	瑞　典	10.15	法　国	8.69
法　国	7.92	波　兰	9.21	俄罗斯	8.84	英　国	9.88	西班牙	8.30
英　国	6.64	法　国	8.41	德　国	5.62	挪　威	4.82	美　国	8.18
瑞　典	6.39	芬　兰	7.43	荷　兰	4.94	中　国	4.52	挪　威	7.54
美　国	5.24	英　国	7.38	丹　麦	3.83	意大利	4.46	德　国	6.34
荷　兰	5.04	德　国	6.26	法　国	3.39	波　兰	4.43	尼日利亚	4.84
日　本	4.48	西班牙	4.82	中　国	3.10	荷　兰	3.90	荷　兰	4.17
西班牙	4.12	荷　兰	4.48	美　国	3.04	日　本	3.48	俄罗斯	3.85
德　国	3.95	美　国	4.43	波　兰	2.82	法　国	2.97	丹　麦	3.51

资料来源：表中数据来自联合国商品贸易数据库（UN Comtrade Database）。

表 85　美国等五国农产品国际市场占有率（2003—2017 年）

单位：%

年　份	美　国	荷　兰	巴　西	中　国	法　国
2003	11.17	8.28	3.93	3.81	8.05
2004	9.97	8.23	4.47	3.62	7.71
2005	9.55	7.82	4.69	3.94	7.28
2006	9.58	7.75	4.86	4.04	7.05
2007	10.07	7.84	4.89	3.94	6.89
2008	10.57	7.52	5.21	3.53	6.58
2009	10.18	7.55	5.44	3.87	6.17

(续)

年份	美国	荷兰	巴西	中国	法国
2010	10.43	6.98	5.61	4.27	5.81
2011	10.19	7.19	5.89	4.33	5.79
2012	10.42	6.88	5.85	4.43	5.39
2013	10.07	7.01	5.82	4.48	5.41
2014	10.40	6.94	5.42	4.66	5.10
2015	10.39	6.42	5.45	5.12	4.96
2016	10.36	6.63	5.12	5.23	4.73
2017	10.08	6.85	5.57	5.18	4.81
均值	10.23	7.33	5.21	4.30	6.12
年均增长率	−0.73	−1.35	2.52	2.22	−3.61

资料来源：表中数据来自联合国商品贸易数据库（UN Comtrade Database）。

表 86   南非农产品贸易进出口情况（2007—2017 年）

单位：百万美元

年份	进口额	出口额	贸易总额	顺差
2007	4.23	4.43	8.66	0.20
2008	4.72	5.82	10.54	1.10
2009	4.28	5.68	9.96	1.40
2010	5.64	8.51	14.15	2.87
2011	7.18	9.31	16.49	2.13
2012	7.62	9.02	16.64	1.40
2013	6.95	9.57	16.52	2.62
2014	6.45	9.77	16.22	3.32
2015	6.16	8.84	15.00	2.68
2016	6.42	8.74	15.16	2.32
2017	6.74	9.85	16.59	3.11

资料来源：表中数据来自 2019 年《农业经济》第 3 期。

表 87   巴西农产品贸易进出口情况（2007—2017 年）

单位：百万美元

年份	进口额	出口额	贸易总额	顺差
2007	5.78	44.03	49.81	38.25
2008	7.87	52.27	60.14	44.40

（续）

年份	进口额	出口额	贸易总额	顺差
2009	7.04	53.75	60.79	46.71
2010	8.76	62.49	71.25	53.73
2011	11.47	79.63	91.1	68.16
2012	11.43	80.68	92.11	69.25
2013	12.26	84.87	97.13	72.61
2014	11.95	80.66	92.61	68.71
2015	9.51	72.55	82.06	63.04
2016	10.98	69.57	80.55	58.59
2017	11.20	79.26	90.46	68.06

资料来源：表中数据来自 2019 年《农业经济》第 3 期。

表 88　巴西大豆出口主要国家（2018 年）

名次	国　家	贸易量（万 t）	比率（%）
1	中　国	6 883.99	82.33
2	西班牙	188.90	2.26
3	荷　兰	134.02	1.60
4	土耳其	130.51	1.56

资料来源：表中数据来自联合国商品贸易数据库（UN Comtrade Database）。

表 89　俄罗斯农产品贸易进出口情况（2007—2017 年）

单位：百万美元

年份	进口额	出口额	贸易总额	顺差
2007	26.16	8.26	34.42	−17.90
2008	33.35	8.39	41.74	−24.96
2009	28.35	9.28	37.63	−19.07
2010	33.62	7.56	41.18	−26.06
2011	39.21	2.57	41.78	−36.64
2012	40.57	16.74	57.31	−23.83
2013	43.16	16.23	59.39	−26.93
2014	39.90	18.98	58.88	−20.92
2015	26.46	16.18	42.64	−10.28
2016	24.90	17.04	41.94	−7.86
2017	28.82	20.71	49.53	−8.11

资料来源：表中数据来自 2019 年《农业经济》第 3 期。

表 90　印度农产品贸易进出口情况（2007—2017 年）

单位：百万美元

年份	进口额	出口额	贸易总额	顺差
2007	6.91	14.16	21.07	7.25
2008	7.35	18.86	26.21	11.51
2009	10.43	14.71	25.14	4.28
2010	12.46	19.21	31.67	6.75
2011	15.39	29.83	45.22	14.44
2012	17.88	37.73	55.61	19.85
2013	17.27	42.77	60.04	25.50
2014	19.42	38.96	58.38	19.54
2015	20.92	31.58	52.5	10.66
2016	22.09	30.49	52.58	8.40
2017	25.25	35.61	60.86	10.36

资料来源：表中数据来自 2019 年《农业经济》第 3 期。

表 91　韩国农产品前三大进口贸易伙伴概况（2007—2016 年）

单位：百万美元

年份	韩国农产品进口总额	美国	中国	澳大利亚
2007	132.57	42.88	41.02	16.56
2008	159.71	69.85	36.00	17.78
2009	128.80	47.09	29.43	15.80
2010	154.94	62.37	36.14	20.92
2011	209.63	79.67	43.60	27.14
2012	204.85	69.63	40.35	27.96
2013	206.02	63.66	45.47	23.70
2014	221.64	83.55	46.20	24.94
2015	214.09	75.40	41.10	24.71
2016	213.78	73.83	43.10	26.57

资料来源：表中数据来自 2019 年《世界农业》第 2 期。

表 92　美国农产品出口产品结构（2003—2018 年）

单位：%

年份	谷物及饲料	园艺产品	油料种子及制品	牲畜及肉类	棉花棉绒及废料	糖和热带产品	乳制品	家禽类产品	种子	烟草及制品
2003	24.21	21.25	20.72	15.31	5.68	4.17	1.68	3.85	1.39	1.75
2004	27.73	22.72	18.09	10.72	6.92	4.10	2.37	4.20	1.47	1.70

（续）

年份	谷物及饲料	园艺产品	油料种子及制品	牲畜及肉类	棉花棉绒及废料	糖和热带产品	乳制品	家禽类产品	种子	烟草及制品
2005	25.09	24.42	17.14	12.18	6.22	4.38	2.58	4.97	1.46	1.57
2006	26.21	23.96	16.79	12.74	6.36	4.39	2.58	4.13	1.23	1.61
2007	30.36	20.51	18.01	11.67	5.10	4.01	3.31	4.55	1.13	1.34
2008	31.45	18.32	21.30	11.35	4.19	3.52	3.27	4.40	1.11	1.08
2009	25.15	21.28	24.98	11.68	3.42	4.01	2.27	4.85	1.17	1.18
2010	24.68	20.27	24.02	12.42	5.09	4.09	3.19	4.15	1.08	1.01
2011	27.75	19.46	19.56	13.29	6.20	4.22	3.51	4.13	1.04	0.84
2012	22.02	20.77	25.36	13.10	4.42	4.44	3.62	4.42	1.08	0.78
2013	22.18	22.30	23.07	13.13	3.90	4.39	4.65	4.47	1.12	0.79
2014	22.87	22.14	23.57	13.43	2.94	4.17	4.73	4.31	1.11	0.72
2015	22.83	25.16	21.94	12.98	2.93	4.50	3.94	3.69	1.20	0.83
2016	21.97	24.84	24.12	12.69	2.95	4.45	3.49	3.46	1.23	0.81
2017	20.94	24.81	22.37	13.77	4.23	4.24	3.90	3.68	1.32	0.73
2018	22.97	24.48	19.81	13.99	4.71	4.28	3.94	3.68	1.36	0.75

资料来源：表中数据来自美国农业部。

表93　美国农产品进口产品结构（2003—2018年）

单位：%

年份	园艺产品	糖和热带产品	牲畜及肉类	谷物及饲料	油料种子及制品	乳制品	烟草及制品	种子	家禽类产品	棉花棉绒及废料
2003	46.26	19.90	13.96	8.06	4.45	4.17	1.60	0.90	0.66	0.06
2004	45.69	19.23	14.51	7.72	5.62	4.32	1.30	0.82	0.76	0.03
2005	45.95	20.17	14.17	7.43	5.23	4.37	1.12	0.86	0.66	0.03
2006	45.71	21.30	12.88	7.90	5.52	3.99	1.14	0.92	0.62	0.02
2007	45.86	20.01	12.57	8.70	6.19	3.90	1.16	0.93	0.66	0.02
2008	43.37	21.09	10.53	10.05	8.62	3.79	1.00	0.96	0.57	0.02
2009	45.77	20.84	10.12	10.12	6.87	3.41	1.25	1.08	0.54	0.00
2010	44.51	23.96	9.92	9.34	6.77	3.03	0.88	0.97	0.61	0.01
2011	40.80	27.76	8.98	8.85	8.56	2.83	0.75	0.92	0.55	0.02
2012	40.69	26.15	9.54	9.67	8.28	2.95	0.86	1.22	0.61	0.01
2013	42.95	22.07	9.82	10.69	8.56	2.90	0.91	1.45	0.64	0.01
2014	42.65	21.07	12.14	9.72	8.84	3.03	0.77	1.15	0.63	0.01

(续)

年份	园艺产品	糖和热带产品	牲畜及肉类	谷物及饲料	油料种子及制品	乳制品	烟草及制品	种子	家禽类产品	棉花棉绒及废料
2015	44.66	20.43	12.45	9.59	7.55	2.99	0.65	0.88	0.80	0.00
2016	47.27	19.76	10.57	9.55	7.60	2.95	0.74	0.87	0.70	0.01
2017	47.65	19.73	10.34	9.68	7.86	2.70	0.57	0.86	0.61	0.00
2018	50.03	17.78	10.00	10.17	7.43	2.63	0.52	0.82	0.62	0.00

资料来源：表中数据来自美国农业部。

表94 美国农产品五大主要出口国家出口额占比（2010—2018 年）

单位:%

年份	加拿大	墨西哥	日本	中国	韩国
2010	14.59	12.59	10.17	15.16	4.58
2011	13.96	13.45	10.31	13.85	5.11
2012	14.57	13.35	9.54	18.27	4.26
2013	14.81	12.54	8.47	17.66	3.64
2014	14.64	12.91	8.77	16.15	4.59
2015	15.77	13.30	8.37	15.20	4.53
2016	15.08	13.24	8.19	15.89	4.59
2017	14.91	13.46	8.61	14.12	4.97
2018	14.81	13.62	9.24	6.58	5.97

资料来源：表中数据来自美国农业部。

表95 新加坡水产品进口市场份额（2013—2017 年）

单位:%

国家或地区	2013 年	2014 年	2015 年	2016 年	2017 年
中　国	23.40	26.47	30.14	26.70	24.50
日　本	2.86	2.89	2.99	3.50	3.44
美　国	1.52	1.63	1.93	2.79	2.77
印度尼西亚	7.60	8.44	9.44	7.64	7.26
挪　威	5.36	5.79	5.55	7.99	8.43
越　南	8.80	9.56	9.23	8.91	—
印　度	4.36	4.03	3.60	3.68	3.66
智　利	2.23	2.47	2.54	3.04	2.69
澳大利亚	3.21	2.58	2.55	2.26	2.77
其　他	40.66	36.15	32.02	33.48	44.50

资料来源：表中数据来自 2019 年《世界农业》第 11 期。

表 96　新加坡水产品进口额结构（2003—2017 年）

单位：%

年份	鲜活冷藏及冻鱼	干腌熏鱼	鲜活冷藏冷冻及腌甲壳软体	鱼类及甲壳软体制品
2003	18.56	7.26	34.91	39.28
2004	39.89	5.66	34.60	19.84
2005	21.91	6.44	32.05	39.60
2006	23.25	6.08	32.69	37.99
2007	17.66	6.50	36.07	39.78
2008	17.81	5.96	35.23	41.00
2009	16.65	6.68	37.31	39.36
2010	44.92	4.84	24.56	25.68
2011	43.52	4.59	24.76	27.13
2012	38.94	7.37	26.35	27.34
2013	37.37	6.30	27.48	28.86
2014	36.53	5.62	27.55	30.31
2015	35.90	6.56	26.76	30.78
2016	38.63	7.31	25.49	28.58
2017	40.74	5.92	27.81	25.53

资料来源：表中数据来自 2019 年《世界农业》第 11 期。

表 97　印度棉花进口来源国与进口量（2016/2017—2017/2018 年度）

单位：万 t

国家或地区	2016/2017 年度	2017/2018 年度
美　国	124 288.87	206 085.62
澳大利亚	151 073.81	70 537.88
马　里	34 674.17	35 767.57
布基纳法索	5 791.41	25 840.66
埃　及	19 306.09	24 235.31
喀麦隆	13 881.66	21 004.72
贝　宁	17 924.16	14 497.94
科特迪瓦	20 673.43	13 139.08
巴　西	9 229.01	7 040.99
以色列	3 222.79	5 250.40
坦桑尼亚	11 100.78	3 232.57

（续）

国家或地区	2016/2017 年度	2017/2018 年度
希 腊	11 280.17	2 772.39
土库曼斯坦	9 096.76	2 468.93
乍 得	6 599.34	2 439.54
尼日利亚	1 633.94	1 882.51
赞比亚	5 312.03	909.27
巴基斯坦	7 321.02	133.16
阿根廷	5 873.65	—

资料来源：表中数据来自 2019 年《农业展望》第 2 期。

表 98　印度棉花主要出口情况（2012/2013—2016/2017 年度）

单位：百万美元

国家或地区	出口量（万 t）				
	2012/2013 年度	2013/2014 年度	2014/2015 年度	2015/2016 年度	2016/2017 年度
孟加拉国	98.428	110.195	38.952	37.459	40.882
中 国	31.709	36.732	28.492	10.983	15.630
巴基斯坦	2.889	5.528	6.440	46.212	13.424
越 南	19.146	16.125	13.618	10.529	13.539
中国台湾	9.201	12.926	2.239	1.049	1.416
印度尼西亚	1.450	0.294	2.507	4.920	6.555
泰 国	3.006	3.115	1.364	0.920	2.378
马来西亚	0.512	5.533	0.846	0.557	0.766
埃塞俄比亚	1.250	2.332	1.076	0.076	0.100
总出口量	172.316	198.825	98.120	117.418	98.950

资料来源：表中数据来自 2019 年《农业展望》第 2 期。

表 99　孟加拉国、越南棉花进口量（2013/2014—2018/2019 年度）

单位：万 t

国家或地区	2013/2014 年度	2014/2015 年度	2015/2016 年度	2016/2017 年度	2017/2018 年度	2018/2019 年度
世 界	886	780	758	809	900	942
孟加拉国	111	118	138	141	167	180
越 南	69	93	100	120	157	165
中 国	308	180	96	110	127	162

资料来源：表中数据来自 2019 年《农业展望》第 2 期。

表 100　泰国水果出口额前十位国家（地区）（2001、2017 年）

2001 年		2017 年	
国家或地区	比例（%）	国家或地区	比例（%）
中国香港	33.83	越　南	44.63
中　国	15.21	中　国	28.34
中国台湾	11.28	中国香港	7.71
美　国	5.29	印度尼西亚	3.75
日　本	5.10	美　国	3.37
印度尼西亚	4.90	韩　国	1.58
马来西亚	4.29	缅　甸	1.53
加拿大	2.76	日　本	0.92
新加坡	2.66	中国台湾	0.85
尼泊尔	2.05	阿拉伯联合酋长国	0.73

资料来源：表中数据来自 2019 年《农业展望》第 1 期。

表 101　美国牛肉主要进口来源地（2018 年）

国家或地区	进口量（万 t）	比重（%）
加拿大	35.9	26.4
澳大利亚	30.5	22.4
新西兰	25.9	19.1
墨西哥	23.0	16.9
尼加拉瓜	7.1	5.2
巴　西	6.4	4.7
乌拉圭	5.2	3.8
其　他	1.8	1.3
合　计	**136.0**	**100.0**

资料来源：表中数据来自 2019 年《世界农业》第 5 期。

表 102　美国牛肉主要出口市场（2018 年）

国家或地区	出口量（万 t）	比重（%）
日　本	40.0	27.9
韩　国	28.9	20.2
墨西哥	20.4	14.2
中国香港	13.9	9.7
加拿大	13.6	9.5

（续）

国家或地区	出口量（万 t）	比重（%）
中国台湾	8.4	5.9
其 他	17.9	12.5
合 计	**143.2**	**100**

资料来源：表中数据来自 2019 年《世界农业》第 5 期。

表 103 美国禽肉出口市场结构和市场份额（2011—2017 年）

单位：亿美元、%

年份	出口总额	中国香港		墨西哥		加拿大	
		金额	占比	金额	占比	金额	占比
2011	45.05	7.73	17.15	7.61	16.89	2.9	6.44
2012	50.22	4.09	8.15	4.07	8.10	9.52	18.96
2013	49.85	2.41	4.84	4.26	8.54	10.57	21.21
2014	49.35	5.09	10.31	11.53	23.35	4.03	8.17
2015	34.70	3.98	11.46	4.27	12.31	9.00	25.94
2016	33.15	4.07	12.28	7.99	24.11	3.60	10.85
2017	36.33	4.44	12.22	7.70	21.20	3.08	8.49

资料来源：表中数据来自 2019 年《世界农业》第 12 期。

表 104 我国与东盟各国农产品贸易额排名（2014—2017 年）

单位：亿美元

排名	2014 年	2015 年	2016 年	2017 年
1	中泰（76.15）	中泰（85.53）	中泰（76.11）	中泰（75.67）
2	中马（60.29）	中越（60.33）	中越（65.70）	中越（72.64）
3	中印（56.95）	中印（56.82）	中印（56.64）	中印（68.98）
4	中越（51.46）	中马（49.83）	中马（47.32）	中马（43.30）
5	中菲（21.65）	中菲（23.22）	中菲（25.29）	中菲（26.77）
6	中新（13.67）	中新（13.73）	中新（13.05）	中新（11.17）
7	中缅（5.87）	中缅（4.91）	中缅（5.45）	中缅（6.54）
8	中柬（1.30）	中柬（1.54）	中柬（1.43）	中老（1.49）
9	中老（0.96）	中老（1.36）	中老（1.43）	中柬（1.44）
10	中文（0.12）	中文（0.12）	中文（0.15）	中文（0.18）

资料来源：表中数据来自 2019 年《农业展望》第 7 期。

表 105　我国从各区域林产品进口占"一带一路"沿线
国家（地区）全部进口比例（2016 年）

单位：%

区域	原木	锯材	木浆	纸和纸板
大洋洲	48.76	2.74	5.72	6.17
东非、南非、北非	0.16	0.01	10.61	0.83
东南亚	0.87	45.20	47.37	45.30
东　亚	0.00	0.09	2.20	25.80
独联体	44.98	46.29	26.59	14.92
南　亚	0.70	0.01	0.00	0.09
西　亚	0.12	0.00	0.14	0.28
中东欧	4.31	5.56	7.36	6.61
中美洲	0.10	0.10	0.00	0.00
中　亚	0.00	0.00	0.01	0.00

资料来源：表中数据由联合国商品贸易数据库（UN Comtrade Database）相关数据计算得到。

表 106　我国对挪威农产品贸易基本情况（1995—2015 年）

单位：亿美元

年份	进口额	出口额	贸易总额	顺差
1995	0.05	0.26	0.31	0.21
2000	0.45	0.10	0.55	−0.35
2005	1.59	0.21	1.80	−1.38
2010	4.14	0.69	4.83	−3.45
2011	4.22	0.77	4.99	−3.45
2012	4.07	0.90	4.97	−3.17
2013	4.34	0.89	5.23	−3.45
2014	5.41	1.15	6.56	−4.26
2015	3.54	1.15	4.69	−2.39

资料来源：表中数据由联合国商品贸易数据库（UN Comtrade Database）相关数据计算得到。

表 107　我国对瑞典农产品贸易基本情况（1995—2015 年）

单位：亿美元

年份	进口额	出口额	贸易总额	顺差
1995	0.06	0.20	0.26	0.14
2000	0.05	0.27	0.32	0.22

（续）

年份	进口额	出口额	贸易总额	顺差
2005	0.20	0.54	0.74	0.34
2010	0.37	1.27	1.64	0.90
2011	0.46	1.38	1.84	0.92
2012	0.58	1.36	1.94	0.78
2013	0.98	1.41	2.39	0.43
2014	1.12	1.75	2.87	0.63
2015	0.70	1.64	2.34	0.94

资料来源：表中数据由联合国商品贸易数据库（UN Comtrade Database）相关数据计算得到。

表108　我国对芬兰农产品贸易基本情况（1995—2015年）

单位：亿美元

年份	进口额	出口额	贸易总额	顺差
1995	0.05	0.04	0.09	−0.01
2000	0.08	0.07	0.15	−0.01
2005	0.28	0.08	0.36	−0.20
2010	0.41	0.26	0.67	−0.15
2011	0.53	0.37	0.9	−0.16
2012	0.77	0.40	1.17	−0.37
2013	0.71	0.32	1.03	−0.39
2014	0.77	0.34	1.11	−0.43
2015	0.49	0.38	0.87	−0.11

资料来源：表中数据来由联合国商品贸易数据库（UN Comtrade Database）相关数据计算得到。

表109　我国对丹麦农产品贸易基本情况（1995—2015年）

单位：亿美元

年份	进口额	出口额	贸易总额	顺差
1995	0.61	0.10	0.71	−0.51
2000	0.73	0.17	0.9	−0.56
2005	1.31	0.66	1.97	−0.65
2010	5.37	1.23	6.6	−4.14
2011	5.04	1.59	6.63	−3.45
2012	5.52	1.64	7.16	−3.88
2013	7.41	1.44	8.85	−5.97

（续）

年份	进口额	出口额	贸易总额	顺差
2014	7.82	1.73	9.55	−6.09
2015	8.07	1.75	9.82	−6.32

资料来源：表中数据由联合国商品贸易数据库（UN Comtrade Database）相关数据计算得到。

表 110　我国对冰岛农产品贸易基本情况（1995—2015 年）

单位：亿美元

年份	进口额	出口额	贸易总额	顺差
1995	0.03	0.00	0.03	−0.03
2000	0.12	0.02	0.14	−0.10
2005	0.43	0.01	0.44	−0.42
2010	0.30	0.01	0.31	−0.29
2011	0.68	0.01	0.69	−0.67
2012	0.67	0.01	0.68	−0.66
2013	0.56	0.01	0.57	−0.55
2014	0.47	0.01	0.48	−0.46
2015	0.53	0.01	0.54	−0.52

资料来源：表中数据由联合国商品贸易数据库（UN Comtrade Database）相关数据计算得到。

表 111　我国对印度尼西亚农产品进出口情况（2014—2018 年）

单位：百万美元、%

年份	进出口额	出口额	同比	进口额	同比	顺差
2014	5 869.00	1 967.37	13.70	3 901.63	13.30	−1 934.26
2015	5 811.21	1 829.99	−7.00	4 047.22	3.40	−2 217.23
2016	5 783.41	2 055.15	12.30	3 728.26	−7.90	−1 673.11
2017	7 023.39	2 330.65	13.4	4 692.74	25.9	−2 362.09
2018	7 515.19	2 342.99	0.5	5 172.20	10.2	−2 829.21

资料来源：表中数据来自中华人民共和国商务部对外贸易司。

表 112　我国与南非农产品贸易进出口额（2008—2017 年）

单位：亿美元、%

年份	出口额	占比	进口额	占比	进出口总额	顺差
2008	2.77	48.51	2.94	51.49	5.71	−0.17
2009	3.28	50.10	3.27	49.90	6.55	0.01
2010	3.42	40.40	5.04	59.60	8.46	−1.62

（续）

年份	出口额	占比	进口额	占比	进出口总额	顺差
2011	4.49	45.24	5.43	54.76	9.92	−0.95
2012	4.78	43.02	6.32	56.98	11.10	−1.55
2013	4.66	40.18	6.93	59.82	11.59	−2.28
2014	4.33	35.26	7.96	64.74	12.29	−3.62
2015	3.83	32.39	8.00	67.61	11.83	−4.17
2016	4.13	35.21	7.60	64.79	11.73	−3.47
2017	4.51	34.48	8.57	65.52	13.09	−4.06

资料来源：表中数据来自联合国商品贸易数据库（UN Comtrade Database）。

表113　我国对美国农产品进出口情况（2014—2018年）

单位：亿美元、%

年份	进出口额	出口额	同比增长	进口额	同比增长	顺差
2014	360.9	74.2	1.8	286.7	7.9	−212.5
2015	320.0	73.5	−0.9	246.5	−14.0	−173.0
2016	312.0	73.6	0.1	238.4	−3.3	−164.8
2017	317.3	76.5	4.0	240.8	1.0	−164.3
2018	244.3	82.4	7.7	161.9	−32.8	−79.5

资料来源：表中数据来自中华人民共和国商务部对外贸易司。

表114　我国对俄罗斯农产品进出口情况（2014—2018年）

单位：亿美元、%

年份	进出口额	出口额	同比增长	进口额	同比增长	顺差
2014	38.51	23.01	9.6	15.50	−1.2	7.51
2015	35.19	18.00	−21.8	17.19	10.9	0.81
2016	39.12	19.21	6.7	19.91	15.9	−0.7
2017	40.76	19.56	1.8	21.20	6.4	−1.64
2018	52.25	20.18	3.2	32.07	51.3	−11.89

资料来源：表中数据来自中华人民共和国商务部对外贸易司。

表115　我国对东盟农业投资情况（2013—2017年）

单位：亿美元

年份	投资金额流量	投资金额存量
2013	3.4	11.3
2014	9.0	23.0

（续）

年份	投资金额流量	投资金额存量
2015	8.9	43.9
2016	15.0	63.4
2017	6.2	41.7

资料来源：表中数据来自 2019 年《世界农业》第 6 期。

表 116　我国与新加坡水产品贸易结合度（2008—2017 年）

年份	中国对新加坡	新加坡对中国
2008	1.34	0.39
2009	2.81	0.55
2010	0.81	0.67
2011	0.68	0.85
2012	0.89	0.68
2013	1.58	0.88
2014	1.69	0.42
2015	1.86	0.38
2016	1.67	0.49
2017	1.56	0.40

注：贸易结合度＞1，则表明两国之间的水产品贸易联系密切；反之，则贸易较为松散。

资料来源：表中数据来自 2019 年《农业展望》第 7 期。

表 117　我国对新加坡水产品出口情况（2003—2017 年）

单位：万美元

年份	中对新水产品出口额	中水产品出口总额	新水产品进口总额
2003	2 564.06	523 682.99	19 431.38
2004	5 473.54	663 130.22	73 236.76
2005	5 144.70	751 129.76	25 065.18
2006	2 867.51	894 936.13	27 377.47
2007	3 187.49	923 009.97	29 184.17
2008	4 217.03	1 008 807.87	31 227.49
2009	8 334.27	1 022 251.73	26 553.04
2010	9 884.21	1 319 808.00	95 130.07
2011	10 853.36	1 696 904.85	114 235.52
2012	14 184.22	1 812 234.10	105 330.42

（续）

年份	中对新水产品出口额	中水产品出口总额	新水产品进口总额
2013	25 903.98	1 943 309.10	105 330.28
2014	29 295.20	2 086 706.96	109 305.58
2015	33 361.11	1 956 931.59	107 623.09
2016	29 553.52	1 999 868.27	110 684.36
2017	27 113.98	2 040 797.78	109 124.70

资料来源：表中数据来自 2019 年《世界农业》第 11 期。

表 118　我国对美国出口木质林产品贸易额（2008—2017 年）

单位：亿美元

年份	单板	锯材	木浆	木制家具	木制品	其他原料	人造板	纸和纸制品
2008	300.50	44.08	13.01	4 560.16	904.17	0.84	1 005.79	2 240.40
2009	203.43	31.05	5.22	4 279.54	842.29	1.01	871.58	2 119.07
2010	210.09	20.98	8.13	5 588.36	1 110.60	1.24	1 111.00	2 435.42
2011	211.51	20.55	19.13	5 532.17	1 126.64	1.69	1 127.79	3 065.41
2012	282.64	26.65	4.05	6 254.23	1 233.87	1.62	1 395.56	3 228.10
2013	305.62	31.53	1.48	6 769.84	1 388.41	1.78	1 363.98	3 495.29
2014	302.93	31.62	1.88	7 256.62	1 540.54	1.88	1 655.88	3 608.51
2015	284.86	27.98	1.19	7 927.80	1 725.53	2.67	1 690.53	4 531.72
2016	278.69	22.25	2.10	8 214.13	1 791.38	3.11	1 686.68	3 728.47
2017	239.63	34.59	7.15	9 316.79	1 982.50	2.47	1 394.23	4 142.00

资料来源：表中数据由联合国商品贸易数据库（UN Comtrade Database）相关数据计算得到。

表 119　我国对美国水产品进出口贸易情况（2011—2018 年）

单位：亿美元

年份	出口额	进口额	进出口总额	顺差
2011	29.14	13.63	42.77	15.51
2012	29.47	13.81	43.28	15.66
2013	31.95	12.92	44.87	19.03
2014	33.93	13.79	47.72	20.14
2015	31.95	12.74	44.69	19.21
2016	30.42	12.41	42.83	18.01
2017	32.21	15.05	47.26	17.16
2018	34.28	14.23	48.51	20.05

资料来源：表中数据来自 2019 年《农业展望》第 8 期。

表 120　我国对新加坡水产品出口额占新加坡水产品进口总额的比例（2003—2017 年）

单位：%

年份	鲜活冷藏及冻鱼	干腌熏鱼	鲜活冷藏冷冻及腌甲壳软体	鱼类及甲壳软体制品
2003	18.42	3.57	12.73	12.92
2004	2.40	2.69	3.28	26.35
2005	15.61	6.11	10.03	34.09
2006	13.29	4.99	6.09	13.40
2007	14.60	3.70	4.25	16.52
2008	10.74	2.26	4.50	24.08
2009	28.23	4.36	13.82	53.96
2010	5.33	2.35	6.84	24.16
2011	5.54	3.05	8.61	17.76
2012	5.10	3.06	12.29	29.32
2013	10.18	3.39	25.08	47.42
2014	15.40	5.73	32.14	39.60
2015	21.31	3.86	24.93	53.35
2016	12.79	3.03	24.26	53.73
2017	7.86	4.71	20.59	61.26

资料来源：表中数据来自 2019 年《世界农业》第 11 期。

表 121　我国对新加坡水产品出口结构（2008—2017 年）

单位：%

年份	鲜活冷藏及冻鱼	干腌熏鱼	鲜活冷藏冷冻及腌甲壳软体	鱼类及甲壳软体制品
2008	14.16	1.00	11.74	73.11
2009	14.98	0.93	16.43	67.67
2010	23.04	1.09	16.16	59.71
2011	25.37	1.48	22.44	50.72
2012	14.74	1.67	24.05	59.54
2013	15.47	0.87	28.02	55.64
2014	20.98	1.20	33.03	44.78
2015	24.68	0.82	21.52	52.98
2016	18.51	0.83	23.16	57.50
2017	12.89	1.12	23.05	62.94

资料来源：表中数据来自 2019 年《农业展望》第 7 期。

表 122 我国对新加坡水产品贸易情况（2008—2017 年）

单位：万美元

年份	出口额	进口额	进出口额
2008	4 217	478	4 695
2009	8 334	438	8 772
2010	9 884	380	10 264
2011	10 853	506	11 360
2012	14 184	539	14 724
2013	25 904	725	26 629
2014	29 295	421	29 716
2015	33 361	362	33 723
2016	29 554	486	30 039
2017	27 114	328	27 442

资料来源：表中数据来自 2019 年《农业展望》第 7 期。

表 123 我国和印度尼西亚甘薯主要出口市场构成及比重（2017 年）

中 国		印度尼西亚	
出口市场	比重（%）	出口市场	比重（%）
越 南	22.96	日 本	57.40
日 本	17.58	新加坡	14.30
德 国	16.36	韩 国	10.40
荷 兰	10.40	马来西亚	7.60
加拿大	9.73	中国香港	4.60
大不列颠联合王国	8.29	泰 国	3.90
马来西亚	5.19	中 国	0.90
其他国家或地区	9.49	其他国家或地区	0.90

资料来源：表中数据来自 2019 年《农业展望》第 7 期。

表 124 我国进口澳大利亚各类乳制品数量变化情况（2013—2017 年）

单位：万 t

项 目	2013 年	2014 年	2015 年	2016 年	2017 年
鲜 奶	2.17	4.25	6.23	7.32	7.62
酸 奶	0.03	0.05	0.05	0.04	0.04
奶 油	0.18	0.15	0.26	0.20	0.20
干 酪	1.12	1.73	1.53	2.00	2.11

（续）

项　目	2013 年	2014 年	2015 年	2016 年	2017 年
炼　乳	0.02	0.03	0.05	0.47	0.78
乳　清	0.48	0.36	0.52	0.74	0.72
奶　粉	2.80	3.30	2.66	2.67	4.60
婴幼儿乳粉	0.68	0.45	1.07	1.20	1.24

资料来源：表中数据来自 2019 年《中国乳品工业》第 12 期。

表 125　我国天然橡胶进口量及自东盟进口情况（2012—2016 年）

年份	总进口量（万 t）	中国自东盟进口量（万 t）	占比（%）	中国本国产量（万 t）
2012	217.75	215.76	99.09	80.23
2013	247.26	244.70	98.96	86.48
2014	261.00	258.47	99.03	84.01
2015	273.52	269.44	98.51	81.60
2016	250.16	246.22	98.43	81.60

资料来源：表中数据来自 2019 年《世界农业》第 3 期。

表 126　美国对我国农产品贸易情况（2012—2017 年）

单位：亿美元、%

年份	总出口额	总进口额	农产品出口额	农产品进口额	农产品出口额占比	农产品进口额占比
2012	1 105.9	4 256.4	258.6	45.3	18.3	4.4
2013	1 220.2	4 404.3	255.0	44.2	17.7	4.2
2014	1 240.2	4 666.6	242.2	42.9	16.1	3.8
2015	1 161.9	4 818.8	202.3	43.6	15.2	3.8
2016	1 157.8	4 628.1	213.9	43.3	15.9	3.8
2017	1 303.7	5 056.0	195.1	45.0	14.1	3.7

资料来源：表中数据来自 2019 年《世界农业》第 3 期。

表 127　美国大豆产量、出口量及对我国出口情况（2012—2017 年）

年份	产量（万 t）	总出口量（万 t）	对中国出口量（万 t）	对中国出口额（亿美元）
2012	8 244.0	4 362.3	2 619.6	148.8
2013	9 100.2	3 936.4	2 455.4	133.0
2014	10 687.8	4 956.7	3 082.8	144.8
2015	10 685.7	4 815.2	2 725.9	104.0

（续）

年份	产量（万 t）	总出口量 （万 t）	对中国出口量 （万 t）	对中国出口额 （亿美元）
2016	11 692.0	5 779.5	3 605.1	142.0
2017	11 951.8	5 522.2	3 173.2	122.5

资料来源：表中数据来自 2019 年《世界农业》第 3 期。

表 128　美国高粱产量、出口量及对我国出口情况（2012—2017 年）

年份	产量（万 t）	总出口量 （万 t）	对中国出口量 （万 t）	对中国出口额 （亿美元）
2012	629.3	171.0	0.0	0.0
2013	996.5	206.7	44.5	1.0
2014	1 098.7	719.9	637.5	14.7
2015	1 515.8	976.7	909.8	21.1
2016	1 219.9	682.4	537.4	10.3
2017	924.1	563.7	460.8	8.4

资料来源：表中数据来自 2019 年《世界农业》第 3 期。

表 129　美国棉花产量、出口量及对我国出口情况（2012—2017 年）

年份	产量（万 t）	总出口量 （万 t）	对中国出口量 （万 t）	对中国出口额 （亿美元）
2012	371.1	278.3	150.7	34.3
2013	346.8	284.4	110.0	22.0
2014	317.5	219.1	52.7	11.1
2015	340.4	241.7	48.9	8.6
2016	285.1	248.0	31.0	5.5
2017	442.4	327.4	53.8	9.8

资料来源：表中数据来自 2019 年《世界农业》第 3 期。

表 130　美国猪肉产量、出口量及对我国出口情况（2012—2017 年）

年份	产量（万 t）	总出口量 （万 t）	对中国出口量 （万 t）	对中国出口额 （亿美元）
2012	1 055.4	164.5	19.9	3.8
2013	1 052.5	148.8	15.3	3.3
2014	1 036.8	154.5	10.8	2.4
2015	1 112.1	152.6	9.7	1.7

（续）

年份	产量（万 t）	总出口量（万 t）	对中国出口量（万 t）	对中国出口额（亿美元）
2016	1 132.0	160.1	17.8	3.3
2017	1 161.1	172.2	12.7	2.4

资料来源：表中数据来自 2019 年《世界农业》第 3 期。

表 131　中俄双边农产品出口贸易结构变化（1996、2016 年）

单位：百万美元

类别	中　国				俄罗斯			
	1996 年		2016 年		1996 年		2016 年	
	金额	占比	金额	占比	金额	占比	金额	占比
动植物油	0.53	0.12	5.39	0.30	5.28	1.90	194.77	9.72
动物产品	217.41	49.77	219.32	12.31	184.53	66.28	1 414.14	70.61
棉　毛	8.95	2.05	77.24	4.34	34.85	12.52	5.98	0.30
皮及其制品	4.94	1.13	82.53	4.63	7.26	2.61	12.30	0.61
食　品	75.15	17.21	503.24	28.25	33.67	12.09	149.70	7.47
植物产品	129.80	29.72	893.50	50.16	12.82	4.60	225.98	11.28

资料来源：表中数据来自 2018 年《现代经济探讨》第 10 期。

表 132　中越农产品进出口总额情况（2002—2016 年）

年份	进出口总额（亿美元）
2002	3.24
2003	4.90
2004	4.16
2005	4.84
2006	6.94
2007	9.05
2008	11.63
2009	16.62
2010	20.48
2011	33.01
2012	40.70
2013	42.67
2014	51.46
2015	60.33
2016	66.06

资料来源：表中数据来自 2019 年《世界农业》第 8 期。

表 133 按营业额排序世界最强 500 个企业中相关农产品加工企业（2018 年）

企业名称	国家或地区	营业额位次	营业额（百万美元）
一、食品业			
CVS Health 公司	美 国	19	194 579.0
克罗格	美 国	47	121 162.0
雀巢公司	瑞 士	76	93 512.5
华润有限公司	中 国	80	91 986.0
日本永旺集团	日 本	118	77 122.5
乐购	英 国	103	84 270.6
麦德龙	德 国	267	43 466.5
中粮集团有限公司	中 国	134	71 223.3
皇家阿霍德德尔海兹集团	荷 兰	127	74 103.9
西斯科公司（Svsco）	美 国	172	58 727.3
JBS 公司	巴 西	219	49 709.7
西农公司（Wesfarmers）	澳大利亚	195	53 985.3
邦吉公司	美 国	247	45 743.0
丰益国际	新加坡	258	44 497.7
泰森食品	美 国	306	40 052.0
乔治威斯顿	加拿大	325	37 474.8
Publix Super Markets	美 国	342	36 395.7
艾德卡	德 国	304	40 454.2
森宝利（JsAinsbury）	荷 兰	302	40 571.0
路易达孚集团	美 国	387	32845.1
CHS 公司	美 国	383	32 683.3
MIGROS 集团	瑞 士	431	29 098.2
卡夫食品	美 国	472	26 268.0
达能集团	法 国	432	29 092.3
二、饮料业			
百事公司	美 国	154	64 661.0
可口可乐公司	美 国	395	31 856.0
喜力控股公司	荷 兰	467	26 608.1
三、纺织、服装业			
克里斯叮迪奥	法 国	187	55 262.6
TJX 公司	美 国	317	38 972.9

（续）

企业名称	国家或地区	营业额位次	营业额（百万美元）
耐克公司	美　国	341	36 397.0
四、橡胶和塑料制品业			
普利斯通	日　本	374	33 062.9
米其林	法　国	478	25 996.7
五、肥皂与化妆品业			
宝洁公司	美　国	146	66 832.0
欧莱雅	法　国	396	31 790.7
六、综合			
沃尔玛公司	美　国	1	514 405.0
家乐福	法　国	81	91 955.2
欧尚集团	法　国	164	60 749.2
联合利华	英国/荷兰	167	60 167.3

资料来源：表中数据来自 2019 年《国际统计年鉴》。

图书在版编目（CIP）数据

中国农产品加工业年鉴.2019/科学技术部农村科
技司等编.—北京：中国农业出版社，2020.12
　ISBN 978-7-109-27387-0

　Ⅰ.①中…　Ⅱ.①科…　Ⅲ.①农产品加工—加工工业
—中国—2019—年鉴　Ⅳ.①F326.5-54

中国版本图书馆 CIP 数据核字（2020）第 186021 号

中国农产品加工业年鉴.2019
ZHONGGUO NONGCHANPIN JIAGONGYE NIANJIAN. 2019

中国农业出版社出版
地址：北京市朝阳区麦子店街 18 号楼
邮编：100125
责任编辑：孟令洋　国　圆
版式设计：王　晨　　责任校对：刘丽香
印刷：北京通州皇家印刷厂
版次：2020 年 12 月第 1 版
印次：2020 年 12 月北京第 1 次印刷
发行：新华书店北京发行所
开本：787mm×1092mm　1/16
印张：27.75
字数：1100 千字
定价：300.00 元

ISBN 978-7-109-27387-0